茶山學의 新照明

茶山學의 新照明

金 相 洪

단국대학교출판부

다산 정약용 선생 초상화

책머리에

오는 2012년은 조선 후기 知性史를 찬란하게 빛낸 위대한 善鳴者인 茶山 丁若鏞(1762-1836)이 탄생한 지 250주년이 되는 해이다. 3년 후의 일이지만 우리들은 지금부터 뜻깊은 다산 탄신 제250주년을 기리고 기념하는 학술·문화 사업을 다각적으로 기획·준비하고, 이를 통하여 다산의 선명을 계승하고 창조적으로 발전시키는 계기로 삼아야 할 것이다.

다산은 18년간 고난에 찬 귀양살이를 하면서도 민초들이 겪는 고초를 자아의 것으로 동일시하면서 치열하게 善鳴하였다. 다산은 유형지 강진에서 쓴 편지에서, “중풍이 점점 심해지고 온갖 병이 생겨 언제 죽을지도 모르는 처지”였으나 “기꺼이 귀양지의 강물에 뼈를 버리더라도 애석할 것이 없지만 오직 우국지성을 발산할 길이 없어 점점 응어리가 되었다"고 하였다. 이어서 "살아서 고향으로 돌아가느냐의 여부는 오직 나 한 사람의 기쁨과 슬픔일 뿐이지만, 지금 만 백성이 다 죽게 되었으니 이를 장차 어찌하면 좋으냐"고 통탄하였다. 또한 『경세유표』 서문에서는 "그윽이 생각건대 어느 것 하나라도 병들지 않은 것이 없어서 이를 고치지 않으면 반드시 나라가 망할 것"이라 진단하고, "이를 어찌 충신과 지사가 팔짱을 끼고 방관할 수 있겠느냐"면서 비장하게 선명하였다.

다산의 善鳴은 경학·정치·경제·예학·법률·천문·문학·언어·지리·교육·의학·고증학·농학·건축기술 등에 이르고 있어 호한하기 그지없다. 이러한 선명을 우리는 '다산학'이라고 한다. 다산의 아름다운 선명, 즉 다산학은 "오래된 조선을 새롭게 개혁하여"(新我之舊邦), "모든 백성을 윤택하게 하고 만물을 육성하는 것"(澤萬民 育萬物)으로 요약할 수 있다. 그러나 다산은 유배 죄인이라서 개혁을 주도할 수도, 모든 백성을 윤택하게 하고 만물을 육성할 수 있는 청사진을 임금께 올릴 수도 없었다. 그래서 발상을 전환하여 차선책으로 마음속에 있는 개혁안을 『여유당전서』에 제시하였다.

내가 다산학을 私淑한 지 어느 사이 30여 년이 넘었다. 그 동안 다산학 관련 저서로 『다산 시선집 유형지의 애가』(1981), 『다산 정약용 문학연구』(1985), 『다산학 연구』(1990), 『다시 읽는 목민심서』(1996), 『다산학의 재조명』(2003), 『다산의 꿈 목민심서』(2007)를 출간하였다. 이번에 일곱 번째로

이 『다산학의 신조명』을 세상에 내놓는다.

다산 탄신 제250주년을 앞두고 다산학을 새롭게 조명한 이 책은 5부로 구성되었다. 제1부에서 다산이 日本의 호전성과 침략성에 대한 나이브한 인식을 조명하고, 천주교측에서 다산이 '천진암 강학회'에 참석했다고 주장하고 있으나 다산은 참석하지 않은 진실을 밝혔다. 제2부에서 다산의 사상과 공직윤리와, 다산시의 생태관과 상생론을 조명하였다. 제3부에서 다산이 유형지에서 자식들에게 편지 등으로 원격교육을 시킨 내용과, 채소를 가꿀 땅 한 평 빌려주는 사람이 없는 각박한 현실을 노래한 시와, 강진의 인심과 풍속을 조명하였다. 제4부에서 다산의 문학 세계와, 시인적 위상과 죽란시사의 결성과 활동상을 조명하였다. 제5부에서 다산의 당송팔대가에 대한 수용과 비평을 총체적으로 조명하였다. 부록으로 내가 다산학을 연구하면서 있었던 일화와 애환을 정리한 다산 사숙록을 실었다. 이 책은 다산의 善鳴을 다각적으로 새롭게 조명하였으므로 經世濟民의 다산학을 바르게 이해하는 데 기여할 것이다.

이 책은 2003년 『다산학의 재조명』을 출간한 이후에 발표한 논문과 금년 5월에 각종 학술지에 투고한 논문들을 모아 엮었다(제4부의 2편은 예전에 발표한 것을 수정 보완하였음).

금년(2009)은 다산 탄신 247주년이 되고, 서거 173주년이 되며, 1818년 봄 다산초당에서 완성한 『목민심서』가 세상에 나온 지 191년이 된다. 그러나 아직도 오래된 조선을 새롭게 개혁하여(新我之舊邦), 모든 백성을 윤택하게 하고 만물을 육성하는(澤萬民 育萬物) 다산의 꿈과 철학이 제대로 구현되지 않고 있는 곳이 있어 마음이 아프다.

나는 그동안 중앙공무원교육원·교육과학기술연수원·국민권익위원회·지방행정연수원·서울특별시인재개발원·한국노동교육원 등 국가기관 및 공공기관 등에서 청렴교육 전문강사로 활동하며 「청렴국가 건설을 위한 공직자의 사명」, 「다산을 통해 본 공직자의 자세와 과제」, 「청렴 사상과 공직자의 역할」 등을 주제로 특강을 하면서 다산의 꿈과 철학을 열심히 전파하고 있다. 하루 속히 다산의 아름다운 선명이 이 땅에 실현되기를 기원한다.

그 동안 다산학을 공부하면서 부끄럽게 살지 않겠다고 다짐하고 이를 실천하려고 안간 힘을 써왔다. 앞으로도 다산의 善鳴을 널리 선양하고 그 선명이 이 땅에 구현되도록 노력할 것이다.

나는 대학시절 6·8부정선거 규탄 데모와 그리고 3선개헌 저지 데모에 열정을 바치다가 결국 지명 수배자가 되었고, 논산훈련소에 입영하게 되었다. 이러한 문제의 학생을 학문의 길로 인도해 준 中齋 張忠植 명예총장님의 큰 은혜와 성원에 깊은 감사를 드린다.

이 『다산학의 신조명』은 "2004학년도 단국대학교 대학연구비의 지원"에 힘입어 상재하게 되었다. 연구비를 지원해 주고 이 책을 출판해준 모교에 감사의 뜻을 표한다.

무심한 세월은 속절없이 흘러가 이제 9개월여가 지나면

나도 정년을 맞게 된다. 이제 와서 후회해도 소용없는 일이지만 젊은 시절에 忘憂物을 "소 닭 보듯이" 했었더라면, 더 알차고 많은 연구 성과들을 세상에 내놓았을 것인데 아쉽기 그지없다.

끝으로 이 책이 다산의 善鳴을 이해하고 구현하는 데 길라잡이가 된다면 기쁘게 생각한다.

2009년 5월 15일
단국대학교 부총장실에서

金 相 洪

茶山學의 新照明

제1부 茶山의 日本 認識과 天眞菴 관계의 진실

茶山의 日本 認識의 世界

茶山과 天眞菴 관계의 진실

제2부 茶山의 公職倫理와 相生論

茶山의 사상과 公職倫理

茶山詩의 生態觀과 相生論의 세계

제3부 茶山의 流刑地 현실과 꿈

茶山의 流刑地에서의 자식교육과 꿈

茶山의 「和蘇長公東坡八首」의 애잔한 꿈

茶山이 본 康津의 인심과 풍속

제4부 茶山의 文學과 竹欄詩社

茶山의 文學 세계

茶山의 詩人的 위상과 竹欄詩社

제5부 茶山의 唐宋八大家 수용과 비판

茶山의 韓愈·柳宗元論

茶山의 東坡 蘇軾論

茶山의 蘇洵·蘇轍論

茶山의 歐陽脩・曾鞏・王安石論

〈附錄〉 茶山 私淑錄

茶山 私淑錄

제1부
茶山의 日本 認識과 天眞菴 관계의 진실

茶山의 日本 認識의 世界

茶山과 天眞菴 관계의 진실

茶山의 日本 認識의 世界

1. 서 론

실학을 집대성한 善鳴者 다산 정약용(1762-1836)은 조선 후기 지성사를 대표하는 석학이다. 다산이 善鳴한 내용을 우리는 茶山學이라고 부른다. 다산학은 經學・정치・경제・禮學・법률을 비롯하여 天文・문학・언어・지리・교육・의학・고증학・農學・건축 기술 등 浩瀚하기 그지없다.[1)]

다산의 일본에 대한 인식과 이해의 세계를 조명하는 것은, 다산학의 한 국면을 이해하고 아울러 조선 후기 실학파

1) 金相洪, 『茶山 文學의 再照明』, 단국대학교출판부, 2003, p.13.

지식인들의 주변국가에 대한 정보의 양과 동아시아 국제정세에 대한 이해의 폭을 가늠하는 데 도움이 될 것이다.

다산이 일본 학자들에 대하여 논평한 내용을 먼저 살펴본 후, 일본에 대한 인식의 세계를 조명하고 이어서 「日本論」 2편을 자세히 분석한다.

다산이 일본을 언급한 내용을 총체적으로 조명하는 것은 단순히 그의 일본관을 이해하는 데 그치는 것이 아니라, 조선 후기 사대부들의 동아시아 정세에 대한 이해의 폭을 파악하는 데 기여가 있을 것이다.

2. 日本學者評

다산의 시문에는 일본의 江戶時代 유학자인 伊藤維楨·荻生徂徠·太宰春臺 3인이 자주 등장한다. 먼저 다산의 「日本論」(1)의 앞부분을 보자.

> 지금은 일본에 대해 걱정할 것이 없다. 내가 이른바 古學先生 伊藤維楨씨가 지은 글과 荻先生(이름이 雙松인 荻生徂徠)과 太宰純 등이 논한 經義를 읽어보니 모두 찬란한 문채가 있었다. 이 때문에 지금은 일본에 대해서 걱정할 것이 없음을 알겠다. 비록 그들의 의론이 간혹 오활한 점이 있기는 하나, 그 문채가 質보다 나은 면은 대단한 바 있다.[2]

이 글에는 다산이 伊藤維楨·荻生徂徠·太宰春臺의 經義에 관한 논저를 섭렵한 것이 나타나 있다. 다산은 이 3인의 논저에는 찬란한 문채가 있다고 높이 인정하였다. 비록 이들의 의론이 간혹 오활한 점이 있기는 하지만 문채가 질보다 나은 면은 있다고 평가하였다.

다산이 1813년(다산 52세) 강진 다산초당에서 심혈을 기울여 완성한 『論語古今註』(40권)에도 앞의 3인에 대한 논평이 있다. 다산은 『논어』 전편에 대하여 기본적으로 새로운 주석을 의도하였고, 특히 175장에 대해서는 그의 실학과 관련해서 창의적으로 주석을 하였다. 그는 『논어』 20편을 종래 朱子가 482장으로 分章했던 것을 488장으로 나누고 「鄕黨」편도 舊說에는 1장을 나누어 17節로 했던 것을 34절로 한 것이 특징이다. 다산의 『논어고금주』는 漢·魏의 대표적인 논어학자인 孔安國·包咸·馬融·鄭玄 등의 주를 모아 何晏(190-249)이 자신의 견해를 첨가하여 주석한 『論語集解』와 梁나라 皇侃(488-545)의 『論語義疏』와 宋나라 邢昺(932-1010)의 『論語正義』의 주석을 古注의 대표로 수록하고, 新注로서는 朱子의 『論語集註』에 나오는 주자의 주석을 주로 수록하였다. 이 외에도 淸代 고증학의 開祖인 顧炎武(1613-1682)의 주석을 7개 처, 毛奇齡(1623-1716)의

2) 丁若鏞, 「日本論」(1), 『與猶堂全書』(景仁文化社 影印, 1970. 이하 『전서』), I-12, 3b-4a, p.241. “日本今無憂也. 余讀其所謂古學先生伊藤氏所爲文, 及荻先生太宰純等, 所論經義, 皆燦然以文. 由是知日本今無憂也. 雖其議論間有迂曲, 其文勝則已甚矣.”

經集에 나오는 주석을 62개 처에 수록・논평하였다. 그리고 일본의 古學派 伊藤維楨의『論語古義』를 2개 처, 荻生徂徠의『論語徵』을 43개 처, 太宰春臺의『論語古訓外傳』을 무려 112개 처에 수록하고 논평하였다.[3] 이를 보면 다산이 일본학자 3인의 학문에 대한 깊은 이해가 있었음을 알 수 있다.

다산이『논어고금주』에서 논평한 일본 학자 3인에 대하여, 狙口篤志의『日本漢文學史』[4]에서 살펴보기로 한다.

① 伊藤維楨

伊藤維楨은 伊藤仁齋(이토오진사이, 1627-1705)로 널리 알려진 인물로 江戶前期 유학자로 京都人이다. 이름은 維楨이고 자는 源吉이며 호는 仁齋이다. 그는 古義學派의 시조로 古學先生이라고 부른다. 그는 처음에 주지학에 열중하였으나, 중년이 되어 宋儒의 학은 孔孟의 학과 괴리된 점이 있다고 의심하였다. 마침내 일가의 견식을 발표하여 "『대학』은 孔氏의 遺書가 아니다.", "明鏡止水・冲漠無朕・體用理氣 등의 설은 모두 佛老의 淫辭이지, 성인의 뜻이 아니라고 하였다. 여기서 비로소 문호를 열어 생도를 교수하여 그 학문을 古義學이라고 하였다. 그때 나이 36세였다. 延寶 연간(1673-1681)에 肥侯 細川侯가 1천 석 녹봉으로

3) 李篪衡,『茶山經學硏究』, 太學社, 1996, p.36.
4) 狙口篤志 著, 沈慶昊・韓睿源 譯,『日本漢文學史』, 소명출판, 2000.

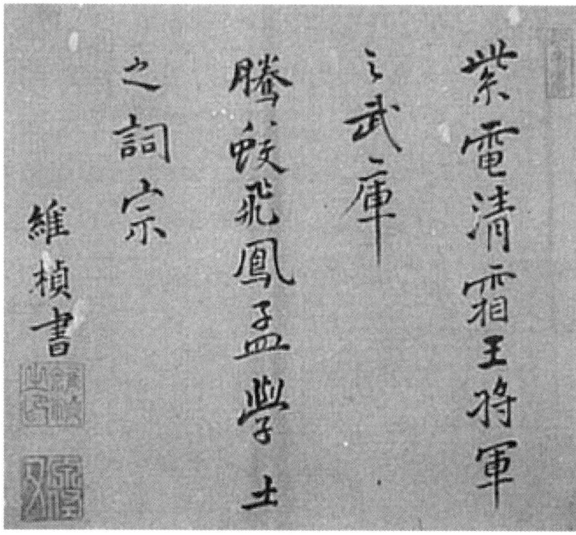

伊藤維楨의 楷書

초빙하였으나, 부모를 봉양할 사람이 없다는 이유로 사양하였다. 이로부터 명성이 융성하여 문도가 3천 명에 이르렀는데, 諸國 가운데 飛驒·佐渡·壹岐 세 나라만 그의 문하에 미치지 않았다고 한다(『去簪錄』).

문인으로 장남 東涯, 다섯째 아들 蘭嵎 이외에, 並河天民·中江岷山·小河立所·北村篤所·荒天天散·笠原雲溪·吉田臥龍軒 등 명가가 배출되었다. 1625년 3월에 79세로 운명하였다. 저서로 『論語古義』·『孟子古義』·『童子問』 등이 있다. 伊藤仁齋은 古學을 창도하여 이른바 堀下學(古義學)의 鼻祖가 된 대유학자이고, 그의 아들 伊藤東涯(이토오토오가이, 1670-1736)는 그것을 조술하여 주자학에 대항하여 일대 세력을 구축하였다. 유학 사상의 영걸인데 둘 다 시문을 잘해서 한문학사상에서도 주목할 만한 인물이다.

太宰春臺는 이들 부자에 대하여 "東涯는 지극히 온후한 사람이다. 仁齋도 그러하다. 다만 仁齋는 눈동자가 맑아서 이른바 눈빛이 사람을 쏜다. 학문에서 온축하여 덕을 이룬 사람이라고 느껴진다. 결코 圭角이 있는 사람이 아니다. 상당히 부드럽지만 극히 英氣가 있는 사람이다."라고 평하였다. 그 시문은 그 사람이라고 하는 말이 있는데, 바로 그의 시문이 그러하다. 즉 思致가 확실하고, 辭理가 평온하며, 繁文·綺語를 일삼은 일이 없다.[5]

② 荻生徂徠

荻生徂徠(오규우소라이, 1666-1728)는 江戶時代 中期의 유학자이자 사상가이며 문헌학자인 巨擘이다. 이름은 雙松(나베마츠)이고 자는 茂卿이다. 그는 본디 경학사에 새로운 견해를 내었지만, 아마도 그가 기대한 바는 文章千古라는 명성이었던 듯하다. 이에 따라 그 고문사는 古經을 밝히려는 데 있었지만, 한편 賴山陽(라이산요오)이 평하였듯이, "편벽되고 비뚤어진 성품이어서 특히 艱深한 문자를 즐겨하였고", 伊藤東涯가 말하였듯이 "鬼面이 사람을 놀래키는" 경향이 있었음을 부정할 수 없다. 하지만 江戶의 한문학은 그에 의하여 일변하였다. 이제까지의 유학자도 물론 한문

5) 猪口篤志 著, 沈慶昊·韓睿源 譯, 『日本漢文學史』, 소명출판, 2000. pp.312-315.

을 지었으나, 다만 達意를 지향하였으므로, 이론적으로 한문학을 연구하는 자는 없었다. 문학의 이론에서 하나의 정견을 세웠던 사람은 실로 荻生徂徠에게서 시작되었다고 말하여도 좋다. "世載言以遷, 言載道而遷"·"不求諸道而求諸辭" 이것이 그의 도그마였다. 이전의 학자는 꿈도 꾸지 못하였던 주장이다.

荻生徂徠 像

그는 "육경은 문장이다. 그러므로 공자를 배우고자 한다면 반드시 문장에서 시작하지 않으면 안 된다. 그러기위해서는 동시대 혹은 그것과 가까운 시대의 문학과 상호 대조하여 고문으로 고문을 해석하지 않으면 안 된다."고 하였다. 또한 그는 "『고문진보』는 상업적 이익 때문에 만든 것으로 귀중하게 여길 만하지 못하다. 『문장궤범』은 과거 준비생을 위해 편찬한 論策으로 議論을 위주로 하였지, 敍事에 미치지 못하였다. 어찌 문장의 모범으로 간주할 것인가. 당송팔대가의 명성은 茅坤의 사적인 말이다. 구양수는 한유·유종원과 견줄 수 없으며, 老泉(蘇洵)과 潁濱(蘇轍)과 함께 논할 만하지 않다. 六經十三經은 문장 가운데 가장 묘한 것으로, 우리들은 그 원류로 소급하여야 하지, 어찌 구구하게 끄트머리의 唐宋을 쫓을까"라고 말하였다. 그리하여 왕세정·이반룡을 배워 擬古文을 지었다. 그의 저서로 『辨道』·『辨名』·『論語徵』·『學庸解』·『讀荀子』·『讀韓非子』·『讀呂氏春秋』·『孫子國字解』·『南留別志』·『蘐園隨筆』 이외에 시문집으로서 『徂徠集』 10권이 있다.

그의 학술은 해외에까지 미쳤다. 조선에서는 李德懋·柳得恭·金正喜 등이 한결같이 찬미하였다. 중국에서는 1836년(道光 16)에 錢泳이 「辨道辨名」에 「日本國荻生徂徠小傳」을 붙여서 『海外新書』로 출판하였다. 그의 문하에 경학방면에 太宰春臺(다자이슌다이)·根本武夷(네모도부이)·山井崑崙(야마이콘론)이 있고, 시문에는 蘐園七子(山縣周南·服部南郭·安藤東野·平野金華·高野蘭亭·宇佐見灊水) 이외에 釋萬庵·菅井甘谷 등이 있다. 그 영향이 미친 바는 북쪽으로 奧州에서 남쪽으로는 큐우슈우에 이르렀다. 그가 죽은 뒤 70년간 徂徠學(소라이학)은 일세를 풍미하였다.[6] 이러한 荻生徂徠을 다산은 名儒로 海東夫子라고 일컬으며 문도가 많다고 하였다.[7]

---

6) 猪口篤志 著, 沈慶昊·韓睿源 譯, 『日本漢文學史』, 소명출판, 2000. pp.326-335.

7) 『전서』, 「示二兒」, I-21, 10a p.443. "日本近者, 名儒輩出, 如物部

③ **太宰春臺**

太宰春臺(다자이슌다이, 1680-1747)는 荻生徂徠 문하의 유학자이다. 이름은 純이고 자는 德夫로 통칭 彌左衛門이라고 한다. 荻生徂徠가 古學을 창도하였다는 소식을 듣고 (安藤東野의 소개) 입문하였다. 그러나 왕왕 흡족하지 못한 것을 느껴 만년에는 견해를 달리하는 바가 있었다. 사람됨이 엄정하고 진퇴는 반드시 예로서 하였으며 권세가라고 하여도 스스로 굴종하는 일이 없었다. 그러면서도 嚴村侯·沼田侯의 知遇를 얻었다. 만년에는 제후의 증여를 모

太宰春臺 肖像

雙柏號徂徠, 稱爲海東夫子, 其徒甚多."

두 다 거절하고 청빈함을 달게 여겨서, 굳게 뜻을 바꾸지 않았다. 동산을 礫川에 쌓고 紫芝園이라고 이름 붙였다. 경학과 문장으로 일세에 이름을 날려 해내에 칭송되었으며 1747년(延享 4) 5월 68세로 세상을 떠났다. 저서에 『論語古訓』 및 『論語古訓外傳』·『春臺辨道書』·『聖學問答』·『六經略說』·『紫芝園漫筆』·『春臺文集』이 있으며, 문인에 松崎觀海가 나왔다.

그는 스승 荻生徂徠가 고문사를 장려하기 위하여 李攀龍의 문장 6편을 抄出하여 「文規」라고 붙였는데, 이는 모범으로 삼을 만하지 않다고 비판하였다. 또 荻生徂徠가 明나라 詩를 선하여 「唐後詩」라고 이름을 붙인 것에 대하여도 그 하자를 지적하여 그 詩論의 부록으로 삼았다.

그의 산문은 고문사를 피하고 達意를 위주로 하였고 문법이 엄정한데 성격이 협소하고 꼬장꼬장한 까닭에 자못 文氣를 해쳤다. 시에 이르러서는 스스로 "余少不好明詩 老而滋甚"이라고 말하였으므로 그 선호하는 바를 알 수 있다. 그의 『論語前後編說』은 荻生徂徠가 太宰春臺의 설을 채용하여 『論語徵』에 넣었던 것으로, 그의 학력과 견식을 볼 수 있다.[8)]

이제 다산의 시문에서 일본의 인물을 언급한 것을 보기로 한다. 다산은 34세(1795, 을묘)에 쓴 시에서 伊藤維楨과 荻生徂徠과 太宰春臺에 대하여 다음과 비판하였다.

8) 狙口篤志 著, 沈慶昊·韓睿源 譯, 『日本漢文學史』, 소명출판, 2000. pp.335-336.

일본 땅에 명유들 많이 있지만
애석할손 바른 학문 보지 못했네

이등은 옛 좋아한단 칭찬을 받고
적씨는 사람 더욱 현혹하더니

그들이 끼친 영향 신양에 미쳐
간특한 말 경전을 어지럽혔네

오곡 맛은 애당초 맛도 못 보고
돌피씨만 이미 두루 뿌려 놓았네

아슬아슬 올바른 程朱의 맥은
계림이라 이 땅에 한 가닥 남아

어허 세상의 운수 이런 꼴이라
깊은 밤에 나홀로 잠 못 이루네

日本多名儒　正學嗟未見　伊藤稱好古　荻氏益鼓煽
流波及信陽　詖淫亂經卷　五穀未始嘗　稗稊種已遍
危哉洛閩脈　鷄林亦一線　世運噫如此　中夜獨轉輾[9)]

다산은 이 시의 주에서 "이등씨의 이름은 維楨이고 狄氏

9) 『전서』, 「古詩二十四首」(22), I-2, 26a, p.34.

는 자세하지 않다. 信陽은 太宰純인데 『논어고훈외전』을 저술하였다."고 하였는데,[10] 伊藤維楨은 伊藤仁齋(이토오진사이)이고, 狄氏는 荻生徂徠(오규우소라이)이며, 太宰純은 太宰春臺(다자이슌다이)이다.

다산은 일본에 유명한 유학자들이 많이 있지만 애석하게도 바른 학문(正學)을 보지 못하였다고 하였다. 古義學派의 시조인 伊藤維楨은 사람들로부터 옛것을 좋아한다(好古)는 칭찬을 받았고, 荻生徂徠는 사람을 현혹하였다고 하였다. 이 두 사람의 영향이 太宰春臺(信陽)에게까지 미쳐 간특한 언사로 경전을 어지럽혔다고 하였다. 이들은 經典의 진수는 애당초 맛도 보지 못하고 쓸모없는 말(稗稊)만 늘어놓았다는 것이다. 그러나 程朱(洛閩)의 학맥은 조선에 한 가닥 남아 있어 깊은 밤에 혼자 잠을 이루지 못하고 있다고 한탄하였다. 이는 일본학자 3인의 학문세계가 정주의 학문을 계승한 것이 아니라고 비판한 것이다.

다산은 太宰春臺의 저서 『論語古訓外傳』의 발문을 썼다. 발문에서 太宰春臺를 名儒로 인정하였으나, 『논어고훈외전』에 대하여 심하게 비판하였다.

> 太宰純은 일본의 명유였다. 그가 저술한 『논어고훈외전』은 양나라 皇侃의 학설을 본받아 서술하였고 朱子의 章句는 배척하였다. 참 이상도 하다. 한때의 風氣가 연기나 안개처럼 퍼져서 海島에까지 파급되다니, 『논어』에 牢曰·憲問의 두 문구가

---

10) 같은 곳, "伊藤氏名維楨, 狄氏未詳. 信陽太宰純, 著論語古訓外傳."

> 있는 것을 근거로 하여, 마침내『논어』7편 전체를 琴牢·原憲의 두 사람 손에서 나온 것이라고 하였으니, 그 말의 어긋나고 교사한 것이 이와 같다. 그 연원은 伊藤維楨에게서 나왔는데, 점차로 어긋나서 마침내 이토록 방자하게 된 것이다.[11]

이 발문에서 太宰春臺와 伊藤維楨를 함께 비판하였다. 太宰春臺의『논어고훈외전』은 梁나라 皇侃의『論語義疏』를 본받아 서술하고, 주자의 章句는 배척한 것을 비판하였다. 또한 太宰春臺가『논어』의 "牢曰"과 "憲問"의 두 문구가 있는 것을 근거로『논어』7편 전체를 琴牢와 原憲 2인의 손에서 나온 것이라고 한 것은 잘못이라 하였다. 그의 이런 주장은 어긋나고 교사한 것(乖巧)이라고 혹평하였다. 이와 같이 잘못된 학문의 연원은 伊藤維楨(伊藤仁齋)에서 나왔는데 점차로 어긋나서 마침내 이처럼 방자하게 되었다고 비판하였다.

여기에서 주목해야 할 것은 다산이 앞에서 살펴본 시「古詩二十四首」(22)에서 伊藤維楨·荻生徂徠·太宰春臺 3인의 학문을 비판하였고, 위의「跋太宰純論語古訓外傳」에서 太宰春臺와 荻生徂徠의 학문을 비판한 점이다.『논어고훈외전』을 저술한 太宰春臺는 1747년에 세상을 떠났는데, 그의

11)『전서』,「跋太宰純論語古訓外傳」, I-14, 22b, p.296. "太宰純, 日本名儒也. 其所著論語古訓外傳, 祖述皇侃, 詆排朱子章句. 異哉一時風氣, 如煙冪霧漲, 至及海島之中也, 以論語有牢曰憲問二文, 遂以七篇爲出琴原二子之手, 其言之乖巧類如此. 其淵源蓋出於伊藤維楨, 而轉轉磯激, 放肆至此."

사후 48년 후인 1795년(다산 35세)에 「古詩二十四首」(22)에서 비판한 점이다. 이를 보면 다산의 「跋太宰純論語古訓外傳」은 1795년경에 쓴 것으로 보인다. 太宰春臺의 『논어고훈외전』이 그의 사후 48년 후에 조선의 사대부들이 읽고 문제를 제기한 것을 보면, 당시 조선과 일본의 학술문화의 국제적 교류는 활발하게 이루어진 것으로 보인다.

이외에도 다산은 그의 시문에서 平秀吉(豊臣秀吉)과 加藤淸正에 대하여 언급하였는데 이를 보기로 한다.

平秀吉은 豊臣秀吉(도요토미 히데요시, 1536/37-1598)이다. 그는 천민에서 출세하여 織田信長(오다 노부나가)의 뒤를 이어 일본을 통일하고 근세 봉건사회의 기초를 확립하였다. 그는 끊임없는 전쟁의욕과 영토확장의 야망으로 明나라를 치기 위하여 길을 빌린다는 명목 아래 1592년 조선을 침략하여 임진왜란을 일으켰고, 1597년 재차 조선을 침략하여 정유재란을 일으켰으나 뜻을 이루지 못하고 1598년 전쟁과 후계자 문제 등 혼란 속에서 병사하였다.

다산은 「일본론」(2)에서, 豊臣秀吉은 백만 대군을 동원하고 10州의 재력을 다 기울여 두 번이나 큰 전쟁을 일으켰으나, 화살 한 개도 되돌아가지 못했음은 물론 나라도 망하게 하여 백성들이 지금까지 원망하고 있다고 하여[12] 好戰性과 침략야욕을 비판하였다.

加藤淸正(가토 기요마사, 1562-1611)은 豊臣秀吉과는 6

12) 『전서』, 「日本論」(2), I-12, 4b, p.241. "平秀吉, 動百萬之衆, 竭十州之力, 再擧大事, 一鏃不還, 國隨以亡. 百姓至今怨之."

촌간으로 많은 전투에 참가해 전공을 세웠다. 1592년 임진왜란 때 함경도 방면으로 출병하여 조선의 왕자 임해군과 순화군을 포로로 잡는 등 맹활약하였으나 울산 싸움에서 죽음의 위기를 겪기도 하였다. 1598년 豊臣秀吉이 죽고, 섭정을 맡았던 德川家康과 石田三成 간에 벌어진 세키가하라 전투(關ヶ原戰鬪)에서 東軍인 德川家康 측에 참전하여 小西行長의 宇土城을 함락시켰다. 이후 구마모토(熊本) 대영지의 세습영주가 되어 7년에 걸친 대공사 끝에 오사카성(大阪城), 나고야성(名古屋城)과 함께 일본의 3대 名城으로 꼽히는 구마모도성(熊本城)을 축조하였다.

다산은 36세(무오, 1797) 때에 황해도 平山 永豐 북쪽에 있는 노인령을 넘으면서 쓴 시에서 加藤淸正을 언급하였다.

> 고달산 동편이요 영풍에선 북녘인데
> 높다란 노인령 우뚝하게 솟아 있네
>
> 천만겹 첩첩산을 감돌아 시내 흐르고
> 고목에 덩굴 엉겨 대낮인데 어둡구나
>
> 내 이곳 구경하러 이 길로 접어들어
> 말에서 내려 청려장 짚고 온갖 힘 다 썼는데
>
> 왜놈 장수 청정은 일본의 영웅이었던지
> 군대 끌고 이 재 넘어와 통째로 삼켰다네

험한 곳에 군대 투입은 병가의 금기인데
베 짜는데 북처럼 막힘없이 오가면서

저탄을 얼른 건너서 북쪽 땅 노렸으니
어리석다 섬오랑캐 참으로 둔한 적이로세

지금 와서 그 일을 나무란들 무엇하리
미친놈이 하는 짓은 귀신도 잘 모르는 건데

高達山東永豐北　老人之嶺高峛峛
疊洞回谿千萬重　垂蘿古木淸晝黑
我欲探幽入此路　下馬杖藜殫筋力
倭將淸正日本雄　提兵過嶺恣蛇食
懸軍絶地兵所忌　往來不碍如梭織
旣渡猪灘窺北地　蠢彼島夷誠鈍賊
此事如今不追咎　狂夫所爲神莫測[13]

다산은 이 시에서 倭將 加藤淸正은 일본의 영웅이라고 전제하였다. 그러나 험한 곳에 군사를 투입하는 것은 금기인데도 강원도 고성에 있는 저탄을 건너 북쪽을 공략한 것은 어리석은 섬오랑캐로 아둔했다면서 "미친놈"(狂夫)이 하는 짓은 귀신도 잘 모르는 건데"라고 비하하였다.

이상에서 살펴본 바와 같이 다산은 江戶시대 대표적인 학자인 伊藤維楨・荻生徂徠・太宰春臺에 관한 저서를 읽

13) 『전서』, 「老人嶺」, I-3, 27a, p.55.

고, 이들의 의론이 간혹 오활한 점이 있기는 하지만 찬란한 문채가 있다고 높이 평가하였다. 특히 荻生徂徠는 名儒로 海東夫子라고 부른다고 하였다. 그러나 이들이 애석하게도 바른 학문(正學)을 보지 못하였고, 程朱(洛閩)의 학문을 계승한 것이 아니라고 비판하였다. 또한 太宰春臺를 名儒로 인정하였으나 심하게 비판하고 그의 잘못된 학문의 연원은 伊藤維楨(伊藤仁齋)으로부터 나왔는데 점차로 어긋나서 마침내 방자하게 되었다고 비판하였다.

豊臣秀吉은 임진년(1592)과 정유년(1597)에 조선정벌에 나섰으나 화살 한 개도 되돌아가지 못했음은 물론 나라도 망하게 하여 백성들이 지금까지 원망하고 있다고 하여 好戰性과 침략정책을 비판하였다. 加藤淸正은 일본의 영웅이지만 어리석은 섬오랑캐로 아둔하고 "미친놈"(狂夫)이라고 비하하였다.

3. 日本에 대한 시각

다산은 일본의 정치 사회 문화의 수준이 높은 것을 인정하였다. 그는 조선 후기 科擧 제도의 부패를 비판한 글에서, 일본은 과거로 인재를 선발하는 제도가 없어도 국가가 융성하다고 다음과 같이 논하였다.

이 세상을 주관하면서 온 천하를 배우가 연극을 연출하는 것과 같은 기교로 통솔하는 것이 科擧의 학문이다. …… 일본은 해외의 작은 나라이지만 科擧의 법이 없어도 문학은 九夷에서 으뜸이고 무력은 중국과 맞먹는다. 또 나라를 유지하여 가는 규모와 기강이 정제되어 문란하지 않고 조리가 있으니, 이것이 드러난 효험이 아닌가.

이제는 과거학도 이미 쇠진했다. 그래서 명문 巨族의 자제들은 이를 공부하려 하지 않고, 오직 저 시골 구석의 헐벗고 굶주린 사람들만이 공부하고 있다. 따라서 문예를 겨루는 날에는 권세가의 자제들이 시정의 노예들을 불러 모아 이들에게 摺巾과 短襦를 입힌다. 그러면 이들은 눈을 부라리고 주먹을 휘두르면서 자기 주인의 시험지를 먼저 올리기 위해 簽竿만 바라보고 서로 앞을 다투어 몽둥이질을 한다. 급기야 합격자를 발표할 적에 보면 돼지 豕자와 돼지 亥자도 분별하지 못하는 젖내 나는 어린애기 급제하기도 한다. 이러니 이 과거학이 쇠진하지 않을 수가 없다. 만약 하늘이 돌보아 과거학이 쇠진한 것을 인하여 달리 변경시키게 된다면, 이는 백성들의 복이 될 것이다. 그렇지 않고는 과거학을 하는 사람과 같이 손잡고 堯舜의 문하로 들어갈 수가 없다.[14]

---

14) 『전서』, 「五學論」(4), I-11, 22a-23a, pp.232-233. "主斯世而帥天下以倡優演戲之技者, 科擧之學也. …… 日本者海外之小聚耳, 以其無科擧之法也, 故文學超乎九夷, 武力抗乎中國. 規模綱紀之所以維持控馭者, 森整不亂, 有條有理, 豈非其顯效哉. 今科擧之學, 亦已衰矣. 巨室名閥之子, 不肯業此, 唯田間寒餓者爲之. 而戰藝之日, 嘯呼市井奴隷, 摺巾短襦. 怒目豪拳, 以爭其先登, 但見簽竿相戳, 棓槌互擊. 而及其唱名也, 乳臭之兒不辨豕亥者, 出而據之. 斯其學不能不衰敝也. 若天眷顧, 因其衰而遂變之, 則生民之福. 不然, 不可與學此事者, 携手同歸於堯舜之門也."

이는 과제제도의 부패를 비판한 것이다. 다산은 일본은 해외의 작은 국가이지만 과거제도가 없어도 문학은 九夷에서 으뜸이고 무력은 중국과 대항할 만하며, 규모와 기강이 정제되어 문란하지 않고 조리가 있다고 하였다. 이는 과거제도가 인재선발의 절대적 至善이 아님을 말한 것이다.

이어서 조선 후기 과거는 부패와 부정으로 인하여 "돼지 豕자와 돼지 亥자도 분별하지 못하는 젖내 나는 어린애가 급제"하는 현실은 비판하였다. 이는 당시의 과거는 인재선발의 순기능이 상실된 것을 비판한 것이다.

다산이 강진 유배지에서 두 아들에게 보낸 서간에서도, 일본은 과거제도가 없어도 名儒가 많이 배출되고 있다고 하였다.

> 일본에는 근래에 名儒들이 많이 배출되고 있는데 호를 徂徠라고 하는 物部雙柏[15] 같은 사람은 海東夫子라고 일컬어지고 있으며 그 제자들도 매우 많다. 지난번 통신사가 다녀오는 길에 篠本廉의 글 3통을 얻어가지고 왔는데, 그 문장이 모두 정밀하고 날카로웠다. 대저 일본은 본래 백제를 통해서 서적을 얻어 보게 되었으므로 과거에는 몹시 몽매하였었는데, 그 후에 직접 중국의 浙江 지방과 교역을 트면서부터 중국의 좋은 서적은 사가지 않은 것이 없었다. 또 科擧 공부의 누가 없으므로 지금 그들의 문학이 우리나라보다 훨씬 앞서 있으니, 매

15) 物部雙柏의 "雙柏"은 "雙松"의 잘못임.

우 부끄러운 일이다.[16]

다산은 荻生徂徠(이름 雙松, 호 徂徠)를 명유로 해동의 부자(공자)로 일컬으며 제자들이 많다고 하였다. 이는 荻生徂徠의 명성이 일본은 물론 조선에까지 널리 알려진 것을 말한다. 다산이 통신사 편에 입수한 篠本廉의 글 3통을 보고, 문장이 정밀하고 날카로웠다(精銳)고 평한 것은 학문의 수준이 높았다는 것을 뜻한다. 일본이 옛적에 백제를 통하여 서적을 구해보던 시절에는 학문의 수준이 낮았으나, 중국의 절강 지방과 교역을 한 후로부터 좋은 서적을 구입한 이후로 학술문화가 크게 발전하였다는 것이다. 특히 일본은 출세지향적인 "과거를 위한 학문"이 없기 때문에, 학문에 전념할 수 있어 문학이 우리나라보다 훨씬 앞서고 있으니 심히 부끄러운 일이라고 개탄하였다.

다산이 쓴 申維翰의 『해사견문록』 발문에서, 우리나라가 일본 문화의 우수성을 배우지 않는 것을 비판하였다.

위의 『해사견문록』 1권은 고 青泉子 신유한이 사신을 따라 일본에 갔다가 그 나라의 산천과 풍속을 기록한 것이다. 일본의 세대와 도읍에 관한 것은 모두 本史가 있어 고증할 수 있

16) 『전서』, 「示二兒」, I-21, 10a p.443. "日本近者, 名儒輩出, 如物部雙柏號徂徠, 稱爲海東夫子, 其徒甚多. 往在信使之行, 得篠本廉文三度而來, 文皆精銳. 大抵日本本因百濟得見書籍, 始甚蒙昧, 一自直通江浙之後, 中國佳書, 無不購去. 且無科擧之累, 今其文學遠超吾邦, 愧甚耳."

> 다. 원나라 世祖가 10만의 군사를 거느리고 정벌을 나왔다가 활촉 하나도 되돌아가지 못하였으니, 그곳의 국경 수비와 道里가 견고하여 정벌할 수 없음을 알 수 있다. 의당 관찰해야 할 것은 오직 器物의 정교함과 여러 가지 調鍊하는 법인데, 이 책에서는 그 점이 생략되었으니, 한스러운 일이다. 그러나 우리나라 사람이 그곳에 표류하면 그들은 번번이 새로 배를 만들어서 돌려보냈는데, 그 배의 제도가 아주 절묘하였다. 하지만 여기에 도착하면 우리는 그것을 모두 부수어서 그 법을 본받으려고 하지 않았다. 館倭의 房櫳(격자창) 제도도 아주 정결하고 밝고 따뜻해서 좋다. 그러나 그 법을 본받으려 하지 않으니, 그 법을 기록해 본들 무슨 소용이 있겠는가. 지난번에 유문충(文忠은 柳成龍의 시호)이 아니었더라면 鳥銃의 제도마저 끝내 우리에게 전해지지 못하였을 것이다.[17]

위의 글에는 일본의 우수성이 세 가지가 있다. 첫째가 국방의 견고함이다. 원나라 世祖가 10만의 군사를 거느리고 1274년(고려, 원종 15)과 1281년(고려, 충렬왕 7) 2차에 걸쳐 고려 연합군과 일본 정벌에 나섰으나 실패한 것은 국경 수비와 道里가 견고했기 때문이다. 이는 일본의 국방이 옛적부터 강성하였음을 말한 것이다. 둘째는 일본의 배를

---

17) 『전서』, 「跋海槎見聞錄」, I-14, 24b-25a, pp.296-297. "右海槎聞見錄一卷, 故青泉子申維翰隨使臣之日本, 記其山川風俗者也. 日本世次都邑, 幷有本史可攷. 元世祖擧十萬之衆, 一鏃不還, 知其關防道里, 亦不可伐也. 所宜察唯器物精巧及諸調鍊之法, 而此編略, 於是爲可歎. 然我人漂至彼者, 彼皆造新船送回, 其船制絶妙. 而到此我皆槌碎之, 不欲移其法. 館倭房櫳之制, 亦精潔明燠. 然莫之或移, 卽記其法, 何爲哉. 曩非柳文忠, 鳥鎗之制, 終亦不傳於我矣."

만드는 기술, 즉 조선기술의 우수함이다. 일본은 표류한 우리나라 사람들을 귀국시킬 때, 항상 새로 배를 만들어서 돌려보냈는데, 그 배가 매우 절묘하였다. 그러나 그 배가 도착하면 우리니라에서는 모두 부셔버리고 우수한 조선기술을 배우지 않았다. 셋째로 館倭의 房櫳(격자창)이 정결하고 밝고 따뜻해서 좋은데, 우리나라 사람들은 편협하여 이를 배우려 하지 않았다. 그러므로 일본의 문물제도의 우수성을 기록해온들 무슨 소용이 있겠느냐고 탄식하였다. 우리나라 사람들이 외래문화의 수용에 대한 폐쇄성과 편협성을 비판한 것이다. 그나마 다행인 것은 서애 유성룡(1542-1607)이 있었기에 鳥銃이 우리에게 전해졌다고 하였다.

다산은 벼슬할 적에 일본에 관련된 각종 문헌을 수집 하여 「倭情考」를 만들었다. 이 「왜정고」는 요즈음 말로 일본 정보 보고서이다.

> 삼가 생각건대, 일본이란 나라는 큰 바다 건너에 떨어져 있어 중국의 聲敎와 힘이 미치지 못하므로 참람하게 황제의 호칭을 사용하고 외람되이 연호를 세워 스스로 하나의 版圖를 이루어 두려워하거나 꺼려하는 바가 없다. 우리나라는 서쪽으로는 중국과 경계를 접하고 동쪽으로는 일본과 이웃하고 있어 두 나라 사이에 끼었으므로 관계되는 일이 많다.
>
> 倭史를 상고하건대, 그들이 우리와 교통한 것은 任羅와 天日槍에서부터 시작되었고, 중국과 교통한 것은 隋나라 裵世淸에서부터 시작되었다. 그러나 班固의 『漢書』 지리지에, 樂浪의

> 바다에 왜인이 있다 하였고, 漢·魏 때에는 왜인을 낙랑·帶方 두 군에 예속시켰으며, 隋·唐 때에는 왜가 비록 서쪽으로 중국과 교통하였으나 그 길은 모두 對馬島·長門島 등을 경유하였으니 사실은 우리나라의 경계를 경유한 것이고 직통한 것은 아니었다. 元 世祖가 고려의 군대를 사용하여 일본을 정벌하였고 平秀吉이 우리나라를 침범하여 중국을 엿보았으니, 왜는 중국과 비록 멀리 떨어져 있으나 서로 잊을 수도 버릴 수도 없는 처지이다. 그러므로 숭덕 이후로는 옛 규례에 따라 왜의 정상이 의심스러우면 즉시 중국에 보고하고 통신사를 보낼 때에도 미리 중국에 보고하며, 江蘇 浙江 福建 사람들이 왜와 교역하는 것까지 정탐하여 보고하기를 옛날처럼 하였다. 그러므로 여러 문헌을 수집하여 「倭情考」를 만든다.[18)]

일본은 큰 바다 건너에 있어 중국의 聲敎와 힘이 미치지 못하여 참람하게 황제라 일컫고 외람되이 연호를 세워 스스로 하나의 版圖를 이루어 두려워하거나 꺼리는 바가 없다고 비판하였다. 일본이 국왕을 황제라 칭하고 연호를 쓰

---

18) 『전서』, 「倭情考敍」, I-15, 6a-7b, pp.310-311. "臣竊伏念, 日本爲國, 隔在重溟, 非中國聲力之所及, 故僭竊皇號. 猥建年號, 自成一局, 無所畏忌. 惟我邦西接中華, 東隣日本, 介於兩間, 事多相關. 攷諸倭史, 其通我邦, 自任羅及天日槍而始, 其通中國, 自隋裵世淸而始. 然班固地志, 稱樂浪之海有倭人, 而漢魏之制倭人, 隷於樂浪帶方二郡, 隋唐之時, 倭雖西通, 其路皆由對馬長門等州. 實由我境, 非直通也. 元世祖用高麗之兵, 以征日本, 平秀吉寇我邦之地, 以窺中原, 倭之與華, 雖在隔遠, 其不能相亡而相捨也如此. 故崇德以來, 式循舊規, 凡倭情之可疑者, 登時飛報, 凡信使之差遣者, 先期轉奏, 雖江浙福建之人, 與倭通市, 而我之偵侯報聞, 猶如舊焉. 玆輯諸文, 爲倭情考."

는 것은 중국의 德化가 미치지 않았기 때문이라는 인식은 철저한 중국 중심의 사고이다. 당시 동아시아 맹주는 중국(淸)이었다. 그래서 일본이 독자적으로 황제라 칭하고 연호를 쓰는 것을 부정적으로 인식한 것이다.

일본이 우리나라와 교류하기 시작한 것은 任羅와 신라의 왕자 天日槍에서부터 시작되었고, 중국과 교통한 것은 隋나라 裵世淸에서부터 시작되었다. 원나라 世祖가 2차(1274년, 1281년)에 걸쳐 고려와 일본을 정벌하였고, 平秀吉(豊臣秀吉)이 임진왜란(1592)을 일으켜 조선을 침범하여 중국을 침략하려 하였다. 왜는 중국과 멀리 떨어져 있으나 서로 잊을 수도 버릴 수도 없는 처지이다. 그래서 청나라 태종 崇德(1636-1643) 이후로 옛 규례에 따라 왜의 정상이 의심스러우면 즉시 중국에 보고하고 통신사를 보낼 때에도 미리 중국에 보고하며, 江蘇 浙江 福建 사람들이 왜와 교역하는 것까지 정탐하여 보고하기를 옛날처럼 하였다.

일본이 조선과 중국을 정벌하려는 전례가 있었으므로, 일본에 통신사를 보낼 때나 중국 사람들이 일본과 교역하는 것까지 정보를 수집하여 옛날처럼 중국에 보고한 것이다. 일본은 선한 이웃 나라가 아니라 조선과 중국에서는 경계의 대상이었다.

다산은 일본의 정치 사회 문화에 대하여 긍정적이었다. 일본은 출세지향적인 “科擧를 위한 학문”이 없기 때문에, 학문에 전념할 수 있어 문학이 우리나라보다 앞섰다고 보았다. 우리나라 사람들이 일본의 ① 국방의 견고함과, ② 造

船기술의 우수함과, ③ 房櫳(격자창)의 장점을 배우지 않는 폐쇄성과 편협성을 비판하였다. 그리고 일본이 황제라 칭하고 연호를 쓰는 것은 중국의 德化가 미치지 않은 것이라고 비판한 것은 철저한 중국 중심의 사고이다. 일본은 조선과 중국을 정벌하려는 전례가 있는 만큼 선한 이웃 나라가 아니라 조선과 중국에서는 경계해야 할 대상으로 인식하였다.

4. 「日本論」 세계

다산이 쓴 「일본론」은 2편이 있다. 이 「일본론」은 다산이 벼슬하던 시절인 37세(1798, 정조 22) 전후에 쓴 것 같다. 이렇게 추정하는 근거는 「일본론」(1)에서 "지금은 우리나라의 州縣이 일본과 싸우지 않은 지가 이미 2백여 년이나 되었고"[19]라고 한 데 있다. 정유재란(1597)이 일어난 다음해(1598) 8월에 豊臣秀吉이 죽고 11월 19일에 李舜臣(1545-1598) 장군의 露梁海戰 대승으로 일본은 패퇴하여 왜란이 종결되었다.[20] 왜란이 종결된 것은 1598년 11월이

19) 『전서』, 「日本論」(1), I-12, 4a, p.241. "今我邦州縣不與交兵, 已二百餘年."

20) 이순신 장군은 1598년 11월 19일 노량에서 퇴각하기 위하여 집결한 500척의 일본의 군함을 발견하고 싸움을 기피하려는 명나

므로, 1598년에다 일본과 싸우지 않은 기간 2백여 년을 더하면 1798년 전후가 되고 다산이 37세 전후가 된다.

「일본론」(1)에는 江戶時代 유학자인 伊藤維楨·荻生徂徠·太宰春臺 3인에 대한 언급이 있고, 「일본론」(2)에는 平秀吉(豊臣秀吉)을 언급하였다. 이들에 대한 다산의 시각을 앞에서 살펴보았다. 먼저 「일본론」(1)을 보자.

> 지금은 일본에 대해 걱정할 것이 없다. 내가 이른바 古學先生 伊藤維楨씨가 지은 글과 荻先生(이름이 雙松인 荻生徂徠)과 太宰純 등이 논한 經義를 읽어보니 모두 찬란한 문채가 있었다. 이 때문에 지금은 일본에 대해서 걱정할 것이 없음을 알겠다. 비록 그들의 의론이 간혹 오활한 점이 있기는 하나, 그 문채가 質보다 나은 면은 대단한 바가 있다. 대체로 오랑캐를 방어하기가 어려운 것은 文物이 없기 때문이다. 문물이 없으면, 예의염치로 사나운 마음이 분발함을 부끄러워하게 할 수 없고, 원대한 계책으로 무턱대고 뺏으려는 욕심을 중지시킬 수 없다. 그리하여 표범과 시랑 같은 사나운 짐승처럼 성나면 물어뜯고 탐나면 먹어치우게 되니, 어떻게 옳고 그름을 헤아릴 수가 있겠는가. 이것이 방어하기 어려운 이유이다. 이것이 두려운 것이 된다.

라 수군제독 陳璘을 설득하여 공격에 나섰다. 그는 함대를 이끌고 물러가는 적선을 향하여 맹공을 가하였고, 이것을 감당할 수 없었던 일본군은 많은 사상자와 선척을 잃었다. 그러나 船頭에 나서서 적군을 지휘하던 그는 애통하게도 적의 유탄에 맞았다. 그는 운명하는 순간까지 "싸움이 바야흐로 급하니 내가 죽었다는 말을 삼가라." 하고 향년 53세로 조용히 눈을 감았다.

옛날 우리나라에 문물이 없을 적에는 수나라 煬帝가 백만 대군을 이끌고 쳐들어 왔었지만 한 치의 땅도 못 얻었고, 당나라 太宗은 온 나라의 군사력을 총동원하였으나 한쪽 눈이 먼 채 되돌아갔고, 고려 때에는 여진을 굴복시켰고 琉球國을 위력으로 제재했었다. 문물이 점차 성해지고 예의를 숭상함으로부터는 외적이 침입해오면 두 손을 마주잡고 공물을 바칠 줄만 알 뿐이었다. 이것이 명백한 증거다.

일본의 풍속은 불교를 좋아하고 무력을 숭상하기 때문에 연해의 여러 나라를 침략하여 寶貨와 식량과 布帛을 약탈, 눈앞의 욕심만 채웠다. 때문에 우리나라의 근심거리가 되어온 바 신라 때부터 일찍이 사고가 없이 몇 십년을 지낸 적이 없었고, 중국은 강소성과 절강성 지방이 해마다 노략질 당하여온 바 명나라 말기에 이르기까지도 걱정이 그치지 않았었다.

지금은 우리나라의 州縣이 일본과 싸우지 않은 지가 이미 2백여 년이나 되었고, 중국도 서로 物貨를 매매하는 배(舟航)들의 왕래가 끊이지 않고 있다. 진실로 예의와 문물이 그들의 천박하고 탐욕스러운 풍속을 대폭 혁신시키지 않았다면, 어떻게 수천백 년 동안 고칠 수 없었던 것을 이렇게 하루아침에 거부 반응도 없어 그치게 할 수 있었겠는가.

노략질하기 위해 군사를 일으키려는 자가 있으면 그 측근의 신하가 간하기를, “그 땅은 얻어도 지킬 수가 없고 재물을 노략질하면 도적이란 이름만 남을 뿐입니다.”하고, 싸우기 위해 군대를 동원하려는 자가 있으면 그 측근의 신하가 간하기를, “아무 때 군대를 동원하여 공격했다가 단 한 사람의 군졸도 돌아오지 못했고, 아무 때에는 군대를 동원하여 공격했다가 그 여파로 나라도 따라서 망했습니다.”하니, 이에 중지하게 되

> 었다. 이는 모두 文彩가 實質보다 나은 효과이다. 문채가 실질보다 나아지면 武事를 힘쓰지 않기 때문에 망령되이 이익을 노려 움직이지 않는 법이다. 위에 열거한 몇 사람들이 經義와 禮義를 말한 것이 이러니 그 나라는 반드시 예의를 숭상하고 나라의 원대한 장래를 생각하는 사람이 있을 것이다. 때문에 지금은 일본에 대해서 걱정할 것이 없다고 한 것이다.[21]

다산은 일본이 文物이 성하고 예의염치가 있으며 是非를 가릴 줄 아는 문화국가로 인식하였다. 江戶시대의 유학자 伊藤維楨·荻生徂徠·太宰春臺 3인의 경학은 비록 오활한 점이 없지 않으나 문채가 질보다 승하다고 평하였다. 특히

---

21) 『전서』, 「日本論」(1), I-12, 3b-4a, p.241. "日本今無憂也. 余讀其所謂古學先生伊藤氏所爲文, 及荻先生太宰純等, 所論經義, 皆燦然以文, 由是知日本今無憂也. 雖其議論間有迂曲, 其文勝則已甚矣. 夫夷狄之所以難禦者, 以無文也. 無文則無禮義廉恥, 以愧其奮發鷙悍之心者也, 無長慮遠計, 以格其貪婪攫取之慾者也. 如虎豹豺狼, 怒則齧之, 饞則啗之, 復安有商度可否於其間哉. 斯其所以爲難禦也. 斯其所以可畏也. 昔我邦之無文也, 隋煬頓百萬之師, 而不得尺寸之地, 太宗傾中國之力, 眇一目以去, 高麗之世, 臣服女眞, 威制琉球. 自文物寢盛, 禮義相尙, 而有外寇至, 唯知拱手而奉獻. 此其明驗也. 日本之俗, 喜浮屠尙武力, 唯剽掠沿海諸國, 奪其寶貨糧帛, 以充其目前之慾. 故我邦爲患, 自新羅以來, 未嘗數十年無事, 中國江浙之間, 連年攻刦, 至大明之末, 其患不息. 今我邦州縣不與交兵, 已二百餘年, 中國互相市貨, 舟航絡續. 苟非有禮義文物, 有以大變其輕窕貪賊之俗, 何累千百年莫之或改者, 能一朝而帖然寧息如此哉. 有欲興兵者, 其左右諫之曰, 得其地不可守, 竊其財有盜賊之名, 有欲興師者, 其左右諫之曰, 某時興師伐之, 片甲不還, 某時興師伐之, 國隨以亡. 於是乎止. 此皆文勝之效也. 文勝者, 武事不競, 不妄動以規利. 彼數子者, 其談經說禮如此, 其國必有崇禮義而慮久遠者, 故曰日本今無憂也."

다산은 伊藤維楨과 荻生徂徠를 "先生"이라 호칭한 것은 학문을 높이 인정한 것이다. 일본은 文物이 성하고 예의염치가 있고 是非를 가릴 줄 아는 국가이므로 조선은 일본의 호전성과 침략근성을 걱정할 것이 없다고 하였다.

다산은 오랑캐(夷狄)를 방어하기가 어려운 것은 文物이 없기 때문이라고 하였다. 문물이 없으면 예의염치가 없어 탈취하려는 욕심을 중지시킬 수 없고, 성이 나면 표범과 시랑처럼 물어뜯고 탐이 나면 먹어치우기 때문에, 옳고 그름을 헤아리기를 바랄 수 없어 방어하기가 어렵다는 것이다. 그래서 오랑캐는 두려운 존재라고 하였다. 그러나 일본은 伊藤維楨·荻生徂徠·太宰春臺 3인의 경학으로 문물이 있게 되어 예의염치가 있고 시비를 가릴 줄 아는 만큼 두려운 존재가 아니라고 하였다. 일본은 오랑캐의 나라가 아닌 문물이 있는 문화 국가로 인정하였다.

다산은 우리나라에 문물이 없던 옛적에 隋나라 煬帝가 고구려를 정벌했으나 한 치의 땅도 얻지 못하였고, 당 太宗도 고구려 정벌에 나섰으나 화살을 맞아 한쪽 눈이 먼 채 되돌아갔고, 고려 때는 여진을 굴복시켰고 琉球國을 위력으로 제재했었다. 그러나 문물이 성해진 후로 예의를 숭상하여 외적이 침입해오면 두 손을 마주잡고 공물 바칠 줄만 알았다고 하였다. 일본은 비록 불교를 좋아하지만, 무력을 숭상하여 연안의 여러 나라의 寶貨·식량·布帛을 약탈하여 왔다. 일본은 신라 때부터 우리나라를 노략질해 왔는데, 아무 일 없이 몇 십 년을 지낸 적이 없었다. 또한 일본은 중국의 강소성·절강성 지방을 해마다 노략질하였고 명나라 말기까지 약탈을 그치지 않았다.

다산은 이런 일본이 임진왜란 이후 우리나라와 싸우지 않은 지가 2백여 년 되었고, 중국도 서로 物貨를 교역하는 배들의 왕래가 지속되고 있는 것은, 예의와 문물이 있어 천박하고 탐욕스러운 풍속을 혁신시킨 결과로 보았다. 일본 왕이 이웃 나라를 노략질 하려 한다면, 측근들이 "그 땅은 얻어도 지킬 수 없고 재물을 노략질하면 도적이란 이름만 남을 뿐이다."고 만류하고, 군대를 동원하여 정벌하려면 신하가 "아무 때 군대를 동원하여 공격했다가 단 한 사람의 군졸도 돌아오지 못했고, 아무 때에는 군대를 동원하여 공격했다가 그 여파로 나라도 따라서 망했다."고 만류하였기에 노략질과 침략이 중지하게 된 것이라 하였다.

일본이 약탈과 침략을 중지한 지 2백여 년이 된 것은, 文彩가 實質보다 나은 효과라고 하였다. 문채가 실질보다 나으면 노략질이나 침략(武事)에 힘쓰지 않기 때문에 이익을 노려 움직이지 않는다고 하였다. 伊藤維楨·荻生徂徠·太宰春臺의 학문이 예의와 문물, 즉 經義와 禮義를 말한 것이므로 일본은 예의를 숭상하고 국가의 원대한 장래를 생각하는 사람이 있기에, 지금은 그들의 호전성과 침략야욕을 걱정할 것이 없다고 단언하였다.

다산의 일본에 대한 시각은 우호적이고 긍정적이다. 이러한 인식의 배경에는 江戶시대 "伊藤維楨·荻生徂徠·太宰春臺의 학문과 저서가 노략질과 침략을 좋아하는 호전적인 성격을 교화시켜 문물과 예의염치를 아는 사람들로 변화시킨 결과로 보았다. 이러한 다산의 시각은 나이브하다. 다시 말하면 일본의 호전성과 침략근성을 제대로 보지 못한 것이다.

다음은 「일본론」(2)이다. 다산은 이 글에서 조선은 일본의 호전성과 침략야욕을 걱정하지 않아도 되는 이유 5개항을 제시하였다.

> 平秀吉(豊臣秀吉)이 백만 대군을 동원하고 10州의 재력을 다 기울여 두 번이나 큰 전쟁을 일으켰지만 화살 한 개도 돌아가지 못했음은 물론 나라도 따라서 망했다. 그래서 백성들이 지금까지 원망하고 있으니, 그들이 다시 전철을 밟지 않을 것이 명백하다. 이것이 일본에 대해 걱정할 것이 없다는 첫째 이유이다.
>
> 영남에서 해마다 쌀 수만 곡을 운반하여 1州의 생명을 살리고 있다. 지금 그들이 대대적인 약탈을 감행하더라도 반드시 이 쌀의 이익과 맞먹을 수가 없음은 물론 盟約만 깨질 것이니, 그들이 서로 사이가 벌어져서 틈이 생기게 되는 실마리를 유발시키지 않을 것이 명백하다. 이것이 일본에 대해 걱정할 것이 없다는 둘째 이유이다.
>
> 청나라 사람은 우리나라를 왼팔로 여기고 있고, 우리나라의 북쪽 경계가 또 그들의 근거지와 아주 가까이 서로 맞붙어 있다. 따라서 청나라 사람이 결단코 싸움에 익숙한 사나운 오랑캐들로 하여금 자기들의 왼팔을 점거하게 하지 않을 것이거니와, 일본도 우리나라를 얻어봤자 소유할 수 없다는 것을 명백

히 알고 있다. 이것이 일본에 대해 걱정할 것이 없다는 셋째 이유이다.

일본이 옛날에는 여러 州를 통합하지 못했기 때문에 교활한 무리들이 각기 제 뜻대로 군사를 일으켜 노략질을 자행했었다. 때문에 신라와 고려 때에는 침략이 빈번하였었으나, 지금은 섬 하나라도 임금에게 통할되지 않은 곳이 없다. 그러므로 그들이 감히 멋대로 兵禍를 일으키지 않을 것은 명백하다. 이것이 일본에 대해 걱정할 것이 없다는 넷째 이유이다.

일본이 중국과 교통하지 못할 적에는 중국의 비단과 보물들을 모두 우리에게서 얻어갔고, 또 고루한 우리나라 사람의 시문과 서화를 얻어도 귀중한 보물로 여겼었다. 그러나 지금은 그들의 배가 바로 강소성과 절강성까지 교통하여 중국의 물건만 얻어갈 뿐 아니라, 여러 물건을 제조하는 방법가지도 배워가지고 돌아가서 스스로 제조하여 넉넉하게 사용하고 있다. 이런데 어찌 이웃 나라를 약탈하여 도적질했다는 명칭을 얻어가면서 겨우 거칠고 나쁜 물건을 얻으려 하겠는가. 이것이 일본에 대해 걱정할 것이 없다는 다섯째 이유이다.

대저 국력의 허실과 武備의 疏密을 살펴 승패의 형세를 헤아린 다음 도모해 왔다면, 저들이 이미 백 번 왔을 것이고 우리는 이미 백 번 패하여 씨도 없어졌을 것이다. 어떻게 지금까지 무사히 편안할 수 있겠는가.[22)]

---

22) 『전서』, 「日本論」(2), I-12, 4b-5a, pp.241-242. “平秀吉, 動百萬之衆, 竭十州之力, 再擧大事, 一鏃不還, 國隨以亡. 百姓至今怨之, 其不宜蹈轍審矣. 此日本之無可憂一也. 嶺南歲輸米數萬斛, 以活一州之命. 今雖大行刦掠, 必不能當此米之利, 而盟約必敗, 其不欲生釁審矣. 此日本之無可憂二也. 淸人以我邦爲左臂, 而我之北界, 又與其根本之地. 逼近而相附. 淸人決不使慓悍習兵之虜, 據其左臂,

다산은 「일본론」(2)에서, 조선은 일본의 호전성과 침략야욕을 걱정하지 않아도 되는 근거를 5개항으로 제시하였다.

① 豊臣秀吉이 1592년(임진왜란)과 1597년(정유재란) 2차에 걸쳐 조선정벌에 나섰으나 화살 한 개도 가져가지 못했고 나라도 따라서 망했다. 그래서 백성들이 지금까지 원망하고 있어, 일본이 전철을 밟지 않을 것이 명백하므로 일본을 걱정하지 않아도 된다.

② 영남에서 해마다 쌀 수만 섬을 운반하여 일본의 1州의 생명을 살리고 있다. 지금 일본이 대대적인 약탈을 한들이 쌀의 이익과 맞먹을 수가 없고 盟約만 깨질 것이니, 그들이 서로 사이가 벌어져서 틈이 생기는 실마리를 유발시키지 않을 것이 명백하므로 일본을 걱정하지 않아도 된다.

③ 청나라 사람들이 우리나라를 왼팔로 여기고, 우리나라의 북쪽 경계가 청나라 근거지와 아주 가까이에 있다. 청나라가 싸움에 능한 오랑캐(일본)들로부터 자기들의 왼팔인 조선을 점거 못하게 할 것이고, 일본도 조선을 얻어

日本之知得之, 而不能有之也審矣. 此日本之無可憂三也. 日本舊未統合諸洲, 亡賴之徒, 各以其意治兵行刦. 故羅麗之際, 爲患頻數, 今一島一嶴, 莫不統轄於國君. 其不敢擅起戎禍審矣. 此日本之無可憂四也. 日本未通中國, 凡中國之錦綉寶物, 皆從我得之, 又其所孤陋. 我人之詩文書畫, 得之爲奇珍絶寶. 今其舟航直通江浙, 不唯得中國之物而已, 並得其所以製造諸物之法, 歸而自造而裕其用. 又安肯刦掠鄰境, 取竊盜之名, 而僅得其粗劣苦惡之物哉. 此日本之無可憂五也. 若夫覘國力之虛實, 察武備之疎密, 量度於勝敗之數, 而爲之權而已, 則彼已百來, 我已百敗, 無噍類矣. 豈至今安然無事哉."

봤자 소유할 수 없 것을 명백히 알고 있으므로 일본을 걱정하지 않아도 된다.

④ 일본이 옛적에 여러 州를 통합하여 교활한 자들이 각각 군사를 일으켜 노략질을 자행했었다. 신라와 고려 때에는 일본의 침략이 자주 있었으나. 지금은 섬 하나라도 임금에게 통할되지 않은 곳이 없는 통일국가이다. 그러므로 멋대로 兵禍를 일으키지 않을 것은 명백하므로 일본을 걱정하지 않아도 된다.

⑤ 일본이 중국과 교통하기 전에는 중국의 비단과 보물들을 우리나라에서 얻어갔고, 또 우리나라 사람의 시문과 서화를 얻어도 귀중한 보물로 여겼었다. 그러나 지금은 일본의 배가 강소성과 절강성까지 들어가 중국의 물건을 얻어가고, 또한 여러 물건의 제조방법을 배워가지고 돌아가서 스스로 제조하여 넉넉하게 사용하고 있다. 이런 일본이 어찌 이웃 나라를 약탈하여 도적질했다는 불명예스런 이름을 얻어가면서 겨우 거칠고 나쁜 물건을 얻으려 하지 않기 때문에 일본을 걱정하지 않아도 된다.

다산은 결론으로 일본이 조선 국력의 허실과 武備의 疏密을 살펴서 승패의 형세를 살핀 후에 침략하러 왔다면, 일본이 "백 번 왔을 것이고 우리는 이미 백 번 패하여 씨도 없어졌을 것인데, 어떻게 지금까지 무사히 편안할 수 있겠느냐"고 반문하였다.

이러한 다산의 일본에 대한 나이브한 시각은 江戶시대 유학자 伊藤維楨・荻生徂徠・太宰春臺 등의 경학으로 인하여 옛날의 노략질과 도둑질을 일삼던 일본이 아니라 문물이 빛나고 예의염치와 옳고 그름을 아는 문화국가가 된 만큼 이제는 이웃 나라 조선을 침략하지 않을 것이라고 단언하였다.

다산이 「일본론」을 쓴 시기가 벼슬하던 시절인 1798년(정조 22, 다산 37세) 전후이다. 일본의 호전성과 야만적인 침략근성을 걱정하지 않아도 된다고 누누이 밝혔지만, 「일본론」을 쓴 지 100여 년 전후인 1895년 8월 조선의 명성황후를 시해하는 천인공노할 만행을 자행하였고, 1905년에는 乙巳條約으로 조선의 외교권을 강탈하였으며, 1910년 8월 22일 한일합방조약을 강제로 조인하게 하여 1910년 8월 29일에 한일합방조약을 발표하고, 讓國詔書를 내리게 하여 519년의 조선왕조를 멸망시키고 식민지로 만들었다. 또한 일본은 1931년 9월 18일 만철폭파사건(柳條溝事件)을 조작하여 만주침략전쟁(滿洲事變)을 일으킨 후 1932년 3월 1일에는 괴뢰정부인 만주국을 세웠고, 1937년 7월에는 中日전쟁을, 1941년 12월 7일 아침에 하와이 오아후 섬의 진주만에 있던 미국 해군기지를 기습 공격하여 태평양 전쟁을 일으켰다.

다산은 이러한 일본민족의 내재된 야만적인 호전성과 침략근성을 예상하지 못하였다. 그는 伊藤維楨·荻生徂徠·太宰春臺 등의 유학 관련 서적을 읽고 감동한 나머지 문물이 빛나고 예의염치를 알고 시비를 아는 문화국가로 인식하였다. 일본민족의 태생적인 호전성과 야만적인 침략근성을 간과하였다. 그의 일본에 대한 인식은 너무 순진하고 천진하다. 우리는 다산의 「일본론」에서 1백년 전후의 동아시아 국제정세를 예상·예측하여 일본의 조선침략을 예상하였기를 바라는 것은 무리이다. 그러나 국제정서에 대한 정보가 밝지 못하여 일본을 나이브하게 인식하였다. 이것이 다산의 한계이다.

5. 결 론

다산의 일본에 대한 인식을 조명하는 것은 18세기 후반부터 19세기 전반의 조선왕조 사대부들의 동아시아 국제정세에 대한 이해의 폭의 一斑을 알 수 있다. 다산의 일본에 대한 인식을 조명한 내용을 요약한다.

첫째, 다산은 江戶시대의 유학자인 伊藤維楨·荻生徂徠·太宰春臺 등의 經義에 관련 저서는 의론이 간혹 오활한 점이 있으나 찬란한 문채가 있다고 높이 인정하였다. 특히 荻生徂徠는 名儒로 海東夫子라고 일컫는다고 하였다. 그러나 이들은 바른 학문(正學)을 보지 못하였고, 程朱(洛閩)의 학문을 계승한 것이 아니라고 비판하였다. 또한 太宰春臺를 名儒라고 하였으면서도 그의 잘못된 학문의 연원은 伊藤維楨(伊藤仁齋)으로부터 나왔는데 점차로 어긋나서 방자하게 되었다고 비판하였다. 豊臣秀吉은 2차에 걸쳐 조선정벌에 나섰으나 화살 한 개도 돌아가지 못했음은 물론 나라도 망하게 하여 백성들이 지금까지 원망한다고 하여 好戰性과 침략정책을 비판하였다. 加藤淸正은 영웅이지만 어리석은 섬오랑캐로 아둔하고 "미친놈"(狂夫)이라고 비하하였다.

둘째, 다산은 일본의 정치 사회 국방 문화 등의 수준이 높음을 인정하였다. 일본은 "科擧를 위한 학문"이 없기 때문에, 학문에 전념할 수 있어 문학이 조선보다 앞섰다고 하였다. 또한 조선 사람들이 일본의 우수한 문화를 수용하려하지 않는 것을 지적하였다. 즉 일본의 ① 국방이 견고한 점과, ② 造船기술의 우수함과, ③ 房櫳(격자창)의 장점을 배우려하지 않는 폐쇄성과 편협성을 비판하였다. 그리고 다산이 일본이 국왕을 황제라 칭하고 연호를 쓰는 것은 중국의 德化가 일본에 까지 미치지 않은 것이라고 한 것은 철저한 중국 중심의 사고이다. 일본은 조선과 중국을 침략한 과거가 있는 만큼 일본은 善한 이웃 나라가 아니라 조선과 중국에서는 경계의 대상으로 인식하였다.

셋째, 다산은 「일본론」(1)에서, 일본의 호전성과 침략야욕을 조선은 걱정할 필요가 없다고 단언하였다. 이러한 인식의 배경에는 江戶시대 유학자인 伊藤維楨·荻生徂徠·太宰春臺의 학문과 저서가 노략질과 침략을 좋아하는 호전적인 성격을 교화시켜, 문채가 있고 예의염치와 옳고 그름(是非)를 아는 사람들로 변화시킨 결과로 보았다.

넷째, 다산은 「일본론」(2)에서, 일본은 조선을 침략할 야만국가가 아닌 만큼, 걱정하지 않아도 되는 근거 5개항을 제시하였다. ① 豊臣秀吉이 2차에 걸쳐 조선정벌에 나섰으나 실패한 전철을 밟지 않을 것이 명백하다. ② 일본은 영남에서 해마다 쌀 수만 섬을 운반하여 1州의 생명을 살리고 있데 이런 이익을 포기할 리가 없다. ③ 일본이 조선을 침략한다면 淸나라가 침략하도록 방관하지 않을 것이고, 일본도 조선을 얻어봤자 소유할 수 없는 것을 알고 있다. ④ 일본이 통일되기 전인 신라와 고려 때에는 자주 침략을 했으나, 지금은 통일국가인 만큼 멋대로 兵禍를 일으키지 않을 것이다. ⑤ 옛적에는 일본은 우리나라를 통하여 중국의 문물을 접하였으나 지금은 강소성과 절강성까지 들어가 교역을 하고 있고 부유하게 살고 있는 만큼 이웃 나라를 약탈하여 도적질했다는 汚名을 국제사회로부터 얻지 않을 것이다.

다산은 일본이 조선 국력의 허실과 武備의 疏密을 살펴서 승패의 형세를 살핀 후에 침략하러 왔다면, 일본이 "백 번은 왔을 것이고 우리는 이미 백 번 패하여 씨도 없어졌을 것인데, 어떻게 지금까지 무사히 편안할 수 있겠느냐"고 반문하였다.

다산의 「일본론」에 나타난 일본에 대한 인식과 시각은 나이브하다. 다시 말하면 일본의 호전성과 침략근성을 간과한 것이다. 「일본론」을 쓴 것이 1798년(정조 22, 다산 37세) 전후이다. 그는 일본의 호전성과 야만적인 침략근성을 걱정하지 않아도 된다고 누누이 밝혔지만, 「일본론」을 쓴 지 100여년 전후인 1895년 8월 조선의 명성황후를 시해하는 만행을 자행하였고, 1905년에는 乙巳條約으로 조선의 외교권을 강탈하였으며, 1910년 8월 22일 한일합방조약을 강제조인하게 하고 8월 29일에 이를 발표하고 讓國詔書를 발표토록 하여 519년의 역사를 가진 조선왕조를 식민지로 만들었다. 또한 일본은 1931년 9월 18일 만철폭파사건(柳條溝事件)을 조작하여 만주침략전쟁(滿洲事變)을 일으킨 후 1932년에는 괴뢰정부인 만주국을 세웠고, 1937년에는 중일전쟁을, 1941년 12월 7일 아침에 진주만에 있던 미국 해군기지를 기습 공격하여 태평양 전쟁을 일으켰다.

다산은 이러한 일본민족의 내재된 야만적인 호전성과 침략근성을 모르고 예측하지 못하였다. 伊藤維楨 · 荻生徂徠 · 太宰春臺 등의 유학 관련 서적 몇 권을 읽고 감동한 나머지 문물이 빛나고 예의염치를 알고 시비를 아는 문화국가로 인식하고, 일본민족의 태생적인 호전성과 야만적인 침략근성을 간과하였다.

다산은 위대한 善鳴者이다. 우리가 다산이 「일본론」을 쓸 당시에 100여년 전후에 일본이 조선을 식민지로 만들고, 1937년에 중일전쟁을, 1941년 태평양전쟁을 일으킬 것을 예측하고 예상했기를 기대하는 것은 지나친 무리이다. 그러나 다산의 일본에 대한 인식은 너무 순진하고 천진한 것은 사실이다. 이것이 다산의 한계이자 조선 후기 지식층의 한계이다.

다산은 일본 학자의 학문 수준이 높은 것을 인정하면서도 문제점을 지적하였다. 또한 일본의 정치 경제 국방 문화의 우성을 인정하였다. 그러나 일본은 선한 이웃이 아니고 항시 경계해야 할 대상으로 인식하였다. 그러나 「일본론」에서는 일본의 문화가 발전하였기 때문에 일본이 조선을 침략할 걱정을 할 필요가 없다고 한 것은 그들의 호전성과 침략 야욕을 간과한 것이다.

茶山과 天眞菴 관계의 진실

1. 서 론

한국 천주교에서는 1779년(己亥, 정조 3) 겨울에, 鹿菴 權哲身(1736-1801)이 주도했던 '天眞菴走魚寺講學會'를 조선 천주교의 발상지로 보고 천진암을 聖地로 인정하고 있다.

본고에서는 茶山 丁若鏞(1762-1836)과 한국 천주교의 발상지이자 성지로 인정하는 천진암과의 관계를 고찰한다. 그러나 '천진암주어사강학회'에서 천주교의 교리를 講學했느냐의 여부는 論外로 한다. 그것은 다산이 仲兄 丁若銓(1758-1816)의 묘지명에서 '천진암주어사강학회'의 일과는, "새벽에 일어나 얼음물을 떠서 세수를 한 후 「夙興夜寐箴」을 암송하고, 해가 뜨면 「敬齋箴」을 외우고, 정오에는 「四

勿箴」을 암송하고 해가 지면 「西銘」을 암송토록 하였으니, 장엄하고 정성스럽고 공손하여 법도를 잃지 않았다"[1]고 한 데에서 그 성격을 찾을 수 있기 때문이다.

일부에서는 다산이 '천진암주어사강학회'에 참여한 것으로 보고 있으나, 『與猶堂全書』에는 다산이 강학회에 참여했다는 기록이 없다. 먼저 강학회에 참여했다는 주장을 소개한 후, 반론인 不參의 논거를 제시한다. 이어서 다산의 천진암 시의 세계를 조명한다. 다산이 '천진암주어사강학회'에 참석 여부를 究明하고, 천진암 관련 시를 조명하는 것은 그의 삶의 궤적과 시세계의 일부를 이해하는 데 기여할 것이다.

2. '天眞菴 走魚寺 講學會' 참여 여부

1) 강학회의 참여론

다산의 『여유당전서』에는 天眞菴(경기도 광주군 퇴촌면 우산리 500번지)에 관련한 시문들이 있어 그와의 관계를 찾을 수 있다. 다산이 이 강학회의 참석 여부를 논하기 앞

---

1) 『與猶堂全書』(景仁文化社 影印, 1970. 이하 『전서』), 「先仲氏墓誌銘」, I-15, 39a, p.327. "鹿菴自授規程, 令晨起掬氷泉盥漱, 誦夙夜箴, 日出誦敬齋箴, 正午誦四勿箴, 日入誦西銘, 莊嚴恪恭, 不失規度."

천진암 터

서, 샤를르 달레의 『韓國天主敎會史』(1874, 파리)에서, '천진암주어사강학회'에 관한 기록을 보기로 한다.

1 정유(1777)년에, 유명한 학자 權哲身은 丁若銓과, 학식을 얻기를 원하는 그밖의 학자들과 함께, 방해를 받지 않고 깊은 학문을 연구하기 위하여 외딴 절로 갔다. 이 소식을 들은 (李)檗은 크게 기뻐하며 자기도 그들 있는 곳으로 가기로 결심하였다. 때는 겨울이라 길마다 눈이 덮여 있었고, 절까지는 백여 리나 되었다. 그러나 그런 곤란이 그렇게도 열렬한 그의 마음을 꺾을 수는 없었다. 그는 즉시 출발하여, 사람이 다닐 수 없는 길을 용감하게 걸어갔다. 그의 여행 목적지까지 얼마 안 되는 거리에 갔을 때 밤이 되었다. 그는 더 오래 기다릴

수가 없어서, 내쳐 길을 계속하여, 마침내 子正께 어떤 절에 도착하였다. 그러나 자기가 길을 잘못 들었다는 것과 자기가 찾아가는 절은 그 산 뒤쪽 산허리에 있다는 말을 들었을 때 그의 실망은 어떠하였겠는가. 그 산은 높고 눈이 쌓이고 호랑이 굴이 많이 있는 곳이었다. 그래도 상관없다. (李)蘗은 중들을 깨워 자기와 동행케 하였다. 그는 맹수의 습격을 막아내기 위하여 쇠꼬챙이가 달린 몽둥이를 짚고서 캄캄한 밤중에 길을 계속하여 희망하던 목적지에 도달하였다.

(李)蘗과 그 일행의 도착은 산 속에 파묻힌 고적한 그 절 사람들을 크게 놀라게 하였다. 무슨 까닭으로 이 아닌 밤중에 이처럼 많은 손님들이 찾아들었는지 상상할 수가 없었다. 그러나 미구에 모든 것이 밝혀져서, 두려움 뒤에 기쁨이 따랐으며, 그 기쁜 상봉으로 빚어진 심정을 얼마 동안 털어놓느라고 미처 날이 새는 줄도 몰랐었다.

2 연구회는 10여 일 걸렸다. 그 동안 하늘, 세상, 人性 등 가장 중요한 문제의 해결을 탐구하였다. 예전 학자들의 모든 의견을 끌어내어 한 점 한 점 토의하였다. 그 다음에는 성현들의 윤리서들을 연구하였다. 끝으로 서양 선교사들이 한문으로 지은 철학, 수학, 종교에 관한 책들을 검토하고, 그 깊은 뜻을 해득하기 위하여 가능한 한 온 주의를 집중시켰다. 이 책들은 조선 使節들이 여러 차례에 걸쳐 北京에서 가져온 것들이었다. 실은 당시 조선의 많은 학자들이 그러한 책들에 대해서 알고 있었으니 그 까닭은 연례적인 使臣 행차 때에 조선 선비들이 따라가서 서양의 과학과 종교에 대해 중국인과 대화를 나누었기 때문이다.

③ 그런데 그 과학 서적 중에는 종교의 초보적 概論도 몇 가지 들어있었다. 그것은 하나님의 존재와 섭리, 영혼의 神靈性과 不滅性 및 七罪宗을 그와 반대되는 德行으로 극복함으로써 행실을 닦는 방법 따위를 다룬 책들이었다. 중국 서적들의 어둡고 흔히는 모순된 학설에 익숙한 그들은 정직하고 진리를 알고자 열망하는 삶들인지라, 천주교 도리에는 아름답고 이치에 맞는 위대한 무엇이 있음을 이내 어렴풋이 느꼈었다. 완전한 지식을 얻기에는 설명이 부족하였으나, 그들이 읽은 것만으로도 그들의 마음이 움직이고 그들의 정신을 비추기에 넉넉하였다. 즉시로 그들은 새 종교에 대하여 아는 것은 전부 실천하기 시작하여, 매일 아침저녁으로 엎드려 기도를 드렸다. 7일 중 하루는 하느님 공경에 온전히 바쳐야 한다는 것을 읽은 후로는 매월 7일, 14일, 21일, 28일에는 다른 일은 모두 쉬고 묵상에 전심하였으며, 또 그 날에는 肉食을 피하였다. 이 모든 것은 아무에게도 말하지 않고, 극히 비밀리에 실천하였다. 그들이 얼마 동안이나 이런 실천을 계속하였는지는 모르지만, 일련의 사실로 보아 그들 중 대부분이 그 일에 오랫동안 충실치 못하였음을 짐작케 한다.[2)]

①은 1777년 겨울에 權哲身 丁若銓 등이 '천진암주어사 강학회'를 열고 있다는 소식을 듣고, 李檗(1754-1786)이 밤중에 찾아가 강학회에 참석한 내용이고, ②는 강학회에서 연구하고 토론한 내용을 서술한 것이다. ③은 비밀리에 천

2) 샤를르 달레 原著, 安應烈·崔奭祐 譯註, 『韓國天主敎會史』(上), 분도출판사, 1979, pp.300-302.

주교 교리에 대한 연구와 主日을 지킨 내용이다. 이 달레의 『한국천주교회사』에는 다산이 강학회에 참여했다는 언급이 없다.

다산이 이 강학회에 참여 여부를 규명하기 위해서는 무엇보다도 먼저 그의 기록을 검토해야 할 것이다.

> 돌아가신 형님 若銓이 공(권철신)을 스승으로 섬겼는데, 옛적 기해년(1779, 권철신 44세) 겨울 천진암 주어사에서 강학회를 열었을 때 눈 속에 이 밤중에 찾아와 촛불을 밝혀놓고 경전에 대한 토론을 했었다. 그후 7년이 지나 西學에 대한 비방이 생겼으니, 이는 성대한 자리는 두 번 다시 열리기 어렵다는 것이 이를 두고 한 것이다.[3)]

위는 다산이 쓴 권철신의 묘지명의 일부인데, 여기에는 다산이 강학회에 참석했다는 근거를 찾을 수 없다. 다음은 다산이 쓴 둘째형 丁若銓의 묘지명을 보자.

> (약전 공은) 어려서부터 범상치 않았고 커서는 더욱 기걸하였다. 서울의 사류들과 교유하며 견문을 넓히고 뜻을 고상히 가져 李潤夏 李承薰 金源星 등과 함께 굳은 교유를 맺고, 星湖 李瀷 선생의 학문을 이어받아 武夷(주자)를 붙좇고 도학의 근원을 찾아 공자에까지 거슬러 가서 읍양하며 학문을 강론하

3) 『전서』, 「鹿菴權哲身墓誌銘」, I-15, 35a, p.325. "先兄若銓, 執贄以事公, 昔己亥冬, 講學于天眞菴走魚寺, 雪中, 李檗夜至, 張燭談經. 其後七年而謗生, 此所謂盛筵再難也."

> 고 탁마하여 서로 더불어 德을 쌓고 학업을 닦았다. 얼마 후에는 鹿菴 權哲身의 문하로 들어가 가르침을 받았다. 언제가 겨울에 走魚寺에 임시로 머물며 강학회를 열었는데 그때 모인 사람은 金源星 權相學 李寵億 등 여러 명이었다. 녹암이 직접 규정을 정하였으니, 새벽에 일어나 얼음물을 떠서 세수를 한 후 「夙興夜寐箴」을 암송하고, 해가 뜨면 「敬齋箴」을 외우고, 정오에는 「四勿箴」을 암송하고, 해가 지면 「西銘」을 암송토록 하였으니, 장엄하고 정성스럽고 공손하여 법도를 잃지 않았다.
>
> 이 때에 이승훈도 자신을 가다듬고 노력하였으므로 공은 이와 함께 西郊에 나가 鄕射禮를 행하였는데 沈浟를 賓으로 삼으니 모인 사람이 백여 명이나 되었다. 모두가 "三代의 의식과 문화가 찬란하게 다시 밝아졌다"고 했으며, 그 소식을 듣고 뜻을 같이 하려는 사람이 많았다.[4]

위의 기록에서도 다산이 '천진암주어사강학회'에 참여했다는 언급이 없다. 그럼에도 불구하고 李元淳 金玉姬 교수와 卞基榮 신부는 위의 「녹암권철신묘지명」과 「선중씨묘지명」을 근거로 다산이 강학회에 참여한 것으로 단정하였다.

---

4) 『전서』, 「先仲氏墓誌銘」, I-15, 39a, p.327. "幼而不覊, 長而桀驁. 游乎京輩, 博聞尙志, 與李潤夏李承薰金源星等, 定爲石交, 以承受星湖之學(李先生瀷) 沿乎武夷, 溯乎洙泗, 揖讓講磨, 相與進德受業. 旣又執贄請教於鹿菴之門(權哲身). 嘗於冬月, 寓居走魚寺, 講學會者, 金源星權相學李寵億等數人. 鹿菴自修規程, 令晨起掬氷泉盥漱, 誦夙夜箴, 日出誦敬齋箴, 正午誦四勿箴, 日入誦西銘, 莊嚴恪恭, 不失規度. 當此時, 李承薰亦淬礪自强, 就西郊, 行鄕射禮, 沈浟爲賓, 會者百餘人. 咸曰, 三代儀文, 桀然復明, 而聞風嚮義者, 蔚然以衆."

李元淳 교수는 다산이 '천진암주어사강학회'에 참석 여부에 대하여, "묘지명을 지은 정약용은 강학회에 직접 참여했던 인사로 보이며 박학강기의 실학자였기에 그의 기록의 신빙성을 疑信할 수는 없다."[5]고 하여 참석한 것으로 보았다. 이 교수는 "한편 「녹암권철신묘지명」과 「선중씨묘지명」을 지어 '천진암주어사강학회'에 관해 기록하고 있는 정약용이 이 모임에 참석한 것을 나타내는 명확한 사료는 보이지 않는다. 다만 이러한 기록을 남긴 것으로 보아 참석하지 않았나 하는 심증은 가는 것이나 반드시 참석했다고 보장할 수는 없다."[6]고 하여 참석 여부에 대해 판단을 유보하였다. 그러나 이 교수는 결론적으로 강학회가 열렸던 연도와 강학회의 참여자, 강학회의 성격과 의의 등을 다음과 같이 논하였다.

> 천진암 주어사 강학회가 열렸던 年紀에는 1779년 己亥說과 1777년 丁酉說이 있으나 西教信仰의 집단적 의지를 굳히는 합의의 마당으로서의 강학회가 열렸던 년기는 1779년으로 생각된다. 그 후에도 신앙생활의 실천단계에 이르기까지는 수년간을 두고 學究가 계속되었다. 강학회의 참여자는 權哲身 丁若銓 丁若鍾 정약용 權相學 李寵億 金源星 李檗 등 10여인이었고, 강학의 主宰者는 鹿菴 권철신이었으며, 이벽이 중도에 참가하여 강학의 흐름을 유학에서 西學으로 바꾸어 놓고 회합을

5) 李元淳, 「天眞菴走魚寺講學會 論辯」, 『金哲埈博士華甲紀念 史學論叢』, 知識産業社, 1983, p.709.
6) 李元淳, 앞의 논문, p.710.

> 주도하였다. 강학회의 장소는 走魚寺와 天眞菴 두 山寺이며, 西敎 신앙의 일차적 집단의지를 굳힌 강학의 장소를 굳이 천진암으로만 고정시키고 주어사를 배제하기에는 사료 파악에 무리가 있다고 보았다. 한편 강학회는 처음에는 儒經을 위한 학문 집단이었으나 西學書의 검토로 그 성격이 바뀌었으며, 참여인들의 강학 참여 자세는 학문을 위한 토론보다는 실천윤리적 敬虔性을 띤 것이라고 생각한다. 끝으로 천진암 주어사 강학회의 참석자들이 유학에서 西學으로의 傾斜하게 된 사상성을 밝혀 보았다.
>
> 요컨대 천진암 주어사 강학회는 진취적인 韓國知性 선대들의 문화수용의 일면을 보여주는 역사의 한 국면이었고, 새로운 종교 새로운 윤리를 내포하는 새로운 가치 체계의 수용을 가져오는 일차적 집단적 합의의 귀중한 기회였던 것이다.[7]

위와 같이 이 교수는 "강학회의 참여자는 權哲身 丁若銓 丁若鍾 정약용 權相學 李寵億 金源星 李檗 등 10여 인"이라 하여 다산이 강학회에 참석한 것으로 단정하였다. 여기에서 확인해야 할 것은 강학회가 있었던 연도에 대한 문제이다. 달레는 "정유년(1777)"이라 했으나, 다산은 「녹암권철신묘지명」에서 "기해년(1779)"이라 하여 2년의 차이가 난다. 결론적으로 강학회가 열렸던 연도는 다산의 기록대로 기해년이 맞다.

金玉姬 교수도 "다산 자신이 이 강학회의 직접적인 참여자"라고 한 후, 강학회가 있었던 연도를 다산의 기해년

7) 李元淳, 앞의 논문, p.719.

(1779년 정조 3)이 신빙성이 있다고 하였다.

> 그러나 다산의 기록들이 反西學的인 변명으로 한 겹 덮혀져 있어 사실을 규명하기에는 난해한 점이 있기는 하지만 묘지명의 저자인 다산 자신이 이 강학회의 직접적인 참예자이며 한편 박학한 학자로서의 기록이므로 그 신빙성을 거론할 필요가 없다. 한편 다산은 녹암 권철신 묘지명에서 강학회의 집회가 있은 후 7년 만에 비방을 받았다고 기록했는데, 그 기록에 의하면 그 7년 후라는 것이 1785년으로 乙巳年 秋曹摘發事件을 지목하는 것으로써 사실과 부합되는 것이다. 그러므로 달레의 교회사보다 일차적인 자료라는 점에서 보다 근본적인 사료라고 하지 않을 수 없다. 그리하여 기해년 겨울 달(1779년 12월)에 천진암주어사강학회의 사실은 틀림없다고 생각된다.[8]

위에서 보듯이 김 교수는 다산이 강학회에 참여한 것으로 단정하였다. 그러나 다산이 지은 자신의 묘지명과 권철신과 정약전의 묘지명 등 7편은 다산 스스로가 후손에게 공개하지 말 것을 친필로 써 놓은 "秘本"이며 그의 양심선언서이다.[9] 김 교수가 "다산의 기록들이 反西學的인 변명으로 한 겹 덮여져 있어 사실을 규명하기에는 난해한 점"이 있다고 부정한 것은, 秘本으로 전한 7편의 묘지명을 제대로 검토하지 못한 데서 온 결과이다.

---

8) 金玉姬, 『韓國天主敎思想史 I』-曠菴 李檗의 西學思想硏究 -, 圖書出版 殉敎의 脈, 1990, p.60.
9) 金相洪, 『茶山 文學의 再照明』, 단국대학교출판부, 2003, pp.104-110.

卞基榮 신부는 '천진암주어사강학회'에 대하여 "한국천주교의 발상지와 교리연구모임(講學會)의 시기는 1779년인 기해년 정조 3년에 천진암과 주어사에 있었던 것이고, 교회는 이 두 곳을 기념할 만하다"고 하고, 다산이 강학회에 참여한 것으로 보았다.

> 1 그런데 교리연구에 참석한 사람들의 이름을 모두 알 수는 없으나, 우선 이벽, 정약전, 정약용, 정약종, 권철신, 이승훈, 이총억, 김원성, 권상학 등이었다고 전하고 있다.10)

> 2 천주강생 1779년 기해년 정조 3년 음력 섣달 양력으로는 1780년 정월 중순경이었다. 지금 이 위에 있는 이벽 성조 묘자리에 있던 천진암에서 학자 권철신이 정약전, 김원성, 권상학, 이승훈, 정약종, 이총억, 정약용 등과 함께 학문연구 강학회를 개최하고 있었다.11)

이 벽

변기영 신부는 1에서 다산이 강학회에 참여했다고 "전하고 있다" 하였으나, 2에서는 참석한 것으로 단언하였다.

---

10) 변기영, 『이벽성조와 천진암』, 진명출판사, 1981(재판), p.10.
11) 변기영, 앞의 책, 부록, 「천진암기념비문 全文」 중 일부.

이상에서 본 바와 같이 이원순 김옥희 교수와 변기영 신부는 1779년 겨울 '천진암주어사강학회'에 다산이 참석한 것으로 보고 있다.

한편 崔奭祐 신부는 강학회의 시기를 기해년이라 하여 달레의 정유년을 부정하였으며, 또한 "이 때 정약용은 18세에 불과했으므로 이 講學에 참석했을 가능성은 매우 희박하다."[12]고 하였다.

2) 강학회의 불참론

다산은 자신의 삶의 흔적에 대하여 소상하게 시문으로 남겨, 그의 생애를 재구성하는 데 비교적 어려움이 없다. 그가 '천진암주어사강학회'에 참석하지 않았다는 논거는 다음과 같다.

첫째, 1779년(기해) 겨울 천진암에서 강학회가 있은 지 햇수로는 5년 후인 1784년(갑진) 4월 보름날에 다산은 천주교와 처음으로 만났다. 즉 다산이 후손들에게 공개하지 말라고 한 "秘本"인 묘지명에서[13] 자신이 천주교와 첫 만남은 갑진년(1784년) 4월 15일이라고 밝힌 점이다.

[1] 갑진년(1784) 여름 이벽을 따라 배를 타고 두미협으로

---

12) 崔奭祐, 「丁若鏞과 天主教의 관계」, 『茶山學報』 제5집, 茶山學研究院, 1983, p.50.

13) 金相洪, 『茶山 文學의 再照明』, 단국대학교출판부, 2003, pp.104-110.

내려가면서 처음으로 西敎에 대하여 듣고 한 권의 책을 보았다. 그러나 오로지 변려문을 공부하고 表 箋 詔 制를 익혀 수백 권을 수집하였다. 태학의 月課와 旬試에서 번번히 高選을 입어 지필을 상으로 받고 近臣처럼 자주 賜對하여 登筵하니 진실로 物外에 치달릴 겨를이 없었다.[14]

[2] 성균관(上庠)에 들어가서는 이벽을 따라 노닐며 西敎에 대하여 듣고 西敎의 책을 보았다. 정미년(1787) 이후에 4-5년간 자못 마음을 기울려 믿었으나 신해년 이래로 나라에서 (천주교를) 엄금하자 드디어 절의하였다.[15]

[3] 갑진년(1784) 4월 보름날 큰형수의 忌祭를 지내고 우리 형제와 이덕조(이벽)와 함께 배를 타고 물길을 따라 내려올 적에 배 안에서 덕조에게 천지조화의 시작과 육신과 영혼의 생사에 대한 이치를 듣고는 정신이 어리둥절하여 마치 河漢이 끝이 없는 것 같았다. 서울에 온 후 이덕조를 찾아가 天主實義와 七克 등 몇 권의 책을 보고 비로소 흔연히 기울어졌으나, 이때는 제사를 지내지 않는다는 말은 없었다.

신해년 겨울부터 나라에서 더욱 西敎를 금하자 드디어 경계를 두고 결별하였다. 그러나 맺은 것은 풀기 어려웠으니 등나

---

14) 『전서』, 「自撰墓誌銘」(集中本), I-16, 3ab, p.330. "甲辰夏, 從李檗舟下斗尾峽, 始聞天西敎, 見一卷書. 然專治儷文, 習表箋詔制, 蒐集累百卷, 太學月課旬試, 輒被高選, 賞賜書籍紙筆, 數賜對登筵如近臣, 固未暇馳心于物外也."

15) 『전서』, 「自撰墓誌銘」(壙中本), I-16, 1b, p.329. "旣上庠, 從李檗游, 聞西敎, 見西書. 丁未以後, 四五年, 頗傾心焉, 辛亥以來邦嚴禁, 遂絶意."

> 무와 칡처럼 얽힌 듯하여 분명히 화가 닥친다는 것을 알았으나, 또한 어떻게 할 수가 없었다. 아! 골육을 서로 해쳐가면서 자신의 몸과 이름을 보존하는 것과, 순수하게 화를 받아들여 천륜에 부끄러움이 없는 것만 하겠는가. 후세에 반드시 공의 마음을 알아줄 사람이 있을 것이다.16)

[1]과 [2]는 다산이 쓴 자신의 묘지명이고, [3]은 다산이 쓴 중형 정약전의 묘지명이다. 이와 같이 다산이 천주교와의 첫 만남은 1779년(기해) 겨울 천진암에서 강학회가 있은 후, 햇수로는 5년 후인 1784년(갑진) 4월 보름날로 당시 23세였다. 이런 근거에서 볼 때 다산은 1779년 겨울의 '천진암주어사강학회'에 참여하지 않았음을 알 수 있다. 즉 다산의 큰형인 丁若鉉(1751-1821)의 부인인 慶州李氏(1750-1780)의 4주기 제사를 마치고 다산 형제와 李檗(자 德操, 정약현의 처남)과 함께 배를 타고 斗尾峽으로 내려가는 배안(舟中)에서였다. 이날 다산은 이벽으로부터 처음으로 천주교에 관한 이야기를 들었고 천주교 서적을 보았다.

달레도 다산 형제가 천주교와의 첫 만남을 『한국천주교회사』에서 다음과 같이 기록하고 있다.

---

16) 『전서』, 「先仲氏墓誌銘」(附見閑話條), I-15. 42a. p.328. "甲辰四月之望, 旣祭丘嫂之忌, 余兄弟與李德操 同舟順流, 舟中聞天地造化之始, 形神生死之理, 惝怳驚疑, 若河漢之無極. 入京, 又從德操, 見實義七克等數卷, 始欣然傾嚮, 而此時無廢祭之說. 自辛亥冬以後, 邦禁益嚴, 而畦畛遂別. 唯其綰結之難理也, 如藤如葛, 明知禍患之來, 而亦莫之爲矣. 嗚呼. 與其骨肉相殘, 以保其身名, 曷若順受顚覆, 而無愧於天倫. 後世, 必有知其心者矣."

초대 천주교인들이 쓴 이야기를 보면, 그(이벽)의 누이의 1주기를 기회로 丁氏 집에서 얼마 동안 머무른 다음, 1783년 초여름 4월 15일에 檗은 정약전, 정약용 형제와 함께 배를 타고 서울로 향하였다. 길을 가는 동안 그들의 이야기의 주제는 역시 그들이 늘 하고 있는 철학 연구였다. 하나님의 존재와 唯一性, 천지창조, 영혼의 神靈性과 不滅性, 후세의 賞善罰惡 등 문제를 차례차례로 검토하고 해석하였다. 승객들은 그렇게 아름답고 위로되는 진리를 처음 듣고 놀라고 황홀해졌다. 이런 연구회가 자주 반복되었을 것을 매우 있음직한 일이지만, 그 자세한 내용이 우리에게까지 전하여진 것은 아무 것도 없다.[17]

달레는 다산이 천주와 첫 만난 연도를 "1783년"이라 하였으나, 다산의 기록대로 "1784년(갑진)"이 맞다. 연도의 차이를 제외하고는 다산과 달레의 기록이 거의 일치한다. 다산과 정약전은 배를 타고 두미협으로 내려갈 때 이벽으로부터 처음으로 천주교에 관한 이야기를 들었다. 이로 인하여 결국 일생 동안 수난과 고난을 겪어야 하는 불행이 잉태되었다. 갑진년 4월 15일은 다산의 姊兄 李承薰(1756-1801)이, 그의 아버지 李東旭이 북경에 사신으로 갈 때 陪行하여 그곳에 가서 천주교에 관한 교리를 배우고 관계 서적을 가지고 돌아온 지(3월 4일) 20여 일이 지난 후였다. 이벽의 천주교리에 대한 설명은 다산에게 신선한 충

17) 샤를르 달레, 安應烈・崔奭祐 역주, 『韓國天主敎會史』(上), 분도출판사, 1979, pp.302-303.

격을 주었다. 다산은 새로운 세계와 서양학문에 접할 수 있게 되었다. 그러나 그는 서울로 돌아와 본격적인 과거준비를 하느라고 천주교에 마음을 기울일 겨를이 없었다.[18]

위의 1과 3에서 다산은 분명히 西敎(천주교)에 대한 이야기와 책을 처음으로 본 것은 갑진년(1784, 23세) 4월 15일이라고 밝혔다. 강학회는 1779년(기해, 다산 18세)에 개최되었다. 만일 이 강학회에 그가 참석했다면 "秘本"으로 전한 묘지명에서 이를 은폐할 이유가 없다. 그것은 다산이 자신의 묘지명과 「선중씨묘지명」 등 7편을 "秘本"으로 전할 만큼 진실의 기록이자 양심선언서이기 때문이다.

다산은 2에서 26세(1787, 丁未)부터 4-5년간 천주교에 마음을 기울였다고 고백하였는데, 천주교에 마음이 경도되어 심취하였던 당시를 다음과 같이 밝혔다.

> 신은 이른바 西洋邪說에 대하여 일찍이 그 책을 보았습니다. 그러나 책을 본 것이 어찌 죄가 되겠습니까. 말을 박절하게 할 수 없어서 책을 보았다고 했지 진실로 책만 보고 말았다면 어찌 바로 죄가 되겠습니까? 대개 일찍이 마음속으로 좋아하여 사모했고 또 일찍이 이를 거론하여 남에게 자랑하였습니다. 그 本源 心術에 있어서 기름이 스며들고 물이 젖어들며 뿌리가 점거하고 가지가 얽히듯 하여 스스로 깨닫지 못하였습니다. 대저 이미 한 번 이와 같이 되면 이것은 孟門의 墨子요 程門의 禪派

18) 『전서』, 「自撰墓誌銘」(集中本), I-16, 3ab, p.330. "然專治儷文, 習表箋詔制, 蒐輯累百卷, 太學月課旬試, 輒被高選, 賞賜書籍紙筆, 數賜對登筵如近臣, 固未暇馳心于物外也."

입니다.[19]

다산은 천주교 서적을 보고 마음속으로 사모하고 이를 남에게 자랑까지 하였음을 고백하였고, 천주교를 孟子 문하의 墨子와 程子 문하의 禪派처럼 인식하였다. 즉 천주교는 유가에서 파생된 새로운 학설로 알고 수용한 것이다. 이와 같은 천주교리 인식과 수용은 다음에서도 나타나 있다.

> 신이 이 책을 본 것은 약관 초기였는데 이때에 원래 일종의 풍조가 있어 능히 天文 曆象과 農政의 水利器와 측량의 推驗法을 말하는 자가 있으면 세속에서 서로 전하면서 이를 가리켜 해박하다 하였습니다. 신은 그때 어렸으므로 그윽이 혼자서 사모하였습니다. 그러나 性力이 조솔하여 무릇 어렵고 깊고 교묘하고 세밀한 것에 속하는 글은 본래 세심하게 연구하지 못하였습니다. 그러므로 糟粕과 영향을 끝내 얻은 것이 없고 도리어 사생설에 얽히고 克伐의 경계에 귀를 기울이고 비뚤어지고 辯博한 글에 현혹되어 儒門의 別派로 인식하고 文垣의 기이한 감상으로 보아 남들과 담론할 때는 기휘한 바가 없었고, 남들이 배격하는 것을 보면 寡聞해서인가 의심하였으니 그 본의를 따져 보면 대체로 異聞을 넓히고자 한 것이었습니다.[20]

---

19) 『전서』, 「辨謗辭同副承旨疏」, I-9, 43b, p.192. "臣於所謂西洋邪說, 嘗觀其書矣. 然觀書, 豈遽罪哉. 辭不迫切, 謂之觀書, 苟唯觀書而止, 則豈遽罪哉. 蓋嘗心欣然悅慕矣, 蓋嘗擧而夸諸人矣. 其於本源心術之地, 蓋嘗如膏漬水染, 根據枝縈, 而不自覺矣. 夫旣一番如是, 此卽孟門之墨者也, 程門之禪派也."

20) 『전서』, 같은 글, I-9, 43b-44a, p.192. "臣之得見是書, 蓋在弱冠之初, 而此時原有一種風氣, 有能說天文曆象之家, 農政水利之器,

위에는 다산의 西學 인식과 수용의 세계가 선명하게 밝혀져 있다. 즉 ① 이제까지 접해보지 못했던 서양과학, 즉 天文, 曆象, 農政, 水利, 測量 등을 연구하기 위해서 서양의 서적를 보았고, ② 천주교의 死生說과 克伐之誡와 離奇辯博한 내용에 현혹된 것은 사실이나 유교의 別派로 알았고, 文垣의 감상물로 인식하였다. ③ 남들과 이를 이야기할 때 꺼리지 않았고 남들이 배격하는 것을 보면 寡陋해서인가 의심했다는 것이며, ④ 西洋의 서적을 보고 천주교를 믿은 것은 異聞을 넓히는 데 있었다.

다산은 위의 1과 2의 묘지명에서 천주교를 믿었던 사실을 고백함과 동시에 아울러 배교한 것을 밝혔다. 즉 23세(갑진, 1784) 때 이벽으로부터 처음으로 천주교에 관한 이야기를 접한 후 26세(정미, 1787)부터 4-5년간 마음을 기울여 믿었으나, 30세(신해, 1791) 11월에 신해옥사가 일어나자 국법으로 천주교를 엄금하게 되자 絶意(背敎)한 후 다시는 믿지 않았다.[21] 다산의 「자찬묘지명」은 그의 양심선언서이자 진실의 기록이다. 그가 이와 같이 자신과 천주교에 관한 문제들을 모두 숨김없이 토로했는데, 18세 때에

測量推驗之法者, 流俗相傳, 指爲該洽. 臣方幼眇, 竊獨慕此. 然其性力躁率, 凡屬艱深巧密之文, 本不能細心究索. 故其糟粕影響, 卒無所得, 而乃反繳繞於死生之說, 傾嚮於克伐之誡, 惶惑於離奇辯博之文, 認作儒門別派, 看作文垣奇賞, 與人譚論, 無所忌諱, 見人詆排, 疑其寡陋, 原其本意, 蓋欲以博異聞也."

21) 金相洪, 『茶山 文學의 再照明』, 단국대학교출판부, 2003, pp.73-149.

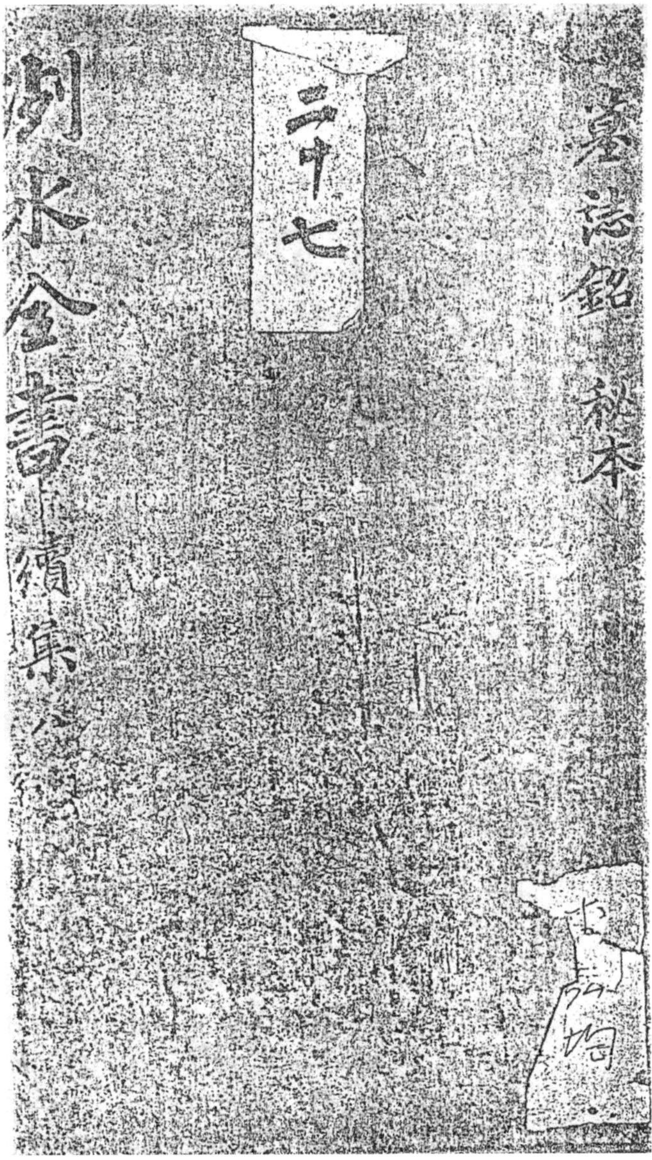

한국정신문화연구원 소장, 필사본
『洌水全書續集』八, "墓誌銘 秘本" 표지

있었던 '천진암주어사강학회'에 참여했다면 이를 묘지명에서 은폐할 리가 없다.

다산이 회갑(1822년)을 맞아 쓴 「자찬묘지명」 광중본과 집중본은 '秘本'으로 전해온 점에 유의할 필요가 있다. 즉 高宗의 御覽本으로 轉寫되어 규장각에 소장된 『여유당집』에는 다산이 지은 「貞軒李家煥墓誌銘」, 「茯庵李基讓墓誌銘」, 「鹿庵權哲身墓誌銘」, 「梅丈吳錫忠墓誌銘」, 「先仲氏墓誌銘」과 다산의 「자찬묘지명」 2편이 없다.

그러나 한국정신문화연구원이 소장하고 있는 安春根이 수집한 필사본 『洌水全書續集』 권8(한국정신문화연구원 장서, 810. 819. 정62, 여24=4)의 표지에 "墓誌銘 秘本"(79쪽 사진 참조)이라고 표시되어 있고, 「정헌이가환묘지명」부터 「자찬묘지명」 集中本까지 7편이 수록되어 있다. 이는 다산이 이를 세상에 공표하지 말 것을 밝히고 있고, 당시 후손들의 입장에서도 이것이 공개되는 것이 불리하다고 생각되어 고종의 어람본으로 전사할 당시(1885-1886) 제외시킨 것으로 보인다.

이 일련의 비본 묘지명은 다산을 비롯하여 李家煥(1742-1801), 李基讓(1744-1802), 權哲身(1736-1801), 吳錫忠(1743-1806), 丁若銓(1758-1816) 등 모두 1801년 辛酉獄事로 인하여 죽음을 당하거나 귀양을 간 사람들의 묘지명이다. 다산은 이들 묘지명에서 자신은 물론 이들이 결코 천주교도가 아니었는데도 억울하게 화를 당하였다고 누누이 밝히고 있다.[22)]

둘째, 다산이 천진암에서 지은 시를 보면 강학회에 참여하지 않았음을 알 수 있다. '천진암주어사강학회'가 개최(1779)된 후, 18년이 지난 정사년(1797, 36세) 5월 단오 날 두 형님을· 모시고 천진암에서 놀면서 지은 시의 일부를 보자.

이벽이 독서했던 곳 아직도 있건마는
원공이 살던 자취 아득하여 못찾겠네

李檗讀書猶有處　　苑公棲跡杳難深[23]

이는 李檗(1754-1786)이 천진암 강학회 때 독서하던 것을 회상한 것이다. 즉 "이벽이 독서했던 곳 아직도 있건마는"(李檗讀書猶有處)이라 한 것을 보면, 다산이 정사년(1797) 이전에 천진암을 방문하였음을 알 수 있다. 그러나 그 때가 언제였는가는 알 수가 없다. '천진암주어사강학회'가 있었던 기해년(1779)일 가능성이 있다. 그렇다면 다산이 강학회에 참여한 것이 된다. 만일 다산이 강학회에 참여했다면 자신도 천진암에서 독서를 했을 것인데, 어찌하여 "이벽이 독서했던 곳 아직도 있건마는"이라고 한 점이다. 이를 보면 참석하지 않았다.

---

22) 金相洪, 『茶山 文學의 再照明』, 단국대학교출판부, 2003, pp.104-106.

23) 『전서』, 「端午日陪二兄游天眞菴」(初四日宿寺) 제3수의 頸聯, I-3, 16b, p.49.

셋째, 「선중씨묘지명」에서 강학회에 “모인 사람들은 金源星 權相學 李寵億 등 여러 명이었다.”라고 하였다. 김원성 권상학 이총억의 生沒年은 알 수 없으나, 1779년 당시 강학회를 주도했던 권철신(1736-1801)은 44세였고, 참여했던 이벽(1754-1786)은 26세, 李承薰(1756-1801)은 24세, 정약전(1758-1816)은 22세였다. 권철신을 제외하고 참여자는 모두 20대였는데 과연 18세에 불과했던 다산이 이 모임에 참석했겠느냐는 점이다.

넷째, 다산의 현손 丁奎英이 편찬한 『俟菴先生年譜』에는 강학회에 관한 기록이 없다. 다산은 ‘천진암주어사강학회’가 열리기 전해인 1778년(무술, 17세)에는 光州의 東林寺에서 중형 丁若銓과 함께 독서를 하였고, 강학회가 열렸던 1779년(기해)은 다산이 18세로, 당시 부친의 명에 따라 서울에서 功令文(科文)을 공부하였으며, 이해 겨울에 성균관에서 시행하는 生員·進士科에 응시할 자격시험인 陞補試에 뽑혔다. 19세 때에는 晋州牧使로 있던 부친(丁載遠)을 찾아 뵙고 伴鶴亭에서 독서하였고, 20세 때에는 서울에서 科詩를 공부하였으며, 21세 때 처음으로 서울에 집을 샀고, 22세 4월에 성균관에 들어갔으며, 23세(갑진) 때에는 「선중씨묘지명」에서 밝힌 것처럼 여러 士友들과 西郊에 나가 鄕射禮를 행하였다.[24] 이와 같이 다산의 일생을 상세히 기록

24) 丁奎英 編, 『俟菴先生年譜』, 正文社 影印, 1984, pp.6-8. 다산의 「東林寺讀書記」, 「游勿染亭記」, 「游瑞石山記」, 「伴鶴亭記」, 「先仲氏墓誌銘」를 참조.

한 『사암선생년보』에는 강학회에 관한 기록이 없다. 다산이 독서하던 곳과 향사례 등의 행적을 소상하게 기록한 연보가 강학회에 참여했다면 이를 기록하지 않을 리 없다.

이상의 논증에서 보듯이 다산은 '천진암주어사강학회'에 참여하지 않았다. 다산이 강학회에 참여했다는 이원순 김옥희 교수와 변기영 신부의 주장은, 다산의 관련 기록을 자세히 검토하지 못한 데서 온 결과이다.

3. 天眞菴 시의 세계

1) 仕宦時의 천진암 시

다산은 일생 동안 천진암을 여러 차례 방문한 것으로 보여진다. 첫 번째 방문에 대한 시문이 남아 있지 않아 언제인지 알 수 없다. 그러나 두 차례 찾아간 기록은 남아 있다.

晉나라 張翰이 가을 바람이 불자 고향의 名産인 순채국과 농어회가 먹고 싶어서 벼슬을 버리고 고향으로 돌아갔듯이(蓴羹鱸膾), 다산은 벼슬은 버리지 않았으나 석류가 꽃을 피우고 보슬비가 갠 정사년(1797, 36세) 5월 단오날을 앞두고 고향 초천의 물고기가 먹고 싶었다. 그래서 正祖의 재가를 받지 않은 채 도성문를 나가서 물고기를 실컷 먹고

난 후, 형제 등과 함께 천진암에 가서 2박 3일 유숙하며 산나물로 안주 삼아 飮酒賦詩하였다. 이런 풍류를 즐겼던 일을 「游天眞菴記」에 기술하였다.

정사년(1797, 정조 21) 여름에 내가 명례방에 있는데 석류가 처음 꽃을 피우고 보슬비가 막 개었는데, 초천에서 물고기를 잡기가 알맞은 때라고 생각하였다. 제도에 大夫는 임금을 뵙고 고하지 않고서는 도성 문을 나갈 수 없었다. 그러나 뵙고 재가를 얻을 수 없었으므로 그대로 출발하여 초천에 갔다. 그 다음날 강에 그물을 쳐서 고기를 잡았는데 크고 작은 고기가 모두 50여 마리나 되어, 작은 배가 무게를 감당하지 못해서 물위에 뜬 부분이 겨우 몇 치에 불과하였다. 배를 옮겨 남자주에 정박시키고 즐겁게 한바탕 배불리 먹었다. 얼마 후 나는 말하기를 "옛날에 張翰은 강동을 생각하면서 농어와 순채를 말했습니다. 물고기는 이미 맛을 보았거니와 지금 산나물이 한창 향기로울 때인데 어찌 천진암에 가서 노닐지 않겠습니까?" 하였다. 이에 우리 형제 네 사람은 일가 3-4명과 더불어 천진암에 갔다.

산 속에 들어가자 초목은 이미 울창하였고, 산중에 여러 꽃들이 무성하게 피어 있어서 꽃향기가 심하게 코를 찔렀으며, 그리고 온갖 새들이 서로 울어대는데 울음소리가 맑고 아름다웠다. 한편으로 길을 가면서 새소리를 듣고 서로 돌아보며 매우 즐거워하였다. 절에 도착한 뒤에는 술 한 잔에 시 한 수를 읊으면서 지내다 3일 만에 돌아왔다. 이때에 지은 시가 모두 20여 수나 되었고, 먹은 산나물도 냉이, 고사리, 두릅 등 모두 5-6종이 되었다.[25]

이 「유천진암기」에서 청년 다산의 不羈의 호방한 성격과 풍류를 즐긴 낭만적인 세계가 있다. 이 때에 시를 20여 수 지었다고 했는데, 이는 5월 1일 초천에서 놀기 위해 백씨를 모시고 늦게 독주로 나가 지은 시(將游苕川陪伯氏晚出纛州作)로부터 산중의 느낌(山中感懷)까지 15수를 말한다. 즉 20여 수를 지었으나 刪削하여 문집에는 8題 15首만을 수록한 것으로 생각된다.[26)]

『여유당전서』(신조선사본)에서 시집은 모두 7권이다. 1권부터 5권까지는 시를 지은 연도 순서대로 수록되어 있으나, 6권과 7권은 作詩年度순이 아니며 특히 7권은 小詩集別로 수록되어 있다. 제3권에 수록된 「端午日陪二兄游天眞菴」(初四日宿寺)을 정사년(1797년) 작으로 보는 것은, 「南皐至」(丁巳 正月)[27)] 시 이후에 7번째로 수록되어 있고, 또

---

25) 『전서』, 「游天眞菴記」, I-14, 9a, p.289. "丁巳之夏, 余在明禮坊, 石榴初華, 小雨新霽, 意苕川打魚, 其時也. 制大夫, 非謁告, 不得出都門, 然謁之不可得, 遂行至苕川. 越翼日, 取截江網打魚, 魚大小共五十餘枚, 小艇不能堪, 不沈者堇數寸. 移舟泊濫子洲, 欣然一飽. 旣而余曰, 昔張翰, 思江東, 稱鱸魚蓴菜, 若魚吾旣嘗之矣. 今山菜正香, 盍爲天眞之游. 於是, 昆弟四人, 與宗人三四人, 共詣天眞. 旣入山, 草木蓊蔚, 山中雜花盛開, 芳聞酷烈, 而百鳥和鳴, 喉嚨淸滑, 且行且聽, 相顧樂甚. 旣至寺, 一觴一詠以窮日, 旣三日始還. 凡得詩二十餘首, 喫山菜, 若薺苨薇蕨木頭之屬, 共五六種."

26) 이때에 지은 8題 15首는 다음과 같다. 「將游苕川陪伯氏晚出纛州作」 1수, 「過虪甝洲舟中戲爲絶句」 3수, 「上瀨」 1수, 「乘小艇泝流宿渼陰邨」 1수, 「端午日陪二兄游天眞菴」(初四日宿寺) 3수, 「夕寺」 3수, 「早起」(端午日作) 1수, 「山中感懷」 2수이다.(『전서』, I-3, 15b-17a, pp.49-50.)

27) 『전서』, 「南皐至」(丁巳 正月), I-3, 14b, p.48.

한 이 시 이후 24번째 「北蘇宮春感」을 戊午(1798)[28]라고 했기 때문이다.

앞의 「유천진암기」에서, “정사년 여름에 …… 우리 형제 네 사람은 일가 3-4명과 더불어 천진암에 갔다.”는 것과, 시제가 “단오일에 두 형을 모시고 천진암에서 놀았다.”를 보면, 천진암에 간 형제의 수가[29] 달라 동일한 시기가 아닌 것으로 볼 수도 있을 것이다. 다산은 산천을 유람할 때에는 그곳에 대한 시문을 반드시 남겼다. 정사년의 “여름”과 “단오일”은 같은 해 같은 시기이며, 또한 「유천진암기」는 8제 15수의 배경을 기술한 것이다. 만일 「유천진암기」와 8제 15수를 지은 연도와 시기가 다르다면, 각기 따로 시를 남겼을 것이다. 『여유당전서』에는 정사년 여름(단오)에 천진암을 소재로 한 시문은 「유천진암기」와 8제 15수뿐이라는 것이 이를 입증한다. 즉 다산이 정사년에 천진암을 답사한 내용을 「유천진암기」와 8제 15수를 남긴 것이다.

‘천진암주어사강학회’가 개최(1779)된 후, 18년이 지난 정사년(1797, 36세) 5월 단오 날 두 형님을 모시고 천진암에서 놀며 지은 시 3수를 보자.

산들은 울창하고 오솔길은 하나인데

---

28) 『전서』, 「北蘇宮春感」(戊午), I-3, 27a, p.55.

29) 다산의 형제는 宜寧南氏(1729-1752) 소생인 장형 丁若鉉(1751-1821)과 海南尹氏(1728-1770)의 소생인 중형 丁若銓(1758-1816), 季兄 丁若鍾(1760-1801), 다산으로 4형제가 있고, 庶弟인 丁若鐄(1785-1829, 岑城金氏 소생)가 있다.

짙푸르고 누런 것들이 석양빛을 희롱하네

뽕잎이 살이 찌자 비둘기 새끼를 치고
보리 까래기 돋아나니 꿩들은 날고 나네

봄에 구름다리 불타서 스님이 길을 헤매고
갠 날 폭포수가 높은 다리 지나는 나그네 옷 적시네

깊은 곳에 인가가 있음을 알겠네
시내 너머에서 딸아이 부르는 소리 들리는 것 보니

1 重巒蓊蔚一蹊微　濃綠深黃弄晩暉
桑葉欲肥鳩正乳　麥芒初長雉交飛
春燒古棧迷僧徑　晴瀑危橋濺客衣
知有人家深處住　隔溪聞喚女兒歸

양자봉 꼭대기에 초목이 무성한데
흰 구름 걷히자 푸른산 첩첩이로세

날다람쥐 나무타니 꾀꼬리 먼저 피하고
표범이 숲을 지나니 까치들이 울어대네

비탈길에서 나물 캐는 아낙네 이따금 만나고
바위 문은 날마다 꽃구경 온 사람을 전송하네

흐르는 물에 발 씻는 게 무슨 뜻인지 알겠는가

조선 천지 많은 먼지를 밟았기 때문이네

2 楊子峯頭草木蓁　白雲飛盡綠嶙峋
蒼鷹度樹鶯先避　文豹行林鵲亂嗔
磴路時逢挑菜女　巖扉日送賞花人
臨流濯足知何意　曾踏東華萬斛塵

바위산이 첩첩으로 절을 싸고 있어
불경과 향로 모두가 깊고 깊네

시냇가 풀 청색 황색 녹색 섞여 있고
산새들 열 가지 백 천 가지로 울고 있네

이벽이 독서했던 곳 아직도 있건마는
원공이 살던 자취 아득하여 못찾겠네

풍류와 문채도 영경이라야 제격이지
한나절은 술잔 돌리고 반나절은 시를 읊었네

3 巖阿層疊抱祇林　經卷香爐深復深
澗草雜靑黃綠色　山禽交十百千音
李檗讀書猶有處　苑公棲跡杳難深
風流文采須靈境　半日行桮半日吟[30]

30) 『전서』, 「端午日陪二兄游天眞菴」(初四日宿寺) 3수 중 제3수, I-3, 16ab, p.49.

위의 시는 단오 전날인 천진암에서 유숙할 때(初四日宿寺) 지은 것이다. ①과 ②는 천진암으로 가는 路程과 주위의 정경을 오롯하게 형상화하였다. 특히 ②의 미련에서 "흐르는 물에 발 씻는 게 무슨 뜻인지 알겠는가 / 조선 천지 많은 먼지를 밟았기 때문이네"는 淸淨 道場 천진암을 찾아가는 데 있어 俗塵을 묻히고 갈 수 없음을 뜻하는 것이자, 잠시만이라도 속세의 일들을 잊고자 한 것이다.

③은 천진암에 도착한 후의 일이다. 경련에서, 이벽이 강학회 때(기해, 1779년) 독서했던 천진암은 그대로 있건만, 이벽은 이미 세상을 떠난 지 11년이 되었음을 회상하고[31] 인생의 무상을 노래하였다. 미련은 형제들과 飮酒賦詩하며 풍류를 즐긴 세계이다.

이어서 다산이 천진암에서 형제들과 유숙하면서 밤에 지은 「寺夕」 3수를 보자.

지는 해 긴 나무 끝에 숨고
잔잔한 연못 물빛 사랑스럽구나

---

31) 李檗은 다산보다 8년 연장인데 1786년 32세로 세상을 떠났다. 이벽의 누이는 다산의 장형 丁若鉉과 결혼하였다. 참고로 다산이 이벽이 운명하자 애도한 만사를 보자. "선학이 인간 세상에 내려왔던가 / 고고한 그 풍채가 절로 드러났네 / 날개 털 희기가 눈과 같아서/ 닭과 따오기가 시샘하였네 / 울음소리 하늘 끝 울려 퍼졌고 / 맑고 고와 풍진을 벗어났구나 / 가을 바람 타고 문득 날아가서 / 남은 사람들 마음을 슬프게 하네"(仙鶴下人間, 軒然見風神. 羽翮皎如雪, 鷄鶩生嫌嗔. 鳴聲動九霄, 嘹亮出風塵. 乘秋忽飛去, 怊悵空勞人.(『전서』, 「友人李德操輓詞」, I-1, 25b-26a, p.13.)

새로 난 부들 연못에 누워 있고
성긴 버드나무 밤 안개를 머금었구나

멀리 대 홈통으로 끌어온 작은 물방울이
차고 넘치면 가만히 전답으로 들어가네

뉘라서 이 좋은 언덕과 골짜기 가져다가
두어 명 스님들만 차지하게 했던가

[1] 落日隱脩杪　池光幽可憐　新蒲猶臥水　疎柳正含烟
小滴遙承筧　餘流暗入田　誰將好丘壑　留與數僧專

초생달 바람 부는 숲 밖에 떠 있고
그윽한 샘은 방아대 가에 있네

바위와 산봉우리도 기색을 거두고
울타리와 언덕은 구름 안개가 쌓였네

종소리 나자 스님과 죽을 먹고
향은 꺼져 나그네와 함께 잠들었구나

슬픈 일이지 옛적 현달한 이도
스님이 된 자가 다소 있었지

[2] 纖月風林外　幽泉露碓邊　巖巒收氣色　籬塢積雲煙

鍾動隨僧粥　香銷伴客眠　潛嗟古賢達　多少愛逃禪

모든 새들 다 깊이 잠들었는데
슬프게 홀로 두견만이 울고 있네

외로운 신세 어찌 짝이 있겠는가
괴롭게도 깃들 가지마저 없네

봄바람 불면 아득히 추억에 잠기고
창창한 밤이면 더 의심을 한다네

달이 지고 사람들도 잠들면
청아한 절경을 뉘라서 알 것인가

3 百鳥眠皆穩　悲鳴獨子規　畸孤寧有匹　棲息苦無枝
眇眇春風憶　蒼蒼夜色疑　月沈人正睡　淸絶竟誰知[32]

위의 1은 詩中有畵이다. 천진암의 정경을 문자로 交織하여 한 폭의 그림처럼 묘사하였다. 특히 미련의 "뉘라서 이 좋은 언덕과 골짜기 가져다가 / 두어 명 스님들만 차지하게 했던가"는 천진암과 주위의 정경의 아름다움을 예찬하고, 이런 곳을 두어 명 스님들이 점유하고 있는 것을 부러워 한 것이다. 2는 단오 전날 천진암의 밤 풍경을 형상화하였다. 미련은 옛적에 賢達한 이들 중에서 스님이 된

32) 『전서』, 「寺夕」, 제1・3수, I-3, 16b, p.49.

것을 비판한 것으로서, 그의 불교관의 일단이 나타나 있다.

③은 천진암에서 두견의 울음소리를 듣고 지은 것이다. 수련은 천진암에 밤이 깊어가자 주위 모든 새들이 잠들었건만 원통한 두견새 홀로 울고 있는 정경이고, 함련은 두견새는 짝마저 없고 의지할 나무 가지마저 없는 孤單함에 대한 연민이다. 경련에서 두견새는 춘풍이 불면 옛 추억에 잠기고 밤이 되면 더욱 의심한다고 한 것은 蜀主 望帝 생시의 일을 회상한 것이다. 미련에서는 달도 지고 사람들도 잠들면 천진암 주위의 淸絶함을 사람들이 알지 못함을 한탄하였다.

사환기에 지은 천진암 시는 천진암을 찾아가는 주변의 아름다운 경치를 노래하고 음주부시하며 풍류를 즐긴 낭만과 호방한 세계가 있다.

2) 解配後의 천진암 시

다산은 18년의 귀양살이 끝에 解配되어 향리에 돌아와서는 산천을 소요자적하며 『歸田詩集』(기묘, 1819, 58세), 『穿牛紀行卷』(경진, 1820, 59세), 『菜花亭詩草』(신사, 1821, 60세), 『松坡酬酢』(무자, 1828, 67세), 『天眞消搖集』(정해, 1827, 66세) 등의 詩卷을 남겼다.[33]

李元淳 교수는 다산이 해배된 후 다시 천진암을 찾아 간

---

33) 金相洪, 『茶山 丁若鏞 文學硏究』, 단국대학교출판부, 1985, pp.415-421.

해를 "갑신년(1824년)"으로 보고 있으나. 이는 『천진소요집』을 면밀이 검토하지 않은 결과이다.

> 1801년 辛酉敎難에 연루되어 18년 동안 강진 유배생활을 지내야 했던 정약용이 다시 解配 後 다시금 천진암을 찾은 것은 갑신년(1824) 4월의 일이었다. 그때 정약용은 玄谿, 石泉 등 열 명의 지우와 어울려 용문사 수종사를 거쳐 천진암에 이르러 이 산사에 유숙하였다.[34)]

이 교수는 이와 같이 해배 후에 다산이 천진암을 찾아간 것을 "갑신년(1824년)"으로 보았고, 그 근거를 『천진소요집』에서 찾았다. 그러나 "갑신년"이 아니라 정해년(1827)이 정확하다. 『천진소요집』은 작시 연도가 없으나, 정해년이 정확한 것은, 다산이 "밤에 천진사에서 잤는데 절이 퇴락하여 옛 모습을 찾아볼 수가 없다. 내가 대략 30년 만에 이곳을 다시 온 것이다"[35)]에서 명확하게 나타나 있기 때문이다. 이 시제에 보듯이 다산이 천진암을 다시 찾은 것은 30년 만이다. 즉 『천진소요집』이 정해년(1827)에 쓰여진 것이므로, 30년 전을 역산하면 정사년(1797)이 된다. 다시 말하면 앞에서 본 정사년(1797)에 쓴 「游天眞菴記」 및 8제 15수의 시와, 정해년(1827)에 지은 「夜宿天眞寺 寺破無舊觀 余蓋三十年重到也」와는 30년의 간격이 있다. 이를 보면

34) 李元淳, 앞의 논문, p.710.

35) 『전서』, 「夜宿天眞寺, 寺破無舊觀, 余蓋三十年重到也」, I-7, 2b, p.125.

『천진소요집』은 다산이 66세 때인 1827년(정해)에 이루진 詩卷이 명확하다.

그리고 이 교수가 다산이 "玄谿, 石泉 등 열 명의 지우와 어울려 용문사 수종사를 거쳐 천진암에 이르러"라고 했는데, 이는 『천진소요집』의 小引을 정확히 이해하지 못한 것이다. 『천진소요집』의 小引을 보자.

> 병으로 120일 동안 누웠었는데 마침 용문사 수종사에서 온 玄谿 令公을 만났는 데, 장차 남쪽으로 천진암에 가서 놀고자 하기에 힘써 그를 따라 나섰다. 이에 石泉翁을 방문하여 함께 갔는데, 세 집의 소년들과 季林 聖九 規伯도 따라 갔다.[36]

이 小引에서 보는 바와 같이 다산 일행이 용문사 수종사를[37] 거쳐 천진암에 간 것이 아니라, 玄谿가 용문사 수종사를 유람한 후 장차 천진암으로 가려하기에 다산 등이 따라 나선 것이다. 그리고 『천진소요집』에는 용문사와 수종

36) 『전서』, 『天眞消搖集』, I-7, 1a, p.125. "病伏十有二旬, 適逢玄谿令公從龍門水鍾寺而至, 將南游天眞菴, 勉而從之. 仍訪石泉翁諧適, 三家少年及季林聖九規伯亦從焉"

37) 참고로 다산의 「游水鍾寺記」(I-13, 34ab, p.280.)는 그가 22세(계묘, 1783)에 經義進士에 합격(2월)한 직후 봄에 친구인 睦萬中 吳大益 尹秉弼 李鼎運 등과 함께 놀러간 것을 기록한 것이다. 『全書』, 「游水鍾寺記」, I-13, 34ab, p.280. "乾隆癸卯春, 余以經義, 爲進士, 將歸苕川. 家君曰, 此行不可以草草也, 徧召親友與之偕. 於是睦左郎萬中, 吳承旨大益, 尹掌令秉弼, 李校理鼎運, 皆來同舟, 廣州尹, 送細樂一部以助之. 旣歸苕川之越三日, 將游水鍾, 少年從者, 亦十餘人, 長者騎, 或騎牛焉, 騎驢焉. 少年皆徒行, 至寺日正晡矣."

사에 관한 시가 1수도 없다. 즉 정해년 당시에 다산은 66세로 120여일 동안 병으로 자리에 누웠었는데 마침 용문사 수종사에서 온 玄谿를 만났다. 현계가 천진암에 가서 놀고자 하기에 다산은 애써 따라 나섰다. 이때 石泉 申綽(1760-1828)을 방문하여 동행하였고, 아울러 세 집의 소년들과 季林 聖九 規伯도 같이 갔다. 즉 4월 21일부터 5월 12일까지 20여 일을 천진암을 비롯하여 두미협 등을 여행하였다.[38] 이때 다산이 지은 시에 동행한 이들이 和韻한 시를 엮은 것이 『천진소요집』이다.

『천진소요집』의 첫 수인 다산의 시를 보자.

명사의 산 구경하자는 이야기는
흔연히 내 마음을 감동시켰네

시절에 맞는 건 오직 유람뿐이니
천성이 산림을 좋아함에랴

백사장 따스하니 봄 풀이 무성하고
산봉우리 조밀하니 늦도록 푸르름이 깊네

근력이 부친 것 근심할 것 없다네
가는 곳마다 짙은 그늘 있다오

38) 『전서』, 「四月二十一日上寺, 二十二日出山宿江村. 二十三日泛舟斗尾 擧網不得魚, 悵然有作」(I-7, 6ab, p.127)과 「五月十二日, 乘到松坡, 擬題尹友屋壁」(I-7, 11a, p.130)을 참조.

名士看山話　欣然動我心　時宜唯漫浪　天性況山林
沙暖春蕪遠　峰稠晩翠深　不愁筋力短　行處有繁陰39)

천진암으로 가는 길에 水南에 이르러 지은(到水南作) 시이다. 수련은 120여 일 동안 병석에 있었는데 玄谿가 명산 구경을 함께 가자는 제의에 감동한 내용이다. 함련은 4월은 산천을 유람하기 좋은 시절인데 천성이 山林에 노니는 것을 좋아한다고 밝힌 것이다. 미련의 "근력이 부친 것 근심할 것 없다네 / 가는 곳마다 짙은 그늘 있다오"는 자신이 당시 66세의 노인이라 기운이 없지만, 여행 중에 힘이 들면 쉴 수 있는 그늘이 가는 곳마다 있기에 동행하는 이들은 걱정하지 말라고 한 것이다.

다음은 다산이 30년 만에 천진암을 다시 찾아왔으나, 절이 퇴락한 모습을 보고 감회에 젖은 시를 보자.

지난 자취 희미하여 다시 찾아볼 수 없는데
꾀꼬리는 그윽한 녹음 속에 울음 그치네

썩은 홈통엔 물방울 끌어 졸졸 흘러내리고
깨진 기와조각 갈아엎어 언덕에 즐비하네

39) 『전서』, 『天眞消搖集』, 「上天眞寺」, I-7, 1a, p.125. "病伏十有二旬, 適逢玄谿令公從龍門水鍾寺而至, 將南游天眞菴, 勉而從之. 仍訪石泉翁諸適, 三家少年及季林聖九規伯亦從焉. 到水南作."

옛적 삼일 묵었던 일 생각하여 머물지 말자
명산이란 다만 한 번 놀기에 합당하다네

또 보건대 흰머리 이와 같으니
가는 세월 진정 여울을 내려가는 배와 같구려

前躅凄迷不可求　黃鶯啼斷綠陰幽
朽筒引滴涓涓水　破瓦耕麰疊疊丘
幻境休留三宿戀　名山只合一番游
且看白髮渾如此　逝景眞同下瀨舟40)

위의 수련은 시제에서 밝힌 대로 천진암이 이미 퇴락하여 옛 모습을 찾을 수 없는데(寺破無舊觀) 녹음 속에서 꾀꼬리는 30년 전과 같이 변함없이 노래하고 있음을 보고 무상을 느낀 것이다. 함련도 역시 퇴락한 천진암의 정경이다. 경련의 出句 "옛적 삼일 묵었던 일 생각하여 머물지 말자"는 바로 30년 전인 정사년(1797) 5월에 형제들과 천진암에서 2박 3일 유숙하며 산채를 안주 삼아 호방하게 飮酒賦詩했던 당시를 회상하며, 유수 같은 세월에 대한 哀傷이다. 미련은 30년 전 자신은 청년이었으나 지금은 66세의 노인으로 백발이 성성한 데 대한 비애와, 속절없이 흐르는 세월은 마치 여울을 내려가는 배와 같다면서 인생의 무상을 차탄한 것이다.

40) 『전서』, 「夜宿天眞寺, 寺破無舊觀, 余蓋三十年重到也」, I-7, 2b, p.125.

다음은 다산의 위의 시를 화운한 石泉 申綽의 「次韻宿天眞寺」을 보자.

이 몸은 거리낌도 없고 구하는 것도 없으니
떠도는 자취 사람 따라 그윽한 곳에 왔노라

말 곁에 가는 구름은 시냇가의 길을 따르고
깊은 나무에 우는 꾀꼬리 숲 언덕이 막히었네

젊은이는 술잔 세어 마시길 싫어하지 않고
백발 늙은이는 되레 촛불 잡고 노는데 호응하네

높은 흥취 무르녹지 못함을 근심하지 말게나
내일 아침엔 다시 미진 건널 배를 댈 걸세

此身無累亦無求　浪跡因人到絶幽
傍馬行雲隨澗道　囀鶯深樹礙林丘
青眸未厭引杯數　白髮還應秉燭游
高興不愁不爛漫　明朝更檥度迷舟[41]

신작의 시도 다산 시와 같이 인생의 무상에 대한 哀傷이다. 수련에서 자신은 68세의 노인이라서 구애받는 것도 없고 바라는 것도 없기에 흔연히 천진암에 왔다고 하였다. 경련은 함께 간 젊은이들은 술을 마시는 것을 사양하지 않

41) 『전서』, 「次韻宿天眞寺」, I-7, 2b, p.125.

는데 백발의 자신은 다만 촛불을 잡고 이들의 노는 데 호응할 수밖에 없는 현실을 한탄한 것이다. 그러나 미련에서는 비록 늙어 젊은이들처럼 술을 많이 마시지 못하지만, 내일 아침에 일행들이 강을 건널 배를 준비할 수 있다고 하여 자신의 건재함과 所任이 있음을 노래하였다.42)

다음은 다산이 천진암의 山門을 나서며 쓴 시이다.

> 산루를 내려올 적마다 마음이 쓸쓸한 것은
> 어느 해에나 다시 올지 알 수 없어서이네
>
> 콸콸 흐르는 계곡의 물이 사랑스럽네
> 십 리를 따라와서 들의 전답으로 흘러가누나
>
> 每下山樓意悄然　不知重到定何年
> 愛茲灑灑雲溪水　十里相隨到野田43)

기구와 승구에서 山門을 내려오면서 마음이 쓸쓸한 것은 자신이 66세의 노인인지라 언제 다시 찾아 올 수 없는 아픔을 형상화하였다. 전구와 결구에서 계곡 물은 세차게 흘러 하산하는 자신을 따라와 들판의 전답으로 들어간다는 것은 유한한 인생과 무한한 자연과의 대비를 통하여 인생의 무상을 노래한 것이다.

다산이 20여일 간의 여행을 마무리하면서 일행들과 서로

---

42) 신작은 이 시를 지은(1827) 다음 해(1828)에 운명하였다.
43) 『전서』, 『天眞消搖集』, 「出山門」, I-7, 4b-5a, pp.126-127.

이별을 아쉬워한 「臨別又題」을 보자.

산객이 산으로 돌아감을 만류할 수 없으니
후일 기약은 난간 밖에 물 흐를 때로세

오래 휴양한 근력은 피로하나 도리어 건강하니
다 늙어서 미쳐 날뜀은 죽어야 그만두리

마음 있으면 오는 거지 어찌 반드시 약속할 것 있나
실컷 담화하고 작별하니 모름지기 시름이 없네

오의 소금과 촉의 모시 실은 배가 서로 이어지니
이것이 바로 신선 세계에서 燈火를 걸어두는 배일세

山客歸山不可留　前期檻外水長流
久閑筋力勞還健　垂老猖狂死乃休
意到則來何必約　話闌而別莫須愁
吳鹽蜀枲船相續　玆是仙人太乙舟44)

수련의 산객은 玄谿로, 그가 산으로 돌아가는 것을 만류할 수 없다는 것은 후일에 다시 만날 수 있기 때문이다. 함련에서 20여일의 여행으로 몸은 피로하지만 오히려 건강하기 때문에 산천 유람을 좋아하는 버릇은 죽어야 없어질 것이라 하였다. 경련에서 마음만 있으면 언제든지 다시 만

---

44) 『전서』, 『天眞消搖集』, 「臨別又題」, I-7, 11b, p.130.

날 수 있는데 이별하면서 어찌 반드시 다시 만날 것을 약속할 것 있느냐고 반문하였고, 실컷 담화하고 작별하니 시름이 없다고 한 것은 즐거웠던 여행을 뜻한다. 미련의 吳의 소금과 蜀의 모시 실은 배가 서로 이어지니 바로 신선세계에서 燈火를 걸어두는 배라고 한 것은, 자신을 비롯한 일행이 두미협으로 내려가는 모습을 신선들이 탄 배로 비유한 것이다.

이상과 같이 『천진소요집』의 다산의 시세계는 동행들과 여행시의 즐거움과 30년 만에 다시 찾은 천진암이 퇴락한 것을 보고 인생의 무상함을 형상화한 것이다. 한 가지 첨언할 것은 다산이 권철신의 묘지명에서는 "天眞菴"이라 했으나, 『천진소요집』에서는 "天眞寺"[45]라고 한 점이다. 즉 "天眞菴"과 "天眞寺" 중 어느 것이 맞는지 에에 대한 정확한 고증이 필요하다.

4. 결 론

한국 천주교에서는 1779년(기해, 정조 3) 겨울에, 權哲身

45) 『천진소요집』에서는 "天眞菴"이 아니라 "天眞寺"로 나와 있다. 즉 申綽 등 차운한 이들의 시의 詩題가 「次韻上天眞寺」로 되어 있고, 또한 다산의 시제에 「夜宿天眞寺 寺破無舊觀 ……」이라고 한 점이다.(『전서』, 『천진소요집』, I-7, 1b-2b, p.125.)

이 주도했던 '天眞菴走魚寺講學會'를 조선 천주교의 발상지로보고 천진암을 성지로 인정하고 있다. 본고에서는 '천진암주어사강학회'에서 천주교의 교리를 講學했느냐의 여부는 論外로 하였다. 다산과 천진암의 관계를 이상에서 고찰한 것을 요약한다.

첫째, 다산이 '천진암주어사강학회'의 참여 여부이다. ① 李元淳 金玉姬 교수와 卞基榮 신부는 다산의 「녹암권철신묘지명」과 「선중씨묘지명」을 근거로 강학회에 참여한 것으로 보았다.

② 그러나 다산은 강학회에 참여하지 않았다. ㉠ 1779년 겨울 천진암에서 강학회가 있은 지 5년 후인 1784년(갑진) 4월 15일에 다산은 천주교와 처음으로 만났다. 자신의 「자찬묘지명」 2편과 권철신 정약전의 묘지명 등 7편은 다산이 후손들에게 공개하지 말라고 한 "秘本"으로, 그의 양심선언서이자 진실의 기록이기에 천주교에 관련된 문제들을 모두 진솔하게 기록하였다. 만일 강학회에 참여했다면 이를 묘지명에서 은폐할 다산이 아니다. ㉡ 강학회가 개최(1779)된 후 18년이 지난 정사년(1797, 36세) 5월에 다산은 단오날 천진암에서 지은 시에서 "이벽이 독서했던 곳 아직도 있건마는"(李檗讀書猶有處)이라고 하였다. 만일 자신이 강학회에 참여했다면 그 역시 천진암에서 독서를 했을 것인데, 어찌 이벽이 독서했던 곳이라고만 했겠느냐 점이다. ㉢ 1779년 당시 강학회를 주도했던 권철신은 44세였고, 이벽은 26세, 李承薰은 24세, 정약전은 22세, 정약종은 20세

였다. 권철신을 제외하고 참여자는 모두 20대였는데 과연 18세였던 다산이 여기에 참석했겠느냐는 점이다. ㉣『사암선생년보』에는 강학회에 관한 기록이 없다. 이 연보에는 다산이 독서하던 곳과 鄕射禮 등의 행적을 소상하게 기록했는데, 강학회에 참여했다면 이를 기록하지 않을 리 없다.

다산이 지은 묘지명과 달레의 『한국천주교회사』에는 자신이 강학회에 참여했다는 언급이 없다. 李元淳 金玉姬 卞基榮이, 다산이 강학회에 참여했다는 주장은 『여유당전서』를 자세히 검토하지 않은 결과이다.

둘째, 다산의 천진암 관련 시의 세계이다. ① 仕宦期의 천진암 관련 시문은 「游天眞菴記」와 시 8題 15首가 있다. 「유천진암기」는 정사년(1797, 36세) 5월 단오날을 앞두고 향리에 가서 川獵을 한 후, 형제 등과 함께 천진암에서 2박 3일 유숙하며 산나물로 안주삼아 飮酒賦詩한 내용으로, 청년 다산의 풍류와 낭만적인 삶의 편린을 찾을 수 있다. 사환기의 천진암 관련 시는 천진암을 찾아가는 주변의 미경을 노래하고 음주부시하며 즐긴 풍류와 낭만이 주조를 이루고 있다.

② 귀양에서 풀려난 후에 지은 천진암 관련 시는 『天眞消搖集』(정해, 1827, 66세)에 있다. 李元淳 교수는 『천진소요집』이 갑신년(1824년) 4월 작이라고 하였으나, 정해년(1827)이 맞다. 즉 다산의 시에 “밤에 천진사에서 잤는데 절이 퇴락하여 옛 모습을 찾아볼 수가 없다. 내가 대략 30년 만에 이 곳을 다시 온 것이다.”에서 나타나 있다. 이 시

집이 1827년에 쓰여진 것이므로, 30년 전을 역산하면 1797년(정사)인데, 정사년에 「유천진암기」와 천진암 관련 시 8제 15수를 쓴 것과 일치한다. 해배 후의 천진암 관련 시는 여행의 즐거움과 30년 만에 다시 찾은 천진암이 퇴락한 것을 보고 느낀 인생의 무상에 대한 哀傷이 주조를 이루고 있다.

첨언할 것은 권철신의 묘지명에서는 "天眞菴"이라 했으나, 『천진소요집』에서는 "天眞寺"라고 한 점이다. 즉 "天眞菴"과 "天眞寺" 중 어느 것이 맞는지 확인이 필요하다.

이상과 같이 다산이 '천진암주어사강학회'에 참여했다는 주장에 대하여, 不參의 논거를 제시하였고, 천진암과 관련된 시문의 세계를 조명하였으므로, 그의 삶의 궤적과 시세계의 일부를 이해하는 데 기여할 것이다.

제2부

茶山의 公職倫理와 相生論

茶山의 사상과 公職倫理

茶山詩의 生態觀과 相生論의 세계

茶山의 사상과 公職倫理

1. 서 론

다산 정약용(1762-1836)은 5백년 조선왕조가 낳은 위대한 善鳴者이다. 그는 18년간의 고난에 찬 유배생활을 하면서도, 民草들이 겪는 고초를 自我의 것으로 동일시하면서 낡고 병든 나라를 개혁하여 새로운 조선을 만들고자 일생동안 치열하게 善鳴하였다.[1] 그 선명은 민초와 나라 사랑의 經世學으로서, "우리 오래된 조선을 새롭게 개혁"(新我之舊邦)하여[2] "만백성을 윤택하게 하고 만물을 육성하는

1) 金相洪, 『茶山 文學의 再照明』, 단국대학교출판부, 2003. p.251.
2) 丁若鏞, 『與猶堂全書』(景仁文化社 影印, 1970. 이하 『전서』), 「自撰墓誌銘」(集中本), I-16, 18a. p.337. "經世者何也. …… 思以新我之舊邦也"

것”(澤萬民 育萬物)[3]으로 요약할 수 있다.

다산은 유배된 죄인이라서 개혁을 주도할 수도, 개혁의 청사진을 임금께 올릴 수도 없는 처지였다. 그래서 마음속에 있는 개혁안을 542권의 방대한 『여유당전서』에 남겼다. 그러나 조선왕조는 그의 善鳴과 개혁의 청사진을 수용하지 않았다. 이는 쇠락의 길을 걷던 조선왕조의 크나큰 불행이었다.

다산은 조선왕조를 개혁하려고 발상을 전환하여 實學을 집대성하였다. 일찍이 爲堂 鄭寅普는 “다산선생 一人에 대한 考究 - 곧 조선사의 연구 - 곧 조선근세사상의 연구요 조선 心魂의 明翳 내지 全朝鮮 盛衰存滅이다.”[4]라고 하여 다산학 연구의 중요성을 천명하였다.

다산의 사상을 먼저 살펴보고, 이어서 강진 유배지에서 1818년 봄에 완성한 그의 불후의 명저인 『목민심서』를 중심으로 공직윤리를 조명하고자 한다. 이러한 작업은 다산의 善鳴을 이해하는 데 기여할 것이다.

---

3) 『전서』, 「寄二兒」(壬戌 十二月 十二日), I-21, 4b, p.440. “必先以經學, 立著基址, 然後涉獵前史, 知其得失理亂之源, 又須留心實用之學, 樂觀古人經濟文字, 此心常存, 澤萬民, 育萬物底意思, 然後方做得讀書君子.”

4) 鄭寅普, 『薝園國學散藁』, 文敎社, 1955, p.78.

2. 善際과 사상

다산은 사람으로 이 세상에 태어나서 죽는 날까지 상대해서 사는 것은 사람과 사람의 대인관계뿐이라고 하였다. 가까운 것은 부모형제요 먼 것은 친구와 고향사람이며, 낮은 자는 신하와 종과 어린이요, 높은 자는 임금과 스승과 어른이라고 하였다. 이들과 내가 善하게 교제를 하면 착한 덕(善德)이 성립되고, 이들과 선하지 못한 관계가 되면 不德이 성립되기 때문에 인간의 도는 인간과의 관계를 선하게 하는 데 있다(善於際)고 하였다.[5] 다산의 저서 542권에 내재된 일관된 사상은 바로 사람과 사람 사이의 관계를 선하게 하는 "善於際"를 지향하고 있다. "선어제"는 "仁"이 근간이 된다. "仁"자는 사람 人자 둘로 된 것으로, 아버지와 아들이 그 직분을 다하고 임금과 신하가 그 직분을 다하고 부부가 그 직분을 다하는 것이 "인"이라고 하였다.[6]

---

5) 『전서』, 『論語古今註』권7, Ⅱ-13, 43b, p.310. "原夫人生斯世, 自落地之初, 以至盖棺之日, 其所與處者人而已. 其近者曰父子兄弟, 其遠者曰朋友鄕人, 其卑者曰臣僕幼穉, 其尊者曰君師耆老. …… 我一人, 彼一人, 兩人之間, 則生交際, 善於際, 則爲孝爲弟爲友爲慈爲忠爲信爲睦爲婣. 不善於際, 則爲悖爲逆爲頑爲嚚爲奸爲慝爲元惡爲大憝. 吾道何爲者也, 不過爲善於其際耳."

6) 『전서』, 『論語古今註』권6, Ⅱ-12, 3ab, p.266. "案仁者人也. 二人爲仁, 父子而盡其分則仁也, 君臣而盡其分則仁也, 夫婦而盡其分則仁也. 仁之名, 必生於二人之間, 近而五教, 遠而至於天下萬姓, 凡人

다시 말하면 "인"은 남을 향한 사랑으로[7] 바로 휴머니즘이다. 사람과 사람 사이의 관계를 착하게 하는 "善於際"를 실천했던 그의 風貌와 업적 중 일부를 살펴보자.

첫째, 다산은 발상의 전환으로 實學을 집대성하였다. 그가 유배지에서 『목민심서』(48권)를 저술한 목적은 三政의 문란으로 고통받는 백성들의 고난에 찬 삶과 아픔을 匡正하기 위해서였다. 광정의 첩경은 목민관에 있다 판단하고 이들에게 발상의 전환을 요구한 것이 바로 『목민심서』이다. 다산은 일찍부터 시대를 앞서가는 선각자였다. 발상의 전환을 통하여 새로운 조선을 건설하는 데 기여하였다.

대표적 사례가 그가 설계 제작한 擧重機이다. 다산은 31세 때(1792년) 정조대왕의 명을 받고 「水原城制」를 지어 올렸다. 그가 고안한 거중기는 40근의 힘으로 25,000근의 무게를 들어 올렸다.[8] 1796년(다산 35세)에 화성이 완공되자 정조는 다행히 거중기를 써서 4만 냥을 절약했다면서 다산의 공적을 치하하였다. 총공사비 873,520냥이 들어간 화성 공사에서 절약한 4만 냥은 4.6%에 해당하는 큰 금액이다. 다산이 축성에 기여했던 華城은 1997년 12월에 유네스코 세계문화유산으로 지정되었다. 이는 다산의 위대함이 재차

與人, 盡其分, 斯謂之仁."

7) 『전서』, 『論語古今註』권3, Ⅱ-9, 39b, p.222. "仁者, 嚮人之愛也. 處人倫盡其分, 謂之仁."

8) 『전서』, 「起重圖說」, Ⅰ-10, 25b, p.214. "以四十斤之力, 能動二萬五千斤之重."

입증된 것이다.

둘째, 다산은 지방행정의 達人이자 목민관의 典範이었다. 그가 33세(1794) 때 경기도 암행어사가 되어 적성·마전·연천·삭령 지역을 廉察하고, 백성들의 비참한 현실에 애련의 눈물을 지었으며, 徐龍輔 등 세력가들의 횡포를 척결하는 등 많은 치적을 남겼다. 어사의 임무를 마치고 復命한 상소에서 국법이 존중되고 백성을 중하게 여겨야 한다.[9]고 정조에게 건의했다

또한 36세(1797) 때 황해도 곡산도호부사로 부임하여 2년간 재직하는 동안 훌륭한 치적을 남겼다.[10] 그의 내면세계에 애민정신-인간에 대한 사랑-휴머니즘이 있었기에 목민관의 전범이 되는 큰 업적을 남긴 것이다. 이러한 경험들이 『목민심서』를 집필하는 데 도움이 되었다.

셋째, 다산은 도덕적 완전주의자(Moral perfectionist)를 지향하였다. 그는 30세(1791) 때인 4월에 3남 懼牂이 3살로 요절하자, 자신의 방탕한 생활로 인하여 아들을 잃는 재앙

9) 『전서』, 「京圻御使復名後論事疏」, I-9, 42b, p.191. "以重民生 以尊國法."

10) 丁奎英, 『俟菴先生年譜』, 正文社 影印, 1984, 참조. 다산은 ① 포척(布尺)을 바로잡아 중간협잡 방지, ② 물가 안정책으로 백성들의 고통 제거, ③ 농가 마다 송아지를 기르게 한 축산장려 정책실시, ④ 倉穀의 이용을 고르게 하기 위해 일시에 수송 분배, ⑤ 호적·經界·簽丁 등 사무정리, ⑥ 戶布 남용 시정, ⑦ 천연두 치료서인 『痲科會通』 저술, ⑧ 청나라 사신 영접(외교업무 수행), ⑨ 도내 수령의 臧否 염찰, ⑩ 도내의 疑獄을 심리 판결하는 등 치적을 남겼다.

을 받은 것이라고 참회하였다.

> 네가 병마와 싸우며 고통 받을 적에
> 애비는 즐겁게 질탕히 놀았느니라
>
> 배타고 북치며 물놀이 하고
> 기생 이끌고 홍루에서 놀았노라
>
> 방탕하였으니 재앙받는 것 마땅한 일
> 어찌 너를 잃는 벌을 면할 수 있으리
>
> 曩汝苦痛楚　我方愉佚宕　撾皷綠波中　攜妓紅樓上
> 志荒宜受殃　惡能免懲貺[11)]

어린 아들이 병마와 싸우면서 신음하고 있는 줄 모르고 晋州 남강에서 기생들과 질탕하게 노래하고 춤추면서 즐겁게 놀았기 때문에, 하늘이 노하여 아들이 죽는 벌을 내렸다고 자책하고, 슬픔을 형상화한 시에서 단장의 통곡을 하였다. 아들이 죽은 慘慽의 원인을 기생들과 춤추며 방탕하게 놀은 것으로 인식한 데에서 그의 도덕성을 찾을 수 있다. 아버지가 기생들과 춤추고 놀았다고 하느님이 어린 자식이 죽는 벌을 내린다면 과연 이 땅의 아버지들이 자식을 제대로 키울 사람이 몇 명이나 될 것인지 모를 일이다.

다산은 49세(1810) 때인 동짓달 초엿새 날 귀양지 다산초

---

11) 『전서』, 「憶汝行」, I-2, 2b, p.22.

당에서 자고 있었는데, 꿈에 한 미인이 나타나 자신을 유혹하자 처음에는 마음의 동요가 있었다. 그러나 이내 도덕성을 회복하여 그녀에게 시 한 수를 지어주고 고이 돌려보냈다. 꿈을 깨고 나서 미녀에게 써준 시를 시집에 적어 놓았는데 다음과 같다.

눈 덮인 산속 깊은 곳에 한 송이 꽃
붉은 비단과 복숭아꽃처럼 아름다워라

내 마음 이미 금강석과 쇠가 되었는데
풍로가 있다한들 어찌 내 마음 녹이리오

雪山深處一枝花　爭似緋桃護絳絲
此心已作金剛鐵　縱有風爐奈如何[12)]

꿈속에서까지 미인의 유혹을 뿌리친 것은 평상시의 내면세계가 극기와 결백성, 즉 도덕성으로 항상 무장되어 있었기 때문에 가능하였다. 꿈속에서 미인의 유혹을 뿌리친 것은 험난한 세파와 유배생활에 지쳤기 때문도 아니요 늙음 때문만도 아니다. 내면세계에 존재하고 있는 도덕성이 꿈속에서도 미인의 유혹을 뿌리치고 곱게 돌려보낸 것이다. 이와 같은 의식세계는 도덕적 완전주의를 지향했기 때문이다.

---

12) 『전서』, 「十一月六日, 於茶山東菴淸齋獨宿, 夢遇一妹來而嬉之, 余亦情動, 少頃辭而遣之, 贈以絶句, 覺猶了了詩曰」, I-5, 32b, p.94.

다산의 삶과 시적 세계와는 자기완성으로 一元的 연속이 있었기에 가능했던 만큼 오늘을 사는 우리들에게 시사하는 바가 크다. 다산의 삶은 평상시의 삶과 꿈속에서의 삶이 二元的이 아니라 일원적이었다.[13] 이러한 도덕적 완전주의를 추구한 삶과 철학이 있었기에 『목민심서』를 비롯한 542권의 저서에서 당당하게 개혁안을 제시할 수 있었다.

넷째, 다산은 相生(Win-Win)의 미학을 추구하였다. 그는 두 아들에게 문학의 사명은 마음속에 항상 만백성을 윤택하게 하고 모든 만물을 기르려는 마음, 즉 "澤萬民 育萬物"에 있다고 立論한 것을 자신의 문학에 구현하였다.[14] 그가 강진에 유배된 지 10년 되던 해(49세, 경오 1810)에 쓴 「弔繩文」은 쉬파리를 의인화한 寓言文이다.[15] 1810년 여름 유배지 강진에 쉬파리 떼가 극성을 부리니 백성들이 잡느라 야단이었다. 그는 쉬파리가 번성하게 된 근본적인 원인을 ① 작년(1809)의 큰 飢餓와, ② 혹한과, ③ 염병이 돌고, ④ 가혹한 세금을 징수당하여 수많은 백성들이 굶어 죽은 데서 찾았다. 수의도 관도 없이 버려진 시체에 훈풍

13) 金相洪, 『茶山 丁若鏞 文學硏究』, 단국대학교출판부, 1985. pp.315-316.

14) 金相洪, 「韓國 漢文學과 生態의 問題」, 『韓國漢文學硏究』 제33집, 한국한문학회, 2004. 『전서』, 「寄二兒」(壬戌 十二月 十二日), I-21, 4b, p.440. "必先以經學, 立著基址, 然後涉獵前史, 知其得失理亂之源, 又須留心實用之學, 樂觀古人經濟文字, 此心常存, 澤萬民, 育萬物底意思, 然後方做得讀書君子."

15) 이 「弔繩文」에 대한 연구는 필자의 『茶山 文學의 再照明』(단국대학교출판부, 2003, pp.402-454.)에서 詳論하였다.

이 불고 기온이 높아져 부패하니 오래 전에 죽은 송장과 새로 죽은 송장에서 모두 썩은 물이 흥건히 고이고 엉기자, 자연히 시신에서 구더기가 생겨나고, 이 구더기가 쉬파리로 변해서 인가로 날아든 것이라고 하였다. 쉬파리들을 우리 인간 무리라고 하였고, 이들을 생각하면 저절로 눈물이 나기에 음식을 만들어 널리 청해와 모이게 했으니 서로 알려서 먹도록 하였다. 쉬파리에 대한 연민은 매서운 사회 고발과 풍자이자 相生論이다.

다산이 귀양살이에서 풀려나 고향에 돌아와 만년에 쓴 시 「肩輿嘆」은 신분이 높은 관리들이 산천 유람을 오면 스님들과 가마를 메는 백성들의 고난에 찬 삶을 핍진하게 형상화하였다.

사람들은 가마 타는 즐거움만 알고
가마 메는 사람들의 고통을 모르네

人知坐輿樂　不識肩輿苦16)

신분의 귀천에 따라 양극화되어 이질적인 삶을 살아야 하는 데 대한 준엄한 비판이 아닐 수 없다. 즉 상생의 삶이 무너진 데 대한 哀憐이다. 다산의 학문은 "澤萬民 育萬物"을 실천하였기에 생시는 물론 사후에도 경세적인 학문

16) 『전서』, 「肩輿嘆」, I-6, 32b-33a, pp.114-115. "人知坐輿樂, 不識肩輿苦. …… 爾我本同胞, 洪勻受乾父. 汝愚甘此卑, 吾寧不愧憮. 吾無德及汝, 爾惠胡獨取."

으로 높은 평가받고 있다.

다산은 1809년(48세) 金履載(1767-1847)에게 보낸 서한에서, "중풍이 점점 심해지고 온갖 병이 생겨 언제 죽을지도 모르는 처지"이나, "기꺼이 귀양지의 강물에 뼈를 버리더라도 애석할 것이 없지만 오직 憂國之誠을 발산할 길이 없어 점점 응어리가 되었다."고 하였다.[17] 또한 "살아서 고향으로 돌아가느냐의 여부는 오직 나 한 사람의 기쁨과 슬픔일 뿐이지만, 지금 만백성이 다 죽게 되었으니 이를 장차 어찌하면 좋으냐."[18]고 통탄하였다.

다산은 자신이 살던 18세기 후반과 19세기 초반의 정치사회를 "살려야 할 사람을 죽음에 이르게 하고, 죽여야 할 사람을 살리고도 오히려 태연하고 편안하게 여긴다."고 진단하였다. [19] 그리고 "어느 것 하나라도 병들지 않은 것이 없어서 이를 고치지 않으면 반드시 나라가 망할 것이라 진단하고, 이를 어찌 충신과 志士가 팔짱끼고 방관할 수 있겠느냐."[20]면서 비장하게 개혁의지를 밝혔다. 또한 조선 후

---

17) 『전서』, 「與金公厚」, I-19, 16a. p.403. "此身風痺轉甚, 百病侵纏, 死亡無日, 甘捐瘴江之骨, 唯是憂國之誠, 耿耿在心, 無以發洩轉成痞結."

18) 『전서』, 「與金公厚」 己巳秋, I-19, 16b. p.403. "此身之生還與否, 唯是一己之歡戚, 今此萬民, 盡迫溝壑, 此將奈何."

19) 『전서』, 「欽欽新書序」, I-12, 43a, p.261. "或生而致死之, 亦死而致生之, 尙恬焉安焉."

20) 『전서』, 「經世遺表引」, V-1, 3a, p.2. "竊嘗思之, 盖一毛一髮, 無非病耳, 及今不改, 其必亡國而後已. 斯豈忠臣之士, 所能袖手而傍觀者哉."

기 공직사회를 "백성들은 땅으로 농토를 삼는데 관리들은 백성들로 전답을 삼는다. 백성의 껍질을 벗기고 골수를 긁어내는 것으로써 농사짓는 일로 여기고 머릿수를 모으고 마구 거두어들이는 것으로써 수확하는 일을 삼는다."고 진단하였다.[21]

다산은 이러한 부패한 정치사회를 개혁하기 위해서는 "국법이 존중되고 백성을 중하게 여겨야 한다"고 正祖에게 건의했고[22] 부패가 만연한 공직사회를 개혁하여 "공직자는 백성을 위해서 존재하는" 사회가 되어야 한다고 강조하였다.[23]

결론적으로 다산의 꿈은 한마디로 "오래된 우리나라를 새롭게 개혁하는 것"(新我之舊邦)[24]으로서, 요즈음 말로 "신조선 창조"가 된다. 다산이 추구한 세계는 "오래된 조선을 새롭게 개혁"하여 "만백성을 윤택하게 하고 만물을 육성하는 것"(澤萬民 育萬物)이었다. 그러나 유배 죄인이라서 개혁을 주도할 수도, 청사진을 임금께 올릴 수도 없는 딱한 처지였다. 그래서 발상을 전환하여 차선책으로 마음속에 있는 개혁안을 저서로 남겼다. 그 저서가 바로 『여유당

---

21) 『전서』, 『목민심서』, 「吏典, 束吏」, V-19, 1a, p.365. "民以土爲田, 吏以民爲田. 剝膚椎髓, 以爲耕耨, 頭會箕斂, 以爲刈穫."

22) 『전서』, 「京圻御史復命後論事疏」, I-9, 41b, p.191. "亟令王府照律勘罪, 以重民生, 以尊國法."

23) 『전서』, 「原牧」, I-10, 4b, p.203. "牧爲民有乎, 民爲牧生乎. ……, 以肥其牧, 民爲牧生乎. 曰否曰否. 牧爲民有也."

24) 『전서』, 「自撰墓誌銘」集中本, I-16, 18a, p.337. "經世者何也. …… 思以新我之舊邦也."

전서』이다.

『목민심서』를 비롯한 一表二書 등 542권의 방대한 『여유당전서』가 개혁사상이자 병든 조선왕조를 새롭게 할 수 있는 청사진이었다. 그러나 낡고 병든 조선왕조는 그의 善鳴을 수용하지 않아 결국 쇠락의 길을 자초하였다.

다산의 개혁사상

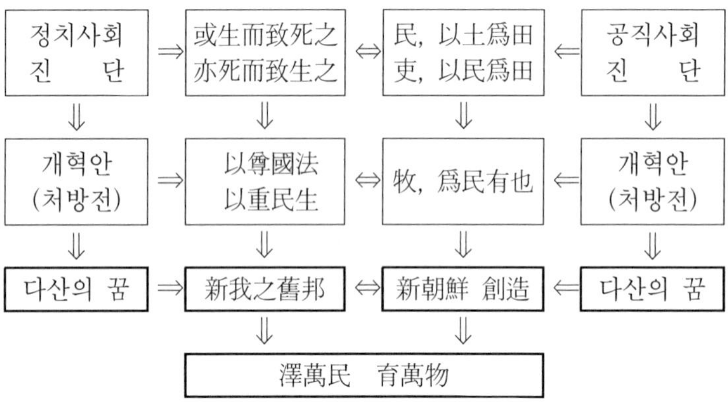

조선 후기 위대한 善鳴者 다산은 개혁사상가로서 그 누구보다도 民草들의 삶에 대한 각별한 애정을 가진 시대의 양심이었다. 다산의 사상을 요약 정리한다.

① 정치사상 : "정치란 바르게 하는 것이자 우리 백성들이 고르게 살도록 해 주는 것"25)이라 하였다. 주권재민의 사상을 가졌던 그는 天子도 民意에 의해 上向式으로 추대하는 것이라 하여 백성에 의한 정체(Government by the

25) 『전서』, 「原政」, I-10, 1b, p.202, "政也者, 正也. 均吾民也."

people)를 주창하고, 황제도 민의에 반하면 갈아치울 수 있다는 정치계약설을 전개하였다. 다산의 「湯論」을 보자.

> 대저 天子의 지위는 어떻게 해서 소유한 것인가. 하늘에서 떨어져 천자가 된 것인가. 아니면 땅에서 솟아나 천자가 된 것인가. 5家가 1隣이 되고 5가에서 長으로 추대한 사람이 隣長이 된다. 5隣이 1里가 되고 5린에서 장으로 추대된 사람이 里長이 된다. 5鄰이 1縣이 되고 5린에서 장으로 추대된 사람이 縣長이 된다. 또 여러 현장들이 다 같이 추대한 사람이 諸侯가 되는 것이요, 제후들이 다 같이 추대한 사람이 천자가 되는 것이고 보면 천자는 여러 사람이 추대해서 이루어진 것이다. 대저 여러 사람이 추대해서 만들어진 것은 또한 여러 사람이 추대하지 않으면 물러나야 하는 것이다. 때문에 5家가 화협하지 못하게 되면 5가가 의논하여 隣長을 바꿀 수 있고, 5린이 화협하지 못하면 25가가 의논하여 이장을 바꿀 수 있고, 九侯와 八伯이 화협하지 못하면 구후와 팔백이 의논하여 천자를 바꿀 수 있다. 구후와 팔백이 천자를 바꾸는 것은 5가가 인장을 개정하고 25가가 이장을 개정하는 것과 같은 것인데, 누가 신하가 임금을 쳤다고 말할 수 있겠는가.[26)]

---

26) 『전서』, 「湯論」, I-11, 24a, p.233, "夫天子何爲而有也. 將天雨天子而立之乎. 抑涌出地爲天子乎. 五家爲鄰, 推長於五者爲隣長. 五鄰爲里, 推長於五者爲里長. 五鄰爲縣, 推長於五者爲縣長. 諸縣長之所共推者爲諸侯, 諸侯之所共推者爲天子, 天子者, 衆推之而成者也. 夫衆推之而成, 亦衆不推之而不成. 故五家不協, 五家議之, 改鄰長, 五鄰不協, 二十五家議之, 改里長, 九侯八伯不協, 九侯八伯議之, 改天子. 九侯八伯之改天子, 猶五家之改鄰長, 二十五家之改里長, 誰肯曰臣伐君哉."

다산의 정치사상이 압축된 글이다. 옛날에는 천자도 민의에 의해 상향식으로 추대한 만큼, 백성의 뜻에 반하는 천자는 九侯와 八伯이 협의하여 축출할 수 있다는 것은 주권재민이자, 정치계약설이다.

② 법사상 : "법은 백성을 위한 법"(爲民之法)이어야 한다 정의하고, 禮法一致와 時宜變通論을 전개했고, 죄형법정주의를 주장하였다. 다산의 一表二書의 하나인 『經世遺表』 서문을 보자.

> 예전 先王들은 예로써 나라를 다스리고 백성을 인도하였다. 그런데 예가 쇠퇴해지자 법이라는 명칭이 생겼다. 법은 나라를 다스리는 것이 아니고 백성을 인도하는 것도 아니다. 천리에 헤아려 보아도 합당하고 사람에게 시행해도 화합하는 것을 예라 하며, 두렵고 비참한 것으로 협박하여 백성들이 벌벌 떨며 감히 죄를 범하지 못하도록 하는 것을 법이라 한다. 선왕은 예를 법으로 삼았고 後王은 법을 법으로 삼았으니, 이것이 같지 않은 것이다. …… 秦나라 사람의 법은 곧 진나라 사람의 법이었고 수많은 聖王들이 전한 법이 아니었다. 그런데도 漢나라가 일어나서는 진나라의 법만을 다 그대로 따랐고 감히 털끝만큼도 변동하지 못하였다. 심지어는 10월을 1년의 첫 달로 삼았고, 서적 가진 자를 極律로 다스리면서, 백 년이나 그대로 내려오다가, 武帝 이후에야 비로소 한두 가지를 약간 변동하였다. 이와 같은 것은 무슨 까닭인가. 은나라와 주나라 사람은 명철하고 슬기롭고 성스러워서, 그 재주와 식견이 비록

> 舜이나 禹가 만든 것이라도 줄이고 보태어서 시대의 형편에 적합하도록 할 수 있었던 것이다. 그러나 한나라 사람은 거칠고 어리석어서, 그 재주와 식견으로는 비록 商鞅과 李斯가 만든 것이라도 일체 따라서 하고 거기서 벗어날 줄을 몰랐던 것이다. 이것으로 보면, 법을 고치지 못하는 것과 제도를 변경하지 못하는 것은 일체 본인이 현능하거나 어리석은 데에 연유한 것이지, 천지의 이치가 원래부터 변경함이 없고자 한 것은 아니었다.[27]

태초에 先王들은 禮로써 나라를 다스리고 백성을 인도하였는데, 예가 쇠퇴해지자 法이 생기게 되었다고 하였다. 天理와 人情에 합당하고 사람에게 시행해도 화합하는 것을 禮라 하며, 두렵고 비참한 것으로 협박하여 백성들이 벌벌 떨며 감히 죄를 범하지 못하도록 하는 것을 법이라 한다. 선왕은 예를 법으로 삼았고 後王은 법을 법으로 삼았으니 같지 않다고 하였다. 이는 禮法一致를 지향한 것이다. 그리

27) 『전서』, 「經世遺表引」, V-1, 1a-1b, p.1, "先王以禮而爲國, 以禮而道民. 至禮之衰而法之名起焉. 法非所以爲國, 非所以道民也. 揆諸天理而合, 錯諸人情而協者, 謂之禮. 威之以所恐, 迫之以所悲, 使斯民兢兢然莫之敢干者, 謂之法. 先王以禮而爲法, 後王以法而爲法, 斯其所不同也. …… 秦人之法, 是秦人之法. 非千聖百王之所傳流也. 然而漢興悉因秦故, 曾不敢動其一毛, 甚則以十月爲歲首. 以挾書爲極律, 以至百年. 得武帝以後始微變其一二. 若是者何也. 殷周之人, 哲謀睿聖, 其才識所及, 雖舜禹之所作爲, 能損益以合宜. 漢人椎鹵愚蠢, 其才識所及, 雖鞅斯之所作爲, 一冒之而不知脫. 由是觀之, 法之不能改, 制之不能變, 一由夫本人之賢愚, 非天地之理原欲其無改無變也."

고 秦나라 사람의 법은 곧 진나라 사람의 법이라면서, 舜임금과 禹임금이 만든 법이라도 줄이고 보태어서 시대의 형편에 적합하도록 할 수 있었다고 한 것은 법이란 시대에 맞게 고쳐야 한다는 時宜變通論이다.

③ 경제사상 : 경제는 "백성을 부유하게 하는 것이 우선"(民富于先)이라 정의하였다. 耕者有田과 지주제철폐, 士族의 생산자화 및 勤勞富國論과 士農一致를 주장하였다.

농사를 짓는 사람은 田地를 얻게 되고, 농사를 짓지 않는 사람은 전지를 얻지 못하게 되며, 농사를 짓는 사람은 곡식을 얻게 되고, 농사를 짓지 않는 사람은 곡식을 얻지 못하게 된다. 그러나 공업을 하는 사람은 그의 器具로써 곡식을 바꾸게 되고, 商業을 하는 사람은 그의 화물로써 곡식을 바꾸게 되니, 걱정할 것이 없다. 그러나 선비는 열 손가락이 모두 유약하여 힘들여 일을 할 수 없으니, 밭을 갈 수 있는가, 김을 맬 수 있는가, 잡초를 불살라서 전지를 일구겠는가, 거름을 주겠는가. 이름이 장부에 기록되지 못하면 가을에 곡식 분배가 없을 것이니, 장차 어찌하겠는가. 아, 내가 閭田의 法을 만들려는 것은 바로 이를 위해서이다. 대저 선비란 어떤 사람인가? 선비는 무엇 때문에 손발을 놀리면서 남의 토지를 빼앗아 차지하고 남의 힘으로 먹고 사는가? 대저 노는 선비가 있기 때문에 地利가 다 개척되지 못하니, 놀고서는 곡식을 얻을 수 없음을 안다면 또한 장차 직업을 바꾸어 농사를 짓게 될 것이다. 선비가 직업을 바꾸어 농사일을 함으로써 지리가 개척되고, 선비가 직업을 바꾸어 농사일을 함으로써 風俗이 淳厚해지고, 선비가 직업을 바꾸어 농사일을 함으로써 난민이 근절될 것이

> 다. 그러나 선비 중에 반드시 직업을 바꾸어 농사일을 할 수 없는 사람이 있다면 장차 어찌하겠는가. 직업을 바꾸어 공업이나 상업을 하는 사람도 있을 것이고, 아침에는 나가서 농사일을 하고 밤에는 돌아와서 독서를 하는 사람도 있을 것이며, 富民의 자제들을 가르쳐 주고 생활을 영위하는 사람도 있을 것이며, 實理를 강구하고 토지의 적성을 분별하고 水利를 일으키고, 器具를 만들어서 인력을 덜게 하고, 곡식을 심고 가꾸는 일과 가축을 기르는 방법을 가르쳐서 농업을 돕는 사람도 있을 것이니, 이러한 사람들은 그 공로가 어찌 팔을 걷어 올리고 힘들여 노동하는 사람에게 비교할 바이겠는가. 1일의 役事를 10일로 기록하고 10일의 역사를 100일로 기록하여 그 양곡을 분배해 주는 것이 옳으니, 선비에게 어찌 분배가 없을 수 있겠는가.[28]

위는 다산의 토지개혁 사상이 함축된 「田論」 7편 중 제5편이다. 「전론」에는 耕者有田과 지주제철폐, 士族의 생산자

---

28) 『전서』, 「田論」(5), I-11, 5b-6a, p.224. "農者得田, 不爲農者, 不得之, 農者得穀, 不爲農者不得之. 工以其器易, 商以其貨易, 無傷也. 若士則十指柔弱, 不任力作, 耕乎芸乎, 畬乎糞乎, 名不得注于冊, 則秋無分矣. 將奈何. 曰噫嘻. 吾所爲閭田之法者, 正爲是也. 夫士也何人. 士何爲游手游足, 呑人之土食人力哉. 夫其有士之游也, 故地利不盡闢也. 知游之不可以得穀也. 則亦將轉而緣南畝矣. 士轉而緣南畝而地利闢, 士轉而緣南畝而風俗厚. 士轉而緣南畝而亂民息矣. 曰有必不得轉而緣南畝者. 將奈何. 曰有轉而爲工商者矣. 有朝出耕夜歸讀古人書者矣. 有敎授富民子弟, 以求活者矣. 有講究實理, 辨土宜興水利, 制器以省力, 敎之樹藝畜牧, 以佐農者矣. 若是者, 其功豈扼腕力作者所能比哉. 一日之役注十日, 十日之役注百日, 以分其糧焉可也. 士何爲無分哉."

화 및 勤勞富國論과 士農一致의 사상이 내재되었다.

④ 교육사상 : 先敎育 後刑罰論을 주장하였다. 또한 백성을 가르치지 않고 형벌을 가하는 것은 백성을 속이는 것이라 하였다.[29] 교육사상의 특징 중 하나는 "천재와 수재의 조기교육론"이다.

> 총명하고 기억력이 좋은 어린 아이들을 따로 뽑아서 가르쳐야 한다. ○사계절의 첫 달에 수령이 秀才인 아이들을 소집하여 3개월의 학습과제를 주어 읽고 외우게 하고 3개월 후 수령 앞에서 강독하게 하고, 그 성적의 고하를 매겨서 등급에 따라 시상한다. ○이 수재 선발에 누락된 자는 혹 몇 달 사이에 총기가 갑자기 터져서 선발되기를 자원할 경우, 면전에서 그 허실을 시험하여 추가로 올려준다. ○혹 그 중에서 영특함이 특출한 자가 있으면, 수령을 그만두고 돌아오는 날에 함께 데리고 와 큰 그릇으로 키워 나라에 바치는 것은 옛날 수령이 마땅히 하던 일이었다.[30]

천재와 수재가 있으면, 수령을 그만두고 돌아올 때 데리고 와서 교육을 시켜 큰 인물로 키워 국가에 바쳐야 한다

---

29) 『전서』, 『목민심서』, 「禮典, 敎民」, V-22, 47a, p.464. "不敎而刑, 謂之罔民. 雖大憝不孝, 姑唯敎之, 不悛, 乃殺."

30) 같은 책, 「禮典, 課藝」, V-23, 9b-10a, p.479. "童蒙之聰明强記者, 別行抄選, 敎之誨之. ○四孟之朔, 牧召秀才諸童, 授以三月功程, 令讀書成誦, 後孟之朔, 應講于縣官, 第其高下, 施賞有差. ○漏於此選者, 或於數月之間, 慧竇忽穿, 自願與選者, 面識虛實, 許其追錄. ○或其中, 有英豪絶特者, 牧還之日, 載與俱歸, 成就大器, 以獻國家, 斯古民牧之恒職也."

는 것은, 인재양성의 중요성을 강조한 것이다. 교육의 중요성을 누누이 강조한 다산은 유배 18년 동안에도 교육을 포기하지 않았다. 유배지에서 제자들을 양성하였고 제자들과 함께 공동연구를 하여 책을 저술하기도 하였다.[31]

⑤ 문학사상 : 다산은 문학도 사회를 바로잡는 데 기여해야 한다는 匡濟一世論을 전개하였다. 다산은 71세(1832) 때에 문학 사대주의를 거부하고, 자신은 조선 사람이기에 즐거이 조선시를 쓴다.[32]고 하여 민족문학론을 전개하였다. 그는 오랜 세월 시를 쓰면서 느낀 결론으로 "다산은 다산의 시를 쓴다."고 선언하였다. 그는 이미 유배지에서 중국적 아류(Epigonen)의 문학사대주의를 버리고 조선시를 썼다.

이상에서 살펴본 바와 같이 다산의 위대한 선명과 사상은 "오래된 우리나라를 새롭게 개혁하여"(新我之舊邦) "만백성을 윤택하게 하고 만물을 육성하는 것"(澤萬民 育萬物)으로 요약할 수 있다.

---

31) 『논어고금주』는 정약용 輯에 李綱會 · 尹峒 校로, 『朝鮮水經』은 정약용 撰에 李晴 註로 명기한 것 등이다. 즉 제자들과 共著한 사실을 분명히 밝힌 것은 그의 실학정신의 일단이기도 하다. 그러나 鄭寅普 · 安在鴻이 校한 『여유당전서』에는 모두 丁若鏞 著로 통일하여 다산의 뜻을 퇴색시켰다.

32) 『전서』, 「老人一快事 效香山體」六首, 其5, I-6, 34a, p.115. "我是朝鮮人, 甘作朝鮮詩."

3. 公職倫理

국가사회의 기강이 무너지고 인간악과 사회악이 난무할 때는 물론이고 평상시에도 『목민심서』의 중요성과 그 정신의 구현이 지속적으로 강조되어 왔고, 앞으로도 계속될 것이다. 그 이유는 『목민심서』가 공직자의 바이블로 위민행정의 指南이자 經世學으로서 시공을 초월하여 어둠을 밝히는 촛불이기 때문이다.

다산은 낡고 병든 조선왕조가 삼정의 문란으로 인하여, 공직자가 국민을 위해서 있는 것이 아니라, 국민이 공직자를 위해서 존재하는 병든 사회였기에, 귀양이 언제 풀릴지도 모르는 고난에 찬 삶을 살면서도 우국의 일념으로 새로운 조선을 건설하고자 『목민심서』(48권)를 집필하였다. 공직자(牧者)의 주인은 백성임을 다음과 같이 명쾌하게 천명하였다.

> "목민관은 백성을 위하여 있는 것인가? 백성이 목자를 위해서 생존하는 것인가? 백성이 곡식과 베(布)를 바쳐서 목자를 섬기며 백성이 수레와 말과 종복을 내어서 목자를 맞고 보내며, 백성의 고혈을 짜내어 목자를 살찌게 하니 백성이 목자를 위하여 생존하는 것이 아닌가? 아니다. 아니다. 목자는 백성을 위해서 존재하는 것이다."[33]

공직자는 국민을 위해서 존재한다는 준엄한 논리이다. 다산은 『목민심서』 서문에서, "성인의 시대가 이미 오래되었고 성인의 말도 없어져서 그 道가 점점 어두워졌다. 지금의 지방장관들은 이익을 추구하는 데만 급급하고 어떻게 백성을 다스려야 할 것인지는 모르고 있다. 이 때문에 백성들은 곤궁하고 피폐하여 서로 떠돌다가 굶어 죽은 시체가 구렁텅이에 가득한데도 지방장관들은 한창 좋은 옷과 맛있는 음식으로 자기만 살찌우고 있으니, 어찌 슬픈 일이 아니겠는가."[34]고 탄식하였다. 이어서 『목민심서』 서문에서, 자신은 목민관이 되고 싶은 마음은 있으나 유배된 죄인이라서 몸소 실행할 수 없기에 마음속에 있는 것을 책으로 썼기에 『목민심서』라고 하였다.[35]

『목민심서』는 다산이 경기도 암행어사와 황해도 곡산부사 시절 몸소 실천한 위민행정의 경험과, 삼정의 문란과 탐관오리들의 수탈로 고통 받던 민초(Gassroots)들의 삶을 목격한 바를 토대로 하여 지방행정을 일대 쇄신할 수 있는 마스타 플랜을 완성한 것이다.

---

33) 『전서』, 「原牧」, I-10, 4b, p.203. "牧爲民有乎, 民爲牧生乎. 民出粟米麻絲, 以事其牧, 民出輿馬騶從, 以送迎其牧, 民竭其膏血津髓, 以肥其牧, 民爲牧生乎. 曰否否. 牧爲民有也."

34) 『전서』, 「牧民心書序」, I-11, 42b, p.260. "聖遠言湮, 其道寢晦. 今之司牧者, 唯征利是急, 而不知所以牧之. 於是下民羸困, 乃瘰乃瘯, 相顚連以實溝壑, 而爲牧者 方且鮮衣美食以自肥, 豈不悲哉."

35) 『전서』, 「牧民心書序」, I-11, 43b, p.261. "其謂之心書者, 何. 有牧民之心, 而不可以行於躬也, 是以名之."

풍부한 자료와 예화를 들어 위민행정의 要訣을 제시한 『목민심서』는 목민관으로 부임하는 것으로부터 시작하여 해임 또는 離任되어 이삿짐을 꾸리는 것으로 끝이 난다. 총 12편[36] 72장(매 편마다 6장)으로 구성되었다. 이 중에서 赴任·律己·解官은 수신윤리이고 나머지는 治人倫理이다. 『목민심서』에 내재된 민초에 대한 사랑은 바로 휴머니즘이다. 『목민심서』의 내용을 한마디로 요약한다면 "인간에 대한 사랑"(嚮人之愛)[37]이라고 할 수 있다. 공직윤리 중에서 몇 가지를 살펴본다.

다산은 "군자의 학문은 修身이 반이요 그 반은 牧民이라고 하였다.[38] 즉 군자의 학문은 수신이 50%, 목민이 50%이라는 것이다. 여기에서 "목민"은 한 고을의 守令의 직무이다.

첫째, 능력과 분수를 지켜는 일이다. 『목민심서』의 첫 줄은 "다른 벼슬은 구할 수 있으나 목민관을 스스로 하겠다고 해서는 안 된다."[39]이다. 이는 목민관의 책임과 의무의 중요성을 강조한 것이다. 한 국가를 통치하는 것과 한 고을을 다스리는 원리는 같기 때문에[40] 목민관을 하겠다고

---

36) 12편은 赴任 律己 奉公 愛民 吏典 戶典 禮典 兵典 刑典 工典 賑荒 解官이다.

37) 『전서』, 『論語古今註』, Ⅱ-9, 39b, p.222. "仁者, 嚮人之愛也. 處人倫盡其分, 謂之仁."

38) 『전서』, 「牧民心書序」, Ⅰ-11, 42b, p.260. "君子之學, 修身爲半, 其半牧民也."

39) 『전서』, 『목민심서』, 「赴任, 除拜」, Ⅴ-16, 6a, p.301. "他官, 可求, 牧民之官, 不可求也."

엽관운동을 하거나, 비열하게 총을 들고 가서 강제로 빼앗아서는 안 된다는 것이다. 이 말의 뜻은 자신의 능력보다 벼슬이 크면 눈을 가리게 되어 자신은 물론 국민들을 불행하게 한다는 것이다. 다시 말하자면 대통령과 군수는 그 업무의 많고 적음만 다를 뿐 위민행정의 본질은 같다는 것이다.

둘째, 淸廉이다. 다산은 "청렴은 공직자의 本務이자 모든 善의 원천이요 모든 덕의 뿌리이다. 청렴하지 않고 목민관을 한다는 것은 있을 수 없다."고 하였다.[41] 또한 "부하를 통솔하는 방법은 위엄과 믿음이 있을 뿐이다. 위엄은 청렴한 데서 나오고 믿음은 성실한 데서 나오는 것이니, 성실하고 능히 청렴해야 이에 뭇 사람을 복종시킬 수 있다."[42]고 하였다. 청렴해야 위엄(威)을 세울 수 있고 성실해야 백성들로부터 신뢰(信)를 받는다는 것이다. 결과적으로 수령의 리더십은 청렴과 성실 여하에 따라 결정된다는 것이다.

다산은 이어서 조선조에 청백리로 뽑힌 자가 통틀어 110명인데, 태조 이후에 45명, 중종 이후에 37명, 인조 이후에 28명이라고 하였다. 경종 이후로는 청백리 선발마저 끊어지고 나라는 더욱 가난해지고 백성은 더욱 곤궁하게 되었

---

40) 같은 곳, "唯守令者, 萬民之宰, 一日萬機, 具體而微, 與爲天下國家者, 大小雖殊, 其位實同, 斯豈可求者乎."

41) 『전서』, 『목민심서』, 「律己, 淸心」, V-17, 1a, p.319. "廉者, 牧之本務, 萬善之源, 諸德之根, 不廉而能牧者, 未之有也."

42) 같은 책, 「吏典, 馭衆」, V-19, 13a, p.371. "馭衆之道, 威信而已. 威生於廉, 信由於忠. 忠而能廉, 斯可以服衆矣."

으니 한심한 일이라면서, 4백여 년 동안에 벼슬한 자가 천 명이나 만 명인데 그중에서 청백리로 뽑힌 자가 겨우 여기에 그쳤으니 사대부의 수치라고 한탄하였다.[43]

다산은 "청렴은 천하의 큰 장사이다. 욕심이 큰 사람은 반드시 청렴하려 한다. 사람이 청렴하지 못한 것은 그 지혜가 짧기 때문이다."[44]라고 했고, 취임시나 이임할 때의 재산이 같으면 훌륭한 목민관이라고 했으며, "오직 선비가 청렴해야하는 것은 처녀의 순결과 같다."[45]고 하였다. 또한 공직생활을 잘할 수 있는 3字의 비결이 있는데 바로 ① 淸, ② 愼, ③ 勤이라고 하였다.[46]

다산은 청렴한 관리에도 급수가 있다고 다음과 같이 논하였다.

> 『상산록』에 말하였다. "청렴에는 3등급이 있다. 최상의 것은 봉급 외에는 모두 다 먹지 않으며, 그 먹고 남는 것은 역시 가지고 집에 돌아가지 않으며, 벼슬을 그만두고 집으로 돌아

---

43) 같은 책, 「律己, 淸心」, Ⅴ-17, 1a, p.319. "國朝淸白吏之選, 通共一百單十人. 太祖朝以下四十五人, 中宗朝以下三十七人, 仁祖朝以下二十八人, 景宗朝而降, 此選遂絶. 而國益以貧, 民益以困, 豈不嗟哉. 四百年餘, 其束帶入朝者, 幾千萬矣, 而與此選者, 止於此數, 亦士大夫之羞也歟."

44) 같은 책, 「律己, 淸心」, Ⅴ-17, 1b, p.319. "廉者, 天下之大賈也. 故大貪必廉. 人之所以不廉者, 其智短也."

45) 같은 책, 「律己, 淸心」, Ⅴ-17, 2b, p.319. "律己箴曰, 唯士之廉, 猶女之潔. 苟一毫之點汚, 爲終身之玷缺, 毋謂黯室, 昭昭四知."

46) 같은 책, 『목민심서』, 「律己, 飭躬」, Ⅴ-16, 29a, p.313. "政要云, 居官有三字玄訣, 一曰淸, 二曰愼, 三曰勤."

가는 날에 한 필의 말로 시원스럽게 가는 것이니, 이것이 옛날에 말하는 청렴한 관리(廉吏)라는 것이다. 그 다음은 봉급 외에 그 명분이 바른 것은 먹고 바르지 않은 것은 먹지 않으며, 먹고 남은 것은 집으로 보내는 것이니 이것이 中古의 소위 廉吏라는 것이다. 최하의 것은 무릇 이미 規例가 서 있는 것은 비록 명분이 바르지 않더라도 먹지만, 규례가 서 있지 않은 것은 죄를 먼저 짓지 않으며, 鄕任의 자리를 팔지 않으며, 천재를 입은 전답에 세금을 감하는 災減을 훔쳐 먹거나 곡식을 번롱하지 않으며, 訟事와 獄事를 팔아먹지 않으며, 조세를 더 부과하여 나머지를 착복하지 않는 것이니, 이것이 오늘날 말하는 염리라는 것이다. 모든 악을 갖춘 자가 지금 도도한 대세를 이루고 있다. 능히 최상을 하는 것이 진실로 좋지만 능히 그렇게 할 수 없다면 오히려 그 다음 것을 해도 좋다. 소위 최하에 해당하는 경우에는 옛날에 있어서는 반드시 삶아 죽이는 烹刑을 당했을 것이다. 무릇 선을 좋아하고 악을 부끄럽게 여기는 자는 반드시 그렇게 하지는 않을 것이다."[47]

다산은 『象山錄』을 인용하여 이상적인 청렴한 관리, 청백리의 등급을 3등급으로 나누어 명쾌하게 설명하였다.

---

47) 같은 책, 「律己, 淸心」, Ⅴ-17, 1ab, p.319. "象山錄云, 廉有三等, 太上俸廩之外, 悉皆不食, 其食而餘者, 亦不持歸, 歸之日, 匹馬蕭然, 此古之所謂廉吏也. 其次, 俸廩之外, 其名正者食之, 其不正者不食, 其食而餘者, 輸之家, 此中古之所謂廉吏也. 最下者, 凡已成規例者, 雖其名不正, 食之, 其未成規例者, 不爲禍首, 不賣鄕賣任, 不偸灾糶穀, 不賣訟鬻獄, 不加賦竊羡, 此今之所謂廉吏也. 諸惡悉備者, 今之滔滔者, 皆是也. 能爲太上, 固善矣. 如其不能, 抑其次可也, 若所謂最下者, 在古必烹, 凡樂善恥惡之人, 必不肯爲是也."

1등급인 최고의 청렴한 관리는 ① 봉급 이외에는 일체 먹지 않고, ② 먹고 남은 것도 집으로 가지고 가지 않으며, ③ 벼슬을 그만둘 때 아무것도 가지고 가지 않고 한 필의 말을 타고 집으로 돌아가는 사람이다.

2등급의 청렴한 관리는 ① 봉급 이외에 명분이 바른 것은 먹고, ② 명분이 바르지 않은 것은 먹지 않으며, ③ 먹고 남은 것은 집으로 보내는 사람이다.

3등급의 청렴한 관리는 ① 이미 規例가 있는 것은 비록 명분이 바르지 않더라도 먹지만, ② 규례가 없는 것은 죄를 먼저 짓지 않고, ③ 鄕任의 자리를 팔지 않으며, ④ 천재를 입은 전답에 세금을 감하는 災減을 훔쳐 먹거나 곡식을 번롱하지 않고, ⑤ 訟事와 獄事를 팔아먹지 않으며, ⑥ 조세를 더 부과하여 나머지를 착복하지 않는 사람이라고 하였다.

당나라 고승인 寒山 스님은 욕심과 탐욕의 짐을 벗어 놓고 자연만물과 相生하여야 한다고 다음과 같이 노래하였다.

산과일은 원숭이 너나 따먹고
연못의 물고기는 백로 너나 먹으렴

山果獼猴摘　池魚白鷺銜[48]

---

48) 項 楚, 『寒山詩注』, 中華書局, 2000, p.53.(金相洪, 『꽃에 홀려 임금을 섬기지 않았네』, 새문사, 2007, pp.385-386. 참조)

산에 열린 모든 열매는 산짐승들에게 주고, 연못 속의 물고기는 새들에게 주라는 相生의 가르침이다. 이런 心性과 인품 그리고 德性을 가진 공직자는 不正과 손을 잡지 않는다. 다산이 공직자에게 청렴을 강조한 것은 탐욕의 무거운 짐을 내려놓을 때 당당해질 수 있기 때문이다.

다산은 11년간 벼슬을 했으나 가난하여 부인 홍씨는 누에를 길렀고, 큰아들 丁學淵은 마늘 농사를 지어 이를 팔아 노자로 삼아 강진 유배지로 면회를 왔었다. 둘째 아들 丁學游는 아버지가 유배된 지 8년 만에 처음으로 찾아갔었을 만큼 경제적으로 어려웠다. 이때 쓴 시를 보자.

용모는 내 아들이 분명한데
수염이 나서 다른 사람과 같구나

집 소식 비록 가지고 왔으나
오히려 믿지 못하겠네

眉目如吾子　鬚髥似別人　家書雖帶至　猶未十分眞[49)]

다산은 1801년 신유사옥으로 유배를 당하였는데 당시 둘째 아들은 정학유는 15세였다. 詩題와 시에서 보는 바와 같이 둘째 아들은 8년이 지난 후 수염이 덥수룩한 청년이

---

49) 『전서』, 「四月二十日, 學圃至相別已八周矣」, I-5, 25b, p.91.

되어 귀양살이 하고 있는 아버지를 처음으로 찾아왔다. 이런 아들의 모습을 보고 지은 시다. 이는 바로 다산의 淸貧을 웅변으로 입증하는 것이다.

> 내가 벼슬은 했으나 너희들에게 물려줄 전답은 없고 오직 두 글자의 부적이 있으니 이는 삶을 넉넉히 하고 가난을 구제할 수 있기에 너희들에게 주노니 너희들은 야박하다고 하지 말거라. 한 글자는 부지런할 勤자요, 또 한 글자는 검소할 儉자이다. 이 두 글자는 좋은 전답이나 비옥한 토지보다 나은 것이라서 일생 동안 수용해도 다 쓰지 못할 것이다."[50)]

위의 글은 다산이 유배지에서 두 아들에게 보낸 家誡의 일부이다. 그는 11년간 관직에 있었으나 물려줄 전답이 없었다. 가난했던 그는 "勤儉" 2자만을 자식에게 유산으로 남긴다는 청빈한 생활이었지만 정신세계는 풍요로웠다.

선비 "士"자는 열 "十"자에 한 "一"자를 플러스(+)한 자이다. 선비 士자의 뜻은 十명이 공부를 해도 한(一) 사람만이 선비가 될 수 있다는 것이다. 그런 만큼 선비는 9명이 말하지 못하는 것을 말해야 하고(九人, 不言, 言) 9명이 행동하지 못하는 것을 행동하는(九人, 不行, 行) 사람인만큼 도덕적으로 아홉 명보다 優位에 있어야만 한다. 그렇지 못하면 선비의 자격이 없다. 목민관은 선비이다. 선비가 청렴

50) 『전서』, 「又示二子家誡」, I-18, 10a, p.379. "余無宦業, 可以田園遺汝等, 唯有二字神符, 足以厚生救貧, 今以遺汝等, 汝等勿以爲薄. 一字曰勤, 又一字曰儉, 此二字, 勝如良田美土, 一生需用不盡."

을 잃으면 선비가 아니다.

姜斅錫이 1924년에 간행한 『典故大方』을 보면, 조선왕조 519년간 국가에서 청백리로 표창받은 이는 218명이다. 1392년 개국 이후 선조(재위 1567-1608) 때까지 216년간은 전기로 이 기간 동안 청백리로 표창받은 이가 162명이고, 후기인 광해군(재위 1608-1623) 이후 1910년 조선이 망할 때까지 303년간 청백리는 56명에 불과하다.[51] 청백리 숫자만을 보아도 조선왕조 전기 사회는 후기보다 상대적으로 깨끗한 사회였음을 알 수 있다. 그러나 삼정의 문란과 탐관오리들이 들끓던 조선 후기 3백여 년 동안 청백리가 56명에 불과한 것은 바로 공직사회가 크게 부패했다는 것을 입증하는 것으로 결국 조선왕조는 망할 수밖에 없었다.

『목민심서』에 魯나라 公儀休의 일화가 수록되었다. 공의휴가 재상이 되었을 때 어떤 사람이 물고기를 보내왔으나 받지 않았다. "재상께서 물고기를 좋아하신다고 들었는데 어찌하여 받지 않으십니까" 하니, "물고기를 좋아하기 때문에 받지 않는 것이오. 재상의 월급으로 물고기를 사먹을 수 있소. 이제 물고기를 뇌물로 받아먹다가 파면되면 어떻게 물고기를 사먹을 수 있겠소. 그렇기 때문에 받지 않는 것이오."[52]라고 하였다. 包拯은 宋나라 仁宗 때 사람으로

51) 金舜東, 「淸白吏考」, 『韓國故事大典』, 回想社, 1965, pp.487-493, 참조.(청백리는 태조 때 5명, 태종 8명, 세종 15명, 세조 7명, 성종 20명, 중종 35명, 명종 45명, 선조 27명, 인조 13명, 숙종 22명, 경종 6명, 영조 9명, 정조 2명, 순조 때에 4명으로 모두 218명.)

지위고하를 막론하고 간악한 자들을 "작두"로 처단한 정의의 사도로서 황제는 물론 귀신마저 무서워했던 인물이다. 그는 가훈에서, 후세 자손들이 벼슬살이 하다가 부정을 범한 자는 집으로 돌아오게 해서는 안 되며, 죽은 후에 선영에 묻힐 수 없다. 내 뜻을 따르지 않으면 내 자손이 아니다 하고, 이를 집 동쪽 벽에다 돌로 새겨 놓았다.[53] 송나라 羅景綸은 "사대부가 돈 한 푼을 좋아하면 그의 값어치는 한 푼어치도 못 된다."[54]고 하였다.

『목민심서』의 마지막 편인 解官에서, 벼슬에서 물러날 때 지켜야할 사항들을 제시했는데, 퇴임하고 "집에 돌아왔을 때에 재산이 없어서 예전처럼 맑고 검소한 것이 상등급이다."라고 하여, 재직 중에 치부를 해서는 안 된다고 하였다.

셋째, 三禁論이다. 삼금론은 ① 禁酒, ② 禁色, ③ 禁荒逸을 말한다. 목민관은 술을 끊고 여색을 물리쳐서 공순하고 단엄하기를 큰 제사 받들 듯할 것이요, 감히 놀고 즐김으

---

52) 『전서』, 『목민심서』, 「律己, 淸心」, V-17, 2a, p.319. "公儀休爲魯相, 客有遺魚者不受. 客曰, 聞君嗜魚, 遺君魚何故不受也. 休曰, 以嗜魚故不受也. 今爲相能自給魚, 今受魚而免, 復誰給我魚者, 吾故不受也."

53) 같은 책, 「律己, 淸心」, V-17, 2b, p.319. "包孝肅公家訓云, 後世子孫, 仕宦有犯贓濫者, 不得放歸本家, 亡沒之後, 不得葬於大塋之中, 不從吾志, 非吾子孫. 其下押字仰珙, 刻石於堂屋東壁, 以詔後世."

54) 같은 책, 「律己, 淸心」, V-17, 2b, p.319. "羅景綸曰, 士大夫, 若愛一文, 不値一文."

로써 거칠고 방탕하게 되어서는 안 된다고 하였다.[55] 금주는 술을 지나치게 탐닉하지 말라는 것으로, 술을 좋아하게 되면 간악한 백성들이 술로 유혹하여 이권을 챙기려는 음모에 빠지고 말기 때문에 경계한 것이다. 즉 공직자는 특정한 기호품에 너무 집착하면 玩物喪志하게 되고, 이로 인해 유혹의 덫에 걸릴 수 있기 때문에 경계한 것이다. 금색은 이성관계가 깨끗해야 함을, 금황일은 거친 행위 및 무사안일주의와 복지부동해서는 안 된다는 것이다.

조선 영조 때 柳觀鉉(1629-1753)은 성품이 곧고 儉約한 인물로, 벼슬살이 할 때에 진수성찬의 큰 밥상을 받고서는 "고향의 미꾸라지 조림만도 못하다."했고, 기생의 노랫소리를 듣고서는 "밭두렁에서 농부들이 부르는 노래 소리를 듣는 것만도 못하다."고 하였다.[56] 송나라 趙抃은 여색을 멀리한 공직자로 유명한데, 자신이 자는 방안에다 부모님의 초상화를 걸어놓고 스스로를 채찍질하였다.[57]

넷째, 四知論이다. 다산은 뇌물을 주고받는 것을 누가 비밀히 하지 않으리오마는 한 밤중에 한 것도 아침이면 드러난다고 하였다.[58] 이 세상에는 비밀이 존재하지 않는다면

55) 같은 책, 「律己, 飭躬」, V-16, 33b, p.315. "斷酒絶色, 屛去聲惡, 齊遬端嚴, 如承大祭, 罔敢游豫, 以荒以逸."

56) 같은 책, 「律己, 飭躬」, V-16, 36b, p.316. "柳觀鉉, 性儉約, 其在官, 對方丈曰, 不如鄕園鱒於煮耳. 聽妓歌曰, 不如聽隴畮農謳耳."

57) 같은 책, 「律己, 飭躬」, V-16, 35a, p.316. "趙淸獻, 每絶慾, 卦父母畵像於臥牀中以自監."

58) 같은 책, 「律己, 淸心」, V-17, 4b, p.320. "貨賂之行, 誰不密行,

서 아무리 감쪽같이 남몰래 행동하더라도 그것을 ① 하느님이 알고(天知), ② 귀신이 알고(神知), ③ 내가 알고(我知), ④ 상대방이 안다(子知)고 하였다. 後漢때 楊震은 청렴하고 훌륭한 목민관이었다. 그가 형주자사 재직 시에 있었던 일이다. 王密은 양진으로부터 昌邑의 원님을 제수 받고, 밤에 황금 열 근을 몸속에 품고 와서 양진에게 내놓으며 "어두운 밤이라 아무도 모릅니다."라고 말하였다. 그러자 양진은 "당신이 황금 열 근을 나에게 가져온 것을 하늘이 알고, 신이 알고, 내가 알고, 그대가 아는데, 어찌 아무도 모른다고 하오"하니, 왕밀이 부끄럽게 여기고 물러갔다.[59] 양진이 탁군태수가 되었을 때 누가 그에게 가산을 장만하도록 권했더니, 응하지 않고 말하기를 "후세 사람들로 하여금 청백리 자손이라고 일컫게 하여, 이것을 물려주게 되면 역시 후한 것이 아니겠는가."[60]라고 하였다.

양진의 둘째 아들 楊秉도 아버지처럼 청렴하였다. 그는 예주 등 네 곳의 자사를 역임했는데 날짜를 계산하여 월급을 받되 남는 것은 집으로 돌려보내지 않았다. 집이 가난하여 하루 끼니를 이틀로 나누어 먹었는데도 일찍이 말하

中夜所行, 朝已昌矣."

59) 같은 책, 「律己, 淸心」, V-17, 5a, p.321. "楊震爲荊州刺史, 茂才, 王密, 除昌邑令, 夜懷金十斤遺之曰, 暮夜無知. 震曰, 天知, 神知, 我知, 子知, 何謂無知. 密慙而退(後漢書)."

60) 같은 책, 「律己, 淸心」, V-17, 2ab, p.319. "楊震爲涿郡太守, 性廉, 或勸開産業, 震不肯曰, 使後世稱爲淸白子孫, 以此遺之, 不亦厚乎."

기를 "나에게는 유혹당하지 않는 것이 세 가지가 있으니 술과 계집과 재물이다."61)고 하였다. 왕대밭에서 왕대난다고 그 아버지에 그 아들이었다. 이 사지론은 이 세상에 비밀은 존재하지 않음을 밝힌 것으로 영원한 비밀이 없는 만큼 처신을 바르게 할 것을 강조한 것이다. 다산이 공직자에게 청렴을 강조한 것은 청렴해야 당당할 수 있고 아울러 소신 있게 국리민복의 행정을 할 수 있기 때문이었다.

다섯째, 四畏論이다. 공직생활을 잘할 수 있는 요체는 두려울 "畏" 한 글자뿐이라고 하였다. 즉 ① 畏義, ② 畏法, ③ 畏上官, ④ 畏小民이다. 의를 두려워하고 법을 두려워하고 상관을 두려워하고 백성을 두려워하여 마음에 언제나 두려움을 간직하고 있으면 혹시라도 방자하게 되지 않을 것이기 때문에 허물을 적게 할 수 있다는 것이다.62)

여섯째, 齊家이다. 다산은 한 고을을 다스리려면 먼저 집안부터 다스려야 한다고 하였다. 이어서 고을을 다스리는 것은 나라를 다스리는 것과 같으니 가정을 다스리지 못하면 어떻게 고을을 다스리겠느냐고 하였다.63) 다시 말하자

---

61) 같은 책, 「律己, 淸心」, V-17, 1a, p.319. "楊秉, 淸儉雅素, 歷豫荊徐兗四州, 計日受俸, 餘祿不入私門, 家室貧窶, 併日而食, 嘗曰, 我有三不惑, 酒色財也."

62) 같은 책, 「律己, 飭躬」, V-16, 29a, p.313. "治縣訣云, 居官之要, 畏一字而已. 畏義, 畏法, 畏上官, 畏小民. 心常存畏, 無或恣肆, 斯可以寡過矣."

63) 같은 책, 「律己, 齊家」, V-17, 12b, p.324. "修身而後齊家, 齊家而後治國, 天下之通義也. 欲治其邑者, 先齊其家. ○ 治縣, 如治國, 不能齊家, 何以治矣."

면 가족관리를 철저히 해야 한다는 것이다. 처자를 단속하기 위해서는 자신이 도덕적으로 완벽하여야 한다. 아무리 청렴하게 공직생활을 수십 년간 했더라도, 가족들이 분수에 넘치는 행동을 한다면 그들로 인하여 하루아침에 몰락할 수 있다. 바로 제가는 공직자에게만 국한된 것이 아니라 우리 모두가 지켜야 할 과제이다. 修身 이후에 齊家하고 제가 이후에 治國하는 것은 만고불변의 진리이다.

일곱째, 所信이다. 다산은 권문세가, 즉 정치적 실력자를 후하게 섬기지 말라고 하였다.64) 연산군을 축출하고 중종을 등극시킬 때 일등공신인 成希顔(1469-1513)이 영의정이 되었을 때 있었던 일이다. 그가 경상도 청송부사인 鄭鵬(1469-1512)에게 私信을 보내 진상품인 꿀과 잣을 보내달라고 하였다. 성공한 쿠데타(中宗反正)의 주역으로 명실상부한 정치적 실세이자 일인지하요 만인지상인 영의정의 편지를 받고도 정붕은 눈 하나 가딱하지 않았다. 그는 망설이지 않고 즉시 붓을 들어 정중하게 예의를 갖춘 후 "잣나무는 높은 산꼭대기에 있고 벌꿀은 농가 백성들의 벌통 속에 있는데, 수령 된 사람이 이를 어떻게 얻을 수 있겠습니까."65) 라고 답신을 보냈다. 비록 청송부사이지만, 백성들의 사유재산인 산꼭대기에 있는 잣과 농가의 벌통 속에 있

---

64) 같은 책, 「律己, 樂施」, V-17, 36b, p.336. "權門勢家, 不可以厚事也."

65) 같은 책, 「律己, 樂施」, V-17, 37b, p.337. "鄭新堂鵬, 爲靑松府使, 宰相成希顔, 求松子蜂蜜, 公答曰, 松在高峰頂上, 蜜在村家桶中, 爲太守者, 何由得之. 成公愧謝."

는 꿀을 어떻게 보낼 수 있겠느냐는 것이었다.

정붕은 인간적으로 사비를 들여 꿀과 잣을 보낼 수는 있었으나, 이것이 관례화되면 후임자가 반드시 백성들의 꿀과 잣을 토색질하여 보낼 것이 명약관화하기 때문에 거절한 것이다. 편지를 받은 영의정 성희안은 잘못을 깨닫고 부끄러워하며 정붕에게 사과하는 편지를 보냈다. 정붕은 영의정보다 백성들을 위한 목민관이었다. 권문세가보다는 민초들을 더 후하게 섬긴 것이다. 영의정의 청을 거절한 정붕의 올곧은 자세와 자신의 잘못을 깨달은 성희안의 인물됨은 시사하는 바가 크다. 이런 소신 있는 공직자로 인해 조선왕조는 519년간 존속할 수 있었다. 이 일화에 내재된 뜻을 헤아려야 한다.

여덟째, 愛民이다. 다산은 "홀아비, 과부, 고아, 늙어 자식 없는 사람(鰥寡孤獨)을 四窮이라 하는데, 이들은 곤궁하여 스스로 일어날 수 없고, 남의 도움을 받아야 일어설 수 있다."[66]고 하였다. 천하에 궁색하기 그지없는 사궁을 보살피고 그들이 일어설 수 있도록 행정을 하는 것이 공직자의 소임이라는 것은 사회적 약자에 대한 배려이자 애민정신이다.

> 수령은 四窮을 선정하는 데 세 가지 기준이 있으니, 첫째가 나이요, 둘째는 친척이요, 셋째는 재산이다. 나이가 60세 미만

---

66) 같은 책, 「愛民, 振窮」, V-18, 41b, p.358. "鰥寡孤獨, 謂之四窮, 窮不自振, 待人以起, 振者擧也."

이 되어서 능히 자력으로 먹을 수 있는 사람과, 이미 10세가 되어서 능히 자력으로 먹을 것을 구할 수 있는 사람을 돌보아 줄 필요는 없다. 비록 六親(부모 형제 처자식)은 없더라도 아직도 緦功(3개월, 5개월, 9개월 동안 상복을 입음)의 친척이 있어 그 집 형편이 다소 넉넉하여 거두어줄 수 있는 사람이 있을 때에는 관에서 마땅히 좋은 말로 타이르고 엄한 말로 경계하여 거두어 주게 하고 때때로 살피고 단속하는 데 그칠 것이며, 그런 사람들까지 돌볼 필요는 없다. 자기 재산이 있는 자도 돌볼 필요가 없다. 이 세 가지에서 보는 바가 모두 극도에 다다라서 참으로 궁색한 사람으로 돌아갈 곳이 없는 자라야 이에 관에서 돌보게 되는 것이다. 늙은 홀아비로 자식이 없는 이에게 매달 곡식 5斗를 지급하고, 늙은 과부로서 자식이 없는 이에게 매월 곡식 3두씩 지급해주며, 또 徭役(나라에서 세금 대신으로 시키던 노동)을 모두 면제해 주고 동네에서 덕이 있는 사람을 뽑아서 이들을 居接(잠시 몸을 의탁하여 거주함)하게 한다. 궁하여 여기까지 이른 자는 천하에 거의 없을 것이다. 한 고을에서 찾아낸다고 해도 반드시 불과 몇 사람일 것이므로 명목은 크더라도 실제 경비는 적을 것이니, 그것을 실행함이 어렵지 않다. 어찌 꺼려서 하지 않겠는가? 1년 동안 소비하는 것이 몇 섬의 곡식에 지나지 않는데도 도는 옛 성인에 접하고 이름은 후세에 남을 것이니 그것이 아까울 것인가?[67)]

---

67) 같은 책, 「愛民, 振窮」, V-18, 41b-42b, p.358. "牧選四窮, 厥有三觀, 一曰齡, 二曰親, 三曰財. 年未滿六十, 能自食其力, 及已滿十歲, 能自行求食者, 不暇恤也. 雖無六親,(父母兄弟妻子爲六親) 尙有緦功之親, 家力稍贍, 可以收恤者, 官宜以善言誘之, 以危言怵之, 使之收恤, 以時察飭而已, 不暇恤也. 其有財産者, 不暇恤也.

공직자가 천하의 궁한 백성인 四窮을 보살펴야 한다는 것은, 사회적 약자에 대한 복지정책을 구체적으로 실천해야 한다는 뜻이다.

아홉째, 말을 신중히 해야 한다. 다산은 "말을 많이 하지 말고 갑자기 성내지도 말라."고 하였다. "백성의 윗사람 된 자는 그 한 번 움직이고 한 번 정지하며 한 마디 말하고 한 번 침묵하는 것을 아랫사람이 모두 살피어 의심쩍게 탐색하는 법이니, 방에서 문으로, 문에서 고을로, 고을로부터는 사방으로 새어나가서 온 나라에 다 퍼지게 된다. 군자는 집안에 거처할 때에도 응당 말을 삼가야 하거늘, 하물며 벼슬살이할 때이랴."라고 하였다. 명나라 鄭瑄이 말하기를, "자신이 목민관이 되면 몸이 곧 화살의 표적이 되는 고로 한 마디 말과 한 가지 행동도 삼가지 않으면 안 될 것이다."라고 하였다. 또 말하기를 "한 마디 말로 천지의 화평을 상하게 하는 수가 있고, 한 가지 일로 평생의 복을 끊어 버리는 수가 있으니 모름지기 절실하게 점검해야 한다."고 하였다. 수령으로 부임한 자들은 원래 항상 "이곳 인심이 극악하다."고 말한다. 서쪽지방이나 남쪽지방으로 나간 자도 이 말을 하며 동쪽이나 북쪽으로 나간 자도 역

○三觀皆極, 眞爲窮人之無所歸者, 於是乎官養之. ○鰥而獨者, 月給粟五斗, 寡而獨者, 月給粟三斗, 又全免其徭役, 選鄰里有德者, 使之館接. ○窮而至此者, 天下蓋絕無矣. 訪求一邑, 必不過數人, 名大實小, 行之不難. 何憚而不爲哉. 一年所費, 不過數苫之穀, 而道接先聖 名流後世而足惜乎."

시 모두 이 말을 한다. 하늘의 이치가 본래 선한 것인데 어찌 팔도 백성들의 마음은 다 극악하고 나만 홀로 선하겠는가?[68]라고 하였다.

사람은 혀 때문에 죽는다. 칼에 찔린 상처는 쉽게 나아도 말(言)에 찔린 상처는 낫기가 어렵다. "좁은 입으로 말하고 넓은 치맛자락으로 못 막는다.", "곰은 쓸개 때문에 죽고 사람은 혀 때문에 죽는다."는 우리 속담이 있다. 한나라 武帝 때 嚴君平은 "입과 혀는 화와 근심을 불러들이는 문이요 자신의 몸을 죽이게 하는 도끼다."(口舌者, 禍患之門, 滅身之斧也.)"라고 하였다. 그리고 내가 무심코 한 말이 타인에게 큰 상처를 줄 수도 있다. 그래서 다산은 공직자는 一言一動을 신중하게 해야 한다고 한 것이다.

열째, 遵法이다. 목민관은 국법이 금하는 바와 법률에 실려 있는 바는 마땅히 조심하고 두려워하여 범법하는 일이 없어야 한다고 하였다.[69] 이 뜻은 노블레스 오블리주(Noblesse oblige)의 의미와 가깝다. 신분이 귀한 지도층은

---

68) 같은 책, 「律己, 飭躬」, V-16, 29b-30a, 313면. "毋多言, 毋暴怒." ○"爲民上者, 一動一靜一語一默, 在下者, 皆伺察猜摸, 由房而門, 由門而邑, 由邑而達於四境, 布於一路. 君子居家, 尙當愼言, 況居官乎." ○"鄭瑄曰, 身爲牧民, 則此身, 便爲射的矣. 故一言一動, 不可不愼." ○"又云, 有一言而傷天地之和, 一事而折終身之福者, 切須點檢." ○"出牧者, 本有恒言曰, 此土人心極惡, 出于西土者爲此言, 出于南土者爲此言, 出于東出于北者, 亦爲此言. 天理本善, 豈有八路之民, 其心皆極惡, 而我獨善乎."

69) 같은 책, 「奉公, 守法」, V-18, 5b, p.340. "凡國法所禁, 刑律所載, 宜慄慄危懼, 毋敢冒犯."

국가에 대한 도덕적 의무를 다한다는 노블레스 오블리주는 우리 속담에 "양반은 양반답게 처신하라."는 말과 비슷하다. 목민관이 법을 지키지 않고 노블레스 말라드(Noblesse malade), 고귀한 신분이 病이 들면 국민과 국가의 불행이다. 모랄 헤저드(moral hazard)가 만연한 사회에서는 희망이 없다. 그래서 다산은 준법을 강조하였다.

준법과 노블레스 오블리주의 실천은 국가의 명운과 직결된다. 임진왜란 당시 僧兵을 조직하여 왜군과 맞서 싸워 국난 극복에 선봉을 섰던 西山大師(1520-1604)의 시를 보자.

눈 쌓인 벌판을 걸어갈 때
모름지기 그릇되게 가지 말라

오늘 나의 걷는 이 발자국이
뒤에 오는 사람들의 길이 되나니

踏雪野中去　不須胡亂行　今日我行跡　遂作後人程

인구에 널리 회자되는 이 시는 지도층이 어떻게 행동을 하여야 하는가를 일깨워 주고 있다. 눈 덮인 들판을 맨 처음 걷는 사람은 바르게 걸어가야 한다. 첫발자국은 뒤에 오는 이들의 길이 되는 만큼 똑바로 가야 한다. 우리가 앞서 간 사람들의 행적을 주시하는 것은 그들의 행적에서 교훈을 얻기 위해서이다. 지도층의 행적이 바르지 못하면 그 불행의 그림자가 본인에게만 드리우는 것이 아니라 일반 국민들에게까지 미친다는 사실이다.

이상에서 살펴본 것은 『목민심서』에 내재된 공직자 윤리의 일부이다. 다산은 군자의 학문은 修身이 반이요 그 반은 牧民이라고 하였다. 부정과 부패는 공직윤리의 실종에서 출발한다. 그래서 다산은 공직윤리를 수신에서 찾았다. 다산이 선명한 공직윤리는 시공을 초월하여 공직자들이 실현해야 할 덕목이자 가치이다.

4. 결 론

선조들이 훌륭한 저서를 남겼더라도 저서에 내재된 정신과 사상을 후손들이 계승·발전시키는 일을 외면한다면 부끄러운 일이다. 주권재민과 爲民主義 철학으로 점철된 공직자의 바이블인 『목민심서』가 세상에 나온 지 191년이 되었다. 다산의 善鳴과 사상, 공직윤리는 공직사회에서 구현되어야 할 가치가 있다.

다산은 백성들은 곤궁하고 피폐하여 서로 떠돌다가 굶어 죽은 시체가 구렁텅이에 가득한데도 목민관들은 좋은 옷과 맛있는 음식으로 자기 배만 살찌우고 있어 슬프다고 탄식하였다. 이어서 목민관이 되고 싶은 마음은 있으나 유배된 죄인이라서 몸소 실행할 수 없기에 마음속에 있는 것을 책으로 썼기에 책이름을 『목민심서』라 하였다고 밝혔다.

다산이 군자의 학문은 修身이 반이요 그 반은 牧民이라고 한 것은, 먼저 인간이 되어야 한다는 의미이다. 공직자가 되려면 먼저 인성과 품성과 덕성을 기르고 갖춘 후에 공직에 나가 국민을 위해 봉사해야 한다는 것은 만고의 진리이다.

다산은 발상을 전환하여 실학을 집대성하였고, 목민관의 典範이었으며, 도덕적 완전주의를 지향하였고, 相生(Win-Win)의 미학을 추구하였다.

다산의 善鳴과 사상의 핵심은, 오래된 조선을 새롭게 개혁하여(新我之舊邦) 만백성을 윤택하게 하고 만물을 육성하는(澤萬民 育萬物) 것이다.

다산은 공직자의 윤리를 능력과 분수를 알고, 청렴해야 하고, 三禁論과 四知論과 四畏論을 실천하고, 齊家와 소신과 愛民과, 말조심과 준법 등을 명쾌하게 제시하였다.

다산의 사상과 공직윤리는 시공을 초월하여 공직사회를 건강하게 하고 깨끗한 나라를 만드는 데 指南이 되는 만큼 시공을 초월하여 유용한 가치가 된다.

다산의 선명과 사상, 그리고 悲願의 꿈이 담긴 『목민심서』의 공직윤리는 "인간에 대한 사랑"(嚮人之愛)에서 발현된 것이다.

茶山詩의 生態觀과 相生論의 세계

1. 서 론

자연환경의 개발은 생태계의 질서를 깨뜨릴 뿐만 아니라 天災와 地災를 불러들여 결국 인간들이 재난을 당하게 된다. 그럼에도 불구하고 우리 인간들은 끝없는 욕망을 충족시키기 위해 필요 이상으로 개발이라는 명분 하에 자연환경을 파괴하여 생태계는 날이 갈수록 황폐화되고 있다.

이로 인하여 천하 만물이 각기 그 본연의 성정대로 편안하게 살아갈 수 없게 되었다. 자연환경의 훼손은 단지 생태계를 파괴하는 것만 아니라, 파괴에 대한 대가가 부메랑이 되어 인간의 삶에 심대한 영향을 주고 있다.

한문학에서 생태사상이 內在된 작품을 찾는 일은 어려운

일이 아니다. 韓愈(768-824)가 「原人」에서 인간의 本源과 人道를 천명한 것은, 생태사상을 이해하는 데 길잡이가 된다.

> 天道가 혼란하면 일월성신이 그 운행을 얻지 못하고 地道가 혼란하면 초목과 산천이 그 평안함을 얻지 못하고, 人道가 혼란하면 夷狄과 禽獸가 그 본성을 얻지 못한다. 하늘은 일월성신의 주인이요, 땅은 초목산천의 주인이요, 사람은 이적과 금수의 주인이니, 주인이 포악하게 하면 주인된 도리를 못하는 것이다. 이 때문에 성인은 한결같이 보아 똑 같이 사랑하고 가까운 것을 돈독히 하면서도 먼 것을 드는 것이다.[1)]

한유는 人道가 문란하면 夷狄과 禽獸가 본성대로 살수 없다고 한 것은, 생태계의 질서가 파괴되는 것을 의미한다. 인간은 이적과 금수의 주인인 만큼 그들에게 暴惡하면 주인이 된 도리를 못한 것으로 본 것은, 자연 생태계를 인간이 보호해야 한다는 것을 뜻한다. 성인은 萬物을 한결같이 보아 똑같이 사랑하고 가까운 것을 돈독히 하면서도 먼 것을 들었다는 것은 인간과 자연은 공존공생하는 존재임을 밝힌 것이다. 성인은 천하만물을 "一視而同仁 篤近而擧遠"

---

1) 韓愈, 「原人」, 『詳說古文眞寶大全』, 保景文化社 影印, 1983, p.111. "天道亂而日月星辰, 不得其行, 地道亂而草木山川, 不得其平, 人道亂而夷狄禽獸, 不得其情. 天者, 日月星辰之主也, 地者, 草木山川之主也, 人者, 夷狄禽獸之主也, 主而暴之, 不得其爲主之道矣. 是故, 聖人, 一視而同仁, 篤近而擧遠."

한 것처럼, 우리 인간들은 人道를 지켜 이적과 금수에게 주인이 된 도리를 다하여 그들과 相生(Win-Win)해야 하는 존재인 것이다. 이것이 바로 생태사상이다.

조선 후기 위대한 善鳴者인 茶山 丁若鏞(1762- 1836)의 문학에 내재된 相生論을 조명한다. 이러한 작업은 그의 문학세계와 사상의 一臠을 이해하는 데 기여할 것이다.

2. 다산시의 生態觀

다산의 문학에서 생태사상을 찾을 수 있는 자료는 많다. 다산이 42세 때인 1802년 12월 12일 강진 유배지에서 향리에 있는 두 아들(學淵, 學游)에게 보낸 서간 「寄二兒」을 보자.

> (문장은) 반드시 먼저 경학으로 根基를 확고히 세운 뒤에 사서를 섭렵해서 정치의 득실과 치란의 근원을 알아야 하며 또 모름지기 실용적인 학문에 마음을 써서 옛사람들의 경제에 관한 서적을 즐겨 읽고서 마음속에 항상 만백성을 윤택하게 하고 모든 사물을 기르려는 마음이 있어야만 비로소 독서하는 군자가 될 수 있는 것이다. 이와 같이 한 뒤에 혹 안개 낀 아침과 달 밝은 밤, 짙은 녹음과 가랑비 내리는 것을 보면 시상이 떠오르고 구상이 일어나서 저절로 읊어지고 저절로 이루어

져서 천지자연의 소리가 맑게 울려 나올 것이니 이것이 바로 생동하는 詩家인 것이다.[2)]

위는 독서군자가 되려면 기본적으로 갖추어야 할 소양을 제시한 것이다. 즉 ① 경학으로 根基를 세우고, ② 史書를 섭렵하여 정치의 得失과 治亂을 알아야 하며, ③ 實用之學에 마음을 두고 고인의 경제에 관한 서적을 탐독하여, ④ 만백성을 윤택하게 하고 모든 사물을 기르려는 마음을 가져야 한다는 것이다. 이런 기본적인 소양과 마음자세가 갖추어진 후에야 자연의 현상과 만났을 때 저절로 문학이 이루어지는 것이라 하고, 이것이 바로 詩家의 門地라고 立論하였다. 특히 ④의 "마음속에 항상 만백성을 윤택하게 하고 모든 사물을 기르려는 마음", 즉 "澤萬民 育萬物"은 바로 다산 사상의 핵심이자 문학의 사명이며 생태사상이기도 하다.

다산은 인위적으로 생명을 연장하려는 것을 거부하고 천명과 자연에 순응하며 살려고 하였다. 그는 34세(1795, 정조 19) 7월에 右副承旨에서 충청도 金井察訪으로 貶黜되었다.[3)] 금정에서 지은 시들을 보면, 처음에는 좌천에 대한

---

2) 丁若鏞, 『與猶堂全書』(景仁文化社 影印, 1970. 이하 『전서』), 「寄二兒」(壬戌 十二月 十二日 康津謫中), I-21, 4b, p.440. "必先以經學, 立著基址, 然後涉獵前史, 知其得失理亂之源, 又須留心實用之學, 樂觀古人經濟文字, 此心常存, 澤萬民, 育萬物底意思, 然後方做得讀書君子. 如是然後, 或遇煙朝月夕濃陰小雨, 勃然意觸, 飄然思至, 自然而詠, 自然而成, 天籟瀏然, 此是詩家活潑門地."

3) 다산은 34세(을묘, 1795) 1월 17일 司諫院 司諫이 되고 通政大夫

鬱結이 없지 않았다. 그러나 이내 천명으로 승화하고 평상심을 회복하여 자연에 순응하는 삶을 살았다.

서해엔 신선 되는 반도가 있고
동해엔 신선 되는 화조가 있다네

이를 먹으면 허물을 벗어
영원토록 늙지 않는다네

모두들 다투어 이를 흠모하여
구하려 아득히 먼길을 떠나지만

나 홀로 내 집을 지키며
처자식과 사랑하며 살리라

산전엔 기장을 심고
무논엔 모를 심어

부지런 힘써 김매는 것을
더우나 비오거나 상관 않겠노라

로 加資되었으며, 23일에 동부승지, 2월 17일에는 병조참의가 되었고, 3월 20일에 우부승지가 되었다. 7월에 청나라 周文謨 神父가 체포되었는데 중형 丁若銓이 이에 연좌되어 같은 달 26일 충청도 금정찰방으로 貶黜되어 12월 20일에 龍驤衛副司直으로 遞任될 때까지 약 4개월 동안 금정찰방으로 재직했다(金相洪, 「附錄: 茶山 丁若鏞 文學年譜」, 『茶山 丁若鏞 文學研究』, 檀國大學校 出版部, 1985, p.430.).

가을이면 얼마큼 추수할 터이니
그것으로 내 생명을 보전하리라

西海有蟠桃　東海有火棗　食之得蛻化　永世不得老
衆人爭欣慕　望望出遠道　我獨守我家　且與妻子好
山田種黃粱　水田種紅稻　勤力芸其苗　不問熯與潦
庶幾望有秋　使我性命保[4)]

3천 년 만에 한 번씩 열려 西王母가 먹는다는 蟠桃와, 먹으면 하늘을 날아다닐 수 있는 동해의 火棗를 그는 원하지 않았다. 속인들은 불로장생을 위해 반도와 화조를 찾으려 떠나지만 "나 홀로 내 집을 지키며 / 처자식과 사랑하며 살리라"고 한 것은 신선선계로의 飛翔을 거부하고, 전원에 귀의하여 天命을 수용하려 한 것이다. 그는 오로지 山田에는 기장을 심고 무논(畓)엔 모를 심어놓고 덥거나 비오거나 상관하지 않고 부지런히 김을 매고 가꾸어서 가을에 추수하여 먹고 살겠다는 것은 무욕의 세계이다. 즉 자연의 이치에 순응하면서 노동하며 妻子들과 소박하게 살려고 하였다.[5)]

이러한 生死觀은 無慾이라야 가능하다. 자신의 삶과 운명을 개척하여 더욱 나은 세계로 上昇하려는 것이 아니라

4) 『전서』, 「擬古二首」(1), I—2, 35b, p.39.
5) 金相洪, 『茶山 文學의 再照明』, 檀國大學校出版部, 2003, pp.226-227.

오로지 천명에 순응하며 자연에 귀의하고자 한 것이다.

다음은 다산이 康津에 유배된 지 4년째(43세, 1804)에 쓴 「遣憂十二章」(3)을 보자.

> 하늘 있어 내 머리를 용납할 수 있고
> 땅이 있어 내 발을 용납하네
>
> 물이 있고 겸하여 곡식이 있어
> 스스로 와서 내 배를 채워주네
>
> 有天容我頂　有地容我足　有水兼有穀　自來充我腹[6)]

천지자연은 생명의 근원임을 노래한 것이다. 바로 우주와 자연 그리고 인간이 調和롭게 이루어 가는 행복한 삶에 대한 직관이 형상화되어 있다. 다시 말하면 生과 자연의 조화이다.

茶山은 鄕里 초천을 떠나지 못하는 이유를 李重煥(1690-1752)의 「擇里志」 발문에서 다음과 같이 밝혔다.

> 나의 집은 초천의 시골인데 물은 몇 걸음만 가면 길어올 수 있으나, 땔감은 10리에서 해오며, 오곡은 심는 것이 없고 풍속은 이익만을 숭상하고 있으니 낙원이라고 할 수 없고 취할 점은 오직 강산의 뛰어난 경치뿐이다. 그러나 사대부가 땅을 점유하여 대대로 전하는 것은 마치 상고시대 제후가 그 나라를

---

6) 『전서』, 「遣憂十二章」(3), I-5, 4a, p.80.

소유함과 같은 것이니, 만일 옮겨 다니며 남에게 붙어 살아서 크게 떨치지 못하면 이는 나라를 잃은 자와 같은 것이다. 이것이 바로 내가 미련을 버리지 못하고 머뭇거리면서 초천을 떠나지 못하는 이유이다.7)

鄕里 초천은 낙원이라 할 수 없는 곳이나, 취할 점이라고는 뛰어난 江山의 경치뿐이라고 하였다. 사대부가 땅을 차지하여 자자손손 전하는 것은 제후가 나라를 소유하는 것과 같다고 비판하였다. 그러나 사대부가 농토가 없어 만일 옮겨 다니며 남에게 기식하여 크게 떨치지 못한다면 이는 나라를 잃은 자와 같은 것이라서, 차마 향리를 떠나지 못한다고 하였다. 자신의 향리는 강산만 絶景일 뿐 물산이 풍부한 곳은 아니었으나, 척박한 자연환경 속에서도 자신이 추구하던 바대로 전원에 귀의하여 삶을 영위하고자 하였다.

다산이 우부승지에서 충청도 金井察訪으로 좌천되었을 때 지은 시들을 보면 자연관과 생태에 대한 인식의 일단을 찾을 수 있다. 처음 금정에 도착해보니 사방이 산뿐인 奧地인지라 답답하여 가장 높은 九峰山을 발로 차서 엎어버리려고 하였다. 그러나 잠시나마 이런 마음을 가졌던 것을 부끄럽게 생각하고 구봉산에게 사과하는 시를 섰다. 이를

---

7) 『전서』, 「跋擇里志」, I-14, 25b. p.297. "余家苕川之墅, 水取於數弓之地, 火取於十里之外, 五穀無所種, 俗尙利, 蓋非樂郊, 所取唯江山絶勝. 然士大夫之占地而傳世也, 如上古諸侯之有其國, 遷徙寄寓, 而不能大振, 則與亡國者等. 余所以眷係遲徊, 而不能去苕川也."

살펴보자.

「역참 누각은 사방이 다 산으로 둘러쌓여 있다. 그런데 남쪽에 그 중에서도 가장 높은 구봉산이 앞을 가로막고 있으므로 이곳에 처음 왔을 때 매우 견디기 어려워 장난 삼아 절구 한 수를 지어 함께 있던 손님에게 보였다.」

산이 겹겹 둘러싸 시름 얼굴 죄어드니
답답하기 언제나 옹기 속에 앉아 있는 듯

어찌하면 번쾌처럼 사나운 자 얻어서
뾰쪽한 구두 발로 걷어차 구봉산을 엎어볼까

重巒匼匝逼愁顔　鬱鬱常如坐甕間
安得猛如樊噲者　靴尖踢倒九峰山[8]

그가 우부승지에서 충정도 金井察訪으로 좌천되어 도착해서 보니, 사면이 산으로 둘러 쌓여있어 자신을 핍박하는 듯하고 또한 높은 九峰山이 앞을 가로막고 있기에 처음에는 견디기 어려웠다. 그래서 承句에서 마치 옹기 속에 앉아 있는 것 같다고 하였다. 轉結句에서는 이런 답답한 환경을 극복하고자 어떻게 하면 樊噲가 鴻門의 집회에서 項羽가 劉邦을 죽이려는 계략을 알고 수문장의 저지를 뚫고

8) 『전서』, 「驛樓四面皆山也. 其南有九峰山最高, 當前擁塞, 始來時頗不堪, 戲作絶句, 示伴客云」, I-2, 35a, p.39.

들어가 항우를 꾸짖고 유방을 탈출시킨 것처럼, 뾰쪽한 구두 발로 구봉산을 힘껏 차서 거꾸러트릴 수 있겠느냐고 한탄하였다.

이 시는 戲作으로, 자신과 구봉산과 親和의 세계가 아니라 不和의 세계이다. 이 시가 비록 戲作이라고 하지만 우부승지에서 察訪으로 좌천된 鬱結이 아직 가시지 않았고 또한 구봉산이 앞을 가로막고 있기에 답답한 심경을 이렇게 형상화한 것이다.

그러나 다산은 구봉산을 발로 차서 엎어버리겠다고 노래한 사실을 부끄럽게 여기고, 구봉산에게 사과하는 시 2수를 쓴 것은 자연과의 불화에서 친화의 세계로 回歸한 것이다. 아래의 詩題에서 "이따금 앞서의 시를 읊을 때마다 부끄럽기 그지없어 운운"은 앞에서 살펴본 시를 말한 것이다.

「요즈음 마음을 조용하고 맑게 가지는 시간이 차츰 오래되다보니 아침저녁으로 늘 산 기운이 자꾸 더 아름다워지는 것을 느꼈다. 이따금 앞서의 시를 읊을 때마다 부끄럽기 그지없어 다시 절구 두 수를 지어 구봉산에게 사과하였다.」

아침마다 상쾌한 기운에 흡족하여 기쁜 얼굴
번화한 도회지에 있는 것보다 좋은 데 있구나

어찌하면 도연명 같은 담박한 자를 만나서
유연히 앉아 구봉산을 대할거나

朝朝爽氣足怡顔　勝在芬華市陌間
安得澹如元亮者　悠然對坐九峰山

생각을 넓게 하면 얼굴 펴지 못할 곳이 없거니
넓은 바다 높은 하늘 이곳에도 있누나

만물은 절로 나고 절로 있는 것이데
한림(李白)은 하필 동정호의 군산을 깎으려 했나

寬懷無處不開顔　海闊天空亦此間
萬物自生還自在　翰林何必剗君山[9)]

다산은 구봉산이 비록 자연의 일부이지만 생명이 있는 人格體로 인식하고 사과하는 시를 쓴 것은 바로 생태사상의 詩的 구현이다. 금정에서의 생활이 시간이 흐르다보니 심리적으로 안정되어 구봉산이 아름답게 보인 것이다. 그래서 제1수 起承句에서는 산으로 둘려 쌓인 산간벽지이지만 아침마다 상쾌한 기운이 있기에 번화한 도회지보다 좋은 데 살고 있다고 하였다. 轉結句의 아름다운 구봉산을 도연명과 같은 담백한 사람과 함께 앉아서 유연히 관조하고 싶다는 것은, 자연과의 융화이자 親和와 상생의 세계이다.

9) 『전서』, 「近日習靜漸久, 每日夕覺山氣益佳. 時誦此詩, 不勝愧怍, 遂更作二絶句, 以謝九峰山云」, I-2, 35b, p.39.

제2수에서는 생각을 넓게 하면 어느 곳에서나 얼굴을 펼 수 있는 만큼, 발상을 전환하여 산으로 둘러 쌓인 벽지인 金井에도 넓은 바다와 높은 하늘이 있는 큰 자연 공간으로 보았다. 轉句의 "만물은 절로 나고 절로 있는 것"이라고 한 것과, 結句의 "한림(李白)은 하필 동정호의 君山을 깎으려 했나"는 자연과 조화롭게 살려는 생태관이다.

이 결구의 君山은 중국 湖南의 洞庭湖 가운데 있는 산으로 일명 湘山, 洞庭山이다. 일설에 舜임금의 妃인 湘君이 여기서 놀은 적이 있어 군산이라 한 것이다. "한림(이백)은 하필 동정호의 君山을 깎으려 했나"는 이백의 시에서 용사한 것이다. 즉 供奉翰林을 역임한 李白이 叔父인 형부시랑 李曄과 함께 동정호에서 놀 적에 술이 취한 후 지은 시(「陪侍郎叔遊洞庭湖醉後三首」)의제3수에서 용사하였다.

이백의 시를 보자.

오늘 죽림의 잔치는
우리 집 어진 시랑께서 열었네

석잔 술 조카에게 허락하여
취한 후 맑은 광기를 피우게 하네

今日竹林宴　我家賢侍郎　三杯容小阮　醉後發淸狂

배 위에 돛을 멎고 즐기다가
호수 달을 띄워 놓고 돌아왔네

백구는 한가로이 가지 않고
다투어 술자리를 스치며 나르네

船上齊橈樂　湖心汎月歸　白鷗閒不去　爭拂酒筵飛

군산의 좋은 모습 깎아내면
평평하게 상수가 흐를 것이네

파릉의 끝없는 술
취하도다 동정호의 가을이여

剗却君山好　平鋪湘水流　巴陵無限酒　醉後洞庭秋[10)]

앞에서 살펴본 다산의 시에서 한림이 하필 군산을 깎아 내려했느냐(翰林何必剗君山)고 한 것은, 李白이 동정호 가운데에 있는 군산을 깎아 버리면 평평하게 湘水가 흐를 것이라고 한 것(剗却君山好 平鋪湘水流)을 비판한 것이다. 즉 이러한 다산의 시각은 만물은 절로 나고 절로 있는 것(萬物自生還自在)인데 군산을 깎아 내려한 이백의 시각이 잘못되었음을 지적한 것으로 생태사상이다.

위에서 살펴본 시들은 다산과 이백의 戱作과 醉中作이지만, 다산이 구봉산을 발로 차서 엎어버리려 했던 것과, 이

---

10) 『全唐詩』(上), 李白, 「陪侍郎叔遊洞庭湖醉後三首」, 上海古籍出版社, 1992, p.418.

악양루와 동정호

백이 군산을 깎아내려 했던 것은 자연과 생태계의 파괴이다. 한유의 「原人」에 따르면 君山, 즉 산천초목의 주인은 땅(地者)인데, 주인도 아닌 인간이 이를 파괴하려 했던 것은 "一視而同仁 篤近而擧遠"과 "澤萬民 育萬物"의 정신과 相生과는 거리가 멀다.

그러나 다산은 구봉산을 발로 차서 엎어버리려 했던 점을 부끄럽게 생각하고, 사과한 것은 구봉산을 인간과 같은 생명체이자 인격체로 인식한 것이다. 또한 구봉산과 親和를 찾고 李白을 비판한 것은 "一視而同仁"인 것이다. 이러한 세계관은 우주 만물을 '서로 화합하는 유기적 총체'로 이해하려는 생명사상이다. 이와 같은 시정신은 두 아들에게 문학의 사명은 "澤萬民 育萬物"에 있다고 立論한 것을 자신의 문학에 구현한 것이다.

3. 다산시의 相生論

다산 문학에서 相生의 문제를 다른 작품은 많다. 그의 상생론은 금수초목은 물론 인간과 인간 상호간의 문제까지 폭넓게 다루고 있고, 아울러 修辭의 방법도 다양하다.

그가 1801년 경상도 장기 유배지에서 지은 「古詩二十七首」(7)는 우화시로 "育萬物"의 시적 실천이자 상생론이다.

> 모든 풀들은 다 뿌리가 있는데
> 부평초는 홀로 매달릴 꼭지가 없어
>
> 물위에 둥둥 떠다니며
> 항상 바람 부는 대로 끌려다니네
>
> 살려는 의지가 비록 없으리오만
> 더부살이 목숨 참으로 가냘프구나
>
> 연꽃잎이 너무나 업신여기고
> 마름 풀이 또한 가는 길을 막네

다같이 한 연못 속에 살면서
어찌해서 괴롭히며 못살게 하는가

百草皆有根　浮萍獨無蔕　汎汎水上行　常爲風所曳
生意雖不泯　寄命良瑣細　蓮葉太凌藉　荇帶亦交蔽
同生一池中　何乃苦相戾[11]

자신의 의사와 무관하게 바람 부는 대로 이끌려다니는 부평초가 연꽃과 마름 풀에게 무시와 괴롭힘을 당하는 아픔을 실사하였다. 부평초는 약자이고 연꽃과 마름 풀은 강자이다. 강자의 탄압과 핍박으로 약자가 곤욕을 겪기 때문에 結聯에서 같은 연못에 살면서 어찌하여 相生의 삶을 살지 않느냐고 반문한 것은 "育萬物"의 詩的 구현이자 상생론이다.

다음의 「古詩二十七首」(8)는 공존공생의 삶이 아닌 비정한 약육강식의 세계를 비판한 우화시이다.

제비가 처음 날아왔을 때
지지배배 우는 소리 그치지 않네

그 말뜻 분명히 알 수 없지만
집 없는 서러움을 하소연하는 것 같네

"늙은 느릅나무 회나무엔 구멍이 많은 데

11) 『전서』, 「古詩二十七首」(7), I-4, 10ab, p.66.

어찌하여 그 곳에 살지 않느냐"

제비가 다시 지지지배
사람에게 대답하는데

"느릅나무 구멍엔 황새가 와서 쪼아먹고
괴목나무 구멍엔 뱀이 와서 뒤진다오"

鷰子初來時　喃喃語不休　語意雖未明　似訴無家愁
楡槐老多穴　何不此淹留　燕子復喃喃　似與人語愁
楡穴鸛來啄　槐穴蛇來搜[12]

제비는 약자이고 황새와 뱀은 강자이며 느릅나무와 괴목나무의 구멍은 삶의 터전이다. 여기서 약자는 힘없는 백성이고 강자는 민초들의 고혈을 착취하는 탐관오리이다. 이 시는 和平의 세계, 공존의 질서가 무너진 낡은 사회, 약육강식의 사회를 비판한 것이다.[13] 즉 더불어 사는 상생의 삶을 기원한 것이다.

다음의 「古詩二十七首」(15)도 다산이 입론한 "澤萬民 育萬物"의 정신을 詩化한 것이다.

얼룩 표범 숲 속에 숨어 있으면

12) 『전서』, 「古詩二十七首」(8), I-4, 10b, p.66.
13) 金相洪, 『茶山 丁若鏞 文學硏究』, 檀國大學校出版部, 1985, pp.131-132.

까막까치 나무 위에서 성내어 울고

구렁이가 울타리에 걸려 있으면
참새들이 짹짹거리며 사람에게 알리네

개백정 올가미 차고 지나가면
모든 개들이 짖어 온 동네가 시끄럽네

금수도 화나는 것을 숨기지 못하니
그들의 지혜가 귀신과 같네

안에서 포악하면 필히 밖으로 나타나나니
어찌하여 어리석은 백성들 속이려 하느뇨

인의예지 모두가 아름다우나
군자는 매번 仁을 으뜸으로 여겼노라

살아 있는 풀도 밟지 않는
어질다 저 기린이여

文豹伏林中　烏鵲樹頭嗔　長蛇掛籬間　瓦雀噪報人
狗屠帶索過　群吠鬧四隣　禽獸不藏怒　其知乃如神
內虐必外著　何以欺愚民　四德雖並美　君子每先人
生草猶不履　賢哉彼麒麟14)

14) 『전서』, 「古詩二十七首」(15), I-4, 11a, p.67.

위에서 얼룩표범 구렁이 개백정은 강자이고, 까막까치 참새 개는 약자이며, 기린은 상생의 삶을 실천하는 존재이다. 여기서 강자는 백성들의 고혈을 착취하는 治者이며 약자는 힘없는 백성을 뜻한다. 금수들도 자신을 해치려는 것을 귀신처럼 아는데, 하물며 백성들을 欺罔하는 治者들의 잘못을 비판하였다. 인의예지가 모두 아름답지만 군자들이 仁을 으뜸으로 여겼다는 것은 "一視而同仁"이자 "育萬物"의 시적 구현이다. 살아있는 풀도 밟지 않는 기린을 어질다고 한 것은 상생의 삶을 실천하기 때문이며, 기린과 같은 상생의 삶이 이 땅에 이루어지기를 希願하였다.

다음의 「海狼行」도 역시 장기 유배지작으로, 솔피고래가 떼를 지어 큰고래를 공격하여 죽이는 처절한 혈전을 통하여 상생론을 전개하였다.

> 솔피고래는 이리 몸통에 수달 가죽으로
> 가는 곳마다 수백 마리 떼지어 다니네
>
> 물속에서 적을 치려 포위함이 나르는 듯해서
> 갑자기 덮치면 고기들 알지 못하네
>
> 큰 고래 한 번에 천 석의 고기를 삼켜서
> 큰 고래 한 번 지나가면 고기가 씨도 없네
>
> 솔피는 먹을 고기 없어 고래에게 한을 품어
> 큰 고래 죽이기로 계책을 세웠네

한 때는 고래 머리를 들이받고
한 때는 고래 꼬리를 에워싸고

한 때는 고래 좌측을 엿보고
한 때는 고래 우측을 공격하고

한 때는 물에 잠겨 고래 배를 맡고
한 때는 뛰어올라 고래 등에 올라타서

상하 사방에서 일제히 고함지르며
살을 뜯고 씹으니 어찌 그리 잔혹하느뇨

고래는 우레처럼 소리 지르며 물을 뿜으니
파도가 들끓고 맑은 날에 무지개가 떴네

무지개 사라지고 파도가 잔잔해지자
아 슬프다 고래가 이미 죽었노라

혼자로선 많은 힘을 대적할 수 없느니
간사한 작은 놈들 큰 사악한 놈을 죽였구나

너희들 혈전이 어찌해 여기까지 이르렀느뇨
원래 뜻은 음식 싸움에 지나지 않았던가

넓고 넓은 끝없는 바다에서

너희들 지느러미 흔들며 꼬리치며 서로 사이좋게 살지 못하는가

海狼狼身而獺皮　行處十百群相隨
水中打圍捷如飛　欻忽揜襲魚不知
長鯨一吸魚千石　長鯨一過魚無跡
狼不逢魚恨長鯨　擬殺長鯨發謀策
一群衝鯨首　一群繞鯨後
一群伺鯨左　一群犯鯨右
一群沈水仰鯨腹　一群騰躍令鯨負
上下四方齊發號　抓膚齧肌何殘暴
鯨吼如雷口噴水　海波鼎沸晴虹起
虹光漸微波漸平　嗚呼哀哉鯨已死
獨夫不遑敵衆力　小黠乃能殲巨慝
汝輩血戰胡至此　本意不過爭飮食
瀛海漭洋浩無岸　汝輩何不揚鬐掉尾相休息[15]

큰 고래가 한 번에 천 석의 고기를 삼키기 때문에 한 번 지나가면 고기가 씨도 없었다. 먹을 것이 없는 솔피고래들은 한을 품어 큰 고래를 죽일 계책을 수립하고 상하좌우와 首尾에서 일제히 공격하여 죽이는 정경을 寫實的으로 형상화하였다. 큰 고래는 혼자서 솔피고래 떼의 공격을 당할 수 없어 마침내 죽고 말았다. 結段에서 "너희들 혈전이 어찌해 여기까지 이르렀느뇨 / 원래 뜻은 음식 싸움에 지나

15) 『전서』, 「海狼行」(海狼 方言曰 率皮), I-4, 13b-14a, p.68.

자 않았던가"라고 반문한 후, "넓고 넓은 끝없는 바다에서 / 너희들 지느러미 흔들며 꼬리치며 사이좋게 살지 못하는가"라고 탄식하였다. 이 탄식은 더불어 사는 상생의 삶이 실종된 것에 대한 哀憐에서 나온 것이다. 먹이를 위한 혈전은 바로 치열한 당쟁을 뜻한다. 다산 자신이 당쟁의 희생양이었기에 솔피고래와 큰고래의 싸움에 가탁하여 상생론을 시로 형상화하였다.

다산은 18년간 유배를 겪어야 했던 불우한 삶을 살았다. 한마디로 그는 당쟁의 희생자였다. 조선왕조 당쟁사는 연산군(재위 1494-1506)에 비롯되어 조선 말기까지 지속되었다. 宣祖 8년(1575) 東西朋黨이 발생한 후 당쟁은 치열하였다. 思悼世子(1735-1762) 사건으로 小論·老論·南人이 각각 僻派와 時派로 분열되었는데, 다산은 南人의 시파계열이다.

다산이 1801년 경상도 장기로 유배되었을 때 쓴 「遣興」에는 당쟁의 참화를 비판하면서 相生의 정치가 구현되기를 기원하였다.

> 아옹다옹 싸움질 제각기 외고집
> 객지에서 깊이 생각하니 눈물 줄줄 흐르네
>
> 산하는 옹색하게 삼천리뿐인데
> 비바람 섞어 치듯 다툰 지 이 백년

많은 영웅들이 슬프게도 출세를 못했으니
어느 때에야 형제들 전답 싸움 부끄러워하리

만약 만곡의 은하수로 씻어낸다면
상서로운 햇빛이 온 세상을 비출텐데

蠻觸紛紛各一偏　客窓深念淚汪然
山河壅塞三千里　風雨交爭二百年
無限英雄悲失路　幾時兄弟恥爭田
若將萬斛銀潢洗　瑞日舒光照八埏16)

다산은 우리나라 당쟁을 『莊子』의 우화인 蝸角之爭(蠻觸之爭)과 다를 것이 없다고 본 것이다. 조선의 산하는 삼천 리에 불과한 작은 나라임에도 불구하고 서인·동인·남인·북인으로 분파되고 다시 노론·소론으로, 그리고 벽파·시파로 나뉘어져 치열하게 싸운 지 이백 년이 된 것을 한탄하였다. 이로 인해 많은 영웅들이 政略의 덫에 걸려 뜻을 펴지 못하고 슬프게 희생되었는데, 어느 때에야 동포 형제들이 밥그릇을 싸움을 부끄러워할 것이냐고 반문하였다. 잔혹한 당쟁의 해결책은, 많고 많은 깨끗한 은하수로 與野 모두가 반목과 치졸한 먹이 다툼에 불과한 혈전을 종식하고 대화합을 한다면 온 세상에 서광이 비칠 것이라고 하였다. 즉 相生의 정치가 구현되기를 염원한 것이다.

---

16) 『전서』, 「遣興」, I-4, 13a, p.68.

다음의 「古詩二十七首」(4)도 역시 장기 유배시절에 지은 것인데 당쟁을 혁파하고 相生의 정치가 이 땅에 실현되기를 기원하였다.

당쟁의 화는 오래도록 그치지 않아
이런 일 견디려니 통곡하노라

洛 蜀 朔黨 후예들 소식도 없고
드디어 智氏 輔氏 족속들만 찾는구나

싸움 등살에 양심마저 흐려져서
티끌 만한 일로 방자하게 살육하네

염소와 양은 짹소리도 못하고 죽어도
승냥이와 호랑이는 항상 눈알을 부라리네

높은 자들 뒤에서 조종을 하며
낮은 자는 칼과 화살촉을 간다네

뉘라서 큰 잔치를 열어
화려한 집에 장막을 치고

천 항아리에 빚어 넣은 술과
만 마리 소 잡아 만든 안주로

옛 원한 다 혁파하자 맹세하고

평화와 복을 맞이하게 하려는가

黨禍久未已　此事堪痛哭　未聞洛蜀裔　遂別智輔族
爭氣翳天良　纖芥恣殺戮　羔羊死不號　豺虎常怒目
尊者運機牙　卑者礪鋒鏃　誰能辦大宴　帟幕張華屋
千甕釀爲酒　萬牛臠爲肉　同盟革舊染　以徼和平福[17)]

망국적인 당쟁의 참화를 실사하고, 이를 종식시킬 수 있는 방안을 제시하였다. 즉 與野가 함께 모여 큰 잔치를 열어 宿怨을 풀고 대화합을 하자는 것이다. 이는 고질적인 당쟁을 종식하고 화합하여 공존공생의 길을 도모하자는 相生論이다.

다산이 만년에 쓴 「肩輿嘆」은 지체가 높은 관리들이 산천 유람을 오면 스님들과 가마를 메는 백성들의 고난찬 삶을 핍진하게 형상화하였다.

사람들은 가마 타는 즐거움만 알고
가마 메는 사람들의 고통을 모르네

....

너와 나는 본시 같은 동포로서

17) 『전서』, 「古詩二十七首」(15), I-4, 10a, p.66. 洛 蜀 朔黨은 元祐三黨으로, 송나라 哲宗 시의 洛陽의 程頤을 선두로 한 洛黨과, 蜀의 蘇軾을 선두로 한 蜀黨과, 朔方의 劉摯를 선두로 한 朔黨이다. 智氏 輔氏는 전국시대 晋나라 公族이었음.

조물주로부터 평등하게 태어났노라

네 어리석어 이런 천역을 달게 여기니
내 어찌 부끄러움이 없겠는가

나는 너에게 덕을 입힌 것이 없는데
어찌 너의 은혜만 받는단 말인가

人知坐輿樂　不識肩輿苦　……………　……………
爾我本同胞　洪匀受乾父　汝愚甘此卑　吾寧不愧憮
吾無德及汝　爾惠胡獨取[18]

위는 가마를 메는 스님들과 嶺下戶 백성들의 고통을 실사한 부분은 제외하고, 상생론에 관련된 부분만을 인용한 것이다. 신분의 귀천에 따라 양극화되어 이질적인 삶을 살아야 하는데 대한 준엄한 비판이 아닐 수 없다. 즉 상생의 삶이 무너진 데 대한 哀憐이자, "澤萬民 育萬物"의 시적 실천인 것이다.

다산은 강진에 유배된 지 10년 되던 해(49세, 경오 1810)에 쓴 「弔繩文」은 쉬파리를 의인화한 寓言文이다.[19] 그는 出仕 이전은 물론 仕宦期와 유배기에도 많은 우화시로 사회의 모순과 비리를 匡正하고자 以詩論時하였다.[20] 「조승

18) 『전서』, 「肩輿嘆」, I-6, 32b-33a, pp.114-115.
19) 이 「弔繩文」에 대한 연구는 필자의 『茶山 文學의 再照明』(檀國大學校出版部, 2003, pp.402-454.)에서 詳論한 것이 있으므로 여기서는 약술한다.

문」에는 그의 인간에 대한 사랑과 상생론이 오롯이 형상화 되어 있는데, 먼저 序詞를 보자.

가경 경오년(1810) 여름에 쉬파리가 번성하여 온 집안에 득실거리고 점점 번식하여 山谷에까지 만연하였다. 高樓巨閣에서도 일찍이 얼어죽지 않고 술집과 떡 가게에 운집하니 윙윙 소리가 우레 같았다. 노인들은 탄식하며 이를 괴변이라 하고 소년들은 성을 내며 소탕전을 펼 것을 생각하였다. 혹은 대나무 통발을 설치하여 거기에 걸려 죽게 하고 혹은 독약을 쳐서 약 기운에 마취되어 죽게 하였다.

내가 말하기를 아 슬프다. 이는 죽여서는 안 되는 것이니 이는 굶주려 죽은 자의 轉身으로 아 기구하게 사는 생명이다. 애처롭게도 지난 해(1809) 큰 기근을 겪고 또 겨울의 혹한을 겪었다. 그로 인해서 염병이 돌게 되고 또 다시 가혹한 징수까지 당하니 시체가 쌓여 길에 널려 이리저리 뒹굴어 즐비하였고 시체가 언덕을 덮었는데 수의도 관도 없었다. 훈풍이 불고 기온이 높아지자 시체가 썩어 문들어져 옛 송장과 새 송장의 썩은 물이 흥건히 고이고 엉겨서 이것이 변해서 구더기가 되어 황하 모래보다 만 배나 되었는데 날개를 가진 쉬파리로 변해 인가로 날아드는 것이다.

아! 이 쉬파리들이 어찌 우리 인간 무리가 아니리오. 너의 생명을 생각하면 절로 눈물이 주르르 흐른다. 이에 음식을 만들어 널리 청해와 모이게 하였으니 서로 전하고 알려서 모여

20) 우화시에 대한 연구는 宋載卲의 『茶山詩 硏究』(創作社, 1986)와 金相洪의 『茶山 丁若鏞 文學硏究』(檀國大學校出版部, 1985) 등이 있다.

먹도록 하거라 하고 이에 다음과 같이 조문하였다.[21]

1810년 여름 유배지 강진에 쉬파리 떼가 극성을 부리니 백성들이 잡느라 야단이었다. 다산은 쉬파리가 번성하게 된 근본적인 원인을 ① 작년에 큰 飢餓와, ② 혹한, ③ 염병이 돌고, ④ 또한 가혹한 세금을 징수당하여 수많은 백성들이 굶어죽은 데서 찾았다. 이런 天災와 人災 앞에서 힘없고 가진 것이 없는 민초들은 자연히 굶어죽어 시체가 길과 언덕에 즐비한데 가련하게도 襚衣도 棺도 없었다. 이 버려진 시체에 훈풍이 불고 기온이 높아져 부패하니 오래 전에 죽은 송장과 새로 죽은 송장에서 모두 썩은 물이 홍건히 고이고 엉기자, 자연히 시신에서 구더기가 생겨 황하의 모래보다 만 배나 되었다. 이 구더기가 쉬파리로 변해 인가로 날아든 것이라고 그 원인을 밝혔다.

그리고 쉬파리들을 우리 인간 무리라고 하였고, 이들을 생각하면 저절로 눈물이 나기에 음식을 만들어 널리 청해와 모이게 하였으니 서로 전하고 알려서 모여 먹도록 한

21) 『전서』, 「弔蠅文」, I-22, 16b, pp.465-466. "嘉慶庚午之夏, 蒼蠅大作, 充牣室屋, 戢孱蕃息, 漫山蔽谷. 層構桀閣, 曾莫癡凍, 酒戶餠市, 雲屯雷鬨. 耉老嘆嗟, 指爲怪變, 少年發憤, 思與搏戰. 或設笱筒, 使其離罥, 或置酖毒, 殲以瞑眩. 余曰噫嘻, 時不可殺, 時惟餓莩之轉身, 嗟乎崎嶇而得活. 哀去年之大饑, 又苦寒之栗烈. 因之以瘟疫, 承之以剝割, 積尸橫路, 載顚載連, 藁裡被阜, 不襚不棺. 風薰暑歊, 肌肉腐壞, 舊淋新瀝, 渟滀翳薈, 化而爲蛆, 萬倍河沙, 迺羽迺翼, 飛入人家. 嗚呼蒼蠅, 豈非我類. 念爾之生, 汪然出淚. 於是具飯爲殽, 普請來集, 相傳相告, 時嘬是口市, 乃弔曰."

것은 역시 상생론이자 "育萬物"의 정신을 구현한 것이다. 쉬파리에 대한 이러한 시각은 뜨거운 憐憫에서 발현된 매서운 사회 고발과 풍자이자 상생론이다. 즉 쉬파리를 죽이지 말라 한 것은 이들이 굶주려 죽은 민초들의 化身으로서 기구하게 사는 생명체로 보았기 때문이다.

"아! 이 쉬파리들이 어찌 우리 인간의 무리가 아니리오"는 警句이자 "育萬物"의 정신이다. 쉬파리들은 불쌍하게도 굶주려 죽은 백성들의 轉身이라고 한데서 한 걸음 더 나가, 인간의 무리라 하고 이들의 기구한 생명을 생각하면 저절로 눈물이 흐른다고 하였다. 이러한 애민과 연민의 정신은 결국 祭需를 차려 놓고, 쉬파리들을 모두 불러 먹도록 권하고 조문하였다. 조문의 대상은 살아있는 쉬파리뿐만 아니라, 이미 대나무 통발에 걸려 죽거나 약을 뿌려 죽은 파리들도 포함된다.

이와 같은 다산의 사물 인식과 세계관은 일생 동안 줄기차게 지속된 인간에 대한 사랑, 즉 嚮人之愛를 詩文에 형상화하였다. 한발과 혹한, 염병과 가렴주구로 죽은 백성들의 시체가 부패하여 쉬파리로 변했다는 인식은 격렬한 풍자로 한유의 "一視而同仁 篤近而擧遠"이자, 자신이 입론한 "澤萬民 育萬物"의 구현이다. 다산은 우리 인간이 일생 동안 행할 일은 "仁" 한 자 이외에 다른 것은 없다고 하였다.[22] 그리고 "인"이란 사람을 향한 사랑, 즉 "嚮人之

22) 『전서』, 『論語古今註』 卷2, Ⅱ-2, 5b, p.267. "竊嘗思之, 吾人之一生行事, 不外乎仁一字."

愛"라고 하였다.[23] 「조승문」은 바로 인간에 대한 사랑을 우언문으로 형상화한 것이다. 이어서 「조승문」 本文의 일부를 보자.

쉬파리야 날아와서
이 소반에 모여라

수북히 담은 흰쌀밥에
국도 간 맞춰 끓여 놓았고

무르익은 술과 단술에
국수와 만두가 있으니

그대 타는 목 축이고
그대 타는 창자 축이거라

쉬파리야 날아와서
훌쩍훌쩍 울지만 말고

너의 부모와
처자도 모두 데리고 와서

한 번 실컷 포식하고
근심하지 말아라

---

23) 『전서』, 『論語古今註』 卷3, Ⅱ-9, 39b, p.222. "仁者, 嚮人之愛也."

繩兮飛來　啾盂盤只　有饛白飯　和羹酸只
酒醴醲薰　雜麪饅只　沾君之渴喉　潤君之焦肝只
繩兮飛來　無啜泣只　挈爾父母　妻子合只
聊茲一飽　無於悒只

쉬파리에게 배고파서 훌쩍훌쩍 울지만 말고 부모와 처자도 모두 데리고 와서 한 번 실컷 포식하고 근심하지 말라는 것은 "育萬物"의 실천이자 상생론인 것이다.

쉬파리야 날아서
혼은 돌아오지 말아라

그대는 지각이 없이
영원토록 혼미한 것 축하한다

繩兮飛來　無還魂只　賀君之無知　長昏昏只

차라리 지각이 없는 쉬파리로 그대로 사는 편이 낫지, 혼백이 돌아와 사람처럼 지각이 있게 되면 괴롭다는 것이다. 이유는 치자의 도리를 상실한 탐관오리들의 貪虐과 착취로 인하여 백성들이 참상을 또다시 겪게 되기 때문이다. "그대는 지각이 없이 / 영원토록 혼미한 것을 축하한다"는 처절한 풍자와 절망의 세계는 「조승문」의 또 하나의 警句이다. 쉬파리 그대로 지각없이 영원토록 먹을거리만 찾는 어리석은 존재로서의 삶을 축하한다는 것은 비극이자 아이러니이다.

다산은 유배 죄인의 처지라서 굶어 죽은 백성들의 원혼인 쉬파리들의 원한을 풀어줄 힘이 없었다. 그래서 북쪽 구중궁궐에 가서 실상을 고하여 임금을 감격시켜 원한을 풀라고 하였다. 이어서 다음과 같이 「조승문」의 끝을 맺었다.

벼와 기장이 풍년들어
백성들 굶주림이 없게 되면

쉬파리야 날아서
그때 남쪽으로 돌아오거라

禾黍穰穰　民無饑只　繩兮飛來　乃南歸只

풍년들어 백성들이 굶주림이 없게 되면 남녘 땅 강진으로 다시 돌아오라고 하였다. 「조승문」의 쉬파리의 비극적 삶은 유배된 지 10년이 된 다산 자신의 고난에 찬 삶을 우회적으로 형상화한 것일지도 모른다.

「조승문」은 以文論時하고 以文匡正의 經世的인 작품이다. 여기에 내재된 정신은 韓愈의 "一視而同仁 篤近而擧遠"이자, 자신이 입론한 "澤萬民 育萬物"의 정신을 구현한 것이다.

이 외에도 다산의 문학에서 상생론을 찾을 수 있는 작품이 많다. 예를 들면 만민평등론인 「通塞議」[24]와 신분제도의 혁파를 주창한 「庶孼論」[25]과, 「古詩二十四首」의 제 14-15수와[26], 「夏日對酒」 제5수[27] 등에서 인간은 출생성분에 따라 차별을 받아서는 안 된다는 상상론을 전개하였다. 이 중에서 「통색의」의 일부를 보자.

> 온 나라의 백성들을 다 모아 배양하더라도 진흥시키기 두려운데, 하물며 그 중의 8-9할을 버린단 말입니까? 小民이 그 중에서 버림받은 자이고 中人이 그 중에 버림받은 자입니다. 평안도와 함경도 사람이 그 중에 버림받은 자이고 황해도 개성 강화 사람이 그 중에 버림받은 자입니다. 강원도와 전라도의 절반이 그 중에 버림받은 자이고, 서얼이 그 중에 버림받은 자이고, 북인과 남인은 버린 것은 아니나 버린 것과 같으며, 그 중에 버리지 않은 자는 오직 문벌 좋은 집 수십 가호뿐입니다. 이 가운데에도 사건으로 인해서 버림을 당한 자가 많습니다. …… 어찌 천지가 그 정기를 모으고 산천이 그 眞氣를 길러서 반드시 수십 집에만 산출시켜주고, 그 더럽고 혼탁한 기운은 나머지 사람에게 뿌려준 것이겠습니까? 그 태어난 지방이 나쁘다 하여 버리는 것입니까? …… 제일 좋은 방법은 동서남북에 구애됨이 없게 하고 멀거나 가깝거나 귀하거나 천하거나 간에 가리는 것이 없게 하여 중국의 제도와 같이 하는 것입니다.[28]

---

24) 『전서』, 「通塞議」, I-9, 31b-32b, p.186.
25) 『전서』, 「庶孼論」, I-12, 8b-9a, pp.243-244.
26) 『전서』, 「古詩二十四首」 제14·15수, I-2, 25a, p.34.
27) 『전서』, 「夏日對酒」 제5수, I-5, 1b-2a, p.79.
28) 『전서』, 「通塞議」, I-9, 31b-32b, p.186. "盡一國之生靈而培養之, 猶懼不興, 況廢其八九哉. 小民其棄者也, 中人其棄者也. 西關北關

이는 신분제도 개혁안이다. 출신성분과 지역, 귀천과 당색을 구별하지 말고 인재를 등용하라는 것은 만민평등론으로 "澤萬民"이자 상생론이다. 또한 「서얼론」에서는, 비록 서얼이라도 유능한 인재라면 臺諫 벼슬도 작은 것이니 반드시 정승을 시켜야 옳다고 하였다.[29]

이와 같이 다산의 사회시를 비롯한 시문에는 금수초목은 물론 인간과 인간이 차별을 받지 않고 공존하며 화평하게 삶을 살아가 한다는 상생론을 전개하였다. 그는 자신이 입론한 "澤萬民 育萬物"의 정신을 시문에 구현하였기에 그의 문학은 생시는 물론 사후에도 經世的인 문학으로 평가받고 있다.

4. 결 론

한문학에서 생태론과 상생론을 찾을 수 있는 시문은 많

其棄者也, 海西松京沁都其棄者也. 關東湖南之半其棄者也, 庶孼其棄者也, 北人南人, 其不棄者而猶棄者也. 其不棄之者, 唯閥閱數十家已矣. 而其中因事見棄者亦多. …… 何天地之聚會其精神, 山川之亭毒其液也, 必鍾之於數十家之産, 而以其穢濁之氣, 揷于其餘哉. 以其所生之地而棄之歟. …… 太上東西南北, 無所障礙, 遐邇貴賤, 無所揀擇, 如中國之法可也."

29) 『전서』, 「庶孼論」, I-12, 9a, p.244. "臺諫其小者也, 必相而后可者也."

다. 韓愈가 입론한 바와 같이 성인은 천하만물을 “一視而同仁 篤近而擧遠”한 것처럼, 우리 인간들은 人道를 지켜 이적과 금수에게 주인이 된 도리를 다하여 그들과 相生(Win-Win)해야 하는 존재이다. 그러나 인간들의 무한한 욕망으로 인하여 봉건사회에서는 물론 오늘의 21세기에도 천지만물과의 조화로운 삶과 인간과 인간과의 더불어 사는 상생의 삶이 제대로 이루지지 않고 있다.

다산은 “마음속에 항상 만백성을 윤택하게 하고 모든 사물을 기르려는 마음”, 즉 “澤萬民 育萬物”이 문학의 사명이라고 하고 이를 자신의 문학에 실천하였다. 그는 자신의 삶과 운명을 개척하여 더욱 나은 세계로 上昇하려는 것이 아니라 오로지 천명에 순응하며 자연과 조화롭게 삶을 영위하였다.

다산이 金井에 있는 九峰山을 발로 차서 엎어버리려 한 것을 부끄럽게 여기고 사과하는 시를 쓴 것처럼 자연의 일부인 구봉산을 인간과 같은 生命體이자 人格體로 인식하였다. 이러한 세계관은 우주 만물을 ‘서로 화합하는 유기적 총체’로 이해한 것으로 상생론의 문학적 실현이다.

다산의 시문에서 초목금수는 물론 인간과 인간에 대한 사랑과 더불어 사는 삶을 志向한 것은 상생의 삶을 문학으로도 이룩한 것이다. 그래서 그의 문학은 匡濟一世에 기여한 經世的인 문학으로 평가받고 있는 것이다.

제3부

茶山의 流刑地 현실과 꿈

茶山의 流刑地에서의 자식교육과 꿈

茶山의 「和蘇長公東坡八首」의 애잔한 꿈

茶山이 본 康津의 인심과 풍속

茶山의 流刑地에서의 자식교육과 꿈

1. 서 론

자식의 교육 문제는 모든 부모에게 영원한 화두로서 슬기롭게 풀어야 할 숙제이다. 그 어느 누구도 이 숙제에 자유로울 수가 없다. 시공을 초월하여 모든 부모들은 자식교육에 온갖 정성과 노력을 경주해 왔고, 앞으로도 영원히 지속될 것이다. 우리 인류가 지금까지 생존할 수 있고 현재와 같은 문화를 향유할 수 있는 것은 모두가 부모들의 치열한 교육열의 결과이다.

茶山 丁若鏞(1762-1836)은 5백년 조선왕조를 빛낸 善鳴者이다. 그는 18년간의 고난에 찬 유배생활을 하면서도, 민초들이 겪는 고초를 자아의 것으로 동일시하면서 낡고 병

든 나라를 개혁하여 새로운 조선을 만들고자 치열하게 善鳴하였다.[1] 우리는 그의 선명을 茶山學이라고 한다. 다산학에는 교육도 포함되어 있다. 그는 유배의 역경 속에서도 많은 제자들을 양성한 훌륭한 교육자이기도 하다.[2] 그러나 다산과 같은 석학에게도 자녀교육 문제는 쉬운 일이 아니었다. 특히 유배지에서 머나먼 고향에 있는 자식을 교육시키는 일은 보통 일이 아니었다.

다산이 열악한 유배지에서 고향에 있는 자식들을 어떻게 원격교육을 하였고 교육한 내용이 무엇인가를 조명하는 것은 그의 가정교육 세계를 이해하고, 또한 풍요로운 시대를 사는 이 시대 부모들의 자녀교육에 도움이 될 것이다. 다산이 유형지에서 아들에게 보낸 書簡과 家誡를 중심으로 ① 폐족의 생존방법 교육, ② 실용경제 교육 내용, ③ 자신의 학문 傳承과 후일을 위하여 학문에 정진할 것을 교육한 내용에 主眼하여 살펴보기로 한다.

---

1) 金相洪, 『다산 문학의 재조명』, 단국대학교출판부, 2003. p.251.

2) 이을호, 「전남 강진에 남긴 茶信契節目考」, 『湖南文化硏究』 제1집, 전남대학교, 1963.
임형택, 「정약용의 강진 流配時期의 교육활동과 그 성과」, 『韓國漢文學硏究』 제21집, 한국한문학회, 1998.

2. 폐족생존 교육

다산은 洪和輔(1725-1791)[3]의 딸 豊山洪氏(1761-1838)와 결혼하여 6남 3녀를 낳았으나 4남 2녀가 요절하여 2남 1녀만 성장하였다.[4] 다산은 살아남은 자식에 대한 깊은 사랑과 기대와 꿈이 컸다. 그러나 자신의 유배로 인하여 자식들이 벼슬길에 오를 수 없는 폐족이 되었다. 폐족은 조상이 범한 중죄로 인하여 그 자손이 벼슬을 할 수 없게 된 집안을 뜻한다.

다산은 1801년 신유사옥으로 형제가 一死二謫의 참화를 입었다. 셋째 형 丁若鍾은 참수되고, 다산과 둘째형 丁若銓은 유배된다. 당시 다산은 40세였고, 장남 丁學淵(1783-1859)은 18세로 지금의 고등학교 3학년에, 차남 丁學游(1786-1855)는 15세로 중학교 3학년생에 해당하는 나이였다. 그리고 후일 尹昌謨(1795-1856)에게 시집간 딸(1793-?)은 당시 9세로 초등학교 3학년의 나이였다.

이렇게 다산의 자녀들은 하루아침에 가문이 몰락하여 숙부가 참형을 당하고 아버지와 仲父가 유배되는 참극을 만났다. 이들이 겪은 엄청난 충격과 정신적 공황은 실로 지

3) 洪和輔는 武科 출신으로 함경북도 병마절도사를 역임하였다.
4) 金相洪, 「다산의 자녀 광명 연구」, 『다산 문학의 재조명』, 단국대학교출판부, 2003, pp.351-352.

대하였다. 다산은 이를 간파하고 유배지에서 자녀교육에 심혈을 기울였다. 아버지의 빈자리를 대신할 유일한 교육 방법은 편지뿐이었다. 유배지에서 아들에 대한 교육을 할 수 있는 방법은 첫째가 서간과 家誡 등을 통한 간접교육인 원격교육과, 둘째는 직접교육인 面對面 교육으로 아들을 유배지로 불러 교육하는 것이다. 그러나 유배지로 자식을 불러 직접 교육하기는 가난한 집안 사정으로 어려움이 있었다. 다산은 귀양지에서 아들에게 서간과 가계를 보내 원격교육을 철저히 하였다.

다산이 유배지에서 아들에게 보낸 편지는 모두 26통이다. 1801년 경상도 장기로 유배를 떠난 것은 2월 27일인데 두 아들에게 첫 편지를 보낸 것은 3일 만인 3월 2일이고[5] 마지막 편지는 1816년(丙子, 다산 55세) 강진에서 6월 17일에 쓴 것이다.[6] 가계는 모두 9편인데[7] 처음 쓴 것은 1808년(戊辰, 다산 47세) 4월에 쓴 것이고[8] 가장 늦게 쓴 것은

---

5) 丁若鏞, 『與猶堂全書』(景仁文化社 影印, 1970. 이하 『전서』), 「寄二兒」(辛酉三月初二日 到荷潭書), I-21, 1a, p.439.(장기 땅으로 유배 가는 도중에 忠州 加次山面 荷潭에 있는 선친의 묘소를 참배한 후 쓴 편지이다.)

6) 『전서』, 「寄二兒」(丙子六月十七日), I-21, 8a, p.442.(다산이 아들에게 보낸 서간 26통이 『전서』에는 연도순으로 수록되어 있지 않다.)

7) 가계는 1808년(戊辰)에 3편, 1810년(庚午)에 5편, 연도 미상의 「示學淵家誡」가 1편이다. 가계는 연도순으로 『전서』에 수록되어 있지 않다. 끝에 수록된 연도 미상의 「示學淵家誡」도 1810년이 쓴 것으로 추정된다.

8) 『전서』, 「示二子家誡」(嘉慶戊辰中夏 與猶病翁 書于茶山精舍), I-

1810년(庚午, 다산 49세) 9월에 다산초당 동암에서 보낸 것이다.[9] 서간이나 가계는 모두 폐족의 생존법과, 가산을 일으킬 수 있는 실용적인 경제교육, 그리고 자신의 학문을 계승하고 후일을 위해 학문에 전념하기를 염원한 내용이 주류를 이루고 있다.

다산은 자신으로 인해 폐족이 된 두 아들에게 생존 교육을 치열하게 시키면서 복권될 그날을 대비하여 서간과 가계로 원격 교육을 하였다.

첫째, 술은 나라를 망치고 가정을 파탄(亡國破家)시키는 만큼 금주할 것을 강조하였다. 다산은 차남 학유에게 보낸 편지에서, 주량이 많은 것을 걱정하였다.[10]

> 네 형이 왔기에 시험 삼아 술을 마시게 했더니, 한 잔을 마셔도 취하지 않더구나. 그래서 동생인 너의 주량은 얼마나 되느냐고 물었더니, 너는 너의 형보다 배도 넘는다고 하더구나. 어찌하여 글공부에는 이 애비의 성벽을 계승하지 않고 술만은 이 애비를 넘느냐. 이것은 좋은 소식이 아니다.[11]

18, 5a-6b, p.377.

9) 『전서』, 「又示二子家誡」(庚午菊秋　書于茶山東菴), I-18, 8a-9b, pp.378-379.

10) 이 편지를 쓴 연월일을 알 수 없다. 연월일을 알 수 있는 마지막 편지가 1816년(丙子, 다산 55세) 6월 17일에 쓴 「寄二兒」인데, 두 아들에게 보낸 편지 중 이 편지가 맨 끝에 수록된 것으로 보아 1816년 이후에 쓴 것으로 추정된다.

11) 『전서』, 「寄游兒」, I-21, 22a, p.449. "汝兄至, 試予之酒, 飮一盞不醉, 問之, 汝能倍之, 何於書不繼其父癖, 而酒戶獨跨竈也. 此非好消息."

차남 학유가 장남 학연보다 주량이 “배도 넘는” 데 대하여 다산은 실망한 나머지 “어찌하여 글공부에는 이 애비의 성벽을 계승하지 않고 술만은 이 애비를 넘느냐. 이것은 좋은 소식이 아니다”고 개탄하였다. 이어서 다산은 자신의 주량을 밝혔다.

> 나는 태어난 이래 아직까지 크게 술을 마셔 본 적이 없으나 자신의 주량을 알지 못한다. 布衣로 있을 때에 重熙堂에서 三重燒酒를 玉筆筒에 가득히 부어서 하사하시기에 사양하지 못하고 마시면서 “나는 오늘 죽었구나.” 라고 마음속에 혼자 생각했었는데, 몹시 취하지 않았었다. 또 春塘臺에서 임금님을 모시고 考劵할 때에 맛있는 술을 큰 사발로 한 그릇 하사받았는데, 그때 여러 학사들은 크게 취하여 인사불성이 되었다. 그래서 어떤 이는 남쪽으로 향하여 절을 올리기도 하고 어떤 이는 筵席에 엎어지고 누워 있고 하였지만, 나는 試劵을 다 읽고, 착오 없이 科次도 정하고 물러날 때에야 약간 취했을 뿐이었다.[12]

다산은 자신의 주량은 알 수 없다고 하였다. 과거에 합격(28세)하기 전에 중희당에서 삼중소주를 옥필통에 가득

---

12) 『전서』, 「寄游兒」, I-21, 22a, p.449. “吾生來不大飮, 不自知酒戶. 布衣時於重熙堂, 蒙賜三重燒酒, 將玉筆筒滿酌與之, 辭不獲命, 酹之心自語曰, 吾今日死矣, 旣而無甚酲. 又於春塘臺侍上考卷, 蒙賜旨酒一大碗, 爾時諸學士, 酕醄不省事. 或南向拜, 或於筵中僵臥, 而吾讀卷訖, 科次無差錯, 及退微醉而已.”

부은 하사주를 받고 "나는 오늘 죽었구나."라고 했지만 마시고 취하지 않았다고 하였다. 과거에 합격(28세)한 후 춘당대에서 하사주를 큰 사발로 마셨으나 당시 여러 학사들은 취해 인사불성이 되어 남쪽을 향해 절을 하거나 연석에서 엎어지고 누워 있었지만 자신은 과거 답안지 채점을 끝나고 물러날 때 약간 취했다고 하였다. 임금님 앞이라서 긴장이 되어 취하지 않을 수도 있었으나 다산은 술에 강한 체력이었음을 수 있다. 그러나 다산은 평소에 많이 마시지 않았다.

그렇지만 너희들은 내가 술을 반 잔 이상 마시는 것을 본 적이 있느냐. 참으로 술맛이란 입술을 적시는 데 있는 것이다. 소가 물을 마시듯 마시는 저 사람들은 입술이나 혀는 적시지도 않고 곧바로 목구멍으로 넘어가니 무슨 맛이 있겠느냐. 술의 정취는 살짝 취하는 데 있는 것이다. 저 얼굴빛이 붉은 귀신과 같고 구토를 해대고 잠에 곯아떨어지는 자들이야 무슨 정취가 있겠느냐. 요컨대 술 마시기를 좋아하는 자들은 대부분 暴死하게 된다. 술독이 오장육부에 스며들어 하루아침에 썩기 시작하면 온 몸이 무너지고 만다. 이것이 크게 두려워할 만한 점이다. 무릇 나라를 망하게 하고 가정을 파탄하는 흉패한 행동은 모두 술로 말미암아 비롯된다. 그러므로 옛날에는 觚라는 술잔을 만들어 절제하였다. 후세에서는 그 고라는 술잔을 사용하면서도 능히 절제하지 않으므로 공자는 "고라는 술잔을 사용하면서도 주량을 조절하지 못한다면 고라고 할 수 있겠는가."라고 말씀하셨던 것이다. 너처럼 배우지 못하고 식견이 좁은 폐족의 한 사람으로서 못된 술주정뱅이라는 이름이 더 붙게 된다면 앞으로 어떤 등급의 사람이 되겠느냐. 경계하여 절대로 입에 가까이 하지 말아서, 제발 天涯一角에 있는 이 애처로운 애비의 말을 따르도록 하여라. 술로 인한 병은 등창이 되기도 하며, 腦疽・痔漏・황달 등 별별스런 기괴한 병이 있는데, 이러한 병이 일어나게 되면 백약이 효험이 없게 된다. 너에게 빌고 비노니, 술을 입에서 끊고 마시지 말도록 하여라.13)

다산은 "내가 술을 반 잔 이상 마시는 것을 본 적이 있느냐"고 반문한 후 "술맛이란 입술을 적시는 데 있는 것"이고 "술의 정취는 살짝 취하는 데 있다"고 하였다. 술을 좋아하는 자는 대부분 暴死하는 만큼, 술은 나라를 망하게 하고 가정을 파탄(亡國破家)시킨다고 하였다.

또한 술은 등창・腦疽(뇌졸증)・痔漏(치질의 일종)・황달 등을 유발시키는 만큼 이런 병이 생기면 백약이 무효라고 하였다. 폐족으로 못된 술주정뱅이라는 이름이 더 붙게 된다면 앞으로 어떤 등급의 사람이 되겠느냐면서 술을 끊으

---

13) 『전서』, 「寄游兒」, I-21, 22ab, p.449. "然汝曹嘗見吾飮酒過半盞時乎. 誠以酒之味在沾脣. 彼牛飮者, 酒未嘗沾脣漬舌, 而直達于喉嚨, 有何味也. 酒之趣, 在於微醺. 彼面如朱鬼, 吐惡物困睡者, 有何趣也. 要之好飮者, 其病多暴死. 以酒毒浸潤臟府, 一朝腐爛, 便連身偃壞耳. 此大可畏. 凡亡國破家兇悖之行, 皆由酒出. 故古者製觚以節之. 後或用觚而不能節, 故孔子曰, 觚不觚, 觚哉觚哉, 以汝之不學寡識廢族之人, 而添之以酒妄之名, 將成何品人耶. 戒之絶勿近口, 以遵此天涯惻怛之言也. 酒病之發, 爲發背 爲腦疽, 爲痔漏黃疸, 種種奇怪, 一出百藥不效. 乞汝乞汝, 其絶口勿飮."

라고 하였다. 유배된 이 애처로운 애비의 말을 따르라면서 "빌고 비노니, 술을 입에서 끊고 마시지 말도록 하라."고 애절하게 당부하였다.14)

둘째, 폐족일수록 학문에 더욱 매진할 것을 강조하였다. 다산은 자신의 유배로 인하여 자식들이 폐족이 된데 대하여 심한 부담을 느꼈다. 강진으로 移配(1801. 11)된 이듬해 2월 7일에 쓴 편지를 먼저 보자.

> 폐족으로서 글을 배우지 않고 예의가 없다면 어찌하겠느냐. 모름지기 보통사람보다 백 배의 공력을 더하여야 겨우 사람 축에 들게 될 것이다. 나는 고생이 매우 많다. 그러나 너희들이 책을 읽고 몸가짐을 잘한다는 말을 들으면 이로써 근심이 없어진다. 伯兒는 아무쪼록 4월에 말(馬)을 사서 타고 오게 하여라. 그러나 헤어질 것을 생각하니 벌써부터 마음이 괴롭구나.(임술, 1802, 2월 7일)15)

두 아들에게 폐족은 일반인보다 백 배의 공력을 기울여 학문에 정진해야만 사람 축에 들 수 있고 독서를 하고 처신을 잘한다는 말을 들어야만 근심이 없어진다고 독려하였

14) 장남 정학연(1783-1859)은 76세를 살았고, 술이 형보다 배가 쎄었던 차남 정학유(1786-1855)는 69세로 운명하였다. 차남이 형보다 일찍 세상을 뜬 원인을 알 수 없으나 아마 과음이 원인의 하나일지도 모른다.

15) 『전서』, 「答二兒」(以下康津謫中書), I-21, 2a, p.439. "廢族而不文無禮, 尤當如何. 比凡人須加百倍之功, 纔得數作人類耳. 吾苦狀甚多. 然聞汝輩能讀書飭躬, 斯無憂耳. 伯兒須於四月旬後買馬騎來. 然別懷預關此心耳."(壬戌二月七日)

다. 또한 큰아들(伯兒) 학연은 말(馬)을 사서 타고 강진으로 오라고 한 후, 헤어질 것을 생각하니 벌써부터 마음이 괴롭다고 한 것은 애틋한 父情이다.

다산은 폐족일수록 학문에 정진해야만 결혼도 할 수 있고 禽獸를 면할 수 있는 만큼 經傳을 읽는 자손이 끊어지지 않기를 간절히 염원하였다.

> 내가 너희들의 志趣를 보니, 문자를 폐지하려고 하는 것 같은데, 참으로 하나의 비천한 甿隷가 되려고 그러느냐? 淸族일 때는 문자를 하지 않아도 혼인도 할 수 있고 군역도 면할 수 있거니와, 폐족이 되어서 문자를 하지 않는다면 어떻게 되겠느냐. 문자는 그래도 여사에 속하거니와, 학문을 하지 않고 예의가 없으면 금수와 다를 것이 있겠느냐. 폐족 중에 왕왕 奇才들이 많은데, 이는 다름이 아니라 과거 공부에 얽매이지 않기 때문에 그러한 것이니, 절대로 과거에 응시할 수 없다 하여 스스로 좌절되지 말고 經傳에 힘과 마음을 써서 책 읽는 자손이 끊어지지 않게 하기를 간절히 빌고 빈다. 내가 입고 있는 옷은 지난해 10월 1일에 입은 것이니, 어찌 견딜 수 있겠느냐.(2월 17일)[16)]

---

16) 『전서』, 「答二兒」(以下康津謫中書), I-21, 2a, p.439. "吾觀汝曹志趣, 似欲遂廢文字, 眞箇欲作甿隷之賤耶. 淸族時雖不文, 可以爲姻聯, 可以免軍役, 廢族而不文, 當何如耶. 文猶餘事, 不學無禮, 去禽獸幾何. 廢族往往多奇才, 此無他不爲科擧所累而然, 切勿以不赴科自沮, 劬心經傳, 無使讀書種子隨絶, 懇乞懇乞. 吾所著衣, 乃去年十月初一日所服, 豈可堪耶."(二月十七日)

위의 "내가 입고 있는 옷은 지난해 10월 1일에 입은 것이니, 어찌 견딜 수 있겠느냐."의 구절에서 우리는 유배객 다산의 시리고 아린 곤궁함을 알 수 있다.17) 다산은 장기현에서 서울로 압송되기 전인 1801년 10월 1일에 입은 옷을 이 편지를 쓰던 1802년 2월 17일까지 무려 4개월 17일 동안 입고 있었으니, 그 고단함이 눈물겹다.

셋째, 復權될 날을 대비하여 서울의 10리 안에서 거주할 것을 강조하였다. 다산은 일차적으로 폐족이 되어 집안이 몰락하였으나 두 아들이 고향을 지키며 집안을 일으키기를 염원하였다.

> 우리 집안의 마현도 역시 그러하니 비록 전답이 무척 귀하고 水利와 땔감 구하기가 불편하긴 하지만 차마 쉽게 떠날 수 없는 곳이다. 더구나 요즘 喪亂을 당한 뒤이겠는냐? 참으로 재간이 있다면 이곳에서도 가업을 일으킬 수 있지만 게으르고 사치스러운 습관을 고치지 않는다면 아무리 기름진 곳에 살더라도 배고픔과 추위를 면하지 못할 것이니, 옛 터전을 굳게 지켜야 한다.18)

---

17) 다산은 신유사옥으로 1801년 2월 9일 감옥에 들어가 죽음을 면하고 2월 27일 경상도 장기현으로 유배를 떠나 3월 9일 장기현 마산리에 도착한다. 조카사위 황사영 백서사건으로 그 해 10월 20일 장기 유배지에 체포되어 서울로 압송되어 27일 수감된다. 11월 5일 출옥되어 강진으로 다산은 유배된다.(김상홍, 『다산 정약용 문학연구』, 단국대학교출판부, 1985, pp.433-434. 참조)

18) 『전서』, 「又示二子家誡」, I-18, 9ab, p.379. "我家之馬峴亦然, 雖田疇絶貴, 水火不便, 不忍便離. 矧今喪亂之餘哉. 苟有材幹, 此地亦足起家, 若怠侈不悛, 雖廬於腴地, 不免飢凍, 堅守故基可也."

다산은 향리 마현은 전답이 귀하고 수리와 땔감이 귀해 불편한 곳이지만 쉽게 떠날 수 없다고 하였다. 이런 열악한 지역에서도 재간만 있으면 가업을 일으킬 수 있으니 사치와 나태함을 버리고 향리를 지킬 것을 당부하였다.

한편 사대부의 家法은 벼슬길에 나갔을 때에는 빨리 높직한 산언덕에 셋집을 내어 살면서 處士의 본색을 잃지 말아야 하고, 만약 벼슬에서 떨어지게 되면 빨리 서울에 의탁해 살 자리를 정하여 文華의 안목을 떨어뜨리지 말라고 한 후 이렇게 교육하였다.

> 나는 지금 이름이 죄인의 명부에 적혀 있으므로 너희들에게 우선은 시골집에서 숨어 지내도록 하였다만, 뒷날의 계획은 오직 서울의 십 리 안에서 거처하는 것이다. 만약 가세가 쇠락하여 도성으로 깊이 들어가 살 수 없다면 모름지기 잠시 근교에 머무르며 과수를 심고 채소를 가꾸어 생계를 유지하다가 재산이 좀 넉넉해지기를 기다려 도심의 중앙으로 들어가더라도 늦지는 않을 것이다.[19]

지금은 고향을 지키되 반드시 경제를 일으켜서 후일에는 서울의 10리 안에 가서 살아야 한다고 하였다. 이를 보면

19) 『전서』, 「示二子家誡」, I-18, 7b-8a, p.378. "吾今, 名在罪籍, 使汝曹姑遯田廬, 至於日後之計, 唯王城十里之內, 可以爰處. 若家力衰落, 不能深入, 須暫止近郊, 蒔果種菜, 以圖生活, 待資賄稍贍, 便入市朝之中, 未爲晩也."

자식들이 시골에서 안주하여 촌구석에 묻혀버릴까 염려한 것이다.

넷째, 科擧 준비와 함께 경제에 관심을 가질 것을 강조하였다. 다산은 복권되어 아들과 손자가 과거에 급제하여 벼슬에 오르기를 꿈꾸었다.

> 옛날부터 화를 당한 집안의 자손들은 반드시 놀란 새가 높이 날고 놀란 짐승이 멀리 도망하듯이 도망하여 더 멀고 깊은 곳으로 들어가지 못할까 걱정하였는데, 이렇게 하면 결국 노루나 토끼처럼 되어버리고 말 뿐이다. 대체로 부귀한 집안의 자식들은 재난이 화급한데도 아무런 걱정이 없는 반면에 몰락하여 버림받은 집의 가족들은 태평한 세상인데도 언제나 걱정이 있는 것처럼 말을 하는데, 이는 그들이 그늘진 벼랑이나 깊숙한 골짜기에 살다보니 햇볕을 보지 못하고 함께 지내는 사람들도 모두가 버림받고 벼슬길이 막혀 원망하고 지내는 부류들이기 때문이다. 그러므로 듣는 것이라고는 모두 迂闊하고 虛誕하고 편벽되고 비루한 이야기들뿐이니 이것이 바로 영원히 가버리고 돌아보지 않게 되는 이유이다. 진실로 너희들에게 바라노니, 항상 심기를 화평하게 가져 當路한 사람들과 다름없이 하라. 그리하여 아들이나 손자의 세대에 가서는 科擧에도 마음을 두고 경제에도 정신을 기울일 수 있도록 해야 한다. 하늘의 이치는 돌고 도는 것이라서, 한 번 쓰러졌다 하여 결코 일어나지 못하는 것은 아니다. 만약 하루아침의 분노를 견디지 못하고 서둘러 먼 시골로 이사가 버리는 사람은 천한 무지렁이로 끝나고 말 뿐이다.[20)]

다산은 언제인가는 복권이 되어 폐족의 굴레를 벗고 아들과 손자가 과거에 응시할 수 있다는 꿈이 있었다. 세상사는 돌고 도는 것이기에 한번 쓰러졌다고 다시는 일어나지 못하라는 법은 없다는 것이다. 그러므로 폐족이 된 분노를 참지 못하고 먼 시골로 가버리면 미천한 백성이 되어 회복할 수 없기 때문에 반대하였다.

다산은 유배 7년째가 되던 1807년(정묘, 46세)에 쓴 시에서 다음과 같이 격려하였다.

집안의 흥망이란 굴러가는 바퀴 같은 것
연장 갖춘 후 때 기다리면 쓰일 날 왜 없겠나

문자만 잘 익혀서 사해를 밝게 하라
구속된 삶도 고관대작도 그 모두가 꿈이란다

人家廢興如轉輪　藏器待時那無用
但令文字照四海　桎梏軒冕都如夢[21]

20) 『전서』, 「示二子家誡」, I-18, 8a, p.378. "自古禍家餘生, 必高翔遠遯, 唯恐入山之不深, 究也爲麕爲兎焉而已. 大凡富貴薰濃之家, 菑難然眉, 而晏然無愁, 落拓擯棄之族, 太平洋溢, 而常云有憂, 蓋其陰厓幽谷, 不見陽氣, 所與游者皆廢枳뙇怨之類. 故所聞皆迂誕辟陋之譚, 玆所以長往而弗顧也. 誠願汝等常令心氣和平, 不異當路之人. 及至兒孫之世, 得存心科擧, 留神經濟. 天理循環, 不必一踣而不起也. 若不勝一朝之忿, 勃然流徙者, 終於甿隷而已矣."(嘉慶庚午首秋,書于茶山東庵)
21) 『전서』, 「和寄諸子姪韻」(寄子姪), I-5, 21a, p.89.

집안의 흥망은 굴러가는 수레바퀴와 같은 것이라서 실력을 갖추어 놓으면 반드시 쓰일 날이 있다고 격려한 것은, 어떠한 경우라도 희망과 꿈을 버리지 않도록 교육한 것이다.

다섯째, 폐족 이전보다 훌륭한 가문으로 中興시킬 것을 요구하였다. 다산은 자식들이 학문에 정진하여 폐족의 처지를 슬기롭게 대처하여 폐족 이전의 가문보다 더 훌륭한 가문으로 부흥되기를 기대하였다. 그 방법은 독서뿐이라고 하여 학문에 전념하기를 거듭 강조한다.

> 너는 지금 폐족인데 만일 그 폐족의 처지를 잘 대처해서 본래의 가문보다 더 完好하게 한다면, 또한 기특하고 아름다운 일이 아니겠느냐. 그 폐족의 처지를 잘 대처한다 함은 무엇을 두고 하는 말인가. 그것은 오직 독서하는 것 한 가지뿐이다. 이 독서야말로 인간의 제일가는 깨끗한 일(淸事)로서 호사스런 부호가의 자제는 그 맛을 알 수 없고 또한 궁벽한 시골의 수재들도 그 오묘한 이치를 알 수 없다. 오직 벼슬아치 집안의 자제로서 어려서부터 듣고 본 바가 있고 중년에 재난을 만나 너희들 처지와 같은 자라야 비로소 독서를 할 수 있는 것이다. 이는 저들이 독서를 하지 못한다는 것이 아니라, 뜻도 모르고 그냥 읽기만 하는 것은 독서라고 이름할 수 없기 때문이다. 三代 이상 경험이 없는 의원에게서는 그 약을 복용하지 않는다 하였으니, 문장 또한 그러하다. 반드시 대대로 글을 하는 집안이라야 문장에 능할 수 있는 것이다.[22]

---

22) 『전서』, 「寄二兒」(壬戌十二月二十二日 康津謫中), I-21, 3a, p.440.

위의 편지를 강진에서 쓴 것이 1802년(壬戌) 12월 22일인데, 폐족이 된지 1년 10개월여이고, 당시에 장남 학연은 19세이고 차남 학유는 16세이다. 폐족이 되기 전의 가문보다 더 完好한 가문으로 만들기에는 아직 어린 나이이다. 그러나 자식들에게 이를 요구하였다. 이 편지를 받고 두 아들은 큰 스트레스를 받았을 것이다.

> 내가 지난번에도 누차 말하였다마는 淸族은 비록 독서를 하지 않는다 할지라도 저절로 존경을 받게 되지만, 폐족이 되어 학문을 힘쓰지 않는다면 더욱 가증스럽지 않겠느냐. 다른 사람들이 천시하고 세상에서 비루하게 여기는 것도 슬픈데, 지금 너희들은 스스로 자신을 천시하고 비루하게 여기고 있으니, 이는 너희들 스스로가 비통함을 만들고 있는 것이다.[23]

양반인 淸族은 독서를 하지 않아도 존경을 받지만, 폐족은 학문에 전념하지 않으면 사람들이 천시하고 鄙陋하게 여기니 독서를 하지 않는 것은 스스로 비통한 처지로 만드

"汝今廢族, 若因其廢而善處之, 得完好勝初. 則不亦奇且善乎. 何謂因其廢而善處之. 唯讀書一事是已. 讀書是人間第一件淸事, 不許綺紈子弟知味, 又不許章茅村秀才窺閫奧. 必也以仕宦家子弟, 弱歲有聞見, 中歲遭罹如汝輩者, 方可讀書. 非謂彼不能讀, 徒讀不名讀耳. 醫不三世, 不服其藥, 文章亦然. 必世而後能焉."

23) 『전서』, 「寄二兒」(壬戌十二月二十二日 康津謫中), I-21, 4a, p.440. "吾前亦屢言之矣, 淸族雖不讀書, 亦自在尊重, 廢族而鹵莽, 不尤可憎耶. 人賤之世鄙之, 已自可悲, 今汝輩又自賤之自鄙之, 是自作可悲耳."

는 일이라 하였다. 비록 폐족이 되었지만 두 아들이 힘껏 노력하여 자기 집안이 30년 전의 옛 모습을 보존될 수 있기를 기대하였다. 자식에 대한 기대는 끝이 없다.

> 지금 우리 집안은 폐족이 되었고 여러 일가들은 모두 우리보다 더 쇠잔하다. 그러므로 옛날에 우러러볼 만했던 풍류나 문장은 모두 삭막해졌다. 그러나 "우리 집안은 본래 이러하였다"고 말할 수 있다. 너희들은 반드시 모두를 따라서 법으로 삼을 수는 없으나 그 끝을 보고서 그 뿌리를 헤아리며 흐름을 보고서 근원을 찾는다면 그 실정을 살필 수 있을 것이니, 너희들이 힘껏 만회해서 30년 전의 옛 모습을 보존한다면 너희들은 참으로 효자·慈孫이라 할 수 있을 것이다.24)

폐족으로서 30년 전의 가문으로 만회시킨다는 것은 쉬운 일이 아님을 다산이 모를 리가 없다. 그만큼 자식들에 대한 기대와 꿈은 컸다. 다산은 30년 전의 가문으로 회복시키는 효자와 효손을 기다렸다. 다산이 지향한 현실 속의 유토피아가 1803년 정월 초하루 날에 두 아들에게 쓴 다음 편지에 구체적으로 나타나 있다.

> 내가 유배에서 풀려나 수년간 살 수 있다면, 너희들로 하여

---

24) 『전서』, 「寄兩兒」, I-21, 17b, p.447. "今吾門廢矣, 而諸宗皆益衰矣. 舊日風流文采之可瞻可仰者, 都已索漠. 而猶云吾家本來如此. 汝曹必不能步趨爲法, 然觀其末而揣其本, 涉其流而泝其源, 有可以察其情實者, 汝曹須勠力挽回, 以存三十年前舊觀, 則汝曹眞可謂孝子慈孫."

> 금 몸을 닦고 행동을 가다듬어 효도와 공경을 숭상하고 화목을 일으켜서 경사를 연구하고 시예를 담론할 것이다. 서가에 삼사천 권의 책을 꽂아놓고 1년을 지탱할 만한 양식이 있으며, 원포에 뽕나무, 삼, 채소, 과일, 꽃과 약초들을 심어 질서정연하게 있어 그 그늘을 즐길 것이다. 마루에 올라 방에 들어가면 거문고 하나와 투호 1구와 붓과 벼루와 책상이 있고 도서를 보면서 雅潔함을 즐길 것이다. 그리고 때때로 손님이 찾아오면 닭을 잡고 생선회를 만들어서 탁주와 좋은 나물 안주에 흔연히 한번 배불리 먹고 서로 더불어 고금을 논한다면 비록 폐족이라 할지라도 장차 안목이 있는 사람들이 흠모할 것이다. 이렇게 1년이 가고 2년이 가 세월이 점점 흘러가다 보면 중흥하지 않겠느냐. 너희들은 이를 생각하라. 너희들은 이를 생각하라. 차마 이것을 하지 않으려느냐?[25]

"내가 유배에서 풀려나 수년간 살 수 있다면"이라고 가정한 것이지만, 다산이 꿈꾸던 전원 속에서의 유토피아이다. 그의 꿈은 ① 자식들이 효제를 숭상하고 돈목을 일으키고 경사를 연구하고 詩禮를 담론하며, ② 서가에는 3-4천 권의 책이 있고, ③ 1년 먹을 양식이 있으며, ④ 뽕나무, 삼, 채소, 과일, 꽃과 약초들을 심어 그늘을 즐기고, ⑤ 방에는

---

25) 『전서』, 「寄兩兒」, I-21, 13b-14a, pp.445. "使我而得數年間赦還, 使汝輩而能飭躬礪行, 崇孝弟, 風敦睦, 硏窮經史, 談論詩禮. 揷架書三四千卷, 粟可支一年, 園圃桑麻蔬果花卉藥草之植, 位置井井, 蔭翳可悅. 上其堂, 入其室, 有琴一張, 投壺一口, 筆硯几案, 圖書之觀, 雅潔可喜, 而時有客至, 能殺雞切膾, 濁酒嘉蔬, 欣然一飽, 相與揚扢古今, 則雖曰廢族, 亦將爲具眼人所豔慕. 一年二年, 水雲點邈, 有如是而不中興者乎. 汝其思之, 汝其思之, 忍而不爲是耶."

거문고와 투호와 붓과 벼루와 책상이 있고, ⑥ 책을 읽으면서 雅潔함을 즐기며, ⑦ 손님이 오면 닭 잡고 생선회와 탁주와 나물 안주를 배불리 먹고 함께 고금을 논한다면 비록 폐족이라도 남들로부터 흠모를 받는 것이었고, ⑧ 이런 생활이 1년이 가고 2년이 가서 세월이 흘러가면 언젠가는 가문이 "중흥"된다는 것이다.

비록 유배에서 풀려난 후의 꿈이었으나, 그가 전원 속에서 찾으려한 꿈은 소박하기 그지없다. 이처럼 다산은 유배의 역경 속에서도 내일(후일)에 희망을 걸고 폐족의 가문이 중흥되기를 염원한 현실주의자였다.

> 지금 너희 종형제가 5-6명이나 되니, 내가 만일 하늘의 은혜를 입어 살아서 고향으로 돌아가게 된다면 오직 5-6명을 가르치고 훈계해서 모두 효제를 근본으로 삼게 하고, 또 經史와 禮樂, 兵農과 의약의 이치를 꿰뚫게 하여 4-5년이 지나지 않아 찬란한 문채를 볼 만하게 할 수 있을 것이다. 우리 집안이 비록 폐족은 면할 수 없더라도 詩·禮의 가르침은 거의 징험할 수 있을 것이니, 이점이 내가 밤낮으로 북쪽 하늘을 바라보며 반드시 일찍 돌아가고자 하는 이유이다.[26)]

다산은 유형지에서 살아서 고향에 돌아간다면, 비록 폐

---

26) 『전서』, 「寄兩兒」, I-21, 12ab, p.444. "今汝從昆弟猶爲五六人, 吾若得荷天恩, 生還故土, 則唯五六人, 是敎是訓, 皆使之本之孝弟, 而又能貫穿經史禮樂兵農醫藥之理, 庶幾不出四五年, 斐然可觀. 雖不免爲廢族, 而詩禮之敎, 庶乎其有徵, 此吾所以晨夕北望, 必欲其早還者也."

족이지만 두 아들과 조카들이 효제를 실천하고 經史와 禮樂과 兵農과 醫藥에 능통하도록 4-5년간 교육시켜 찬란한 문채가 있는 집안으로 만들겠다는 꿈을 갖고 있었다.

여섯째, 폐족도 성인과 문장가와 훌륭한 선비가 될 수 있다고 독려하였다. 다산은 폐족이라고 모든 것을 포기하고 좌절의 늪에서 헤매지 말고 학문에 정진할 것을 간곡하게 당부하였다. 폐족은 오직 벼슬길만 막혀 있을 뿐, 폐족으로서 노력하면 聖人과 문장가와 진리를 통달한 선비도 될 수 있다고 하였다.

> 너희들은 집에 책이 없느냐. 재주가 없느냐. 눈과 귀가 총명하지 못하느냐. 무엇 때문에 스스로 포기하려 드는 것이냐. 폐족이라고 생각하기 때문이냐. 폐족은 오직 벼슬길에만 꺼리는 자가 있을 뿐, 폐족으로서 성인이 되고 문장가가 되고 진리를 통달한 선비가 되기에는 아무런 거리낌이 없는 것이다. 거리낌이 없을 뿐만 아니라 도리어 크게 나은 점이 있으니, 그것은 科擧의 누가 없고, 또 빈곤하고 窮約한 고통이 心志를 단련시키고 知慮를 개발해서 인정과 物態의 진실과 거짓을 두루 알 수 있게 하기 때문이다. 그런 까닭에 선배에 율곡 같으신 분은 어버이에게 사랑을 받지 못하고 괴로움으로 몇 해를 방황하다가 마침내 한번 돌이켜 道에 이르렀으며, 또한 우리 愚潭(丁時翰의 호) 선생도 세상의 배척을 받고서 더욱 그 덕이 진보되었으며, 성호(李瀷)께서도 집안에 화를 당한 뒤로 이름난 유학자가 되었으니, 그 분들이 탁월하게 수립한 것은 권세를 잡은 부호가의 자제들이 미칠 수 있는 바가 아니다. 이것

은 너희도 일찍부터 들어오지 않았느냐.

폐족 중에 재주 있고 걸출한 선비가 많은데, 이는 하늘이 폐족에게 재주 있는 사람을 내어 폐족을 후대하는 것이 아니라 영달하려는 마음이 학문하려는 마음을 가리지 않으므로 책을 읽고 이치를 연구하여 능히 진면목과 참다운 골수를 알 수 있기 때문인 것이다. 평민으로서 학문을 하지 않는 자는 다만 용렬한 사람이 될 뿐이지만, 폐족으로서 학문을 하지 않으면 마침내는 悖戾하고 비루하여 가까이할 수 없는 자가 되어 세상의 버림을 받게 된다. 혼인길이 막혀서 천민에게 장가들고 시집가게 될 것이요, 한두 代가 지나 물고기 입이나 강아지의 이마를 한 자녀가 나오게 된다면, 그 집안은 영영 끝장나는 것이다.[27)]

폐족이 되어 학문을 하지 않으면 세상의 버림을 받게 되고 혼인길이 막혀서 천민에게 장가들고 시집가게 될 것이요, 한두 代가 지나가면 "물고기 입이나 강아지의 이마를

---

27) 『전서』, 「寄兩兒」(癸亥元日), I-21, 13b, p.445. "家無書乎. 身無才乎. 耳目不聰明乎. 何故欲自暴而自棄耶. 以爲廢族耶. 廢族唯於科宦有忌耳. 以之爲聖人無忌也. 以之爲無文章無忌也. 以之爲通識達理之士無忌也. 不唯無忌, 抑大有勝焉. 以無科擧之累, 而貧困窮約之苦, 又有以鍛鍊其心志, 開摭其知慮, 而周知仁情物態誠僞之所形也. 故先輩如栗谷, 以不得於親, 以困蹇數年, 遂一反至道, 亦我愚潭先生, 爲世所擯, 而彌進其德, 星湖自禍家而爲名儒, 皆卓然樹立, 非當路綺紈子弟之所能及. 汝亦嘗聞之乎. 廢族多才傑之士, 非天之生才, 而厚於廢族也, 以無榮達之心爲之遮蔽, 故讀書窮理, 能得眞面目正骨髓也. 平民而不學者, 特爲庸劣人而已, 廢族而不學, 遂爲悖戾鄙穢不可近之物, 爲世所棄. 婚姻不通, 而嫁娶及於賤流, 一傳而有魚吻犬顙之子出焉, 則家遂不可聞矣.

한 자녀가 나오게 된다면, 그 집안은 영영 끝장나는 것이다."라고 하였다. 이는 가문의 쇠락을 막기 위해서 학문을 하라고 간곡하게 호소한 것이다.

다산은 비록 자식들이 폐족이 되었으나 학문으로 폐족의 비애를 극복할 수 있다고 서간과 가계에서 누누이 강조하였다. 폐족도 학문을 하면 후일에 반드시 가문을 부흥시킬 수 있다고 아들에게 확신을 심어주기 위해 치열하게 유배지에서 원격교육을 지속하였다.

3. 실용경제 교육

다산은 11년간 벼슬을 하였으나 너무 가난하였다. 1805년(을축, 다산 44세) 장남 학연(당시 22세)이 겨울에 강진 유배지로 찾아왔을 때 쓴 시를 보면 집안의 가난이 절절하게 묻어 있다. 아들의 초라한 행색을 보고 차마 집안 소식을 묻지 못하고 우물우물 시간을 끌다가, 아들이 금년에 마늘 농사가 잘되어 이를 팔아 노자를 삼아 찾아왔다는 말을 듣고 처절하여(悽切復悽切) 화제를 돌렸다.(且置起他辭)[28] 아들이 찾아온 기쁨은 잠시였다. 유배지를 찾아온 아들의 숙식을 해결할 수 없는 다산은 아들의 손을 잡고 찬바람이 부는 산을 올라가 寶恩山房에 가서 스님에게 애

28) 『전서』, 「學稼來携至寶恩山房有作」, I-5, 12b, p.84.

결하여 방한 칸을 빌러 겨울을 지낸다. 이때 아들에게 『주역』과 『예기』를 가르쳤다. 당시 아들과 문답한 것을 기록한 것이 『僧庵問答』이다.

인생은 약한 풀과 같은 데
하물며 너무 늙고 쇠약하누나

풀 위의 이슬은 아침 해 뜨면 마르나니
이 뜻을 누가 있어 알 것인가

내 지금 너에게 책을 주어 읽게 하니
돌아가 네 아우의 스승이 되라

人生如弱艸　況乃劇衰疲　艸露一朝晞　此意知者誰
吾今授汝讀　歸爲汝弟師[29]

다산은 유배지에서 고난에 찬 삶을 살면서도 자식교육에 심혈을 기우리며 희망을 잃지 않았다. 장남 학연에게 잘 배워서 고향에 "돌아가 네 아우의 스승이 되라"고 했던 그의 애틋한 父情은 눈물겹다.

둘째 아들 학유는 아버지가 유배된 지 8년 만인 1808년 4월 20일에 귀양지로 처음 찾아갔을 만큼 경제적으로 어려웠다.

29) 『전서』, 「學稼來携至寶恩山房有作」, I-5, 13a, p.85.

모습은 내 아들이 분명한데
수염이 나서 다른 사람과 같구나

집 소식 비록 가지고 왔으나
오히려 믿지 못하겠네

眉目如吾子　鬚髯似別人　家書雖帶至　猶未十分眞[30)]

다산이 유배되던 1801년 당시 15세였던 학유가 수염이 덥수룩한 청년(22세)이 되어 서로 헤어진 지 8년 만에 귀양살이하는 아버지를 처음으로 찾아온 것이다. 이는 바로 다산의 淸貧함을 웅변으로 입증하고 있다. 이처럼 다산은 아리고 시리도록 가난하였다. 그러나 이런 가난과 유배의 아픔 속에서도 꿈과 희망을 잃지 않고 자식교육에 정성을 쏟았다.

다산이 두 아들에게 실시한 경제교육의 내용은 한마디로 요약하면 실용주의라고 할 수 있다. 그 내용을 정리하면 다음과 같다.

첫째, 근검과 皆勞主義의 생활화를 강조하였다. 다산은 나태한 자를 비판하였다. "큰 흉년이 들어 굶어 죽은 백성들이 수만 명이나 되므로 하늘을 의심하는 사람도 있으나, 내가 굶어 죽은 사람들을 살펴보니 대체로 모두 게으른 사람들이었다. 하늘은 게으른 자를 미워하여 벌을 내려 죽이

30)『전서』,「四月二十日學圃至 相別已八周矣」, I-5, 25b, p.91.

는 것이다."[31]라고 한 후 다음과 같이 말하였다.

> 내가 벼슬은 했으나 너희들에게 물려줄 전답은 없고 오직 두 글자의 부적이 있으니 이는 삶을 넉넉히 하고 가난을 구제할 수 있기에 너희들에게 주노니 너희들은 야박하다고 하지 말거라. 한 글자는 부지런할 勤자요, 또 한 글자는 검소할 儉자이다. 이 두 글자는 좋은 전답이나 비옥한 토지보다 나은 것이라서 일생 동안 수용해도 다 쓰지 못할 것이다. …… 이러한 생각은 눈앞의 궁한 처지를 대처하는 방편일 뿐만 아니라 비록 귀하고 부유함이 극도에 다다른 사군자일지라도 집안을 다스리고 몸을 바르게 하는 방법으로 이 勤과 儉 두 글자를 버리고는 손을 댈 곳이 없을 것이니 너희들은 반드시 가슴 깊이 새겨두도록 하라(경오년(1810) 9월에 다산의 동암에서 쓰다).[32]

다산은 자식들에게 물려줄 전답이 없었다. 가난했던 그는 "勤儉" 2자만을 자식에게 유산으로 남긴다는 청빈한 생활이었지만 정신세계는 풍요로웠다. 다산은 부지런함(勤)이란 ① 오늘 할 수 있는 일을 내일로 미루지 않고, ② 아침

31) 『전서』, 「又示二子家誡」, I-18, 9b, p.379. "大饑百姓死者鉅萬, 疑天者有之, 余觀餓莩大抵皆惰者, 天厭惰者. 劓殄滅之."

32) 『전서』, 「又示二子家誡」, I-18, 10ab, p.379. "余無宦業, 可以田園遺汝等, 唯有二字神符, 足以厚生救貧, 今以遺汝等, 汝等勿以爲薄. 一字曰勤, 又一字曰儉, 此二字, 勝如良田美土, 一生需用不盡. …… 這個思念, 非爲目下處窮之方, 便雖貴富熏天, 士君子御家律身之法, 捨此二字, 無可著手處也, 汝等切須銘刻."(庚午菊秋, 書于茶山東菴)

에 할 수 있는 일을 저녁 때까지 미루지 말며, ③ 갠 날에 해야 할 일을 비 오는 날까지 끌지 말며, ④ 비 오는 날에 해야 할 일을 날이 갤 때까지 지연시키지 않고, ⑤ 노인은 앉아서 감독할 일이 있고, ⑥ 어린이는 다니면서 받들어 행할 일이 있으며, ⑦ 젊은이는 힘 드는 일을 맡고, ⑧ 아픈 사람은 지키는 일을 하며, ⑨ 부인들은 四更이 되기 전엔 잠자리에 들지 않는 것이라 하였다. 이렇게 집안의 상하 남녀가 한 사람도 놀고먹는 식구가 없게 하고 한순간도 한가한 시간이 없도록 하는 것을 勤이라고 하였다.

"儉"은 검소한 생활이다. 다산은 의복은 몸을 가리는 것이요 음식은 생명만 연장하면 된다고 하였다. 맛있는 횟감이나 생선도 입 안으로 들어가면 더러운 물건이 되어 목구멍으로 넘기기도 전에 사람들은 더럽다고 침을 뱉는다고 하였다.[33] 즉 의복과 음식의 사치를 금하고 검소한 삶을 살라고 하였다. 다산이 근검을 강조한 것은 좋으나 "부인들은 四更이 되기 전엔 잠자리에 들지 않는 것"라 한 것은 새벽 1시까지 일을 하고 취침해야 한다는 것으로 너무 지나치다.

---

33) 『전서』, 「又示二子家誡」, I-18, 10a, p.379. "何謂勤, 今日可爲, 勿遲明日, 朝辰可爲, 勿遲晩間, 晴日之事, 無使荏苒値雨, 雨日之事, 無使遷延到晴, 老者坐有所監, 幼者行有所奉, 壯者任力, 病者職守, 婦人未四更不得寢. 要使室中上下男女, 都無一個游口. 亦無一息閒暑, 斯之謂勤也. 何謂儉, 衣取掩體, 細而敝者, 帶得萬古凄涼氣, 褐寬博雖敝無傷也. 每裁一領衣衫, 須思此後可繼與否, 如其不能, 將細而敝矣. 商量及此, 未有不捨精而取疏者, 食取延生. 凡珍胨美鯖, 入脣卽成穢物, 不待下咽而後人唾之也."

다산은 놀고먹는 자가 없이 상하노소 모두가 일을 해야 한다는 皆勞主義를 교육하였다.

> 내가 장기에 있을 때 주인 成 아무개는 어린 손녀가 겨우 5세인데도 뜰에 앉아 솔개를 쫓게 하였으며, 7세짜리에게는 손에 막대를 들고 참새 떼를 쫓게 하여 솥의 밥을 먹는 사람이면 모두 맡은 직책이 있게 하였으니, 이는 본받을 만한 일이다. 사람 집에서 바깥노인은 칡으로 노를 꼬고, 안노인은 늘 실바구니를 들고 꾸리를 감으며 비록 이웃에 가더라도 일손을 놓지 않아야 하는 것이니, 이러한 집안은 반드시 여분의 식량이 있어 가난을 걱정하지 않게 된다.[34)]

이는 1801년 경상도 장기현으로 유배 갔을 때 기숙하던 老校 成善封 집안의 이야기이다. 가족 모두가 노동하는 개노주의를 실천하면 가난을 극복할 수 있다는 것이다.

둘째, 고소득이 보장되는 누에치기(양잠)를 권장하였다. 다산은 가정 경제를 일으키는 방법은 뽕나무를 심어 누에를 치는 것이 으뜸이라고 하였다. 즉 양잠을 하면 고소득을 올릴 수 있다고 하였다.

> 살림살이를 꾀하는 방법에 대하여 밤낮으로 생각해 보아도 뽕나무 심는 것보다 더 좋은 것이 없으니 이제야 제갈공명의

---

34) 『전서』, 「贐學游家誡」, I-18, 13a, p.381. “余在長鬐, 主人成某有稺孫女僅五歲, 使之坐庭嚇鳶, 有七歲者, 使以手筳驅雀, 餘凡食於錡者, 皆有職責, 此可法也. 人家有老翁綯葛爲繩, 而媼嘗執一箇絲團子, 紬繹在手, 雖適鄰里不捨焉者, 此家必有餘食, 不患貧也.”

> 지혜보다 더 위에 갈 것이 없음을 알았다. 과일을 파는 일은 본래 깨끗한 명성을 잃지 않지만 장사하는 일에 가까우나, 뽕나무 심는 거야 선비의 명성을 잃지도 않고 큰 장사꾼의 이익에 해당되니 천하에 다시 이런 일이 있겠느냐? 남쪽 지방에 뽕나무 365주를 심은 사람이 있는데 해마다 3백 65꿰미의 동전을 얻는다. 1년을 3백 65일로 보면 하루에 한 꿰미로 식량을 마련하더라도 죽을 때까지 궁색하지 않을 것이요 아름다운 명성으로 세상을 마칠 수 있으니 이 일은 가장 힘써 배워야 할 일이다. 그 다음으로는 잠실 3칸을 짓고 잠상을 7층으로 하여 모두 21칸의 누에를 길러 부녀자들도 놀고먹는 사람이 없도록 하는 것이 또한 좋은 방법이다. 금년에는 오디가 잘 익었으니 너는 그 점을 소홀히 말아라.[35]

집안의 경제를 부흥시키는 방법은 뽕나무를 심어 양잠하는 것이라 단정하고, 이는 제갈공명의 지혜보다 낫다고 하였다. 양잠은 선비의 명성을 잃지도 않고 큰 장사꾼의 이익에 해당된다고 하여 고소득 영농방법을 교육하였다. 뽕나무를 365그루만 심어 누에를 치면 1년에 3백 65꿰미의 수입을 얻게 되는 데, 이는 하루에 1꿰미의 수입을 올 수 있어 가난을 벗어날 수 있으며 궁색하지 않고 또한 선비의

---

35) 『전서』, 「示學淵家誡」, I-18, 15b, p.382. “謀生之術, 晝思夜度, 莫善於種桑, 始知孔明之智, 果無上也. 賣果本是淸名, 猶近商賈, 若桑不失儒者之名, 而抵大估之利, 天下復有此事哉. 南中有種桑三百六十五株者, 歲得錢三百六十五串. 朞三百六十五日, 每用一串爲糧, 終身不匱, 遂以令名終, 此事最堪師學. 其次爲蠶室三間, 爲箔七層, 共養蠶二十一間, 令婦女無至游食, 亦佳法也. 今年椹熟, 汝其毋忽.”(庚午仲春, 書于茶山東菴)

아름다운 이름을 잃지 않는 이점이 있다고 하였다.

다음 가계는 유배된 지 2년째인 1802년 12월에 두 아들에게 보낸 것으로 다산의 꿈이 오롯하게 나타나 있다.

> 시골에 살면서 과수나 채소밭을 가꾸지 않는다면 천하에 쓸모없는 사람이다. 나는 지난번 국상(正祖의 승하)이 나서 분망한 중에도 만송 열 그루와 한 쌍의 노송나무를 심었다. 내가 지금까지 집에 있었다면 뽕나무가 수백 그루, 접붙인 배나무가 몇 그루, 옮겨 심은 능금나무 몇 그루, 닥나무가 이미 밭을 이루고 있을 것이다. 옻나무가 다른 언덕에까지 뻗쳐 있을 것이고 석류 몇 그루와 포도가 이미 두어 넝쿨이 되었을 것이며, 파초도 너댓 그루는 되었을 것이다. 불모지에 버드나무 대여섯 그루가 있을 것이요, 뒷산 酉山의 소나무가 이미 여러 자쯤 자랐을 것이다. 너희는 이러한 일을 하나라도 하였느냐? 네가 국화를 심었다는 말을 들었는데 국화 한 이랑은 가난한 선비의 몇 달 양식을 충분히 지탱할 수 있으니, 한갓 꽃구경에만 그치는 것이 아니다. 생지황, 반하, 길경, 천궁 따위와 쪽나무와 꼭두서니 등에도 모두 유의하도록 하여라.[36]

다산이 유배객으로서 자유의 공간인 향리에서의 전원생

---

36) 『전서』, 「寄兩兒」, I-21, 12a-13b, pp.444-445. "居鄉, 不治園圃, 天下之棄也. 吾於國哀奔忙之中, 猶種十株蔓松, 一雙栝. 使我至今在家, 桑數百株, 梨接者幾株, 林禽移者幾株, 楮已成田矣, 漆已延他隴矣. 石榴已數株, 葡萄已數架矣, 芭蕉已四五本矣. 不毛之地, 柳五六株矣, 酉山之松, 已長數尺矣. 汝有一於是否. 聞汝種菊, 菊一畦, 足支貧士數月之粮, 不唯看花而已. 如生地黃半夏桔梗川芎之屬, 藍䒠茜蘆之類, 俱可留意."

활을 동경한 것이라 하여도 그 꿈이 소박하기 그지없다. 시골에 살면서 원포를 가꾸지 않는다면 쓸모없는 인간이라 하여 현실 속의 삶을 중시하였다. 그는 正祖의 갑작스런 승하로[37] 인하여 분망한 중에도 만송 10주와 한 쌍의 노송나무를 심었는데, 유배되지 않았다면 여러 종의 과일나무 등을 심어 무성하게 자랐을 것이라고 하였다. 또한 시골에 살면 약초와 화훼도 함께 재배해야 한다고 하였다.

셋째, 계절에 맞는 전략적 營農을 권장하였다. 다산은 농사에도 프로 못지 않는 전문지식을 갖고 있었다.

> 채소밭을 가꾸는 요령은 모름지기 지극히 평평하고 반듯하게 해야 하며 흙을 다룰 때에는 잘게 부수고 깊게 파서 분가루처럼 부드럽게 해야 한다. 씨를 뿌림에는 지극히 고르게 하여야 하며, 모는 아주 드물게 세워야 하는 법이니, 이와 같이 하면 된다. 아욱 한 이랑, 배추 한 이랑, 무 한 이랑씩을 심고, 가지나 고추 따위도 각각 구별해서 심어야 한다. 그러나 마늘이나 파를 심는 데에 가장 주력하여야 하며, 미나리도 심을 만하다. 한여름 농사로는 오이만한 것이 없다. 비용을 절약하고 농사에 힘쓰면서 겸하여 아름다운 이름까지 얻는 것이 바로 이 일이다.[38]

37) 다산은 38세(1799) 때인 6월 22일 형조참의의 사직상소를 올린 후 칭병하고 출사하지 않았는데 7월 26일에야 수리되어 11년의 벼슬살이를 마감하였다. 다음 해(1800) 봄에 世路의 위험함을 알고 낙향하였으나 정조의 명으로 다시 상경하였는데 얼마 후 6월 28일 正祖가 갑자기 승하하였다.

38) 『전서』, 「寄兩兒」, I-21, 13a, p.445. "治圃須令極平極方正, 而治

아욱과 배추와 무와 가지와 고추를 심고 또한 마늘과 파 농사는 물론 미나리도 가꿔야하며, 여름 한철 농사(三夏之農)로는 오이만한 것이 없다고 하여 전략적인 영농법을 가르쳤다.

넷째, 연구하고 著述하는 營農人이 될 것을 강조하였다. 다산은 차남 학유에게, 이왕 닭을 기를 바에야 연구하여 품종을 개량, 남의 집 닭보다 살찌고 번식력이 강한 닭을 기르고, 여가에 닭 기르는 책인 『鷄經』을 저술하라고 하였다.

> 네가 닭을 기른다는 말을 들었는데, 닭을 기르는 것은 참으로 좋은 일이다. 하지만 이 중에도 품위 있고 저속하며 깨끗하고 더러운 등의 차이가 있다. 진실로 農書를 잘 읽어서 그 좋은 방법을 선택하여 시험해 보되, 색깔과 종류로 구별해 보기도 하고, 홰를 다르게도 만들어 飼養 관리를 특별히 해서 남의 집 닭보다 더 살찌고 더 번식하게 하며, 또 간혹 시를 지어서 닭의 정경을 읊어 그 일로써 그 일을 풀어버리는 것, 이것이 바로 독서한 사람이 양계하는 법이다. 만약 이익만 보고 의리를 알지 못하며 기를 줄만 알고 취미는 모르는 채 부지런히 힘쓰고 골몰하면서 이웃의 채소를 가꾸는 사람들과 아침저녁으로 다투기나 한다면, 이는 바로 서너 집 모여 사는

土極細極深, 鬆軟如粉. 落種須令極均, 立苗須令極疏, 如斯已矣. 葵一區, 菘一區, 蘿菔一區, 如紫茄辣茄之屬, 各宜區別. 然種蒜種葱, 最宜致力, 芹亦可種. 三夏之農, 莫如瓜. 節用而務本, 兼之得美名者, 此事也."

> 시골의 졸렬한 사람이나 하는 양계법이다. 너는 어느 쪽을 택하겠느냐. 이미 양계를 하고 있다니 아무쪼록 百家의 서적에서 양계에 관한 이론을 뽑아 『鷄經』을 만들어서 陸羽의 『茶經』과 柳得恭의 『煙經』과 같이 한다면, 이 또한 하나의 좋은 일이 될 것이다. 세속적인 일에서 맑은 운치를 간직하는 것은, 항상 이런 방법으로 예를 삼도록 하여라.39)

위의 편지는 작은 아들 학유에게 보낸 것이다. 학유가 양계를 하자 좋은 일이라고 격려를 하였다. 이왕 닭을 기를 바에야 연구하여 남의 집 닭보다 쌀이 찌고 번식력이 강한 닭을 사육하고, 또한 陸羽의 『茶經』과 柳得恭의 『煙經』처럼 百家의 서적에서 양계에 관한 이론을 뽑아 『鷄經』을 저술하는 것이 좋다고 하였다. 이렇게 하는 것이 세속에 살아도 맑은 운치(淸致)를 간직하는 한 예가 된다고 하였다.

다섯째, 이자 놀이(貸金業)나 상업과 약장사를 하지 말라고 하였다. 그리고 이잣돈을 쓰지 말며 이잣돈을 세 번 쓰는 부인은 쫓아내도 된다고 하였다.

---

39) 『전서』, 「寄游兒」, I-21, 21a, p.449. "聞汝養雞, 養雞固善. 然養雞之中, 亦有雅俚淸濁之殊. 苟能熟讀農書, 擇其善法而試之, 或別其色類, 或異其塒桀, 使雞之肥澤繁衍, 勝於他家, 又或作詩, 寫雞情景, 以物遣物, 此讀書者之養雞也. 若見利不見義, 知豢不知趣, 孳孳滾滾, 與鄰人圃老, 早莫爭鬩者, 此直三家村裡拙夫子之養雞也. 未知汝何所安. 旣養鷄矣, 須將百家書, 鈔取鷄說, 彙次作鷄經, 如陸羽茶經, 柳惠風之煙經, 亦一善也. 就俗務帶得淸致, 須每以此爲例."

또한 衣食의 근원으로는 오직 뽕나무와 麻를 심고 채소와 과일을 심는 것이며 부녀자가 부지런히 紡績하는 것이 조금 할 만한 일이다. 그 나머지의 이잣돈 놀이나 물건 판매하는 것 및 약을 파는 일과 같은 것들은 모두 제일 악착스러운 사람들이나 할 수 있는 것으로 조금이라도 風味가 있는 사람이라면 본전을 깎아먹고 본업까지 상실하지 않을 자가 없을 것이니 그런 일은 일체 단념하도록 하라. …… 부녀자의 어진 사람에게는 살림을 맡겨 줄 따름이다. 그 중에 혹 불초한 사람은 방어하고 살피며 조종하고 꾸짖기를 반드시 大奸에게 하듯이 해야 한다. 내가 전에 부인은 깨진 그릇과 같아 새는 구멍이 많다고 하였는데 지나친 말이 아니다. 함부로 이잣돈을 쓰는 사람은 반드시 가산을 망치는 법이다. 벼슬하는 집안이야 그런대로 보충해 갈 길이 있겠지만 만약 농사짓는 집이나 가난한 선비의 아내가 감히 이잣돈을 쓰는 버릇이 있을 경우 사사로운 법률을 정해서 한 번 위반하면 경고하고 두 번 위반하면 저지하고, 세 번 위반하면 쫓아내도 되는 것이다.[40]

다산은 아들에게 대금업과 상업과 약국을 못하게 하였다. 특히 "내가 전에 부인은 깨진 그릇과 같아 새는 구멍

40) 『전서』, 「示學淵家誡」, I-18, 14b, p.381. "且如衣食之源, 唯種桑麻蒔蔬果, 婦女勤於紡績, 差可爲耳. 餘如放子母錢, 販買諸物及爲賣藥等事, 皆一等齷齪人所能爲, 稍有風味者, 未有不消折本錢, 喪其本業者, 切須斷念. …… 婦女賢者, 任之而已. 其或不肖者, 防之察之, 操之切之, 須如大奸. 吾嘗謂婦人如破器, 漏滲多孔, 非過語也. 輕用子錢者, 必敗乃家. 仕宦家, 猶有補苴之路, 若夫田家寒士之妻, 敢用子錢, 宜私定律文, 一犯戒之, 再犯阻, 三犯出, 亦可也."

이 많다고 하였는데 지나친 말이 아니다."라는 발언은 비록 속담을 인용한 것이나, 오늘의 시각에서 본다면 양성평등에 어긋난다. 특히 이잣돈을 쓰면 가산을 망치는 법이라 하였다. 벼슬하는 집에서는 부채를 갚을 길이 있으나, 농사짓는 가난한 선비 집에는 상환할 길이 없기 때문이다. 선비의 아내가 함부로 이잣돈을 쓰는 버릇이 있다면, 사사로이 법을 정하여 ① 한 번 위반하면 경고하고(一犯戒之), ② 두 번 위반하면 저지하고(再犯阻), ③ 세 번 위반하면 쫓아내도 된다(三犯出 亦可也)고 하였다. 이 문제도 집안 살림을 부인에게 전담시킨 남편의 책임은 묻지 않고 부인에게 책임을 지운 것은 지나친 면이 없지 않다.

여섯째, 醫員 노릇을 하지 말라고 하였다. 강진으로 유배된 지 10년이 되던 1810년 봄에 장남 학연(당시 27세)이 의원이 되었다는 소식을 듣고 다산은 大怒하였다.

> 네가 갑자기 의원이 되었다는데 무슨 뜻이냐? 무슨 이익이 있는 것이냐? 네가 그 의술을 빙자해서 요즘의 재상들과 交誼를 맺어 너의 아비가 죄에서 풀려날 수 있도록 도모하려는 것이냐? 옳지 못한 일일 뿐만 아니라 또 할 수도 없는 일이다. …… 무릇 사람들 중에 높은 벼슬과 높은 직책이 있고 덕이 높고 학문이 깊은 사람도 별업으로 의술을 하는 자가 있기는 하지만 그 몸이 아주 천한 데에 이르게 하지는 않는다. 그리고 병자가 있는 집에서도 감히 곧바로 그에게 묻지 못하고 서너 너덧 단계를 거치고서야 겨우 처방 한 가지를 얻어 가지고 그것을 귀중한 보물을 얻은 것같이 여기고들 있으니 그래도

괜찮다고 할 수 있다. 그런데 지금 너는 소문을 내고 문을 크게 열어 놓고 있으므로 온갖 종류의 사람들이 날마다 거리를 메워 찾아들고, 물고기 같고 짐승 같은 한량 잡배들과 내력을 묻지도 않고 근본과 행실을 자세히 모르면서 모두 잠깐 만난 처지에 친구가 되고 있는가 하면 그들을 먹여주고 있다 하니 이것이 무슨 변고란 말이냐? 이 뒤의 일은 나에게도 귀가 있으니 만약 그걸 고치지 않는다면 살아서는 왕래도 하지 않을 뿐만 아니라 죽어서 눈을 감지도 않을 것이니 너는 생각해서 하라. 나는 다시 말하지 않겠다.[41]

다산이 아들에게 보낸 서간 26통과 가계 9통 중에서 이 글의 내용이 가장 격렬하다. 의술을 빙자하여 재상들과 사귀어 아버지를 유배에서 풀려나게 하려는 것은 옳지 못하다고 하였다. 의사 노릇을 매개로 하여 정치적 실세들에게 아버지가 유배에서 풀려나도록 로비해서는 안 된다는 것이다. 재상들에게 청탁하여 유배에서 풀려나지 않겠다는 의지를 확인할 수 있다. 다산은 정도를 걸었다. 의원 노릇을 하는 것과 한량 잡배와 교유하는 일을 "고치지 않는다면 살아서는 왕래도 하지 않을 뿐만 아니라 죽어서 눈을 감지

---

41) 『전서』, 「示學淵家誡」, I-18, 15a, p.382. "汝忽成醫人, 何意哉. 有何益哉. 汝欲藉此術, 交結時宰, 圖宥乃翁耶. 不但不可, 抑此不能. …… 凡人有高官淸銜, 盛德邃學者, 旁道醫理, 其身不至太賤. 然且病家, 不敢直問, 須設三梯四階, 僅得一方, 如獲重寶, 猶之可也. 今汝大放厥聲, 大開其門, 冷熱卑高邪正之流, 日塡其巷, 魚頭獸面閒雜之輩, 不問來歷, 不詳本行, 皆傾盖許交, 典其館穀, 斯何變也. 此後之事, 吾猶有耳, 如其不悛, 不唯生不通信, 抑亦死不瞑目, 汝其唯意爲之. 吾不再言."

도 않을 것이니 너는 생각해서 하라. 나는 다시 말하지 않겠다."고 강한 톤으로 질책하였다. 의원을 계속하면 부자의 인연을 끊겠다는 메시지이다.

다산이 폐족으로서 가난을 극복하고 후일을 기약할 수 있는 길이 경제에 있다고 한 것은 현실주의이다. 이러한 실용경제 교육내용은 폐족에게 국한된 것이 아니라 시공을 초월하여 모두에게 적용된다.

4. 학문전승 교육

다산이 유배된 지 4년(1804, 甲子, 다산 43세)이 되는 해에 지은 시를 보면, 아들에 대한 哀憐과 죄책감에 괴로워하면서도 자신의 학문을 두 아들이 계승 발전시키기를 기원하였다.

두 자식 다 조정에 있을 그릇들인데
풀이 꺾여 오두막지기가 되었구나

두 눈에는 백년 두고 눈물이요
석달 만에 오가는 서신 한 통

부지런히 보리농사 수확하고
처량하지만 채소 심는 법 배워라

복희 문왕의 옛 심법을
너희 아니면 누가 내 뒤를 이을 것이냐

二子金閨器　摧殘守敝廬　百年雙漏眼　三月一封書
勤力謀收麥　凄涼學種蔬　羲文舊心法　微爾孰宗余[42)]

이 시가 다산의 자녀교육 세계를 압축한 것이라 하여도 과언이 아니다. 다산은 두 아들이 조정에서 벼슬할 인재들인데도 아버지로 인해 폐족이 되어 오두막지기가 된데 대한 죄책감을 지울 수가 없었다. 그 哀憐과 죄책감으로 백년이 가도 자신의 눈에 눈물이 흐르는 데, 고향 소식을 알려주는 편지마저 3개월에 한 번 오는 가난한 현실에 또 다시 울어야 하였다. 집안의 경제를 살리기 위해 부지런히 보리를 수확하고 처량하지만 채소 심는 법을 배우라고 하였다. 다산은 너희가 아니면 누가 내 학문을 계승할 것인가라고 호소하였다.

다산은 자식들이 자신의 학문을 계승하고 이를 발전시켜 줄 것을 기대하였다. 그 이유는 아들의 학문 수준이 높아 희망이 보이기 때문이었다.

첫째, 자식들의 학문적 역량을 인정하고 자신의 학문이 계승 발전되기를 염원하였다. 다산이 강진으로 유배된 지 2년이 되던 1802년(壬戌) 12월 22일에 쓴 편지에는 두 아들

42) 『전서』, 「七懷」(憶二兒), I-4, 32b-33a, pp.77-78.

의 학문에 대한 평가가 있다. 먼저 장남 학연의 학문에 대한 평가를 보자.

> 稼야. 너는 재주와 총명이 나보다는 조금 못하지만 네가 열 살 때 지은 글은 거의 내가 스무 살 때에도 짓지 못했던 것이며, 근래 몇 해 전에 지은 것은 오늘날 나로서도 지을 수 없는 것이 더러 있으니, 이는 어찌 네가 공부한 길이 멀리 우회하지 않았고, 견문이 조잡하지 않은 때문이 아니겠느냐. 네가 谷山으로부터 돌아온 뒤로 나는 너에게 科文을 익히라고 하였는데, 그 당시 너를 아끼던 文人이나 韻士들이 모두 나의 욕심이 많음을 탓하였고, 나도 또한 스스로 겸연쩍었었다. 지금 네가 이미 과거에 응시할 수 없게 되었으니, 과문에 대한 근심은 잊게 된 것이다. 나는 네가 이미 진사가 되고 문과에 급제했다고 여긴다. 지식을 갖고 있으면서 과거에 얽매이지 않은 것이 진사가 되고 급제가 된 사람과 무엇이 다르겠느냐. 너는 진정 독서할 기회를 만난 것이다. 앞에서 내가 "폐족의 처지를 잘 대처한다."고 말한 것이 이것이 아니겠느냐.[43]

1802년 당시 학연은 19세이다. 다산은 학연이 10세 때 지은 글을 아버지가 20세 때에도 짓지 못했다 하였고, 그

43) 『전서』, 「寄二兒」(壬戌十二月二十二日 康津謫中), I-21, 3b, p.440. "汝稼才氣聰記, 視吾少遜, 然汝十歲所作, 殆吾二十時所不能作, 近數歲前所爲, 往往非今日之吾所能及, 豈不以其門徑之不迂回, 聞見之不鹵莽耶. 自汝谷山歸後, 使汝習科文, 一代文人韻士之愛惜汝者, 咸咎吾多慾, 吾亦自視欿然. 今汝旣不能赴科, 卽科文已忘憂矣. 吾意汝已爲進士矣, 已爲及第矣. 識字而無科擧之累, 與爲進士及第者, 奚擇焉. 汝眞得讀書時矣, 吾所云, 因其廢而善處之者非耶."

가 몇 해 전에 지은 글은 지금 자신도 지을 수 없는 것이 더러 있다고 하였다. 또한 "나는 네가 이미 진사가 되고 문과에 급제했다고 여긴다"(吾意汝已爲進士矣 已爲及第矣)라고 한 것을 보면 정학연의 학문은 높았음을 알 수 있다.

다음은 차남 정학유의 학문에 대한 평가이다.

> 圃야. 너는 재주와 역량이 너의 형보다는 한층 못한 듯하나 성품이 자상하고 사려가 깊으니, 진실로 독서하는 일에 전념한다면 어찌 너의 형보다 도리어 낫지 않겠느냐. 근자에 보니 네 文翰이 점점 진전되고 있기 때문에 그리 아는 것이다.44)

1802년 당시 차남 학유는 16세이다. 재주와 역량이 형보다 못하나, 성품이 자상하고 사려가 깊기에 독서에 전념한다면 형보다 앞 설 수 있다고 본 것은, 근자에 文翰이 점점 진전이 있기 때문이었다. 학연의 학문 수준은 진사는 물론 문과에 급제한 수준이고, 학유는 독서에 전념한다면 형보다 낫다고 보았다. 이런 아들들이 자신으로 인하여 폐족이 되어 벼슬길이 막혔으니 얼마나 가슴이 쓰리고 아렸는지를 알 수 있다.

둘째, 자식들의 독서는 곧 아버지와 아버지가 저술한 학술서적을 살리는 길이라고 하였다. 다산은 비록 폐족이 되었지만 두 아들이 자신의 학문을 계승하기를 바랬다. 자식

---

44) 『전서』, 「寄二兒」(壬戌十二月二十二日 康津謫中), I-21, 3b, p.440. "汝圃才力, 視乃伯似遜一籌, 然性慈詳, 能有思量, 苟專心此事, 安知不反復勝耶. 近見其文翰稍長, 吾是以知之耳."

의 학문적 역량과 가능성을 믿고 격려하면서 자신의 학문이 계승되기를 염원하였다.

> 너희들이 만일 독서하려고 하지 않는다면 이는 나의 저서가 쓸모없게 되는 것이요, 나의 저서가 쓸모없게 되면 나는 할 일이 없게 되어, 장차 눈을 감고 마음을 쓰지 않아 흙으로 만들어 놓은 우상이 될 것이니, 그렇게 되면 나는 열흘도 못 되어 병이 날 것이요, 병이 나면 고칠 수 있는 약도 없을 것이다. 그렇다면 너희들이 독서하는 것이 나의 목숨을 살리는 일이 아니겠느냐. 너희들은 이것을 생각하여라. 너희들은 이것을 생각하여라.[45]

참으로 눈물겨운 호소가 아닐 수 없다. 자식들이 독서를 하지 않으면 아버지의 저서가 쓸모없게 되고, 저서가 쓸모없게 되면 아버지는 할 일이 없게 되어 결국 흙으로 만들어 놓은 우상이 되기 때문에 열흘도 못 되어 병이 날 것이고, 병이 나면 고칠 수 있는 약도 없다고 하였다. 아들이 독서하는 것, 즉 학문에 전념하는 길이 결과적으로 아버지의 "목숨을 살리는 일"이 아니냐고 눈물겹게 호소하였다.

셋째, 학문에 힘써 아버지의 저술을 보존하고 발전시키라고 하였다. 다산은 자신이 이룩한 학문적 업적을 자식들

45) 『전서』, 「寄二兒」(壬戌十二月二十二日 康津謫中), I-21, 4a, p.440. "汝曹苟不欲讀書, 是吾著書爲無用, 吾著書爲無用, 則吾無所事, 將瞑心作泥偶人, 則吾不旬日而病發, 病發且無藥可救. 卽汝輩讀書, 非所以活我命耶. 汝其思之. 汝其思之."

이 계승하기를 간절히 염원하였고, 자신의 저서가 후세에 전해지려면 두 아들이 반드시 학문을 하여야 한다는 논지를 폈다.

> 너희들이 끝내 배우지 않고 스스로 포기해 버린다면, 내가 지은 저술과 간추려 뽑아 놓은 것들을 장차 누가 모아서 책을 엮고 바로잡아 보존시키겠느냐. 그렇게 할 수 없다면 이는 나의 글이 끝내 전해질 수 없게 되는 것이다. 내 글이 전해지지 못한다면 후세 사람들은 단지 臺啓와 獄案만을 의거해서 나를 평가하게 될 것이니, 나는 장차 어떠한 사람이 되겠느냐. 너희들은 아무쪼록 이 점을 생각해서 분발하여 학문에 힘써 나의 이 한 가닥 文脈이 너희들에게 이르러 더욱 커지고 더욱 왕성해지게 하여라. 그렇게 되면 훌륭한 집안의 좋은 벼슬도 이러한 淸貴함과 바꿀 수는 없을 것이다. 무엇 때문에 이를 버리고 도모하지 않느냐.[46]

자식들이 학문을 포기하면 자신의 저서와 편저한 것을 모아 누가 책으로 엮어서 보존시키겠느냐고 하였다. 자신의 저서가 후세에 전해지지 않는다면 후세 사람들은 臺啓와 獄案만을 의거해서 나를 평가하게 될 것이니, 나는 장

---

46) 『전서』, 「寄二兒」(壬戌十二月二十二日 康津謫中), I-21, 4ab, p.440. "汝輩遂不學自暴, 則吾所爲著述撰定, 將誰收拾編次, 刪正存拔耶. 旣不能然, 是吾書竟不傳. 吾書不傳, 則後世之人, 但憑臺啓獄案, 以議吾矣, 吾將爲何如人耶. 汝須思念到此, 奮勵向學, 使吾一些文脈, 至汝益大益昌. 卽弈世軒冕, 不足以易此淸貴矣. 何苦捨此不圖."

차 어떠한 사람이 되겠느냐고 반문하였다. 이점을 생각해서 분발하여 학문에 힘써 "학문이 더욱 커지고 왕성하게 하라."고 하여 계승 발전되기를 염원하였다. 자신의 학문이 아들에게 계승된다면 명문가의 좋은 벼슬도 이러한 淸貴함과 바꿀 수는 없을 것이라고 하였다. 그렇기 때문에 학문의 길을 가라고 간절하게 교육하였다.

넷째, 나의 저서를 傳襲하는 이가 자손이나 朋友이며 은인이라고 하였다. 다산이 1808년(戊辰, 47세) 여름에 두 아들에게 보낸 가계를 보면, 자신의 저서, 즉 학문적 성과에 대한 자부심이 무척 강하였다.

> 내가 죽은 뒤에 아무리 정결한 희생과 풍성한 안주를 진설해 놓고 제사를 지내준다 하여도, 내가 흠향하고 기뻐하는 것은 내 책 한 편을 읽어주고 내 책 한 章을 베껴주는 일보다는 못하게 여길 것이니, 너희들은 그 점을 기억해 두어라.[47]

다산은 자신의 사후에 풍성한 제수를 차례 놓고 제사를 지내는 것은 자신의 저서 한 편을 읽어주고 책 1장을 베껴주는 것보다 못하다고 하여, 자신이 이룩한 학문이 자식들에게 전수되고 계승되기를 염원하였다.

> 『周易四箋』은 바로 내가 하늘의 도움을 얻어 지어낸 책이요

---

47) 『전서』, 「示二子家誡」(嘉慶戊辰中夏 與猶病翁 書于茶山精舍), I-18, 5b, p.377. "吾死之後, 雖潔其牲薦, 豐其殽胾, 以祭以祀, 吾之歆悅, 不如讀吾書一編, 鈔吾書一章, 汝曹尙宜鐫記."

절대로 사람의 힘으로 통할 수 있고 사람의 지혜나 생각으로 이룰 수 있는 바가 아니다. 이 책에 마음을 가라앉혀 깊이 생각하여 오묘한 뜻을 모두 통할 수 있는 사람이 있다면 그는 바로 나의 자손이나 붕우가 되는 것이니 천년에 한 번 나오더라도 배 이상 나의 정을 쏟아 애지중지할 것이다.

『喪禮四箋』은 바로 내가 聖人을 篤信하여 지은 책으로 내 생각에는 광란의 물결을 돌리고 온갖 내(川)를 막아 洙泗(孔孟)의 참된 근원으로 돌아가게 했다고 여기는 것이니 정밀하게 생각하고 관찰하여 그 오묘한 뜻을 터득하는 사람이 있다면 이것이야말로 뼈에 살을 붙이고 죽은 생명을 살려준 은혜와 같아 천금을 주지 않더라도 받은 것처럼 감지덕지하겠다.

이 2部만 傳襲할 수 있다면 나머지 것들은 폐기한다 하더라도 괜찮겠다. 나는 가경 임술년(순조 2, 1802) 봄부터 곧 저서하는 것을 업으로 삼아 붓과 벼루만을 곁에다 두고 아침부터 저녁까지 쉬지 않았다. 그 결과로 왼쪽 어깨에 마비증세가 나타나 마침내 폐인의 지경에 이르고, 眼力이 아주 어두워져서 오직 안경에만 의지하게 되었는데, 이렇게 한 것은 무엇 때문이었겠느냐? 너희들과 學樵가 있기에 傳述하여 떨어뜨리지 않을 것으로 여겼는데, 지금 학초는 불행히 명이 짧았고 너희들은 영락하여 친근한 사람도 없는 데다 성미조차도 經典을 좋아하지 않고 오직 후세의 시율이나 조금 알아보는 형편이니, 『주역』과 『상례』 두 책이 결국 泯滅되어 빛을 보지 못할 지경에 이를까 참으로 두렵구나.[48]

48) 『전서』, 「示二子家誡」(嘉慶戊辰中夏 與猶病翁 書于茶山精舍), I-18, 5b, p.377. "周易四箋, 是吾得天助之文字, 萬萬非人力可通, 智慮所到. 有能潛心此書, 悉通奧妙者, 卽子孫朋友, 千載一遇, 愛之重

다산은 자신의 대표 저서를 『주역사전』과 『상례사전』으로 꼽았다. 『주역사전』은 “내가 하늘의 도움을 얻어 지어낸 책이요 절대로 사람의 힘으로 통할 수 있고 사람의 지혜나 생각으로 이룰 수 있는 바가 아니다.”라고 하고, 이 책의 뜻을 통할 수 있는 사람은 “바로 나의 자손이나 붕우가 되는 것”이니 천 년에 한 번 나오더라도 배 이상 나의 정을 쏟아 애지중지할 것이라고 하였다. 『상례사전』에 대해서 “내가 성인을 독신하여 지은 책”으로서, 이단인 제자백가를 막아 공자와 맹자의 참된 근원으로 회귀하게 했다고 자부하고, 이 책을 연구하여 오묘한 뜻을 터득하는 사람이 있다면, 뼈에 살을 붙이고 죽은 생명을 살려준 은혜와 같아 천금을 받은 것처럼 감지덕지하겠다고 하였다.

다산은 자신의 저서 중에서 『주역사전』과 『상례사전』 2책이 傳襲할 수 있다면 나머지는 폐기해도 괜찮겠다고 하였다. 두 아들과 중형(정약전)의 아들 丁學樵(1791-1807)가 자신의 학문을 계승하기를 바랬는데, 불행하게도 학초는 17세로 요절했고 자식들이 경전을 좋아하지 않아 이 두 책

之. 當倍常情, 喪禮四箋, 是吾篤信聖人之文字, 自以爲回狂瀾而障百川, 以反洙泗之眞源者, 有能精思密察, 得其奧妙者, 此肉骨生死, 千金不授, 感之德之. 如有受賜, 卽此二部, 得有傳襲之, 餘雖廢之可也. 吾自嘉慶壬戌之春, 便以著書爲業, 藩牆筆硯, 蚤夜不息. 左臂痲痺, 遂成廢人, 朣神暴暗, 唯恃靉靆, 若是者何也. 爲有汝曹及樵也, 能傳述而不墜也, 今樵也不幸短命, 汝曹零丁寡與, 性復不嗜經典, 唯後世詩律, 粗知淺味, 誠恐易禮二書, 遂至泯晦而不彰也.”

이 泯滅되어 빛을 보지 못할까 깊이 걱정하였다.

다섯째, 나의 시집을 간행해주는 이가 知音이라고 하였다. 다산은 자신이 지은 詩들이 대부분 마음에 드는 게 없으나, “나를 위하여 보잘것없는 것들을 덜어내고 아름답고 선명한 것들만 남겨주는 사람이 있다면, 이 사람이야말로 나를 알아주는 사람[49]이라고 하여 시집을 간행해 주는 知音이 있기를 바랬다. 또한 “만약 나의 책을 알아주는 사람이 있다면 그들의 나이가 많으면 너희들은 아버지로 섬기고 너희와 엇비슷한 나이라면 너희들이 형제로 맺는 것도 좋다.”[50]고 하였다.

다산은 심하다 할 정도로 자식들을 훈계하였다. 전국시대 趙나라 장수 趙括을 불초한 자식의 첫째로 치지만, 오히려 그 아버지 趙奢의 書傳을 읽었으나 임기응변하는 방법을 통달하지 못했다고 전제하고, “너희들은 내 저서를 읽지도 못하니” 만약에 班固로 하여금 사람의 등급을 매기는 표를 만들게 한다면 “너희들은 반드시 조괄의 아래 자리에 놓일 것”이니, 이는 통분스런 일이 되는 만큼 학문에 힘쓰라고 하였다.[51]

---

49) 『전서』, 「示二子家誡」(嘉慶戊辰中夏　與猶病翁　書于茶山精舍), I-18, 6a, p.377. “集中諸詩, 多不愜意, 有爲我刊汰瓦礫, 存其的歷者, 斯知音也.”

50) 『전서』, 「示二子家誡」(庚午菊秋　書于茶山東菴), I-18, 8b, p.378. “如有知我書者, 若其年長汝等, 父事之, 倘與爲敵, 汝等結爲昆弟亦可也.”

51) 『전서』, 「示學淵家誡」, I-18, 15a, p.382. “古之不肖子, 首數趙括, 然括猶能讀其父書傳, 特未達權變爾. 汝曹不能讀吾書, 若使班孟堅

이와 같이 다산은 자신의 학문이 자식들에게 전수되고 계승 발전되기를 염원하였다. 그리고 그의 저서인 『주역사전』과 『상례사전』을 터득하고 시집이 후세에 간행되기를 갈망하였다. 향리에서 유배간 아버지의 빈자리를 지켜야 했던 두 아들은 대학자인 아버지의 이러한 교육이 상당한 부담이 되었을 것은 분명하다.

여섯째, 만백성을 윤택하게 하고 모든 사물을 기르려는 마음(澤萬民 育萬物)을 가지라고 하였다. 다산은 1802년(41세) 12월 12일에 쓴 서간에서 독서군자가 갖추어야 할 소양을 제시하였다.

> (문장은) 반드시 먼저 경학으로 근기를 확고히 세운 뒤에 史書를 섭렵해서 정치의 득실과 치란의 근원을 알아야 하며 또 모름지기 실용적인 학문에 마음을 써서 옛사람들의 경제에 관한 서적을 즐겨 읽고서 마음속에 항상 만백성을 윤택하게 하고 모든 사물을 기르려는 마음이 있어야만 비로소 독서하는 군자가 될 수 있는 것이다. 이와 같이 한 뒤에 혹 안개 낀 아침과 달 밝은 밤, 짙은 녹음과 가랑비 내리는 것을 보면 시상이 떠오르고 구상이 일어나서 저절로 읊어지고 저절로 이루어져서 천지자연의 소리가 맑게 울려 나올 것이니 이것이 바로 詩家의 활발한 門地인 것이다.[52]

爲人表, 汝曹必坐趙括之下層, 不可憤哉. 勉之勖之."

52) 『전서』, 「寄二兒」(壬戌 十二月 十二日 康津謫中), I-21, 4b, p.440. "必先以經學, 立著基址, 然後涉獵前史, 知其得失理亂之源, 又須留心實用之學, 樂觀古人經濟文字, 此心常存, 澤萬民, 育萬物底意思, 然後方做得讀書君子. 如是然後, 或遇煙朝月, 夕濃陰小雨, 渤

독서군자의 기본적 소양은 ① 경학으로 根基를 세우고, ② 사서를 섭렵하여 정치의 득실과 治亂을 알아야 하며, ③ 實用之學에 마음을 두고 고인의 경제에 관한 서적을 탐독하여, ④ 만백성을 윤택하게 하고 모든 사물을 기르려는 마음을 가져야 한다(澤萬民 育萬物)는 것이다. 이와 같이 된 후에야 자연의 현상과 만났을 때 저절로 문학이 이루어지는 것이라 하고, 이것이 바로 詩家의 활발한 門地라고 하였다. 특히 ④의 "澤萬民 育萬物"은 바로 문학의 사명이자 생태존중의 사상이다.[53)]

한편 다산은 아들의 학문 성장을 위해 저술하는 법과 抄錄하는 방법 등을 여러 차례 자세하게 설명하였다. 그 중에서 하나만을 살펴보자.

> 대체로 저서하는 법은 經籍을 으뜸으로 삼아야 하고 그 다음은 經世와 澤民의 학문이어야 하며, 국경을 지키고 성을 쌓는 기구의 제도로 외침을 막아낼 수 있는 분야의 것들도 소홀히 해서는 안 된다. 자질구레한 이야기들로 구차하게 한때의 괴상한 웃음이나 자아내게 하는 책이라든지, 진부하고 새롭지 못한 이야기나 지리하고 무용한 논의와 같은 것들은 다만 종이와 먹만 허비할 뿐이니, 좋은 과일 나무를 심고 좋은 채소

然意觸, 飄然思至, 自然而詠, 自然而成, 天籟瀏然, 此是詩家活潑門地."

53) 金相洪, 「한국 한문학과 생태의 문제」, 『韓國漢文學硏究』 제33집, 한국한문학회, 2004, pp.11-12. 참조.

를 가꾸어 생전의 살 도리나 넉넉하게 하는 것만 못할 것이다.[54]

이는 1808년 여름에 두 아들에게 보낸 가계이다. 학자로서 저서를 할 경우 첫 번째가 유가 경전에 관한 책이고, 두 번째가 經世와 澤民에 관한 책이며, 세 번째가 국방을 튼튼히 할 수 있는 내용의 책이라고 하였다. 기타 자질구레한 이야기와 진부하고 무용한 것들의 책을 저술하는 것은 종이와 먹만 허비할 뿐 果樹와 채소를 심어 살림을 윤택하게 하는 것보다 못하다고 하였다.

다산은 이를 스스로 실천하였다. 첫째의 경전연구는 바로 그의 저서 六經四書이고, 둘째의 경세택민에 관한 저술은 一表二書(경세유표·목민심서·흠흠신서)이고, 세 번째 국방 관련 저서는 『我邦備禦考』 30권(미완성) 등이 있다. 이처럼 다산은 자식 교육에서 언급한 내용을 몸소 실천하여 모범을 보여준 훌륭한 아버지였다.

다산이 유배지에서 자신의 학문이 자식들에게 전승이 되고 가문이 중흥되기를 간절히 기원한 꿈은, 자식들이 이를 실현했느냐의 여부를 떠나 너무나 시리고도 아름답다.

54) 『전서』, 「示二子家誡」(嘉慶戊辰中夏 與猶病翁 書于茶山精舍), I-18, 6b, p.377. "大較著書之法, 經籍爲宗, 其次經世澤民之學, 若關防器用之制, 有可以禦外侮者, 亦不可少也. 若夫瑣細零星之說, 苟取一時之詼笑, 與夫陳腐不新之談, 支離無用之論, 徒費紙墨, 不如手植珍果佳蔬, 以博生前之生理也."(嘉慶戊辰中夏, 與猶病翁書于茶山精舍)

5. 결 론

다산 정약용은 18년간 유배생활을 하면서도 자식 교육에 혼신의 노력을 다하였다. 그가 1801년 신유사옥으로 유배되고 가문이 폐족이 되었을 때, 장남 정학유는 18세, 차남 정학유는 15세, 막내딸은 9세의 어린 나이였다.

다산은 후일을 위하여 서간과 가계로 자식들을 치열하게 교육시켰다. 폐족의 생존방법을 교육하였고, 가난의 극복을 위해 실용경제 교육을 하였으며, 자신의 학문을 계승하고 가문의 중흥을 위하여 학문에 정진할 것을 교육하였다.

이상에서 살펴본 것은 다산이 유배지에서 자식들을 교육한 내용의 일부에 지나지 않는다. 그러나 우리는 역경 속에서도 자식교육에 심혈을 기우렸던 아버지 다산의 모습을 확인할 수 있다. 폐족으로서 생존교육과 실용경제 교육과 학문전승과 가문 중흥의 꿈은 모두가 현실주의와 실용주의에 근간을 둔 것이다. 즉 자식교육이 바로 우리의 미래이자 희망이라는 다산의 교육철학은 시공을 초월한 善鳴이 아닐 수 없다. 유배의 역경 속에서도 희망을 잃지 않고 자식교육에 심혈을 기울인 다산의 교육철학은 오늘을 사는 모든 부모들에게 귀감이 된다.

문제는 다산의 자녀 교육에 대한 결과이다. 추사 김정희의 제자 李尙迪(1804-1865)[55]은 정학연이 운명하자, "문장은 능히 나라를 빛내고 의술은 나라를 치료할 만하다."(文能華國醫醫國)[56]고 한 것을 보면, 장남 학연은 문장과 의술이 뛰어났음을 알 수 있다. 최근 일본에서 발굴된 정학연의 시집 『三倉館集』(필사본)과 정학연 편찬서로 알려진 『種畜會通』과, 차남 정학유가 편찬한 『詩名多識』에서 학문세계의 片鱗을 찾을 수 있다.[57]

한 가지 짚고 넘어갈 것은 다산이 장남 정학연에게 醫員 노릇을 그만두라고 강하게 말렸음에도 불구하고, 이상적이 "의술은 나라를 치료할 만하다"(醫醫國)고 증언한 것을 보면 적어도 이 문제만은 교육적 효과가 없었던 것 같다.

다산은 유배의 역경 속에서도 자식교육을 위해 애쓴 아버지였으나, 자신으로 인해 폐족이 된 두 아들에게 빚을 졌다. 유배지에서 가계와 서간으로 교육하였다고 하여 아들에게 진 부채를 갚은 것은 아니다. 이는 낡고 부패한 조

---

55) 이상적은 譯官 출신으로 온양군수를 거쳐 지중추부사에 이르렀다. 이상적은 추사 김정희로부터 그 유명한 「歲寒圖」(국보 180호)를 받은 인물이다.[「歲寒圖」는 추사가 제주도에서 유배생활을 할 때, 북경에서 귀한 책을 구해다 준 제자 이상적의 인품을 松柏의 지조에 비유하며 그 답례로 1844년(헌종 10) 그려준 것임.]

56) 李尙迪, 「奉挽丁酉山直長」, 『恩誦堂集』續集 권6. 亞細亞文化社, 1973. pp.281-282. "壽木風摧百尺餘, 江流嗚咽雨蕭蕭. 河魚一疾成千古, 遼鶴孤魂返九霄. 下士自稱詩弟子(先生貽書輒署詩弟子媿不克當), 在官常伴老漁樵(平日自言分院官況如是), 文能華國醫醫國, 斯道爭禁兩寂寥."

57) 노경희, 「일본 宮內廳書陵部 소장본, 丁學淵 시집 『三倉館集』의 영인 및 해제」, 『茶山學』제6호, 다산학술문화재단, 2005. p.432.

선왕조가 만든 비극이 아닐 수 없다. 다산은 비록 자식들에게 빚을 졌으나, 실학을 집대성하여 우리나라 5천년 知性史에 새로운 지평을 열었다. 즉 다산은 자신을 유배 보낸 조선왕조의 학술사에 "실학의 집대성"이라는 미증유의 찬란한 금자탑을 세웠다. 그러므로 조선왕조는 다산 3부자에게 큰 빚을 졌다.

茶山의 「和蘇長公東坡八首」의 애잔한 꿈

1. 서 론

당송팔대가의 한 사람인 東坡 蘇軾(1036-1101)은 北宋의 정치가이자 대문호이다. 그의 학문이 동아시아 문단에 끼친 영향은 지대하다. 조선초 文衡을 역임한 徐居正(1420-1488)은, 고려의 문사들은 오로지 동파를 숭상하여 매번 과거급제자의 방이 나붙으면 사람들은 33명의 동파가 나왔다고 말하였으며 학사 權適(1094-1146)의 시를 보면 동파를 숭상한 것을 알 수 있다고 하였다.[1] 이를 보면 동파는 고

---

1) 徐居正, 『東人詩話』(韓國詩話選), 太學社, 1981, p.213. "高麗文士, 專尙東坡, 每及第榜出, 則人曰, 三十三東坡出矣. 高元間宋使求詩, 學士權適贈詩曰, 蘇子文章海外聞, 宋朝天子火其文. 文章可使爲灰燼, 千古芳名不可焚. 宋使歎服, 其尙東坡, 可知也已."

려조 문사들의 우상이었다.

그러나 동파는 정치 외교적으로 철저하게 反高麗 노선을 취하였다. 동파는 고려 使臣의 入貢은 송나라에 추호의 이익도 없다고 반대하였고,[2] 고려 사신의 서적 구입의 요구를 허가하는 것은 국가의 기밀과 정보를 유출하는 것이라고 극력 반대하였다.[3] 그럼에도 불구하고 우리 祖先들은 동파의 반고려적인 행적에 개의하지 않고 그의 문학을 典範으로 삼았다. 동파는 고려시대의 문사들뿐만 아니라 조

---

2) 楊家駱 主編, 『新校本 宋史』(이하 宋史), 鼎文書國 印行, 中華民國 72., 「哲宗」一, 권17, 本紀 第17, pp.335-336. "辛亥, 禮部尙書蘇軾言, 高麗使乞買歷代史及冊府元龜等書, 宜卻其請不許. 省臣許之, 軾又疏陳五害, 極論其不可." ○ 楊家駱 主編, 『蘇東坡全集』下, 世界書國 印行, 中華民國 74. 「論高麗買書利害箚子三首」(1), 奏議集 卷13, p.558. "元祐八年 二月初一日, …… 禮部尙書, 蘇軾箚子奏, …… 臣伏見高麗人使, 每一次入貢, 朝廷及淮浙兩路賜予餽送燕勞之費, 若十餘萬貫. 而修飾亭館, 騷動行市, 調發人舡之費不在焉. 除官吏得少餽遺外, 了無絲毫之利, 而有五害. 所得貢獻, 皆是玩好無用之物, 而所費皆是帑廩之實, 民之膏血, 此一害也. 所至差借人馬什物, 攪撓行市, 修飾亭館, 民力倍有培費, 此二害也. 高麗所得賜予, 若不分遺契丹, 則契丹安肯聽其來貢, 顯是借寇兵而資盜糧, 此三害也. 高麗名爲慕義來朝, 其實爲利, 度其本心, 終必爲北虜用, 何也, 虜足以制其死命, 而我不能故也. 今使者所至, 圖畫山川形勝, 窺測虛實, 豈復有善意哉, 此四害也. 慶曆中契丹欲渝盟, 先以增置塘泊爲中國之曲, 今乃招來其與國, 使頻歲入貢, 其曲甚於塘泊, 幸今契丹恭順, 不敢生事, 萬一異日有桀黠之虜, 以此藉口, 不知朝廷何以答之, 此五害也."

3) 楊家駱 主編, 『蘇東坡全集』下, 世界書國 印行, 中華民國 74. 「論高麗買書利害箚子三首」(3), 奏議集 권13, p.562. "元祐八年, 二月二十六日, …… 臣所憂者, 文書積於高麗, 而流於北虜, 使敵人周知山川險要邊防利害, 爲患至大. 雖曾賜予, 乃是前日之失, 自今止之."

선왕조에 이르러서도 문인 학사들의 우상이었다.

동파는 조선 후기 善鳴者인 茶山 丁若鏞(1762-1836)의 삶과 학문에 많은 영향을 끼친 사람 중의 하나이다. 다산은 동파의 삶과 학문에 심취하여 여러 수의 和蘇詩를 썼을 뿐만 아니라, 시문에서 그를 자주 언급하였다. 다산은 동파를 酷好하여 褒揚했으면서도, 일부 학문적인 문제에 대하여 견해를 달리하고 貶下하였다.[4)]

다산이 강진 유배지에서 동파의 시에 화운한 「和蘇長公東坡八首」의 세계를 조명한다. 이는 다산의 宋代 문학의 수용 양상은 물론 그의 시세계의 일단을 이해하는 데 기여할 것이다.

2. 다산의 동파 화운시 세계

다산이 동파의 시에 화운한 시는 모두 14題 20首이다.[5)]

---

4) 金相洪, 「茶山의 蘇東坡論」, 『南冥學硏究』제18집, 慶尙大學校 南冥學硏究所, 2004.

5) 다산의 和蘇詩는 14題 20首인데 다음과 같다. ① 「偶至溪上, 見玫瑰一樹嫣然獨開, 因憶東坡於定慧院賦海棠花, 遂此其韻」(丁若鏞, 『與猶堂全書』, 景仁文化社, 1970. I-4, 19b-20a, p.71). ② 「水仙花歌, 復次蘇韻」(庚申春, 茯菴李公回自燕京, 金繒無所私, 唯帶水仙花一根, 揷之盆水, 余與少陵環坐賞玩. 流落以來朔南遼敻, 而此花亦已槁矣. 感念疇昔惻然有述)(I-4, 20ab, p.71). ③ 「獄中和東坡西臺詩韻」 2首(是年十月二十二日夕, 又被逮繫, 二十七日入獄, 十一

유배지 장기에서 우연히 시냇가에 갔다가 해당화를 보고 동파가 定惠院에서 해당화를 읊었던 일이 생각나 차운했고, 또한 옛일을 회상하고 동파 시에 차운하여 수선화를 노래하였다. 다산 형제는 조카사위 黃嗣永 帛書事件으로 재차 서울로 압송되어 入獄되었을 적에, 동파가 옥중에서 시를 써 아우 蘇轍에게 보낸 일과 蒙叟도 옥중에서 동파의 시에 화운한 일을 상기하고 서로의 처지가 비슷하여 느낀 바가 있어 동파의 시에 화운한 후, 후세인들이 자신의 시를 보고 불쌍히 여길 것이라고 하였다. 출옥 후에도 다시 和蘇詩를 썼다. 그리고 흑산도에 유배된 중형 丁若銓이 肉食을 1년 넘게 먹지 못해 수척해졌다는 서신을 받고, 동파

月初五日, 蒙恩出獄, 移配康津縣, 仲氏自康津移配黑山島. 昔東坡在囚詩寄子由, 蒙叟入獄亦和蘇韻事, 有相類曠然有感, 後之人, 尙亦恤余哉)(I-4, 24ab, p.73). ④「出獄復和前韻」 2首(I-4, 20b, p.73). ⑤「和東坡聞子由瘦」(得仲氏書云, 不肉食已歲餘, 毁瘠不可支心, 愴然有作)(I-4, 30b-31a, pp.76-77). ⑥「和蘇長公東坡八首」次韻(余雅好治圃, 流落以來, 益以無事, 久有想願, 顧地窄力詘, 訖今未就. 然心勿忘也. 隣人有治小圃者, 時往而觀, 亦復怡然, 其性好可知已. 昔馬正卿請地予長公, 使得躬稼, 厥有八篇之詩, 世卑義巽, 不可冀遇, 愴然有述, 以昭其志)(I-5, 8a-9a, pp.82-83). ⑦「奉簡巽菴」 4首(次子由子瞻, 相和諸詩韻)(I-5, 19b-20a, p.88). ⑧「和東坡過嶺韻」, I-5, 20a, p.88). ⑨「六月無花, 唯木槿擅場, 使人感念, 率爾有作, 遂次東坡定惠院海棠韻, 奉示淞翁」, I-6, 6ab, p.101). ⑩「久雨傷稼, 次韻東坡久旱甚雨之作三首, 奉示淞翁」(I-6, 9ab-10b, p.103). ⑪「石林李禮卿魯和, 月夜來訪, 次韻蘇東坡定慧院月夜步出」(I-7, 38a. p.143). ⑫「夜宿淸平寺, 和東坡蟠龍寺」(I-7, 42b-43a, pp.145-146). ⑬「菜花亭新成, 權左衡適至, 次韻東坡聊試老筆」(5수)(I-7, 44ab. p.146). ⑭「又令左衡作隨試老筆, 次韻東坡」(5수)(I-7, 44b-45b. pp.146-147)

가 동생 蘇轍이 수척해졌다는 소식을 듣고 쓴 시에 화운하였다.

동파 笠屐圖

동파는 黃州團練副使로 폄출된 지 2년 되던 해인 1081년(45세, 元豊 4)에 친구인 馬夢得(자 正卿)의 도움을 받았다. 마몽득은 동파의 유배생활이 너무나도 궁핍하자 이를 슬피 여겨 郡에 청하여 옛 병영지 數十畝의 땅을 얻어주어 농사를 짓게 하였다.[6] 다산은 강진으로 유배된 지 5년째(44세, 1805년)에 자신은 동파의 친구 마몽득과 같은 사람이 없는데 대한 슬픔과 각박한 귀양지의 인심을 和蘇詩에 형상화하였다. 그리고 자신과 중형 丁若銓이 기구하게 유배객이 된 현실과, 흑산도에 유배중인 중형을 그리워한 시를 동파와 소철 형제가 주고받았던 여러 시에 차운하였다. 다산은 해배 후 향리에 돌아와서도 和蘇詩 여러 수

---

6) 楊家駱 主編, 『蘇東坡全集』上, 「東坡八首」幷序, 권12, p.175. "余至黃二年, 日以困匱, 故人馬正卿, 哀予乏食, 爲於郡中請故營地數十畝, 使得躬耕其中, 地既久荒, 爲茨棘瓦礫之場. 而歲又大旱, 開墾之勞, 筋力殆盡, 釋耒而歎, 乃作是詩. 自愍其勤, 庶幾來歲之入, 以忘其勞焉." ○ 『蘇東坡全集』上, 「東坡先生年譜」, pp.18-19. "元豊四年 辛酉, 先生年四十六. 在黃州. …… 考東坡八首序云, 余至黃二年, 日以困匱, 故人馬正卿, 哀予乏食, 於郡請故營地使躬耕其中."

썼다. 다산이 동파시에 화운한 시가 모두 14題 20수에 이르는 것은 동파를 酷好한 것을 알 수 있다.

동파는 폄적되어 1080년 2월 1일 黃州(현재 호북성 黃岡縣)에 도착하여 임시로 定慧院(定惠院)에 거처한다. 정혜원의 동쪽에서 해당화를 한 그루를 발견하고 자신의 처지와 비슷한 것을 느끼고 다음과 같이 노래하였다.[7)]

「정혜원 동쪽에 임시로 거처하니 온갖 꽃들이 산에 가득하였다. 해당화 한 그루가 있는데 황주 사람들은 귀한 줄 몰랐다.」

강성은 땅이 습해 초목이 무성한데
다만 명화인 해당화가 괴로움 견디고 홀로 피었네

방긋이 대 울타리 사이에서 피어 있으니
도리화가 산에 널렸으나 다 거칠고 속되구나

또한 조물주가 깊은 뜻이 있어
짐짓 절세가인을 보내어 빈 골짜기에 피게 했네

자연스런 부귀한 모습 천연의 자태에서 나왔으니

---

7) 楊家駱 主編, 『蘇東坡全集』上, 王宗稷編, 「東坡先生年譜」, p.18. “元豊三年庚申, 先生年四十五, 責黃州, 自京師道出陳州. …… 乃以二月一日至黃州, 寓居定惠院, 有初到黃州詩 …… 定惠有海棠一株, 土人不知貴, 先生作詩. 有也知造物有深意, 故遣佳人在幽谷之句.”

금쟁반에 담아 화려한 집에 바치는 것 바라지 않네

붉은 입술이 술을 마셔 뺨이 붉게 달아오른 듯
푸른 소매 깁을 걷어 붉은 살이 비추는 듯하네

숲이 깊고 안개 자욱해 새벽빛 들기 더디고
햇빛 따뜻하고 바람 가벼워 봄잠 자기 좋구나

빗속에 눈물 흘리니 또한 처량하고
달빛 아래 아무도 없으니 더욱 맑고 깨끗하네

선생은 배부르게 먹고 할 일도 없어
산보하고 소요하며 스스로 배를 문지른다네

인가나 절간을 가리지 않고
지팡이로 문 두드리고 대나무를 구경하는데

홀연히 아름다운 꽃 만나 노쇠한 이 몸 비추니
말없이 탄식하며 병든 눈을 훔치노라

누추한 고을 어느 곳에서 이 꽃을 얻었는가
호사가가 서촉 땅에서 옮겨온 것이 아닐까

한 치 뿌리도 천리 길 오기 쉽지 않은데
씨를 머금고 날아온 것은 분명 기러기나 고니리라

하늘 끝에 유락한 신세 서로 동정할 수 있느니
그대 위해 한 잔 술 마시며 이 곡조 노래하네

내일 아침술 깨어 다시 혼자 오면
눈처럼 꽃잎 어지러이 지리니 어찌 차마 손대겠나

江城地瘴蕃草木　只有名花苦幽獨
嫣然一笑竹籬間　桃李漫山總麁俗
也知造物有深意　故遣佳人在空谷
自然富貴出天姿　不待金盤薦華屋
朱脣得酒暈生臉　翠袖卷紗紅映肉
林深霧暗曉光遲　日暖風輕春睡足
雨中有淚亦悽愴　月下無人更淸淑
先生食飽無一事　散步逍遙自捫腹
不問人家與僧舍　拄杖鼓門看脩竹
忽逢絶艶照衰朽　歎息無言揩病目
陋邦何處得此花　無乃好事移西蜀
寸根千里不易到　銜子飛來定鴻鵠
天涯流落俱可念　爲飮一樽歌此曲
明朝酒醒還獨來　雪落紛紛那忍觸[8)]

세속에서 보기 드믄 해당화는 동파의 고향인 西蜀에서 피는데, 황주의 정혜원이 있는 산의 빈 골짜기에 홀로 피어 있다는 것 구도 그 자체가 예사롭지 않다. 서촉을 떠나

---

8) 楊家駱 主編,『蘇東坡全集』上,「寓居定慧院之東，雜花滿山，有海棠一株，土人不知貴也.」, 권11, p.169.

온 해당화와 황주로 폄적된 동파의 불우한 처지가 같다. 여기서 해당화는 동파를 뜻한다. 동파는 “또한 조물주가 깊은 뜻이 있어 / 짐짓 절세가인을 보내어 빈 골짜기에 피게 했네”라고 한 것은 동파 자신의 폄적과 홀로 피어 있는 해당화의 신세가 같음을 말한 것이며 또한 조물의 깊은 뜻이라고 한 것은 처연한 운명을 수용한 비애이다. 그리고 “붉은 입술이 술을 마셔 빰이 붉게 달아오른 듯 / 푸른 소매 깁을 걷어 붉은 살이 비추는 듯”하여 절세가인 같은 해당화는, 산에 지천으로 피어 있는 거칠고 속된 복숭아꽃과 오얏꽃과 품격이 다르다. 천연의 고귀한 품격을 가진 해당화가 西蜀에 피어 있어야 하는데 머나먼 황주의 빈 골짜기(空谷)에 홀로 피어 있는 것을 동파 자신의 淸絶한 인품과 현재 폄적된 불우한 처지로 비유한 것이다. 해당화와 동파는 하늘 끝으로 유락한 신세이기에 서로 동정할 수 있다. 그래서 동파는 해당화를 위해 술을 마시고 노래하였다. 내일 아침술이 깬 후에 해당화를 찾아가면 눈처럼 꽃잎이 어지러이 떨어질 것이기에 차마 손을 대지 못하겠다고 한탄한 것은, 동파 자신도 해당화처럼 하늘 끝 황주에서 아무도 모르게 사위어 갈지도 모른다는 현실적 두려움과 슬픔을 言外之意로 형상화한 것이다.

다음은 동파 시를 차운한 다산의 해당화 시도 1801년 경상도 장기에서 유배 중일 때 지은 것이다.

「우연히 시냇가에 갔다가 해당화 한 그루가 아름답게 피어 있는 것을 보고는 동파가 정혜원에서 해당화를 읊었던 일이 생각나 드디어 차운하다.」

늪지라서 비습하고 몹쓸 나무만 많이 있어
거친 길 배회하노라면 외로움을 느끼는데

이리 이빨 용 발톱이 잡다한 그 한 쪽에
한 그루 해당화 향기 뛰어나네

장사치들 시장에 가 어깨 맞대고 야단인데
아리따운 옥인은 빈 골짝에 있네 그려

진주 파는 가게에는 고기눈깔 원래 많은 법
뉘라서 미인을 황금옥으로 들게 할 것인가

서울 사람 기르는 꽃 복숭아꽃 오얏꽃뿐인데
썩은 쥐로 배 채우고 고기 먹었다 자랑이지

매괴를 잘못 알고 해당화라 부르다니
능석(질경이)이 까닭 없이 오족이 된 셈이지

화사의 글자 하나 보지도 않고서
더러운 마음으로 깨끗함을 더럽혀서야

예로부터 성현들도 말 많은 것 미워한 것은
괴롭게도 엉뚱한 헐뜯음을 당했기 때문이네

취약한 게 꽃술인데 너만은 꼿꼿하여
굳은 절개 맑은 기상 대나무같이 늠름하고

붉은 수염 푸른 가시가 네 몸을 보호하니
나비 벌이 제 감히 눈독을 들일소냐

언제나 두려운 건 놔주지 않을 도끼이지
험난한 세상길은 민산과 촉도와 같다네

아 아름답고 고운 바탕에 기이한 향기 갖고
잡초 속에서 끝까지 딱 버티고 서 있는 너

산을 메운 나무꾼들 너를 어찌 알까보냐
구부러지고 냄새나는 가죽나무나 좋아하지

꽃 앞에 홀로 서서 꽃과 이야기 나누다보니
쓸쓸한 둘의 뜻이 서로 느껴지는 것만 같네

澤障地卑多惡木　荒徑徘徊念幽獨
狼齒龍爪雜沓邊　一樹玫瑰香絶俗
屠沽側肩爭市門　玉人嬋媛在空谷
由來魚目滿珠肆　誰遣蛾眉入金屋
京城養花皆桃李　腐鼠充腸誇嗜肉
錯把玫瑰呼海棠　陵舃無端爲烏足
花史曾無一字窺　滓穢生心汚淸淑

自古賢聖憎多口　苦遭讒人入左腹
花心脆弱汝獨貞　脩節淸標凜如竹
紅芒綠刺謹防身　紫蝶黃蜂敢注目
常恐斤斧不相赦　世路崎險如岷蜀
吁嗟麗質秉奇芬　叢矢終然集一鵠
樵蘇滿山豈識汝　却羨臭樗枝拳曲
獨立花前與花語　兩意凄然相感觸[9)]

다산은 시냇가에 홀로 피어 있는 해당화를 玉人과 蛾眉라하여 미인으로 불렀다. 서울 사람들은 모두 복숭아꽃과 오얏꽃만을 기르는데 이는 썩은 쥐로 배를 채우고 고기 먹었다고 자랑하는 것과 같다고 한 것은 花品이 서로 다름을 말한 것이다. 해당화는 꽃술이 홀로 꼿꼿하고 굳은 절개와 맑은 기상이 대나무처럼 늠름하고 붉은 수염 푸른 가시가 몸을 보호하기 있기에 나비와 벌이 감히 눈독을 들일 수 없다는 것은 고고한 품격을 말한 것이다. 나비와 벌은 소인배들을 의미한다.

아름답고 고운 바탕에 기이한 향기를 갖고 잡초 속에서 서 있는 해당화를 나무꾼들이 알아보지 못하고 구부러지고 냄새나는 가죽나무나 좋아한다고 한 것은 속인들이 해당화의 품격을 알아보지 못한다는 의미이다. 기이한 향기를 내뿜으며 잡초 속에 홀로 서 있는 해당화는 다산 자신의 淸

9) 丁若鏞, 『與猶堂全書』(景仁文化社 影印, 1970. 이하 『전서』), 「偶至溪上, 見玫瑰一樹嫣然獨開, 因憶東坡於定慧院賦海棠花, 遂此其韻」, I-4, 19b-20a, p.71.

絶한 인품과 바닷가 장기로 유배된 불우한 처지를 비유한 것이다. 다산이 해당화 앞에 홀로 서서 대화를 나누다 보니 처연한 뜻이 서로 느껴진다고 한 것은 꽃과 시인 모두 유형의 땅에 버려진 슬픈 현실을 은유한 것이다.

다산이 1807년(정묘) 강진 유배지에서, 동파가 동생 소철과 주고받던 시를 차운하여 흑산도 沙尾村에 유배중인 중형 丁若銓에게 보낸 시 한 수를 보자.

장다리 꽃 정원에 먼지 하나 없어
병을 털고 일어나 옛 책을 들춰보네

꾀꼬리 오지 않아 봄이 쓸쓸하고
녹음이 짙어 대낮인데 침침하네

옷은 남아 채석강 배 안의 비단인데
밥 없어 동파의 지붕 위의 구리기와라네

흑산도 사미로 집을 옮겨 살 수 있다면
뉘라서 파도 쳐서 갈 수 없다 울겠는가

菜花庭院一塵空　病起圖書續舊功
黃鳥不來春寂寂　綠陰初漲晝濛濛
衣餘采石舟中錦　飯乏東坡屋上銅
但得移家沙尾住　溟波誰復泣途窮[10]

10)『전서』,「奉簡巽菴」4首(次子由子瞻, 相和諸詩韻), I-5, 20a, p.88.

위의 경련 "옷은 남아 채석강 배 안의 비단인데"는 의상만은 유배라는 현실의 삶을 초월한 것을 뜻한다. 李白은 채석강에서 야밤에 비단 長袍를 입고 낚시배에 앉아 뱃놀이 즐기다가 빠졌다고 한다. 송나라 梅堯臣(1002-1060)은 "채석강 달빛 아래 적선을 찾았더니 / 밤에 비단 장포 입고 낚시배에 앉아 있네"[11]라고 노래한 것을 용사한 것이다. 그리고 "밥 없어 동파의 지붕 위의 구리기와라네"는 현실과 너무 괴리가 있다는 의미한다. 황주로 폄적된 동파가 호구지책으로 황무지인 옛 병영지를 개간한 궁핍한 삶이었다. 큰 부자나 지붕에 구리기와를 얹는데 동파는 그럴 처지가 아니라는 뜻이다.

다산은 미련에서, 만일 자신이 중형 정약전이 흑산도 사미촌에서 유배살고 있는 곳으로 집을 옮겨 살 수 있다면 뉘라서 파도가 사나워서 흑산도에 갈 수 없다고 울겠느냐고 한 것은 중형에 대한 애잔한 그리움이다.

다산은 동파의 시를 차운하여 14題 20首 썼다. 황주로 폄적된 동파의 삶과, 장기와 강진으로 이어지는 유배객 다산의 삶은 政爭의 희생양이 되어 不遇落拓했다는 공통점이 있다. 불우낙척이라는 동질적인 공감대가 있어 다산으로 하여금 동파의 시에 화운을 하게 한 것이다. 다산은 화소

---

11) 梅堯臣, 「采石月贈郭功甫」, "采石月下聞謫仙, 夜披錦袍坐釣船. 醉中愛月江底懸, 以手弄月身翻然. 不應暴落飢蛟涎, 便當騎魚上青天. 青山有冢人謾傳, 却來人間知幾年. 在昔孰識汾陽王, 納官貰死義難忘. 今觀郭裔奇俊郎, 眉目眞似攻文章. 死生往復猶康莊, 樹穴探環知姓羊."(『古文眞寶』 제5권)

시를 쓰면서 험난한 세파에 시달려야 하는 현실의 비애를 수용하고 이를 문학으로 승화하였다.

3. 동파의 「東坡八首」 세계

동파는 1057년(嘉祐 원년, 21세)에 진사과에 급제하여 벼슬길에 나가 여러 관직을 거친 후 44세인 1079년(元豊 2) 3월에 湖州知事가 되었다. 이해 8월에 참언으로 하옥되었는데 아우 蘇轍(1039-1112)이 관직을 걸고 구명운동을 하여 죽음을 면하고, 12월 黃州團練副使로 貶謫되어 이듬해(1080) 2월 1일 黃州(지금의 호북성 黃岡縣)에 도착하였다. 그는 4년 2개월 후 汝州로 옮겨가라는 명을 받을 때까지 황주에서 고난에 찬 세월을 보낸다.[12] 동파가 황주에 있는 동안 문예창작에 전념하여 시 220여 수, 詞 66수, 賦 3편

東坡 赤壁 遠景

12) 楊家駱 主編, 『蘇東坡全集』上, 王宗稷編, 「東坡先生年譜」, 世界書局印行, 中華民國 74, pp.18-20.

東坡 赤壁 近景

文 약 169편, 서신 288편으로 모두 740여 편을 남겼다. 그의 불후의 명문으로 회자되는 전후 「赤壁賦」도 황주 유배 시절인 1082년(47세, 임술)에 쓴 것이다.

다산이 화운한 동파의 시 「東坡八首」는 황주 폄적시절인 46세 때인 1081년(元豊 4, 신유)에 유배의 고난에 찬 삶을 형상화한 것이다. 먼저 이 시의 배경을 알 수 있는 「東坡八首 幷敍」를 보자.

내가 황주에 온 지 2년이 되었는데 날이 갈수록 곤궁하자 친구 마정경이 내가 식량이 부족한 것을 슬피 여기고 나를 위하여 郡 안의 옛 병영지 수십 무(畝)를 빌리기를 청하여 토지를 몸소 경작할 수 있도록 하였다. 그 땅은 이미 오랫동안 황폐해져서 잡초가 무성한 자갈밭이었는데 이 해에 큰 가뭄이 들었다. 개간의 노고로 인하여 근력이 다 소진되었기에 쟁기를 놓고 탄식하며 이에 이 시를 지었다. 스스로 그 일을 불쌍히 여겼으나 내년에 수확이 있어 그 수고로움을 잊기 바랬다.13)

유배지 황주에서 동파의 궁핍한 삶이 오롯하게 그려져 있다. 동파를 위해 애쓴 친구 馬夢得(자 正卿)에 대해서는 세상에 알려진 것이 없다. 다만 「東坡八首」의 제8수에서, "마몽득은 원래 곤궁한 선비로서 / 나를 따른 지가 20년이 되었네"(馬生本窮士 從我二十年)라고 한 것을 보면, 그는 동파의 20년 친구이다. 그리고 『東坡志林』을 보면 마정경은 동파와 같은 해 같은 달인 1036년(丙子, 景祐 3) 12월에 출생했는데 동파보다 8일 늦게 태어났다. 이 병자년(1036)에 태어난 사람은 부귀한 이가 없는데 자신과 마몽득이 궁핍함이 가장 심하였으며, 마몽득이 더욱 심하였다고 하였다.14)

13) 楊家駱 主編, 「東坡八首 幷敍」, 『蘇東坡全集』上, 前集 권12, 世界書局印行, 中華民國 74, p.175. "余至黃二年, 日以困匱, 故人馬正卿, 哀予乏食, 爲於郡中請故營地數十畝, 使得躬耕其中. 地旣久荒, 爲茨棘瓦礫之場, 而歲又大旱, 開墾之勞, 筋力殆盡, 釋耒而歎, 乃作是詩. 自愍其勤, 庶幾來歲之入, 以忘其勞焉." ○ 王宗稷編, 「東坡先生年譜」, 『蘇東坡全集』上, pp.18-19. "元豊四年辛酉, 先生年四十六. 在黃州, 寓居臨皐亭. …… 是年先生請故營地之東, 名之以東坡. 考東坡八首序云, 余至黃二年, 日以困匱, 故人馬正卿, 哀予乏食, 於郡請故營地使躬耕其中. 盖先生庚申來黃, 至辛酉爲二年矣. 以東坡圖考之, 辛酉方營東坡, 次年始築雪堂."

14) 『東坡志林』, 「馬夢得同歲」, "馬夢得, 與僕同歲月生, 少僕八日. 是歲生者, 無富貴人, 而僕與夢得, 爲窮之冠, 卽吾而二人劇之, 當推夢得爲首."

동파가 황주에 온 지 2년이 되었는데 날이 갈수록 생활이 궁핍해져 갔다. 이를 친구 마정경이 보다 못해 황주군에 요청하여 옛 병영지 일부를 빌렸다. 빌린 땅은 잡초가 무성한 황무지였고 또한 이해에 가뭄이 들었다. 이 황무지는 이름이 없었으나 황주의 동쪽에 위치하고 있어 東坡라고 불렀는데 동파는 이를 자신의 호로 삼았다. 동파는 잡초 무성한 황무지를 개간하느라 기력이 소진하여 쟁기를 놓고 탄식하며 이 시를 지었다. 그는 궁핍을 면하려고 황무지를 개간하는 힘에 벅찬 노동을 하면서도 내년에는 곡식을 수확할 꿈을 저버리지 않았다. 즉 역경 속에서도 희망을 잃지 않았다.

유형의 고단한 삶과 노동의 땀이 시에 아롱진 「東坡八首」 제1수부터 차례로 살펴보자.

황폐한 성채를 돌보는 사람 없고
무너진 담장엔 쑥대만 가득하니

누구라도 능히 힘써 일을 해도
연말에 일한 만큼 보상받지 못할 걸세

홀로 유배 온 사람 있는데
하늘 아래 궁색한 신세 도망갈 곳 없어

처음 와서 기와조각과 자갈을 주어냈는데
가뭄마저 들고 땅이 기름지지도 않네

기구하게 잡초 무성한 속에서
한 마디 작은 풀이라도 다 뽑아내려니

한숨 쉬다 쟁기를 놓고 탄식하길
내 창고에 쌀이 어느 때에야 높이 쌓여질고

廢壘無人顧 頹垣滿蓬蒿 誰能捐筋力 歲晩不償勞
獨有孤旅人 天窮無所逃 端來拾瓦礫 歲旱土不膏
崎嶇草棘中 欲刮一寸毛 喟焉釋耒歎 我廩何時高

오랫동안 버려졌던 황무지를 개간해도 가을에 땀 흘려 일한 만큼 곡식을 수확을 얻을 수 없었다. 그리고 유배된 처지라 도망갈 곳도 없는 궁색한 신세였지만 황무지를 개간하느라 힘든데 설상가상으로 가뭄까지 들어 더욱 힘들었다. 개간하느라 한마디의 작은 풀까지 모조리 뽑으려니 근력이 소진되어 쟁기를 놓고 창고에 어느 날에야 쌀이 가득할 것이냐고 탄식하는 동파의 애처로운 모습이 오롯하게 형상화 되었다. 이어서 제2수를 보자.

거친 잡초 무성한 밭이나 드넓고
높고 낮은 밭 각각 알맞음이 있네

낮은 진펄엔 메벼와 찰벼를 심고
동쪽 언덕엔 대추와 밤을 옮겨 심었네

강남엔 내 벗 촉의 선비 王文甫 살고 있어
오디는 주기로 허락해 안 심었네

좋은 대나무 재배하기 어렵지 않으나
다만 채찍 되어 멋대로 휘두를까 두렵네

이에 모름지기 좋은 땅인가 점을 치며
내 집을 편안하게 도모하려네

가동에게 마른 풀밭 태우게 한 것은
우물 발견하고 달려와 알리길 위해서였네

한번 배부르게 먹는 것 기약 없으나
간소한 음식은 이미 필히 먹을 수 있네

荒田雖浪莽　高庳各有適　下隰種秔稌　東原蒔棗栗
江南有蜀士　桑果已許乞　好竹不難栽　但恐鞭橫逸
仍須卜佳處　規以安我室　家僮燒枯草　走報暗井出
一飽未敢期　瓢飮已可必

동파는 황무지를 개간하여 메벼와 찰벼를 심고 한편으로는 유실수를 심어 내일을 기약하였다. 대나무는 재배하기가 어렵지 않지만 만일 심어놓는다면 커서 후일 채찍이 되어 백성을 괴롭힐까 두려워 심기를 망설였다. 종에게 마른 풀밭을 태우도록 하여 우물을 찾아 식수를 해결하였다. 황무지를 개간하여 곡식을 심었다. 그러나 배부르게 먹을 수 있는 풍작을 기대할 수는 없었지만 굶주림을 면할 수는 있었다. 폄적된 동파의 곤궁한 삶이 리얼하게 그려져 있다.

다음은 제3수이다.

옛적부터 작은 샘이 있는데
멀리 고개 뒤에서 흘러 와서

성을 뚫고 마을을 지나
나쁘게도 쑥밭에 흘러가 쑥을 무성케 하고

흘러가서 柯氏의 봇물이 되어
열 이랑의 고기와 새우를 만나네

금년엔 가뭄 들어 샘물이 또한 다 말라
마른 부평초는 갈라진 흙덩이에 붙어 있네

어제 밤 남산에 구름 끼더니
비가 쟁기 들어갈 만큼 와서

눈물 흘리며 밭고랑을 찾아가
내가 무성한 잡초를 뽑네

진흙에 죽지 않은 오래된 미나리 뿌리가 있는데
아주 작은 것이 아 홀로 살아 있네

눈 같은 미나리 싹이 어느 때에 돋아나서
봄 비둘기와 조리해서 회로 먹을런지

自昔有微泉　來從遠嶺背　穿城過聚落　流惡壯蓬艾
去爲柯氏陂　十畝魚蝦會　歲旱泉亦竭　枯萍黏破塊
昨夜南山雲　雨到一犁外　泫然尋故瀆　知我理荒薈
泥芹有宿根　一寸嗟獨在　雪芽何時動　春鳩行可膾

이 시에는 가뭄을 고생하는 모습이 그려져 있다. 마을에 옛날부터 샘물이 흘러 마을을 지나갔는데, 혹심한 가뭄으로 샘물이 말라붙었다. 다행이 지난밤 비가 조금 와서 밭을 갈아 잡초를 제거하였다. 동파는 가뭄에도 죽지 않은 미나리 뿌리를 발견하고, 어느 시절에 눈처럼 흰 미나리 싹이 돋아나 촉지방 사람들이 좋아하는 비둘기 고기와 섞어서 만든 미나리회를 먹을 수 있겠느냐고 탄식하였다.(蜀人貴芹芽膾, 雜鳩肉作之.)

다음 제4수는 가을이 되면 수확하는 기쁨을 상상하여 읊은 것이다.

벼를 청명 전에 심어놓고
수확의 즐거움을 난 손 꼽아보네

가랑비 가만히 봄 연못에 내리고
바늘 같은 물 흐르는 소리 듣기 좋네

모내기를 초여름에 하고나니
점차 기쁘게도 바람이 나뭇잎을 흔드네

달 밝으니 나뭇잎에 맺힌 이슬 보이는데
이슬 한 방울 한 방울이 구슬 실이 드리운 듯

가을이 와 서리 내려 벼이삭 고개 숙이면
벼가 넘어질까 버팀목을 해주리라

다만 논두렁 사이에서
메뚜기가 비바람처럼 날아다니는 소리 들으려네

새로 방아찐 쌀을 시루에 넣고
옥 같은 쌀이 대바구니에서 빛나리라

나는 오랫동안 관가 곡식을 먹었는데
썩은 쌀이라 진흙 같아 맛이 없었네

장차 새 쌀밥 맛을 알 것이니
내 입과 배는 이미 허락했다네

種稻淸明前　樂事我能數　毛空暗春澤　鍼水聞好語
分秧及初夏　漸喜風葉擧　月明看露上　一一珠垂縷
秋來霜穗重　顚倒相撑拄　但聞畦壟間　蚱蜢如風雨
新春便入甑　玉粒照筐筥　我久食官倉　紅腐等泥土
行當知此味　口腹吾已許

청명(양력 4월 5, 6일경) 전에 모내기를 한 후, 가을이 되어 추수할 날을 손꼽아 기다리는 정경이 리얼하게 묘사되었다. 벼가 고개를 숙이면 넘어지지 않게 버팀목을 설치해주고, 논두렁 사이에서 메뚜기가 비바람처럼 날아다니는 소리를 듣겠다고 하였다. 추수한 쌀을 방아 찧으면 옥 같은 쌀이 대광주리에서 가득하리라고 예상하였다. 당시 동파는 관가에서 주는 썩은 쌀은 진흙과 같아 맛이 없었지만 오랫동안 먹을 수밖에 없었다. 그러나 가을이 되어 자신이 심은 벼를 추수하면 새 쌀밥을 먹는 즐거움이 있을 것이라고 하였다. 추수를 기다리는 궁핍한 유백객의 처연하고 애잔한 삶이 오롯이 그려져 있다.

다음 제5수는 농사에 문외한인 동파에게 이웃 농부가 보리농사 짓는 방법을 알려준 내용이다.

좋은 농사는 지력을 아끼는 것이니
다행히 이 땅은 십 년 동안 버려져 있었네

뽕나무와 산뽕나무는 자라지 않았지만
보리농사는 가망이 있을 것 같네

씨 뿌리는 것 아직 달을 넘기지 않았기에
땅을 갈아 보리 심으니 푸르게 자랐네

농부가 나에게 말하기를

보리 싹을 너무 키우지 말라하고

그대가 떡 해먹을 정도로 부자가 되려면
모름지기 소와 양의 힘을 빌려 밟게 하라네

두 번 절하며 충고에 감사드리고
배가 부른 후에도 고언을 잊지 않으리

良農惜地力　幸此十年荒　桑柘未及成　一麥庶可望
投種未逾月　覆塊已蒼蒼　農夫告我言　勿使苗葉昌
君欲富餠餌　要須縱牛羊　再拜謝苦言　得飽不敢忘

동파는 10년 간 버려진 땅을 일부 개간한 후 보리를 심으면 잘될 것 같았다. 마침 파종시기가 지나지 않아 보리를 파종하니 푸르게 잘 자랐다. 이를 보고 농부가 동파에게 보리농사법을 알려 주었다. 즉 보리 싹을 너무 웃자라게 하지 말며, 떡을 해먹을 정도로 풍작을 기대하려거든 봄에 겨울 내내 얼부풀은 보리밭을 소와 양을 동원하여 밟아주라고 하였다. 보리농사법을 알려준 농부에게 동파는 두 번 절하면서 훗날 배가 부르게 되더라도 농사짓는 법을 가르쳐준 고마움을 잊지 않겠다고 다짐하였다. 이 시에서 가난을 극복하기 위해 손수 농사지으면서 농부의 가르침을 겸허히 수용한 동파의 모습을 만날 수 있다.

다음 제6수는 개간한 땅에 대추와 소나무를 심고 10년 후를 기약하였다.

대추 심으면 열매 따 먹길 기약할 수 있고
솔 심으면 깎아 쓸 수 있을까

이는 10년 후에나 있을 일이지만
내 계획대로 정성을 다할 뿐이네

10년 후를 어찌 지금 말할 수 있으랴만
2년도 바람과 우박처럼 빨리 지나가는 것을

옛적 李衡은 감귤 심고 종놈이라 했던 것을 들었기에
이 계책을 배울까 말까 의심했네

나에게 동사랑 李公澤이 있는데
벼슬을 衡山의 瀟岳에서 하고 있지

나에게 3촌 정도 크기의 감귤을 보내왔는데
자리를 비칠 정도로 윤기가 뛰어났네

백 그루를 심으면 아마 이와 같을 건가
당연이 봄 얼음처럼 윤기 나겠지

상상해보니 대나무 울타리 사이로
푸르고 누런 감귤이 지붕모서리에 주렁주렁 열리겠지

種棗期可剝　種松期可斲　事在十年外　吾計亦已愨

十年何足道　二載如風雹　舊聞李衡奴　此策疑可學
我有同舍郞　官居在灊岳　遺我三寸柑　照坐光卓犖
百栽儻可致　當及春氷渥　想見竹籬間　靑黃垂屋角

동파는 동쪽 언덕에 대추나무와 소나무를 심었다. 그러나 대추가 열리고 소나무를 베어 쓰려면 적어도 10년을 기다려야 한다. 유배객의 처지에서 10년 후를 말할 처지가 못되지만 세월은 바람과 우박처럼 빨리 흘러가기 때문에 정성을 다해 가꾸었다. 옛날 丹陽太守 李衡은 감귤나무 1천 그루를 심어놓고 죽기 직전 아들에게 의식을 풍부하게 해주는 木奴라고 말한 것을 용사하였다. 동파의 지인 李常[15]이 3촌 정도 크기의 감귤을 보내왔는데 자리가 환할 정도로 윤기가 났다. 감귤을 1천 그루 심으면 대나무 울타리 사이로 푸르고 누런 감귤이 지붕 모서리까지 주렁주렁 열려 있을 것이라고 상상하였다. 동파는 단양태수 이형과 이공택의 감귤 농사를 부러워하고 대추나무와 소나무를 심고 10년 후를 기약하였다. 이처럼 동파는 역경에 처해서도 삶을 포기하지 않고 먼 후일을 기약하였다.

다음 제7수는 황강으로 폄적된 동파를 찾아온 인물들을 거론하고 사해 안의 모든 사람이 다 형제라고 하였다.

潘大臨은 오랫동안 세상과 어울리지 못하고

15) 李常의 자는 公擇으로, 당시 鄂州(지금의 호북성 武漢 일대) 知州였음.

강남 마을에서 술을 사 마시며 보냈네

郭邁는 본래 군인의 후손이었으나
서쪽 시장에서 약초를 팔아 생활했네

古黃道는 또한 좋은 일을 했으나
협객 古押牙의 손자라서 사람들이 두려워했네

우리 집에 십여 이랑의 대숲이 있는데
시도 때도 없이 친구들이 찾아와 문을 두드리네

내가 유배되니 옛 친구들이 절교했지만
이 세 사람만이 유독 나를 찾아와서

벽지인 동파에서 나를 따라 놀며
농사 지며 함께 밥을 먹네

가련한 두보는
만사를 朱老와 元生과 의논했네

내 스승은 子夏이니
사해가 모두 다 형제인 것을

潘子久不調　沽酒江南村　郭生本將種　賣藥西市垣
古生亦好事　恐是押牙孫　家有十畝竹　無時客叩門
我窮交舊絶　三子獨見存　從我於東坡　勞餉同一飧

可憐杜拾遺　事與朱阮論　吾師卜子夏　四海皆弟昆

이 시에는 당시 동파와 교유한 세 인물이 등장한다. 潘大臨은 세상과 조화가 되지 않아 강마을에서 술 사마시며 세월을 보내고, 郭遘는 본래 군인의 후손으로 서쪽 시장에서 약초를 팔아 생활하고 있고, 古黃道는 협객 古押牙의 손자로 좋은 일을 하였으나 사람들이 두려워하는 인물이다. 이 세 사람은 벽지로 폄적된 동파를 무시로 찾아와 함께 놀며 농사를 지으며 더불어 밥을 먹었다. 동파는 두보가 매실이 익으면 朱老와 함께 먹고 소나무가 크면 元生과 마주하여 의논하고자 했노라고 한 시를[16] 인용한 후, 四海 안의 모든 사람이 다 형제라고[17] 말한 子夏가 자신의 스승이라고 하였다. 아무도 찾아오지 않는 궁벽한 곳에 동파를 찾아온 지기 3인에 대한 고마움을 노래한 것이다.

다음 제8수는 자신을 위해 헌신한 20년 지기 마몽득(자 正卿)을 위해 쓴 것이다.

마몽득은 본래 곤궁한 선비인데
나를 따른 지 이십 년 되었네

16) 仇兆鰲注, 『杜詩詳注』(二), 「絕句四首」(1) 漢京文化事業有限公司 印行, 中華民國 73. p.1142. "堂西長筍別開門, 塹北行椒却背村. 梅熟許同朱老喫, 松高擬對阮生論"

17) 『논어』 顔淵篇, "司馬牛憂曰, 人皆有兄弟, 我獨亡. 子夏曰, 商聞之矣, 死生有命, 富貴在天, 君子敬而無失, 與人恭而有禮, 四海之內, 皆兄弟也."

밤낮으로 내가 출세하기를 바래서
산을 살 돈 나누어 주어 구할 정도였다네

난 지금 도리어 그대에게 누를 끼치고 있어
내가 농사짓는데 그대의 힘을 빌리고 있네

거북 등 위의 털을 깎는 격이라서
어느 때에나 털 담요를 만들 것인가

가련한 마몽득의 어리석음이여
지금은 나보다 어질다고 자랑하네

뭇 사람들이 비웃어도 끝내 후회 않고
하나를 베풀면 당연히 천을 얻으려 하는데

馬生本窮士　從我二十年　日夜望我貴　求分買山錢
我今反累生　借耕輟茲田　刮毛龜背上　何時得成氈
可憐馬生癡　至今誇我賢　衆唉終不悔　施一當獲千

마몽득은 본래 곤궁한 선비로 동파와 20년 지기로, 밤낮으로 동파가 출세하기를 학수고대하여 산을 살 돈을 풀어 동파를 구하였다. 그런 지기에게 지금 누를 끼쳤고 또한 농사를 짓는데 신세를 지고 있다. 동파는 자신이 출세하는 것은 마치 나지도 않는 거북이등에 난 털을 깎는 것과 같아 거북이 털로 담요를 만드는 것과 같이 불가능하다고 노래하였다. 동파의 출세를 기다리는 어리석은 마몽득은 동파보다 자신이 어질다고 자랑한다고 하였다. 세상 사람들이 하나를 베풀면 천을 얻으려 안달인데도 마몽득은 사람들이 비웃어도 끝내 후회하지 않는다고 노래하였다. 동파는 마지막 시에서 20년을 한결같이 자신을 위해 헌신한 마몽득에 대한 감사의 뜻을 노래하였다.

이상에서 본 바와 같이 「東坡八首」에는 황주로 폄적된 동파의 궁핍한 삶이 담겨져 있다. 역경 속에도 꿈을 버리지 않고 내일 위해 황무지를 개간하여 곡식을 파종을 하고 유실수를 심은 강인한 정신세계와 굳은 의지가 오롯하게 형상화되어 있다.

4. 다산의 「和蘇長公東坡八首」 세계

동파가 黃州로 폄적된 지 2년이 되는 1081년(46세)에 「東坡八首」를 지었다. 이 시를 쓴 지 724년이 지난 1805년 조선의 다산은 유배지 강진에서 「東坡八首」시에 화운한 「和蘇長公東坡八首」[18]를 썼다. 이 두 시의 공통점은 시공을 초월하여 유형의 땅에서 궁핍한 삶을 노래한 비극성이 내포되어 있다는 점이다.

---

18) 『전서』, 「和蘇長公東坡八首」(次韻), I-5, 8a-9b, pp.82-83.

다산은 강진 유배지에서 「화소장공동파팔수」를 짓게 된 배경을 다음과 같이 밝혔다.

> 나는 원래 채소밭 가꾸기를 좋아했는데 유배된 이후로는 더욱 할 일이 없어서 이런 생각을 한 지 오래되었지만 땅이 좁고 힘이 부쳐 지금까지 그리 못하고 있었다. 그러나 마음으로는 잊지 않았다. 이웃에 작은 채소밭을 가꾸는 사람이 있어 때로는 가서 보고 나면 또한 다시 마음이 기뻤으니 나의 성품이 좋아하고 있음을 가히 알만하다. 옛날 馬正卿이 長公에게 땅을 주어 그로 하여금 농사를 짓게 한 일이 있어 그에 대한 시 8편을 지은 일이 있었다. 지금은 세상이 비루해지고 의리가 퇴색해 마정경 같은 사람을 만나기를 바랄 수 없기에 서글퍼서 이를 술회하여 내 뜻을 밝힌다.[19]

다산은 채소밭을 가꾸기를 좋아하였는데 강진으로 유배온 이후 땅이 좁고 힘이 부쳐 할 수 없었지만 마음속으로는 잊지 않았다. 이웃의 작은 채소밭을 가끔 가서 보노라면 마음이 기뻐지는 것은 자신의 성품이 채소밭 가꾸기를 좋아하는 증거라고 하였다. 다산은 동파가 황주로 폄적되었을 적에 친구 馬夢得(자 正卿)이 옛 병영지를 빌려서 농사를 짓게 하여 「동파팔수」를 지은 것을 회상하였다. 그러

19) 『전서』, 「和蘇長公東坡八首」(次韻), I-5, 8a, p.82. “余雅好治圃, 流落以來, 益以無事, 久有想願, 顧地窄力詘, 迄今未就. 然心勿忘也. 隣人有治小圃者, 時往而觀, 亦復怡然, 其性好可知已. 昔馬正卿請地予長公, 使得躬稼, 厥有八篇之詩, 世卑義巽, 不可冀遇, 悵然有述, 以昭其志.”

나 강진으로 유배된 지 5년이 되었으나 지금은 세상이 비루해지고 의리가 퇴색하여 동파의 친구 마몽득과 같은 사람을 만날 수 없는 것이 슬퍼서 자신의 뜻을 이 시에 밝혔다고 하였다.

다산이 「동파팔수」에 화운한 이 시는 다산초당으로 거처를 옮기기(1808, 무진) 전인 1805년 강진읍내에서 있을 때 지은 것이다. 이 시에 내재된 세계를 차례로 조명한다. 먼저 제1수를 보자.

바닷가라서 좋은 채소는 적고
좋다는 것은 쑥갓이라 할 수 있네

허리를 구부리면 고기를 잡을 수 있기에
누가 밭을 갈고 물대는 고생을 하리오

젊어서 농사지으려 계획했건만
운명을 벗어나기 어려워 계획이 어긋났네

남으로 유배와 소원대로 하여
맛좋은 반찬 삼아볼까 했건만

돌아봐도 모서리 밭 한 평 없으니
어떻게 땅에서 나는 채소를 얻겠는가

동파가 적막할 때 땅을 준 마정경의

그 어진 명성 기리며 서글퍼 하노라

海壖少嘉蔬　美者稱茼蒿　魚鰕俯可拾　誰任犁灌勞
少小謀園圃　計違命難逃　南來欲還願　庶以易雉膏
顧乏一棱田　何由取地毛　蕭條馬正卿　悵望仁聲高

유배지 강진은 바닷가라 좋은 채소는 적고 좋다는 채소는 쑥갓뿐이었다. 그곳 사람들은 허리만 굽히면 고기를 잡을 수 있어 밭을 갈고 물대는 농사일로 고생하지 않았다. 시인은 젊은 시절 농사 지으려했지만 벼슬길에 들어서 계획이 어긋났다고 토로하였다. 강진으로 유배 온 이후에 소원대로 농사를 지으려 했건만 돌아봐도 밭 한 평이 없으니 맛좋은 채소를 얻을 수 없었다. 다산은 동파가 황주로 폄적되었을 적에 20년 친구 마몽득의 주선으로 옛 병영지를 빌려 농사지었던 것을 회상하며 한탄하였다. 동파는 유적지에서도 농사를 지을 수 있었으나, 지금은 세상이 비루해지고 의리가 퇴색하여 자신에게는 마몽득과 같은 친구도 동파와 같은 어진 명성도 없기에 동파를 기리며 슬퍼하였다. 동파와 다산은 유배라는 환경은 같았지만 流謫地에서의 삶은 현격한 차이가 있었다. 다산은 이를 슬퍼한 것이다.

이어서 제2수에 내재된 세계를 보자.

예로부터 채소밭 가꾸는 사람도
낚시꾼이 낚시를 좋아하는 것과 같네

이익이 적어 말하기 부끄러워도
배와 밤나무를 심는 것보다 낫다네

밥상의 반찬거리와 국거리 재료를
이웃에서 구걸하지 않아도 된다네

몸소 농사짓던 소운경의 뛰어난 행적을
천년 동안 은일로 칭송하네

가는 곳마다 자력으로 벌어먹으면 되지
어찌 반드시 집과 마누라가 있어야 하리

오래 전부터 두어 이랑 밭을 사고 싶어도
게을러서 방법이 없었는데

금년엔 매매 문서가 와서
이 소원이 좀 이루어질 것인지

古來治圃人　亦如釣取適　利細雖恥言　勝種梨與栗
盤殽與羹材　兼可塞隣乞　卓犖蘇雲卿　千載稱隱逸
所至宜食力　豈必在家室　久欲買數畦　呰窳計未出
今年粥書來　此願差可必

다산은 채소 가꾸기를 좋아하는 것은 낚시꾼이 낚시를 좋아하는 취미와 같다고 하였다. 채소농사는 비록 이익이

적지만 배와 밤나무를 심는 것보다 여러 면에서 나았다. 채소농사를 지으면 반찬거리와 국거리를 이웃에서 구걸하지 않고 무시로 취할 수 있다. 송나라 蘇雲卿[20]이 벼슬길에 들어서지 않고 일생 동안 몸소 농사지으며 고고하게 산 행적을 높이 기린 것은, 자신이 벼슬바다(宦海)에 나오지 않았다면 유배라는 세찬 풍파를 겪지 않았을 것이라는 아픔을 우회적으로 말한 것이다. “가는 곳마다 자력으로 벌어먹으면 되지 / 어찌 반드시 집과 마누라가 있어야 하리”는 궁벽한 곳으로 유배온 자신의 고단한 삶을 반어적으로 형상화하고 허허롭게 웃었으나 그 웃음 속에는 아린 슬픔이 내재되어 있다. 다산은 오래 전부터 채소를 가꿀 밭 두어 이랑을 사고 싶은 꿈이 있었으나 방법이 없었다. 그래서 “금년엔 매매 문서가 와서 / 이 소원이 좀 이루어질 것인지”라고 탄식하였다. 이 시에는 동파와 같이 농사를 지어 유형의 아픔을 잠시나마 잊고자 한 세계가 오롯하게 그려져 있다.

다음 제3수는 농사를 지을 수 없는 현실을 수용한 것이다.

> 미나리도 임금께 바칠 만하고
> 등짝을 쬐는 따뜻한 햇볕도 마찬가지지

---

20) 송나라 蘇雲卿은 초막을 치고 독신으로 살면서 葛布 옷에 짚신을 일 년 내내 착용하고 채소 심고 짚신 삼아 그것으로 생계를 유지하였다. 소년 시절 張浚과 가까운 친구였는데 후에 장준이 宰相이 되어 서신과 함께 金幣를 실어 보냈으나 받지 않고 그곳을 떠나버려 그 후 종적이 없었음.(宋史 권459)

약재인 양하로 고질병을 치료하면
침도 쑥 뜸질하는 노고가 불필요하네

토산으로 귀한 고구마가 있어
이를 구하려는 자 이리 저리 몰려드네

남쪽 땅은 토질이 부드러워서
비가 오지 않아도 땅이 잘 부서지네

이웃 사람의 작은 땅이
내가 사는 사립문 밖에 있는데

가꾸는 방법이 비록 어긋났어도
곡식 자못 무성하게 자라서

때로는 지팡이 끌고 가보면
내 좋아하는 것이 거기에 있다네

물마시고 먹지 않는 청재에 맛을 들이면
누가 고기 지지고 회치는 것 선망하리

美芹可以獻　由來薺炙背　蘘荷復治癖　不勞施鍼艾
土産貴藷芋　求者此湊會　南地故酥軟　不待雨破塊
隣人小區畫　在我柴門外　畦畛縱違法　頗能向蕃薈
時復曳杖臨　性好此有在　淸齋苟得味　誰人羨鯖膾

이 시에서 임금에게 진상하는 미나리와 약초인 양하와 고구마가 등장한다. 땅 한 평 없는 유배객에게는 이들을 가꿀 수 없는 현실의 아픔이 그려져 있다. 귀양살이하는 다산이 사는 집의 사립문 밖에는 이웃 사람의 작은 땅이 있었다. 비록 가꾸는 방법이 다산의 생각과 다르지만 곡식이 제법 무성하게 자라서 "때로는 지팡이 끌고 가보면 / 내 좋아하는 것이 거기에 있다네"라고 부러워한 것은 농사 지을 수 없는 현실의 아픔이다. 그래서 시인은 채소에 대한 미련을 버리고 辰時(오전 7-9시)에 물 한 잔 마시고 온종일 아무것도 먹지 않는 청재에 맛을 들이면 뉘라서 고기 지지고 생선회 치는 것을 부러워하겠느냐고 궁핍한 유배객의 슬픈 처지를 우회하여 형상화하였다. 채소를 가꿀 수 없는 아픔과 궁핍한 삶을 오롯하게 내재시켰다.

다음은 제4수이다.

미역 종류가 비록 여러 가지라도
비릿해서 쳐줄 것이 못된다네

산나물은 참으로 향기롭고 맛이 있어
용 고기도 마침내 헛소리일 뿐

난 오직 밭 가꾸는 것을 좋아하니
이는 산림처사의 호탕한 일일세

상추는 연해야 반점이 없고
배추는 통통해야 실이 안 나네

겨자 동은 비록 아무리 높아도
줄기 굳세어 제 힘으로 버티네

굼벵이 없애려면 볕과 바람 필요하고
싹이 돋는데는 가랑비가 제격이지

속대가 이미 말쑥하게 돋아오면
갓 잎들은 광주리를 채우게 되니

깜박깜박 그 즐거움 생각하면
고향 땅을 잊을 수가 없네

알 만하지 오이를 심은 이들이
스스로 소보 허유인냥 자족하는 것을

海菜雖種種　腥鹵不足數　山蔬信香美　龍肉竟虛語
吾唯愛畦種　山林此豪擧　萵嫩不點斑　菘肥不牽縷
芥臺雖崔嵬　勁幹自能拄　去蛀須光風　挑甲宜微雨
心芽旣擢玉　褪葉斯充筥　耿耿慕玆樂　不能諼鄕土
因知種瓜者　自足配巢許

강진은 바닷가라서 다양한 미역이 생산되었다. 다산은 미역이 비릿해서 좋은 식품이라고 할 수 없다고 하였다.

그러나 산나물은 향기롭고 맛이 있어 용 고기보다 좋은 것으로 보았다. "난 오직 밭 가꾸는 것을 좋아하니 / 이는 산림처사의 호탕한 일일세"는 채소 농사에 대한 꿈이다. 상추는 연해야 반점이 없고, 배추는 통통해야 실이 나지 않고, 굼벵이를 제거하려면 햇빛과 바람이 필요하고, 싹을 돋우려면 가랑비가 와야 하고, 속대가 올라오면 갓 잎이 광주리를 가득 채울 수 있다고 한 것을 보면 채소 농사에 대한 해박한 지식이 있었다. 다산은 고향에 있을 때 힘써 농사지어 수확의 기쁨을 만끽하였던 그 때를 잊을 수 없다고 하였다. 오이를 심은 이들이 隱者인 소보와 허유인양 자족한다는 것은 유배의 궁핍한 현실을 수용하고 소보 허유와 같은 청고한 삶을 지향한 것으로 볼 수 있다.

다산은 채소농사에 전문적인 지식이 있었다. 강진에서 고향의 두 아들에게 보낸 편지를 보면 알 수 있다.

> 채소밭을 가꾸는 요령은 모름지기 지극히 평평하고 반듯하게 해야 하며 흙을 다룰 때에는 잘게 부수고 깊게 파서 분가루처럼 부드럽게 해야 한다. 씨를 뿌림에는 지극히 고르게 하여야 하며, 모는 아주 드물게 세워야 하는 법이니, 이와 같이 하면 된다. 아욱 한 이랑, 배추 한 이랑, 무 한 이랑씩을 심고, 가지나 고추 따위도 각각 구별해서 심어야 한다. 그러나 마늘이나 파를 심는 데에 가장 주력하여야 하며, 미나리도 심을 만하다. 한여름 농사로는 오이만한 것이 없다. 비용을 절약하고 농사에 힘쓰면서 겸하여 아름다운 이름까지 얻는 것이 바로 이 일이다.[21]

이 편지에는 다산이 채소 농사에도 프로 못지않는 해박한 전문지식을 갖고 있었음이 나타나 있다. 계절에 맞는 전략적 營農을 권장하였다. 아욱과 배추와 무와 가지와 고추를 심고 또한 마늘과 파 농사는 물론 미나리도 가꿔야 하며, 여름 한철 농사(三夏之農)로는 오이만한 것이 없다고 하여 두 아들에게 전략적인 영농법을 가르쳤다.

채소농사에 대한 해박한 지식을 소유했지만 유배지에서 땅 한 평이 없어 농사를 짓지 못하는 아쉽고 답답함을 다음 제5수에서 형상화 하였다.

강진 읍내 인구가 많아서
한 치 땅인들 묵을 리가 있는가

질펀한 벼와 보리가
푸르고 누른 것이 눈에 들어오네

강진 풍속이 구기자를 먹지 않아
긴 가지가 늘어지고

파종을 너무 조밀하게 심어

21) 『전서』, 「寄兩兒」, I-21, 13a, p.445. "治圃須令極平極方正, 而治土極細極深, 鬆軟如粉. 落種須令極均, 立苗須令極疏, 如斯已矣. 葵一區, 菘一區, 蘿菔一區, 如紫茄辣茄之屬, 各宜區別. 然種蒜種葱, 最宜致力, 芹亦可種. 三夏之農, 莫如瓜. 節用而務本, 兼之得美名者, 此事也."

무도 제대로 크지 않네

콩잎으로 끓인 국을 싫어하지만
많은 사람들 양고기처럼 즐기는데

누가 만약 채소밭 빌려준다면
그 은혜 참으로 잊기 어려울 것인데

邑里人煙稠　寸土何曾荒　漫漫稻與麥　靑黃遞入望
鄕俗不餐杞　長條至老蒼　投種密如粟　菁菔且不昌
生憎豆葉羹　衆嗜如淫羊　如逢借圃人　至惠誠難忘

이 시를 쓴 19세기 초 당시 강진은 인구가 많아서 한 치의 땅을 놀리지 않고 벼와 보리를 파종하여 푸르고 누른 들녘이 눈앞에 펼쳐져 있었음을 알 수 있다. 이곳 사람들은 구기자를 먹지 않아 긴 가지가 늘어져 있고 무를 파종하였으나 너무 조밀하게 심어 제대로 자라지 않았다. 다산은 콩잎국이 싫지만 강진 사람들은 양고기처럼 즐겨먹었다. 유배의 아픔을 잊고자 무척이나 채마밭을 가꾸고 싶었던 다산은 "누가 만약 채마밭만 빌려주면야 / 그 은혜 참으로 잊기 어려울 것인데"라고 하였다. 동파에게는 땅을 얻어준 어진 마몽득이 있었으나, 지금은 세상이 비루해지고 의리가 퇴색하여 자신에게는 그런 어진 사람이 없었기에 슬퍼하였다. 이 시를 채소농사에 대한 강한 집착을 형상화한 것으로만 보아서는 안 된다. 귀양지에서 채마밭을 가꾸는 것은 좋은 소일거리이면서 유배의 아픔을 잠시라도 잊을 수 있기에 집착한 것이다.

다음 제6수는 채소에 대한 예찬론이다.

찰벼와 기장은 껍질을 벗겨야 하고
밤도 껍질을 깎아내야 먹지만

오직 채소는 통째로 먹을 수 있어
채소의 본성이 아 얼마나 순수한가

장마와 가뭄을 그리 걱정 안 해도 되고
겸하여 서리와 우박을 우려 않는다네

번지는 참으로 공자의 훌륭한 제자였지
채소 농사를 일찍이 배우려 했네

景岳全書의 채소부에 종류를 많이 빠뜨린
명나라 張介賓을 나는 비웃네

지난번 금곡에 살면서
자갈밭을 일구려 했던 것은

다만 좋은 운세를 만나
임금의 사랑을 받길 바랬었네

올 가을 채마밭을 산다면

산모퉁이에 집을 지어 살리라

稌黍皮須剝　茅栗殼須斲　唯蔬食通身　物性嗟純慤
未甚憂滂旱　兼非畏霜雹　樊遲信高弟　爲圃要早學
菜部多脫落　我笑張景岳　曩欲居金谷　屢回凌确犖
只爲際嘉運　倖望雷雨渥　今秋得買圃　縛屋依山角

찰벼와 기장은 방아를 찧어야 밥을 지을 수 있고 밤도 껍질을 깎아내야 먹을 수 있지만 오직 채소는 통째로 먹을 수 있다. 이런 채소의 본성이 얼마나 순수하느냐고 예찬하였다. 채소농사는 장마와 가뭄은 물론 서리와 우박을 그리 걱정하지 않아도 된다고 한 것은 채소의 본성을 다시 기린 것이다. 공자에게 채소 농사를 배우려 했던 樊遲를 칭찬했지만[22] 명나라 張介賓이 편찬한 『景岳全書』의 本草篇에 채소의 종류를 다 수록하지 않고 일부를 빠뜨린 것을 나무랬다. 다산은 금곡에 살면서 자갈밭을 개간하려 했던 것은 좋은 운세를 만나 임금의 사랑을 받기를 위함이었다. "올 가을 채마밭을 산다면 / 산모퉁이에 집을 지어 살리라"라 했던 다산의 꿈에서 애잔한 비애를 만나게 된다.

다음은 제7수를 보자.

---

22) 『論語』 子路篇. "樊遲가 농삿일을 배우기를 청하자, 공자께서 '나는 늙은 농부만 못하다'고 하셨다. 채마밭 가꾸는 것을 배우기를 청하자 '나는 늙은 원예사만 못하다'고 하셨다.(樊遲請學稼, 子曰, 吾不如老農, 請學爲圃, 曰吾不如老圃.)"

옛적 장기현에 있을 때는
내몰리어 황량한 마을에 갔었지만

마을의 사는 땅 자못 넓어서
울타리와 담도 확 트여 있었네

주인도 채소 농사로 늙어서
아들 손자까지 힘써 농사를 도왔네

뿌리를 북돋아줘야 한다는 걸 알고
거름을 문밖으로 내다버리지 않았기에

더부룩한 파와 가지 등이
사시장철 향기로운 것이 있었네

꽃게도 크기가 항아리만 하여
쪄 놓으면 달고 맛이 있었네

지금처럼 닫혀진 강진 성부에서야
어찌 농사 이야기를 할 수 있겠는가

평생에 채소 먹고 싶은 뜻을
후손에게 유언으로 남겨야 하는가

憶在長鬐縣　被驅抵荒村　村居頗疏豁　曠然恢籬垣
主人老業圃　力役分兒孫　培壅解敦本　糞土不出門

苞蔥與辣茄　芳烈四時存　蝤蛑大如盬　糝滋得甘餐
如今鎖城府　農事那可論　平生咬菜志　逝將遺後昆

이 시는 강진으로 유배 오기 전 1801년 신유사옥으로 경상도 장기현으로 귀양 갔을 때 그곳 사람들의 근면함을 회상하고 있다. 장기현은 비록 황량한 곳이지만 땅이 넓고 울타리와 담도 확 트여 있었다. 집주인인 老校 成善封은 채소 농사로 늙어서 아들 손자까지 힘써 농사를 도왔다. 뿌리를 북돋을 줄 알았고 거름을 문밖으로 버리지 않고 채소에게 주어 파와 가지 등이 무성하게 자라서 사시장철 먹을 양식이 있었고,[23] 큰 꽃게를 쪄 놓으면 달고 맛이 있었다고 회상하였다. 그러나 지금 강진은 닫혀진 땅이라서 농사 이야기를 할 수 없다면서 "평생에 채소 먹고 싶은 뜻을 / 후손에게 유언으로 남겨야 하는가."라고 한탄하였다. 채소를 먹고 싶다는 간절한 소망 속에는 유배의 아픔이 들어 있다.

다음은 제8수를 보자.

인생행로 스스로 점칠 수 없어
지금부터 몇 년이나 살지 알겠는가

---

23) 『전서』, 「賸學游家誡」, I-18, 13a, p.381. "余在長鬐, 主人成某有穉孫女僅五歲, 使之坐庭嚇鳶, 有七歲者, 使以手筳驅雀, 餘凡食於錡者, 皆有職責, 此可法也. 人家有老翁綯葛爲繩, 而媼嘗執一箇絲團子, 紬繹在手, 雖適鄰里不捨焉者, 此家必有餘食, 不患貧也."

나는 소화중(동파의 一字)과 같이[24]
집 머리에 삼십 전도 없네

가만히 살아갈 방도 생각하니
상책은 채소밭뿐이네

부호들은 순모도 싫은 것이고
움집에 갇힌 자는 모전도 단 법이라네

문제는 배가 고프고 부르냐에 있지
고량진미 좋은 것 아니라네

원하지 않노라 두종과 왕개 무리처럼[25]
덕도 없이 천만금 누리는 것을

行休不自卜　自茲知幾年　我無蘇和仲　屋頭三十錢
端居慮生理　上策唯菜田　豪家厭淳毋　窖者甘旃氈

---

24) 『蘇東坡全集』上, 蘇轍, 「東坡先生墓誌銘」, p.30. "予兄子瞻, 謫居海南, 四年春正月, 今天子卽位, 推恩海內, 澤及鳥獸, 夏六月, 公被命渡海北歸. 明年舟至淮浙, 秋七月被病卒於昆陵 …… 公始病以書屬轍曰, 卽死葬嵩山下, 子爲我銘. 轍執書哭曰, 小子忍銘吾兄. 公諱軾, 姓蘇氏, 字子瞻, 一字和仲, 世家眉山."

25) 唐의 杜悰은 門蔭으로 駙馬都尉가 되고 후에 將相을 역임했으나, 자기 自奉에만 힘쓰고 인재를 천거 기용한 일이 없어 禿角犀라 했다(唐書 권166). 晉의 王愷는 역시 國戚으로서 호사와 사치를 좋아하여 富가 石崇과 겨룰 정도였는데, 자기가 하고 싶은 일이면 무슨 일이든지 기탄없이 하여 당시 사람들이 모두 무서워 피했고, 죽은 후에 謚號를 醜라 했음(晉書 권93).

所爭在飢飽　梁肉非遽賢　不願悰愷倫　無悳食萬千

다산은 비탄에 젖었다. 인간의 일은 아무도 예측할 수 없기에 자신이 지금부터 몇 년이나 살지 모르겠다고 하였다. 다산은 소동파처럼 30전도 없는 궁핍한 신세이기에 “가만히 살아갈 방도 생각하니 / 상책은 채소밭뿐”이었다. 부호들은 신물이 나도록 먹어서 팔진미의 하나인 순모도 싫어하지만 유배되어 움집에 갇힌 자는 소털로 짠 모전도 달다고 하였다. 시인은 “문제는 배가 고프고 부르냐에 있지 / 고량진미 좋은 것 아니라”고 한 후 당나라 杜悰과 진나라 王愷처럼 덕도 없이 천만금 누리는 것을 원하지 않는다고 하였다. 이 시도 궁핍한 유배생활의 아픔을 오롯하게 그렸다.

다산은 그토록 채소밭 가꾸기를 갈구하였으나 그 소원은 쉽게 이루어지지 않았다. 이 「和蘇長公東坡八首」를 쓴 지 3년 후에야 그 소박한 꿈은 이루어졌다. 강진으로 유배 온 지 햇수로 8년 만인 1808년(무진, 순조 8) 봄에 강진군 도암면 귤동의 윤단(尹慱)의 山亭, 즉 지금의 다산초당으로 거처를 옮겼다.

다산은 그곳에 臺를 쌓고 못을 파서 꽃과 나무를 심고 물을 끌어들여 飛流瀑布를 만들었고 東庵과 西庵 두 암자를 수리해 1천여 권이나 장서하고 글을 지으면서 스스로 즐겼다. 茶山이라는 山은 萬德寺 서쪽에 있는데, 그곳에 處士 윤단(尹慱)의 山亭이 있었다. 바위벽에 丁石 2자를 새겨

다산초당 옆의 바위에 다산이 새긴 丁石

자신이 유배와 거처한 곳임을 표시를 해놓았다.[26] 연못과 폭포를 만들고 꽃과 나무를 심은 다산이 채마밭을 가꾸지 않을 리가 없다.

한편 동파가 황주의 동쪽 언덕(東坡)에 있는 옛 병영지의 이름을 취하여 호를 동파라고 하였듯이, 다산도 만덕사 서쪽의 다산으로 거처를 옮기고 난 후 산 이름인 다산을 호로 삼았다. 이 하나만을 보더라도 다산은 동파를 酷好한 것을 알 수 있다.

26) 『전서』, 「自撰墓誌銘」, 1-16, 12a, p.334. “戊辰春徙居茶山, 築臺窄池, 列植花木, 引水爲飛流瀑布. 治東西二菴, 藏書千餘卷, 著書自娛. 茶山在萬德寺西, 處士尹慱之山亭也. 石壁刻丁石二字以識之.”

5. 결 론

다산은 동파의 삶과 학문에 심취하여 14題 20首 의 和蘇詩를 썼고 시문에서 그의 학문을 언급하며 포폄을 하였다. 동파는 황주로 폄적된 지 2년이 되는 1081년에 「東坡八首」를 섰다. 그후 724년이 지난 1805년에 조선의 다산은 유배지 강진에서 「동파팔수」시에 화운한 「和蘇長公東坡八首」를 썼다. 이 2편에는 시공을 초월하여 귀양객의 궁핍한 삶과 애잔한 꿈을 노래한 비애가 공존하고 있다. 不遇落拓한 유배시절의 곤궁한 삶과 농사를 지어 그 궁핍함을 조금이라도 벗어나려는 소박한 꿈이 담겨져 있다.

동파는 마몽득의 주선으로 황주 유배지에서 황무지를 개간하였다. 「동파팔수」에는 폄적의 역경 속에도 꿈과 희망을 버리지 않고 내일 위해 황무지를 개간하여 곡식을 파종을 하고 유실수를 심은 강인한 정신세계와 굳은 의지가 형상화되어 있다.

다산은 유배지에서 동파처럼 채소농사를 짓고 싶었다. 그러나 강진에 유배된 지 5년이 되었건만 세상이 비루해지고 의리가 퇴색하여 동파의 친구 마몽득과 같은 사람을 만날 수 없음을 슬퍼하여 「화소장공동파팔수」를 지었다.

동파와 다산은 유배라는 환경은 같았지만 유배지에서의 삶은 큰 차이가 있었다. 다산은 이 시에서 채소농사에 강한 집착을 보였다. 그리고 채소를 가꿀 수 없는 아픔과 궁핍한 삶을 오롯하게 내재시켰다. 귀양지에서 채마밭을 가꾸는 것은 좋은 소일거리이자 유배의 아픔을 잠시라도 잊을 수 있기에 오매불망 그 꿈을 버리지 않았다. 다산은 평생에 채소 먹고 싶은 뜻을 후손에게 유언으로 남겨야 하느냐고 한탄하였는데 이는 유배의 처절한 아픔을 우회적으로 형상화한 것이다.

다산이 「화소장공동파팔수」를 쓴 지 3년 후에 그의 소박한 꿈은 이루어졌다. 강진으로 유배온 지 햇수로 8년 만인 1808년 봄에 강진군 도암면 귤동의 윤단(尹慱)의 山亭, 즉 지금의 다산초당으로 거처를 옮겨 초당 옆에 사다리 밭을 만들어 채소를 가꾸었다.

한편 동파가 유적지 황주의 동쪽 언덕(東坡)에 있는 옛 병영지를 이름을 취하여 호를 "동파"라 하였듯이, 다산도 만덕사 서쪽의 다산(茶山)으로 거처를 옮기고 난 후 산 이름(茶山)을 취하여 호를 "茶山"으로 하였다. 이 하나만을 보더라도 다산은 동파를 酷好한 것을 알 수 있다.

茶山이 본 康津의 인심과 風俗

1. 서 론

지금으로부터 2백여 년 전인 1800년대 초의 전라도 康津의 풍속을 고찰하는 것은 쉬운 일이 아니다. 그러나 茶山 丁若鏞(1762-1836)의 『여유당전서』에는 강진의 풍속에 관한 기록들이 있어 19세기 초 강진의 풍속을 이해하는 데 도움을 주고 있다.

실학을 집대성한 다산은, 1801년(순조 원년) 노론 벽파가 중심이 되어 위정척사의 명목으로, 남인 時色 일파의 천주교 신봉을 구실 삼아 일으킨 辛酉邪獄으로 인하여, 背敎를 했음에도 불구하고 18년간 유배의 고초를 겪어야 하였다. 신유사옥 당시에 다산 형제는 一死二謫의 비운을 겪었다.

즉 季兄 丁若鍾(1760-1801)은 서소문 밖 네거리에서 참수되었고, 仲兄 丁若銓(1758-1816)은 신지도로, 다산 자신은 장기로 定配되었다. 다산은 1801년 겨우 죽음을 면하고 2월 27일 경상도 영일군 장기로 定配의 명을 받고, 3월 9일 장기현에 도착하였다. 다음날 馬山里에 도착, 老校 成善封의 집에서 귀양살이를 시작하였다. 그러나 이 해 10월에 조선 교회의 참화(신유사옥)를 북경의 主教에게 전하고자 한 다산의 조카사위인 黃嗣永(장형 丁若鉉의 사위)의 서신, 이른바 「黃嗣永帛書」가 발견됨에 따라, 다산은 10월 20일 유배지 장기에서 서울로 압송되어, 27일 入獄되었다. 한편 신지도에 유배되었던 정약전도 서울로 압송되었다.

그러나 다산 형제는 「황사영백서」와 무관함이 밝혀져 같은 해 11월 5일 출옥되어, 다산은 전라도 강진현으로, 정약전은 흑산도로 移配되었다.[1] 다산은 강진현에 도착한 후 邑內 東門 밖 주막집(현재 강진농고 자리로 추정)에서 유배생활을 시작하여 1818년 解配될 때까지 18년을 강진에서 살았다.[2]

---

1) 金相洪, 『茶山 丁若鏞 文學研究』, 檀國大學校出版部, 1985, p.220-221. 다산 형제는 1801년 11월22일 전라도 羅州 북쪽 5리 지점에 있는 栗亭店에서 헤어져, 다산은 강진으로, 정약전은 흑산도 유배지로 떠났다. 이날 율정점에서 헤어진 후 다산 형제는 다시는 만나지 못하였다. 정약전은 1816년 6월 6일 흑산도에서 不歸의 客이되었다.(『與猶堂全書』, 「奉簡巽菴」, I-5, 19b, p.88. 註, "栗亭店, 在羅州北五里, 辛酉十一月 二十二日, 余與巽菴相別處.")

2) 金相洪, 「附錄 茶山 丁若鏞文學年譜」, 『茶山 丁若鏞 文學研究』, 檀國大學校出版部, 1985, pp.433-437. 다산은 1801년(40세) 경상

그는 18년간 고난에 찬 유배생활을 하면서도 학문연구와 제자 양성에 열성을 다하였고, 또한 강진의 풍속과 민속들을 詩文에 남겼다. 다산이 1801년부터 1818년까지 강진의 유배지에서 쓴 詩文를 중심으로, 19세기 초 강진의 민심과 풍속을 고찰한다.

2. 강진의 인심

1) 유배객에 대한 인심

(1) 住民의 인심

다산의 시문을 보면 19세기 서울 사람들의 강진에 대한 인식은, 자연환경과 풍토가 열악하고, 귀양지로서 인심이 좋지 않았던 것으로 알고 있었다. 즉 북방(서울) 사람들은 강진을 ① 북쪽 한양과의 거리가 8백여 리가 되는 먼 곳이고, 제주도로 가는 나루터이자 풍토병(瘴癘)이 심한 고장이자 죄인을 귀양보내는 流刑의 땅이며,[3] ② 호남의 풍속은

도 장기현로 정배되었다가, 다시 전라도 강진으로 移配된 후, 해배되어 1818년(57세) 9월 2일 강진을 떠나 9월 14일에 고향에 돌아올 때 까지 18년간을 귀양살이를 하였다.

3) 『與猶堂全書』(景仁文化社 影印, 1970. 이하 『전서』), 「耽津對」(其一), I-22, 19ab, p.467. "北方之人, 有爲余悲而憂者曰, 耽津者, 耽羅之津, 瘴癘之鄕, 罪人所徙. 子何而居之. …… 耽津北距漢陽八百

영리하고 각박한데 그 중에서 강진이 더욱 심하고,[4] ③ 지네의 크기가 한 자나 되고 뱀이 득실거려 물리면 피가 흘러서 창병이 되는데 모든 약이 효험이 없고 생명까지 위태로운 곳으로 인식하였다. 다산의 知人들은 이런 고장에서 어떻게 살 수 있겠느냐고 슬퍼하며 근심하며 위로하였다.[5]

당시 강진은 유형지인 만큼 모든 면에서 열악할 수밖에 없었다. 다산이 강진의 풍속을 노래한 「耽津村謠」(탐진은 강진의 古號)를 보자.

가시밭길 어느 해에 길이 열릴는지
갈대와 참대나무가 주릿대와 흡사하네

형방 아전들이 급히 부르며 전하는 걸 보니
서울에서 귀양오는 사람 있음을 알겠노라

荊棘何年一路開　黃茅苦竹似珠雷
刑房小吏傳呼急　知是京城謫客來[6]

위에서 보는 바와 같이 19세기 초에는 강진으로 귀양을

餘里."

4) 『전서』, 「耽津對」(其二), I-22, 19b, p.467. "北方之人, 有爲余悲而憂者曰, 湖南俗儇薄, 而耽津尤甚. 子何以堪之."

5) 『전서』, 「耽津對」(其三), I-22, 20a, p.467. "北方之人, 有爲余悲而憂者曰, 耽津之地, 蜈蚣長尺, 蛇虺屯結, 嚼膚血縷, 爲腫爲脹, 諸藥不驗, 大命隨傾. 子何以堪之."

6) 『전서』, 「耽津村謠二十首」(12), I-4, 26b. p.74.

오는 사람들이 자주 있었다. 다산은 강진의 갈대와 참대나무가 마치 형벌도구인 주릿대와 같았다하여 신유사옥 당시 고문을 받았던 것을 떠올렸다. 그리고 형방 아전들이 떠들썩한 것을 보고 서울에서 또 귀양객이 온다는 것을 알았노라고 하였다.

다산이 강진에 처음 도착했을 때, 자신을 대하는 주민들의 차가운 인심에 대하여 다음과 같은 기록을 남겼다.

> 가경 신유년(1801) 겨울에 내가 영남에서 체포되어 서울로 올라왔다가 또다시 강진으로 귀양 가게 되었다. 강진은 옛날 백제의 남쪽 변방으로 지역이 낮고 풍속이 고루하였다. 이때에 그곳 백성들은 유배된 사람 보기를 마치 큰 해독처럼 여겨서 가는 곳마다 모두 문을 부수고 담장을 허물어뜨리면서 달아나 버렸다. 그런데 한 노파가 나를 불쌍히 여겨 자기 집에 머물게 해 주었다. 이윽고 나는 창문을 닫아걸고 밤낮 혼자 오뚝이 앉아 있노라니 함께 이야기 할 사람이 없었다.[7]

위의 기록에는 당시 강진 주민들이 유배객을 대하는 인심의 明과 暗이 나타나 있다. 즉 유배객을 "마치 큰 해독처럼 여겨서 가는 곳마다 모두 문을 부수고 담장을 허물어뜨리면서 달아나 버리는" 각박한 인심은 暗이며, 주막집의

7) 『전서』, 「喪禮四箋序」, I-12, 36a, p.257. "嘉慶辛酉冬, 余自嶺南, 被逮至京師, 又轉而適康津. 康津故百濟南徼地, 卑陋俗殊. 當是時, 民之眡流人, 如大毒, 所至皆破門壞牆而走. 有一媼憐而舍之. 旣而塞其牖, 晝夜獨顧獨處, 無與立談者."

“노파가 나를 불쌍히 여겨 자기 집에 머물게 해 준 것”은 明이다. 인심의 明暗은 비록 19세기 초엽의 강진뿐만 아니라, 어느 시대 어느 사회이건 간에 시공을 초월하여 존재하기 마련이다. 그러나 前者의 야속한 인심으로 인하여 다산은 어려움을 겪었다.

그가 강진으로 유배된 지 4년(1804, 43세)되던 해 9월 1일에 쓴 시를 보면, 강진의 각박한 민심을 여과 없이 시로 형상화하였다.

궁벽한 곳이라 문교가 없어
준걸한 자도 슬기롭지 못하고

세상 물정 좀 안다 싶으면
귀양 온 자와 놀기를 경계하네

시고 맛이 없는 몇 잔의 술도
날 위해 차고 오는 사람 없네

窮徼曠文敎　俊者仍不慧　猶能辨炎涼　戒與流人會
酸薄數醆酒　無人爲我佩[8)]

궁벽한 바닷가라서 文敎가 없기에 준걸한 자들도 지혜롭지 못하고, 炎凉世態를 아는 자들도 자신과 만나기를 경계

8) 『전서』, 「九月一日, 天氣甚佳, 將遊金谷, 或登北山, 旣而無與共者, 悵然懷舊, 遂止不往, 率爾成篇」, I-5, 4b-5a, pp.80-81.

하였으며, 또한 자신을 위해 쉰 막걸리라도 들고 오는 사람이 하나도 없었노라고 한탄한 것은, 주민들이 유배객에 대한 배려가 전혀 없었음을 의미한다.

이런 인심은 지역의 주민들뿐만 아니라 강진현감 李安默도 마찬가지였다. 다산이 강진에 유배된 다음 해인 1802년 여름에 이안묵이 하찮은 일로 다산을 誣告하였으나, 사실이 아니어서 바로 중지된 것만 보아도 알 수 있다.[9] 강진현감마저 다산을 誣告하였는데, 하물며 백성들은 더 말할 필요가 없을 것이다. 이런 인심을 오늘의 시각에서 보면 야박하다 할 수 있으나, 봉건왕조 시대에 유배 죄인을 후하게 대하였겠는가를 반추해보면 당연한 것이라고 할 수 있다. 다산은 자신의 처지와 운명을 다음과 같이 한탄하였다.

하루아침에 유배되자
내 신세 가장 곤궁하네

마치 연잎 위의 이슬처럼
바람 불면 사방으로 굴러다니네

문득문득 속마음이 아파
간과 허파를 침으로 찌르는 것 같네

---

9) 『전서』, 「自撰墓誌銘」(集中本), I-16, 12a, p.334. "壬戌夏, 縣監李安默, 又誣以微事, 無實乃已."

流落在一朝　而余最窮隘　有如荷上露　風吹迸四外
忽忽傷中情　箴刺交肝肺[10)]

자신의 곤궁한 처지와 신세를 바람불면 연잎 위의 이슬로 비유하고 마음이 아파 간과 폐를 침으로 찌른 것과 같다고 한탄한 것은 유배객의 고난에 찬 삶에 대한 아픔이다.

(2) 스님의 인심

다산은 강진 유배 중에 兒菴 惠藏禪師(1772-1811)와 아암의 제자 賾性 스님 등의 도움을 받았다.[11)] 다산의 큰아들 丁學淵(1783-1859)은 1802년(임술)에 강진에 찾아왔었고[12)] 再次 찾아온 것은 4년(1805) 후 겨울이었다. 이때 다산이 쓴 시에는 다산 父子의 눈물겨운 사연과 함께 강진 사람들의 인심의 편린이 그려져 있다. 당시 큰아들은 23세였다. 4년 만에 찾아온 아들은 수염이 더부룩이 자랐기에 眉目을 보고 알 수 있었다는 것과, 갑자기 아들이 찾아와 기쁘기는 하지만 감히 고향집의 안부를 묻지 못하고 우물우물 시간을 끌었다는 것은 귀양객의 哀恨이다.[13)] 잠시 시

10) 『전서』, 「九月一日, 天氣甚佳, 將遊金谷, 或登北山, 旣而無與共者, 悵然懷舊, 遂止不往, 率爾成篇」, I-5, 4b-5a, pp.80-81.

11) 金相洪, 『茶山 丁若鏞 文學硏究』, 檀國大學校出版部, 1985, pp.256-263.

12) 丁奎英, 『俟菴先生年譜』, 正文社, 1984, p.134. "二年壬戌, 公四十一歲. 長子學淵, 來覲."

13) 『전서』, 「學稼來攜至寶恩山房有作」, I-5, 12b, p.84. "客來叩我戶,

간이 흐른 후 아들로부터 금년 마늘 농사가 잘되어서 이를 팔아 노자를 삼아 강진에 왔다는 처절한 사연을 듣고, 더 이상을 들을 수가 없어 다른 말을 했다고 토로하였다.[14] 이어서 아들이 찾아온 기쁨보다 아들의 숙식을 해결할 수 없는 아픔을 노래하였다.

날씨 춥고 거센 바람 많아
대나무 소리마저 구슬픈데

귀양객에게 식구하나 보태졌으니
내 지혜로는 굶주림 구할 수 없어

손을 잡고 산으로 올라왔으나
너와 나 갈 곳이 어드메뇨

엉클어진 산들을 보고
넓고 넓은 천지라도 가보련만

기구하게 절간에 찾아들어
구걸하는 안색이 비굴하네

다행히 반 칸 짜리 방을 빌어

熟視乃吾兒. 須髯鬱蒼古, 眉目差可知. 憶汝四五載, 夢見每丰姿. 壯夫猝前拜, 窘塞情不怡. 未敢問存沒, 囁嚅爲稍遲."

14) 『전서』, 「學稼來攜至寶恩山房有作」, I-5, 12b, p.84. "今年蒔葫蒜, 葫蒜大如梨. 山市粥葫蒜, 以茲充行資. 悽切復悽切, 且置起他辭."

세 때 종소리를 아들과 함께 듣노라

天寒多勁風　苦竹聲正悲　旅瑣添口吻　智慧不救飢
攜手上山岡　吾與汝何之　錯綜見丘阿　浩蕩臨天池
奇嶇到僧院　丐乞顏色卑　幸借房半間　共聽鍾三時[15)]

먼길을 찾아온 아들에 대한 기쁨은 이내 사라지고, 아들의 숙식을 해결할 수 없는 아버지의 비애처절한 심경이 오롯이 그려져 있다. 매서운 바람이 부는 겨울에 다산 父子는 손을 잡고 산으로 올라갔으나 갈 곳이 없었다. 하는 수 없이 寶恩山房에 가서 숙식을 구걸하는 안색이 비굴하다고 했지만, 비굴한 것 그 이상의 아픔이 내재되었다. 민가의 인심보다는 山寺의 인심은 후하였다. 다행이 스님의 배려로 한겨울을 그곳에 보내면서, 다산은 아들에게 『주역』을 가르치고 고향에 돌아가서 네 동생(丁學游)의 스승이 되거라 하면서 내일을 기약하였다.[16)]

이상에서 살펴본 바와 같이 19세기 초의 강진의 일반 백성들은 물론 염량세태를 아는 識者들까지 유배객을 꺼려하여 상대하지 않았고 각박하게 대하였다. 그러나 오히려 주막집 노파와 보은산방의 스님들은 귀양객 다산을 따뜻하게 대하였다.

---

15) 『전서』, 「學稼來攜至寶恩山房有作」, I-5, 12a-13b, pp.84-85.
16) 『전서』, 「學稼來攜至寶恩山房有作」, I-5, 13b, p.85. "人生如弱艸, 況乃劇衰疲. 艸露一朝晞, 此意知者誰. 吾今授汝讀, 歸爲汝弟師."

2) 탐관오리에 대한 민심

19세기 초의 강진 백성들은 탐관오리들의 수탈로 인하여 곤욕을 겪어야 하였다. 다산의 「哀絶陽」과 「僧拔松行」 및 「田間紀事」 6편과 寓言文인 「弔蠅文」 등에는 탐관오리들의 가혹한 수탈상과 민초들의 哀恨과 원망이 자세히 나타나 있다.

> 내가 茶山에 거처하면서 창고로 가는 길을 내려다보기를 이제까지 10년인데, 시골 백성들이 곡식 섬을 받아지고 지나가는 자를 일찍이 본 일이 없다. 한 톨의 곡식도 일찍이 받아온 일이 없는데도 겨울이 되면 가호마다 곡식 5-7섬을 내어 관창에 바치는데, 그러고서도 다시 환자라고 하는 것은 부끄럽지 않은가.[17]

위는 19세기 초의 강진 백성들이 탐관오리의 수탈상과 민초들이 고난에 찬 삶의 실상을 다산이 『목민심서』에서 밝힌 부분이다. 이러한 실정이므로 자연적으로 탐관오리들에 대한 백성들의 시각은 나쁠 수밖에 없었다. 이에 관한 시를 몇 수 살펴보자.

---

17) 『전서』, 『牧民心書』, 「戶籍, 穀簿」, Ⅴ-20, 24a, p.409. "余家茶山, 俯臨倉路, 于今十年, 未嘗見有一箇村氓負苫而過者也. 一粒之粟, 未嘗受來, 而及至冬月, 戶出穀五六七石, 輸之官倉, 猶復名之曰還上, 不亦羞乎."

넓디넓은 연못에 물고기 안 기르고
아이들에게 연꽃을 심지 말라하네

연밥 따면 관가에다 바쳐야할 뿐만 아니라
틈 있으면 관리들 고기 잡으러 올까 두렵기 때문이라네

陂澤漫漫不養漁　兒童愼莫種芙蕖
豈惟蓮子輸官裡　兼怕官人暇日漁[18]

당시 강진 백성들은 연못에다 물고기를 기르지 않고 연꽃을 심지 않겠다고 하였다. 그 이유는 연밥을 따면 관가에 바쳐야 하고 연못에 고기가 놀면 관리들이 낚시하러 올까 두렵기 때문이었다. 당시 관리들에 대한 반감의 정서가 그려져 있다.

黃漆로 인하여 고통받는 백성들의 참상과 기질을 노래한 시를 보자. 황칠나무의 즙은 染料의 하나로 우리나라 산이 최상품이라고 한다.

그댄 궁복산의 가득한 황칠나무 보지 못했나
깨끗한 금빛 액체 반짝반짝 윤이 나서

껍질 벗겨 즙 받기를 옻칠 받듯 하는데
아름드리 나무래야 겨우 한 종지 넘치네

---

18) 『전서』, 「耽津農歌」(8), I-4, 27b, p.75.

상자에 칠하면 옻칠 정도가 아니어서
잘 익은 치자로는 어림도 없다 하네

서예가는 경황지를 더욱 절묘히 여겨
납지고 양각들은 다 숨어버리네

황칠나무 명성이 천하에 떨쳐져서
박물군자도 더러더러 그 이름 기억하네

공물로 지정되어 해마다 실려가고
서리들 농간을 막아낼 수 없다네

지방민들 우리 괴롭히는 못된 나무라면서
밤마다 도끼로 몰래 베어버리네

임금께서 지난 봄 황칠 공납 면해준 뒤
죽은 나무 다시 물기 오르니 참으로 기이하네

바람 불고 비 맞으면 등걸에 싹이나
가지가지 죽죽 뻗어 푸르름이 어우러지네

君不見弓福山中滿山黃　金泥瀅潔生蕤光
割皮取汁如取漆　拱把楁殘纔濫觴
匳箱潤色奪髹碧　巵子腐腸那得方
書家硬黃尤絶妙　蠟紙羊角皆退藏

此樹名聲達天下　博物往往收遺芳
貢苞年年輸匠作　胥吏徵求奸莫防
土人指樹爲惡木　每夜村斧潛來戕
聖旨前春許蠲免　零陵復乳眞奇祥
風吹雨潤長髬柹　杈椏擢秀交靑蒼[19]

황칠나무로 인하여 고통받는 백성들의 아픔이다. 황칠의 貢納에 시달리다 못한 백성들은 자신들을 괴롭히는 못된 나무라면서 밤에 몰래 화근의 근원을 베어버린 것은 고난에 찬 삶에 대한 저항이다. 임금께서 황칠의 공납을 면제해 준 후 나무들이 소생했다는 것은, 가혹한 수탈이 없는 善政의 이루어져서 백성들이 인간답게 살 수 있는 사회를 염원한 것이다. 이 시외에 黃漆나무를 언급한 시가 「탐진촌요」에도 있다.[20]

탐관오리의 수탈로 인하여 백성들이 고통을 당하는 것이 황칠나무뿐만 아니라 귤나무도 마찬가지였다. 다음 글을 보면 알 수 있다.

茶山 서쪽 1백여 步 떨어진 곳에 한 가난한 선비가 있었다. 그 집에 귤나무 한 그루가 있었는데 해마다 돈 5-6백 닢을 벌어 환곡을 갚았다. 이 이야기가 조금 새나가자 邸卒이 달려들어 갖가지로 공갈하고 안뜰에까지 돌입하니 그 선비가 분함을

19) 『전서』, 「黃漆」, I-4, 30ab, p.76.
20) 『전서』, 「耽津村謠二十首」(8), I-4, 26b. p.74. "莞洲黃漆瀅琉璃, 天下皆聞此樹奇. 聖旨前年蠲貢額, 春風髬橼又生枝."

> 참지 못하고 손에 도끼를 잡고 나무를 베어 던져주어 버렸다. 온 가족이 모두 울었다. 내가 斬橘詞를 지어 위로하였다.[21]

이를 보면 19세기 초에 강진에 귤이 생산되었음을 알 수 있다. 유배지 茶山草堂에서 가까운 곳에 있었던 일이다. 가난한 선비의 집안에 귤나무 한 그루가 있어 몇 푼의 수입이 있었던 것을 알고, 邸卒이 괴롭히자 선비는 분함을 참지 못하고 귤나무를 베어 던져주고 온 가족이 통곡했다는 것은 自虐을 통한 처절한 저항이다.

강진 백성들의 저항 의식과 기질을 알 수 있는 자료가 또 있다. 『목민심서』의 解官 「遞代」조를 보자.

> 『다산필담』은 말하였다. 해남현 북쪽 30리 지점에 石壁이 官途에 있다. 매양 탐관이 돌아갈 적에는 아전이나 백성이 그 석벽 위에 몸을 숨기고 굽어보며 그 죄상을 낱낱이 꼽는다. 행차를 호위하는 자들은 그 소리가 들려 사단이 생길까 두려워하여 이곳에 이르러서는 마구 내달려 지나간다. 그래서 그 석벽을 疾馳巖이라 한다.[22)]

---

21) 『전서』, 『牧民心書』, 「戶籍, 穀簿」, Ⅴ-26, 23ab, p.555. "茶山西去百餘步, 有一貧士, 有橘一樹, 歲得錢五六百, 以納還穀. 其說稍漏, 邸卒來侵, 呵喝萬端, 突入內園, 貧士不堪悱憤, 手持斧, 斬之予之. 一室皆哭, 余作斬橘詞以唁之."

22) 『전서』, 『牧民心書』, 解官 「遞代」, Ⅵ-29, 21a, p.49. "茶山筆談云, 海南縣北三十里, 有石壁臨官途. 每貪官之歸, 吏民隱身石壁上, 壓臨而數其罪. 護行者恐聞聲生事, 到此, 疾馳而過之. 名曰, 疾馳巖."

海南은 강진 바로 옆에 있는 고장이다. 해남의 북쪽 30리의 官途 邊에 있는 石壁이 어느 곳인지는 자세히 알 수 없다. 貪虐했던 官員이 돌아갈 때 鄕吏와 백성들이 석벽 위에 몸을 숨긴 채 그 죄상을 열거하기 때문에, 호위하는 자들은 그 소리가 貪官에게 들려 사단이 생길까 두려워하여 석벽에 도착해서는 빨리 달려 지나가기에, 그 석벽을 疾馳巖이라고 불렀다. 이는 당시 탐관에 대한 반감의 표현이자 풍속의 片鱗이다.

다산의 대표적인 사회시 「哀絶陽」은 당시 강진 백성들의 비극적인 삶을 노래하였다. 1803년에 지은 「애절양」을 짓게 된 배경을 『목민심서』에서 다음과 같이 밝혔다.

> 내가 계해년 가을 강진에 있을 때 노전의 백성이 아이를 낳은 지 3일 만에 軍布에 올라 있어 里正이 군포 대신 소를 빼앗아가니 남편은 칼을 뽑아 자신의 男根을 잘라버리면서 "나는 이 물건 때문에 이런 곤액을 받는구나" 하였다. 그 아내는 피가 뚝뚝 떨어지는 남근을 가지고 관청에 가서 억울함을 호소하였으나 문지기가 막아버렸다는 것을 듣고 이 시(애절양)를 지었다.[23)]

이 「애절양」[24)]은 白骨徵布와 黃口簽丁으로 인하여 노전

---

23) 『전서』, 『목민심서』, V-23, 14b-15a, pp.481-482. "此嘉慶癸亥秋, 余在康津作也. 時蘆田民, 有兒生三日, 入於軍保, 里正奪牛, 民拔刀自割其陽莖曰, 我以此物之, 故受此困厄. 其妻持其莖詣官門, 血猶淋淋, 且哭且訴. 閽者拒之, 余聞而作此詩."

의 한 백성이 재산목록 1호인 농우를 빼앗기자, 분노를 참지 못하고 이에 대한 저항으로 자신의 男根을 스스로 잘라버린 처절한 사연을 그린 시이다.[25]

「僧拔松行」[26]은 白蓮寺 스님들이 장차 소나무가 크게 되면 수탈될 것을 알고 어린 소나무를 모조리 뽑아 버렸고 아울러 수탈의 대상인 榧子나무까지 뽑아버린 후 절을 폐쇄시키겠다는 내용이다.

이 2수의 시만 보아도 당시 강진의 주민들과 백련사 스님들이 탐관오리들에게 自虐을 통한 저항을 하였음을 알 수 있다.

이상에서 살펴본 바와 같이 당시 康津 사람들은 유배객 다산을 야박하게 대하였고, 염량세태를 아는 識者들까지 꺼려하여 상대하지 않았다. 그러나 오히려 주막집 노파와 寶恩山房의 스님들은 귀양객 다산을 따뜻하게 대하였다. 당시 강진 사람들은 탐관오리들로 인하여 고난에 찬 삶을 살면서도 저항을 하였다. 수탈의 대상인 黃漆나무와 비자나무와 귤나무를 베어버렸고, 아울러 스님들은 산의 어린

---

24) 『전서』, 「哀絶陽」, I-4, 29b-30a, p.76. "蘆田少婦哭聲長, 哭向縣門號穹蒼. 夫征不復尙可有, 自古未聞男絶陽. 舅喪已縞兒未澡, 三代名簽在軍保. 薄言往愬虎守閽, 里正咆哮牛去皁. 磨刀入房血滿席, 自恨生兒遭窘厄. 蠶室淫刑豈有罪, 閩囝去勢良亦慽. 生生之理天所予, 乾道成男坤道女. 騸馬豶豕猶云悲, 況乃生民思繼序. 豪家終歲奏管弦, 粒米寸帛無所捐. 均吾赤子何厚薄, 客窓重誦鳲鳩篇."

25) 金相洪, 『茶山 丁若鏞 文學硏究』, 檀國大學校出版部, 1985, pp.118-119.

26) 『전서』, 「僧拔松行」, I-5, 26b, p.91.

소나무를 뽑아버렸으며, 白骨徵布와 黃口簽丁으로 인하여 農牛를 빼앗기자, 분노를 참지 못하고 이에 대한 저항으로 자신의 男根을 스스로 잘라버렸다. 저항의 방법이 수탈 대상의 사물을 원천적으로 제거하는 自虐的인 점은 있으나, 당시 탐관오리에 대한 민초들의 슬픈 저항의 한 방법이자, 풍속이 아닐 수 없다.

3. 강진의 생활상과 언어 풍속

1) 생활상

(1) 祈願

神佛에게 자신의 소원이 성취되기를 기원하는 풍속은 지방과 사람에 따라 다양하다. 먼저 19세기 초 강진의 祈子 풍속에 관한 다산의 시를 보자.

> 도독부 영문 연 지 이백 년이 되었는데
> 부두에 다시는 왜놈 배를 매지 못했었지
>
> 진린의 사당 속엔 봄 풀만이 돋아나고
> 어촌의 아낙네 돈 던지며 아들 점지해달라네

都督開營二百年　皇夷不復繫倭船
陳璘廟裡生春草　漁女時投乞子錢[27]

19세기 초 강진의 백성들은 명나라 장군인 陳璘[28]의 사당에 가서 돈을 던지며 아들 낳기를 기원하였다. 이어서 강진 어민들이 고기잡이 떠나면서 順風이 불고 무사히 滿船으로 돌아오기를 기원한 풍경을 묘사한 시를 보자.

종선이 북을 둥둥 울리 떠날 제
지국총 지국총 들리느니 뱃노래라네

수신을 모신 제단 앞에 모두 절하면서
칠산 바다 순풍을 마음속으로 비는구나

艍船初發鼓鼕鼕　歌曲唯聞地掬蔥
齊到水神祠下伏　默祈吹順七山風[29]

---

27) 『전서』, 「耽津村謠二十首」(15), I-4, 27a. p.75.
28) 陳璘은 明 神宗때 將軍이다. 그는 선조 30年 丁酉再亂(1597) 때 朝鮮救援軍 都督으로 軍船 500척을 거느리고 李舜臣 장군과 함께 해상을 담당하였다. 그는 왜적의 청탁과 뇌물을 받아들여 이순신의 적의 퇴로 봉쇄 의견에 대립한 적도 있으나, 이순신의 설득으로 朝·明軍의 합력으로 露梁에서 島津義弘이 인솔한 왜선 5백 척을 섬멸하고 선조 32年(1599) 서울에서 철수하였다. 그의 전공을 기려 사당을 세웠다.
29) 『전서』, 「耽津漁歌十章」(7), I-4, 28b, p.75. 註, "字書無艍字, 舟橋司取戚氏之制, 有艍船之名. 今漕船皆舟橋之船, 故曰艍船."

위와 같이 당시 강진의 어부들은 출항하기 앞서 무사히 歸港을 염원하여 水神祠에서 일제히 엎드려 절하면서 순풍을 기원한 풍습이 있었다.

(2) 오징어 먹(墨)

19세기 초 강진의 문화생활의 일면을 알 수 있는 것이 바로 오징어 내장의 먹물을 먹(墨)의 代用으로 사용하여 붓글씨를 썼다는 점이다. 다산의 「跋耽津農歌」를 보자.

> 右의 탐진농가첩은 내가 귀양살이하던 중에 만든 것이다. 첫머리에 耽津農家라고 쓴 큰 글자 네 자는 오징어 먹물로 쓴 것이다. 세속에 일컫는 말이 오징어 먹물은 오래되면 글씨가 탈색된다고 하는데, 그것은 진한 먹물을 매끄러운 종이에 쓸 경우 오래되면 당연히 말라서 떨어지기 때문이다. 만일 갓 취한 신선한 먹물로 껄끄러운 종이에 쓰면 또한 오래 전할 수 있을 것이다. 그 다음 시 2수는 이 고을 黃生이 쓴 것이다. 황생은 李匡師(자 道甫)에게 글씨를 배웠는데 그 楷書를 보면 참으로 이도보의 법을 터득하였다. 그 밖의 시 10수는 내가 손수 쓴 것이다.[30]

위에서 19세기 초엽의 강진의 풍속을 두 가지 찾을 수

30) 『전서』, 「跋耽津農歌」, I-14, 34a, p.301. “右耽津農歌帖, 余在謫中作也. 其首題四大字, 則用烏鰂墨寫之者. 俗稱鰂墨, 久成白文, 盖其稠黏者, 値光滑紙 久當乾落耳. 苟用新好者, 寫之澀紙, 亦可壽傳. 此詩二首, 係邑人黃生筆. 黃生學書於道甫, 見其楷書, 洵得李法也. 餘詩十首, 余所自書也.”

있다. 즉 ① 붓글씨를 쓰는데 먹이 귀하여 먹 대신 오징어 뱃속의 검은 물로 붓글씨를 썼다는 것과, ② 명필 李匡師(1705-1777)[31]에게 글씨를 배운 黃生(다산의 제자 黃裳으로 추정)이 해서를 잘 썼다는 점이다. 전자는 문화적으로나 경제적으로 낙후된 유배지라서 먹(墨)을 제대로 살 돈이 없어서 오징어 먹물로 글씨를 쓸 수밖에 없는 궁핍함이며, 후자는 그런 처지임에도 불구하고 이광사에게 글씨를 배운 黃生은 楷書를 잘 쓴 명필이었음을 알 수 있다.

시골 애들 습자법이 어찌 그리 엉망인지
점・획・과・파 모두 비뚤게 쓰네

필원이 옛적에 신지도에 열려 있어
아전들 모두 명필 이광사를 스승으로 섬겼네

村童書法苦支離　點畫戈波箇箇欹
筆苑舊開薪智島　掾房皆祖李匡師[32]

위의 시는 당시에 강진은 문화적으로나 경제적으로 낙후

31) 金相洪, 「茶山의 書藝論 研究」, 『茶山 文學의 再照明』, 檀國大學校出版部, 2003. p.481. 李匡師는 東國眞體를 완성시켰다는 명필이다. 字는 道甫, 號는 員嶠, 本貫은 全州이다. 51세(1755) 때 羅州壁書事件에 연좌되어 함경도 富寧으로, 다시 珍島로, 이어 薪智島로 移配되어 流配生活을 하다가 謫地에서 죽었다. 저서로는 『員嶠書訣』, 『員嶠集選』 등이 있다. 『燃藜室記述』을 쓴 李肯翊은 그의 아들이다.

32) 『전서』, 「耽津村謠二十首」(11), I-4, 26b. p.74.

된 지역이라서 아동들의 붓글씨는 필법에 맞지 않았으나, 아전들은 名筆 이광사를 스승으로 섬겼음을 알 수 있다.

(3) 離別

사랑하는 남녀가 이별할 때 情表로 버들가지를 꺾어 주는 折柳 풍속이 강진에도 있었다.

석제원 북쪽 길은 갈림길도 많을시고
옛적부터 아가씨들 이별하는 곳이라네

한도 많은 문 앞의 수양버들은
그 통에 다 꺾이고 남은 가지 몇 개뿐이네

石梯院北路多岐　終古娘娘此別離
恨殺門前楊柳樹　炎霜摧折少餘枝[33)]

석제원 북쪽은 갈림길이 많은 곳으로 이별의 장소이다. 떠나는 자가 이별의 정표로 버들가지를 꺾어주기 때문에 수양버들 가지가 몇 가지만 남아 있다고 하였다. 이 折柳 풍속은 강진에만 있는 것이 아니라 동양 문화권의 보편적인 풍속이다.

(4) 酌婦와 房子

다산이 강진의 주막 풍경을 그린 「山行雜謳二十首」(6)를

33) 『전서』, 「耽津村謠二十首」(6), I-4, 26b. p.74.

보자. 이 시는 1806년(병인. 47세) 3월 18일에 쓴 것이다.

모래밭 위는 생선 시장이요
다리 가엔 막걸리 집이 있네

언제나 목로집 계집들은
붉은 머리털이 오랑캐와 같구나

沙上鮮魚市　橋邊濁酒家　由來壚上女　紅髮似夷鰕[34]

이 시는 한 폭의 수채화처럼 강진의 어느 주막집 정경을 묘사하였다. 바닷가 모래밭에 어물전이 있고, 다리 가에는 주점이 있다. 주막집 작부들은 염색을 했는지 헤어스타일이 붉은 머리라서 오랑캐와 같다고 하였다. 이를 보면 당시 작부들의 모습이 나름대로 화려한 것을 알 수 있다. 이어서 水營廳의 房子 모습을 그린 시를 보자.

궁복포 앞 바다에 나무 가득 실은 배
황장목 한 그루면 값이 천 냥이라네

수영청 방자놈 뇌물 두둑이 받고
술 취해 남쪽 연못가 수양버들 가에 누워 있네

弓福浦前柴滿船　黃腸一樹直千錢

34) 『전서』, 「山行雜謳二十首」(6)(三月十八日), I-5, 14b, p.85.

水營房子人情厚　醉臥南塘垂柳邊[35]

소나무의 일종인 黃腸木은 임금의 棺으로 사용하는 나무로 값이 高價이다. 황장목을 실은 배의 船主로부터 수영청의 방자가 "人情"(뇌물)을 후하게 받고 술 취해 누어 있는 풍경이다. 다산은 "우리나라 풍속에 뇌물을 '人情'이라 한다"고 하였다.

2) 언어 풍속

다산이 1802년 강진에 쓴 『耽津樂府』(탐진촌요, 탐진농가, 탐진어가)는 자신의 朝鮮詩論을 실천한 대표적 시로, 당시에 서울까지 유전되어 회자되었다.[36] 『탐진악부』는 강진의 풍속은 물론 土俗語까지 알 수 있다.

(1) 반상 · 돈모 · 밥모

다산은 당시 강진 사람들이 쓰는 방언을 漢字의 音과 訓을 차용하여 시어로 사용하였는데 이를 보기로 한다.

모내기철 모 품팔이 집집마다 아낙네들 정신없어

---

35) 『전서』, 「耽津漁歌十章」(10), I-4, 28b, p.75. 註, "梓宮所用之松曰, 黃腸.", "東俗, 賄賂曰, 人情."

36) 李學逵, 「嶺南樂府序」. "向見苣上丁籜翁, 流寓湖南六七年, 作爲耽津樂府數十章, 流傳京輦. 薦紳家或訾之, 曰是誠有異才, 有異才所以爲不祥."

보리 베는 반상(남편)을 돕지 않네

이서방네 일 약속 어기고 장씨네로 가는 것은
모내기철엔 돈모가 밥모보다 더 좋다네

秧雇家家婦女狂　不曾刈麥助盤床
輕違李約趁張召　自是錢秧勝飯秧[37)]

위의 시 註에서, "이 지방 사람(土人)들은 남편을 '반상'(盤床)이라 부른다" 하였고, 또한 "순전히 돈만 받고 품팔이하는 것을 '돈모'(錢秧)라 하고, 밥을 먹여주고 품삯을 조금 주는 품팔이를 '밥모'(飯秧)라 한다"고 하였다. 남의 집 일을 갔을 때, 밥을 먹여주고 품삯을 적게 주는 "밥모"보다는, 밥을 먹지 않는 대신 식대를 품삯에 포함시켜주는 "돈모"를 선호하였다. 그래서 아낙네들은 자기 집 보리를 베는 "반상"(남편)을 돕지 않고 이서방네의 "밥모" 약속을 깨고 "돈모"인 장씨네 일을 하러 갔다. 이를 통하여 당시 강진의 경제사정은 물론 농사 풍속의 일면을 알 수 있다.

(2) 활선·높새바람·마파람

「탐진어가」는 강진의 어촌 주민들의 일상의 모습과 풍속 등을 그린 시이다. 먼저 "활선"·"높새바람"·"마파람"을 漢字의 音訓을 차용하여 시어로 쓴 것을 보자.

---

37) 『전서』, 「耽津農歌」(5), I-4, 27b, p.75. 註, "土人謂夫曰, 盤床.", "純以防雇者, 謂之錢秧, 與之飯而減雇曰, 飯秧."

계랑의 봄 바다에 뱀장어도 많을시고
파란 물결 헤치며 활선이 떠나간다

높새바람 불제 항구를 떠나
마파람 불 제 돌아오누나

桂浪春水足鰻鱺　檔取弓船漾碧漪
高鳥風高齊出港　馬兒風緊是歸時[38)]

"활선"이란 배 위에 돛처럼 그물을 달고 出漁하는 장어잡이 배인데, 강진에서는 方言으로 활선(弓船)이라 한다고 하였다. 다산은 "새 鳥자는 새 乙인데 乙은 동방을 뜻하여 東北風을 '높새바람'(高鳥風)이라 하였으며", 또한 "말(馬)은 午와 같은데 南風을 '마파람'(馬兒風)이라 한다"고 註釋하였다.

(3) 세물·네물·까치놀

"세물"(三汛)과 "네물"(四汛)은 潮水의 양을 뜻하는 것으로 어촌에서 쓰는 용어이다. "까치놀"은 석양에서 멀리 바라다 보이는 바다의 수평선에서 희번덕거리는 상태를 가리키는 순순한 우리말이다.

---

38) 『전서』, 「耽津漁歌十章」(1), I-4, 28a, p.75. 註, "船上張罟者, 方言謂之, 弓船.", "鳥者乙也, 乙者東方, 東北風曰, 高鳥風.", "馬者, 午也, 南風曰, 馬兒風."

세물 때가 지나가고 네물 때가 돌아오면
까치놀이 세게 일어 옛 어대가 파묻히네

三汛纔廻四汛來　鵲漊波沒舊漁臺[39]

이 시의 註에서 "漊는 큰 파도인데 하얀 파도가 까치처럼 일어나기에 '까치놀'(鵲漊)이라 한다"고 하였다.

이상에서 살펴본 19세기 초 강진의 생활상과 언어에 관한 풍속을 정리한다. ① 일상 생활의 풍속으로, 당시 강진에서는 陳璘의 사당에 가서 돈을 던지며 아들 낳기를 기원한 祈子 풍속과, 어민들은 順風이 불어 무사 歸港을 위하여 水神祠에서 절하며 기원하는 풍속이 있었다. 또한 가난하여 오징어 내장의 먹물을 먹(墨)의 代用으로 사용하여 붓글씨를 썼고, 이별할 때 정표로 버들가지를 꺾어 주는 折柳 풍속이 있었다. 주막집 작부들은 붉은 머리였고, 수영청의 房子는 "人情"(뇌물)을 좋아하였다. ② 언어 풍속으로서, 강진 사람들은 남편을 "반상"이라 불렀고, 밥은 먹지 않고 품삯을 돈으로 받는 "돈모"를 좋아하였으며, 밥을 먹고 품삯을 덜 받는 "밥모"(飯秧)는 선호하지 않았다. 배 위에 돛처럼 그물을 달고 出漁하는 장어 잡는 배를 "활선"이라 불렀고, 동북풍을 "높새바람", 남풍을 "마파람"이라고

---

39) 『전서』, 「耽津漁歌十章」(2), I-4, 28a, p.75. 註, "假令, 甲日弦, 丙日曰, 第一水, 戊日曰, 第三水.", "漊者, 大波也, 波白如鵲起, 曰鵲漊."

불렀다. 潮水의 양에 따라 "세물 네물"이라 하였고, 석양에서 멀리 바라다 보이는 바다의 수평선에서 희번덕거리는 상태를 "까치놀"이라고 불렀다.

4. 강진의 농사와 음식 풍속

1) 농사 풍속

(1) 干拓地

다산이 유배 살던 19세기 초에 이미 강진에서는 바다를 막아 농지를 만든 干拓地가 있었음을 알 수 있는 시가 있다.

> 부호들은 만냥 돈을 아끼지 않고
> 썰물 때 돌을 쌓아 제방을 만들었네
>
> 옛적에 조개 잡던 갯벌이 이젠 벼 수확하니
> 갯벌이 좋은 옥답이 되었구나
>
> 豪家不惜萬緡錢　疊石防潮趁月弦
> 舊拾蚌螺今穫稻　由來潟鹵是腴田[40)]

---

40) 『전서』, 「耽津農歌」(6), I-4, 27b, p.75.

당시 부자들은 돈을 아끼지 않고 간척사업에 투자하여 썰물 때 돌로 제방을 쌓아 바닷물을 막았다. 당시에 조개 잡던 갯벌을 옥토로 만들어 벼를 수확하였다.

(2) 二毛作

19세기 초 강진은 이미 이모작을 하고 있었다. 다산은 강진 농촌의 농사 풍속을 다음과 같이 노래하였다.

> 무논엔 바람 불면 보리 물결 장관이고
> 보리타작 할 무렵이면 모내기 하네
>
> 배추는 눈 속에 새잎 돋아 파랗고
> 섣달에 깐 병아리 솜털이 노오랗네

1 水田風起麥波長　麥上場時稻揷秧
菘菜雪天新葉綠　鷄雛蜡月嫩毛黃[41]

> 벼논에 물을 빼고 보리를 심었다가
> 보리 베어 내면 즉시 모내기하네
>
> 하루라도 지력을 놀리려고 아니하여
> 사시사철 푸르고 누런 색이 철 따라 변하네

41) 『전서』, 「耽津村謠二十首」(5), I-4, 26a. p.74.

2 稻田洩水須種麥　刈麥卽時還揷秧
不肯一日休地力　四時嬗變色靑黃[42]

위의 1과 2에서 당시 농부들의 근면성과 이모작을 하고 있었음과 또한 강진 농촌 사계절의 풍경을 알 수 있다. 즉 보리타작 무렵에 무논(畓)에 모내기를 하고, 보리를 심었던 논에는 보리를 베어내자마자 즉시 모내기를 하였다.

(3) 耕田

다산은 「탐진농가」에서 강진에서는 소 한 마리로 마른 밭을 가는 農耕 풍속을 다음과 같이 노래하였다.

게으른 버릇 옥토에서 생기나니
상농은 해가 높이 솟도록 늦잠자네

느릅나무 그늘에서 술 주정부리다가
천천히 소 한 마리 끌고 가서 마른 밭을 가네

懶習眞從沃壤然　上農猶復日高眠
楡陰醉罵移時歇　徐取一牛耕旱田[43]

나태한 버릇은 옥토에서 생기는 것이라고 전제하였다.

---

42) 『전서』, 「耽津農歌」(2), I-4, 27b, p.75.
43) 『전서』, 「耽津農歌」(7), I-4, 27b, p.75. 註, "京畿, 旱田, 皆用兩牛耕."

강진의 上農이 늦도록 잠을 잔 후 술 주정을 하다가 소 한 마리 끌고 가서 가뭄이 들어 마른 밭(旱田)을 가는 농촌 풍경을 노래하였다. 이 시의 註에 "경기도에서는 마른 밭을 갈 때에는 소 두 마리로 밭을 간다."고 하였는데, 이는 경기도처럼 두 마리의 소로 밭을 갈면 힘이 덜 들지 않겠느냐는 의미이다.

(4) 農器具

다산은 경기도 지방과 강진 지방의 농기구와 농사방법이 다른 것을 보고, 각각 서로의 장점을 배워야 한다고 하였다.

한강 부근의 가래는 길이가 두어 발이라서
장정들 힘 합해도 허리가 아프다네

남쪽의 아이들은 짧은 삽 한 손으로
이랑도 치고 물을 대는 일 쉽게도 하네

1 洌水之間丈二鍬　健夫齊力苦酸腰
南童隻手持短鍤　容易治畦引灌遙[44]

벼논에 김 맬 적엔 호미를 사용 않고
이곳에선 손으로 잡초를 뽑아내네

---

44) 『전서』, 「耽津農歌」(3), I-4, 27b, p.75.

어찌하면 맨다리에 거머리가 뜯어 흐르는 피로
은대에서 올리는 상소문에다 그리게 할까

2 穮蓘從來不用鋤　手搴稂莠亦須除
那將赤脚蜞鍼血　添繪銀臺遞奏書[45)]

1은 경기도에서 사용하는 가래(鍬)와, 강진에서 쓰는 삽(鍤)의 능률을 말한 것이다. 경기도 일대에서 사용하는 가래는 손잡이가 2丈이나 되고 아울러 양쪽에서 여러 명의 장정들이 줄을 잡아당겨도 힘이 들어 허리가 아프기 때문에 비능률적이지만, 강진의 삽은 손잡이가 작아 아이들까지도 이랑 치고 물도 쉽게 댄다 하여 능률적이라고 하였다. 이는 단순히 능률면에서 그렇다는 것이다. 그러나 다산이 장정 여러 명이 양쪽에서 일하는 공동 작업용 "가래"(鍬)와, 혼자 사용하는 "삽"(鍤)의 용도를 모를 리가 없다.

2는 벼를 심은 논에 벼가 자라는데 따라 "초벌 두벌 세벌 김매기"할 적에 호미(鋤)를 사용하지 않고 잡초를 뽑는 강진의 농사 풍속은, 경기도 농부들보다 힘이 더 든다는 것을 뜻한다.

이어서 곡식을 수확하는 打作 풍속을 역시 강진과 경기도와 상호 비교하여 노래한 시를 보자.

대통과 쇠꼬챙이로 홀태를 만들어서

45) 『전서』, 「耽津農歌」(4), I-4, 27b, p.75. 註, "銀臺, 用鄭俠事."

이삭 하나 훑으려면 손이 한 번 꼭 간다네

볏단 째로 털어 내는 북쪽 지방 타작법을
호쾌하게 좋다고 너희들 향해 자랑하네

竹管鐵箸夾成丫 一穗須經一手爬
北方打稻皆全穗 豪快眞堪向汝誇[46)]

보리타작과 벼 타작은 농기구가 다르다. 보리는 도리깨로 하면 되지만 벼 타작은 도리깨로 하지 않는다. 이 시의 起句를 보면 당시 강진에서는 "벼훑이"를 사용한 것 같다. "벼훑이"는 방언으로 "홀태"[47)]라고 하는 데, 이는 나무 두 가지를 Y자 형태로 묶은 다음 그 가지 사이로 이삭을 넣어 훑는 농기구이다. 承句에서 "이삭 하나 훑으려면 손이 한 번 꼭 간다네"라고 한 것을 보면 "벼훑이"를 사용한 것이 분명하다. 轉句에서 "볏단 째로 털어 내는 북쪽 지방 타작법"은 경기도 벼 타작 방법을 말한 것이다. 이는 조선 후기 풍속화에 보듯이 절구통 등을 뉘어놓고 잘 마른 볏단을 어깨 넘어까지 넘긴 다음 힘껏 내려쳐서 수확하는 방법이다. 다시 말하면 강진의 벼 타작은 비능률적이고 경기도

46) 『전서』, 「耽津農歌」(9), I-4, 28a, p.75.
47) 여기서의 홀태는 쇠로 만든 홀태와는 다르다. 쇠로 만든 홀태는 넓이가 약 50-60㎝, 높이가 30-40㎝로 마치 삼지창을 여러 개 연결한 모습이다. 쇠 날의 사이에 한 주먹의 벼를 넣어 훑는다.

는 능률적이기에, 結句에서 경기도 벼 타작방법이 좋다고 자랑한 것이다. 이 시에서 당시 강진의 벼 타작 풍속을 알 수 있다.

(5) 小作料

19세기 초 地主의 농토를 경작하여 먹고사는 가난한 강진의 소작인들의 삶은 비참하였다. 그 이유는 소작료와 종자 및 세금을 소작인이 부담해야 하는 풍속 때문이었다. 「跋耽津農歌」의 일부를 보자.

> ① 내가 보기에는 이 지방 사람(土人)들의 농사짓는 법이 북방에 비해 상당히 간편하다. 그러나 남북이 각각 옛 습관에 안주하여 서로가 장점을 취하려고 하지 않으니 매우 한탄스럽다.
>
> ② 私門에서 세금을 받는 법 같은 것은 마땅히 조정에서 북방의 풍속을 쓰도록 권장하면, 아마 豪富한 자를 억제하고 빈약한 자를 보호하는 데(抑豪扶羸) 있어 한 보탬이 되라고 본다. 今上이 즉위한 지 4년째인 갑자년(1804) 4월 2일 쓰다.[48]

위의 ①에서 강진이 북방에 비해 농사를 간편히 짓는다고 하였을 뿐 그 내용을 명시를 하지 않아 강진의 간편한

48) 『전서』, 「跋耽津農歌」, I-14, 34a, p.301. “余見土人作農, 視北方頗亦簡易. 南北各安故俗, 不相傚法, 甚可歎也. 若其私門賦租之法, 宜自朝廷, 飭用北俗, 庶亦抑豪扶羸之一助云爾. 恩齡四歲甲子 四月二日.”

농사법을 알 수 없다. 남북이 각각 전해오는 습관에 안주하여 서로의 장점을 본받지 않음을 한탄한 것은, 힘을 덜 들이고 농사를 지을 수 있는 방법이 있었기 때문이다.

2는 북쪽 경기도와 달리, 당시 강진의 지주들은 가난한 소작인에게 경작 농지에 대한 세금을 납부하게 한 사실이다. 강진의 지주들은 수확량의 반을 가져가고, 가난한 소작인들에게 내년 농사의 種子와 세금까지 부담하게 한 풍속의 잘못을 지적한 것이다. 이러한 강진의 小作 풍속을 경기도와 같게 고친다면 豪富한 자를 억누르고 약한 자를 보호하는(抑豪扶羸) 데 일조할 것이라고 하였다.

이런 소작료의 나쁜 풍속을 고쳐야 한다고 논한 「擬嚴禁湖南諸邑佃夫輸租之俗箚子」는 다산이 강진 유배지에서 쓴 것이다. 유배된 죄인이라서 임금에게 직접 올릴 수 없기에, 지주들의 횡포를 바로잡아야 한다는 충정에서 자신이 만일 벼슬에 있다면 임금께 올리려 한 것이다.

> 신이 그윽이 보건대 호남지방의 풍속은 조세와 종자를 모두 소작인들이 내는데, 신은 이러한 습속은 당연히 금지되어야 한다고 생각합니다. …… 경기도 지방에서는 私門의 조세는 비록 그 반을 취하나, 국가에 바치는 세금과 종자는 다 지주들이 부담하여, 실지로 먹는 것을 계산하면 소작농민이 많으니, 이것이 오히려 옳은 것입니다. 지금 이곳 호남의 풍속은, 지주가 그 소출의 절반을 받아 베개를 높이 베고 편안히 잠을 자지만, 농민들은 이미 그 절반을 잃었고 또 그 남은 절반 중에서 종자를 제하고 稅米를 제해야 합니다. 오른쪽을 떼어내

> 고 왼쪽을 깎아내니 남는 것이 얼마나 되겠습니까? 이는 호남의 농부들이 다른 지방의 농민들보다도 곤궁한 이유입니다.[49]

다산은 호남의 풍속은 ① 租稅와 ② 種子까지 모두 小作人들이 부담하는 풍속을 금지시켜야 한다고 전제하였다. 경기도에서는 地主들이 수확량의 절반을 받지만, 세금과 내년 농사의 종자는 모두 지주들이 부담하기 때문에 小作人들의 차지가 지주보다는 조금 많다는 것이다. 그러나 호남지방의 소작인들은 ① 수확량의 절반과, ② 내년 농사 종자는 물론, ③ 세금까지 부담하기 때문에 다른 지방의 농민들보다도 궁핍할 수밖에 없다는 것이다. 이어서 地主와 自營農家 그리고 小作農家의 비율을 밝혔다.

> 지금 호남지방 백성들을 헤아려보면 대략 100호 중에서 남에게 토지를 주어서 그 地租를 받는 자는 5호에 불과하고, 자기 토지를 자신이 스스로 경작하는 자는 25호쯤 되며, 남의 토지를 경작하여 지주에게 地租를 바치는 자는 70호나 됩니다. 지금 만약 국가 조세와 종자 곡식을 소작인이 부담하는 그 전례를 고쳐서 경기지방의 실례와 같이 한다면 70호는 뛰면서 손뼉을 치고 춤출 것입니다. 자작농 25호는 즐거움과 괴

49) 『전서』, 「擬嚴禁湖南諸邑佃夫輸租之俗箚子」, I-9, 60ab, p.200. “臣竊觀湖南之俗, 租與種子, 皆佃夫出之, 臣以爲此俗當禁也. …… 京畿諸路, 私門之租, 雖取其半, 王稅穀種, 皆田主出之, 計其實食 佃夫蓋多, 此猶可矣. 今此湖南之俗, 田主其領其半, 無不高枕而臥, 佃夫旣失其半, 又就留半之中, 除其穀種, 除其稅米, 右割左削, 餘者幾何. 此湖南農夫之困於諸路者也.”

로움이 관여되지 않지만 사람의 도리는 대체로 부자를 꺼려하고 가난한 자를 救恤하려는 것이니, 역시 즐거워하는 쪽에 속할 것이요, 슬퍼하며 즐거워하지 않는 자는 실로 5인에 불과할 뿐입니다. 이 5인이 슬퍼하는 것을 두려워하여 95인이 뛰면서 손뼉을 치고 춤출 政事를 하지 않는다면 누가 王者가 조화의 權衡을 가졌다고 말할 수 있겠습니까?[50)]

위의 언급은 19세기 초 전라도 농업인구의 구성을 알 수 있는 귀중한 자료이다. 즉 호남지방 100가구 중에서 지주는 5%이고 자기 농토를 경작하는 자영농가는 25%이며, 소작농은 70%라는 사실이다. 이 70%의 소작농이 조세와 종자를 부담하는 풍속을 임금의 명으로 고쳐서, 경기도처럼 지주가 세금과 종자를 부담하게 한다면, 소작농 70%호는 춤추며 환영할 것이고, 자영농가 25%도 자신과 무관하지만 인간의 도리상 富者를 싫어하고 가난한 자를 동정하는 법이기에 좋아할 것이며, 오직 싫어할 자는 5%의 지주라고 하였다. 그런 만큼 이 5%의 지주가 싫어할 것을 두려워하여 95%가 춤추며 좋아하는 정치를 시행하지 않는다면 누가 임금이 조화의 權衡을 가졌다고 말할 수 있겠느냐고 반문하였다.

50) 『전서』, 「擬嚴禁湖南諸邑佃夫輸租之俗箚子」, I-9, 61a, p.201. "今計湖南之民, 大約百戶, 則授人田, 而收其租者, 不過五戶, 其自耕其田者, 二十有五, 其耕人田, 而輸之租者七十, 今若改其舊俗, 令同諸路則是七十者, 皆踊躍抃舞矣. 其二十有五, 雖甘苦不于, 然人道惡盈, 大抵忌富而恤貧, 亦在樂中, 其悵然不樂者, 不過五人耳. 畏五人之悵然, 不敢爲九十五人踊躍抃舞之政, 孰謂王者操化權哉."

이어서 결론 부분을 보자. "소작 농민들이 1년 동안 짓는 농사가 6-7斗의 종자를 심는데 불과할 뿐"이라고 한 것도 당시 소작농의 경작지 규모를 알 수 있는 귀중한 자료이다. 소작인들의 1년 농사는 6-7斗의 종자를 파종하는데 불과한데 수확의 반을 地主에게 주고, 춘궁기에 꾸어다 먹은 환곡을 갚고 나면, 그 해가 가기도 전에 벌써 굶주리게 되는데, 무슨 수로 조세를 납부할 수 있겠느냐는 것이다. 강한 자를 억누르고 약한 자를 보호하는 것(抑强扶弱)은 어진 사람이 하는 정치인만큼, 임금께서는 무엇 때문에 시행하지 못하느냐고 울분을 토하였다. 8도의 관찰사로 하여금 엄하게 科條를 세워서 지금부터는 조세와 종자는 지주가 부담하도록 하고, 그래도 소작농에게 종자와 세금을 부담시키는 자는 重刑으로 처벌하면, 호남의 95% 백성들은 짐을 벗은 듯이 소생할 것이라 하면서, 전하는 무엇을 꺼려하여 하지 않느냐고 통탄하였다.[51]

이 소작제도의 개혁안은 다산의 경세제민과 憂國憐愍의 소산이다. 소작료에 대한 징수가 호남과 경기도와 서로 달랐다. 즉 다른 것은 논외로 하고 소작료에 문제는 19세기

---

51) 『전서』, 「擬嚴禁湖南諸邑佃夫輸租之俗箚子」, I-9, 61ab, p.201. "嗟乎. 佃夫一年之農, 不過種六七斗耳. 輸其私租, 償其還穀, 歲未卒而饑已久矣. 從何處辦此王稅哉. …… 詩云, 哿矣富人, 哀此煢獨, 夫授人田而租之者, 大抵是富人也. 抑强扶弱, 仁人之政, 殿下何慮而不爲哉. 臣顧殿下, 俯詢廟堂, 亟令道臣, 嚴立科條, 自今租與種子, 皆令田主出之, 其有暗地私受, 操縱田土之權者, 別加廉察, 置之重辟, 則南土之民, 庶幾息肩而望蘇矣. 殿下何憚而不爲也. 取進止."

초의 경기도 地主는 호남에 비하여 후하였고, 강진을 비롯한 호남의 地主는 경기도와 비교하면 소작인들을 심하게 착취하였다.

다산이 강진의 소작료에 관하여 언급한 「耽津對」(2)가 있는데, 그 내용이 위에서 살펴본 것과는 天壤之差가 있다.

① 북쪽사람이 나를 위해 슬퍼하고 걱정하여 말하기를 "호남은 풍속이 영리하고 각박한데 강진이 더욱 극심하다. 그대가 어떻게 견디겠는가"라고 하였다.

② 나는 이렇게 대답하였다. "아아! 어찌 말을 그리 잘못하는가. 강진의 백성들은 벼 베기가 끝나면 농토가 없는 가난한 사람들이 곧바로 그 이웃 사람의 농토를 경작하기를 마치 자기 농토처럼 하여 보리를 심는다. 내 말이 '잘하는 일이다. 보리가 익으면 반으로 나누느냐'고 하니, 아니라고 한다. '賦稅를 낼 때 그 반을 부담하느냐'고 하니, 아니라고 한다(보리가 익으면 경작자가 다 먹는다. 田主와 나누지도 않고 또한 부세를 돕지도 않는다). '그러면 벼를 심을 때에 노동력으로 보답하느냐'고 하니, 아니라고 한다. '地力이 쇠약해지지 않느냐'고 하니 어찌 그렇지 않겠느냐고 한다. '보리를 미처 베어내지 못하고 비가 내려 모내기를 해야 할 경우 서로 방해가 없느냐'고 하니, 어찌 그렇지 않겠느냐고 대답한다. 아아! 참으로 仁厚한 풍속이다. 이들은 무회씨의 백성인가, 갈천씨의 백성인가.

③ 관아에서 帖文을 발부하여 稅錢을 받아들일 때에는 매호 12전을 물려도 들어주고 매호 25전을 물려도 들어준다. 그리고 오늘 징수하고 내일 또 징수하여도 들어주니 그저 내라는 대로 들어주며, 그 쓰는 용도를 묻지 않는다.

④ 또 종에게 사사로이 주어버린 것은 그것으로 채소밭을 살 만한 재물을 실어 내가도 묻지 않으며, 그 돈으로 기생을 끼고 뱃놀이를 하는 비용에 충당해 없애버려도 묻지 않는다.

⑤ 이래도 오히려 교활하고 각박하다 하겠는가. 살피기를 공평한 눈으로 하고 평가하기를 공정한 말로 한다면, 그 누가 仁이 되고 그 누가 賊이 된다고 말하겠는가."[52]

위의 내용이 사실이라면, 19세기 초 강진의 인심과 풍속은 천국과 다름이 없는 곳이다. 그러나 이는 강진의 인심과 풍속이 각박한 것을 반어적으로 신랄하게 풍자한 戲文이다. 즉 以文爲戲한 것이다. 다시 말하면 ①에서 다산이 유배되자, 북쪽(한양)에 사는 知人들이 슬퍼하고 걱정하며 위로하기를 "풍속은 영리하고 각박함이 가장 심한 강진"에서, "그대가 어떻게 견디겠는가"라고 한 것을 주목할 필요가 있다. 위의 ②③④는 ①에 대한 구체적인 반론이며, ⑤는 결론이다.

특히 ②의 내용은 천국에서나 가능한 일이지, 19세기 초

52) 『전서』, 「耽津對」(2), I-22, 19b-20a, 467. "北方之人, 有爲余悲而憂者曰, 湖南俗儇薄, 而耽津尤甚. 子何以堪之. 余曰噫嘻, 何言之誣也. 耽津之民, 刈稻了, 貧人無田者, 卽耕其鄰人之田, 如己田以種麥. 余曰, 善哉. 及熟領其半乎, 曰否. 及稅防其半乎, 曰否(麥熟則耕者食之. 不分田主, 亦不租稅). 及種稻效其力乎, 曰否. 地力不敞乎, 曰曷爲不然. 麥未刈而雨可秧無相防乎, 曰曷爲不然. 噫. 其仁矣. 此無懷氏之民與, 葛天氏之民與. 官發帖令, 納錢戶十二聽, 戶二十五聽. 今日徵而明日又徵聽, 徵斯聽之不問. 其所須用也. 私予之其奴, 輸其買圃資不問, 挾妓娼汎于湖用防其費不問. 尙可曰儇薄哉. 臨之以公, 眼評之以公, 舌誰爲仁誰爲賊."

의 조선 8도 어디에도 없는 仁厚한 풍속이 아닐 수 없다. 앞에서 강진의 地主들은 수확량의 반을 가져가고, 소작인들에게 내년 농사의 종자와 세금까지 부담하게 하는 나쁜 풍속을 바로잡아야 한다는 「擬嚴禁湖南諸邑佃夫輸租之俗箚子」와는 천양지차가 있다. 다시 말하면 ②에서 "아아! 참으로 仁厚한 풍속이다. 이들은 무회씨의 백성인가, 갈천씨의 백성인가"라고 한 것은 인심과 풍속이 나쁘고 각박한 것을 고도의 反語法으로 풍자한 것이다. 그리고 ③④의 내용과 결론인 ⑤도 역시 반어적으로 풍자한 것이다. 「耽津對」(其二)는 이와 같이 강진의 인심과 풍속이 각박한 것을 逆으로 미화한 以文爲戱의 고도의 諷刺이다.

이와 같이 강진 地主들의 횡포가 심하였으나, 소작인에게 수확의 50%를 받았을 뿐만 아니라 악랄하게 종자와 세금까지 부담시켰다.

(6) 養蠶

1802년에 다산이 쓴 「田家晩春」을 보면 당시 강진에서는 농가에서 전답 농사뿐만 아니라, 누에를 친 것을 알 수 있다.

꾸지뽕은 싹이 돋고 여느 뽕은 잎이 피고
누에새끼 고물고물 껍질 벗고 나오는구나

이제부터 아낙네들 밤낮없이 길쌈이라

작은아씨 일찍 일어나 머리도 빗질 못하네

荊桑芽吐魯桑舒　蠶子纖纖出殼初
從此女紅爭日夜　小姑朝起廢粧梳[53]

이 시에는 당시 강진 농촌에서 養蠶을 한 것과 부인들의 근면함이 나타나 있다. 부녀자들은 밤낮없이 길쌈을 하느라 아침에 일어나 머리도 빗지 못한 채 길쌈에 매달렸던 당시의 농촌 풍속을 알 수 있다.

(7) 木花

19세기 초엽의 당시 강진에는 목화를 재배하여 무명베를 생산하였다. 이에 관한 다산의 시를 보기로 한다.

눈처럼 하얀 무명베 새로 짜냈더니
이방에 낼 돈이라고 졸개가 뺏는구나

누전의 조세를 성화같이 독촉하여
삼월 중순이면 세금 실은 배 떠난다네

棉布新治雪樣鮮　黃頭來博吏房錢
漏田督稅如星火　三月中旬道發船[54]

53) 『전서』, 「田家晩春」, I-4, 30b, p.76.
54) 『전서』, 「耽津村謠二十首」(7), I-4, 26b. p.74. 註, "民田之漏於王籍者 六百餘結 其僞災稱是公室之賦幾何."

부녀자들이 밤낮없이 길쌈을 하여 눈처럼 하얀 무명베를 짜냈으나, 이를 탐관오리가 수탈해 가는 내용의 시이다. 여기에서 당시 목화를 농촌에서 재배하였고 아울러 무명베를 직접 생산한 것을 알 수 있다.

이상에서 19세기 초 강진의 농사 풍속에 대하여 살펴보았다. 이를 통하여 19세기 초 경기도 한강 일대 농사 풍속의 일부를 알 수 있었다.

2) 음식 풍속

다산의 시에서 강진의 음식에 관련된 시들이 있다. 그 중에서 보릿잎국과 콩잎국 및 낙지국과 복어 및 竹瀝膏에 관한 시들을 살펴보자.

(1) 보릿잎국

다산이 1805년(46세)에 쓴 「和東坡過嶺韻」를 보면, 연한 보릿잎을 뜯어 국을 끓인 것을 알 수 있다.

귀양살이 칠 년을 惡食으로 살았기에
보릿잎 국이라도 냉이처럼 맛있다네

타관에 와 살면서 있는 곳이 벼루의 북쪽인데
중국의 위도로는 여기가 바로 회남이라네

오가피 술 새로 빚어 풍습을 제거하고
황련을 잘못 먹으며 장독을 막으려 했네

병들었다 일어나니 그 회포를 말할 곳 없는데
문 앞길 장다리꽃만 휘늘어지게 피었네

囚居惡食七年堪　麥葉羹來已薺甘
異縣生涯依硯北　中原緯度直淮南
新醅白刺除風濕　謬服黃連禦瘴嵐
病起幽懷無處說　菜花門徑落毿毿[55]

위의 시를 보면 19세기 초 강진에서는 연한 보릿잎을 뜯어 국을 끓여 먹었다. 비록 맛없는 보릿잎국이라도 냉이국처럼 다산은 달게 먹을 수밖에 없었던 아픔이 형상화되어 있다. 아울러 오가피로 술을 빚어 풍습을 제거하려했고, 풍토병을 고치려고 黃連을 잘못 복용한 유배객의 고난에 찬 삶을 형상화한 시에서 강진의 음식 풍속의 일면을 찾을 수 있다.

(2) 콩잎국

1805년(을축 46세)에 지은 「和蘇長公東坡八首」(其5)를 보면 당시에 강진에서는 콩잎국을 끓여 먹었다.

---

55) 『전서』, 「和東坡過嶺韻」, I-5, 20a, p.88. "橘踰康津則爲枳.", "白刺, 五加皮."

강진 읍내 인구가 많아서
한 치 땅인들 묵을 리가 있는가

질펀한 벼와 보리가
푸르고 누른 것이 눈에 들어오네

강진 풍속이 구기자를 먹지 않아
긴 가지가 늘어지고

파종을 너무 조밀하게 심어
무도 제대로 크지 않네

콩잎으로 끓인 국을 싫어하지만
많은 사람들 양고기처럼 즐기는데

누가 만약 채소밭 빌려준다면
그 은혜 참으로 잊기 어려울 것인데

邑里人煙稠　寸土何曾荒　漫漫稻與麥　靑黃遞入望
鄕俗不餐杞　長條至老蒼　投種密如粟　菁菔且不昌
生憎豆葉羹　衆嗜如淫羊　如逢借圃人　至惠誠難忘[56)]

19세기 초 당시 강진의 인구가 많아서 한 치의 땅을 놀리지 않고 벼와 보리를 파종하였음과 구기자를 먹지 않았

56) 『전서』, 「和蘇長公東坡八首」(次韻)(其5), I-5, 9a, p.83.

고, 또한 무를 파종하였으나 너무 조밀하게 심어 제대로 자라지 않았다고 하였다. 다산은 콩잎국이 싫지만 많은 사람들은 즐겨먹는다고 하였다. 이 시에서 당시 강진에서는 콩잎으로 국을 끓여 먹은 음식 풍속을 알 수 있다.

(3) **낙지국**

다산의 「耽津漁歌」를 보면 당시 어촌에서는 낙지국을 끓여 먹은 것을 알 수 있다.

어부네 집 모두가 낙지국을 즐겨 먹고
붉은 새우 녹색 맛살 치지를 않네

채소는 연밥같이 작은 것이 미워서
돛을 달고 동으로 울릉도를 간다네

漁家都喫絡蹄羹　不數紅鰕與綠蟶
澹菜憎如蓮子小　治帆東向鬱陵行57)

위의 시에는 당시 강진 어촌에서는 낙지국을 즐겨 먹었고, 붉은 새우와 녹색 맛살은 귀하게 여기지 않았으며, 또한 채소는 자라지 못해 연꽃과 같이 작은 것이 싫어서 멀리 울릉도까지 고기를 잡으러 간 것을 알 수 있다.

57) 『전서』, 「耽津漁歌十章」(8), I-4, 28b, p.75. 註, "絡蹄者, 章擧也. 見輿地勝覽."

(4) 복어(江豚)

강진 어촌에서는 농어보다 복어를 좋아하였음을 「탐진어가」에서 밝혔는데 이를 보자.

어촌에 사람들은 복어만 좋아하고
농어는 모두 술과 바꿔 마신다네

漁家只道江豚好　　盡放鱸魚博酒杯[58]

어촌에서는 복어를 좋아하였고, 농어는 집에서 먹지 않고 팔아서 술을 사먹은 것을 알 수 있다. 또한 註에서 "복어를 먹는 자들이 자주 죽는 일이 있다."고 하여 당시 복어의 독을 제거하는 요리기술이 발달되지 않았음을 알 수 있다.

(5) 竹瀝膏

죽력고는 푸른 대쪽을 불에 구워 흘러나온 진액을 만든 소주이다. 즉 竹瀝과 生地黃, 꿀, 石菖蒲 등과 함께 제조한다.

해안에 참대나무 키가 커서 백 자러니
지금은 낚시 배의 삿대로 맞지 않네

58) 『전서』, 「耽津漁歌十章」(2), I-4, 28a, p.75. 註, "食江豚, 頻有死者."

정원 지기 날마다 새 대를 가꾸어서
권문세가에 죽력고를 만들어 바치네

海岸篔簹百尺高　如今不中釣船篙
園丁日日培新笋　留作朱門竹瀝膏59)

해안의 대나무를 베어 園丁이 권문세가에 바치기 위해 죽력고를 만든다는 것이다. 이는 당시에 강진에서 죽력고가 제조되었음을 알 수 있다.

이상에서 살펴본 강진의 농사와 음식에 관한 풍속을 요약한다. ① 19세기 초에 이미 간척사업을 하여 갯벌을 옥토로 만들었고, 또한 이모작을 하였다. 경기도는 소 두 마리로 밭을 가는 데, 강진은 소 한 마리로 마른 밭을 갈았다. 경기도의 가래(鍬)는 손잡이가 2丈이나 되어 비능률적이지만, 강진에서는 아이들까지도 이랑 치고 물도 쉽게 댈 수 있는 손잡이가 작은 삽(鍤)을 사용하여 능률을 높였다. 경기도의 한강 일대에는 볏단 째로 타작을 하는데, 강진은 “벼훑이”(방언으로 “홀태”)를 사용하여 타작을 하였다. 경기도는 地主가 小作人에게 수확량의 반을 받고, 종자와 세금은 지주가 부담하였다. 그러나 호남을 비롯한 강진에서는 소작인들은 지주에게 수확량의 절반을 주고 내년 농사 종자는 물론 세금까지 부담하였다. 당시 호남을 비롯한 강진의 농업 인구의 구조는 대략 지주가 5%이고, 자기 농토

59) 『전서』, 「耽津村謠二十首」(3), I-4, 26a. p.74.

를 경작하는 자영농가는 25%이며, 소작농은 70%였다. 그리고 소작농의 農地는 6-7斗의 종자를 심어 가꾸는 것에 불과하였다. 다산이 강진의 소작료에 관하여 언급한 「耽津對」(2)는 강진의 인심과 풍속이 각박한 것을 반어적으로 풍자한 戲文이다. 그리고 당시 농촌에서 養蠶을 하였고 또한 목화를 재배하여 무명베를 생산하였다.

② 당시 강진에서는 보릿잎을 뜯어 국을 끓여 먹었고, 또한 콩잎국을 먹었으며 구기자는 먹지 않았다. 어촌에서는 낙지국을 즐겨 먹었고, 붉은 새우와 녹색 맛살은 천하게 여겼으며, 농어보다 복어를 좋아하였고, 당시 복어의 독을 제거하는 요리법이 발달되지 않아 복어를 먹고 죽는 일이 자주 있었다. 또한 강진에서는 竹瀝膏가 제조되었다. 당시 강진의 음식 문화는 가난한 탓으로 열악하였다.

5. 결 론

다산이 18년간 강진에서 귀양살이를 하면서 쓴 시문을 중심으로 살펴본 19세기 초 강진의 풍속을 요약하여 결론으로 대신한다.

첫째, 강진의 인심이다. ① 당시 康津 사람들은 유배객을 야박하게 대하였고, 識者들까지 유배객들을 꺼려하여 상대하지 않았다. 그러나 주막집 노파와 寶恩山房의 스님들은 귀양객 다산을 따뜻하게 대하였다. ② 강진 사람들은 탐관오리들에게 저항하였다. 저항의 방법이 모두 自虐的인 점은 있으나, 당시로서는 어쩔 수 없는 선택이었다.

둘째, 강진의 생활상과 언어 풍속이다. ① 陳璘의 사당에 돈을 던지며 아들 낳기를 기원한 祈子 풍속과, 順風이 불어 무사 歸港을 위하여 水神祠에서 절하는 풍속이 있었다. 오징어의 내장의 먹물을 먹(墨)의 代用으로 붓글씨를 썼고, 이별할 때 버들가지를 꺾어 주는 折柳 풍속이 있었다. 주막집 작부들은 염색을 하여 붉은 머리였고, 수영청의 房子는 “人情”(뇌물)을 좋아하였다. ② 강진 사람들은 남편을 “반상”이라 불렀고, 모품팔이할 때 “돈모”(錢秧)를 좋아하였으며, “밥모”'(飯秧)는 선호하지 않았다. 배 위에 돛처럼 그물을 달고 출항하는 장어 잡는 배를 “활선”으로, 동북풍을 “높새바람”, 남풍을 “마파람”이라고 불렀다. 潮水의 양에 따라 물이 들어오는 것을 “세물 네물”이라 하였고, 석양에서 멀리 바라다 보이는 수평선에서 파도가 쳐서 희번덕거리는 상태를 “까치놀”이라고 하였다.

셋째, 강진의 농사와 음식에 관한 풍속이다. ① 19세기 초에 이미 干拓을 하여 갯벌을 옥토로 만들었고, 二毛作을 하였다. 경기도는 소 두 마리로 밭을 가는 데, 강진은 소 한 마리로 마른 밭을 갈았다. 경기도의 가래(鍬)는 손잡이가 2丈이나 되어 비능률적인데, 강진에서는 아이들까지도 손잡이가 작은 삽(鍤)을 사용하여 농사일을 능률적으로 하였다. 경기도에서는 볏단 째로 타작을 하였으나, 강진은

"벼훑이"(방언으로 "홀태")를 사용하였다. 경기도는 지주가 소작인에게 수확량의 반만 받고 종자와 세금은 지주가 부담하였다. 그러나 강진에서는 소작인들은 지주에게 수확량의 절반을 주고 내년 농사의 종자는 물론 세금까지 부담하였다. 당시 호남을 비롯한 강진의 농업 인구 구조는 대략 지주가 5%, 자영농가는 25%, 소작농은 70%였다. 그리고 소작 농민들의 耕作地는 6-7斗의 종자를 심어 가꾸는 것에 불과하였다. 다산이 강진의 소작료에 관하여 언급한 「耽津對」(2)는 강진의 인심과 풍속이 각박한 것을 반어적으로 풍자한 戲文이다. 농촌에서 양잠을 하였고 또한 목화를 재배하여 무명베를 생산하였다.

② 당시 강진에서는 보릿잎국과 콩잎국을 먹었으며 구기자는 먹지 않았다. 어촌에서는 낙지국을 즐겨 먹었으며 붉은 새우와 맛살은 천하게 여겼고, 농어보다 복어를 좋아하였다. 복어의 독을 제거하는 요리법이 미숙하여 복어를 먹고 죽는 일이 자주 있었고, 竹瀝膏가 제조되었다. 당시 강진의 식생활 문화는 열악하였다.

이 논문의 수확은 다산의 시문을 통하여 19세기 초 강진의 인심과 생활상과 언어 풍속, 그리고 농사와 음식 풍속을 밝힌 점이다. 또한 이를 통하여 부수적으로 19세기 초 경기도 한강 일대의 농사 풍속의 일부를 밝힌 점이라 하겠다.

제4부
茶山의 文學과 竹欄詩社

茶山의 文學 세계

茶山의 詩人的 위상과 竹欄詩社

茶山의 文學 세계

1. 연구사

다산 정약용(1762-1836)은 조선 후기 실학을 집대성한 위대한 善鳴者이다. 그는 조선 후기의 양심이자 시대정신과 시인정신이 투철한 우국시인으로 經世的인 문학을 남겼다. 그의 문학 영역은 문학론, 시, 賦, 詞, 散曲, 傳 등 한문학의 전 장르에 이르고 있고, 특히 시가 1,195편에 2,263수(규장각본 『여유당집』)에 이르고 있다.

鄭寅普는 1934년 9월 『東亞日報』에 연재한 「唯一한 政法家 丁茶山先生 敍論」에서, 정약용 한 사람에 대한 연구는 곧 조선사의 연구이자 조선 근세사상의 연구이며, 朝鮮心魂의 明翳 내지 전 조선성쇠존멸에 대한 연구라고 밝힌 것

다산 동상(경기도 남양주시 조안면 능내리)

이 다산학 연구의 기점이 된다. 1935년 정약용 서거 100년을 맞아 정인보 安在鴻 宋鎭禹 尹致昊 金性洙 韓龍雲 白樂濬 등 44명이 기념사업회를 구성하고, 논설과 논문을 발표하였다. 이때 기념사업의 일환으로 『與猶堂全書』 76책을 간행하여 반포하자 각 분야별로 연구가 진행되었다.

본격적인 문학연구는 아니나, 1959년 홍이섭은 『정약용의 정치경제사상연구』에서 다산의 社會詩에 나타난 사회비판정신은 그의 經世濟民의 정치경제사상과 맥을 같이하고 있다고 보았는데[1] 당시로서는 주목할 만한 업적이었다. 이

1) 홍이섭, 『정약용의 정치경제사상 연구』, 제5장 「비판정신」, 韓國研究圖書館, 1959.

가원은 1961년 『한국한문학사』에서 다산이 시를 쓰게 된 취지가 “我是朝鮮人 甘作朝鮮詩”였음을 밝혔고, 1965년에 그의 문학을 경세적 문학이라고 규명하였다. 1962년 북한의 과학원 철학연구소에서 『다산 정약용 탄생 200주년 기념 논문집』[2)]이 간행되었는데, 여기에서 신구현은, 정약용의 한시는 열렬한 애국주의 사상 감정을 예술적으로 형상화한 것으로 이해하고, 독창성과 혁신성, 선진적인 문학적 견해는 그로 하여금 위대한 시인이자 사실주의 문예이론가가 되게 하였다고 밝혔다. 이 신구현의 연구는 남북분단 이후 정약용 문학이 깊이 있게 연구된 최초의 논문이다. 우리나라에서는 1966년에 이르러 金智勇이 「茶山文學論」을 발표한 이후 널리 정약용 문학연구가 이루어졌다. 1973년 李佑成에 의하여 정약용 시의 중요성이 강조되었는데, 형식은 종래의 시를 답습했지만 내용면에서는 실학적 사고를 담은 훌륭한 시임을 역설하였다.

70년대에 이르러 다산 문학연구는 활발하게 진행되었다. 대표적 연구업적은 金智勇 宋載卲 金相洪에 의하여 이루어졌다. 김지용은 1966년 「다산 문학론」 이후 사실주의적 시에 주안하여 실사구시의 시, 문장론, 사실성, 문예론, 시론 등을 다각적으로 연구하였다. 그는 1977년 「丁茶山文學の研究」에서 경세제민의 시를 중심으로 배경론, 작가론, 작품론을 논하고 사실주의에 바탕을 둔 문학적 업적을 높이 평

2) 이 책을 1989년 도서출판 푸른숲에서 북한문화예술 2로 재편집 간행.

가하였는데, 이후의 연구에 길잡이가 되었다.

宋載卲는 1977년 「茶山詩 硏究」 이후 시를 중심으로 조선시, 대립적 구조, 리얼리즘, 자연시, 우화시, 文體策 등을 폭 넓게 연구하였다. 그는 1986년 『茶山詩 硏究』를 출간하여 정약용 문학연구의 수준을 크게 높여 놓았다. 정약용의 시는 자기가 살던 시대가 안고 있는 문제들을 외면하지 않고 맞부딪쳐서 그 해결책을 모색한 것으로 이해하고, 그의 문학이 비록 민중문학이 되기에는 넘을 수 없는 벽이 가로놓여 있지만 어느 의미에서 민중 자신에 의한 민중문학을 만족하게 꽃피우지 못했던 18, 19세기 한국문학의 상황에서 정약용의 업적은 결코 과소 평가될 수 없다고 하였다. 이 책의 卷末에 「俟菴年譜」를 완역하여 정약용의 생애와 사상을 이해하는 데 도움을 주고 있다.

金相洪은 1978년 「丁茶山의 社會詩 硏究」 이후 악부시, 文體醇正論, 문학사상, 人倫詩, 서정시, 竹欄詩社, 詞曲, 전원시, 思慕詞, 賦文學 등 문학 전반에 걸쳐 연구하였다. 그는 1985년 방대한 『茶山 丁若鏞 文學 硏究』를 출간하였는데, 문학 전 장르에 걸쳐 총체적으로 심도 있게 규명하여 연구 수준을 크게 향상시켰다. 정약용은 "以重民生 以尊國法"의 철학을 가지고 "新我之舊邦"을 위하여 善鳴한 우국시인이자 민족시인으로, 문학으로 실학을 이룩한 經世的 문학으로 이해하고 그의 업적을 높이 평가하였다. 그러나 조선시를 쓴다고 하였으면서도 중국의 그릇(漢詩)을 빌어 조선인의 삶을 담는 데만 집착한 점과 小說害道論을 주장한 점은 정약용 문학의 한계이자 아쉬움이라고 지적하였다.

金相洪은 이어서 1990년 『茶山學 硏究』를 출간, 주로 이제까지 연구되지 아니한 분야들을 연구하여 문학은 물론 다산학 이해의 폭을 크게 확대하였다. 이 책의 권말에 근대 이후부터 1990년까지 발표된 논저를 연대순으로 작성한 "다산학 연구논저 총목록"을 붙여 이용에 도움이 되게 하였다.

金智勇 宋載卲 金相洪의 연구가 진행되는 동안 崔信浩 趙東一 金興圭 金容稷이 문학론 분야를, 李東歡 鄭大林 金泰俊 姜在哲 金聲振 林熒澤이 시 분야를, 金美蘭이 傳을, 李德根 金彦鍾이 비교비평 분야의 논문을 발표하였다. 최신호는 1976년 정약용의 서간을 분석하여 문학론을 추출하고 민족시인이며 牧民文學으로 이해하였고, 1978년 조동일은 문학에 관한 정약용의 요구는 자기 시대 문학의 전반적인 방향을 제시하는 것일 수는 있어도 구체적인 작품활동이나 문학운동과 직결될 수 있는 것은 아니었다고 지적하였다. 1978년 김홍규는 정약용이 道文分離를 부정하고 道와 文 양자를 연속적으로 이해하였음과, 『詩經』에 대한 기본적인 입장을 匡濟一世 溫柔激切 反朱子主義的이었음을 밝혔다. 1978년 이동환은 정약용의 조선시론은 조선인의 삶을 중국적 擬似化를 배제하고 진실하게 표현하려는 것으로 이해하였다. 1988년 임형택은 「道康瞽家婦詞」를 발굴하고 정약용 시에 나타난 현실주의를 규명하였다.

1990년 이후에도 연구는 활발하게 진행되었다. 金相洪

朴錫武 沈慶昊 朴茂暎 蔡美花 정운채 高承濟 李東歡 林熒澤 등의 연구성과는 문학뿐만 아니라 다산학 연구의 폭과 수준을 크게 深化 향상시켰다. 특히 高承濟의 『다산을 찾아서』(1995)와 沈慶昊의 『茶山과 春川』(1996)은 최근의 대표적인 연구서이다.

정약용 문학연구에 기여한 일은 시문을 번역한 단행본이 출간된 점이다. 1960년에 북한의 류슈 리철화가 주요 시문을 번역한 『정약용작품선』을 비롯하여, 1975년 金智勇의 『다산시문선』, 1979년 朴錫武의 『정다산서한집 유배지에서 온 편지』, 1981년 金相洪의 『다산시선집, 流刑地의 哀歌』와 宋載卲의 『茶山詩選』, 1983년 朴錫武의 『다산시선집 哀絶陽』, 1985년 박석무가 「자찬묘지명」 등 주요 묘지명을 번역한 『茶山散文選』, 1986년 북경의 朴忠祿의 『정약용작품집』이 있고, 1982년부터 민족문화추진회에서 다산의 시문집을 국역, 출간하기 시작하여 1994년에 완간한 『국역 다산시문집』[3)]이 있다. 1991년 金智勇의 『丁茶山詩文選』, 1996년 朴錫武 丁海廉 편역의 『茶山文學選集』과 『茶山論說選集』이 있다.[4)]

한편 金相洪은 1987년 정약용의 천주교 신봉여부는 그의 문학 연구뿐만 아니라 다산학 연구에 중대한 문제임을 제

3) 『국역 다산시문집』은 신조선사본 『여유당전서』 I 의 1권부터 22권까지 시와 문을 번역하여 9권으로 솔출판사에서 출판.

4) 다산의 연구의 문헌자료, 연구논저, 번역서는 본서의 참고문헌을 참조.

기하고, 정약용은 천주교 신자가 아님을 밝혔다.[5] 이어 崔奭祐 신부가 정약용이 만년에 背敎한 것을 뉘우치고 천주교를 다시 믿었고, 劉方濟 신부로부터 終傅聖事를 받고 운명하였다는 주장에 대한 반론을 1990년에 발표하였다. 정약용의 양심선언서인 「自撰墓誌銘」을 비롯한 『여유당전서』와 천주교측 자료인 샤를르 달레의 『韓國天主敎會史』를 분석, 30세에 천주교와 絶意한 후 外儒內儒로 일관한 삶을 규명하여 천주교 신자가 아님을 극명하게 밝혔다. 정약용은 外背內信한 이중적인 삶, 外儒內天한 표리부동한 삶을 산 것이 아니라, 천주교와 결별한 후 철저하게 외유내유로 일관하였음을 논증하였다.[6] 金相洪의 일련의 연구는 정약용의 천주교 신봉 여부에 대한 논란에 종지부를 찍어 다산학 연구에 새로운 지평을 열었다.

2. 생애와 업적

정약용은 1762년(영조 38년) 경기도 광주군 초부면 마

5) 金相洪, 「茶山의 天主敎 信奉與否」 -『與猶堂全書』 記事를 중심으로-, 『淵民李家源先生七秩頌壽紀念論叢』, 正音社, 1987.

6) 金相洪, 「茶山의 天主敎 信奉論에 대한 反論」 -崔奭祐 神父의 논문을 읽고-, 『東洋學』 제20집, 檀國大 東洋學硏究所, 1990(『茶山學 硏究』(啓明文化社, 1990)에 再錄)
金相洪, 「"茶山은 天主敎人 이다"에 대한 反論」 -崔奭祐 神父의 논문을 읽고-, 『韓國漢文學硏究』 제13집, 韓國漢文學硏究會, 1990.

현리(현 남양주시 조안면 능내리)에서 丁載遠과 海南尹氏의 4남[7]으로 6월 16일(양 8월 5일)에 출생하여, 1836년(헌종 2년) 回婚日인 2월 22일(양 4월 7일) 75세로 운명하였다. 본관은 押海(羅州), 자는 美庸, 頌甫, 호는 俟菴, 茶山, 洌水翁 등이고, 堂號는 與猶堂이다. 그는 13代祖부터 직계 5대조까지 8대가 玉堂(홍문관) 출신인 명문의 후예이다. 고조・증조・조부 3대가 布衣였고, 부친 정재원은 蔭仕로 晋州牧使를 지냈다.

정약용의 생애는 4기로 구분할 수 있다. 제1기는 修學期로 벼슬에 오르기 전인 27세까지이다. 4세에 천자문을 배우기 시작한 그는 7세에 "小山蔽大山 遠近地不同"의 시를 지어 일찍부터 시인의 자질을 나타내었고, 10세 이전에 지은 작품을 수록한 『三眉集』이 있을 만큼 문학적 재능이 뛰어났다.

13세에 杜甫 시를 익히고 수백 수를 和韻하였다. 15세에 洪和輔의 딸과 결혼하여 6남 3녀를 낳았으나 3분의 2가 요절하여 2남 1녀를 두었다. 16세에 星湖 李瀷의 유고를 보고 私淑하며 이익과 같은 학자가 될 것을 다짐하였다. 22세에 經義進士가 되어 성균관에 들어갔다. 이 해 4월 會試에서 生員에 入格하여 선정전에 들어가 謝恩하였는데, 이것이 正祖와의 風雲之會의 첫 만남이었다. 23세에 『中庸講義』 80여 조를 올려 정조에게 학문적 역량을 크게 인정받

---

7) 정약용의 長兄 若鉉은 宜寧 南氏 소생이고, 若銓 若鍾 若鏞은 尹善道의 6世孫女이자 尹斗緖의 손녀인 海南尹氏의 소생이다.

다산의 생가 여유당

았고, 4월에 李檗으로부터 천주교에 관한 이야기를 듣고 책을 보았다. 26세때부터 30세까지 4-5년간 천주교를 믿었으나 30세 이후 완전히 절의하고 운명할 때까지 外儒內儒로 일관하였다. 그러나 한 때 일시 천주교를 믿었던 이유로 고난을 당하였다.

제2기는 仕宦期로 28세부터 형조참의를 사직한 39세 때까지이다. 28세(1789) 3월 殿試 甲科 제2위로 합격, 이어 禧陵直長이 되었고, 이어 抄啓文臣이 되었다. 이때에 文體醇正論을 주창한 「文體策」을 정조에게 올렸다. 이 해 11월에 정조로부터 "奇才詩人"이라는 평을 받았다. 29세에 翰林에 피선되고 예문관검열이 되었다. 3월에 海美縣으로 定配되었으나 19일 만에 풀려나 사간원정언 司憲府持平이 되었다. 31세 때 부친이 진주목사 재직 중에 운명하자 사직하였다.

정조의 명으로 「水原城制」와 「起重架圖說」을 지어 올려 수원성 役事에 滑車 鼓輪과 40근의 힘으로 2만 5천 근의 돌을 들어올릴 수 있는 擧重機 등을 사용하여 공사비를 4만 량이나 절약하였다. 33세에 경기 암행어사가 되어 많은 비리를 척결하였다. 특히 徐龍輔의 비리를 밝혀내고 하수인을 처벌하였다. 서용보는 이에 대한 원한을 품고 정약용을 일생 동안 괴롭혔다. 암행어사 시절에 피폐한 농촌의 참상을 목격하고 「奉旨廉察到積城村舍作」 등의 사회시를 썼다. 34세에 병조참의 시 숙직 중에 왕명으로 夜半之間에 七言排律 1백운을 지어 정조와 文臣들로부터 "文苑의

다산이 발명한 擧重機(40근의 힘으로 25,000근을 들 수 있다.)

수원성

奇才"라는 평을 받았다.

이해 7월 周文謨사건으로 인하여 金井察訪으로 좌천, 그곳의 천주교도를 曉諭·탄압하였다. 이때 李森煥을 초빙하여 온양의 石巖寺에서 西巖講學會를 열고『星湖遺稿』를 정리하였으며,「陶山私淑錄」을 짓고「飢民詩」등을 지었다. 35세 1월 충청감영의 狀啓로 인하여 사직하였다. 이 해 7월 이전에 그가 주도하여 초계문신 출신들을 중심으로 竹欄詩社를 결성, 同人은 15명으로 李儒修 洪時濟 李錫夏 李致薰 李周奭 韓致應 柳遠鳴 沈奎魯 尹持訥 申星模 韓百源 李重蓮 丁若銓 정약용 蔡弘遠인데 모두가 濟濟名士인 30대 관료문인들이다. 이 시사의 성격은 낭만주의를 지향하였고, 정조시대의 대표적 관료문인의 시사로, 활동은 1800년 8월까지 만 4년여가 된다. 그것은 다음해 정약용이 유배되어 이들과 격리되었기 때문이다.

35세 10월 규영부 교서로서 朴齊家 등과 『史記英選』을 교정하였고, 병조참지, 좌부승지, 副護軍이 되었다. 36세에 李書九 등과 『杜詩』를 교정하였고, 6월에 동부승지가 되자 사직상소를 올렸다. 10여 년 동안 천주교도라는 비방을 받고 있었으나 30세 이후 천주교와 절의하였음을 밝히고 천주교리를 "傷倫悖理之說"이라고 비판하였다. 6월에 谷山府使로 부임 2년 간 많은 치적을 남겼다. 이때의 수령 경험은 후일 『목민심서』와 『欽欽新書』를 저술하는 기초가 된다.

38세에 형조참의가 되었는데, 6월 閔命爀이 상소를 하여 배척하자 상소를 올리고 사직하였다. 그는 정조의 知遇를 입었으나 모함으로 11년의 벼슬생활은 편안한 날이 없었다. 이 해에 토지개혁론인 「田論」과 文以載道論을 밝힌 「東園遺稿序」를 썼다. 39세 봄 世路의 위험을 느끼고 낙향, 6월

『목민심서』

에 정조가 승하하자 그에게 비운이 닥쳐왔다. 李基慶 등이 모함하여 四兇으로 지목되었다. 이 해에 『文獻備考刊誤』를 저술하였다.

제3기는 유배기로 40세부터 57세까지 18년이다. 1801년 2월 신유옥사에 연루되어 季兄 丁若鍾은 참수되고, 仲兄 丁若銓은 전라도 신지도로, 정약용은 경상도 장기현으로 유배되었다. 당시 국문에서 천주교인이 아님이 밝혀졌으나 젊은 시절에 일시 믿었던 죄로 유배당하였다. 이해 10월 黃嗣永 帛書事件이 나자 서울로 압송되었다가 다시 전라도 강진으로 유배되었다. 이해에 『爾雅述』과 三別詩(石隅別, 沙坪別, 荷潭別), 「百諺詩」와 「장기농가」와 「惜志賦」 등을, 41세에 「탐진악부」를, 42세에 「哀絶陽」과 「蟲食松」 등의 시를, 43세에 2천자문인 『兒學編』과 시 「夏日對酒」를 썼다. 44세 가을 兒庵 惠藏禪師를 白蓮寺에서 만났고, 그의

다산초당

다산초당 현판(추사 김정희 서체 집자)

주선으로 거처를 寶恩山房으로 옮겼다.

47세(1808)에 尹慱(윤단)의 山亭이 있는 茶山으로 옮기고 산 이름을 취하여 호를 茶山이라 하였으며, 『周易心箋』 등을 저술하고 시론이 내재된 「寄淵兒」와 「僧拔松行」과 「獵虎詞」 등의 시를, 49세에 대표적 사회시인 「豺狼」 등 田間紀事 6편과 三吏詩(龍山吏, 波池吏, 海南吏)와 「鹽雨賦」 등을 썼다.

50세부터 57세까지 저술에 전념, 『我邦疆域考』, 『民堡義』, 『論語古今註』, 『孟子要義』, 『經世遺表』, 『牧民心書』 등을 완성하였다. 57세(1818) 8월에 귀양이 풀리자 18년의 유배생활 끝에 9월 14일 향리로 돌아왔다. 그는 고난의 유배생활 속에서도 민초들의 삶과 삼정의 문란으로 병들고 낡은 조선의 장래를 염려하여 많은 사회시와 新我之舊邦의 개혁안을 제시한 『경세유표』와 『목민심서』 등 경서연구서인 六經四書를 저술한 위대한 업적을 남겼다.

또한 제자 양성에 심혈을 기울여 유배의 땅 강진에 茶山學을 심었다. 다산초당에서 가르친 제자 李維會 李綱會 丁學淵 丁學游 尹鍾文 尹鍾英 丁修七 李基祿 尹鍾箕 尹鍾壁 尹鉉東 尹我東 尹鍾心 尹鍾斗 李宅逵 李德藝 尹鍾參 尹鍾軫과, 유배초기 강진읍에 있을 적에 가르친 孫秉藻 黃裳 黃聚 黃之楚 李晴 金載靖 6인과 승려인 草衣 意恂, 頤性 袖龍, 騎魚 慈弘 등의 제자가 있다.

제4기는 소요자적기로 58세부터 운명할 때(75세)까지이다. 향리에 돌아온 그는 산천을 소요자적하며 시를 짓고 저술활동을 계속하였다. 58세에 『欽欽新書』와 『雅言覺非』를, 59세 봄에 춘천 淸平山을, 가을에 龍門山을 유람하였고 문학론이 내포된 「爲李仁榮贈言」을 썼다.

흠흠신서(欽欽新書)

60세(1821)에 『事大考例刪補』를 완성하고, 큰형 進士 丁若鉉과 南皐 尹持範의 묘지명을 지었다. 61세(1822) 환갑을 맞아 자신의

한국정신문화연구원 소장, 필사본
『洌水全書續集』八, "墓誌銘 秘本" 표지

묘지명 「自撰墓誌銘」인 集中本과 壙中本 2편을 저술하고, 신유옥사(1801)에 천주교도로 몰려 죽음과 유배를 당한 선배와 지기였던 李家煥 權哲身 李基讓 吳錫忠 丁若銓의 묘지명을 이때 지어 秘本[8]으로 전하였다. 이들 묘지명에서 자신은 물론 이들이 결코 천주교도가 아님을 누누이 밝혔다. 이 해에 申綽과 교유하였고, 金邁淳에게 자신의 경서 연구서를 논평케 하였다.

71세에 조선시론을 以詩論詩한 「老人一快事」와 높은 사람들의 가마를 메는 하층민들의 비극적 삶을 그린 「肩輿嘆」

8) 정약용의 친필본인 安春根 수집 한국정신문화원 소장 『洌水全書續集』 8권 표지에 "秘本"이라 표시되었고, 안에는 이가환, 이기양, 권철신, 오석충, 정약전의 묘지명과 「자찬묘지명」 광중본과 집중본 7편이 들어 있다. 규장각본 필사본 『여유당집』에는 이 秘本의 7편 묘지명이 없다.(金相洪, 「茶山의 天主敎 信奉論에 대한 反論」, 『茶山 文學의 再照明』, 단국대학교출판부, 2003. pp.104-110. 참조)

을, 73세에 『尙書古訓』과 『知遠錄』을 개수하여 合編하고 『梅氏書評』을 개정하였으며, 사회시 「荒年水村春詞十首」를 썼다. 해배된 후 세 차례나 조정에서 등용에 대한 논의가 있었으나 끝내 무위로 돌아갔다.

75세에 회혼일인 2월 22일(양 4월 7일)에 운명한 그는 운명 3일 전에 「回巹詩」를 썼다. 회갑을 맞아 작성한 遺命帖에 따라 음 4월 1일 여유당의 뒷동산인 능내리에 안장되었다. 2년 후 洪氏夫人이 운명하니 합장하였다. 다산에게 1910년(순종 4년) 7월 18일 正憲大夫奎章閣提學이 추증이 되고 文度의 시호가 내려졌다.

「자찬묘지명」에 보면 그의 저술은 經集 232권, 文集 126권,

다산 부부 묘소

雜纂 141권으로 총 499권이다. 그러나 『冽水全書總目錄』에 의하면 經集 250권, 文集 126권, 雜纂 166권, 총 542권이다. 그는 7세 때부터 시를 짓기 시작하였으나 현재 규장각본 『여유당집』에는 1,195편에 2,263수가 전한다.[9]

정약용은 18년간 유배의 고난을 겪으면서도 천하국가를 위하는 본말을 구비한 修己之學인 六經四書와 治人之學인 一表二書를 저술하고, 우국휼민의 경세적인 사회시와 조선인은 조선시를 써야 한다는 민족문학론을 제창하고 이를 실천한 조선시 등을 써 문학으로 실학을 이룩한 큰 업적을 남겼다.

3. 匡濟一世의 문학사상

다산 정약용은 조선을 개혁하여 새로운 나라를 건설하고자 "以重民生 以尊國法"의 철학을 가지고 "新我之舊邦"을 위하여 일생 동안 善鳴하였다. 그는 事大的 文風을 비판하고 당시 문단을 개혁하고자 자주적인 문학사상을 전개하고 이를 자신의 시문에 구현하여 經世的인 문학을 남겼다. 그의 문학사상은 匡濟一世論・朝鮮詩論・文體醇正論・小說害道論으로 요약된다.

---

9) 金相洪, 『茶山 丁若鏞文學 硏究』, 檀國大學校出版部, 1985, p.37. 수학기의 시가 179편에 261수, 사환기의 시가 454편에 660수, 유배기의 시가 234편에 573수, 소요자적기의 시가 328편으로 총 1,195편에 2,263수.

첫째, 匡濟一世論이다. 시문은 載道之器로서 세상을 바로 잡고 구제하는 데 기여할 수 있어야 한다는 것이다. 道와 文의 관계를 "文所以載道"로 인식하고 시문은 광제일세에 기여할 것을 입론하였다. 시는 인륜에 대한 樂意를 宣揚하고 怨慕를 導達시켜 "善於際"하고, 사회전반에 대하여 愛君愛民, 傷時憤俗, 美刺勸懲하여 "憂國恤民"의 志氣가 있어야만 感人, 動天下, 格鬼神하게 되어 광제일세에 기여할 수 있다. 문장은 安身立命하여 修身事親하고, 民國之務에 힘써 致君澤民하여 "爲天下國家"할 수 있어야만 感人·動天下·格鬼神하게 되어 匡濟一世에 기여할 수 있다. 다시 말하면 시문은 도를 실어서(載道) 인륜관계를 "善於際"하고 사회를 匡正하고자 하는 "憂國恤民"의 志氣가 있어야 하고 "爲天下國家"할 수 있어야만 感人, 動天下, 格鬼神하게 되어 匡濟一世에 기여할 수 있다.

둘째, 自主的 朝鮮詩論이다. 다산은 조선 사람이기에 즐거이 조선시를 쓴다고 선언하였다.

노인의 즐거운 일 하나는
붓 가는 대로 미친 듯이 시를 쓰는 것

어려운 운자에 신경 안 쓰고
퇴고하느라 더디지도 않고

흥이 나면 뜻을 싣고

뜻이 이루어지면 바로 시를 쓰네

나는 조선 사람이기에
즐거이 조선시를 쓰노라

그대는 마땅히 그대의 법을 쓰면 되지
시작법에 안 맞는다고 하는 자 누구인고

중국시의 구구한 格과 律을
먼 곳의 사람이 어이 안단 말인가

우리를 업신여긴 명나라 이반룡은
동쪽 오랑캐라 비웃었네

원굉도 형제와 尤侗이 이반룡을 쳤는데도
해내는 다른 말이 없다

등뒤에 彈子를 낀 사람이 있는데
어느 겨를에 마른 매미 엿볼소냐

나는 수식 없는 한유의 산석시를 사모하나니
女郞의 시라고 비웃음 받을까 두려워하리

어찌 처절하고 어두운 것을 꾸미면서
시 짓느라 괴로워하며 애간장을 태우는가

배와 귤은 그 맛이 다른 것처럼
오직 입맛에 맞는 것을 즐겨할 뿐이네

老人一快事　縱筆寫狂詞　競病不必拘　推敲不必遲
興到卽運意　意到卽寫之　我是朝鮮人　甘作朝鮮詩
卿當用卿法　迂哉議者誰　區區格與律　遠人何得知
凌凌李攀龍　嘲我爲東夷　袁尤槌雪樓　海內無異辭
背有挾彈子　奚暇枯蟬窺　我慕山石句　恐受女郞嗤
焉能飾悽黯　辛苦斷腸爲　梨橘各殊味　嗜好唯其宜[10)]

이 시는 71세 作이다. 「長鬐農歌」와 「耽津樂府」 등에서 이미 조선시론을 실천한 바 있는데, 만년에 다시 자신은 조선사람이기에 자신의 입맛에 맞는 조선시를 쓴다(我是朝鮮人 甘作朝鮮詩)고 선언한 문학론을 以詩論詩한 것이다. 조선시 선언은 문학의 주체적 자아의 확립으로서 "조선문학 독립선언서"라고 할 수 있다.

이 시는 4단(각 6구)으로 구성되었는데, 1단은 자신의 시작태도를 밝힌 것이며, 2단은 조선인으로 조선시를 쓴다고 선언하였다. 3단은 문학 변이의 당연한 이치를 중국문학운동을 빌어 자신의 조선시론을 뒷받침하였고, 4단은 당시 조선문단의 풍토를 비판하고 새로운 길(조선시)을 제시하였다.

조선인의 기호와 性情에 합치되는 시를 써야만 참다운 조선시라는 주장이다. 이는 사대적 文風을 배격하고 조선

10) 『與猶堂全書』(景仁文化社 影印, 1970. 이하 『전서』), 「老人一快事六首效香山體」, I-6, 34a, p.115.

인은 朝鮮之事를 用事하여 진실한 조선시를 써야 한다는 자주적 민족문학론이다. 즉 조선인은 조선적인 한시를 써야 한다는 조선시 선언은 조선 후기 문단에 새로운 지평을 연 것이다.

셋째, 文體醇正論이다. 世道가 융성하면 문체가 醇正하고 邪道가 만연하면 문체가 卑下한다 하고 "回復世道 開闢文風"을 기치로 삼았다. 당시의 문체는 陋俗하여 斯道에 해가 되기 때문에 邪徑을 막고 正道를 열어 世道를 회복하고 문풍을 개벽하여야 한다는 것이 문체순정론의 핵심이다. 다산은 正祖의 문체순정 정책을 시세를 추종하여 지지한 것이 아니라, 도를 회복하여 卑下된 문체를 醇正한 문체로 회복시키는 것을 자신의 임무로 삼았다.

넷째, 小說害道論이다. 패관잡서로 인한 심성적 폐해는 물론 이를 業으로 삼을 때 그 폐해는 人災 중 가장 큰 것이 되므로 우리의 道인 유학에 해가 된다는 것이 소설해도론의 요지이다. 소설해도론은 그가 천명한 "文所以載道", 즉 載道論에서 나온 것이다. 소설은 "爲天下國家"할 수 없음은 물론 匡濟一世에 기여하지 못하기 때문에 害道의 존재로 인식하고 焚書와 禁輸를 일관되게 주장하였다.

다산의 문학사상은 文所以載道論을 근간으로 한 經世的 實踐文學論과 自主的 民族文學論으로 정리된다. 이는 "문학으로 實學을 이룩하자는 것"으로서 "문학은 道를 실어(載道) 匡濟一世에 기여하는 것"으로 요약할 수 있다.

한 가지 아쉬운 점은 조선인이기에 조선시를 쓴다고 선

언하였으면서도 ① 중국의 그릇(漢詩)을 빌려서 조선인의 삶을 담는 데만 집착하고, ② 당시 민중들이 즐겨 읽던 패관잡서 이른바 소설을 人災 중에서 가장 큰 재해로 인식하고 소설해도론을 주창한 점이다.

①의 경우는 민중에 대한 인식과 민족에 대한 자각이라는 시각에서 보면 오히려 업적이 부각된다. 당시 사대부 문인들이 전통적 한시의 틀을 벗어나지 못하고 있던 상황에서 구각을 깨뜨리고 중국적 擬似化를 배격하고 진실한 조선시, 즉 조선적인 漢詩를 창작하여야 한다는 것은 민중에 대한 새로운 인식과 민족문학에 대한 자각으로 높이 인정되어야 한다. 그러나 다산이 자주적 조선시론을 확충하여 한글로 민중의 삶과 민족을 노래하는 데까지 이르지 못한 것은 아쉬움이 남는다. ②의 소설해도론은 문학의 效用과 功過만을 보아 焚書와 禁輸를 주장하고 폄시 매도하며 害道의 존재로 인식한 것은 편견으로서 문학사상의 한계가 아닐 수 없다.

4. 匡濟一世의 시세계

1) 경세적인 사회시

다산은 詩文의 道는 匡濟一世에 있고, 虛가 아닌 實에

있다고 하였다. 문학이 광제일세에 기여하는 학문으로서 기능을 다할 때 존립의 가치를 인정하였다.[11] 虛文假飾의 詞章的 문학을 버리고 광제일세에 기여할 수 있는 문학을 실천하면서 이를 문단에 요구하였다. 문장은 위로는 임금을 보좌하여 나라를 다스릴 방책을 생각하고, 아래로는 일세의 旗鼓가 될 것을 주장하였다.[12]

시의 본질은 혈연적 인륜관계와 사회적 인륜관계에 대한 善於際를 구현하여 樂意를 선양하고, 怨慕를 도달시킬 수 있는 인륜시와, 憂世恤民의 志氣가 있어 가난하고 힘없는 불쌍한 民草들을 도와주고 구제하여 버리지 않으려는 사회시에 있다 하고 다만 자신의 이해만을 생각하는 것은 시가 아니라고 하였다.[13] 다음은 문학이 광제일세에 기여하여야 한다는 사회시론이다.

> 임금을 사랑하고 나라를 걱정하지 않으면 시가 아니고, 어지러운 시국을 아파하고 피폐한 습속을 통분해하지 않으면 시가 아니며, 美刺와 勸懲이 없으면 시가 아니다. 그러므로 志氣를 세우지 못하고 학문이 순정하지 못하면 大道를 듣지 못하고, 致君澤民할 마음이 없는 자는 시를 지을 수 없다.[14]

시는 憂國愛民, 傷時憤俗, 美刺勸懲이 있어야 하며, 궁극

11) 『전서』, 「東園遺稿序」, I-13, 17b, p.267.
12) 『전서』, 「爲李仁榮贈言」, I-17, 46a, p.372.
13) 『전서』, 「示兩兒」, I-21, 18b, p.447.
14) 『전서』, 「寄淵兒」, I-21, 9b, p.443.

적으로는 致君澤民에 기여하여야 한다는 사회시론의 各論이다.

광제일세론을 자신의 시에 실천한 대표적인 시는 사환기에 쓴 「奉旨廉察到積城村舍作」, 「飢民詩」, 「古詩二十四首」, 「孟華堯臣盛言公州倉穀爲弊政 ……」 등과 유배지에서 쓴 「古詩二十七首」, 「海狼行」, 「烏鰂魚行」, 「哀絶陽」, 「蟲食松」, 「夏日對酒」, 「僧拔松行」, 「貍奴行」, 「獵虎行」과 田間紀事(采蒿 등 6수), 三吏詩 등과 소요자적기에 쓴 「肩輿嘆」, 「荒年水村春詞」 등이 있다.

사환기에 민초들의 참상을 목격하고 以詩論時한 「기민시」(2)를 보자.

> 유유히 흐르는 천지 자연의 이치를
> 고금에 아는 자 누가 있으랴
>
> 많고 많은 백성들 살아가는 모습
> 모두가 초췌하여 만신창이 되어서
>
> 메마른 산송장 몸을 가누지 못해
> 거리마다 행길마다 유랑민을 만나네
>
> 남부여대 떠나가나 오라는 곳 없는데
> 도대체 어디로 가야 할지 아득하기만
>
> 친혈육도 돌보지 못할 형편

두렵구나 천륜마저 잃게 되었네

上農군도 거지신세 되어
집집마다 문 두드리며 서툰 말로 구걸하네

가난한 집에 구걸 갔다가 도리어 하소연 듣고
부잣집 구걸 갔다가 짐짓 돌아서네

새가 아니라서 벌레 쪼아먹을 수 없고
물고기가 아니어서 연못에서 헤엄칠 수도 없네

얼굴마다 부황이 들어 처참하고
머리는 흩어져 헝클어진 실과 같네

옛적 성현이 어진 정사 베풀려면
홀아비 과부를 불쌍히 여기라고 말씀하셨지

홀아비와 과부들이 참으로 부럽구나
굶어도 자신 혼자 굶으면 그만

집도 아내도 없으니
어찌 살림살이 백 가지 근심이 있으리오.

봄바람에 단비가 내리면
초목이 꽃피고 잎이 나 자라서

삶의 의지 천지에 가득하나니
빈민구제 바로 이때로다

엄숙하고 점잖은 조정의 현자들이여
나라의 안위는 경제에 달려 있는 것을

모든 백성들 도탄에 빠졌으니
이들 구제할 자 그대들이 아니뇨

悠悠大化理　今古有誰知　林林生烝民　憔悴含瘡痍
槁莩弱不振　道塗逢流離　負戴靡所聘　不知竟何之
骨肉且莫保　迫厄傷天彝　上農爲丐子　叩門拙言辭
貧家反訴哀　富家故自遲　非鳥莫啄蟲　非魚莫泳池
顔色慘浮黃　鬢髮如亂絲　聖賢施仁政　常言鰥寡悲
鰥寡眞足羨　飢亦是己飢　令無家室累　豈有逢百罹
春風引好雨　艸木發榮滋　生意藹天地　賑貸此其時
肅肅廊廟賢　經濟仗安危　生靈在塗炭　拯拔非公誰[15)]

삼정의 문란으로 민초들이 유랑민이 되어 길을 헤매고 친 혈육마저도 돌볼 수 없는 처절한 삶을 살아가야만 하였다. 새가 아니라서 벌레를 잡아먹을 수 없고, 물고기가 아니라 연못에서 헤엄칠 수도 없는 서러운 삶이라서, 부양가족이 없는 홀아비와 과부들을 부러워하는 지경에 이르렀다. 부황이 든 것은 백성들만이 아니라 국가의 경제도 마

15) 『전서』, 「飢民詩」(2), I-2, 13a, p.28.

찬가지였다. 억조창생이 모두 도탄에 빠졌는데 이들을 구제할 자는 조정의 점잖을 빼는 고관대작들이 아니냐고 반문하였다. 부패한 조정으로 인하여 죄 없는 민초들이 질곡과 같은 삶을 살아가는데, 이를 조정에서는 구제하지 않는다고 비판한 경세시이다.

또한 경기 암행어사시에 황량한 적성마을의 참상을 목격하고 이를 以詩論時한 「奉旨廉察到積城村舍作」은 조선 후기 농촌사회의 비극적 현실을 그린 詩史이다.

다산이 사환기에 쓴 이들의 시를 주목할 필요가 있다. 일반적으로 벼슬에 물러났거나 유배 등 失勢의 아픔과 고난과 역경에 처했을 때 민중들의 실상을 정확히 파악하고 이해하는 시인들과는 달리 正祖의 知遇를 입어 암행어사라는 신분으로서, 삼정의 문란으로 수난받는 민생들의 처참한 삶의 현장을 예리하게 관찰하고 실사하여 낡고 병든 사회를 바로잡으려는 광제일세의 志氣가 내재되었다는 점이다. 그의 시는 以詩匡正하여 新我之舊邦에 기여하는 경세적 문학이다.

1803년 유배지 강진에서 지은 불후의 명작 「哀絶陽」은 『목민심서』에서 지은 동기를 밝히고 있다. 갈밭마을에 사는 백성이 아이를 낳은 지 3일 만에 軍布에 올라 있어 里正이 군포 대신 외양간의 소를 빼앗아가니, 남편은 칼을 뽑아 자신의 男根을 잘라버리면서 "나는 이 물건(남근) 때문에 이런 곤액을 받는구나" 하였다. 그 아내는 피가 뚝뚝 떨어지는 남근을 가지고 관가에 가서 억울함을 호소하였으

나 문지기가 막아버렸다는 것을 듣고 이 「애절양」을 썼다고 밝혔다.16)

갈밭마을 젊은 아낙 오래도록 통곡하네
현문 향해 울부짖다 하늘 우러러 호곡하네

전쟁에 나간 남편 못 돌아옴은 있을 법하지만
예로부터 스스로 남근 잘랐단 말 못 들었노라

시아버지 소복 입고 갓난아기 배냇물도 안 말랐는데
3대의 이름이 군적에 올라 있네

관가에 호소하려나 범 같은 문지기 지키고 있고
이정은 호통치며 외양간 소를 몰고 갔다오

칼 갈아 방에 가 남근 자르니 선혈이 가득
스스로 한탄하길 애 낳아 이런 환란 만났네

잠실에서 宮刑한 일 어찌 죄가 있어서며
민땅에서 환관시키려 자식 거세한 것 슬픈 일이도다

아들딸 낳고 사는 이치 하늘이 준 것이라서
건도는 아들이 되고 곤도는 딸이 되는 것

말 돼지 거세하는 것도 슬픈 일이거늘

16) 『전서』, 『牧民心書』, V-23, 14b-15a. pp.481-482.

하물며 후손 잇는 사람에 있어서랴

권문세가 한 해 동안 풍악을 울리면서
쌀 한 톨 베 한 치 세금 내는 일 없누나

다 같은 백성이언만 이다지 불공평한고
유배지에서 거듭 시구편을 읊노라

蘆田少婦哭聲長　哭向縣門號穹蒼
夫征不復尙可有　自古未聞男絶陽
舅喪已縞兒未澡　三代名簽在軍保
薄言往愬虎守閽　里正咆哮牛去皁
磨刀入房血滿席　自恨生兒遭窘厄
蠶室淫刑豈有罪　閩囝去勢良亦慽
生生之理天所予　乾道成男坤道女
騸馬豶豕猶云悲　况乃生民思繼序
豪家終歲奏管弦　粒米寸帛無所捐
均吾赤子何厚薄　客窓重誦鳲鳩篇[17]

위는 「애절양」의 전문이다. 칠언고시로 각 4구를 1단으로 전편이 5단이며 換韻하였다. 1단에서 전쟁에 나간 남편이 돌아오지 못할 수 있다지만, 집에 있는 남편이 스스로 남근을 잘랐다는 말을 자고로 듣지 못했노라는 탄식은 곧 병든 사회였고, 모순이 팽배한 비리의 사회요 정의가 말살

17) 『전서』, 「哀絶陽」, I-4, 29b-30a, p.76.

되고 불의가 횡행하는 낡은 사회였음을 비판한 것이다.

2단은 軍政의 문란으로 젊은 부인의 집안이 가렴주구 당한 것은 백골징포와 황구첨정이 횡행하여 재산목록 1호인 農牛를 빼앗기는 비극으로 확산되었음을 실사하고 있다.

3단은 농우를 빼앗긴 근본적인 이유가 아기를 낳게 하는 男根에 있다고 한 맺힌 자학을 하며 스스로 남근을 절단한 무서운 저항과 비극을 있는 그대로 實寫하여 민초들의 슬픈 삶을 적나라하게 고발하였다.

4단은 부부간의 음양의 이치마저 단절시킨 군포의 문란을 지적하면서 민초들의 앞날을 걱정하였다. 인간의 욕망을 충족하기 위하여 말 못하는 말이나 돼지를 거세하는 행위 자체도 슬픈 일이거늘, 군포가 무서워 아기를 낳지 않으려고 스스로 絶陽해야 하는 백성들의 처절한 애한과 그 통절한 비애는 치자의 폭정에서 기인한 것이다. 아들딸 낳고 사는 生生之理마저 차단시키는 비정한 사회, 인권이 유린된 무법의 사회, 그것은 사람이 살아갈 수 있는 사회가 아님을 천명하고 이를 폭로하며 민초들의 슬픔을 대변하였다.

5단은 권문세가들은 백성의 고혈로 사시장철 풍악을 울리면서 세금 한 푼 납부하지 않는 반면에, 남근을 자른 데까지 이른 피치자들의 삶을 대립시켜 구조적 병리를 통탄하고 있다. 치자나 피치자는 다 같은 사람이건만 왜 정반대의 이질적 삶을 살아야 하는가를 반문하고 있다.

그는 白骨徵布와 黃口簽丁이 없는 사회, 絶陽이라는 극

단적인 저항이 필요 없는 사회, 善政하는 治者의 덕을 칭송하며 만세까지 살도록 기원하며 노래부를 수 있는 사회를 염원하였기에 유배지에서 거듭거듭 『시경』의 「시구편」을 외운 것이다. 이 염원은 영원히 悲願으로 남을 수 없었기에, 낡고 병든 조선을 새롭게 하고자 以詩匡正의 憂國恤民의 뜨거운 정을 형상화한 경세적인 시이다.

민초들이 도탄에 빠져 신음하고 있는데도 이들의 절실한 문제들을 외면한 채 호의호식하는 治者들을 이리와 승냥이 같은 존재하고 분노하며 새로운 사회를 지향했던 「豺狼」을 비롯한 6편의 「田間紀事」 등의 사회시는 以詩匡正의 경세적인 문학이다.

2) 自主的 朝鮮詩

다산은 당시의 조선문학은 큰 病痛을 앓고 있다고 지적하였다. 우리 선조들의 문장을 보지 않으려는 풍조를 안타깝게 여긴 그는 元·明의 문체나 모방하여 시구나 읊으면서 뛰어난 문장가인 양하는 자들을 비판하였다. 우리의 것을 배척하고 중국의 것만을 모방하려는 어리석음과 병통을 깨우쳐주고 치유하고자 조선시론을 전개하였다. 그는 조선인이기에 조선의 것에서 用事하고 조선의 현실을 실사하여 조선시를 쓴다(我是朝鮮人 甘作朝鮮詩)고 선언하였다. 그의 자주적 문학사상을 구현한 대표적 시는 유배지에서 쓴 「장기농가」와 「탐진악부」 3편 등이 있다.

모내기철 모 품팔이 아낙네들 정신없어
보리 베는 반상(남편)을 돕지 않네

이서방네 일 약속 어기고 장씨네로 가는 것은
모내기철엔 돈모가 밥모보다 더 좋다네

秧雇家家婦女狂　不會刈麥助盤床
輕違李約趨張召　自是錢秧勝飯秧[18)]

강진 지방에서 남편을 "반상"이라 하는데 이를 "盤床"으로, 모내기 품삯을 순전히 돈으로 지급하는 것을 "돈모"라 하는데 이를 "錢秧"으로, 밥을 제공하고 품삯을 조금 감하는 것을 "밥모"라 하는데 이를 "飯秧"으로 표현하였다. 즉 순순한 우리말을 漢字의 音과 訓을 차용하여 시어로 썼다.

계랑 봄바다에 뱀장어도 많을시고
파란 물결 헤치며 활선이 떠나간다

높새바람 불 제 항구를 떠나
마파람 불 제 급히 돌아오누나

桂浪春水足鰻鱺　撑取弓船漾碧漪
高鳥風高齊出港　馬兒風緊是歸時[19)]

18) 『전서』, 「耽津農歌」, I-4, 27b, p.75.
19) 『전서』, 「耽津漁歌十章」, I-4, 28a, p.75.

위의 시에서 "활선"이란 그물로 바다 밑을 훑어 장어를 잡는 배인데 이를 "弓船"으로, "높새바람"을 "高鳥風"으로, "마파람"을 "馬兒風"으로 한자의 訓을 차용하여 시어로 썼다.

보릿고개 험하여 넘기가 태행산 같네
단오 지나 풋보리 바심 시작하네

그 뉘라서 풋보리밥 한 그릇을
대감께 맛보라고 나눠 드려보게나

麥嶺崎嶇似太行　天中過後始登場
誰將一椀熬靑麨　分與籌司大監嘗20)

작년에 농사지은 곡식은 다 떨어지고 햇보리는 아직 여물지 않아 식량이 없어 받는 고통을 "보릿고개"라 하는데 이를 "麥嶺"으로, 우리말에 宰相을 "대감"이라 하는데 이를 "大監"으로 표현하였다. 이외에도 시장을 뜻하는 "싸전"을 "米廛"으로, 서당에서 학동이 책 한 권을 다 배우면 부모가 음식을 준비하여 한턱 내는 것을 "책씻이"라 하는데 이를 "洗書禮"로, 낙지를 "絡蹄"로, 시부모가 며느리를 "아가"라 부르는데 이를 "兒哥"로, 한자를 音借하고 訓借하여 시어로 썼다.

---

20) 『전서』, 「長鬐農歌十章」, I-4, 18a, p.70.

당시 사람들은 남의 것(중국)을 사모하고 본받느라고 정신이 없었으나, 그는 제것(조선)을 찾고 제 것을 만들려고 유배지에서 「장기농가」와 「탐진악부」를 썼다. 그의 악부시 등에서 볼 수 있는 조선시어는 "나는 조선사람이기에 / 즐거이 조선시를 쓴다"는 자주문학론을 실천한 것이다.

다산의 조선시 정신은 비단 그의 악부시에만 구현된 것은 결코 아니다. 그의 많은 사회시는 당시 조선 후기 사회의 모든 현실을 실사한 것으로 조선시인 것이다. 사대적 문풍을 배격하고 조선인은 朝鮮之事를 용사하여 진실한 조선시를 써야 한다는 것은 자주적 민족문학론이다.

다산은 민족문학론을 제창하고 이를 자신의 문학에 구현하였고, 아울러 당대 조선문단에 이를 요구하였다. 그의 민족문학론은 李學逵에게 이어졌다. 이학규는 정약용의 「탐진농가」를 보고 「江滄農歌」를 썼고, 또한 정약용의 「탐진악부」를 보고 「嶺南樂府」를 지어[21] 자주적 조선시론을 계승하였다.

3) 哀憐과 情恨의 人倫詩

다산이 인간관계의 善於際를 지향한 인륜시는 哀憐과 情恨이 내재되어 있는데 至親의 思慕詞·戀主之詞·戀婦詞·

21) 『전서』, 「寄惺叟三十韻」, I-5, 32a, p.94. "惺叟在金官, 和余詩甚多. 如云江滄農歌十章, 和余耽津農歌之類也." 이학규의 「嶺南樂府序」 참조.

交友詩가 있다. 1801년 정약용은 유배객이 되어 忠州를 지날 때 荷潭의 부모님 산소를 참배하고, 직계 선조 8대가 모두 玉堂(홍문관) 출신인 名門이 하루아침에 몰락한 사실을 고하고 불효의 죄를 속죄하였다.

아버님 아십니까 모르십니까
어머님 아십니까 모르십니까

우리 가문 갑자기 뒤집혀서
아들이 一死二謫 되었어요

제 목숨 겨우 부지했지만
육신은 슬프게도 이지러졌어요

아들 낳으시고 부모님 기뻐하셨고
기르실 때 품으시고 정성 다하셨지요

천륜의 공 갚으라 말씀하셨지
어찌 유배 죄인되랴 생각 하셨겠어요

세상 사람들에게 바라는 바는
다시는 아들 낳았다 기뻐하지 마시오

父兮知不知　母兮知不知　家門欻傾覆　死生今如斯
殘喘雖得保　大質嗟已虧　兒生父母悅　育鞠勤攜持
謂當報天顯　豈意招芟夷　幾令世間人　不復賀生兒[22)]

一唱三嘆의 이 시는 6구까지가 전단이자 告辭이고 후단 6구는 불효지죄에 대한 반성과 절규이다. 1련은 血淚斑點으로 감정의 제어 없이 토해낸 아픔이다. 2-3련은 형제가 하나는 죽고(若鍾) 둘은 귀양객이 된(茶山과 若銓) 불효이다. 후단은 身體髮膚를 훼손 않는 것이 孝의 처음이고 입신양명하여 부모의 이름을 빛나게 하는 것이 효의 마지막이라는 가르침을 역행하고 귀양객이 된 불효의 참회이다. 마지막 련은 세상 사람들에게 아들로 인하여 다시는 자신과 같은 비극이 재현되지 않기를 기원한 비장의 절규이다.

다산은 30세 때 셋째 아들 懼牂이 천연두를 앓다가 3세로 요절하자, 자신의 방탕한 생활로 인하여 어린 아들을 잃는 재앙을 받은 것이라고 참회하고 慘慽을 눈물로 먹을 갈아 형상화하였다.

네가 병마와 싸우며 고통받을 적에
애비는 즐겁게 질탕히 놀았느니라

배타고 북 치며 물놀이하고
기생 끼고 홍루에서 놀았느니라

방탕하였으니 재앙 받는 것이 마땅한 일
어찌 너를 여의는 벌을 면할 수 있으리

---

22) 『전서』, 「荷潭別」, I-4, 4b-5a, p.63-64.

너를 초천으로 떠나보내어
서쪽 산언덕에 묻었노라

내 장차 늙으면 이곳에서 살아
너로 하여금 의지할 곳 있게 하리라

曩汝苦痛楚　我方愉佚宕　撾鼓綠波中　携妓紅樓上
志荒宜受殃　惡能免懲刱　送汝苕川去　且就西丘葬
吾將老此中　使汝有依仰[23)]

어린 아들이 병마와 싸우며 고통받는 줄도 모르고 다산은 진주 촉석루에서 배 띄워 놓고 기생들과 가무하며 즐긴 벌로 사랑하는 아들이 죽었다고 자책한 斷腸의 血淚가 묻어 있다. 어린 자식을 땅속에 묻어야 했던 비애와, 노후에 아들의 무덤이 있는 곳에서 살면서 어린 영혼이 의지할 곳 있게 하겠다는 父情은 눈물겹다. 참척의 슬픔과 父情을 곡진하게 以詩露情하였다. 그는 어린 자식 6명이 요절하는 참척을 당하였다. 자녀들이 요절할 때마다 단장의 비애가 서린 시와 壙銘을 지어 어린 영혼들의 명복을 빌어준 너무나도 인간적인 아버지이기도 하다.[24)]

---

23) 『전서』, 「憶汝行」, I-2, 2a, p.22.
24) 金相洪, 『茶山 丁若鏞 文學 硏究』, 단국대학교출판부, pp.207-216.(「茶山의 子女 壙銘 硏究」, 『漢文學論集』 16, 槿域漢文學會, 1998, 참조)

유배지에서 다산은 고향에 있는 형제자매들을 그리워하며 인륜의 정과 형제애를 노래하였다.

선친께서 남기신 아들
노년에 너를 무척 사랑하셨네

이미 충주로 가는 길 알고
노모를 모실 줄 아는 구나

옛적에 보니 그림 그리기 좋아했는데
이제 권하노니 의서를 읽게나

고독하고 의지할 곳 없는 두 누이는
죽었는가 살았는가 요즈음 어떻게 지내느뇨

先人有餘子　垂暮每憐渠　已識忠州路　能將老母居
舊看多畫癖　今勸讀醫書　零丁有二妹　存沒近如何[25]

유형의 땅에서 혈육의 정이 그리워 庶弟인 若鐄에게 보낸 시다. 정약용은 9세에 어머니를 여의었는데 약횡의 어머니 김씨가 생모 이상으로 사랑하고 보살펴 주었다. 함련은 선친이 사랑하던 아우가 장성하여 忠州 荷潭의 先塋을 돌보고 노모(庶母)를 봉양하는 데 대한 고마움이다. 미련은 시집간 두 누이(蔡弘謹 李重蓮에게 출가)의 근황을 물

25) 『전서』, 「七懷」(憶舍弟鐄), I-4, 32b, p.77.

으며 그리워한 형제애의 뜨거운 정이 눈물겹게 형상화되어 있다.

다산의 戀主之詞는 몇 수에 불과하다. 유배지에서 승하한 正祖를 그리며 쓴 詞인 「浪淘沙」(戀闕)를 보자.

문 밖에 버들가지 누렇구나
봄의 마음을 알 수 없네

연못에 푸른 물 가득 제비들 바삐 날고
玉樓에서 모시고 잔치하던 때 생각하니

갑자기 마음 아프네

門外柳枝黃　春意難詳
芳池綠漲燕飛忙　細憶玉樓陪宴日　一驀心傷

남녘에 유배된 몸
꿈속에서 군왕을 보았노라

동풍 부니 작은 복숭아꽃 향기로운데
노래와 풍악이 어디서 요란하게 떠드는가

수심에 겨워 심장이 끊어질듯 하네

流落在南荒　夢裏君王
東風吹綻小桃香　歌管嘲轟何處也　剪斷愁腸[26]

남녘(康津)에 유배되기 전 해(1800)에 갑자기 구름 속으로 들어간(昇遐) 님(正祖)이었기에 꿈속에서 만나볼 수밖에 없는 아픔을 노래하였다. 화사한 봄을 맞이하였으나, 벼슬할 때 님과 함께 芙蓉亭에서 賞花釣魚하던 그 봄이 아니었기에 승하하신 正祖를 사모하는 정을 곡진하게 형상화하였다.

다산의 연주지사는 解配나 또는 다시 등용되기를 바라는 목적으로 쓴 것이 아니고 다만 先王(정조)의 知遇를 잊지 못하며 至純한 孤臣의 추모하는 정을 형상화한 것이 특징이다.

다음은 戀婦詞를 보자. 다산이 부인에게 준 시는 몇 수에 불과하다. 그러나 이 연부사에는 아내를 그리는 지아비의 정, 즉 夫情이 오롯하게 형상화되어 있다.

하룻밤에 모든 꽃잎이 흩날리니
집 주위 비둘기와 제비 새끼들 울었다오

외로운 귀양객 돌아간단 말못하오
얼마나 님과 함께 있었던가

그리워라
그리워라

---

26) 『전서』, 「浪淘沙」(戀闕), I-5, 15b-16a, p.86.

슬프다 꿈속의 님의 얼굴

一夜飛花千片 繞屋鳴鳩乳燕
孤客未言歸 幾時翠閨芳宴
休戀 休戀 惆悵夢中顔面[27)]

유배지에서 아내를 그리워하는 정을 詞調에 실은 것이다. 하룻밤 사이 모든 꽃잎이 흩날렸다는 것은 신유옥사로 자신의 가문이 傾覆된 것을, 비둘기와 어린 제비 새끼는 어린 자녀들을 은유한 것이다. 귀양객이라 아내에게 돌아갈 수 없던 그는 아내와의 행복했던 시간이 짧았음을 한탄하였다. 꿈에서 볼 수밖에 없던 아내에 대한 至純至美한 사랑과 그리움을 곡진하게 형상화하였다. 부인에 대한 夫情을 오롯하게 형상화한 연부사에서 인간 정약용의 원초적인 참모습을 찾을 수 있다.

交友詩도 인간관계의 善於際를 구현하였다. 得意의 시절 抄啓文臣 출신을 중심으로 竹欄詩社를 결성하고 동인들과 풍류를 즐기며 문학과 인생을 논하며 우의를 맺었던 다산은 유배지에서 僧侶들과 교유하면서 인간관계의 선어제의 세계를 아름답게 노래하였다.[28)]

혈연적 사회적 인륜관계를 선어제하기 위해서 노래한 다산의 정한과 애련의 인륜시는 인간애와 인간의 참다운 도

27) 『전서』, 「如夢令」(寄內), I-5, 16b, p.86.
28) 金相洪, 『다산 정약용 문학 연구』, 단국대학교출판부, 1985, pp.243-263.

리가 얼마나 소중한 것이며 아름다운 것인가를 제시하고 있는 것이 특징이다.

4) 歸去來의 꿈과 田園詩

순탄치 못했던 다산의 생애가 말해주듯이 그의 전원시에는 부자유로부터 벗어나 참된 자유의 공간을 그리워하고 전원에서 노동하며 살고자한 소박한 세계가 있다. 금정찰방으로 좌천(34세)되었을 때에 쓴 시에 오매불망 귀거래하고자 했던 전원과 그 속에서 삶을 어떻게 영위할 것인지가 나타나 있다.

서해엔 신선 되는 반도가 있고
동해엔 신선 되는 화조가 있다네

이를 먹으면 허물을 벗어
영원토록 늙지 않는다네

모두들 다투어 이를 흠모하여
구하려 아득히 먼길을 떠나네

나 홀로 내 집을 지키며
처자식과 사랑하며 살리라

산전엔 기장을 심고

무논엔 모를 심어

부지런 힘써 김매는 것을
더우나 비 오거나 상관 않겠노라

가을이면 얼마큼 추수할 터이니
그것으로 내 생명을 보전하리라

西海有蟠桃　東海有火棗　食之得蛻化　永世不得老
衆人爭欣慕　望望出遠道　我獨守我家　且與妻子好
山田種黃粱　水田種紅稻　勤力芸其苗　不問熯與潦
庶幾望有秋　使我性命保[29]

전단(8구)은 세상 사람들이 仙界로 비상을 염원하는 세계이고, 후단(6구)은 그가 돌아가고자 했던 전원생활의 세계이다. 선계로의 비상을 거부하고 전원에서 노동하며 땀 흘리고자 하였다. 그러나 세상사를 절연하고 명철보신을 위하여 전원에 돌아가고자 한 것은 아니다.

기나긴 유배생활을 마치고 고향에 돌아온 다산은 전포를 가꾸고 누에를 치면서 전원생활의 즐거움을 노래하였다.

부추 밭에 놓아둔 쟁기는 쥐의 형상
원두막은 곰과 같은 모습일세

29) 『전서』, 「擬古二首」, I-2, 35b, p.39.

보리 이삭 바람 부니 희어지고
관솔불은 밤 깊으니 더욱 붉구나

보리 찧던 떠들썩한 절구질 멈추고
보리밥 먹지만 배부른 건 매 한가지

이 속에도 즐거움이 있나니
정말로 三公 벼슬과 바꾸지 않겠노라

韭圃犁如鼠　瓜樓結似熊　麥芒風處白　松火夜深紅
杵動群喧止　匙翻一飽同　此中還有樂　眞不換三公[30)]

鄕里의 여름 풍경과 그 속에서의 사는 정취가 물씬 배어 있다. 보리방아 찧던 일손을 멈추고 보리밥을 배부르게 먹는 즐거움을 진수성찬과 동일시하였다. 노동의 신성함과 그 즐거움이 있는 전원인으로서의 삶이다. 이 즐거운 삶을 三公들의 생활과 진실로 바꾸지 않겠노라고 자족한 것은 무욕의 淸澄한 세계이다.

감히 권문세가 부러워하지 않고
부서진 집에서 삶을 지탱하리라

不敢豪門羨　聊因破屋撑[31)]

30) 『전서』, 「又次陸放翁農歌夏詞」, I-6, 3a, p.100.
31) 같은 곳.

가난한 전원 속의 삶이지만 노동의 기쁨과 안분지족의 정신세계가 융화되어 있기에 권문세가나 높은 三公 벼슬을 부러워하지 않았다. 전원에 묻혀 사는 삶의 정취는 삼공이나 豪族에게 찾을 수 없는 새로운 세계가 있음을 노래하였다.

전원시의 특징은 유배지의 전원이나 고향의 전원이건 간에 樂土로서의 삶의 장으로 인식하고 태평성대의 전원을 희구한 것이다.

5) 悲壯과 達觀의 抒情詩

일세의 경륜가였던 정양용은 유형의 땅에서 꽃과 달을 보고 心淵에 내재된 悲壯과 達觀의 세계를 진솔하게 토로하였다. 그는 자신의 이익만을 노래한 것은 시가 아니라고 하였으나 花朝月夕을 대할 때마다 귀양객의 애한을 읊었다.

모든 꽃 꺾어다 보았지만
우리 집 꽃만 못하누나

꽃의 품종이 다른 것이 아니라
다만 우리 집에 피었기 때문일세

折取百花看　不如吾家花　也非花品別　秖是在吾家[32)]

유배지의 꽃을 꺾어다 아무리 보아도 고향 집 꽃만 못한 것은 꽃의 종류가 달라서가 아니다. 다만 우리 집에 피었기 때문에 좋다고 하여 사무치는 유배객의 悲壯한 향수를 절묘하게 형상화하였다.

귀양지에서 해당화를 화분에 옮겨 놓고 이를 기구한 자신의 운명과 대비하였다.

해당화 한 그루 화분에 심었는데
연약한 어린 가지 뿌리 못 내리네

풍설에 시달린 지 몇 날인지 아느뇨
병든 나그네 바라보며 슬퍼하노라

月季移栽僅一盆　稺枝纖弱未舒根
含風鬪雪知何日　痩客相看欲斷魂[33]

해변에 자생해온 해당화가 타의에 의하여 화분에 옮겨졌다는 것은 성장해온 풍토가 다르고 인정과 풍속 기후가 다른 곳으로 유배된 시인의 운명과 같은 것이다. 起句의 화분은 해당화나 시인에게 유형지임을 뜻하고 承句에서 뿌리를 내리지 못한다고 한 것은 시인도 마찬가지이다. 비록 타의에 의한 강제적 삶일지라도 둘 다 환경에

32) 『전서』, 「遷客八趣」(訪花), I-4, 13b, p.68.
33) 『전서』, 「茶山花史二十首」(13), I-5, 25a, p.91.

적응하려고 노력해 보았으나 쉽사리 이루어질 수 없기에 동병상련한 것이다. 다음은 달관의 세계가 내재된 시를 보자.

> 벗이여 달빛 아래 술 마시려거든
> 오늘밤 밝은 달을 놓치지 말라
>
> 만약 내일도 달 뜨길 기다린다면
> 바다에서 구름 솟아 보지 못하리라
>
> 모레 다시 달이 뜨길 기다린다면
> 보름달은 이미 일그러져 있을 걸세
>
> 友欲月下飮　勿放今夜月　若復待來日　浮雲起溟渤
> 若復待來日　圓光已虧缺[34)]

위에서 벗은 우리 모두를, 달은 수유 같은 인생사 즉 세월의 무상을, 술은 우리들이 성실하게 엮어가야 할 소중한 삶을 은유한 것으로 달관의 세계가 있다.

48세(1809) 때에 유배지의 다산초당 東菴에서 꿈속에서 만난 미녀에게 준 시를 보면, 시적 동기는 로맨틱하나 결국 도덕성으로 歸一하고 만다.

「11월 6일 茶山 東菴 淸齋에서 홀로 잠을 자는데 꿈에 한

---

34) 『전서』, 「古詩二十七首」(14), I-4, 11a, p.67.

다산초당의 동암

미녀가 나타나 나를 유혹하였다. 내 또한 감정이 동하였으나 잠시 후 사양하고 보내면서 절구를 지어 그녀에게 주었다. 꿈에서 깨어나 그 시를 적으니 다음과 같다.」

눈 덮인 산 속 깊은 곳에 한 송이 꽃
붉은 비단과 복숭아꽃처럼 아름다워라

이 마음 이미 금강석과 쇠가 되었는데
비록 풍로가 있다한들 그대가 어찌 녹이리오

雪山深處一枝花　　爭似緋桃護絳紗
此心已作金剛鐵　　縱有風爐柰汝何[35]

---

35) 『전서』, 「十一月六日, 於茶山東菴淸齋獨宿, 夢遇一姝來而嬉之, 余亦情動, 少頃辭而遣之, 贈以絶句, 覺猶了了詩曰」, I-5, 32b, p.94.

다산동암

보정산방(추사 김정희 글씨. 다산동암 옆의 현판)

긴 詩題가 말해주듯이 꿈속에 나타난 아름다운 여인의 유혹을 뿌리친 것은 평상시의 내면세계가 극기와 결백성, 즉 도덕성과 달관이 항상 잠재되어 있기에 가능하였다.

起句의 눈 덮인 깊은 산은 귀양지이고, 한송이 꽃은 꿈속에 찾아온 미인을 암시한다. 눈 쌓인 산 깊숙한 곳에 한 송이 아름다운 꽃이 피었다는 것은 자연계의 현상으로서는 있을 수 없는 비현실성, 꿈속의 세계임을 은유한 것이다. 承句의 복숭아꽃과 붉은 비단은 꿈속에 찾아온 미인의 자태를, 轉句의 단단한 금강석과 鐵은 시인 자아의 事物化에 의한 不動心으로 도덕성과 달관을 의미한다. 結句의 쇠를 녹이는 풍로는 미인의 유혹이다. 시인의 가슴속엔 금강석과 쇠만이 남아 있다는 것은 세파에 시달리고 유배생활에 지쳤기 때문도 아니고 48세라는 늙음 때문도 아니다. 내면에 잠재된 도덕성이 꿈에서도 미인의 유혹을 뿌리치고 고이 돌려보낸 것이다.

다산은 평상시의 삶은 물론 꿈속에서까지도 도덕적 완전주의(Moral perfectionism)를 지향하였다. 일상의 삶과 꿈속의 삶이 一元的이었다. 이와 같이 도덕적으로 일관한 것은 자기완성으로서의 一元化이자 그의 시세계의 특색이다.

다산의 서정시는 이상과 같이 자아의 원초적 사유와 哀恨을 진솔하게 묘사하고 인생사를 노래한 悲壯美와 도덕적 완전주의를 추구한 달관의 세계가 있는 것이 특성이다.

5. 문학사적 위치

다산이 살았던 18세기 후반부터 19세기 전반의 조선 후기 사회는 정치적으로 붕당의 치열한 싸움과 천주교 탄압으로 정국은 혼미와 불안정이 계속되었다. 경제적으로는 삼정의 문란으로 국가의 재정은 물론 백성들도 파탄의 경지에 이르렀다. 사회적으로는 탐관오리 등의 수탈과 착취로 민초들은 인간다운 삶을 살아갈 수 없었고 민심은 극도로 혼란하였다. 사상적으로는 反朱子主義가 대두되고 문화적으로는 민중의 문화가 새로이 형성된 시기였다.

다산은 "천재시인", "奇才시인"으로서 일찍이 文名이 聲振一世하였고, 초계문신 출신을 중심으로 竹欄詩社를 결성하고 이를 주도하였다. 그는 26세부터 30세까지 천주교를 믿었으나, 신유옥사 이후 완전히 절연하고 外儒內儒로 운명할 때까지 일관하면서 六經四書와 一表二書 등 5백여 권의 방대한 저술을 통하여 실학을 집대성한 위대한 석학이다.

광제일세론, 자주적 조선시론, 문체순정론, 소설해도론을 전개한 문학사상은 실용적 실천적인 문학과 민족문학의 구현으로서 이를 자신의 시문에 실천하였고 당시 문단에 이를 요구하였다. 특히 조선시 선언은 "조선문학 독립선언서"로서 우리 문학사에 큰 업적이 아닐 수 없다.

그의 문학은 문학론, 시, 賦, 詞曲, 傳 등 한문학 전 장르에 이르고 있다. 시가 1,195편에 2,263수(규장각본)에 이르고 있고, 특히 조선 후기 시인으로서 가장 많은 수의 經世的인 사회시를 남겼다. 18년간의 유배생활을 겪으면서도 자아의 아픔과 고뇌보다는 쇠락의 길로 치닫던 조국의 운명과 민초들의 삶을 치열하게 염려하고 걱정하였다. 그는 憂國恤民의 뜨거운 마음을 산문인 一表二書에 형상화하였고, 이를 다시 韻文으로 형상화한 것이 匡濟一世의 사회시이다.

다산의 문학세계에는 以詩匡正의 뜨거운 충정이 내재된 우국휼민의 사회시, 조선인의 삶과 애환을 진실하게 노래한 악부시, 인륜관계의 善於際를 지향한 인륜시, 전원에서 노동하며 태평성대의 전원을 희구한 전원시, 悲壯과 달관의 세계를 아름답게 그린 서정시가 있고, 自我의 비애를 승화하고 天命의 경외를 형상화한 賦, 유배객의 비애와 幽恨을 정치하게 묘사한 詞曲 등이 있다.

특히 정약용의 광제일세의 사회시는 李奎報 金時習 金宗直 魚無迹 權韠 등 우국애민시를 이으면서 그 영역과 수준과 폭을 크게 발전시켰고, 그 정신이 아래로는 黃玹을 비롯한 韓末의 憂國詩와 일제침략기의 저항시 그리고 현대의 민중시에까지 영향을 미쳤다고 볼 수 있을 것이다.

다산은 "以重民生 以尊國法"의 철학을 가지고 낡고 병든 조선을 개혁하여 새로운 나라를 만들고자 일생 동안 문학으로도 善鳴하였다. 그는 조선 후기 위대한 우국시인이자 민족시인으로 한국문학 발전에 큰 업적을 남겼다. 그의 문학은 문학으로 실학을 이룩한 경세적 문학이자 민족문학으로서 찬연하게 빛을 발하고 있다.

끝으로 첨언할 것은 다산의 時調 작품을 발굴하는 일이다. 다산이 시조 작품을 남긴 기록이 있다. 1936년 4월호 『가톨릭靑年』(35)을 보면, 金在石이 쓴 「茶山의 遺跡을 康津에 찾어」라는 글이 있는데 다음과 같다.

> 이 萬德洞에는 現在 七十에 가까운 尹柱彩라는 漢學者가 生存하였는대 이 이가 그 尹進士의 高孫이라는대 丁先生 歷史를 大概는 알더군요 … 尹氏宅에는 별별 寶物이 많은데 그 中에

> 나의 눈을 끈 것은 丁先生의 親筆 詩調集이었읍니다. 비단에 다 쓴 것인데 한편은 丁茶山 親筆詩가 있고 한편에는 丁酉山氏의 詩가 있는데 참으로 해석을 들으니 一大傑作品이었읍니다. 그래서 丁先生의 詩와 酉山先生의 詩와 冊 끝에 酉山先生의 讀後感等을 抄出하였는데 참으로 글씨도 아름다웠읍니다. 尹氏에게 아무리 달라고 빌었으나 주지 않고 다른대 求하야 다른 것 하나 보내준다고만 하였어요. 그리고 그 詩集은 必要하다면 그대로 벳길 수는 있었읍니다.[36)]

서간문 형식으로 쓴 이 글에서 비단에 쓴 다산의 "親筆詩調集"이라는 구절이다. "時調集"이 아니라 "詩調集"이라고 한데서 時調集이 아니고 漢詩集이라고 의심할 수 있다. 그러나 이희승의 『국어사전』 "시조(詩調)"항을 보면 ① 시의 곡조. ② 시조(時調)라고 되어 있어 時調와 詩調를 혼용하여 사용한 것을 알 수 있다.

문제는 첫째 1936년 당시 귤동에 살던 70세에 가까운 尹柱彩의 후손을 찾아 이를 확인할 필요가 있다. 만일 다산의 시조집이 발굴되어 한글로 된 것으로 확인이 된다면 이는 다산문학 연구는 물론 조선 후기 시조연구에 새로운 지평을 여는 것이 될 것이다.

둘째는 위의 기록을 보면, 다산의 장자 丁學淵(호 酉山)의 시가 함께 있고 책 말미에 학연의 독후감(跋文일 것으로 추정됨)이 있다고 한 것을 보면 아마 李乙浩 所藏의 『茶盦詩

---

36) 金在石, 「茶山의 遺跡을 康津에 찾어」, 『가톨릭青年』 35, 1936년, 4월호, p.82.

帖』류와 같은 漢詩集일 수도 있다. 우리는 이 문제에 대한 해답을 찾기 위하여 다각적인 노력을 하여야 할 것이다.

茶山의 詩人的 위상과 竹欄詩社

1. 서 론

조선 후기 善鳴者인 다산 정약용(1762-1836)은 벼슬하던 젊은 시절에 '奇才詩人'으로 聲振一世한 시인이다. 다산이 불후의 명저인 六經四書와 一表二書 등 5백여 권의 방대한 저술 속에 다산학을 집대성할 수 있었던 기저에는 조선 후기 시단에서 기재시인으로 성진일세한 그의 문학세계가 있었음을 간과할 수 없다.[1)]

그동안 다산학에 관한 연구는 활발하게 진행되었으나[2)]

1) 金相洪, 「茶山의 抒情詩」, 『茶山學學術會議』 발표요지, 대우재단, 1982, p.122.
2) 이 책의 末尾에 있는 참고문헌을 참조.

연구하여야 할 과제들이 많이 있다. 다산이 시인으로서의 위상과, 관료시절에 주도하여 결성한 죽란시사와 그 활동의 세계를 조명하는 것은 다산학의 이해에 기여할 것이다.

다산의 생애는 수학기, 사환기, 유배기, 소요자적기로 구분된다. 다산의 사환기를 중심으로 正祖와 文任諸臣들로부터 받은 시평을 분석하여 시인으로서의 다산의 위상과, 채홍원과 함께 주도하여 결성한 죽란시사의 성격과 동인들의 면모와, 활동세계를 조명한다.

이러한 작업은 다산학의 한 본령을 밝히는 일이면서 조선 후기 사대부들의 문예활동과 향유한 문화의 한 국면을 이해하는 기여할 것이다.

2. 다산의 詩人的 위상

다산은 4세에 『천자문』을 배웠고, 7세에 "작은 산이 큰 산을 가리는 것은 / 멀고 가까움이 같지 않기 때문이네" (小山蔽大山 遠近地不同)라고 시를 지어 영오한 자질을 보였다. 10세 이전의 저작을 모은 『三眉集』을 보고서 문인석사들이 탄상하지 않은 이가 없었다. 13세에 '深得杜意'하여 두보시에 수백 수 화운하였다.[3] 이러한 기록들은 다산

---

3) 丁奎英, 『俟菴先生年譜』, 正文社 影印, 1984, pp.2-4.

의 시인적 재질이 어렸을 때부터 이미 나타나 있음을 입증하고 있다.

다산이 젊은 시절(24세)에 가을날 회포를 노래한 다음 시를 보면, 천부적인 시인의 편린이 나타나 있다.

내 고향 동쪽은 수운향이라
생각하니 가을이면 즐거운 일 많았어라

밤 밭에 바람 불면 붉은 열매 떨어지고
개여울에 달이 뜨면 붉은 게 향기롭네

촌길 잠시 걸어도 모두가 시의 소재
구태여 돈 들여 술 마실 필요 없네

객지 생활 여러 해에 돌아가지 못하고
고향 편지 올 때마다 남몰래 가슴 앓네

吾家東指水雲鄕　細憶秋來樂事長
風度栗園朱果落　月臨漁港紫螯香
乍行籬塢皆詩料　不費銀錢有酒觴
旅泊經年歸未得　每逢書札暗魂傷[4)]

다산은 촌길을 잠시 걸어가는 사이에도 주위의 모든 현

---

4) 丁若鏞, 「秋日書懷」, 『與猶堂全書』(景仁文化社 影印, 1970. 이하 『전서』), 1970. I-1, 26A, p.13.(宋載卲 譯註, 『茶山詩選』, 창작과 비평사, 1981. p.43. 참조)

상들이 곧 시의 소재가 되었기에 구태여 돈을 들여 술을 마실 필요가 없다고 한 시인적 시각은 동파 소식(1036-1101)과는 대조적이다. 동파는 「洞庭春色」에서 借用心象을 써서 술을 다음과 같이 형상화하였다.

> 마땅히 '시를 낚는 낚시'라고도 할 수 있고
> 또한 '슬픔을 쓸어내는 빗자루'라고도 할 수 있네
>
> 應呼釣詩鉤　亦號掃愁箒
>
> It should be callde 'the hook that fishes poetry,
> Also termed 'the broomstick that sweeps away sorrow.'[5)]

동파는 술이란 사물을 시를 짓게 하고 근심 걱정을 쓸어 버리는 도구라고 노래하였다. 그러나 다산은 술을 마시지 않아도 문학 세계를 자연스럽게 형상화할 수 있다는 데에서 그의 천부적 시인상의 편린을 찾을 수 있다.

다산은 26세에 泮試를 보았을 때 13구 한 편에 자자마다 硃點을 받았다. 正祖는 은촉이 휘황한 誠正閣에서 便服으로 베개에 기대어 다산에게 詩卷을 낭송하게 하고, 한 구절을 읽을 때마다 부채로 박자를 치면서 칭찬하였다.[6)] 반

---

5) 劉若愚著 李章佑譯, 『中國詩學』, 범학사, 1979. p.155.

6) 丁奎英, 『俟菴先生年譜』, 正文社 影印, 1984, pp.13-14. "是時泮試呈卷, 數刻忽聞揮場, 諸儒聚觀, 乃公作也. 凡十有三句, 字字硃點, 明日比較居首, 是夜入侍于誠正閣, 銀燭煒煌, 命進榻前. 上便服倚

시에서 누차 高選되었던 그는 기유년(28세, 1789) 3월 10일 式年 殿試 甲科 제2위로 대망의 과거에 급제하였다. 곧 禧陵直長에 임용되었고, 이어 抄啓文臣으로 피선되었다. 이해 11월 「內閣應敎」시로 정조로부터 "勞矣 三倍書"라는 御批를 받고, 이어 "승지로 하여금 담배 한 대를 피우게 하여 그것으로 시한을 정하고 그 사이에 시를 지어 올리라."는 명을 받고 즉시 지어 올렸다. 정조는 다산의 시를 보고 다음과 같이 평하였다.

> 담배 피우는 사이에 붓을 잡아 시를 지으니 어찌 奇才가 아니리요! 貫珠를 세 배로 주노라![7]

역대 어느 제왕보다도 학문이 淵博하고 호한했던 정조가 기재시인으로 높이 평한 것은 주목할 만하다. 다산은 徐榮輔(1757-1824) 등과 함께 '奇才'라는 어비를 받고 다음과 같이 시를 읊었다.

> 부족한 자질로 외람되이 詞臣이 되어
> 시 빨리 지었다고 임금이 칭찬하셨네
>
> 담장 저쪽 누각 소리 타는 촛불 짧은데
> 임금님 뜰 오가는 방울소리 자주 나네

枕, 使之朗誦試卷, 每讀一句, 上以扇擊節稱善."

7) 『전서』, 「前篇纔下又命進詩令承旨吸金絲煙一團以爲限篇旣徹」, I-1, 35b, p.18. "御批曰, 吸竹之頃, 操筆立書, 豈非奇才, 三倍畫."

두꺼비가 우연히 준마를 따라갔을 뿐
자갈이 어찌 보석과 진기함을 다투리

천고의 기재는 다만 소식뿐인데
일시에 어찌 세 사람이나 있으리요

踈姿叨濫厠詞臣　七步章成睿奬新
銀漏隔牆燒燭短　紫衣穿院掣鈴頻
蟾蜍偶趁飛黃步　琬琰寧爭燕石珍
千古奇才但蘇軾　一時那得有三人[8]

위의 시에서 자신은 재질이 부족한데도 문신이 되어, 일곱 걸음(七步) 만에 시를 지은 曹植(192-232)처럼 빨리 지었다고 '奇才'라는 御批를 내린 데 대하여, 겸손함을 표현하였다. 함련에서 초계문신에게 시를 지어 올리라는 어명이 자주 있었음을 말하였고, 경련에서는 자신의 시는 우연일 뿐 결코 기재가 아니라고 하였다. 두꺼비는 자신을 뜻하며 천자의 준마인 飛黃은 정조를 지칭한 것이다. 琬琰은 보석인 琬圭와 琰圭이고, 燕石은 쓸모없는 돌이다. 다산은 정조의 학문은 제왕가는 물론이요 비록 그 아래에 있는 자라도 그 영역에 미치는 자는 적을 것이라고 논한 바 있듯이[9] 완염은 정조를 은유한 것이고 연석은 다산 자신의 문

---

8) 『전서』, 「同徐李二僚應敎獻詩並蒙奇才之褒不勝愧恧爲示此篇」(徐卽徐榮輔), I-1, 36a, p.18.

장을 뜻한다. 미련에서 천고의 기재는 오직 소식뿐인데 자신을 비롯한 3인에게 일시에 "奇才"라고 포상한 것은 과분하다고 부끄러워하였다.

星湖 李瀷(1681-1763)의 종손으로 문학이 당대의 으뜸이던 少陵 李家煥(1742-1801)은 다산의 「飢民詩」(1)를 "찬란하도다. 원도주처럼 문장 기운이 드넓고 거침이 없네."[10]라고 평하였다. 원도주는 당나라 元結(723-772, 道州刺史)을 말한다. 원결은 민중의 편에 서서 사회의 모순을 고발한 社會詩人이다. 두보(712-770)는 원결의 우국휼민의 정이 내재된 「春陵行」과 「賊退示官吏」 2수를 읽고 크게 감탄하여 「同元使君春陵行」을 지어 화답하였다.[11] 먼저 원결의 「용릉행」을 보기로 한다.

작은 고을이 난리를 겪어
살아남은 사람도 실로 고달프네

큰 마을에 열 집도 없고
큰 집안조차 외로운 형편

아침에는 풀뿌리 씹으며

---

9) 金相洪, 「茶山의 文體醇正論硏究」, 『論文集』 제14집, 단국대, 1980. p.32.
10) 『전서』, 「飢民詩」(1), I-2, 13a, p.28. "少陵評曰, 粲粲元道州, 詞氣浩縱橫."
11) 仇兆鰲注, 『杜詩詳註』(下). 文史哲出版社, 中華民國 62. pp.979-983.

저녁에는 나무껍질을 먹네

말을 하자니 숨이 끊어질 듯
마음은 바빠도 걸음이 더디네

재촉하기도 차마 안타까운데
더구나 이들을 채찍질해야 한다니

....

저 길거리의 말을 들어 보아라
원망과 한탄을 누가 알겠나

지난번 겨울에 산적이 와서
죽이고 빼앗아 남은 게 없네

높으신 나리가 우리를 위무하고
은혜를 베풀어주길 바래건만

어찌하여 거듭 몰아치면서
목숨을 잇게도 아니 하는가

州小經亂亡　遺人實困疲　大鄕無十家　大族命單羸
朝餐是草根　暮食仍木皮　出言氣欲絶　意速行步遲
追呼尙不忍　況乃鞭撻之　…………　…………
聽彼道路言　怨傷誰復知　去冬山賊來　殺奪幾無遺

所願見王官　撫養以惠慈　奈何重驅逐　不使存活爲[12)]

원결은 난리를 겪고 난 후 산적들까지 들끓어 백성들은 도탄에 빠져 초근목피로 살아가는 참상을 리얼하게 형상화하였다. 이어서 다산이 34세(정조 19, 을묘) 때에 지은 유명한 「기민시」(1)를 살펴보자.

우리네 인생은 풀과 나무와 같아
물과 흙으로만 살아간다네

힘써 일해 땅의 곡식을 먹고 살거니
콩과 좁쌀이 바로 적당하건만

콩과 좁쌀 귀하기가 주옥 같으니
혈기가 무슨 수로 기름질소냐

야윈 목은 늘어져 따오기 모양이고
병든 살결 주름져 닭 가죽일세

우물 두고 새벽에 물 긷지 않고
땔나무 두고 저녁밥 짓지 않네

사지 삭신 비록 움직이지만
걸음걸인 혼자서 할 수 없다네

12) 『全唐詩』(上), 元結, 「舂陵行」, 上海古籍出版社 影印, 1992, p.608.

광야에 가을바람 세찬데
슬피 울며 기러기 저녁에 어디로 가나

고을 원님 어진 정사 베푼다며
백성들 구휼하려 사재를 털어 준다기에

엉금엉금 고을 문에 이르러보니
입 쳐들고 죽 솥으로 모여든다

개 돼지도 버리고 돌아보지 않을 죽을
사람들은 엿같이 달게 먹네

어진 정치 행하길 원하지 않고
사재 털어 구제하는 것도 원치 않노라

관가의 창고를 나쁜 놈들이 엿보니
어찌 우리 백성들이 굶주리지 않겠는가

관가의 마굿간에 말들이 살쪄 있는데
진실로 그 살은 우리들의 피땀이어라

슬피 울며 고을 문 나서니
앞길이 캄캄하네 갈 길이 아득하네

잠시 누런 모래 언덕으로 가서
무릎 펴고 우는 애기 부둥켜안고 달래노라

고개 숙여 애기 머리 서캐를 잡는데
두 눈에 피눈물이 쏟아지네

人生若草木　水土延其支　俛焉食地毛　菽粟乃其宜
菽粟如珠玉　榮衛何由滋　槁項頫鵠形　病肉綯鷄皮
有井不汲晨　有薪不夜炊　四肢雖得運　行步不自持
曠野多悲風　哀鴻暮何之　縣官行仁政　賑恤云損私
行行至縣門　喁喁就湯糜　狗彘棄不顧　乃人甘如飴
亦不願行仁　亦不願損貲　官篋惡人窺　豈非我所羸
官廐愛馬肥　實爲我膚肌　哀號出縣門　眩旋迷路岐
暫就黃莎岸　舒膝挽啼兒　低頭輔蟣蝨　汪然雙淚垂[13)]

위의 두 시는 모두가 부패한 정치로 인하여 민중들이 질곡에서 헤어나지 못하는 참상을 실사한 사회시로서 우국휼민의 정이 내재되어 있다. 이가환이 이 「기민시」(1)가 “찬란하도다. 원도주처럼 문장 기운이 드넓고 거침이 없네.”라고 평한 것은 시풍이 원결과 비견할 만하고 匡世濟民의 의지가 시에 형상화되어 있기 때문이다. 이가환은 「기민시」(2)를 다음과 같이 평하였다.

어조가 격렬하다가 갑자기 가라앉았다 하며 종횡무진으로 억양반복을 거듭하였는데 맺는 구절은 완곡하면서도 엄숙하

13) 『전서』, 「飢民詩」(1), I-2, 12b-13a, pp.27-28.(金相洪 편역, 『다산 시선집, 流刑地의 哀歌』(단국대학교출판부, 1981) pp.91-92. 참조)

다. 몽둥이로 두들기거나 욕설로 꾸짖는 것보다도 아프고 쓰리다. 말한 자가 무슨 죄이랴. 듣는 자는 마음을 가다듬어야 할 것이다.[14]

이러한 시평은 다산의 시가 사회시로서의 우수성을 인정한 것이다. 예술적이고 탐미적인 개인 문학을 배척하고 오로지 개인의 경험과 민중의 질고와 사회를 소재로 하여 사실주의 특색을 가미하여 인생적이고 공리적인 면을 추구한 훌륭한 사회시임을 말한 것이다.

다산을 비롯한 죽란시사 동인들이 詞伯으로 추대했던 南皐 尹持範(1752-1821)[15]은 「기민시」(2)를 "鄭俠의 유민도와 맞먹을 만하다."[16]고 평하였다. 「기민시」(2)가 송나라 鄭俠이 유민들이 끼니를 죽이나마 제대로 잇지 못하는 참상을 神宗에게 그려 바친 「流民圖」와 같다는 것이다. "詩是無形畫 畫是有形詩"란 말이 있듯이 「기민시」 3수는 시이면서도 삼정의 문란으로 굶주린 백성들의 실상이 그림처럼 그려져 있다는 남고의 시평은 곧 다산시의 사실성과 수사적 기교가 높은 경지에 이르렀음을 뜻한다.

---

14) 『전서』, 「飢民詩」(2), I-2, 13a, p.28. "少陵評曰, 激昂頓挫, 縱橫抑揚, 結語婉而嚴, 勝打勝罵, 言者無罪, 聞者以戒."

15) 『전서』, 「南皐尹參議墓誌銘」, I-16, 22a, p.339. "昔在先朝甲寅之秋, 九月中旬 …… 南皐主盟酒旣酣, 各爲詩數十, 唯聲調之激烈, 而不求其餘. 先仲氏巽菴先生及韓徯父, 蔡邇叔, 尹无咎, 諸人咸推, 公爲詞伯."

16) 『전서』, 「飢民詩」(2), I-2, 13a, p.28. "南皐評曰, 可抵 鄭俠流民圖."

다산이 병조참의로서 숙직할 때인 1795년(34세) 윤2월 9일 밤에 칠언 배율 1백운을 지었다.[17] 이 시는 숙직 중에 軍號일로[18] 정조의 꾸짖음을 받고, 속죄하는 의미에서 「陛下壽萬歲 臣爲二千石」이란 시제로 7언 배율 1백운을 지어 새벽까지 올리라는 어명을 삼경 1점에 받고서, 오경 3점에 완성한 2백구 1,400언의 장편이다. 정조는 다산의 시를 보고 다음과 같이 어비를 내리면서 大鹿皮 1領을 하사하였다.

> 지난밤에 군호의 일로 인하여 시험 삼아 배율 1백운을 지어서 올리라 하였는데 그때는 2鼓가 지났고 시제와 뜻이 애매하였다. 승지를 통해 더 자세한 것을 물어왔기에 "인물은 서경시대이고, 내용은 활쏘기이다."라고 적어주고 그에 관한 고사를 널리 찾아보고 두로 찾아서 새벽 대궐 문이 열릴 때까지 시권을 올리라고 하였다. 대궐문이 열리자마자 시권이 올라왔는데, 문장이 원만하고 구절이 매끄러운데다가 왕왕 경구가 많았다. 李書九, 申耆, 韓晩裕가 지은 「長安市上酒家眠」 1백구

---

17) 「茶山年譜」(茶山親筆本 影印, 金相洪, 『茶山 丁若鏞 文學硏究』, 檀國大學校出版部, 1985, pp. 443-466). 張7. "兵曹直中, 進百韻排律受賞. 時因軍號事, 有嚴旨令, 半夜製百韻. 三更三點, 至五更一點卒篇以進, 大蒙嘉奬, 賜鹿皮一領."

18) 軍號의 일이란 다산이 병조참의로 숙직할 적에 봄바람이 부채로 부치는 것처럼 온화하게 불어 그날의 군호를 '扇和'로 품계하였다. 정조는 허다한 문자 중에 하필이면 扇和로 하였는가 꾸짖고 다시 지어 품의할 것을 명하였다. 다산은 군호를 지어 품계하기를 99번 만에 '萬歲' 2자로서 允許를 받았다.(丁奎英, 『俟菴先生年譜』, p.49.)

> 고시 같은 것은 기한이 충분했으므로 특별히 말할 것이 없고, 黃基天이 1更에 지은 100구의 賦가 사람들의 입에 회자되었으며, 尹行恁이 지은 1백구의 表와 3편의 策은 무더운 삼복의 한밤중 8刻 만에 일필휘지하여 규장각에 크게 광채가 빛났다. 오늘 이 사람의 작품은 귀신처럼 빠르나 (저들의) 시부보다 법도에 맞는 점은 표책보다 못지않으니 이와 같은 진실한 재주는 가히 드물다고 할 것이다. 모든 文任으로 朝班에 있는 자들은 이 시를 평론하여 올리라. 대내에서 대록피 한 벌을 내려주도록 하라.[19]

비록 군호의 잘못으로 속죄하기 위하여 지은 시라 할지라도, 다산이 삼경 1점에 시제를 받아서 오경 3점에 칠언배율 2백구 1,400言을 완성한 것은[20] 정조가 평한 바와 같이 천재적인 시인임을 알 수 있다. 정조가 짧은 시간 안에 배율 1백운을 지어 올리라고 명한 것은 후일 다산을 홍문관 예문관 규장각의 대제학으로 중용하기 위해서 재질을

19) 『전서』, 「騎省應敎賦得王吉射烏詞一百韻」, I-2, 15b, p.29. “御批曰, 昨夜因軍號事, 試令製進百韻排律, 時過二鼓. 題且昧意. 承宣轉稟, 只記人是西京, 事是射, 俾廣搜博叩, 趁曉鑰呈卷. 鑰放而卷已徹, 篇圓句鍊, 往往多警語. 如李書九, 申耆, 韓晩裕之長安市上酒家眠百句古詩, 限寬且寘, 黃基天之單更百句賦, 人尙膾炙, 尹行恁之表百句策三道之庚炎午夜, 八刻一揮, 摛院大生光色. 今日此人之作, 神速勝似, 詩賦工程, 不讓表策, 似此實才, 可謂罕覯. 諸文任在班者, 批評以進, 內下大鹿皮一領賜給.”

20) 『전서』, 「騎省應敎賦得王吉射烏詞一百韻」. I-2, 13b, p.28. 註에 “題曰, 陛下壽萬年, 臣爲二千石. ○“時因軍號事, 被嚴敎令, 賦詩贖罪, 三更一點受題, 至五更三點, 寫卷得畢.”

테스트해 본 것이라고 한다.[21] 다산의 시를 비평해서 올리라는 어명을 받은 문신들은 다음과 같이 평하였다.

규장각 제학인 沈煥之(1730-1802)는 "꾸불꾸불 뻗어나간 것은 구름이 퍼지고 강물이 흐르는 것과 같고, 깔끔하고 치밀함은 다듬은 옥과 짜놓은 비단과 같으니 이것이 文苑의 기재란 것이 아니겠습니까?"[22]라고 하였다. '紆餘 精緻'한 다산의 시를 높이 평하면서 '文苑의 기재'라고 극찬하였다.

예문관 제학 李秉鼎(1742-1804)은 "한밤중 짧은 시간에 1백운의 배율을 지었으나 시상이 맛이 있고 압운한 것이 구차하지 않으니 어려운 일이라 하겠습니다."[23]라고 하여 다산의 천부적 시재와 시의 풍격이 훌륭함을 높이 평가하였다.

홍문관 제학 閔鍾顯(1735-1798)은 "아름다움이 넘쳐흐르고 음운이 맑고 깨끗하니, 진정 온종일 생각하여 지었더라도 훌륭한 작품이라 할 만한데 더구나 짧은 두세 更 동안에 지은 것이겠습니까."[24]라고 평하면서 감탄하였다. 그는

---

21) 丁奎英, 『俟菴先生年譜』, p.51. "時上將處, 公以館閣之任, 故先爲之示意也."

22) 『전서』, 「騎省應敎賦得王吉射烏詞一百韻」, I-2, 15b, p.29. "諸臣評曰, 紆餘若雲鋪水流, 精緻若琢玉織錦. 是所謂文苑之奇才者耶."(臣煥之 ○ 時爲奎章閣提學)

23) 『전서』, 「騎省應敎賦得王吉射烏詞一百韻」, I-2, 15b, p.29. "半夜之間百句之律, 運思有味, 押韻不苟, 難矣哉."(臣秉鼎 ○ 時爲藝文館 提學)

24) 『전서』, 「騎省應敎賦得王吉射烏詞一百韻」, I-2, 16a, p.29. "藻華

다산시를 아름다움이 넘쳐흐르고 음운이 맑고 깨끗하다면서 시인의 천부적 재능을 극찬하였다.

洛下 李學逵(1776-1835)는 다산이 강진 유배지에서 지은 「耽津樂府」가 당시 서울까지 유전되어 인구에 회자되었노라고 「영남악부서」에서 밝혔다.

> 정탁옹이 호남에 유배된 지 6-7년 되었다. 「탐진악부」 수십 장을 지었는데 서울까지 유전되었다. 薦紳家들이 이를 비방해서 말하기를 "진실로 기이한 재주가 있다. 기이한 재주가 있는 것은 상서롭지 못한 것이 된다."고 하였다.[25]

「탐진악부」는 「탐진촌요」 15수, 「탐진농가」 10수, 「탐진어가」 10장으로 모두 35수이다. 이 악부는 사대적 慕華의 문학을 탈피한 것으로서 다산의 자주적 문학사상의 결실이다. 즉 조선인은 조선시를 써야한다는(我是朝鮮人 甘作朝鮮詩)[26] 그의 시론을 구현한 것으로서 우리의 언어와 풍속과 제도와 역사와 현실을 용사한 朝鮮詩이다. 그리고 탐관오리들에게 고통을 받는 백성들의 편에 서서 인간악과 사회악에 저항하면서 이를 匡正하고자 한 사회시이기도 하다.[27]

溢發, 音韻鏗鏘, 正使盡日苦吟而得之, 尙云佳作, 況於數更之間乎."(臣鍾顯 ○ 時爲弘文館 提學)

25) 李學逵, 「嶺南樂府序」. "向見苡上丁籜翁, 流寓湖南六七年, 作爲耽津樂府數十章, 流轉京輦, 薦紳家或訾之, 曰是誠有異才, 有異才所以爲不詳."

26) 『전서』, 「老人一快事六首 效香山體」(5), I-7, 34a, p.115.

『영남악부』는 이학규가 경상도 김해에 귀양살이할 때(1808, 순조 8)에 신라에서 고려 말까지의 영남지방에 속한 인물과 사적들을 들어 지은 것으로서 63편이다. 1802년에 지은 다산의 「탐진악부」가 1808년에 쓴 「영남악부서」에서 서울까지 유전되어 인구에 회자되었다고 밝힌 것은 다산시의 우수성과 그의 문학적 聲名이 어떠하였는가를 입증하며, 또한 시인적 위상을 웅변해 주는 기록이다.

다산이 이가환에게 보낸 서한을 보면, 다산은 시 비평에서도 당시 으뜸이었음을 알 수 있다.

> 어저께 申矣測이 시 한 권을 가지고 와서 비평을 요구하면서 문하께서 힘주어 저를 추천하기를 시를 평하는 데는 이 사람을 능가할 만한 이가 없다고 하셨다고 하였습니다. 가져온 시를 보니까 이 시는 唐詩 5언 7언 절구였습니다. 진실로 사양하며 면하려 했으나, 끝내 믿어주지 않으니 참으로 한 차례 액운의 만남이었습니다.[28)]

위의 글이 시사하는 바는 두 가지이다. 하나가 당대의 대문장이었던 이가환이 시평에는 다산을 능가할 만한 이가 없다고 추천한 점과, 둘째는 신의측이 비평을 요구한 시가

---

27) 金相洪, 「丁茶山의 樂府詩 硏究」, 『論文集』, 제13집, 단국대, 1979. p.29.

28) 『전서』, 「上少陵」, I-18, 19b, p.384. "昨申生矣測, 忽持一卷詩卷來, 乞評批云, 門下力薦鏞, 以爲評詩無踰此人, 看來是唐詩五七言截句也, 誠辭懇免, 竟不相信, 眞一厄會."

신의측의 작이 아닌 唐詩였음을 판별해 낸 다산의 박학이다. 이러한 점에서 다산은 시평에도 正祖 시대 제1인자였음을 알 수 있다.

다산이 죽란시사의 동인인 李重蓮(자 輝祖)에게 답한 글을 보자.

> 금강산에서 돌아온 것을 알고도 즉시 만나지 못하는 것이 한스럽습니다. …… 금강산에서 지은 시들을 숨겨두지 말고 시급히 이쪽으로 가지고 와서 나의 평점을 받아야만 바야흐로 환골탈태라도 할 수 있을 것입니다.[29)]

절친한 친구에게 답한 글이라고 할지라도, 금강산을 구경하며 지은 시들은 자신에게 평점을 받아야만 환골탈태라도 할 것이라고 한 점은 시사하는 바가 크다. 이가환이 신의측에게 한 말로 미루어 보더라도 다산 스스로 시평에 있어서는 자신이 있다고 자부한 이 말은 허언이 아님을 알 수 있다. 곧 다산 자신이 시평에 있어서 일인자임을 자처한 것이다. 위의 두 서한문에서도 시인이자 평론가로서의 위상을 찾을 수 있다.

이상에서 살펴본 바와 같이 다산을 淵博한 정조는 '기재시인'이라 稱譽하였고, 이가환은 당나라 원결의 시풍과 비견할 만하다고 평하였다. 詞伯으로 추대된 남고 윤지범은

---

29) 『전서』, 「答李輝祖」, I-18, 37a, p.393. "知自金剛還, 恨不卽見, …… 所得諸詩, 不宜秘之, 急急持向此間來, 受評點, 方得換骨奪胎也."

다산시의 사실성과 수사적 기교의 우수성을, 규장각 제학 심환지는 '紆餘 精緻'하다면서 '文苑의 奇才'라고 하였고, 예문관 제학 이병정과 홍문관 제학 민종현도 시의 우수성과 천부적인 재능을 높이 평하였다. 이학규는 유배지에서 지은 다산시가 당시 서울까지 유전되어 인구에 회자되었노라고 증언하였다. 이가환은 시평에 있어서는 다산이 당대의 으뜸이라고 말한 바 있으며, 다산 스스로도 이를 자처하였다.

이러한 기록들은 비록 다산 생시에 제가들이 논평한 것이지만, 천부적인 시인의 자질과 시의 우수성, 시인적 위상, 평론가로서의 위상을 이해하는 데 충분하리라고 생각된다. 文運이 융성하던 정조 시대 문단에서 다산이 '기재시인', '문원의 기재'로 불리었던 점에서 그의 문학적 위상을 찾을 수 있다. 이러한 다산의 문학적 위상은 곧 조선 후기 한문학사에서 차지하는 그의 위상이기도 하다.

3. 다산의 죽란시사 결성

詩社는 시인들이 모여서 만든 단체이다. 同友들이 모여서 詩會를 열어 시작활동을 하던 문학 서클로서 오늘날의 동인활동의 모체가 된다.

우리나라에서 언제부터 시사가 결성되어 문학활동을 하

였는지 정확히 알 수 없다. 『고려사』를 보면 시사와 같은 성격의 서클이 있었음을 알 수 있다. 蔡洪哲(1262-1340) 등 國老 8인으로 구성된 耆英會[30]와 崔讜을 중심으로 이루어진 耆老會,[31] 李仁老(1152-1220), 吳世才, 林椿, 趙通, 皇甫抗, 咸淳, 李湛之의 竹林高會[32] 등이 고려조 시단의 대표적인 시사라고 할 수 있다. 이러한 시사활동이 조선 후기에 이르러서는 위항시인에 이르기까지 확대되었다. 千壽慶(?-1817)을 중심으로 활동하던 松石園詩社와 池錫觀을 중심으로 한 七松亭詩社, 崔景欽을 중심으로 활동하던 稷下社 등이 바로 위항시인들의 시사인데[33] 이러한 시사활동은 우리나라 시문학 발전에 기여하였다.

다산이 중심이 되어 결성된 죽란시사 역시 우리나라 詩史에서 한 위치를 차지한다. 이 시사의 이름을 죽란시사라 명명한 것은 다산이 明禮坊(현 明洞)에서 살 때 정원에 석류와 매화 등 수십 종의 꽃과 나무를 심어놓고 대나무로 난간(竹欄)을 설치한 데서 연유한 것이다.

> 나의 집이 明禮坊에 있었는데, 명례방에는 높은 벼슬아치와 세력 있는 집안들이 많아 수레바퀴와 말발굽이 날마다 한길

30) 『高麗史』(下), 연세대 동방학연구소 영인, 180권 列傳 21, 13B, p.376과 71권, 志 25, 樂2, 43b, p.558.
31) 위의 책(下) 99권, 列傳 12, 3b, p.194.
32) 李東歡, 「高麗竹林高會 硏究」(고대대학원 석사논문, 1968). 『高麗史』(下)102권 列 15, 10a, p.249.
33) 具滋均, 『朝鮮平民文學史』, 민학사, 1974.

(衚衕)을 서로 달린다. 그런데 아침저녁으로 완상할 만한 연못이나 정원은 없었다. 그래서 우리집의 뜨락을 반 정도 할애하여 경계를 정하고, 여러 꽃과 과일나무 중에서 좋은 것을 구하여 화분에 심어 그곳을 채웠다. 安石榴 중에 잎이 비대하고 열매가 단 것을 海榴라 하며, 倭榴라고도 하는데, 왜류는 4本이 있다. 줄기가 위로 곧게 뻗어 1丈쯤 되고, 곁에 가지가 없으며 위가 쟁반같이 둥글게 생긴 것(항간에서는 棱杖榴라고 함)이 두 그루가 있고, 석류 중에 꽃은 피면서 열매를 맺지 못하는 것을 花石榴라고 하는데, 화석류는 1본이 있다. 매화는 2본이 있는데, 세상 사람들이 숭상하는 것으로 말하면, 해묵은 복숭아나무나 살구나무의 뿌리 중에서 썩어 뼈대만 남은 것을 취해다가 다듬어서 怪石처럼 만든 뒤에 매화는 겨우 조그마한 가지 하나를 옆에 붙여 심어 놓고 이를 기이하게 여긴다. 그러나 나는 뿌리와 줄기가 견실하고 가지가 번성한 것을 좋게 여기니 좋은 꽃이 피기 때문이다. 치자나무는 2본이 있는데 두보의 시에, “치자나무는 여러 나무에 비해 / 인간 세상에 실로 많지 않다”고 하였듯이, 역시 희귀한 종류이다. 山茶가 1본이 있고, 금잔화와 은대화가 4본이 있는데, 이 두 가지가 한 화분에 심어진 것도 하나 있다. 파초는 크기가 방석만한 것이 1본 있고, 벽오동은 2년생이 1본 있고, 蔓香이 1본 있고, 국화는 여러 종류가 있는데 모두 18盆이고, 부용이 1분이다. 그리고 대나무 중에 서까래처럼 굵은 것을 구하여 화단의 동북쪽을 가로질러 난간을 세웠으니, 이는 이곳을 지나다니는 종들이 옷으로 꽃을 스치지 못하도록 한 것인데, 이것이 이른바 대나무 난간(竹欄)이다. 언제나 조회에서 물러 나와서는 건을 젖혀 쓰고 난간을 따라 걷기도 하고, 혹은 달 아래서 술을 마

> 시고 시를 지으니, 고요한 산림과 원포의 정취가 있어서 수레 바퀴의 시끄러운 소음을 거의 잊어버렸다. 윤이서·이주신·한혜보·채이숙·심화오·윤무구·이휘조 제인이 날마다 찾아와서 酣飮하니 이른바 죽란시사이다.[34]

위의 글에서 나타난 바와 같이 다산의 집 정원에 설치된 죽란(竹欄) 가에서 친구들과 모여 앉아 술을 마시고 시를 지으며 문학과 인생을 논하였기에 이를 죽란시사라고 불렀다고 하였다.

「죽란시사첩서」에는 죽란시사의 결성 이유 및 동인들의 선정 기준이 자세히 나타나 있는데 이를 보기로 한다.

> 예로부터 지금까지의 5천년 가운데서 반드시 그와 더불어

34) 『전서』, 「竹欄花木記」, I-14, 9b-10a, p.289. "余家明禮之坊, 坊多公卿巨室, 故車轂馬蹄, 日交馳乎衚衕之間. 而無陂池園林,. 足以供晨夕之玩者. 於是割庭之半而界之, 求諸花果之佳者, 揷諸盆以實之. 安石榴, 葉肥大而實甘者, 曰海榴, 亦曰倭榴, 倭榴四本, 幹直上一丈許, 旁無附枝. 上作盤團然者(俗名棱杖榴)一雙, 榴有華而不實者, 曰花石榴, 花石榴一本. 梅二本, 而世所尙, 取古桃杏之根, 朽敗骨立者, 雕之爲怪石形, 而梅僅一小枝, 附其旁以爲奇. 余取根幹堅實, 枝條榮暢者, 爲佳, 以善花也. 梔二本, 杜工部云, 梔子比衆木, 人間誠未多, 蓋亦稀品也. 山茶一本, 金盞銀臺四本, 共一盆者一, 芭蕉大如席者一本, 碧梧桐生二歲者一本, 蔓香一本, 菊各種共十八盆, 芙蓉一盆, 於是求竹如椽者, 截其東北之面而欄之, 令僕隷行者毋以衣掠花, 玆所謂竹欄也. 每朝退, 岸巾循欄而步, 或月下酌酒賦詩, 蕭然有山林園圃之趣, 而輪鞅之鬧, 亦庶幾忘之. 尹彝敍李舟臣, 韓徯甫蔡邇叔, 沈華五尹无咎, 李輝祖諸人, 日相過酣飮, 玆所謂竹欄詩社者也."

같은 세상에 사는 것은 우연이 아니고, 가로 세로 3만 리 지역 가운데서 반드시 그와 더불어 같은 나라에 사는 것도 우연이 아니다. 그러나 그 나이가 長幼의 동떨어진 차이가 있고 거주가 먼 고장에 있으면, 서로 대할 적에 어려워 즐거움이 적고 세상을 마치도록 서로 알지 못하는 자가 있다. 무릇 이 몇 가지 경우 이외에 또 곤궁함과 현달함이 같지 않고 취향이 같지 않으면, 비록 나이가 같고 이웃에 살더라도 그와 더불어 從遊하거나 즐겁게 놀지 않는다. 이것이 인생의 교유가 넓지 않은 까닭인데, 우리나라는 그 중 심한 곳이다.

내가 일찍이 蔡弘遠(자 邇叔)과 함께 의논하여 시사를 만들고 같이 즐겼다. 이숙이 말하기를, "나와 그대는 나이가 동갑이다. 우리보다 나이가 9년 많은 사람과, 우리보다 9년 적은 사람을 나와 그대는 모두 그들과 벗할 수 있다. 그러나 우리보다 9년 많은 사람과 우리보다 9년 적은 사람이 서로 만나면, 허리를 굽혀 절을 하고 앉은 자리에서 일어나 피한다. 그래서 그 모임은 벌써 어지러워진다."고 하였다. 그리하여 우리보다 4년 많은 사람으로부터 우리보다 4년 적은 사람까지만 모임을 가졌더니, 모두 15인이다.[35]

35) 『전서』, 「竹欄詩社帖序」, I-13, 3ab, p.265. "上下五千年, 必與之生並一世者, 不適然也. 縱橫三萬里, 必與之生並一邦者, 不適然也. 然其年齒有長幼之縣, 而其居在遼遠之鄕, 則對之莊然少歡, 而有沒世不相識者矣. 凡是數者之外, 又其窮達有不齊, 而趣向有不同. 則雖年同庚而處比鄰, 莫肯與之游從讌敖. 此人生交結之所以不廣, 而我邦其甚者也. 余嘗與蔡邇叔, 議結詩社, 與共歡樂. 邇叔之言曰, 吾與子同庚也. 多我九年者, 與少我九年者, 吾與子皆得而友之. 然多我九年子, 與少我九年子相値, 則爲之磬折. 爲之辟席, 而其會已紛紛矣. 於是自多我四者起, 至少我四年者而止, 共得十五人."

다산은 한 세대를 같이 산다는 것과 한 나라에 같이 산다는 것은 우연(Accident)이 아니라 연분(Connection)이 있다고 인식하였다. 나이의 많고 적음과 거주의 원근으로 인하여 즐거움은 적고 서로 알지 못하고 지내는 것이 인생사라고 하였다. 그리고 우리 인간은 사람마다 곤궁과 현달이 각각 다르고 취향이 같지 않으면 비록 나이가 같고 이웃에 산다 하여도 같이 놀며 즐겁게 놀지 않는 편협성이 있다고 하였다. 그래서 인생의 交結이 넓지 못하기 때문에 시사를 결성하게 되었다고 동기를 밝혔다.

忘年友를 맺었던 고려의 죽림고회의 동인들이나 오세재와 이규보가 망년우를 맺은 데 비하면, 죽란시사 동인들의 선정 기준을 상하 4세로 제한한 규약만을 볼 때에는 개방적이었다고는 할 수 없다.

죽란시사에서 활동하던 시인들은 30대 관료 문인들이다. 15명으로 구성된 동인들의 명단은 다음과 같다.

竹欄詩社 同人 名單

① 李儒修, 字 周臣(抄啓文臣, 1783年選)
② 洪時濟, 字 約汝
③ 李錫夏, 字 聖勗(抄啓文臣, 1781年選)
④ 李致薰, 字 子和
⑤ 李周奭, 字 良臣
⑥ 韓致應, 字 徯父(抄啓文臣, 1786年選)
⑦ 柳遠鳴, 字 振玉(抄啓文臣, 1794年選)
⑧ 沈奎魯, 字 華五(抄啓文臣, 1789年選)

⑨ 尹持訥, 字 无咎(抄啓文臣, 1790年選)
⑩ 申星模, 字 景甫(抄啓文臣, 1790年選)
⑪ 韓百源, 字 元禮
⑫ 李重蓮, 字 輝祖
⑬ 丁若銓, 字 天全(抄啓文臣, 1790年選)
⑭ 丁若鏞, 字 美庸(抄啓文臣, 1789年選)
⑮ 蔡弘遠, 字 邇叔

> 이 15인은 서로 비슷한 나이로, 서로 바라보이는 가까운 지방에 살면서 태평한 시대에 출세하여 모두 仕籍에 이름이 오르고, 그 志趣의 귀착되는 것도 서로 같으니, 모임을 만들어 즐기면서 태평 세대를 아름답게 장식하는 것이 또한 좋지 않겠는가.[36]

15명의 동인 중 9명이 초계문신 출신이라는 점에서 시사의 성격을 알 수 있다. 초계문신 제도는 정조가 인재양성의 목적을 위해 설치한 것이다. 國初 집현전의 사가독서제와 독서당(湖堂)의 제도를 정조가 繼志述事의 명분을 내세워 재구성한 것이다. 정조는 인재배양책에 지대한 관심을 가졌다. 초계문신 중에서 인재는 閣臣에 선발하여 우대함

36) 같은 곳, "李舟臣(名儒修), 洪約汝(名時濟), 李聖勖(名錫夏), 李子和(名致薰), 李良臣(名周奭), 韓徯父(名致應), 柳振玉(名遠鳴), 沈華五(名奎魯), 尹无咎(名持訥), 申景甫(名星模), 韓元禮(名百源), 李輝祖(名重蓮), 與余兄弟與邇叔是已. 玆十五人者, 以相若之年, 處相望之地, 策名淸時, 齊登仕籍, 而其志趣所歸, 與之相類, 則結社爲歡, 賁飾太平, 不亦可乎."

으로써 사기를 높여 淸華之職으로 긍지를 높여 주었다.[37] 당시에 초계문신으로 피선되는 것을 문신으로서는 일대의 영광으로 여겼다.[38]

죽란시사 동인에서 가장 연장자인 李儒修(1758-1822)는 "중광별시에서 鄕試의 兩場에 합격하고 또 서울에서 東堂試 會試에 합격하고 또 三場에 아울러 합격하여 白牌 2개, 紅牌 1개를 세우고 거리를 돌아다녔는데 그때 나이 26세였는데 수염이 아직 나지 않았다. 온 성안이 모여 구경하고는 近古에 없던 일이라"고 칭송을 받은 천재였다. 그는 초계문신들의 월과에서 賦湖杭州之眉로 만편 硃批하여 문명이 온 나라에 경동하였고, 사헌부 지평, 직산현감, 사헌부 장령을 역임하였다.[39]

洪時濟(1758-?)는 지평, 부호군 등을 거쳐 후일 대사간을 역임하였는데 시문이 뛰어났다. 韓致應(1760-1824)은 형조판서, 함경도 관찰사를 지낸 자로서 시문이 탁월하여 이름을 떨쳤다. 沈奎魯(1761-?)는 修撰, 사간 등 청요직을 거쳐 강릉부사를 역임한 이름난 효자로 旌門이 세워졌다. 尹持

---

37) 鄭玉子,「奎章閣抄啓文臣 硏究」,『奎章閣』4, 서울대도서관, 1981. pp.28-30.

38) 震檀學會,『韓國史』近世後期篇, 을유문화사, 1965. p.319 참조.

39)『전서』,「司憲府掌令錦里李周臣墓誌銘」, I-16, 29a, p.343. "癸卯春, 增廣別試中. 鄕試兩場, 又中東堂試會試于京師, 又並中三場, 建白牌二道, 紅牌一道, 以行于街路, 時年二十六, 須髥尙未生, 滿城聚觀, 以爲近古未之有也. …… 遂爲月課文臣, 每奏一篇, 輒蒙奬詡, 一日賦西湖杭州之眉, 硃批滿篇, 如百花相疊, 擢置上頭. 賜廐馬以寵之, 聲震國中."

訥(1762-1815)은 병조좌랑, 사헌부 지평을 역임하였는데 다산은 그의 시가 淸警하다고 평한 바 있다.[40]

丁若銓(1758-1816)은 다산의 중형이자 선생이었고 知己였으며 "큰 덕과 큰 그릇 깊은 학문과 정밀한 지식이 있었고" 또한 "정조대왕께서 신하들을 분명히 아셔서 항상 우리 형제들을 두고 평론하시기를 형이 동생보다 낫다고 하셨으니, 아아! 聖明께서는 우리 형님에 대해 참으로 아셨다."[41]고 한 인물이다. 다산과 함께 죽란시사 결성을 주도했던 蔡弘遠(1762-?)은 영의정 蔡濟恭(1720-1799)에게 입양된 사람으로 이조참의, 부호군을 역임하였고 『嶺南人物考』를 편찬하였다.

15명의 동인 중 9명이 초계문신 출신이다. 피선 연도로 보면 유원명이 1794년으로 제일 늦다. 죽란시사는 다산이 35세인 1796년(정조 20, 병진)에 결성하였다.[42] 이해 7월 이전에 죽란시사를 結社하였으므로 동인들은 가장 나이가 많은 사람이 39세이고(李儒修, 1758-1822) 연소자가 31세로서 모두 30대의 청년들이었다.

다산은 「죽란시사첩서」에서 동인들은 나이가 비슷하고

---

40) 『전서』, 「司憲府持平尹无咎墓誌銘」, I-16, 28b, p.342. "其爲詩往往淸警, 有乃舅風."

41) 『전서』, 「奇二兒」, I-21, 8ab, p.442. "孑孑天地間, 只有我巽菴先生. 爲我知己, 今焉失之. …… 如許大德大器, 邃學精識, 汝等皆不知. …… 先大王知臣之明, 每云兄勝於弟, 於戱聖明其知之矣."

42) 『전서』, 「竹欄詩社帖序」, I-13, 4a, p.265. "此皆我聖上二十年來, 休養生息陶鑄作成之效也."

가까운 곳에서 살며 좋은 시절에 과거에 합격하여 나란히 벼슬길에 올랐고(齊等仕籍) 志趣가 서로 같으니 결사하여 즐거이 태평성대를 아름답게 장식하는 것이 옳다고 하였다. 이는 결사의 의의와 목적 그리고 성격을 밝힌 것이다.

동인 모두가 과거에 급제하여 관직에 있는 자들이었다. 문신으로서, 초계문신에 피선되는 것을 일대의 영광으로 여겼던 당시 사회에서 그 출신자가 3분의 2에 이르는 9명이었다는 점은 귀족적 관료 문인들의 시사이자 정조 시대의 문단을 대표하는 시사임을 알 수 있다.

시사가 결성되자 동인들은 시회를 정기적 시회와, 비정기적인 시회로 나누어서 열기로 약속하였다.

정기적 시회

① 살구꽃이 처음 피면 한 번 모임(杏始華一會)
② 복숭아꽃이 처음 피면 한 번 모임(桃始華一會)
③ 한여름 참외가 익으면 한 번 모임(盛夏苽果旣熟一會)
④ 초가을 서늘할 때 西池에서 연꽃 감상을 위해서 한 번 모임(新涼西池賞蓮一會)
⑤ 국화꽃이 피면 한 번 모임(菊有華一會)
⑥ 겨울에 큰 눈이 내리면 한 번 모임(冬大雪一會)
⑦ 세모에 화분의 매화가 피면 한 번 모임(歲暮盆梅花放一會)

비정기적 시회

① 득남한 자는 시회를 마련함(有擧男者辦)
② 지방 수령으로 나가는 자가 시회를 마련함(有出宰者辦)

③ 품계가 승진한 자는 시회를 마련함(有進秩者辦)
④ 자제가 과거에 급제하면 시회를 마련함(有子弟登科者辦)[43]

정기적인 시회가 열리는 모티브에서 보는 바와 같이 동인들은 태평성대에 풍류적 삶을 즐기기 위해서였고, 자연과 親和의 세계를 서정화하기 위한 낭만적인 시사였다. 동인 모두가 관직에 있는 30대의 문신들로서 득의의 시절이었기에, 자연의 변화에 따른 모든 현상들은 아름답게 보일 수가 있었다. 자연의 미를 감상하면서 서정의 나래를 펴고자 하였다.

비정기적인 시회는 그 모티브가 인생사에서 환희가 충만한 순간들이다. 그 기쁨을 동인들과 함께 즐기며 이를 시로 형상화하고자 결사하였다. 전자가 미의식을 바탕으로 한 자연친화의 세계를 구가하는 모임이라면, 후자는 인간사의 최고의 기쁨을 서로 나누고 축하하는 모임이다.

정기적인 시회의 장소는 나이가 작은 동인의 집에서 시작하여 연령에 따라 순서대로 열었고, 비정기적인 시회는 해당 동인의 집에 초대되어 열렸다. 시회를 주최하는 당사자가 술과 안주와 筆硯을 갖추고 동인들과 공음하며 賦詩하였다.[44]

---

43) 같은 곳, "會旣成, 與之約曰, 杏始華一會, 桃始華一會, 盛夏瓜果旣熟一會, 新涼西池賞蓮一會, 菊有華一會, 冬大雪一會, 歲暮盆梅放花一會. 每陳酒殽筆硯, 以供觴詠, 少者先爲之辦具, 至于長者, 周而復之, 有擧男者辦, 有出宰者辦, 有進秩者辦, 有子弟登科者辦."

죽란시사 결성 시기와 다산의 활동에 대하여 살펴보자.

> 이에 이름과 약조를 쓰고 제목을 죽란시사첩이라고 썼으니, 그 모임이 흔히 우리 집에서 있었기 때문이다. 번옹(樊翁, 蔡濟恭)이 이 일을 듣고 크게 감탄하기를, "훌륭하다, 이 모임이여! 내가 젊었을 때에 어찌 이런 모임이 있을 수 있었으랴. 이는 모두 우리 성상께서 20년 동안 선비를 기르고 성취시키신 효과이다. 늘 모일 적마다 성상의 은택을 읊어서 보답할 방법을 생각해야지, 한갓 곤드레만드레하여 떠드는 것만 일삼지 말라."고 하였다. 이숙(채홍원)이 나에게 서문 쓰기를 청하므로, 樊翁의 훈계를 아울러 기록하여 서문으로 삼는다.45)

영의정 蔡濟恭이 죽란시사를 "훌륭하다, 이 모임이여! 내가 젊었을 때에 어찌 이런 모임이 있을 수 있었으랴. 이는 모두 우리 성상께서 20년 동안 선비를 기르고 성취시키신 효과이다."고 칭찬한 데서 시사의 구성 및 활동과 성격이 나타나 있다. 성상(正祖) 20년은 1796년(丙辰)으로서의 다산이 35세 때이다.

다산문집인 규장각본 『여유당전서』(필사본)와 정인보 안

44) 위의 글, 4a, p.265. "每陳酒殽筆硯, 以供觴詠. 少者先爲之辦具, 至于長者, 周而復之."

45) 위의 글, "於是書名與約, 而題之. 曰竹欄詩社帖, 以其會多在余家也. 樊翁聞此事而喟然曰, 盛矣哉斯會也. 吾少時, 何得有此. 此皆我聖上二十年來, 休養生息陶鑄, 作成之效也. 每一會, 其歌詠聖澤, 思所以報答之, 無徒酕醄呼呶爲也, 邇叔屬余爲序, 並記樊翁之誡, 以爲敍."

재홍이 신조선사에서 간행한 『여유당전서』의 시집 1-5권까지는 수학기부터 유배지에서 지은 시를 지은 순서대로(연도) 수록되어 있다. 6권 이후는 유배에서 풀려나 고향에 돌아와서 운명할 때까지 지은 시가 수록되었는데 시를 지은 연도 순서가 아닌, 小詩集別로 되어 있다.[46]

『여유당전서』 제3권의 첫번째 시는 「가흥강에 배를 띄우다」(「嘉興江放船」)인데, 이 시는 1796년(다산 35세)인 병진년 4월 16일에 지었다.[47] 죽란시사 관련 시가 처음 등장하는 것은 시집 제3권의 「죽란사 모임에서 개인 날씨를 읊다」(「竹欄社會 賦得新晴」)이다.[48] 두 번째 시는 「여러 벗들과 용산 정자에서 놀다」(「同諸友游龍山亭子」)인데, 이 시를 지은 것이 7월 16일이라고 밝혔다.[49] 이 7월 16일은 바로 1796년(정조 20, 다산 35세)인 병진년 7월 16일이다. 이를 보면 죽란시사는 1796년에 결성되었는데 7월 16일 이전이다.

다산이 이 시사의 주동 인물이었음을 앞서 살펴본 채홍원과의 발기과정과 "그 모임이 흔히 우리 집에서 있었기 때문이다."라는 데에서 찾을 수 있다.

『여유당전서』 시집에 죽란시사와 유관한 시는 모두 17題인데, 시를 지은 연도 순서로 수록되어 있다.

---

46) 金相洪, 『茶山 丁若鏞 文學研究』, 단국대학교출판부, 1985, p.20.
47) 『전서』, 「嘉興江放船」(丙辰 四月十六日), I-3, 1a, p.42.
48) 『전서』, 「竹欄社會 賦得新晴」, I-3, 5b, p.44.
49) 『전서』, 「同諸友游龍山亭子」(尹彝敍, 李周臣, 韓徯甫, 蔡邇叔, 沈華五, 李輝祖諸人, 七月 十六日), I-3, 7a, p.45.

① 「죽란시사 모임에서 개인 날씨를 읊다」(「竹欄社會 賦得新晴」)
② 「여러 벗들과 용산 정자에서 놀다」(윤이서, 이주신, 한혜보, 채이숙, 심화오, 이휘조 등이었고 7월 16일이었음)(「同諸友游龍山亭子」(尹彝敍, 李周臣, 韓徯甫, 蔡邇叔, 沈華五, 李輝祖諸人, 七月 十六日)
③ 「달밤에 앞 호수에서 뱃놀이 하다」(「前湖汎月」)
④ 「죽란시사 작은 모임에 참여한 이가 5명이었는데, 5명이 각기 시 4수씩을 지었다. 4명에 대하여 월조에 평을 쓰느라고 자찬은 하지 못하였다」(「竹欄小集, 與者五人名賦四詩, 爲四人月朝之評, 不得自贊」(5人은 尹持範, 李儒修, 丁若銓, 韓致應, 茶山)
⑤ 「죽란시사 작은 모임에서 '장마가 새로 개이다'라는 시제로 읊어 번암 대로에게 보이다」(「竹欄小集, 賦得積雨新晴, 奉示樊巖大老」)
⑥ 「이주신 집에서 작은 모임을 하다」(「李周臣宅小集」)
⑦ 「주신 집에서 '조정에서 퇴근하고 꽃 밑에서 헤어지다'라는 시제로 시를 읊어 번암 대로에게 보이다」(「周臣宅賦得, 退朝花低散, 奉示樊巖大老」)
⑧ 「가을날에 죽란사에서 홍을 풀다」(「秋日竹欄遣興」)
⑨ 「남고와 함께 죽란사에서 조금 마시다」(「同南皐竹欄小飮」)
⑩ 「가을밤 죽란시사 모임에서 시 한 수가 지어질 때마다 남고가 날 위해 낭송을 했는데 그 목소리가 맑고도 애절하여 사람을 눈물 나게 만들었다. 그리하여 그 소리를 듣기 위해 장난삼아 절구를 읊어본 것이지 원래 시를 꼭 쓰려는 뜻이

아니었기 때문에 뜻이 거칠고 졸작들이 많다. 원래는 19수였는데 지금 다 지워 버리고 10수만을 남겼다」(「秋夜竹欄小集, 每得一篇, 南皐爲余朗誦, 其聲淸切哀婉, 令人泣下. 要聞其聲戱爲絶句, 意不在詩, 遂多蕪拙, 本十九首, 今刪之錄十首」)

⑪ 「죽란사 달밤에 남고와 함께 마시다」(「竹欄月夜南皐飮」)

⑫ 「죽란사에 국화가 활짝 피어 몇몇 사람과 함께 밤에 마시다」(「竹欄菊花盛開同數子夜飮」(周臣 徯甫 无咎也) - 이상 丙辰年作(1796, 다산 35세)

⑬ 「이주신 산정에서 비를 만나 여러 벗들과 함께 흥풀이로 삼십 운을 읊었다(점운법을 썼음) 바둑알 30개에다 각기 운 하나씩을 써서 병 속에다 넣어 두고 그것을 하나씩 나오는 대로 꺼내 이리저리 서로 이어서 말을 만들었다」(「李周臣山亭値雨, 同諸友遣興三十韻(用拈韻法). 棊子三十, 每書一韻, 貯之甁中, 任瀉一棋點綴成文」)

⑮ 「죽란사 모임에서 윤이서·이주신·한혜보와 함께 전가하사 팔십 운을 지었다」(바둑알 점운법을 이용하였음)(「竹欄小集, 與尹彛敍, 李周臣, 韓徯父, 賦得田家夏詞八十韻」(用拈子拈韻法) - 이상 丁巳年作(1797, 다산 36세)

⑮ 「죽란에서 흥을 풀음」(「竹欄遣興」)

⑯ 「국화 시절에 혜보·무구와 함께 죽란사에서 모임을 갖다」(「菊花同徯父无咎竹欄宴集」 - 이상 己未年作(1799, 다산 38세)

⑰ 「여름철에 죽란시사 작은 모임에서 활 쏘는 데 대하여 지은 시」(「夏日竹欄小集射韻」) - 庚申年作(1800, 다산 39세)[50]

---

50) 『전서』에(I-3, 5b, p.44부터 I-4, 1b, p.62까지) 이상의 詩가 있다. 다산의 활동은 35세부터 39세까지였다. 시사가 결성된 해에 발표한 시가 많은 것으로 보면 가장 활발하게 활동한 시기였음

이상의 시제에서, 시회가 규약에 구애받지 않고 열렸던 점과 동인이 아닌 南皐 尹持範(1752-1821)[51]이 참여했음을 알 수가 있다. 남고는 다산(1762-1836)보다 10년 長者였으므로 동인이 될 수 없었다. 죽란시사가 결사되기 2년 전에 후일 동인이 되었던 정약전・한치응・채홍원・윤지눌・다산 등은 남고를 詞伯으로 추대했던 것으로 미루어 보면 그의 참여는 당연한 것이다.

> 옛날 先朝 갑인년(정조 18, 1794) 9월 중순에 남고 윤공이 벗 5-6인을 데리고 백운대 정상에 올라가 마음껏 읊조리고 노래하되 방약무인하였는데 약용도 참여하였다. 돌아와서는 죽란서옥에서 국화 그림자(菊影)의 촛불 시회를 베푸니, 모인 사람이 8-9인이었는데 남고가 主盟이었다. 술에 취하자 각각 시 수십 편을 짓되 성조가 격렬한 것만 취하고 그 나머지는 취하지 않았다. 선중씨(정약전) 손암선생과 한혜보와 채이숙과 윤무구 등이다. 공을 추대하여 詞伯으로 삼았다. 시 한 편을 지을 적마다 공이 흐드러진 목소리로 낭랑히 읊는데 굽이쳐 맑게 넘어가니 온 좌석이 고요하게 말없이 공의 소리만 들을 뿐이었다.[52]

을 알 수 있다.

51) 尹持範의 字 彜敍, 남고는 호. 윤지범은 신유년(1801년)에 이름을 奎範으로 개명하였다. 고산 윤선도의 후손이며, 恭齋 尹斗緖의 증손자이다. 『전서』, 「南皐尹參議墓誌銘」, I-16, 22ab, p.339. "按狀公諱持範, 辛酉改云奎範, 字彜敍, 南皐其號也."

52) 『전서』, 「南皐尹參議墓誌銘」, I-16, 22a, p.339. "昔在先朝甲寅之

죽란시사에서 동인이 아닌 남고가 자연스럽게 참여했다는 것은 고려의 죽림고회와 같이 망년우를 맺은 개방적인 시사였음을 알 수가 있다. 남고 윤지범은 다산보다 10세 연장이라서 동인이 될 수 없었지만, 죽란시사의 長老였다.

다산이 주도하여 결성한 죽란시사는 초계문신을 중심으로 한 30대 관료문인들의 시사로서, 정조시대 시단의 대표적 시사이다.

4. 다산의 죽란시사 활동

다산이 죽란시사 모임에서 쓴 시에는, 이 시사의 성향과 정조 시대 관료문인들의 문예취향과 문화가 들어 있다. 다산이 죽란시사 모임(35세, 병진, 1796)에서 개인 날씨를 읊은 시를 보자.

하늘 땅을 활짝 넓게 씻어버려
먼지 한 점 없이 깨끗하네

秋, 九月中旬, 南皐尹公携友五六人, 登白雲臺絶頂, 歗傲詠歌, 旁若無人, 鏞實與焉. 歸而設菊影之燭於竹欄書屋, 會者八九人, 南皐主盟. 酒旣酣, 各爲詩數十, 唯聲調之激烈而不求其餘. 先仲氏巽菴先生及韓徯父, 蔡邇叔, 尹无咎諸人. 咸推公爲詞伯, 每作一篇, 公曼聲朗誦, 曲折瀏亮, 四座寂默, 唯公之聲是聽."

시냇물은 가을 기운이 돌고
산도 늦단장을 서두르네

꾀꼬리 여기저기서 노래하고
푸른 숲은 씻은 듯 저절로 펼쳐 있네

울타리에는 연한 덩굴이 뻗고
담벽에는 이끼가 살이 올랐네

멀리 태양이 강가 풀에 비쳐 환하고
우물가 홰나무 밑은 아직도 시원하누나

친구들 말 타고 찾아오고
어린애들 물장난하다 돌아오네

질탕하게 시를 지어 책이 되고
그칠 줄 모르고 오가는 술잔

거짓 미치광이 되어 벼슬 버렸나니
나라는 어진이가 맡아 다스려야지

바람결에 김매는 노랫소리 들리고
달뜨면 거문고 타고 노래 부르네

백년 세월 길이 호호탕탕인데

물오리나 기러기들은 시샘함이 없네

蕩滌端倪豁　蕭然無點埃　澗如秋氣入　山欲晩粧催
黃鳥歌相引　靑林洗自開　野籬抽嫩蔓　垣甃落肥苔
遠日明江草　餘涼在井槐　親朋騎馬至　稺子戲溪回
趺宕抽詩卷　淋漓有酒杯　淸狂投散秩　爕理仗賢才
耘唱知風送　琴歌待月來　百年長浩蕩　鳧鴈兩無猜[53]

다산은 34세(1795)시 7월 26일에 周文謨 사건으로 우부승지에서 충청도 금정도찰방으로 좌천되었고 그해 12월 20일 용양위부사직에 遞付부되었으나 곧 사직하고 다음해 10월 규영부교서가 되기까지 10개월간 무직이었다.[54] 위의 시는 사직한 후 유유자적하던 때에 지은 시이다. 죽란시사 동인이 음주영시하던 호방한 풍류의 편린이 그려져 있다. 不羈한 자유인으로서의 幽閑한 모습을 "바람결에 김매는 노랫소리 들리고 / 달뜨면 거문고 타고 노래 부른다"고 하였다. 다산은 자유인으로서 동인들과 백 년 동안 호탕하게 놀아도 오리와 기러기들은 이 세계를 시샘함이 없다는 결련의 의미가 심장하다. 시샘과 모략과 중상이 횡행하는 인간사회의 宿疾이 없어지기를 바라는 간절한 희구를 물오리와 기러기의 세계로 치환(Substitution)하였다.

죽란시사 동인들은 험난한 시속과 세파를 초탈하려는 듯

53) 『전서』, 「竹欄社會賦得新晴」, I-3, 5b, p.44
54) 金相洪, 「茶山年譜」, 『茶山 丁若鏞 文學硏究』, 단국대학교출판부, 1985, p.430.

스스로를 '群仙'이라 자처하며 풍류를 즐기며 낭만을 구가하였다.

놀잇배 여러 신선을 싣고 바람에 가벼이 흔들리는데
바람과 달은 모래톱과 하늘에 가득하누나

畫船搖颺載群仙　風滿汀洲月滿天55)

달밤에 호수 위에 배를 띄우고 친구들과 뱃놀이하며 스스로를 '여러 신선들'이라 자처하였다. 이들은 바람소리 달빛만으로 부러울 것이 없는 듯 스스로 즐기던 풍류와 낭만이 그려져 있다.

다산의 시를 보면 죽란시사의 동인 15명 전원이 모두 한 자리에 참석하여 시회를 한 것은 보이지 않는다. 동인들은 정기적인 시회나 비정적인 시회의 모임 성격을 벗어나 수시로 형편에 따라 몇몇이 모여 술을 마시고 시를 지었다.

죽란시사 모임에 다산과 중형 정약전, 남고 윤지범, 이유수, 한치응 5명이 참석하여 각자 자신을 제외하고 4명에 대한 評詩를 썼다. 먼저 다산이 남고를 노래한 시를 보자.

긴 수염에 하얀 얼굴 인물이 출중하니
충헌 윤선도의 가문을 빛낼 만한 자손이지

---

55) 『전서』, 「前湖汎月」, I-3, 7b, p.45.

일찍이 현달하여 세상을 좌우할 것 같더니
늘그막에 그대로 詩豪가 되었구려

언행 남달리 거칠어도 마음은 되레 좁고
남 따라 허여는 해도 눈은 따로 높다네

나머지 분들 마음이야 깊이 따질 것이 없지
죽란에는 그래도 남고가 있을 뿐이네

鬑鬑白面異凡曹　忠憲家中是鳳毛
早達若將關世道　晩年仍亦作詩豪
疎狂拔俗心還隘　許與隨人眼更高
且莫備論餘子意　竹欄唯識有南皐[56)]

다산을 비롯한 인사들이 詞伯으로 추대하였던 남고 윤지범은 죽란시사의 동인은 아니지만, 죽란시사의 長老였다. 그는 다산보다 10세 연장이다. 남고는 명문가인 고산 윤선도(시호 忠獻)의 7세손임을 밝혔다. 일찍이 현달할 줄 알았는데 그렇지 못한 아쉬움을 토로하고 모두가 대시인으로 인정하는 詩豪가 되었다면서 죽란시사 모임에는 남고뿐이라고 기렸다.

다음은 이유수(자 周臣)를 기린 시이다. 앞에서 살펴본 바와 같이 이유수는 26세 과거시험에 연이어 합격하여 白

56) 『전서』, 「竹欄小集, 與者五人, 各賦四詩, 爲四人月朝之評, 不得自贊」, I-3, 8ab, p.45. "右贊南皐尹彝敍."

牌 2개, 紅牌 1개를 세우고 遊街를 한 천재로 사헌부 지평, 직산현감, 사헌부 장령을 역임하였다.57)

소년 시절 고향에서 일찍 어울린 친구건만
지금까지 구분 밖에 마음을 서로 모른다네

넓고 넓은 삼강에 홀로 뜬 풀잎이요
연뿌리 구멍으로 일월오성 뚫어 보지

애절하고 슬픈 사연을 세상이 좋다 하고
뜻이 깊고 격 높으면 알아주는 이 별로 없네

가슴속에 박힌 철주 뉘라 그걸 뺄 것인가
신선이 사는 곳에 깊이 숨어 사노라네

弱歲鄕園早盍簪　年來纔得九分心
芥舟獨汎三江闊　藕孔交穿七曜森
蜀客詞才偏見幸　竟陵詩體少知音
胸中寸鐵誰能拔　烏帽深棲紫閣陰58)

---

57) 『전서』, 「司憲府掌令錦里李周臣墓誌銘」, I-16, 29a, p.343. “癸卯春, 增廣別試中. 鄕試兩場, 又中東堂試會試于京師, 又並中三場, 建白牌二道, 紅牌一道, 以行于街路, 時年二十六, 須髯尙未生, 滿城聚觀, 以爲近古未之有也. …… 遂爲月課文臣, 每奏一篇, 輒蒙奬詡, 一日賦西湖杭州之眉, 硃批滿篇, 如百花相疊, 擢置上頭. 賜廐馬以寵之, 聲震國中.”

58) 『전서』, 「竹欄小集, 與者五人, 各賦四詩, 爲四人月朝之評, 不得自贊」, I-3, 8ab, p.45. “右贊蕎陰李周臣.”

다산은 일찍부터 이유수와 교유하였지만 마음은 九分밖에 모른다고 하였다. 가슴 속에 박힌 "寸鐵"을 뉘라서 빼줄 것이냐고 한탄한 것은 이유수의 원대한 포부를 펼칠 수 없는 불우한 처지에 놓인 것을 뜻한다. 불우낙척하여 시골에 사는 그를 "신선이 사는 곳에 깊이 숨어 사노라네"라고 위로하였다.

다음 시는 중형 정약전을 기린 시이다.

푸른 수염 훤칠한 키 장후와 비슷하고
청고하고 고집스런 반백의 늙은이라네

드넓은 들 없으니 큰 박을 어디에 둘 것이며
속임수에 늘 빠져서 바둑판은 안 대한다오

초나라 점쟁이는 첨윤에게 물으려 하는데
연 나라 노래꾼은 술꾼과 점점 어울리지

분단장을 배우려도 지금은 때가 늦어
봉두난발 그대로 기주에서 늙고 있네

蒼鬚頎幹似張侯　歷落嶔崎欲白頭
不逢廣漠誰藏瓠　積屈權奇未聘楸
楚卜願從詹尹問　燕歌漸與酒人游
欲學粉脂今已晚　且將蓬髮老夔州[59]

정약전의 외모는 푸른 수염에 키는 훤칠하여 마치 춘추시대 晉의 대부인 張侯(解張)와 비슷하고 재능은 『장자』 「소요유」에 나오는 너무나 큰 박(瓠)과 큰 나무(楸)와 같이 재능은 있으나 그것을 쓸 곳이 없다고 하였다. 또한 『초사』 「복거」의 鄭詹尹과 자객 荊軻의 고사를 용사하여 나라에서는 인재로 여겨 등용하려 하는데, 본인은 오히려 방랑 생활로 자기 재능을 숨기고 있다고 하였다. "분단장을 배우려도 지금은 때가 늦어 / 봉두난발 그대로 기주에서 늙고 있네"는 것은 수련의 "청고하고 고집스럽기" 때문이었다. 정약전은 벼슬이 병조좌랑에 그쳤고, 신유사옥(1801)으로 흑산도로 유배된 후 풀려나지 못하고 59세로 운명(1800. 6. 6)하였다. 그는 흑산도에서 근해에 회유하는 어류의 분포와 습성과 형태 등을 기록한 『자산어보』를 1814년에 저술하였다.

아래의 시는 한치응(자 徯甫)을 기린 시이다.

너야말로 천지간에 한 썩은 선비인데
어찌하여 보기만 하면 그리 서로 좋다던가

맑은 의표 흐린 세상에 살기가 더 알맞고
유한 성품 도리어 나약한 자 일깨우지

59) 같은 곳, "右贊仲氏."

담담하게 가는 구름 높은 산에서 쉬어가고
깨끗한 방초가 잡초 속에 숨어버린다

조만간에 동강을 함께 가게 될 것인데
해 저문 길 가면서 야윈 말을 몰까보냐

汝是乾坤一腐儒　云胡相見便相娛
淸標却善居淆俗　柔性還須立懦夫
澹澹行雲游巘崿　涓涓芳草隱蓁蕪
東江早晩成偕往　肯策羸驂涉暮途[60]

아무리 한치응이 친구라고 하지만 “천지간에 한 썩은 선비”라고 한 것은 지나친 표현이다. 그러나 이는 반어적 표현임을 “어찌하여 보기만 하면 그리 서로 좋다던가”에서 찾을 수 있다. 한치응의 맑은 의표는 흐린 세상에서 살기 적합하고 유한 성품은 도리어 나약한 자들을 일깨운다 하였다. 그의 삶은 마치 담담하게 흘러가는 구름이 높은 산에서 쉬어가는 것과 같고 깨끗한 방초가 잡초 속에 숨어버리는 것과 같다고 하였다.

남고 윤지범을 비롯한 죽란시사 동인들에 대한 인물을 기린 다산의 시에는 이들의 호방함과 격의 없는 삶이 그려져 있다.

죽란시사의 정기적 모임의 하나인 ‘한여름 참외가 익었

60) 같은 곳, “右贊惠逋韓傒甫.”

을 때' 이유수(자 周臣) 집에서 다산이 지은 시를 보자.

평안한 산 속 초각은 깊숙한데
작은 뜰에 느릅나무 버드나무 늦도록 그늘지네

참외와 채소가 많아 고향을 옮겨온 듯
문학이 온화하니 사림을 모았구나

구름 사이 터진 햇빛에 꽃빛이 새롭고
가랑비 오려는가 나뭇잎이 먼저 우네

바윗길 험해 나귀 타고 와야 마땅한 곳이나
또다시 거문고 안고 달밤에 찾아오겠노라

醞藉溪山草閣深　　小庭楡柳晩交陰
瓜蔬錯落移鄕井　　翰墨雍容聚士林
漏日遠明花更色　　輕霏欲度葉先吟
巖蹊犖确宜驢步　　且抱幽琴月夜尋[61]

위의 시 기련은 이유수 집이 산속의 초가집이지만, 작은 정원에는 느릅나무와 버드나무의 그늘이 긴 여름 늦도록 드리워 있어서 詩會하기 좋은 곳임을 말하였다. 함련에서 시인의 향리에 온것 같은 정취와 이유수의 인품을 표현하였다. 이 함련은 對偶로 이루어졌다. '瓜蔬'와 '翰墨'은 명사

61) 『전서』, 「李周臣宅小集」, I-3, 9a, p.46.

로서 實字對이고, '錯落'과 '雍容'은 형용사로 실자대이다.[62] 頸聯의 出句는 시인의 미의식이, 對句는 사물에 대한 섬세한 관조의 세계가 형상화되어 있다. 이유수 동인의 초가집을 찾아오는 길이 비록 험한 바윗길이라도 정취가 있고 온화한 우정이 있어서 또다시 달밤에 찾아오겠다고 노래한 낭만적인 尾聯은 다산의 풍류적 삶과 우정의 세계를 형상화한 것이다. 미련은 李白(701-762)의 「山中答俗人」의 전구와 결구인 "我醉欲眠君且去 明朝有意抱琴來"와 서정적 흐름과 풍류적 삶이 일치한다.

국화가 성개했을 때, 죽란시사 동인인 이유수, 한치응, 윤지눌과 밤에 술을 마시며 읊은 시를 보자.

가을이 되었으나 쌀은 귀해도
우리 집 가난하나 꽃은 많도다

국화가 피어 추색이 가득한 곳을
친구들이 알고 밤에 찾아왔네

술을 기울이면 수심이 다할 것인가
시가 이루어져도 무엇이 즐거우리

한치응은 단아하고 중후한 사람
요즈음은 미치듯 노래하네

62) 張正體 張婷婷, 『詩學』(下). 人人文庫, 臺灣商務印書館, 中華民國 68. pp.208-209. 참조.

歲熟米還貴　家貧花更多　花開秋色裏　親識夜相過
酒瀉兼愁盡　詩成柰樂何　韓生頗雅重　近日亦狂歌[63)]

위의 시는 가난한 시인들의 형상이 그려져 있고 자연에 대한 미의식의 소산인 꽃들을 뜰에 가득히 가꾸어서 이를 관조하던 정서의 세계가 표출되어 있다. 기련의 出句는 물질적 세계를, 그리고 對句는 정신적 세계를 노래하였다. 경련은 수심을 잊으려 술잔을 기울이는 시인의 심연의 아픔은 모두를 공감케 한다. 함련과 미련에서 동인들과 시인의 풍류의 세계가 나타나 있다. 가난이라는 현실적 문제가 국화를 관조하며 미친 듯이 노래 부르고 술잔을 기울인다고 해결될 수 없는 것이지만, 이러한 초월의 의지는 다산으로 하여금 시를 낳게 하고 사유의 성숙을 가져오게 하였다.

다산은 用事論을 전개하면서, 흔적 없이 용사한 杜甫를 詩聖이라 했고, 용사를 하였으나 句語가 자작이 많은 韓愈를 大賢이라 했고, 구구마다 용사를 했지만 左考右檢해야만 알 수 있는 蘇軾을 博士라고 하면서 시작에서 용사의 중요성을 강조하였다.[64)] 다산시의 용사를 이해하는 데 있

63) 『전서』, 「竹欄菊花盛開同數子夜飮」(周臣徯甫无咎也), I-3, 11b, pp.47.

64) 『전서』, 「寄淵兒」(戊辰冬), I-21, 9b, p.443. "杜詩用事無跡, 看來如自作, 細察皆有本, 所以爲聖. 韓退之詩, 字法皆有所本, 句語多其自作, 所以爲大賢也. 蘇子瞻詩, 句句用事, 而有痕有跡, 瞥看不曉意味, 必也左考右檢, 採其根本, 然後僅通其義, 所以爲博士也. …… 須以用事爲主."

어서 가을에 죽란시사 작은 모임(小集)에서 지은 다음의 시는 좋은 예가 된다.

가을바람 벽오동 가지에 불어오고
서북쪽엔 뜬구름 조각조각 흐르네

구관조는 벽오동에서 삼가 울지 말거라
단산의 늙은 봉황은 슬픔을 이기지 못하리라

秋風吹入碧梧枝　西北浮雲片片移
愼莫啼留秦吉了　丹山老鳳不勝悲[65)]

위의 전결구는 유미문학을 대성시킨 당나라 李商隱(812-858)의 「贈韓偓詩」의 "桐花萬里丹山路　雛鳳淸於老鳳聲"의 환골임이 분명하다.

죽란시사는 남고 윤지범과 망년우를 맺은 개방적인 시사였음은 앞서 언급한 바가 있다. 다산은 국화를 감상하는 죽란시사 모임에서 참석하지 못한 남고 윤지범을 생각하며 다음과 같이 읊었다.

옛적에 빚은 국화주를
금년에 다만 조금씩 잔을 기울이네

---

65) 『전서』, 「秋夜竹欄小集, 每得一篇, 南皐爲余朗誦…十首」(2), I-3, 10b, p.46.

남고는 오히려 예기를 읽으며
동협으로 밭 갈러 이미 돌아갔네

남고 없는 성읍엔 풍류가 감해졌으나
산림의 기상은 옛 모습 그대로 남아 있네

그윽한 국화 향기 다하지 않았는데
이미 한해는 저물어 추워졌구나

舊日黃花酒　今年只細傾　南皐猶讀禮　東峽已歸耕
城邑風流減　山林氣象贏　幽香雖未歇　亦旣歲崢嶸[66)]

남고 윤지범과 죽란시사 동인들의 풍류적 만남은 "백운대 정상에 올라가 마음껏 읊조리고 노래하되 방약무인 했다.[67)]"는 표현과 다산이 국화를 촛불 앞에 놓고 벽에 나타난 국화 그림자의 奇紋異形을 보고 환호작약하며 음주영시하던 낭만적인 흔적이 「菊影詩序」에서 나타나 있다. 盛開한 국화를 감상하며 시회를 열었을 때 詞伯이자 풍류남아였던 남고가 그 자리에 없으니 자연히 城邑에 풍류가 감해졌다고 하였다.

다산이 가을밤에 남고와 죽란시사 동인인 이유수와 한치

---

66) 『전서』, 「菊花同徯父无咎竹欄宴集」, I-3, 36a, p.59.
67) 『전서』, 「南皐尹參議墓誌銘」, I-16, 22a, p.339. "昔在先朝甲寅之秋, 九月中旬, 南皐尹公携友五六人, 登白雲臺絶頂, 嘯傲詠歌, 旁若無人, 鏞實與焉. 歸而設菊花影之燭於竹欄書屋, 會者八九人, 南皐主盟."

응과 윤지눌이 함께 국화 그림자를 감상하며 시회를 하던 모습이 오롯이 담긴 「국영시서」 전문을 보기로 한다.

국화가 여러 꽃 중에서 특히 뛰어난 것이 네 가지 있다. 늦게 피는 것이 하나이고, 오래도록 견디는 것이 하나이고, 향기로운 것이 하나이고, 고우면서도 화려하지 않고 깨끗하면서도 싸늘하지 않은 것이 하나이다. 세상에서 국화를 사랑하기로 이름나서 국화의 취미를 안다고 자부하는 자도 사랑하는 것이 이 네 가지에 벗어나지 않는다. 그런데, 나는 이 네 가지 외에 또 특별히 촛불 앞의 국화 그림자를 취하였다. 밤마다 그것을 위하여 담장 벽을 쓸고 등잔불을 켜고 쓸쓸히 그 가운데 앉아서 스스로 즐겼다. 하루는 남고 윤이서에게 들러 말하기를, "오늘 저녁에 그대가 나에게 와서 자면서 나와 함께 국화를 구경합시다." 하였더니, 윤이서는, "국화가 아무리 아름답다 한들 어찌 밤에 구경할 수 있겠는가."하면서 몸이 아프다 핑계하고 사양하므로, 내가 말하기를, "구경만 한번 해 보시지요." 하고 굳이 청하여 함께 돌아왔다.

저녁이 되어, 일부러 동자를 시켜 촛불을 국화 한 송이에 바싹 갖다 대게 하고는, 남고를 인도하여 보이면서, "기이하지 않습니까?" 하였더니, 남고가 자세히 들여다보고는, "자네의 말이 이상하군. 나는 이것이 기이한 줄을 모르겠네." 하였다. 그래서 나도 그렇다고 하였다. 한참 뒤에 다시 동자를 시켜 법식대로 하였다. 이에 옷걸이·책상 등 모든 산만하고 들쭉날쭉한 물건을 제거하고, 국화의 위치를 정돈하여 벽에서 약간 떨어지게 한 다음, 촛불이 비추기 적당한 곳에 촛불을 두어서 밝히게 하였다.

그랬더니 기이한 무늬, 이상한 형태가 홀연히 벽에 가득하였다. 그 중에 가까운 것은 꽃과 잎이 서로 어울리고 가지와 곁가지가 정연하여 마치 묵화를 펼쳐놓은 것과 같고, 그 다음의 것은 너울너울하고 어른어른하며 춤을 추듯이 하늘거려서 마치 달이 동녘에서 떠오를 제 뜨락의 나뭇가지가 서쪽 담장에 걸리는 것과 같았다. 그 중 멀리 있는 것은 산만하고 흐릿하여 마치 가늘고 엷은 구름이나 놀과 같고, 사라져 없어지거나 소용돌이치는 것은 마치 질펀하게 나뒤치는 파도와 같아, 번쩍번쩍 서로 엇비슷해서 그것을 어떻게 형용할 수 없었다.

그러자 이서(남고)가 큰 소리를 지르며 뛸 듯이 기뻐하면서 손으로 무릎을 치며 감탄하기를, "기이하구나. 이것이야말로 천하의 빼어난 경치일세." 하였다. 감탄의 흥분이 가라앉자 술을 먹게 하고, 술이 취하자 서로 시를 읊으며 즐겼다. 그때 주신(舟臣 李儒修의 자)과 해보(徯父 韓致應의 자)와 무구(无咎 尹持訥의 자)도 같이 모였다.[68]

---

68) 『전서』, 「菊影詩序」, I-13, 4ab, p.265. "菊於諸花之中, 其殊絶有四. 晩榮其一也, 耐久其一也, 芳其一也, 豔而不冶, 潔而不涼其一也. 世之號愛菊而自命以知菊之趣者, 不出此四者之外. 余於四者之外, 又特取其燭前之影. 每夜爲之掃墻壁治檠釭, 而蕭然坐其中以自娛. 一日過南皐尹彝敍而語之曰, 今夕子其宿我, 與我觀菊. 彝敍曰菊雖佳, 惡得夜觀哉, 辭以疾. 余曰但觀, 固請與之歸. 至夕謬使童子持燭, 逼之於一花, 引南皐觀之曰, 不奇異乎. 南皐熟視曰, 異哉, 子之言也. 吾斯之莫之知有奇異也. 余曰然. 有頃令童子如法. 於是除衣架書榥諸散漫參差之物, 整菊之位置而令離壁, 有間安燭於宜燭之處而明之, 於是奇紋異形, 倏焉滿壁. 其近者花葉交加, 枝條森整, 若墨畫之張焉, 其次婆娑彷彿舞弄纖穲, 若月出東嶺, 而庭柯之在西墻也. 其遠者漫漶模糊, 如雲霞之細薄, 滅沒瀅潫, 若波濤之瀰瀰, 閃忽疑似, 莫可名狀. 於是彝敍諕然大叫, 踊躍欣動, 以手擊膝而歎曰, 奇哉異哉, 天下之絶勝也. 叫旣定命酒, 酒旣酣, 相與賦詩

이 글에서 다산의 풍류적인 삶의 모습이 그려져 있다. 사람들이 국화를 좋아하는 이유가 ① 꽃 중에서 가장 늦게 피는 것, ② 오래도록 피어있고, ③ 향기롭고, ④ 고우면서도 화려하지 않고 깨끗하면서도 싸늘하지 않기 때문이라는 것에서 벗어나지 않는데, 다산은 여기에 ⑤ 촛불 앞의 국화 그림자를 하나를 추가하였다. 역시 다산의 풍류와 인문학적 소양과 안목은 대단하다. 촛불 뒤의 벽에 가득한 묵화 같기도 한 기이한 국화 그림자를 보고, 남고가 큰 소리를 지르고 뛸 듯이 기뻐하면서 손으로 무릎을 치면서 "천하의 빼어난 경치"라고 감탄하였고, 참석한 이유수와 한치응 그리고 윤지눌과 함께 술을 마시고 시를 읊었다. 다산이 기획 연출한 국화 그림자 시회는 참으로 아름다운 가을밤의 풍경이자 멋진 풍류이며, 정조 시대 사대부들의 한 문화이기도 하다.

다산이 남고를 그리워하듯 남고 또한 다산을 못 보면 그리워하였다. 다산이 남고에게 보낸 편지(1796, 정조 20, 다산 35세)를 보자.

지난달 밤에 화성을 지났습니다. 바라고 기다리다가 실망하셨을 것이며 아울러 기질의 병폐를 아직 고치지 못했다고 여기셨을 것을 생각함에 부끄러워 말하지도 못하겠습니다. 서울에 이르러 무구(无咎 윤지눌의 자)를 만났는데 그에게서, 남고

爲樂. 時舟臣, 徯父, 无咎亦會焉."

> 께서 전에 蔡侍郎의 연회석에서 밤에 노래와 주악이 번갈아 일어나고 온갖 안주가 가득 차려져 있는데도 촛불 뒤의 어슴푸레한 그림자 속에서 꼬마 종 돌이(石伊 다산 집 종 아이)를 쳐다보고 갑자기 竹欄舍의 옛 모임을 생각하고 심회가 슬퍼지고 즐겁지 않자, 술잔을 멈추고 젓가락을 던진 채 자리가 끝날 때까지 묵묵히 있다가 파했다고 하는 말을 들었습니다. 아, 참으로 그런 일이 있었습니까?[69]

남고는 채시랑의 연석에서 즐겁게 놀다가 촛불 뒤 그림자 속에 다산의 어린 종 石伊를 보고, 죽란시회에서 촛불에 비친 국화 그림자를 감상하며 환호작약하던 일이 회상되어 이내 헤어졌다는 것이다. 다산이 없는 연석에서 남고는 즐거울 리가 없었다는 위의 내용은 망년우를 맺고 서로가 그리워한 우정과 풍류의 세계를 이해하는 데 충분할 것이다.

『여유당전서』 시문집을 보면 39세(1800) 여름에 지은 시를[70] 마지막으로 다산의 죽란시사에서의 활동은 끝이 난 것을 알 수 있다. 그것은 다산이 이듬해 3월 신유사옥으로 유배되어 길고 긴 18년의 격리기가 있었기 때문이다.

다산이 죽란시사에서 활동한 시기는 결사하던 35세(1796

---

69) 『전서』, 「與尹彛叙」, I-18, 38b, p.393. "前月乘夜度華城, 想企俟之餘, 悵然若失, 兼以爲氣質之病, 渠猶未改也, 愧怍不可言. 至都逢无咎, 聞南皐曾在蔡侍郎讌席, 方夜歌笙迭作, 殽羞雜薦, 燭後黑影裏, 驀見小奴石伊, 忽憶竹欄舊會, 心懷惻愴不樂, 停杯投筯, 終席默然而罷云. 嗟乎, 信有是耶."

70) 『전서』, 「夏日竹欄小集射韻」, I-4, 1b, p.62.

년 7월)부터 39세(1800년 8월)까지 만 4년여가 된다. 죽난시사 활동이 4년여에 그친 것은, 1799년(정조 23, 기미, 다산 38세) 6월 21일 獻納 閔命爀이 전 대사간 申獻朝의 啓言 가운데에서 다산의 중형 정약전의 이름을 언급한 것을 말하면서, 다산이 태연하게 공무를 집행한다고 나무라며 論啓하자, 다음날(22일) 형조참의를 사직하는 상소를 올렸다. 결국 이 상소는 7월 26일에 수리되었다. 다산은 28세에 과거에 급제하여 벼슬길에 들어서 희릉직장으로 시작하여 형조참의로 끝나니 그 기간은 11년간 이었다. 이해 10월에 趙華鎭이 李家煥과 다산을 西敎信者로 무고하였다. 다산은 39세인 1800년(정조 24, 경신) 봄에 世路의 위험함을 알고 처자식을 데리고 배를 타고 고향인 초천(현 경기도 남양주시 조안면 능내리)으로 낙향한다. 이해 6월 28일 정조가 갑자기 승하하였다. 다음해(1801) 노론 벽파를 중심으로 남인 시파의 천주교 신봉을 구실삼아 신유사옥을 일으켜 결국 다산은 죽음을 면하고 유배를 떠나 죽란시사 동인들과의 교류가 자연히 단절될 수 밖에 없었다.71)

다산은 1802년(임술) 강진 유배지에서, 죽란시사 동인인 이유수(자 周臣)와 윤지눌(자 無咎)의 변함없는 우정을 다음과 같이 기술하였다.

작년 겨울 내가 강을 건넌 뒤에(유배) 이주신이 내 두 자식

71) 金相洪, 「다산 정약용 문학연보」, 『다산 정약용 문학연구』, 단국대학교출판부, 1985, pp. 431-432.

> 들을 불러다가 술 데우고 고기를 구워서 측은한 마음으로 위로하고 어루만져 주기를 골육 이상으로 하였고 윤무구도 함께 그랬었다. 그 후에 臺參이 갑자기 발발하여(掌令 姜世綸이 한 것임) 이주신이 나에게 아첨을 부리고 우리 형에게는 노자를 주었다고 誣陷하는 바람에 주신도 무산으로 귀양을 갔다. 옛 죽란시사 친구 중에 좋을 때나 궂을 때나 변하지 않은 사람은 그 둘뿐이었는데 그 옛날이 생각나서 이렇게 의미 있는 말을 해보았다.[72]

다산이 1801년 신유사옥으로 유배를 가자, 이유수와 윤지눌이 다산의 두 아들(정학연·정학유)을 불러다가 술과 고기를 먹이고 골육 이상으로 위로하였다. 이런 일이 있고 난 후에 장령 강세륜이 이유수가 정약용에게 아첨을 하고 유배 가는 다산의 형(정약전)에 여비를 주었다고 무고하여, 이유수는 무산으로 귀양을 갔다. 죽란시사 동인들 중에서 좋을 때나 궂을 때나 변함이 없는 사람은 이 둘뿐이라면서 죽란시사 동인들과 교유하던 젊은 시절을 회상하고 이유수에게 보내려고 시 4수를 썼다.

다산은 유형의 땅 강진에서 해배되어 향리에 돌아온 후 회갑(1822, 壬午)을 맞아 옛날 죽란시사 결성을 함께 주도

72) 『전서』, 「鵝籠曲四首擬贈李周臣」(和虞山), I-4, 26a, p.74. “昨年冬, 余旣渡江, 周臣召余二子, 煖酒燒肉, 慰撫矜惻, 有踰骨肉, 无咎偕焉. 旣而臺參猝發(掌令姜世綸)誣云, 周臣諂附余而贐遺余兄, 於是周臣謫茂山. 竹欄舊游, 其夷險不渝者, 唯此二人, 感念疇昔, 發爲微言.”

하였던 蔡弘遠에게 다음과 같이 썼다.

> 옛날 함께 모였던 죽란시사에 무인생이 네 사람이었는데 약여(躍如, 홍시제)만이 생존해 있고, 임오생이 세 사람이었는데 한 사람은 죽고(윤무구) 한 사람은 폐기되었고, 형도 불우하여 근심 걱정하고 계시니, 인생의 榮悴가 이와 같을 줄을 어찌 짐작이나 하였겠습니까. 회갑이란 말은 후세에 생긴 것이기는 하나, 환갑이 되는 이해를 만나 이 신세를 돌아보니 슬픈 생각 금할 수 없습니다. 형께서도 나의 마음과 같으리라 생각됩니다.(임오년, 1822, 가을)[73]

천재 시인 다산은 30대에 濟濟名士들과 죽란시사를 결성하여 만 4년여 간 자연친화의 세계와 풍류적 삶과 우정의 세계를 노래하였다. 불혹에 유배죄인이 되어 耳順이 가까워서야 해배되어 향리에 돌아와 회갑을 맞아 가버린 옛날의 아름답고 즐거웠던 일을 회상하며 悱惻을 금치 못한 것이다.

15명의 동인에서 임오년(1762년)에 태어난 사람이 3명인데 윤지눌(1762-1815)은 이미 죽고(一死) 다산 자신은 유배죄인이 되어 폐해졌었고(一廢), 채홍원 마저 불우하여 근심 걱정이 많으니(栖遑) 아무리 영고성쇠와 明暗歡慽이 교차

73) 『전서』, 「答蔡邇叔」, I-19, 26a, p.408. "憶昔竹欄詩社, 戊寅者四, 而唯躍如僅存. 壬午者三, 而一死(尹无咎)一廢. 兄又栖遑, 人生榮悴如此, 豈可知耶. 回甲之名, 起於後世, 而遇此年顧此身. 不禁悱惻, 想兄亦復然矣.(壬午秋)

하는 것이 인생사라 할지라도 이와 같을 줄을 어찌 짐작이나 하였겠느냐는 탄식에서 인간 다산의 모습이 오롯이 나타나 있다.

다산이 주도했던 죽란시사는 초계문신을 중심으로 결사된 30대 관료 문인들의 시사이자 정조 시대의 대표적인 시사이다. 이 시사의 동인들은 그들이 살던 시대를 태평성세로 인식하였다. 이 시사의 문예사조는 낭만주의를 지향하였다. 다산은 죽란시사의 시회에서 자연과의 친화, 풍류와 우정의 세계를 아름답게 노래하였다. 이러한 사환기의 낭만적 시풍이 유배기에서는 격렬한 憂世恤民의 시풍으로 변모한다. 그것은 出仕期에는 자신이 살던 시대를 태평성세로 인식했으나, 정조가 승하(1800)한 이후 유배지에서는 병든 사회라고 규정하면서 금방 고치지 않으면 나라는 망하고 말 것[74]이라고 한 점에서 찾아야 할 것이다.

5. 결 론

다산학 연구의 일환으로서 다산이 벼슬할 때의 시인적 위상과, 죽란시사의 결성과, 죽란시사 활동을 고찰하였다.

다산은 문운이 융성하던 正祖 시대 문단에서, 위로는 제

74) 『전서』, 「經世遺表引」, Ⅴ-1, 3b, p.2. "生民憔悴 竊嘗思之, 一毛一髮, 無非病耳. 及今不改, 其必亡國而後已."

왕으로부터 아래로는 文任諸臣에 이르기까지 '奇才' 또는 '文苑의 기재'라는 평을 받은 천재시인이다. 다산 시의 사실성과 수사적 기교의 우수성은 元結의 시와 비견되었고, 시평에 있어서도 당대의 으뜸이었다.

다산이 채홍원과 함께 주도하여 1796년에 결성한 죽란시사는 초계문신을 중심으로 한 30대 관료문인들을 중심으로 결성된 정조 시대의 대표적 시사이다. 시사의 정기적인 모임은 ① 살구꽃이 처음 피고, ② 복숭아꽃이 처음 피고, ③ 한여름 참외가 익고, ④ 초가을 西池에 연꽃이 피고, ⑤ 국화꽃이 피고, ⑥ 겨울에 큰 눈이 오고, ⑦ 세모에 화분의 매화가 피면 열었다. 비정기적인 시회는 동인들 중에서 ① 득남하거나, ② 지방 수령으로 나가거나, ③ 품계가 승진되거나, ④ 자제가 과거에 급제하면 열었다. 전자는 태평성대와 자연의 아름다움을 노래하고 감상하기 위하여 열렸고, 후자는 인생사에서 최고의 기쁨을 동인들과 함께 나누고 축하하기 위해서 열렸다. 양자는 모두 태평성대에 사는 젊은 관료문인들이 풍류와 우정과 낭만을 구가한 것이다. 죽란시사의 문예사조는 자연친화와 낭만주의라고 할 수 있다.

다산은 죽란시사를 주도하며 동인들과 교유를 하였다. 그는 죽란시사를 만 4년여 간 이끌면서 태평성대와 자연의 아름다움을 노래하고 우정의 세계를 시로 형상화하였다. 죽란시사의 활동이 4년여 만에 끝난 것은, 1800년 정조의 갑작스런 승하와 1801년 신유사옥으로 다산이 유배되었기 때문이었다.

다산은 벼슬하던 젊은 시절에 이미 문운이 융성하던 정조시대 문단을 대표하는 위치에 있었던 천재시인이었다. 그는 채홍원과 함께 초계문신 출신을 중심으로 죽란시사를 결성하고 주도하면서 풍류와 우정의 세계를 노래한 낭만적인 시인이다.

다산의 시인적 위상과 죽란시사의 결성과 그 활동이 조명되어, 다산 문학의 한 영역과 조선 후기 시사를 통한 사대부들의 문예활동과 그 문화의 한 부분을 바르게 이해하게 되었다.

제5부

茶山의 唐宋八大家 수용과 비평

茶山의 韓愈・柳宗元論

茶山의 東坡 蘇軾論

茶山의 蘇洵・蘇轍論

茶山의 歐陽脩・曾鞏・王安石論

茶山의 韓愈 · 柳宗元論

1. 서 론

당송팔대가의 문학은 중국 문단에 끼친 영향이 지대할 뿐만 아니라, 한문문화권의 문단에도 많은 영향을 끼쳤다. 당나라 韓愈 柳宗元과 송나라의 歐陽脩 蘇洵 蘇軾 蘇轍 曾鞏 王安石을 唐宋八家라고 최초로 定名한 이는 明나라 초기의 朱右(?-1376)이고[1] '唐宋八大家'라고 定名한 것은 명

1) 紀昀 外, 「唐宋八大家文鈔叙」, 『唐宋八大家文鈔』(『景仁文淵閣四庫全書』(1383), 臺灣商務印書館發行, pp.11-12. "臣等謹案, 唐宋八大家文鈔, 一百六十四卷, 明, 茅坤編, 坤有徐海本末已著錄, 世傳唐宋八家之目, 肇始于是集. 考明初朱右, 已採錄韓柳歐陽曾王三蘇之作, 爲八先生文集, 坤盖有所本也. 然右書今不存, 惟坤此集爲世所傳習. …… 乾隆四十四年九月, 恭校上, 總纂官臣紀昀, 臣陸錫熊, 臣孫士毅, 總校官臣陸費墀."

의 茅坤(1512-1601)이다. 모곤이 1579년(神宗 萬曆 7) 봄에 한유 유종원 구양수 소순 소식 소철 증공 왕안석의 산문을 초록하고 이를 『唐宋八大家文鈔』(164권)라 한 이후부터[2)] 당송팔대가라는 명칭이 동양문단에서 널리 일컬어지게 되었다.

조선 후기 실학을 집대성한 茶山 丁若鏞(1762-1836)이 당송팔대가의 영향을 직간접적으로 받았음을 그의 시문에서 확인할 수 있다. 다산은 당송팔대가의 삶의 궤적과 문학을 자신의 시문에서 언급하면서, 호한한 학문으로 이들의 학문을 수용하고 비판하였다. 이 수용과 비판은 다산 문학사상[3)]의 편린이기도 하다.

---

2) 茅坤, 「唐宋八大家文鈔原叙」, 『唐宋八大家文鈔』(『景仁文淵閣四庫全書』 1383), 臺灣商務印書館發行, p.14. "予於是手掇韓公愈, 柳公宗元, 歐陽公修, 蘇公洵軾轍, 曾公鞏, 王公安石之文, 而稍爲批評之. 以爲操觚者之劵, 題之曰, 八大家文鈔. …… 時萬歴已卯仲春, 歸安鹿門, 茅坤撰." ○ 余冠英 外 主編, 「導論」(唐宋八大家定名與背景, 朱振甫), 『唐宋八大家全集』(上), 國際文化出版公社, 1996, p.5. "四庫全書總目, 明茅坤編唐宋八大家文鈔, 稱明史文苑傳, 坤善古文, 最心折唐順之. 順之所著文編, 唐宋人自韓柳歐三蘇曾王八家外, 无所取. 故坤選八大家文鈔. 考明初朱右, 已採錄韓柳歐陽曾王三蘇之作, 爲八先生文集, 實遠在坤前. 右書今不傳, 惟坤此集爲世所傳習. 按文編所選, 自周迄宋, 不限于唐宋. 其所選唐宋文, 雖限于八家, 而无唐宋八大家之名. 茅坤唐宋八大家文鈔, 實本于文編所選八家, 而唐宋八大家之名, 則爲茅坤所定."

3) 다산의 문학사상에 관한 논저는 다음과 같다.
崔信浩, 「丁茶山의 文學觀」, 『韓國漢文學硏究』 제1집, 韓國漢文學硏究會, 1976.
金智勇, 「丁茶山の文學硏究」, 日本 京都大學博士論文, 1977.
趙東一, 「丁若鏞」, 『韓國文學思想試論』, 知識産業社, 1978.

다산이 당송팔대가의 수용과 비판과 함께 이들에 대한 포양과 폄하의 세계를 총체적으로 조명하는 연속 작업의 하나이다.[4] 먼저 다산의 당송팔대가에 대한 인식을 조명한 후, 한유와 유종원에 대한 포폄의 세계를 분석 정리한다.

2. 당송팔대가 인식

다산은 문학의 효용성을 매우 중시하여, 시는 愛國憂民·傷時憤俗·美刺勸懲이 있어 致君澤民에 기여해야 한다고 하였다.[5] 이는 궁극적으로 시가 匡濟一世에 기여해야 한다는 以詩經世論이다. 다산은 이러한 문학사상을 기저로 치군택민에 기여할 수 있는 시를 자신의 榮枯에 구애받지

金彦鍾, 「丁茶山의 中國歷代文人에 대한 評價」, 『韓國漢文學研究』 제7집, 韓國漢文學會, 1984.
金相洪, 『茶山 丁若鏞 文學研究』, 檀國大學校出版部, 1985.
宋載卲, 『茶山詩 研究』, 創作社, 1986.
朴茂瑛, 「丁若鏞 詩文學의 研究」, 梨花女子大學校 博士論文, 1993.

4) 金相洪, 「茶山의 蘇東坡論」, 『南冥學研究』제18집, 경상대학교 남명학연구소, 2004, 12. ○ 金相洪, 「茶山의 唐宋八大家論攷」, 『조선-한국 언어문학연구』(2), 중국 연변대학교 조선언어문학학과, 2005. 5.

5) 丁若鏞, 『與猶堂全書』(景仁文化社 影印, 1970. 이하 『전서』), 「寄淵兒」(戊辰冬), I-21, 9b, p.443. "不愛君憂國, 非詩也. 不傷時憤俗, 非詩也. 非有美刺勸懲之義, 非詩也. 故志不立, 學不醇, 不聞大道, 不能有致君澤民之心者, 不能作詩. 汝其勉之."

않고 지속적으로 지었다. 그의 경세적인 사회시는 낡고 병든 조선을 새롭게 하고자 한 마스터 프랜이다. 그는 以詩經世論을 시에 구현하여 문학으로도 실학을 이룩한 큰 업적을 조선 후기 문단에 남겼다.[6] 다산은 「五學論」(3)에서, 중국의 역대 문인들의 문학을 비판하였다.

> 문장지학은 우리 도(유학)의 큰 해독이다. …… 사마천은 기이함을 좋아하고 의협을 숭상하여 스스로 예의를 외면하였고, 揚雄은 도를 몰랐고, 劉向은 讖緯에 빠졌고, 사마상여는 배우처럼 스스로를 자랑하였다. 이 이하는 이따금 아름다움이 있기는 하지만 비평할 가치가 없다. 한유와 유종원은 문장의 中

司馬遷

6) 金相洪, 『茶山 文學의 再照明』, 檀國大學校出版部, 2003, p.254.

興之祖라고 일컬어 왔으나 근본을 망각하였으니, 어떻게 중흥시킬 수 있겠는가. 문장이 가슴속에 있는 것이 저절로 發出되지 않고 모두 외형만 답습하여 스스로 뛰어난 체 했으니, 이것이 어찌 옛날의 이른바 문장이라는 것이겠는가. 한유·유종원·구양수·소식이 지은 소위 序記 등의 여러 글은 거의 모두가 화려하나 열매가 없고 기이하기는 해도 바르지 못하다. 어려서 이 글을 읽을 적에는 흔연히 기쁨을 느끼지 않은 적이 없었다. 이것으로는 안으로 몸을 수양하고 어버이를 섬길 수 없으며, 밖으로 임금을 바르게 하고 백성을 다스릴 수가 없다. 종신토록 사모하여 외워도 영락된 채 실의에 빠지기만 할 뿐 끝내 이것으로 천하와 국가를 다스릴 수 없으니, 이것이 우리 道(유교)를 좀먹는 좀 벌레가 됨이 楊朱 墨翟 老子 佛教보다도 더 심한 것이다. 왜 그런가. 楊墨老佛은 각기 논지의 차이는 있지만, 요지는 모두가 자신을 억제하여 사욕을 끊음으로써 선을 행하고 악을 버리자는 것이었기 때문이다. 저 韓柳歐蘇는 자신의 사명으로 여긴 것이 문장뿐이다. 문장이 어찌 천성을 보전하여 자신의 몸을 편안하게 만들 수 있겠는가. 온 천하의 사람들로 하여금 노래하고 춤추고 향기로운 술이 몸속에 스며들 듯한 짙은 열락에 빠져 함께 동화됨으로써 性命의 근본과 나라와 백성의 일을 까마득히 잊게 만드는 것이 문장학이다. 이를 어찌 성인이 취하겠는가.7)

---

7) 『전서』, 「五學論」(3), I-11, 21a-22a, p.232. "文章之學, 吾道之鉅害也. …… 太史遷, 好奇尙俠, 而自外乎禮義, 揚雄不知道, 劉向溺於讖諱, 司馬相如俳優以自衒. 下此以往, 破碎綺靡, 無譏焉. 韓愈柳宗元, 雖稱中興之祖, 而本之則亡, 如之何其興之也. 文章, 不自內發, 迺皆外襲以自雄. 斯豈古所謂文章者哉. 韓柳歐蘇, 其所謂序記諸文, 率皆華而無實, 奇而不正. 幼而讀之, 非不欣然善矣. 內之不可

다산은 문장학을 유학의 큰 해독이라 전제한 후, 사마천은 기이한 것을 좋아하였고 義俠을 숭상하여 예의를 외면하였으며, 揚雄은 도를 몰랐고, 劉向은 讖諱에 빠졌으며, 司馬相如는 배우처럼 스스로를 자랑했다고 비판하였다.

이어서 唐宋 古文의 권위를 부정하고 한유 유종원 구양수 소식의 문학을 비판하였다. 한유와 유종원이 문장의 中興祖라고는 하지만 이들은 유학의 근본을 망각했기에 고문을 부흥시키지 못하였다고 폄하하였다. 그 이유는, 문장이란 가슴속에 있는 것이 저절로 發出되어야 하는 것인데, 이들의 문장은 외형만 답습하여 스스로 뛰어난 체했기 때문에 古文이 아니라고 하였다.

韓柳歐蘇의 문학은 화려하나 열매가 없고 기이하기는 해도 바르지 못하여, 修身과 事親, 致君과 牧民을 할 수 없어서 楊朱 墨翟 노자 불교보다 해독이 심하다고 하였다. 楊墨老佛은 자신을 억제하여 사욕을 끊음으로써 선을 행하고 악을 버리자는 것(克己斷慾, 爲善去惡)인데, 그러나 韓柳歐蘇가 자랑할 것은 문장뿐이니, 문장으로 어찌 安身立命할 수 있겠느냐고 반문하였다. 즉 문장학은 性命之本과 民國

以修身而事親, 外之不可以致君而牧民. 終身誦慕而落魄牢騷, 卒之不可以爲天下國家, 此其爲吾道之蟊蠹也, 將有甚乎楊墨老佛. 何也. 楊墨老佛, 雖其所秉有差, 要之, 皆欲以克己斷慾, 爲善去惡. 彼韓柳歐蘇, 其所自命者, 文章已矣. 文章, 豈足以安身立命哉. 使天下之人, 詠歌舞蹈, 浸淫悅樂, 醲薰膚奏, 與之俱化, 而邈然忘其性命之本, 民國之務者, 文章之學也. 豈聖人之所取哉.

之務를 잊게 하기 때문에 성인이 취하지 않았다는 것이다. 이어서 조선 후기 문단의 풍토를 비판하였다.

> 지금의 이른바 문장학이란 것은 또 저 韓柳歐蘇의 저술은 淳正하나 무미하다고 하여 羅貫中을 시조로, 施耐菴을 遠祖로 金聖歎을 하늘로 郭靑螺를 땅으로 떠받들고 있다. 그리고 尤侗 錢謙益 袁枚 毛甡 등의 문장은 유학 같기도 하고 佛學 같기도 하여 기괴하고 음란하여, 일체가 남의 눈을 현혹시키는 것을 목적으로 하는데 이들을 으뜸으로 여기고 스승으로 받들고 있다. 이들의 시나 詞는 쓸쓸한 듯, 슬픈 듯, 그윽한 듯, 오열하는 듯, 숨막혀 비비꼬는 듯, 산의 기복이 극심한 듯하여, 한결같이 넋이 녹아버리고 창자가 끊어지게 한 후에야 그만둔다. 그리고는 이것으로 스스로 만족하고 스스로 높이면서 늙음이 이른다는 것도 알지 못하고 있으니, 이것이 우리 도에 끼치는 폐해는 韓柳歐蘇 등의 정도가 아닌 것이다. 입으로는 육경을 말하고 손으로는 천고의 사건을 기록하고 있지만, 끝내 같이 손잡고 요순의 문으로 들어갈 수 없는 것이 문장학이다.[8]

이는 다산 자신이 살던 시대에 문학을 하는 이들이 韓柳

---

8) 『전서』, 「五學論」(3), I-11, 22a, p.232. "今之所謂文章之學, 又以彼四子者, 爲淳正而無味也, 祖羅(羅貫中), 祧施(施耐菴), 郊麟(金聖歎), 禘螺(郭靑螺). 而尤侗錢謙益袁枚毛甡之等, 似儒似佛, 邪淫譎怪, 一切以求眩人之目者. 是宗是師. 其爲詩若詞, 又凄酸幽咽, 乖拗犖确, 壹是可以銷魂斷腸, 則止遂以是自怡自尊. 而不知老之將至, 其爲吾道之害, 又其但韓柳歐蘇之流而已. 口譚六經, 手擷千古, 而終不可以攜手同歸於堯舜之門者, 文章之學也."

歐蘇의 저술은 淳正하나 무미하다고 하여, 나관중 시내암 김성탄 곽청라를 떠받들고 우동 전겸익 원매 모신을 스승으로 삼는 것을 비판한 것이다. 나관중 등의 영향을 받은 문학이 유학에 끼치는 폐해는 한유구소보다 심하기 때문에 당시 문학을 하는 자들과는 함께 요순의 문으로 들어갈 수 없다고 하였다. 다산이 修身과 事親, 致君과 澤民에 기여할 수 있는 문학, 匡濟一世에 기여하는 문학을 지선으로 여긴 것은 문학의 효용성을 중시했기 때문이다. 그래서 한유구소의 문학은 화려하나 열매가 없고 기이하기는 해도 바르지가 못하다고 비판한 것이다.

한 가지 분명히 할 것은, 다산이 당송팔대가 중에서 언급한 한유구소의 문학으로는 修身事親과 致君澤民을 할 수 없다하였는데, 그렇다고 해서 이에 언급하지 않은 소순 소철 증공 왕안석의 문학을 수신사친, 치군택민할 수 있는 것으로 본 것은 결코 아니라는 점이다. 즉 위에서 편의상 당송팔대가의 문을 한데 묶어 한유구소로 지칭한 것이다. 그의 사유 속에는 오로지 광제일세에 기여하는 문학을 진정한 문학으로 인정했기 때문에 중국 역대 문인을 비판한 것이다.

이어서 다산의 당송팔대가에 대한 인식을 알 수 있는 「八子百選序」를 살펴보기로 한다. 右文의 君主였던 正祖(재위 1776-1800)는 학문의 진작과 문풍의 醇正을 위해 많은 책을 편간하였다. 그 중 하나가 『御定 唐宋八子百選』이다. 정조는 "당시 문장이 날이 갈수록 저하되는 것을 근심하여

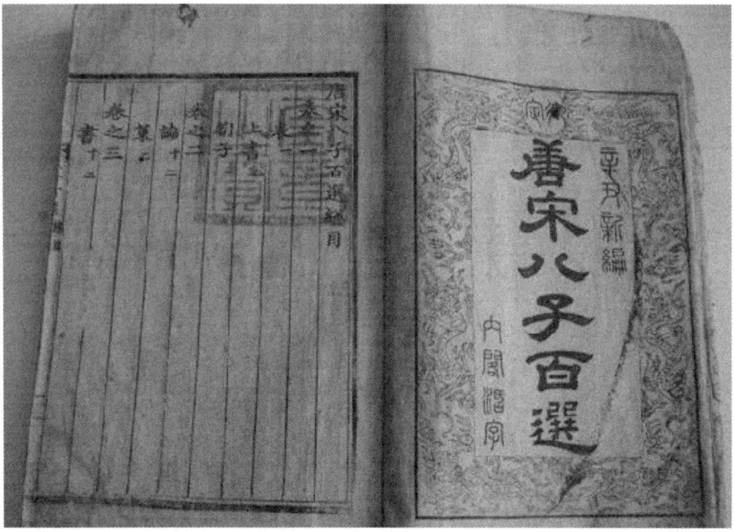

『御定 唐宋八子百選』 속표지

손수 당송팔대가의 문을 선집하여 『어정 당송팔자백선』을 간행"하였다.[9] 이를 간행하기 전에 정조는 즉위 다음 해인 1777년(정유)에 丁酉字로 『八子百選』을 간행하였는데,[10] 이는 정조의 舊編 御定本인 것으로 보인다. 그 후 정조는 『어정 당송팔자백선』을 新編하여 1781년(정조 5, 신축) 6월 13일(갑신)에 중외에 반포하였다.

---

9) 『正祖實錄』(朝鮮王朝實錄 47), 附錄, 「正祖大王行狀」, p.302. “八子百選成, 王, 憂文體日下, 手選八家文印行.”

10) 『정조실록』(朝鮮王朝實錄 46), 권39, 18년 1월 24일(임자). p.441. “卽位之元年, 復以甲寅字本, 鑄十五萬字于關西, 藏于內閣, 是爲丁酉字, 卽八子百選等書印本, 而今又印經書.”
『正祖實錄』, 권45, 20년 12월 15일(병술). p.684. “卽阼元年丁酉, 命關西伯, 復以甲寅字爲本, 加鑄十五萬字, 藏于內閣, 卽八子百選及新印經書大全印本也.”

> 갑신일에 어정 팔자백선이 완성되었는데, 책은 6편으로 구성되었다. 한유의 문 30편, 유종원의 문 15편, 구양수 문 15편, 소순의 문 5편, 소식의 문 20편, 소철의 문 5편, 증공의 문 3편, 왕안석의 문 7편을 취하여 책을 만든 것이다. 이를 인쇄하여 중외에 반포하였다.[11]

이 책은 6권 乾坤 2책이며, 표지에는 毛筆로 『八子百選』이라 쓰여 있고, 속표지에는 龍 문양에 "辛丑新編 『御定唐宋八子百選』 內閣活字"라고 인쇄되어 있다.[12] 1권은 表 1篇과 上書 2편 및 箚子 1편이, 2권은 論 12편과 策 2편이, 3권은 書 13편과 序 14편(이상 乾)이, 4권은 記 24편이, 5권은 雜著 13편이, 6권은 碑 6편과 墓誌 1편 墓表 1편 傳 6편 祭文 4편(이상 坤)으로 모두 100편이다.

정조가 손수 선정한 팔가문 100편은, 한유의 문이 30편, 소식의 문이 20편, 유종원과 구양수의 문이 각각 15편, 왕안석의 문이 7편, 소순과 소철의 문이 각각 5편이고, 증공의 문이 3편이다. 이를 보면 정조가 한유의 문을 가장 애독하였음을 알 수 있다. 수록된 문장은 다음과 같다.

---

11) 『정조실록』(朝鮮王朝實錄 45), 권11, 5년 6월 13일(갑신). p.246. "甲申. 御定八子百選成, 書凡六編. 取韓文三十篇, 柳文十五篇, 歐文十五篇, 老泉五篇, 東坡二十篇, 潁濱五篇, 曾文三篇, 王文七篇, 書成. 印頒中外."

12) 正祖, 『御定唐宋八子百選』, 檀國大學校 栗谷紀念圖書館 所藏, 古第 359329-30.

1. 韓愈(30편):「論不骨表」(1), 「爭臣論」(2), 「上張僕射書」, 「後二十九日復上宰相書」, 「與孟簡尙書書」, 「代張籍與李浙東書」, 「答李翊書」, 「送殷員外使回鶻序」, 「送楊少尹序」, 「送溫處士赴河陽軍序」, 「送孟東野序」, 「送董邵南序」, 「送李愿歸盤谷序」, 「送廖道士序」, 「送浮屠文暢師序」(3), 「藍田縣丞廳壁記」, 「畫記」(4), 「原道」, 「諱辯」, 「進學解」, 「雜說」(龍噓氣成雲, 世有伯樂 2편, 5), 「南海神廟碑」, 「衢州徐偃王廟碑」, 「平淮西碑」, 「柳州羅池廟碑」, 「殿中少監馬君墓誌銘」, 「圬者王承福傳」, 「毛穎傳」, 「祭鱷魚文」, 「祭十二郎文」(6).
2. 柳宗元(15편):「封建論」(2), 「寄許京兆孟容書」, 「與崔饒州論石鍾乳書」, 「與韓愈論史官書」, 「答韋中立論師道書」, 「碁序」(3), 「始得西山宴遊記」, 「鈷鉧潭記」, 「鈷鉧潭西小丘記」(4), 「桐葉封弟辯」, 「說車贈楊誨之」, 「愚溪對」, 「段太尉逸事狀」(5), 「種樹郭橐駝傳」, 「梓人傳」(6).
3. 歐陽脩(15편): 「朋黨論」, 「縱囚論」, 「五代史伶官傳論」(2), 「上范司諫論」, 「釋秘演詩集序」, 「送徐無黨南歸序」, 「相州晝錦堂記」, 「有美堂記」, 「峴山亭記」, 「豐樂堂記」, 「醉翁亭記」, 「王彦章畫像記」(4), 「秋聲賦」(5), 「石曼卿墓表」, 「六一居士傳」(6).
4. 蘇洵(5편):「辨姦論」, 「管仲論」, 「高帝論」(2), 「上歐陽內翰書」(3), 「張益州畫像記」(4).
5. 蘇軾(20편):「代張防平諫用兵書」, 「代滕甫辯謗乞郡書」(1), 「思治論」, 「范增論」, 「倡勇敢策」(2), 「六一居士集序」, 「錢塘勤上人詩集序」(3), 「醉白堂記」, 「墨君堂記」, 「靈壁張氏園亭記」, 「眉州遠景樓記」, 「喜雨亭記」, 「凌虛臺記」, 「石鍾山記」, 「四菩薩閣記」(4), 「赤壁賦」(前後), 「傳神」(5), 「潮州韓文公廟碑」, 「表忠觀碑」, 「祭歐陽文忠公文」(6).

6. 蘇轍(5편) : 「老子論」, 「君術策」(2), 「上樞密韓太尉書」(3), 「齊州閔子廟記」(4), 「巢谷傳」(6).
7. 曾鞏(3편) : 「寄歐陽舍人書」(3), 「宜黃縣學記」, 「撫州顔魯公祠堂記」(4).
8. 王安石(7편) : 「本朝百年無事箚子」(1), 「禮樂論」(2), 「靈谷詩序」(3), 「慈溪縣學記」(4), 「原過」, 「讀孟嘗君傳」(5), 「祭歐陽文忠公文」(6)(괄호의 숫자는 卷數).

정조는 자신이 편찬한 이 책을 신하와 선비들에게 상으로 하사하였다. 정조 14년(1790) 3월에는 팔도 유생에게 특별 泮試를 시행하고, 장원 및 二下를 맞은 유생에게 『팔자백선』 및 지필묵을 상으로 주었다.[13] 그리고 정조 21년(1797) 1월에는 제주목사 柳師模가 시험관의 미비로 陞補試를 시행할 수 없다고 하자, 목사가 출제하여 시험을 치르고 성적이 우수한 3인에게는 조정에서 내린 『朱書百選』, 『팔자백선』, 『史記英選』을, 다음 성적 3인에게는 『奎章全韻』을 상으로 주라고 명하였다.[14] 한편 정조는 재위 22년(1798) 11월에 三禮(儀禮 周禮 禮記)와 『사기』와 『漢書』와

---

13) 『정조실록』(朝鮮王朝實錄 46), 권29, 14년 3월 6일(병술). p.101. "教曰, 鄕儒之別試泮試, 出於勸奬之意 …… 賞典則壯元及二下, 給八子百選, 紙筆墨."

14) 『정조실록』(朝鮮王朝實錄 47), 권46, 21년 1월 6일(정미). p.2. "丁未, 濟州牧使柳師模啓言, 本島儒生陞補, 考官未備, 不得設行. 回諭曰, 陞補既未設行, 卿其出詩賦論箴銘頌題, 與島中文侍從考試. 以畫多者分等賞紙筆墨, 居魁三人, 內下朱書百選八子百選史記英選賜給, 之次三人, 奎章全韻各一件給賜. 榜眼修正上送."

正 祖

宋나라 五家의 책, 唐나라 陸贄와 당송팔대가의 문을 가져다가 매일같이 돌려 읽으면서 마음에 드는 구절에 손수 圈點을 쳤다. 그리고는 규장각 관원들에게 명하여 나누어 베끼게 하고 30권으로 편찬한 다음 『四部手圈』이라 하였다.[15]

15) 『정조실록』(朝鮮王朝實錄 47), 권50, 22년 11월 30일(기축). p.147. "四部手圈成. 上, 取三禮史記漢書宋五子書, 唐陸贄唐宋八大家文, 課日輪讀, 遇契意 手加圈批. 命內閣諸臣分謄, 彙成三十卷, 命名四部手水圈."

이를 보면, 정조는 자신이 편찬한 『당송팔자백선』에 대하여 긍지를 가졌고, 또한 당시 저하된 文風을 醇正한 문체로 회복시키려고 이 책을 널리 반포한 것임을 알 수 있다.

다산과 『어정 당송팔자백선』과는 많은 인연이 있다. 정조의 특별한 知遇를 입었던 그는 지필묵과 서책과 豹皮 등을 상으로 받았다. 하사받은 책은 『대전통편』, 『팔자백선』, 『국조보감』, 『병학통』, 『주서백선』, 『오경백편』, 『사기영선』, 『춘추좌씨전』과 『한서선』 등이다.[16] 최초로 하사 받은 책은 『대전통편』이며 그 다음이 『팔자백선』이다. 다산은 26세(丁未, 1787, 정조 11) 1월 26일 泮試에 선발되어 1781년에 편찬한 『어정 당송팔자백선』을 상으로 받았다.[17] 이런

---

16) 丁奎英, 『俟菴先生年譜』, 正文社 影印, 1984. pp.13-15. "(正祖)十一年丁未. 公二十六歲. …… 八月(二十一日). 泮製被抄(居齋應教表, 御考比較) 二十三日, 比較置高等(在家應教表, 御考滿篇硃批). 八月泮試比較高等, 命入對于重熙堂, 坐之石榴樹下. 上曰, 汝得八子百選乎, 曰得之矣. 得大典通編乎, 曰得之矣. 得國朝寶鑑乎, 曰得之矣. 上曰, 近日內閣所印書籍, 爾盡得之, 予無書與汝矣. 仍大笑顧左右曰, 取酒來. 取桂錫酒一大碗至, 辭以不能飮. 上命釂之, 酩酊槃散. 上命, 內監扶出. 俄而命留之賓廳. 少頃承旨洪仁浩, 袖一卷書, 出密傳下敎曰, 知汝兼有將才, 故特賜此書, 異日有如賊東喆者起, 汝可出戰也(時嶺東有鄭鎭星金東喆之獄), 歸而視之, 乃兵學通也."

17) 金相洪, 「茶山年譜」(親筆本 影印), 『茶山 丁若鏞 文學硏究』, 檀國大學校出版部, 1985. p.448(再版 · 三版은 p.463). "乙巳(24세) 十二月初二日. 泮製比較. 誠正閣召試銘三下, 試考居首, 賞大典通編." "丁未(26세) 正月二十六日. 泮製被抄. 在家應敎表, 御考三上, 賞八子百選." ○『全書』, 「題洗書帖」(I-14, 36ab, p.302)과, 「書題漢選」(I-14, 36b-37a, pp.302-303) 참조.

인연이 후일에 다산이 당송팔대가에 대하여 포폄을 하는 단초가 되었는지도 모른다.

한편 다산의 「八子百選序」는 과거에 합격한(28세, 1789) 후 抄啓文臣 시절에 정조의 명을 받고 지은 것인데, 당송팔대가에 대한 그의 시각이 나타나 있다.

① 兵家에서는 군대를 선발하고 단련해서 승리를 거두는 것이다. 100에서 10을 뽑고 10에서 1을 가리니, 가리는 것이 더욱 엄밀할수록 그 단련이 더욱 정밀해져서 승리를 더욱 반드시 취할 수 있다.

② 문을 하는데도 본디 두 길이 있는 것이 아니다. 당송 때에는 작가들이 100으로 셀 만큼 많았으나 그 중에 8명을 뽑았고, 팔가의 문은 전하는 것이 천으로 셀 만큼 많았건만 백 편만을 뽑았다. 대체로 아가위와 배와 귤을 소반에 차려 놓으면 자리에 앉은 사람이 마음대로 고르는 것이지 어찌 가려 뽑을 것이 있겠는가. 참으로 기력은 번다한 데서 지치게 되고 정신은 간편한 데서 전일해지기 때문에, 엄선한 것은 학자가 문장의 단련이 정밀하지 못할까 염려한 것이다.

③ 대체로 結繩을 알게 된 뒤로 典籍이 나왔다. 典墳은 오래된 일이거니와 東漢과 西漢 때에 緯書가 나오고 六朝 시에는 문장을 화려하게 꾸미는 것을 숭상하여 고문이 두 갈래로 찢기고 또 본색이 어지러워져서 단서가 어수선하게 되었다. 昌黎氏가 頹波의 砥柱처럼 우뚝 일어나서 말끔히 씻어 고문의 참모습을 회복하고 門路를 찾아놓으니, 이 문로를 따르는 사람이 잇따랐다. 이후로 문을 보좌하면서 각기 해진 빗자루도 보배롭게 여기듯 자기 소유를 소중히 여겼다. 그런데 明이 천

하를 通御하게 되어서는 찬란한 문장을 천명하여 집집마다 隋侯의 구슬을 소유하고 珍味인 侯鯖인양 자랑하였다. 그래서 서책이 들보에 닿을 정도로 가득하고, 수레에 실으면 소가 땀을 흘릴 정도라서 서로 뒤섞이고 어지러우니, 변변찮은 선비는 이것을 다 보고 이해할 겨를이 없어서 대충 섭렵하는 데도 精髓가 다 녹아버린다. 이 때문에 시들고 자질구레한 것이 다시 전철을 밟게 되었다.

④ 茅坤씨가 이를 가엾게 여겨 바로잡아 고쳐서 하찮은 작가들의 문장은 모두 쓸어 없애 버리고 팔가의 문장만 표방하여 문단의 指南으로 삼았다. 그의 뜻은 차라리 방대하게 할지언정 간략하지 않게 하는 데 있었으므로, 그가 뽑은 것이 엄밀하지 않고 방대하였던 것이다. 요즈음 사람은 총명과 지혜가 모자라서 박람강기하지 못하므로, 茅氏가 편집한 책도 지루하다고 버림을 당하였다.[18]

다산은 ①에서 정조가 『팔자백선』을 선집한 당위성을,

18) 『전서』, 「八子百選序」(內閣應敎), I-13, 5ab, p.266. “兵之家, 以選練取勝. 百選十, 十選一, 其選愈嚴, 而其練愈精, 其取勝愈必. 文固不二道也. 唐宋之際, 作者以百數, 選其八, 八家之文, 傳者以千數, 選其百. 夫柤梨橙橘, 陳于盤, 聽筵者自擇, 奚選哉. 誠以力倦于繁, 精專于簡, 選之嚴者, 病學者不精于練也. 自夫繩紐解而載籍興. 典墳尙已, 緯于二京, 綺于六朝, 瓢裂紫亂, 倪緖紛然. 昌黎氏砥柱頹波, 淘頹眞面門路旣尋, 軒盖相望. 嗣是羽翼宗門, 各珍弊帚. 逮皇明御宇, 焯乎顯文, 家握隋珠, 人夸侯鯖. 於是棟塞牛汗, 併眩交纈, 後塵小儒, 應酬靡暇, 涉獵洩淺, 津髓銷鑠. 由是而委靡玲瑣, 復踏前轍. 茅坤氏憫惻矯改, 掃盪啁啾, 標揭八家, 指南文垣. 第其意寧博無約, 故其選不嚴而廣. 近世之人, 聰智短澁, 不能博覽强記, 茅氏之編, 亦支離而見捐矣.”

兵家의 강인한 훈련과 단련만이 승리할 수 있는 것으로 비유하였고, ②에서는 정조가 당송팔가문에서 1백 편을 엄선한 것은, 학자가 문장의 단련이 정밀하지 못할 것을 염려했기 때문이라고 하였다. ③에서는 韓愈가 古文을 회복하고 門路를 찾아 놓았으나, 明에 이르러 문사들이 자신의 문장을 마치 隋侯의 구슬과 珍味인 侯鯖인 양 여겨 남긴 책들이 汗牛充棟이라서 小儒들이 이를 섭렵하려다가 정수가 녹게 되어 다시 문단이 혼란한 전철을 밟게 되었다는 것이다. ④에서 그렇기 때문에 茅坤이 이를 바로잡고자 팔가의 문만을 표방하여 문단의 指南으로 삼았으나, 선집한 것이 엄밀하지 않고 방대한 데 문제점이 있어, 총명과 지혜가 부족하고 박람강기하지 못한 요즈음 사람들로부터 버림을 당했다고 하였다.

이어서 정조가 『당송팔자백선』을 선집한 취지와 그 내용의 당위성을 밝힌 「팔자백선서」의 내용을 보기로 한다.

> ⑤ 우리 성상께서 문학을 숭상하여 천하의 서적을 망라하였고 문장은 일월처럼 빛나며 온 세상을 도야하고 三軍을 지휘하였다. 드디어 팔가문에서 한 눈금, 한 치의 미세한 것까지 분변하여 엄밀하게 가려 뽑아서 모두 1백 편을 모았다. 이를 간행하여 집집마다 이것을 익혀서 마음속으로 연구하고 몸소 실천하도록 하였으니, 이는 대체로 정신을 전일하게 하고 힘을 한데 모음으로써 “널리 알되 정밀하지 않음”이 없게 하려 한 것이다. 아! 훌륭하시도다.
>
> ⑥ 대체로 게으르고 약한 농부에게 넓은 경작지를 맡겨 제

때에 갈고 김매게 한다면 물론 힘이 달려 못하겠지만, 사방 여덟 자나 열 자 정도 되는 좁은 토지를 맡겼는데도 갈고 김매지 않아 거칠고 메마르게 하였다면 이는 분명히 힘을 다하지 않은 증거이다. 이 책은 손아귀에도 다 차지 않는데 그래도 방대하다고 근심하는 이가 있겠는가. 또 글씨 잘 쓰는 이를 살펴보면 일찍이 날카로운 필치를 숨기고 쓰다가 배우는 사람이 글씨가 굵기만 하고 힘이 없는 墨猪의 지경에 이를까 염려하여 다시 날카롭게 칼날처럼 뾰쪽함을 드러내서 그 똑바른 획을 보였다. 이 책은 살을 깡그리 발라내고 뼈만 남겨 놓았으니, 그 팔가의 宗旨를 얻은 것이 또한 극진하다. 또 성인(정조)께서 뽑으신 것이기 때문에 이를 믿을 수 있는 것이다. 그렇지 않다면, 도리어 다시 취하고 버릴 즈음에 주옥 같은 좋은 글을 버리고 도리어 자갈 같은 하찮은 글을 취하는 일이 있을 것이다.

⑦ 옛날 공자가 시경을 刪定하였으니, 신은 다음과 같이 말한다. "시경은 공자만이 산정할 수 있고, 팔가문은 성상만이 選集할 수 있다." 신은 삼가 서문을 쓴다.[19]

---

19) 『전서』, 「八子百選序」(內閣應敎), I-13, 5b-6a, p.266. "我聖上右文, 搜羅天地, 掞摛日月, 爐鞴一世, 旗鼓三軍. 遂就八家文, 銖稱寸度, 嚴選精取, 共得一百首. 付之剞劂, 令之家肄戶習, 心玩躬蹈, 蓋欲其專精聚力, 庶幾免博而不精. 猗歟盛哉. 夫惰農弱夫, 闊占耕區, 責之以粗耰以時, 固不逮也, 委之尋丈之畦, 以蓁蕪磽确, 明徵其不盡力也. 是編也, 握之不盈, 猶有病其博者乎. 又觀夫善書者, 嘗隱鋒而爲之, 病學者轉至墨猪, 又爲之巉刻露刃, 以示其正畫. 是編也, 太削肌膚, 孤存稜骨, 其於得八家之宗旨, 亦已盡矣. 且惟聖人之所選也, 是以信之. 不然, 其於取捨之際, 反復有遺珠而懷礫者矣. 昔孔子刪詩矣, 臣曰, 詩, 惟孔子能刪之, 八家之文, 有聖上能選之. 臣謹序."

다산은 ⑤에서, 右文의 정조가 팔가문에서 1백 편을 엄선하여 간행한 취지는, 모두가 널리 알되 정밀하지 않음이 없게 배려한 것이라 하였다. ⑥에서는, 『팔자백선』은 방대하지 않고 팔가의 宗旨를 얻은 것이자 정조가 선집한 것이기에 믿을 수 있는 만큼, 이를 버리면 구슬 같은 글을 버리고 자갈 같은 하찮은 글을 취하는 것이라 하여, 『팔자백선』을 주옥 같은 글로 비유하였다. ⑦에서는, 공자만이 『시경』을 산정할 수 있고, 정조만이 팔가문을 선집할 수 있다고 극찬하였다.

이 서문이 館閣文이라서 정조의 업적을 부각시키지 않을 수는 없었을 것이다. 그러나 자세히 보면, 다산의 논리에는 모순이 있다. 모곤의 『당송팔대가문초』와 정조의 『팔자백선』은 다 같은 선집이다. 그럼에도 불구하고 『시경』은 공자만이 刪定할 수 있고 팔가문의 선집은 正祖만이 할 수 있다고 한 것은, 지나친 헌사가 아닐 수 없다. 다산의 논리대로라면, 모곤은 당송팔대가의 문을 선집할 수 없다는 것이 된다.

당송팔대가에 대한 다산의 인식은 일관성에 문제가 있다. 즉 「五學論」(3)에서는 韓柳歐蘇 등 팔대가의 문학으로는 修身事親과 致君澤民할 수 없다고 폄하하였으나, 「팔자백선서」에서는 이를 버리면 주옥 같은 글을 버리고 자갈 같은 하찮은 글을 취하는 것이라 하여, 높이 포양한 점이 그것이다.

3. 한유론

한유(768-824)는 유학을 옹호하고 불교를 배척하였으며, 浮華한 사륙변려문을 위주로 하던 당시의 문풍을 바로잡고 고문부흥을 唱導하였다. 다산의 한유론에는 포양과 폄하가 공존하는데, 먼저 포양한 내용을 보기로 한다.

다산이 17세 때(1778) 쓴 시에서, 진사 曺翊鉉은 문장이 뛰어나 한유처럼 추앙을 받는다고[20] 하였는데, 이는 한유가 25세에 進士가 되어 명성이 높았음을 말한 것이다. 다산은 抄啓文臣 시절(28세, 1789) 親試의 「文體策」에서 한유를 옹호하였다.

韓 愈

신이 대답합니다. …… 韓昌黎가 미친 물결을 만회하지 못하였고, 張曲江(張九齡)은 겉만을 꾸몄다는 데 대하여, 아! 한창려는 남쪽으로 귀양을 가고 서쪽으로 좌천

20) 『전서』, 「陪家君同尋曺氏溪亭」, I-1, 6b, p.3. "曺家衆兄弟, 上舍獨詞雄. 鄕貢推韓愈, 門盈似孔融."

되어 천하의 文權이 그에게 돌아오지 않자 進學解를 지어 선비를 가르치려 하였으나 끝내 부질없는 말로 돌아갔습니다. 장곡강은 機微에 밝아 安祿山의 逆相을 미리 간파한 높은 식견이 있었습니다. 문사들이 서로 배척하는 말이야 어찌 믿을 수 있겠습니까. 신은 그들의 행적을 논한다면 모두 반드시 박대할 수만은 없다고 생각합니다.21)

한유가 적극적으로 고문운동을 창도했지만 좌천으로 인해 文權을 잡을 수 없어서 「진학해」를 지어 선비들을 교육하려 했으나 空言이 되었고, 張九齡이 안록산의 逆相을 미리 간파한 높은 식견이 있었다는 것이다. 그러므로 文士들이 서로 배척하는 말을 어찌 믿을 수 있겠느냐면서, 그들의 행적을 보면 결코 박대할 수 없다고 하여 한유와 장구령의 공을 인정하였다.

다산이 황해도 곡산부사 시절에, 퉁소와 그림에 능했던 기인인 張天慵을 만난 후 쓴 시 「張天慵歌」에서, 한유를 언급하였다.

손잡고 흉금 터놓고 속엣 말 다 하면서
비 오는 아침 달 뜬 밤 항상 상종했네

---

21) 『전서』, 「文體策」(己酉十一月, 親試), I-8, 36a, p.167. "臣對曰, …… 昌黎莫挽於狂瀾, 曲江只飾於邊幅, 噫, 昌黎南竄西征, 文權不歸, 則進學訓士, 竟屬空言. 炳幾逆詐, 蔚有見識, 則文人相斥, 何足準信. 臣以爲執跡而論, 俱不必厭薄矣."

배우지 않은 훤원미명이 한유를 꺾었으며
자못 戴顒를 찾은 支遁 스님 같았네

천용자 성은 장씨라는데
사는 곳 물었더니 입 다물고 말하지 않네

握手開襟寫磈磊　雨朝月石常相從
不學彌明枉韓愈　頗似支公訪戴顒
天慵子張其姓　試問鄉里其口封[22)]

衡山道士인 軒轅彌明이 한유의 제자들과 「石鼎」이란 제목으로 聯句 지었는데, 한유의 제자들을 압도했던 일을[23)] 용사하여 장천용을 헌훤미명으로 미화하였다.

다산은 29세(1790)에 白澤 申佐郞의 破屋을 보고 지은 시에서 한유의 빈궁을 언급하였다.

양웅이 빈축부를 짓고 한유가 송궁문을 지었듯이
예로부터 문장가는 춥고 또한 굶주렸네

광문박사 정건은 북두칠성 비치는 구멍 못 막은 채
두어 칸 집에서도 여유작작 살았다네

揚雄逐貧愈送窮　自古文章有寒餓

22) 『전서』, 「天慵子歌」, I-3, 28b, p.55.
23) 錢仲聯 集釋, 「石鼎聯句詩」幷序, 『韓昌黎詩繫年集釋』下, 上海古籍出版社, 1994, pp.849-852.

廣文七星窮未塞　有屋數間寄阿那[24]

白澤의 빈궁을 揚雄과 한유와 鄭虔의 곤궁과 같다고 비유하고 위로한 것이다. 그리고 경상도 장기 유배중(1801)에 쓴 「惜志賦」에서는 한유와 蘇軾의 순탄하지 못했던 삶과 자신의 운명을 대비하였다.

한유는 곤궁을 버리려 했으나 더욱 달라붙었고
소식은 재주를 자랑했으나 역시 좌천을 당했네

하늘의 명은 어길 수 없나니
어찌 마음속에 불만을 가지리

愈餞窮而益附兮　瞻詡才亦遭貶
旣戴命而莫違兮　又何爲乎內慊[25]

이는 한유가 44세(元和 6, 811)에 쓴 「送窮文」에서, 자신에게 붙어사는 五鬼인 智窮 學窮 文窮 命窮 交窮을 餞別하려 했으나 도리어 이 귀신들을 上座에 앉혔던 것과,[26] 소

24) 『전서』, 「破屋歎爲白澤申佐郎作」, I-1, 39a, p.20.
25) 『전서』, 「惜志賦」, I-1, 1b, p.1.
26) 馬具昶 校注·馬茂元 整理, 「送窮文」, 『韓昌黎文集校注』, 上海古籍出版社, 1987, pp.570-572. "元和六年, 正月 乙丑晦, 主人使奴星, 結柳作車, 縛草爲船, 載粮與粻., 牛繫軛下, 引帆上檣, 三揖窮鬼而告之曰, …… 主人於是垂頭喪氣, 上手稱謝, 燒車與船, 延之上座."

식이 재주를 자랑했으나 오히려 폄직을 당했던 것을 회상하고, 이들의 운명을 자신의 처지와 대비하여 유배를 천명으로 승화하면서 불만을 가지지 않겠다고 한 것이다.[27)]

한유는 형부시랑 시절에(52세, 元和 14, 819) 유명한 「論佛骨表」를 올려 憲宗의 노여움을 사서 8천 리 떨어진 潮州刺史로 좌천되었고, 겨울에 袁州刺史로 옮겼다. 다산이 유배간 곳 경상도 장기 땅은 서울에서 8백 리 떨어진 먼 곳이다. 장기에서 한유를 생각하고 쓴 시 「我思古人行」을 보자.

내가 생각하는 옛 사람 한유를 생각하네
불교를 공격한 죄로 남쪽으로 귀양 갔네

한유가 귀양 간 곳 팔천여 리 먼 곳인데
한유는 팔천 리 나는 팔백 리 고금이 다르네

지금부터 귀양살이 슬픔을 말하지 말고
나는 옛 사람을 생각하며 그릇을 키워야지

我思古人思韓愈　坐攻佛法謫南土
韓愈八千餘里謫　彼千我百殊今古
自今勿言萍梗悲　我思古人恢器宇[28)]

27) 金相洪, 『茶山 文學의 再照明』, 檀國大學校出版部, 2003, p.95.
28) 『전서』, 「我思古人行, 三章章六句」(3), I-4, 9b, p.66. “長鬐距京八百里”

이는 한유가 8천 리 먼곳인 潮州로 유배를 갔으나 刺史로 갔고, 자신은 죄인인지라 無官으로 8백 리 거리에 있는 장기로 유배 온 것을 대비한 것이다. 그러나 슬퍼하지 않고 한유를 생각하며 자신의 그릇을 키워야겠다는 것은, 유배의 아픔을 우회적으로 형상화한 것이다.

正祖는 1792년 봄(다산 31세)에 충청도 청주에 사는 申義淸이 100세의 노인으로 정정하다는 말을 듣고 그를 불러 정이품 벼슬을 주고 술을 하사한 후 신하들에게 시문을 지어 전송케 하였다. 이 때 다산이 쓴 「百歲壽序」에서 한유를 언급하였다.

> 옛날 한유가 헌종의 의혹을 풀어주고자 하여 수천 수백 년 이전을 샅샅이 조사하였는데, 백 년 이상의 장수를 누린 이는 겨우 7-8인 정도에 그쳤으니, 나이 백세 되는 이가 겨우 이와 같이 희귀하다.29)

이는 한유가 「논불골표」에서, 黃帝 이후 불교가 들어오기 전까지 역대 제왕으로서 장수하고 오래 재위한 이들을 예시한 후, 불교가 들어온 漢의 明帝 이후로 불교를 신봉하고서도 재위 기간이 짧고 복도 받지 못한 제왕들을 비교하여, 헌종에게 부처의 舍利를 궁중에 봉안하지 말라고 상

---

29) 『전서』, 「僉知中樞府使申公義淸百歲壽序」(壬子春), I-13, 18a, p.272. “昔韓文公, 欲解憲宗之惑, 窮搜極覓於數千百年之上, 而得百年者, 僅七八而止, 百年之絶無, 而僅有如是矣.”

소한 것을 용사한 것이다.[30)]

다산은 唐의 문장은 처음에 사치스럽고 화려했으나 한유와 柳宗元의 문장이 晩唐 때에 일어났다.[31)]고 하여, 한유와 유종원의 고문운동의 공을 인정하였다. 다산은, 곡산부사 시절 향교에서 선비들에게 시험을 보인 「問儒」에서, "詞章은 당 나라 때보다 더 융성한 적이 없는데도 한유는 덕 있는 친구가 없었고, 도학은 程顥 程頤 邵雍에게 와서 지극히 융성하였으나, 동파는 따로 門戶를 세웠으니, 선비와 문장은 그 길이 같지 않은 때문인가."[32)]라고 물었다. 이는 한유의 사장은 훌륭했으나 덕이 없었다고 애석하게 여기고 동정한 것이다. 다산은, 822년(장경 2) 호부시랑 張平叔이 소금을 官에서 專賣하자고 한 상소에 대하여, 한유가 불가하다고 논박한 「論變鹽法事宜狀」[33)]이 너무 엄격하다고 하였고,[34)] 『經世遺表』에서도 이를 언급하였다.[35)]

---

30) 馬具昶 校注・馬茂元 整理, 「論不骨表」, 『韓昌黎文集校注』, 上海古籍出版社, 1987, pp.613-616.

31) 『전서』, 「弊策」, I-9, 5a, p.173. "唐之文章, 厥初靡麗, 而韓柳之文起於晩唐."

32) 『전서』, 「問儒」(谷山府鄕校試士), I-9, 20a, p.180. "詞章莫盛於李唐, 而昌黎未有德鄰, 道學極隆於程邵, 而東坡別立門戶, 儒之與文, 其道不同歟."

33) 馬具昶 校注・馬茂元 整理, 「論變鹽法事宜狀」, 『韓昌黎文集校注』, 上海古籍出版社, 1987, pp.646-653.

34) 『전서』, 「鹽策」, I-9, 4a, p.172. "韓愈之官賣, 議掊擊太嚴."

35) 『전서』, 『경세유표』, 「地官修制」, 賦貢制 5, V-11, 3b, p.207. "穆宗時, 張平叔議榷鹽法敝, 請官自賣鹽, 兵部侍郎韓愈條詰之, 以爲不可, 遂不行."

강진 유배지의 제자 黃裳이 전원에서 은자의 삶을 살려고 할 때에 갖추어야 할 細目을 묻자, 다산은 장문으로 답하였다. 은자의 삶을 살려면 적어도 『周易集解』를 비롯하여 도연명 謝靈運 두보 한유 소식 陸機의 시집과, 중국의 악부, 그리고 列朝의 시집을 구비해야 한다고 하였다.36) 이는 비록 은자라도 반드시 도연명을 비롯하여 한유와 蘇軾의 시집 등을 읽어야 한다는 것이다.

다산은 강진에서 장남 學淵에게 보낸(1808) 서한에서 시의 用事 문제를 논하면서 한유를 포양하였다.

> 두보의 시는 용사에 있어 흔적이 없어 읽어 보면 자작한 것 같지만 자세히 살펴보면 모두 출처가 있으니, 시성이 되는 이유이다. 한퇴지 시의 字法은 모두 출처가 있으나 句語는 자작이 많으니, 大賢이 되는 이유이다. 소자첨의 시는 구절마다 사실을 인용하였는데 흔적이 남아 있어 얼핏 보면 의미를 깨닫지 못하고 반드시 이리저리 고찰하고 검사하여 그 근본을 캔 뒤에야 겨우 그 뜻을 통할 수 있으니 이것이 박사가 되는 이유이다.37)

---

36) 『전서』, 「題黃裳幽人帖」, I-14, 44b-45a, pp.306-307. "室中置書架二部, 揷架書一千三四百卷, 周易集解, …… 以至棊譜琴譜之等, 無所不具. 案上展論語一卷, 旁有花梨木几子, 安陶謝詩, 杜韓蘇陸之詩, 及中州樂府, 列朝詩集等數帙. 案底置烏銅香爐一口, 曉暮, 燒玉蕤香一瓣, 庭前起響, 墻一帶高可數尺, 墻內安百種花盆, 若石榴巵子曼陀之等, 各具品格, 而菊最備, 須有四十八般, 名色方是僅具也."

37) 『전서』, 「寄淵兒」(戊辰冬), I-21, 9b, p.443. "杜詩, 用事無跡, 看來如自作, 細察皆有本(有出處), 所以爲聖. 韓退之詩, 字法皆有所

시의 용사에서 두보를 '詩聖'으로, 한유를 '大賢'으로, 소식을 '博士'라고 하였다. 한유의 시는 字法이 모두 근본이 있으나 句語는 자작이 많기 때문에, 이 점에서 大賢이 되는 것이라 하여 포양하였다.

다산이 18년간 유배에서 풀려난 후 향리에서 소요자적할 때 쓴 시에서 한유의 「山石」[38] 시가 풍격이 높다고 평가하였다.

> 가을 버들은 혼이 사라지는 소리를 내고
> 봄 배의 돛은 물가에 의지할 때로세
>
> 모르겠노라 한유의 「산석」구가
> 어찌 계집아이 시와 같을 건가
>
> 秋柳銷魂語　春帆倚渚時　未知山石句　何似女郎詩[39]

本(有出處), 句語多其自作, 所以爲大賢也. 蘇子瞻詩, 句句用事, 而有痕有跡, 瞥看不曉意味, 必也左考右檢, 探其根本, 然後僅通其義, 所以爲博士也."

38) 錢仲聯 集釋, 「山石」, 『韓昌黎詩繫年集釋』上, 上海古籍出版社, 1994, p.145. "山石犖确行徑微, 黃昏到寺蝙蝠飛. 昇堂坐階新雨足, 芭蕉葉大支子肥. 僧言古壁佛畫好, 以火來照所見稀. 鋪牀拂席置羹飯, 疎糲亦足飽我飢. 夜深靜臥百蟲絶, 淸月出嶺光入扉. 天明獨去無道路, 出入高下窮煙霏. 山紅澗碧紛爛漫, 時見松櫪皆十圍. 當流赤足蹋澗石, 水聲激激風吹衣. 人生如此自可樂, 豈必局束爲人鞿. 嗟哉吾黨二三子, 安得至老不更歸."

39) 『전서』, 「三月二十七日, 乘小艓赴忠州舟中雜吟」(3), I-6, 30a, p.113.

한유의 「산석」시는, 宋 나라 秦觀(1049-1100)의 「春日」 轉結句와는[40] 비교할 수 없다는 것이다. 즉 金의 元好文이 「산석」과 진관의 「春日」을 대비하고 진관의 시를 女郞의 시라고[41] 평한 것을 용사하여 한유의 시가 風骨이 있다고 포양한 것이다.

나는 한유의 山石 시를 사모하나니
계집애 시라고 비웃음 받는 것 두려워하리

我慕山石句　恐受女郎嗤[42]

이는 다산이 71세(1832)에 중국문학의 擬似化를 거부하고 조선 문학의 독립을 선언한 시의 一聯이다. 수식이 없는 자연스런 한유의 「산석」시의 풍격을 사모한다고 한 것은, 그의 문학에 대한 수용과 포양이다. 한편 다산은 「與鼎山」에서 자신의 귀신관이 한유의 귀신관과 같다고 밝혔다.

내가 생각해 보니, 귀신에 대한 말은 공자도 자세히 대답하지 않으셨는데, 하물며 衆人이겠습니까. 다만 접어두고 논하지 않는 것이 마땅합니다. 그러나 내가 일찍이 이에 대하여 연구

---

40) 秦觀, 「春日」, "一夕輕雷落萬絲, 霽光浮瓦碧參差. 有情芍藥含春淚, 無力薔薇臥晚枝."

41) 元好文, 「論詩絶句三十首」(24). "有情芍藥含春淚, 無力薔薇臥晚枝. 拈出退之山石句, 始知渠是女郎詩."

42) 『전서』, 「老人一快效香山體」(5), 1-6, 34a, p.115.

한 바가 있으니, 요는 한문공의 原鬼의 緖論를 따른 것뿐입니다.[43]

위에서 공자도 귀신에 대하여 자세히 대답하지 않았다는 것은, 공자가 귀신을 섬기는 것과 죽음에 대하여 질문한 季路에게 사람을 섬기지 못하면서 어찌 귀신을 섬길 수 있으며 生을 알지 못하면서 어찌 死를 알겠느냐고 한 것[44]을 말한 것이다. 그리고 자신이 일찍이 귀신에 관해 논한 연구의 요지는 한유의 「原鬼」의 緖論을[45] 따른 것이라고 하였는데, 이는 그의 귀신관에 동의한 것을 뜻한다. 이처럼 시문에서 자주 언급한 것은, 다산이 한유에 경도되었기 때문이다.

다산은 『목민심서』에서 한유를 수차 언급하였다. 한유가 陽山令 시절에 백성들이 아들을 낳으면 많은 사람들이 그의 姓을 가지고 字를 지었다[46] 하였고, 조주자사 재직시에

---

43) 『전서』, 「與鼎山」(寄延豊謫中), I-19, 28ab, p.409. “竊唯鬼神之說, 孔子未之詳答, 況在衆人. 但當存而勿論, 然竊嘗於此, 有所硏究, 要以自附於韓文公原鬼之緖論.”

44) 『論語』, 「先進」, “季路, 問事鬼神, 子曰, 未能事人, 焉能事鬼. 敢問死. 曰, 未知生, 焉知死.”

45) 馬具昶 校注·馬茂元 整理, 「原鬼」, 『韓昌黎文集校注』, 上海古籍出版社, 1987, pp.26-27. “有嘯於梁, 從而燭之, 無見也, 斯鬼乎. 曰, 非也, 鬼無聲. 有立於堂, 從而視之, 無見也. 斯鬼乎. 曰, 非也, 鬼無形. 有觸吾躬, 從而執之, 無得也, 斯鬼乎. 曰, 非也, 鬼無聲與形, 安有氣. 曰, 鬼無聲也, 無形也, 無氣也, 果無鬼乎. 曰, 有形而無聲者, 物有之矣, 土石是也. 有聲而無形者, 物有之矣, 風霆是也. 有聲與形者, 物有之矣, 人獸是也, 無聲與形者, 物有之矣, 鬼神是也.”

선정을 하여 아전과 백성들이 임금의 덕을 칭송하는 바를 듣고 북을 치고 춤추며 환호하여 정사에 특별히 마음을 쓰지 않고도 모든 일이 순조롭게 되었다고 하였다.[47] 또한 한유가 조주에서 진사 趙德을 시켜 백성들을 교육시킨 일과,[48] 그의 사후에 조주 백성들이 사당을 세워 제사를 지내고 수재와 旱災와 질병 등으로 祈求할 일이 있으면 사당에 가서 기도한 일을 언급하였다.[49] 그리고 한유가 袁州守 시에, 그 곳 사람들은 남녀를 下隷로 삼았다가 기일이 지나도록 贖錢을 내지 않으면 노예로 沒入했는데, 한유가 모두 품값으로 속전을 계산케 하고 부모들의 품으로 돌아가게 한 일을 기렸다.[50] 이러한 구절들은 모두가 한유가 목민관으로 선정한 치척을 褒揚한 것이다.

다산은 한유를 '夫子'와 '先生'이라고 존칭하였다. 즉 屈原 賈誼 李白 韓愈 蘇軾 南宋의 蔡元定 6人의 화상찬에서 '夫

---

46) 『전서』, 『목민심서』, 「奉公, 宣化」, Ⅵ-29, 40a, p.58. "韓退之, 爲陽山令, 民生子, 多以其姓字之."

47) 『전서』, 『牧民心書』, 「奉公, 宣化」, Ⅴ-18, 1b-2a, p.338. "韓文公, 爲潮州刺史. …… 吏民, 聞所稱聖德, 鼓舞讙呼, 不勞施爲坐, 以無事."

48) 『전서』, 『목민심서』, 「禮典, 興學」, Ⅴ-22, 58b, p.469. "韓文公, 爲潮州刺史, 始潮人未知學, 公命進士趙德爲之師, 自是潮之士, 皆篤於文行, 延及齊民, 號稱易治."

49) 『전서』, 『목민심서』, 「解官, 遺愛」, Ⅵ-29, 36a, p.56. "韓文公, 爲潮州刺史, 潮民悅服. 公歿後民思焉, 爲祠於州城之南, 飮食必祭, 水旱疾疫凡有求, 必禱焉."

50) 『전서』, 『목민심서』, 「賑荒, 設施」, Ⅵ-28, 38b, p.38. "唐韓愈治袁州, 袁人以男女爲隷, 過期不贖則沒入, 愈悉令計傭, 歸之父母."

子'라 존칭하였고,[51] 이들 모두에게 '선생'이라 하였다. 다산의 한유 화상찬을 보자.

길고 넓은 건 江河이고
바위가 쌓인 것은 山嶽일레

기려한 사륙문을 쳐부수어
彫琢을 剗平했네

미친 물결을 힘써 막아
흐린 물을 맑게 했네

궤탄한 학설을 앞장서서 쳐부수어
正學을 높이 표방했네

남쪽 바다 瘴氣 속에서
역경 중에도 지조 지키며 학문을 닦았네

汪洋者河　磊砢維嶽　椎碎綺麗　剗平彫琢
力障狂瀾　澄淸其濁　首撲詭誕　高標正學
蠻烟海瘴　苦操彌學[52]

이 화상찬에서는, 한유가 四六文을 위주로 하던 당시의 문풍을 바로잡고 고문복고 운동을 주도한 공로와, 「進學解」

51) 『전서』, 「謫中六夫子畵像贊」, I-12, 32a-33, pp.255-256.
52) 『전서』, 「潮州謫客韓先生」(諱愈), I-12, 33a, p.256.

에서 밝힌 바와 같이 老佛의 이단을 배척하고 유학으로 회귀시킨 공을[53] 포양하였다. 아울러 한유가 조주자사 폄직 시에, 진사 趙德을 시켜 조주 사람들에게 학문을 가르쳐 文行이 있게 한 공을[54] 기렸다. 그리고 한유가 3세 때 부모를 잃고 고아가 되어 伯兄 韓會의 처인 鄭氏에게서 양육되었는데, 형수가 죽자 朞年服을 입어 양육해 준 데 대한 공을 보답한 사실을[55] 포양하였다.

한편 다산은, 한유의 학문적 오류에 대하여 비판하였다. 다산은, 우주 안에 있는 至善의 문장은 『역경』·『시경』·『서경』·『예기』·『주례』·『춘추좌씨전』·『논어』·『맹자』·『노자』뿐이며 이 이외에는 순수한 문장이 적었다고 하였다.[56] 앞서 살펴본 다산의 「팔자백선서」에서는, 한유가 頹

---

53) 馬具昶 校注 馬茂元 整理, 「進學解」, 『韓昌黎文集校注』, 上海古籍出版社, 1987, pp.45-46. "觝排異端, 攘斥老佛, 補苴罅漏, 張皇幽眇, 尋墜緖之茫茫, 獨旁搜而遠紹, 障百川而東之, 廻狂瀾於旣到, 先生之於儒, 可爲有勞矣."

54) 楊家駱 主編, 『蘇東坡全集』下, 「潮州脩韓文公廟記」, 續集 권12, 世界書局, 中華民國 74, p.373. "始潮之人未知學, 公命進士趙德爲之師, 自是潮之人, 皆篤於文行, 延及齊民, 至于今, 號稱易治, 信乎. 孔子之言, 君子學道則愛人, 小人學道則易使也. 潮人之事公也, 飮食必祭, 水旱疾疫, 凡有求必禱焉."

55) 『新唐書』(7), 「韓愈」, 권176, 列傳101. 鼎文書局, 中華民國 72, pp.5255-5265. "愈生三歲而孤, 隨伯兄會貶官嶺表. 會卒, 嫂鄭鞠之 …… 嫂鄭喪, 爲服期以報." ○『전서』, 「尹季淵兄嫂孺人六十一壽作」, I-13, 19b, p.273. "有或早喪怙恃, 爲兄嫂所育者, 往往事之謹如母, 亦以至行, 聞于鄕光于冊. 如顔含·第五訪·徐彦伯·王珪·趙弘智·韓愈之倫, 皆表表可述."

56) 『전서』, 「五學論」(3), I-11, 21a, p.232. "故文章之在宇宙之間, 其精微巧妙者易, 溫柔激切者詩, 典雅縝密者書, 詳細而不可亂者禮,

波의 砥柱처럼 우뚝 일어나서 말끔히 씻어 古文의 참모습을 회복하고 門路를 찾아 놓았기에 이 문로를 따르는 사람이 서로 잇따랐다고 하여, 그의 고문부흥에 기여한 공을 인정하였다. 그러나 「오학론」(3)에서, 한유를 비롯하여 유종원·구양수·소식의 문학을 신랄하게 비판하였다. 한유와 유종원을 문장의 中興祖라고 하지만 이들은 유학의 근본을 망각했기에 고문을 부흥시키지 못하였다고[57] 폄하하였다. 한유의 고문부흥에 대한 평가에는 포폄이 공존하여 일관성이 없다.

한유는 李賀에게 편지를 보내어 進士試에 응시할 것을 권유하였다. 이하의 부친 이름이 "晋肅"(현대음 jinsu')과 進士(현대음 jinsi)는 발음이 비슷해서 忌諱法에 따라 아들인 이하는 진사에 응시해서는 안되고 또한 응시를 권유한 한유도 잘못이라고 논객들이 비판하자, 그는 「諱辨」을 써서 정당함을 논변하였다. 한유의 「휘변」에 대하여 다산은 「韓文公諱辨評」에서 典故가 너무 소략하다고 다음과 같이 비판하였다.

① 禹와 雨, 丘와 區, 그리고 徵을 말하고 在를 말함에 있어서는[58] 모두 예기의 注에서 출전되어 근거한 데가 있다. 그러

條畼而不可糅者周禮, 瓌奇吐欱而不可屈者春秋左氏傳, 睿聖無瑕者論語, 眞知性道之體而劈析枝經者孟子, 刻覈深窈者老子, 下此以往, 醇者或寡矣."

57) 『전서』, 「五學論」(3), I-11, 21b, p.232. "韓愈柳宗元, 雖稱中興之祖, 而本之則亡, 如之何其興之也."

나 韓公은 실로 경전에 어두워, 인용한 諱法에 대한 반박이 葉氏의 말처럼 심원한 데까지 미치지 못하였다. 섭씨는 醢人(周의 官名) 昌本(昌은 周 文王의 諱), 小行人(周의 관명)의 發禁(發은 周 武王 휘), 大司樂(周 관명)의 諷誦(誦은 周 成王의 휘), 地官(周 관명)의 誦訓(誦은 周 成王 휘)을 인용하고, 또 詩經의 克昌厥後 駿發爾私의 시를 인용하여 周公이 文武 成王의 이름을 휘하지 않은 것을 증명하였다. 또 春秋에 同盟于幽 陳侯午卒이라 한 것을 가지고 孔子가 莊公(名은 同)·襄公(명은 午)의 이름을 휘하지 않았음을 증명하였다.[59] 이러한 것들은 모두 한공이 수렴하지 못한 사실이다.(섭씨의 말은 『徐氏禮考』에 보인다)

② 滸(당 太祖 휘 虎와 音同)·勢(당 태종 휘 世民의 世와 音同)·秉(당 代宗 휘 昞과 동음)·饑(당 현종 휘 隆基의 基와 동음)는 말하기를 자못 근밀히 하였다. 그러나 治天下의 治자야 어찌 휘하지 않았는가. 당 高宗은 본래 晋王 治였다.[60] 이

58) 馬具祀 校注, 馬茂元 整理, 「諱辨」, 『韓昌黎文集校注』, 上海古籍出版社, 1987, p.61. "愈曰, 然. 律曰, 二名不偏諱, 釋之者曰, 謂若言徵不稱在, 言在不稱徵是也. 律曰, 不諱嫌名. 釋之者曰, 謂若禹與雨, 丘與蓲之類是也."

59) 앞의 책, 「諱辨」, pp.61-62. "夫諱, 始於何時. 作法制以敎天下者, 非周公孔子歟. 周公, 作詩不諱, 孔子不偏諱二名. 春秋, 不譏不諱嫌名, 康王釗之孫, 實爲昭王. 曾參之父名晳, 曾子不諱昔. 周之時, 有騏期, 漢之時, 有杜度, 此其子宜如何諱. 將諱其嫌, 遂諱其姓乎. 將不諱其嫌者乎."

60) 앞의 책, 「諱辨」, p.62. "漢諱武帝名徹爲通, 不聞又諱車轍之轍, 爲某字也. 諱呂后名雉, 爲野鷄, 不聞又諱治天下之治, 爲某字也. 今上章及詔, 不聞諱滸勢秉饑也. 惟宦官宮妾, 乃不敢言諭及機, 以爲觸犯. 士君子言語行事, 宜何所法守也. 今考之於經, 質之於律, 稽之以國家之典, 賀擧進士爲可邪, 爲不可邪."

미 嫌名한 것이 아니며 또 두 자의 이름도 아니다. 어찌하여 諱하지 않았는가. 거칠기가 심대하다.

③ 韓文公이 毛穎傳을 지어 이르기를 "시초점(筮)을 쳐서 하늘과 人文의 조짐(兆)을 얻었다"고[61] 하였는데, 거북점(卜)을 치면 조짐을 얻고 시초점을 치면 卦를 얻는다. 시초점을 쳐서 조짐을 얻었다고 하였으니 이런 이치가 있는가. 문장에 뜻을 둔 자는 벼슬을 구하는 데만 힘쓰기 때문에 경전에 소략함이 왕왕 이와 같다.[62]

다산은 이와 같이 한유의 「휘변」은 전고가 너무 소략하다고 하였다. 葉氏가 『徐氏禮考』에서 명징하게 고증한 것처럼, 한유의 고증이 미흡할 뿐만 아니라 거칠기가 심대하다고 비판하였다. 또한 한유의 「毛穎傳」에서의 "連山易으로 시초점(筮)을 치니 하늘과 人文의 점괘를 얻었다."고 한 것을 오류라고 하였다. 즉 거북점(卜)을 치면 조짐을 얻고 시초점을 치면 卦를 얻는데 "시초점을 쳐서 조짐을 얻었

---

61) 앞의 책, 「毛穎傳」, p.567. "秦始皇時, 蒙將軍恬, 南伐楚, 次中山, 將大獵以懼楚, 召左右庶長與軍尉, 以連山筮之, 得天與人文之兆."

62) 『전서』, 「韓文公諱辨評」, I-22, 31b-32a, p.473. "禹與雨, 丘與區, 言徵言在, 皆出禮注, 有所本矣. 然韓公實疏於經典, 所引諱法之駁, 不及葉氏之說遠甚. 葉氏引醢人昌本, 小行人發禁, 大司樂諷誦, 地官誦訓, 又引詩經克昌厥後, 駿發爾私諸詩, 以證周公不諱文武成王之名. 又春秋曰, 同盟于幽, 陳侯午卒, 以證孔子不諱莊公襄公之名. 皆韓公所未收也.(葉氏說, 見徐氏禮考) 滸勢秉饑, 說之頗謹. 而治天下之治, 胡獨不諱. 唐高宗本晋王治. 旣非嫌名, 又非二名. 何爲而不諱也. 疏率大矣. 韓文公作毛穎傳曰, 筮之得天與人文之兆, 卜則遇兆, 筮則遇卦. 筮而得兆, 有是理乎. 志在文章者, 漁獵爲務, 故其疏於經典, 往往如此."

다"는 것은 이치에 맞지 않다고 했고, 또한 한유는 벼슬을 구하는 데 힘쓰느라 경전에 대한 이해가 소략했던 결과라고 폄하하였다.

한유가 「原性」에서 밝힌 '性三品說'63)에 대하여, 다산은 천고의 큰 폐단64)이라고 신랄하게 비판하였다.

> 鏞이 생각컨대, 공자가 "性은 가깝고 습관은 서로 멀다. 오직 上智와 下愚는 變移시킬 수 없다"고 하였는데, 한유가 이 문장을 잘못 읽고서 三品說을 만들었다. 공자의 말은 대체로 "요순이나 桀紂의 성은 모두 서로 가까우나 착한 사람의 습성을 익히면 착하게 되고 악한 사람의 습성을 익히면 악하게 된다. 오직 지혜롭고 총명한 자는 비록 악인과 서로 익숙히 지내더라도 변이되지 않으며, 우매한 자는 비록 착한 사람과 서로 익숙히 지내더라도 변이되지 않는다"고 한 것이다. …… 한유와 다른 여러 사람들은 성이 서로 가깝다는 것으로 中人의 성을 삼고, 상지와 하우로써 堯와 桀의 별명을 삼아서, 좌씨의 화려하고 과장된 말을 잡되게 인용하여 그 뜻을 증명해, "상지는 태어나면서부터 착하고 하우는 태어나면서부터 악하다"고 하였다. 이는 그 삼품설이 족히 천하에 독이 되고 만세

---

63) 馬具昶 校注, 馬茂元 整理, 「原性」, 『韓昌黎文集校注』, 上海古籍出版社, 1987, p.20. "性也者, 與生俱生也. 情也者, 接於物而生也. 性之品有三, 而其所以爲性者五, 情之品有三, 而其所以爲情者七. 曰何也. 曰, 性之品有上中下三. 上焉者, 善焉而已矣. 中焉者, 可導而上下也, 下焉者, 惡焉而已矣."

64) 『전서』, 「陽貨」, 『論語古今註』, Ⅱ-15, 11a, p.338. "智愚者, 謀身之工拙, 豈性之品乎. 性相近, 只是一等而已. 安有上中下等乎. 上中下三等之說, 爲千古之大蔀, 不可以不辨."

에 재앙이 되는 것으로, 洪水와 맹수뿐만이 아니다."[65]

다산은 이와 같이, 한유의 '성삼품설'이 잘못된 것으로서, 천하에 해독을 끼치고 만세에 재앙을 끼치기 때문에 그 폐해가 홍수나 맹수와 같다고 비판하였다.

다산의 한유론은 포폄이 공존한다. 다산은 학문에 관한 문제에 대해서는 당송팔대가의 제1인자라고 해서 묵과하지 않았다. 특히 한유의 「휘변」과 「原性」의 '性三品說'을 비판한 것은, 학자적 양심과 소신에 따라 학문에 대해 是와 非를 엄격히 논한 결과이다. 이와 같은 한유론을 통하여 다산의 宏博한 학문의 실상을 알 수 있다.

4. 유종원론

다산이 유종원(773-819)에 대하여 언급한 것은 많지 않으나, 褒貶이 交織하고 있다. 다산은, 唐의 문장은 처음에

65) 『전서』, 「告子 上」(公都子曰, 古子曰, 性無善無不善章), 『孟子要義』, II-6, 22a, p.136. "鏞案, 孔子曰, 性相近也, 習相遠也. 惟上智與下愚, 不移. 韓子誤讀此文, 爲三品說也. 孔子之言, 蓋云堯舜桀紂, 性皆相近, 習於善人, 則爲善, 習於惡人, 則爲惡. 惟智明者, 雖與惡人相習, 不爲所移, 愚暗者, 雖與善人相習, 不爲所移也. …… 韓子諸人, 乃以性相近, 爲中人之性, 以上智下愚, 爲堯桀之別名, 雜引左氏浮夸之說, 以證其義曰, 上智生而善, 下愚生而惡. 此其說有足以毒天下而禍萬世, 不但爲洪水猛獸而已."

사치스럽고 화려했으나 한유와 유종원의 문장이 만당 때에 일어났다고 하여,[66] 한유와 유종원의 고문부흥의 공을 褒揚하였다. 강진 유배지에서 쓴(42세, 1803) 시「春晴」을 보자.

> 발에 부는 바람으로 취해 시 짓는 것 더디고
> 버들 꽃 떨어져 연못 안에 가득하네
>
> 들의 대 숲 빽빽한 곳 찾아가서
> 대나무에 柳州 시나 엮어봐야겠네
>
> 小簾風掣醉吟遲　落絮飄英已滿池
> 聊就野園叢竹裏　綠筠題編柳州詩[67]

이는, 다산이 귀양객으로 무료함을 달래려는 心境을 형상화한 것이다. 외로운 유형의 땅에 봄은 찾아왔으나 할 일이 없어 대나무에다 유종원의 시를 쓰겠다고 한 것을 보면, 그의 시를 애독한 것이다.

다산은『목민심서』에서 수차 유종원을 언급하고 치적을 포양하였다. 勸農에 관한 정사를 논한 후에「種樹郭橐駝傳」[68]의 끝 부분을 인용한 후, 그의 말은 오활한 수령의 병통에 적중한 것이라고 평하였다.[69] 그리고 목민관은 고

---

66)『전서』,「弊策」, I-9, 5a, p.173. "唐之文章, 厥初靡麗, 而韓柳之文起於晩唐."

67)『전서』,「春晴」(3)(癸亥春在康津), I-4, 29b, p.76.

68) 楊家駱 主編,「種樹郭橐駝傳」,『柳河東全集』, 世界書局印行, 中華民國 64, pp.207-208.

柳宗元

을에 淫祀가 있으면 백성들을 효유하여 훼철하도록 해야 한다고 한 후, 薛存義가 舜의 이복동생인 象의 사당을 훼철한 내용을 기록한 「道州毁鼻亭神記」[70]를 예시하였다.[71] 다산은 도로를 잘 닦아서 여행자를 편하게 하는 것이 어진 수령의 정사라 한 후에, 유종원의 「興州江運記」[72]를 언급하였다.[73]

유종원이 柳州刺史 때에, 그곳 풍속은 남녀를 저당 잡히고 돈을 썼다가 갚지 못하면 노비로 삼았는데, 그가 방책을 마련해 귀가시킨 사람이 1년 동안 1천 명이 되었던 것을 기렸다.[74] 목민관이 죽은 후에 백성들이 추모하여 사당

---

69) 『전서』, 『牧民心書』, 「戶典, 勸農」, V-22, 11b-12a, p.446. "總之勸農之政, 宜先授職. 不分其職, 雜勸諸業, 非先王之法也." ○ 柳子厚, 種樹郭橐駝傳曰, 吾居鄉, 見長人好煩其令, 若甚憐焉, 而卒以禍. …… 吾小人, 輟飧饔以勞吏者, 且不得暇, 又何以蕃吾生而安吾性耶. ○ 案子厚所論, 亦切中迂者之病."

70) 楊家駱 主編, 「道州毁鼻亭神記」, 『柳河東全集』, 世界書局印行, 中華民國 64, pp.307-308.

71) 『전서』, 『목민심서』, 「禮典, 祭祀」, V-22, 20b-21a, pp.450-451. "其或邑有淫祀, 謬例相傳者, 宜曉諭士民, 以圖毁撤." ○ 柳子厚, 毁鼻州象祠記, ……"

72) 楊家駱 主編, 「興州江運記」, 『柳河東全集』, 世界書局印行, 中華民國 64, pp.299-300.

73) 『전서』, 『목민심서』, 「工典, 道路」, VI-27, 14ab, p.7. "修治道路, 使行旅願出於其路, 亦良牧之政也." ○ "柳子厚, 興州江運記云, ……"

을 지어 제사를 지내니 그 遺愛를 알 수 있다고 한 후에, 유종원이 유주자사 시절에 선정을 하여 관아에는 밀린 조세가 없었고 유랑민들이 사방에서 돌아온 것과, 그의 죽음을 예언한 것 등 그리고 사후에 사당을 건립한 일들을 기렸다.[75] 이러한 논의는 유종원이 목민관으로서 선정한 것을 포양한 것이다.

이어서 유종원에 대하여 비판한 것을 보자. 전술한 것처럼 다산은 「오학론」(3)에서, 한유와 유종원을 문장의 中興祖라고 하지만 이들은 유학의 근본을 망각했기에 고문을 부흥시키지 못하였다고 비판하였다. 그 이유는 韓柳歐蘇의 문학은 화려하나 열매가 없고 기이하기는 해도 바르지 못하기 때문이라고[76] 하였다. 유종원의 고문부흥에 관한 문

74) 『전서』, 『목민심서』, 「刑典, 聽訟」, V-24, 38a, p.519. "柳子厚, 爲柳州刺史. 其俗, 以男女質錢, 約不時贖, 子本相侔, 則沒爲奴婢. 子厚, 與設方計, 悉令贖還, 其尤貧, 力不能者, 令書其傭, 相當, 則使歸其質. 觀察使, 下其法於他州, 一歲, 免歸者, 千人."

75) 『전서』, 『목민심서』, 「愛解, 遺愛」, VI-29, 36ab, p.56. "旣歿而思廟, 以祠之, 則其遺愛可知矣." ○ "柳宗元, 爲柳州刺史. 治化大行, 公無負租, 流通四歸, 宅有新屋, 步有新船. 嘗與其部將歐陽翼等, 飮酒驛亭曰, 吾棄於時而寄於此, 與若等好也. 明年吾將死, 死以爲神, 後三年爲廟祀我. 及期而死, 三年孟秋辛卯, 侯降于州之後堂, 其夕夢告曰, 館我于羅池. 遂立廟祭之." ○ "案此事恍惚, 不可憑也."

76) 『전서』, 「五學論」(3), I-11, 21b, p.232. "韓愈柳宗元, 雖稱中興之祖, 而本之則亡, 如之何其興之也. …… 韓柳歐蘇, 其所謂序記諸文, 率皆華而無實, 奇而不正. 幼而讀之, 非不欣然善矣. 內之不可以修身而事親, 外之不可以致君而牧民. 終身誦慕而落魄牢騷, 卒之不可以爲天下國家, 此其爲吾道之蟊蠈也."

제에 대하여 포폄이 공존하고 있어 일관성이 없다.

다산은, 혈연적 사회적 인륜 관계에 대한 樂意를 宣揚하고 怨慕를 導達시킬 수 있는 人倫詩와 憂世恤民의 志氣가 있어 無力하고 無財한 이들을 구제해 주려는 뜻을 가진 社會詩만을 시로 인정하고, 자신의 이해만을 운위한 시는 시라고 할 수 없다고 하였다.[77)]

이런 문학사상을 지녔던 다산은 유종원의 문학을 비판하였다. 유종원은 王叔文의 黨에 참여하여 개혁에 동참하였다. 順宗이 즉위 몇 달 후 퇴위하고 憲宗이 즉위하자, 왕숙문의 실각으로 인하여 元和 元年(805) 9월에 禮部員外郞에서 邵州刺史로 貶職되어 가는 도중에 다시 削等되어 永州司馬가 되었다. 영주(현 湖南 零陵縣)는 荒僻한 곳이나 산수는 아름다운 곳이다. 유종원은 영주사마로 폄직되었을 때에 「永州八記」[78)]와 「捕蛇者說」, 「三戒」, 「愚溪詩序」, 「愚溪對」 등 10수편을 지었는데, 내용이 모두 凄惻하였다.[79)]

---

77) 金相洪, 『茶山 丁若鏞 文學硏究』, 단국대학교출판부, 1985. pp.41-42. ○『전서』, 「示兩兒」, I-21, 18b, p.447. “凡詩之本, 在於父子君臣夫婦之倫, 或宣揚其樂意, 或導達其怨慕. 其次憂世恤民, 常有欲拯無力, 欲賙無財, 彷徨惻傷, 不忍遽捨之意, 然後方是詩也, 若只管自己利害, 便不是詩.”

78) 「永州八記」는 유종원이 王叔文에 連坐되어 永州司馬로 貶職되었을 시에 지은 「始得西山宴游記」, 「鈷鉧潭記」, 「鈷鉧潭西小丘記」, 「至小丘西小石潭記」, 「袁家渴記」, 「石渠記」, 「石澗記」, 「小石山城記」를 말한다.(楊家駱 主編, 「道州毁鼻亭神記」, 『柳河東全集』, 世界書局印行, 中華民國 64, pp.314-318.)

79) 『舊唐書』(5), 「柳宗元」, 권160, 列傳110, 鼎文書局, 中華民國, 72. pp.4213-4214. “柳宗元字子厚, 河東人. …… 順宗卽位, 王叔文韋

유종원은 34세에 영주에 도착하여 41세까지 8년간 폄직되었다가 원화 9년(814)에 長安으로 부름을 받았지만 이듬해 柳州刺史로 부임하여 5년을 살았으나 다시는 장안으로 돌아가지 못하고 원화 14년(819) 11월 8일 운명하였다.80) 영주에서 지은 「溪居」와 「南礀中題」를 살펴보자.

오랫동안 공무에 얽매였다가
다행이 남방으로 귀양을 왔네

한가로이 농부들과 이웃하며 의지하니
우연히 산림의 隱士와 같네

새벽에 이슬 맺은 풀 헤쳐 밭을 갈고
밤에는 배를 저어 시내 돌을 울린다네

오나가나 만나는 사람 없고
혼자 부르는 긴 노래에 남방의 하늘만 푸르네

久爲簪組累　幸此南夷謫　閑依農圃鄰　偶似山林客
曉耕飜露草　夜榜響溪石　往來不逢人　長歌楚天碧81)

執誼用事, 尤奇待宗元. 與監察呂溫密引禁中, 與之圖事. 轉尚書禮部員外郞. 叔文欲大用之, 會居位不久, 叔文敗, 與同輩七人俱貶. 宗元爲邵州刺史, 在道, 再貶永州司馬. 旣罹竄逐, 涉履蠻瘴, 崎嶇堙厄, 蘊騷人之鬱悼, 寫情叙事, 動必以文, 爲騷文十數篇, 覽之者爲之悽惻."

80) 邱燮友 註譯, 『新譯 唐詩三百首』, 三民書局印行, 中華民國 62, p.48, 참조.

淸의 沈德潛은 『唐詩別裁』에서, 유종원의 '愚溪題詠'은 운수가 사나워 곤액에 처하였을 때인데도 깨끗하고 담박한 음을 나타내어 원망하지 않으면서도 원망하였고, 원망하면서도 원망하지 않은 것 같음을, 行間이나 言外에서 때때로 만나게 된다.[82]고 하였는데, 바로 제2구와 4구가 이를 입증하고 있다. 영주에서 쓴 「南磵中題」을 보자.

가을 기운이 남간에 모여 있는데
나 홀로 놀다보니 정오가 되었네

회오리바람 한번 불어 쓸쓸하고
숲 그림자 오랫동안 어수선하네

처음 와서는 마음이 흐뭇하더니
차츰 친해지자 피로를 잊어버리네

무리를 떠난 새는 깊은 골짜기에서 울고
차가운 물풀은 물무늬를 그리며 춤을 추네

장안을 떠난 혼은 이미 노닐면서도

---

81) 楊家駱 主編, 「溪居」, 『柳河東全集』, 世界書局印行, 中華民國 64, p.481.

82) 邱燮友 註譯, 『新譯 唐詩三百首』, 三民書局印行, 中華民國 62, p.48, 再引. "淸沈德潛唐詩別裁云, 愚溪題詠, 處運蹇困厄之際, 發淸夷淡泊之音, 不怨而怨, 怨而不怨, 行間言外, 時或遇之."

헤어진 사람을 그리며 부질없이 눈물 흘리네

고독한 삶이라 마음이 쉽게 동하고
길을 잊은지라 마음에 맞는 일도 적다네

이 삭막함은 끝내 무슨 일인가
홀로 배회하며 스스로 알 뿐이네

누가 장차 이곳에 오게 될는지
이런 마음과 꼭 맞는 이 있으리라

秋氣集南磵　獨遊亭午時　廻風一蕭瑟　林影久參差
始至若有得　稍深遂忘疲　羇禽響幽谷　寒藻舞淪漪
去國魂已游　懷人淚空垂　孤生易爲感　失路少所宜
索莫竟何事　徘徊祗自知　誰爲後來者　當與此心期[83)]

'남간'은 영주의 남쪽의 계곡을 뜻한다. 이 시에 내재된 세계는 荒僻한 곳으로 유배된 유종원의 처지와 심경이 句句마다 오롯하게 그림처럼 형상화되어 있어, 문자 그대로 凄惻하다. 특히 後段 8구에는 정치적으로 失勢하여 귀양객이 된 현실의 비애와 고통에 겨운 삶이 핍진하게 그려져 있다.

다산은 강진 유배지에서 두 아들(學淵 學游)에게 보낸

83) 楊家駱 主編, 「南磵中題」, 『柳河東全集』, 世界書局印行, 中華民國 64, pp.474-475.

家誡에서, 유종원이 폄직 시에 지은 글이 凄惻한 데 대하여 다음과 같이 언급하였다.

> 나의 성품은 詩律을 좋아하지 않아 신유년(1801) 이전의 것은 대부분 화답하거나 남의 요구에 의해 책임 막이로 지은 것이다. 간혹 漫興이나 閒吟도 있기는 하나, 전혀 마음먹고 지은 것들이 아니다. 유배되면서부터 지은 것들은 괴롭고 고통스러움을 토로한 시가 없지 않으나, 나는 평소에 유자후의 유배시기 글들이 처량하고 구슬픈 언어가 대부분인 것을 수치스럽게 여기던 터라, 마침내 시 짓는 일을 그만두었다.84)

다산은, 유배 후에 지은 시 중에서 귀양살이의 고통과 괴로움을 형상화한 것이 없지 않았으나, 평소에 유종원이 유배중에 지은 글(謫中諸文)이 "흐느끼며 처량하고 구슬픈 언어"(咽咽凄悲語)들이라서 이를 부끄럽게 여겼기 때문에, 시를 짓는 일을 그만두었다고 하였다.85) 이는 유종원이 폄

84) 『전서』, 「示二子家誡」, I-18, 6a, p.377. "余性不喜詩律, 辛酉以前, 槩是應求塞償. 或有漫興閒吟, 都非經意用力者, 洎自流落所作. 不能無酸楚, 緣余平生, 恥柳子厚謫中諸文, 率多咽咽凄悲語, 遂廢之."

85) 金彦鍾은 다산의 유종원에 대한 이해가 피상적이라고 하였다. "유종원이 王叔文의 黨에 참여하여 개혁의 일익을 담당했음은 일개인의 영달을 위함이 아닌 국익과 民利를 위한 것이었음과, 이 당시 유종원의 작품은 伏筆의 기법을 사용하여 현실에 대한 비판을 담은 일종의 강렬한 항의 였음을 다산은 간과했던 것이다. 바꾸어 말하면 다산은 학자형 문인이었다는 한계성 때문에 유종원의 작품이 그 시대 백성들의 고통과 바램을 반영하고 통치자들의 백성들에 대한 잔혹한 압박과 수탈을 질타하는 항의의 문학이었음에 대한 깊은 인식이 없었던 것이다."(金彦鍾, 「丁

직 시절에 지은 시문들을 “자신의 이해만을 운위한 것”으로 인식하여 부끄럽게 여긴 것이다.

이와 같이, 다산의 유종원에 대한 언급은 많지 않으나 그 중에는 포폄이 공존하고 있다. 특히 유종원이 유배 중에 지은 글에 대한 폄하에서, 그의 문학사상의 편린을 찾을 수 있다.

5. 결 론

당송팔가라고 최초로 定名한 이는 明初의 朱右이고, 당송팔대가라고 정명한 것은 明의 茅坤이다. 당송팔대가는 조선 후기 실학을 집대성한 다산의 삶과 학문에 많은 영향을 끼쳤다. 다산은 浩瀚한 학문으로 이들을 포폄하였다.

첫째, 다산의 당송팔대가에 대한 인식은 다음과 같다. ① 다산은 당송고문의 권위를 부정하였다. 그는 문학의 효용성을 중시하여, 匡濟一世의 문학론을 입론하고 이를 자신의 문학에 구현하였다. 韓柳歐蘇의 문학은 화려하나 열매가 없고 기이하기는 해도 바르지가 못하여, 修身事親, 致君澤民할 수 없다고 하였다. 분명한 것은 다산이 당송팔대가 중에서 한유구소의 문학으로는 수신과 사친과 치군택민

茶山의 中國歷代文人에 대한 評價」, 『韓國漢文學硏究』 제7집, 韓國漢文學會, 1984. p.216.)

을 할 수 없다고 하였는데, 그외에 언급하지 않은 소순 소철 증공 왕안석의 문학을 수신과 사친, 치군택민할 수 있는 것으로 본 것은 아니라는 점을 알 수 있다. 편의상 당송팔대가의 문을 韓柳歐蘇라고 지칭하고 비판한 것이다. ② 다산과 『御定 唐宋八子百選』의 관계를 주목할 필요가 있다. 正祖는 문풍이 날이 갈수록 저하되는 것을 바로잡고자 『어정 당송팔자백선』을 편간하여, 1781년(정조 5, 신축) 6월 13일에 반포하였다. 정조는 이 책을 文體醇正策의 일환으로 다산 등 여러 신하들에게 하사하였다. 다산은 「八子百選序」에서, 이 책은 방대하지 않으며 八家의 宗旨를 얻었으며, 정조가 선집한 것이라서 믿을 수 있는 만큼, 이를 버리면 구슬을 버리고 자갈을 취하는 것이라 하였다. 또한 공자만이 『시경』을 刪定할 수 있고, 정조만이 팔대가의 문을 선집할 수 있다고 극찬하였다. 이 글은 館閣文인 만큼 정조에 대한 찬사 일색일 수밖에 없으나, 논리에는 다소 모순이 있다. 즉 모곤의 『당송팔대가문초』와 정조의 『팔자백선』은 다 같은 선집인데, 『시경』은 공자만이 산정할 수 있고 팔가문의 선집은 정조만이 할 수 있다고 한 것은 지나친 獻辭이다. 이 같은 논리라면, 모곤은 당송팔대가의 문을 선집할 수 없다는 것이 된다. 이와 같이 당송팔대가에 대한 시각에 일관성이 결여되었다.

둘째, 다산의 한유에 대한 포폄은 다음과 같다. ① 다산은 한유의 순탄하지 못했던 생애와 자신의 운명과 대비하였다. 한유의 「進學解」는 空言이 되었지만 박대할 수만은 없다고 하였다. 그의 고문운동의 공을 인정하였고, 詞章의 훌륭함과, 시의 용사에서는 大賢이라고 하였다. 그를 夫子·先生이라고 존칭했으며, 목민관 때의 善政과, 형수가 죽자 朞年服을 입어 양육의 공을 보답한 것 등을 포양하였다. ② 한유는 고문을 부흥시키지 못했으며, 그의 문학은 致君澤民에 도움이 되지 않는다고 했고, 「諱辨」은 전고가 소략하다고 비판하였다. 또한 「原性」의 '性三品說'은 천고의 폐단이자, 천하에 해독을 끼치고 만세의 재앙으로, 그 폐해가 홍수나 맹수와 같다고 폄하하였다.

셋째, 다산의 유종원에 대한 포폄은 다음과 같다. ① 유종원의 고문운동의 공을 인정했고, 목민관 시절의 선정을 포양하였다. ② 그러나 유종원은 유학의 근본을 망각했기에 고문을 부흥시키지 못했으며, 그가 폄직되었을 때에 지은 글들은 "흐느끼며 처량하고 구슬픈 언어"(咽咽淒悲語)들이라고 폄하하였다.

다산의 한유론과 유종원론의 문제점은 ① 정조가 편찬한 『당송팔자백선』을 버리는 것은 구슬을 버리고 자갈을 취하는 것이라고 포양하고서, 韓柳歐蘇의 문학으로는 修身事親과 致君澤民할 수 없다고 폄하한 점과, ② 한유와 유종원의 고문부흥에 대한 공과의 포폄에 일관성을 유지하지 못하고 있다는 점이다.

그럼에도 불구하고, 다산은 중국 고전문학사에서 높은 위상과 권위를 점유하고 있는 당송팔대가에 대해서도 학문세계에 대한 문제점은 묵과하지 않고 시시비비를 분명히 하였다. 이처럼 다산이 학자적 양심과 학문적 소신에 따라 明澄하게 반론을 전개하고 사안에 따라 포폄한 것은, 그의 학문이 浩瀚하였음과 아울러 실학의 구현이 아닐 수 없다.

茶山의 東坡 蘇軾論

1. 서 론

北宋의 정치가이자 대문호인 東坡 蘇軾(1036-1101)은 외교사에서 反高麗 노선을 취한 인물이다. 그는 고려 使臣의 入貢은 송나라에 絲毫만큼의 이익도 없다고 반대하였고, 고려 사신의 서적 구입의 요구를 허가하는 것은 바로 국가의 기밀과 정보를 유출하는 것이라고 반대한 反高麗的인 인물이자, 國粹主義者였다. 그러나 우리 祖先들은 동파의 이러한 행적에 대하여 괘념치 않고 오히려 그의 문학을 애독하였다. 고려시대의 문사들은 오로지 동파를 숭상하여 매번 科擧 급제자의 방이 나붙으면 사람들은 33명의 동파가 나왔다고 말할 정도로[1)] 동파는 우리나라에서 문장의

蘇 軾

대가로 각인되어 왔다.

동파는 조선 후기 위대한 善鳴者인 茶山 丁若鏞(1762-1836)의 삶과 학문에 직간접적으로 영향을 끼친 인물의 하나이다. 다산은 그의 삶과 학문에 심취하여 많은 和蘇詩를 썼을 뿐만 아니라, 시문에서 그를 자주 언급하였다. 다산의 동파론은 그를 酷好하여 褒揚했으면서도, 일부 학문적인 부분에 대하여 貶下하여 褒貶이 交織하고 있다. 다산이 屈原과 賈誼 등 漢나라와 唐나라의 文人 일부에 대한 평가를 고찰한 논문은 있으나[2] 동파에 대하여 포폄한 세계를 조명한 논고는 없다.

본고는 다산이 동파에 대한 포폄한 세계를 고구한 것이다. 이를 통하여 다산의 東坡論을 明澄하게 알 수 있고, 아울러 중국 문인들에 대한 그의 시각과 비평세계의 一臠을 이해하는 데 기여가 있을 것이다.

---

1) 徐居正, 『東人詩話』(韓國詩話選), 太學社, 1981, p.213. "高麗文士, 專尙東坡, 每及第榜出, 則人曰, 三十三東坡出矣."

2) 金彦鍾, 「丁茶山의 中國歷代文人에 대한 評價」, 『韓國漢文學硏究』 제7집, 韓國漢文學會, 1984, pp. 23-57.(이 논문은 屈原·賈誼·司馬相如·司馬遷·揚雄·建安諸子·陸機·陶潛·李白·杜甫·韓愈·柳宗元에 대한 다산의 평가를 고찰하였다.)

2. 동파 心醉와 褒揚

1) 심 취

다산은 동파에 대한 깊은 이해가 있었을 뿐만 아니라 열렬한 팬이었다고 해도 과언이 아니다. 동파의 학문은 물론 삶의 궤적을 소상히 알고 있었기에 기호는 물론 사소한 신변잡사에 이르기까지 자신의 시문에 언급하였다. 다산이 24세(1785) 때 봄에 丈人 洪和輔(1726-1791)의 집인 澹然齋에서 동파 시 1권을 읽은 것을 보면[3] 젊은 시절부터 그의 문학을 애독하였다. 다산이 봄날에 동파 시 1권을 읽다보니 석양이 되었다고 한 것은 그의 시에 심취했음을 뜻한다. 다산은 충청도 海美縣으로 수일간 유배를 갔을 때(29세, 1790), 동파가 굴(蠔, 石花)을 좋아한 것을 상기하고 시를 썼다.[4]

다산은 仕宦時인 34세(1795)에 宦海風波와 인생행로의 어려움을 형상화한 시에서 동파의 심경에 다음과 같이 동

---

3) 丁若鏞, 『與猶堂全書』(景仁文化社 影印, 1970. 이하 『전서』), 「春日澹齋雜詩」 7首(3)(時自樓山移住會賢坊, 洪公名其齋曰, 澹然), I-1, 24a, p.12. "澹烟輕靄冪林間, 全是徐熙畵裏山. 看了東坡詩一卷, 夕陽初下詔門關."

4) 『전서』, 「海美謫中雜詩」(4), I-1, 37b, p.19. "非是東坡別嗜蠔, 朝盤蜜唧有誰饕."

조하였다.

재주가 있으면 비록 덕이 있어도
항상 재승박덕이라고 하네

재주와 덕이 모두 없다면
이런 말 듣지 않으리

재주는 비방을 받는 근원이 되니
사람에겐 해충과 같기에

재주 없는 것이 가장 상책이고
있더라도 숨기는 것이 차선책이니

숨기려면 장물처럼 깊이 숨겨야지
숨긴 재주 드러나면 당장 도적이 든다네

어리석은 아들 낳기를 원했던
슬프다 소동파가 있었네

有才雖有德　每云才勝德　才德苟全無　此名未必得
才乃謗之根　於身若蟊蠈　無才爲太上　其次務晦匿
匿才須如贓　贓露便爲賊　生子願愚魯　嗟哉有蘇軾[5)]

5)『전서』,「古詩二十四首」(19), I-2, 25b, p.34.

재주가 있는 사람은 남으로부터 비방을 받기 때문에, 재주는 害蟲과 같다고 하였다. 재주가 없는 것이 상책이고 있으면 숨기는 것이 차선책이라고 한 것은 宦海風波의 험난함을 의미한다. 生平이 평탄치 못했던 동파가 어리석은 아들을 낳기를 바랬던 것은 자신처럼 자식들이 환해풍파의 격랑에 휩쓸리지 않기를 소망했기 때문이다. 다산은 이를 슬픈 일이라고 하여, 그의 심경에 동조하며 애상에 젖었다. 이 시는 후일에 다산 자신이 겪어야 하는 기구한 운명을 예견한 것인지도 모른다.

正祖 19년(1795, 다산 34세) 7월에 淸나라 周文謨 神父가 체포되고 仲兄 丁若銓(1758-1816)이 연좌되자, 다산은 우부승지(正三品)에서 충청도 金井察訪(從六品)으로 貶黜되었다. 금정에서 친구 蔡弘遠(자 邇叔)의 서한을 받고 答信에서, 자신의 바램이 동파가 소망했던 것과 같다고 하였다.

> 이곳에 도착하고 보니 金井이 바로 蔡氏村이요 九峯이라는 이름도 우연이 아니었음을 알았습니다. …… 漁谷은 그윽하면서도 툭 트였고 깊으면서도 외지지 않으니, 참으로 집 짓고 살기에 좋은 곳이었습니다. 곧바로 2頃의 전답을 마련하고자 하니, 소자첨이 煙江疊障圖를 보고 한 것과 마찬가지일 것입니다.6)

6) 『전서』, 「答蔡邇叔」, I-18, 35b, p.392. “到此, 方識金井是蔡氏村, 九峯之名, 已不偶然. …… 漁谷, 窈而敞, 深而不僻, 眞是好家居. 徑欲置二頃田, 如蘇子瞻見烟江疊障圖一般耳.”

금정은 집을 짓고 살기 좋은 곳이기에 2頃의 전답을 마련하여 농사를 짓고 싶다는 것은, 동파가 폄적되어 황주단련부사로 유배생활을 할적에 王定國이 소장하고 있는 王詵(자 晋卿, 1036-1104 이후)의 「煙江疊障圖」를 보고 쓴 시의 심경과 같았다고 하였다. 동파가 「연강첩장도」를 보고 "인간 어느 곳에 이런 선경이 있는지 모르겠네 / 있으면 곧바로 가서 두어 이랑 밭 사두고 싶네."[7]라고 한 것처럼, 다산도 금정에서 전답을 사서 농사짓고 싶었던 것이다. 금정에서 채홍원에게 보낸 다른 答信에서, 7월 보름이 지났는데도 더위가 지속되자 동파의 「적벽부」를 읽었더니 문득 淸涼함을 느꼈다면서 어째서 그런 것이냐고(何爲其然也)[8] 「적벽부」의 1구를 그대로 인용했을 정도로 심취하였다.

尹持訥(자 无咎, 1762-1815)이 1797년 鐵原으로 귀양을 갔다가 10일 만에 풀려나자, 다산은 자신과 그의 관계를 "동파는 벗이라면 오직 黃庭堅을 알 뿐이고 / 王世貞은 시에 있어 李攀龍만 허여했네."[9]라고 하여, 윤지눌과 자신의 교유 및 문학 세계가 동파와 황정견, 왕세정과 이반룡과 같았음을 言外之意로 형상화하였다.

---

7) 楊家駱 主編, 『蘇東坡全集』上(이하 『소동파전집』), 「書王定國所藏煙江疊障圖」(王晉卿畵), 前集 권17, p.242. "不知人間何處有此境, 徑欲往置二頃田."

8) 『전서』, 「答蔡邇叔」, I-18, 35b-36a, p.392. "七月旣望, 暑熱如此, 今讀蘇子瞻壬戌之賦, 便覺淸凉有餘, 何爲其然也."

9) 『전서』, 「纔十日无咎宥還復次前韻」(1), I-3, 17b, p.50. "坡老友惟知魯直, 弇山詩獨許樊龍."

동파는 54세(元祐 4, 1089) 3월에 翰林院學士에서 龍圖閣學士 知抗州로 제수되어 7월에 항주에 도착하였다. 다음해에 西湖에 남북으로 30리의 長堤를 修築하여 통행케 하고, 백성들의 생활을 윤택하게 했으며, 서호에 芙蓉을 심고 방죽에 楊柳를 심었다. 서호를 바라보면 마치 그림과 같아 항주 사람들은 서호를 "蘇公堤"라고 불렀다.[10]

다산은 경상도 장기로 유배 가던 중(40세, 1801) 咸昌縣의 空骨陂를 보고서 동파의 이러한 업적을 회상하였다.

천연적인 아름다움 훌륭한데도
애석하게 앉은 자리가 좋지 못해

소장공을 만나지 못했으니
어찌 서호를 치장해 주리오

붉은 다리 백옥 같은 섬돌이며
단청한 누각에 청작을 그린 배들

서호에 있는 것 여기엔 없고
옛부터 연꽃은 없고 잡초만 무성하네

다만 灌漑 혜택 주고 싶은 마음으로
아래의 벼이삭에 물만 대주는구나

10) 楊家駱 主編,『新校本 宋史』13(이하『송사』),「蘇軾」, 권338, 列傳 第97, p.10813.

蘇公堤(西湖)

天鍾雖淑美　占地嗟不良　不逢蘇長公　豈得西湖粧
紅橋白玉砌　綵閣青雀舫　相宜不相值　從古須蓁荒
猶存漑澤志　下浸秔稻芒11)

동파가 자신이 수축한 서호의 승경을 사랑하여 자주 그곳에 가서 시를 지어 서호를 유명하게 했는데, 그러나 공골피는 동파와 같은 사람을 만나지 못한 것을 애석하게 여긴 것이다. 공골피가 비록 서호의 美景만은 못해도 농업용수를 공급하는 좋은 저수지임을 자신의 시로 인해 세상에 널리 알려지기를 염원한 것이다.

다산이 1801년 장기 유형지에서 쓴 「惜志賦」에서, 韓愈(768-824)와 동파의 순탄하지 못했던 삶과 자신의 운명을

11) 『전서』, 「空骨陂」(在咸昌縣), I-4, 5b, p.64.

대비하였다.

한유는 곤궁을 버리려 했으나 더욱 달라붙었고
소식은 재주를 자랑했으나 역시 좌천당했었네

하늘의 명은 어길 수 없나니
어찌 마음속에 불만을 가지리

愈餞窮而益附兮　瞻詡才亦遭貶
旣戴命而莫違兮　又何爲乎內慊[12]

이는 한유가 「送窮文」에서 자신에게 붙어사는 다섯 귀신인 智窮 學窮 文窮 命窮 交窮을 전별하려 했으나 도리어 이 五鬼들을 상좌에 앉혔던 것과, 동파가 재주를 자랑했으나 오히려 폄직을 당했던 것처럼, 이들의 운명을 자신의 처지와 비교하여 유배를 천명으로 승화하면서 불만을 가지지 않겠다고 하였다.[13]

다산은 금강산 「歇惺樓重修序」에서 동파를 언급하였다. 강원도 관찰사 金鍾正(1722-1787)이 헐성루를 重修한 공적은 梁의 何遜이 揚州知事 때 관사에 있는 매화를 자주 시로 읊었는데 임기를 마치고 洛으로 돌아와서도 그 매화를 그리워하여 再任을 청하여 부임하였다. 동파가 抗州知事時에 서호를 수축하고 연꽃을 심어 놓았기에 백성들이 많은

12) 『전서』, 「惜志賦」, I-1, 1b, p.1.
13) 金相洪, 『茶山 文學의 再照明』, 檀國大出版部, 2003, p.95.

蘇 軾

수확을 거둔다는 말을 듣고 서호에 가서 연꽃을 감상한 것과 같다고 하였다.[14)]

동파는 황주에 폄직 되었을 때 "眞一酒"[15)]라는 술을 제조하여 마셨다. 다산은 長鬐 유배지에서 가을밤 홀로 앉아 있는데, 이웃 사람이 고깃국과 술을 가지고 와서 권하기에 마시고 난 후에 쓴 시를 보자.

> 동파의 진일주를 나에게 권하기에
> 그대가 준 서촉의 자연갱을 훅 들어 마시네

14) 『전서』, 「金剛山歇惺樓重修序」(就蓮潭有一之作, 潤色之), I-22, 26b-27a, pp.470-471. "今江原道觀察使金公諱鍾正, 喬木之世臣, 淸風之巨族. …… 何遜思梅於南浦, 再結仙緣, 蘇公賞藕於西湖. 重來勝地, 奇峰矗石, 不渝疇昔之風光, 壞壁頹梁, 叵耐今晨只蕭索."

15) 『소동파전집』上, 「眞一酒一首」 幷引(米麥水三一而已. 此東坡先生眞一酒也.), 後集 권5, p.508. 「眞一酒歌」 幷引, 後集 권7, pp.528-529.

초사를 읊다 말고 다시 베개를 높이 베고
섬돌 돌며 귀뚜라미 울게 하네

酌我東坡眞一酒　嚥君西蜀自然羹
楚詞飮罷還高枕　一任寒蛩繞砌鳴16)

다산은 이웃 사람이 가져온 탁주를, 동파가 황주에서 제조하여 마신 '眞一酒'로 美化한 것은, 유배객인 자신의 초라한 처지와 당시 동파의 처지가 같았음을 말한 것이다. 한편 다산은 장기 유배지에서 바둑을 배우지 못한 것을 후회하는 시를 썼다.

쓸쓸한 여관에 홀로 앉아 있을 때
댓 그늘 끄덕 않고 해는 그리 긴지

고향 생각 일어나면 속으로 눌러 버리고
익어 가는 시구나 마무리를 짓노라

잠시 갔다 다시 오는 꾀꼬리는 믿음이 있고
지지배배 제비는 무슨 생각에 말하다 입 다물까

다만 한 가지 두고두고 후회가 되는 일은
동파를 배우느라 바둑을 못 배운 것일세

---

16) 『전서』, 「秋夜獨坐, 鄰人餽魚羹以侑酒, 欣然一醉」, I-4, 23b-24a, p.73.

旅館蕭寥獨坐時　竹陰不動日遲遲
鄕愁欲起須仍壓　詩句將圓可遂推
乍去復來鶯有信　方言忽嘹舊何思
只饒一事堪追悔　枉學東坡不學棋[17]

미련에서 40평생에 동파를 공부하느라 바둑을 배우지 못한 것을 후회한다고 한 것은 學蘇에 심취했음을 단적으로 입증하는 것이다. 그리고 다산은 동파가 임금에게 바칠 공물을 감면하여 飢民을 구제한 일에[18] 대하여, 이러한 행위가 의리에 어긋남이 없는가를 물었다.[19] 이처럼 다산은 그의 행적을 소상하게 알고 시문에 언급하였다.

다산이 유배에서 풀려난 후 향리에 있을 때 正祖의 駙馬인 永明尉 洪顯周(1793-1865)가 1831년 10월에 水鍾寺로 놀러 가는데, 70세 노인이라서 함께 갈 수가 없어 전송의 시를 썼으며[20] 밤에는 무료함을 절구에 형상화하였다.

---

17) 『전서』, 「獨坐二首」(1)(辛酉三月在長鬐), I-4, 12a, p.67.
18) 동파가 知潁州軍州事로 재직시(56세, 원우 6, 1091), 겨울에 汝陰에 大雪이 내려 백성들이 飢寒에 시달리자 義倉穀을 방출하여 賑恤한 것을 말한 것 같다.
19) 『전서』, 「荒政策」, I-9, 9a, p.175. "舒中應散軍粮而濟飢, 蘇子瞻免御供以活民. 事有緩急, 義有輕重, 而二子之行如是, 其亦無悖於義理歟."
20) 당시의 상황을 알 수 있는 시가 「辛卯歲十月十六日, 海居都尉至, 次其平丘道中韻」, 「十八日曛黑都尉一行始下來, 次韻東樊」 등이다(『전서』, I-6, 39b-40b, p.118).

누런 잎새 붉은 등나무 꼬불꼬불 돌길을 걸어
산허리에 앉아 쉬니 이미 기쁘고 즐겁구나

동파 노인 風情이 많음을 일찍 알았나니
혹 따라가지 못할망정 생각조차 없으리

黃葉紅藤石徑紆　山腰坐歇已歡娛
夙知坡老風情厚　容不能從肯憶無[21)]

동파의 風流를 따라가지 못하지만 어찌 생각마저 없겠느냐고 한 것은, 자신이 古稀의 노인이라서 그의 호방한 풍류를 지금은 할 수 없는데 대한 哀傷의 言外之意이다.

한편 다산의 和蘇詩는 모두 14題 20首가 있다.[22)] 그리고 동파의 시구를 用事하거나 시구를 인용하여 시를 썼다. 다산이 34세(1795) 7월 26일 우부승지에서 금정찰방으로 貶黜되었다가 12월 23일 內職으로 전보하라는 명을 받고 금정을 떠나면서 쓴 시를 보자.

석양에 말을 타고 관문을 나서니
관가 버들 하늘하늘 내 고향과 흡사하네

시냇물 따라 십리를 지나오니
산골 구름 걷힌 곳에 외론 마을 보이네

---

21) 『전서』, 「夜臥無聊戲爲十絶, 以抒幽鬱」(4), I-6, 40a, p.118.
22) 茶山의 和蘇詩 연구는 別稿에서 논한다.

궁한 삶에 시끄러운 속세가 싫은 것 오래이고
영광스럽게 소환되니 방축한 은혜 새롭네

황주의 고각 소리 참으로 다정도 해라
이 마음 오직 소자첨과 논할 뿐이네

夕陽騎馬出官門　　官柳依依似故園
野水相隨行十里　　峽雲初盡見孤村
窮居久厭喧囂俗　　榮召猶懷放逐恩
鼓角黃州眞有戀　　玆懷唯與子瞻論[23)]

위 미련의 출구 “鼓角黃州眞有戀”은 동파의 「過江夜行武昌山聞黃州鼓角」의 제2련의 “黃州鼓角亦多情”[24)]에서 용사하였다. 그 동안 정이 들었던 금정을 막상 떠나는 아쉬움이 동파의 마음과 같았음을 말한 것이다.

동파는 시냇물을 거슬러 올라가려는 소금쟁이와, 바람 부는 곳으로 날아가려는 세가락메추리의 어리석은 행동을 「二蟲」에서 다음과 같이 노래하였다.

23) 『전서』, 「伏聞內移有命 晚發離金井驛」(十二月 二十三日), I-2, 36a, p.39.

24) 『소동파전집』上, 「過江夜行武昌山聞黃州鼓角」, 前集 권13, p.190. “淸風弄水月銜山, 幽人夜渡吳王峴. 黃州鼓角亦多情, 送我南來不辭遠. …… 他年一葉泝江來, 還吹此曲相迎餞.”(다산은 이의 용사에 대해 未言及함.)

그대는 보지 못했는가 소금쟁이가
한 걸음 한 걸음마다 물을 거슬러 올라가려는 것을

큰 강물 동으로 흘러 하루에 천리를 가는데
이 소금쟁이 팔짝팔짝 뛰지만 오래 제자리에 있네

그대는 보지 못했는가 세가락메추리가
힘차게 일어나 바람을 거슬러 날려는 것을

바람 따라 한번 날아가서 어디쯤 자려느냐
바람 거슬러 날려다가 도리어 쑥대밭에 떨어지네

이들이 어리석은 지 지혜 있는 지 헤아릴 수 없어
강변에 서서 한번 웃으나 사람들은 알지 못하네

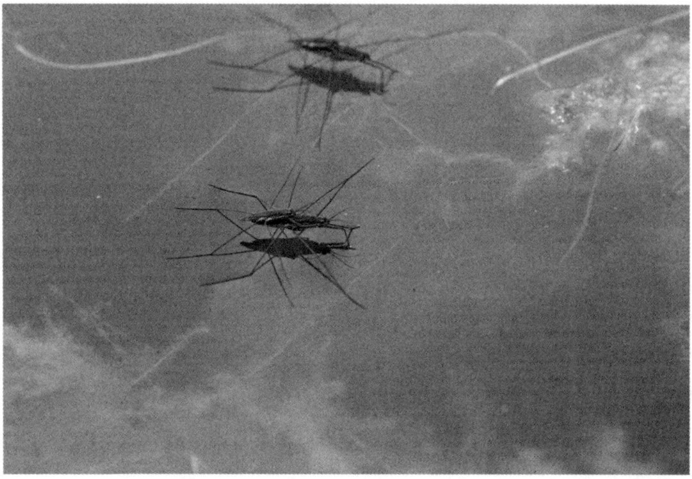

물을 거슬러 올라가려는 소금쟁이

君不見水馬兒　步步逆流水
大江東流日千里　此蟲趯趯長在此
君不見鷃濫堆　決起隨衝風
隨風一去宿何許　逆風還落蓬蒿中
二蟲愚智俱莫測　江邊一笑無人識[25]

다산이 해배 후 향리에서 소요자적할 때, 趙丈(?)이 다산에게 먼저 봉황대에 가서 놀자고 하여 中路에서 불렀으나 기다려도 오지 않자, 동파의 이 「二蟲」시를 용사하여 시를 썼다.

나무 끝에 불러보지만 해가 이미 기울어
용문사 본 후에 봉황대 보려는 계획 틀렸네

뒤로 날아라 마치 바람 거스른 메추리 같고
꺾을 수 없어라 골짜기를 달리는 뱀과 같네

붉은 나무 만 봉우리 아 별천지요
한 조각 흰 구름은 뉘 집에 머물런가

사원의 종각에 종이 울려도 무소식이라
홀로 장송에 기대어 저녁놀을 보누나

25) 『소동파전집』(上), 「二蟲」, 前集 권12, p.181.

木末招呼日已斜　先龍後鳳計還差
却飛要斜衝風鶂　不跋其如赴壑蛇
紅樹萬峯嗟別界　白雲一片住誰家
禪樓鍾動無消息　獨倚長松見落霞[26)]

위의 함련의 출구 "却飛要斜衝風鶂"는 동파의 「二蟲」제3련(君不見鶂濫堆, 決起隨衝風)에서 용사한 후, 註에서 "메추리는 바람을 거슬러서 날기 때문에 항상 스스로 후퇴하여 나는데 동파의 시에 나타나 있다."고 하였다. 다산은 강진에서 흑산도에 유배 중인 중형 정약전을 그리워한 시에서 동파의 시 1구를 그대로 인용한 시를 썼다.[27)] 이처럼 동파 시에서 용사 및 시구를 인용하여 시를 쓴 것은 심취한 결과이다.

이와 같이 다산은 동파의 열렬한 팬으로서 그의 嗜好와 행적 등을 자신의 처지와 대비하며 공감하였다. 다산은 동파의 시를 용사하고 인용하면서 자신의 삶을 대비하면서 공감하거나 애상에 젖었다.

---

26) 『전서』, 「鸜村趙丈, 要余先遊鳳凰臺, 中路相招, 待之不至」, I-7, 49a, p.149. 註, "余遺趙丈書曰, 吾將先龍而後鳳". "鶂濫堆, 逆風而飛, 故常自退飛, 見東坡詩."
27) 『전서』, 「秋日憶舍兄」(2), I-4, 23b, p.73. "造物眞豪縱, 山河恁地寬. 丹山春淡淡, 氷海夜漫漫. 缺月休深惜, 寒星可細看. 雖逢能畵手, 摸畵此圖難."(首聯의 "造物眞豪縱"는 東坡의 시구를 그대로 인용한 것이라고 註에서 밝혔다. 제1구의 注에 "東坡句", 제3구의 注에 "爾雅云, 南戴日爲丹血.")

2) 포 양

다산은 20세(1781) 때 李檗(1754-1780)과 함께 배를 타고 서울로 오는 舟中에서, 동파와 자신의 재능을 비교하였다.

소식은 재주 높아 적벽부에서 물과 달 말했고
이응은 이름 중히 여겨 신선과 같았었네

내 재주 졸렬하여 별 수 없음을 깊이 알아
낡은 서적 잡고 옛 성현 보답하려하네

蘇軾才高談水月　李膺名重若神仙
深知拙劣終無賴　欲把殘經報昔賢[28]

여기에서 청년시절 다산의 東坡觀이 나타나 있다. 동파는 '才高'하여 「赤壁賦」에서 水와 月을 말했지만, 자신은 '拙劣'하다면서 그의 문학 세계를 羨望하였다. 다산은 28세(1789) 3월에 殿試 甲科 제2위로 합격하여 禧陵(中宗의 繼妃) 直長이 되었고, 이어서 抄啓文臣이 되었다.

다산은 초계문신 시절에 패관소설을 禁輸·焚書하고, 문장의 Style을 순정한 문체로 회귀시켜야 한다는 文體醇正論을 전개하였다.[29] 당시 正祖는 다산을 비롯한 3인의 시

28) 『전서』, 「同友人李德操檗乘舟入京」(四月十五日), I-1, 14a, p.7.
29) 金相洪, 『茶山 丁若鏞 文學硏究』, 檀國大學校出版部, 1985, pp.63-76.

赤壁(東吳 大將 周瑜가 쓴 것으로 전함)

를 보고, 담배 한 대 피우는 사이에 붓을 잡아 곧장 썼으니 '奇才'라고 극찬하였다.[30] 다산은 '奇才'라는 御批를 받고 다음과 같이 시를 썼다.

부족한 자질로 외람되이 詞臣이 되어
시 빨리 지었다고 임금이 칭찬하셨네

담장 저쪽 누각 소리 타는 촛불 짧은데

30) 『전서』, 「前篇纔下, 又命進詩, 令承旨吸金絲烟一團以爲限(題云, 太平萬歲字當中), 篇旣徹」, "御批曰, 吸竹之頃, 操筆立書, 豈非奇才, 三陪畫", I-1, 35b, p.18.

임금님 뜰 오가는 방울소리 자주 나네

두꺼비가 우연히 준마를 따라갔을 뿐
자갈이 어찌 보석과 진기함을 다투리

천고의 기재는 다만 소식뿐인데
일시에 어찌 세 사람이나 있으리요

踈姿叨濫厠詞臣　七步章成睿奬新
銀漏隔墻燒燭短　紫衣穿院掣鈴頻
蟾蜍偶趁飛黃步　琬琰寧爭燕石珍
千古奇才但蘇軾　一時那得有三人[31]

다산은 동파를 '千古의 奇才'라고 높게 평가하고, 자신은 '두꺼비'와 '燕石'과 같다고 하였다. 曹植(192-232)이 七步만에 시를 쓴 것처럼 자신이 속성으로 시를 완성했다고 '奇才'라고 御批를 받은 것은 과분하다고 겸손을 표하였다.

즉 정조의 학문은 飛黃(天子의 馬)과 琬圭와 琰圭같이 훌륭하지만, 자신은 두꺼비와 같고 시는 하찮은 燕石과 같다면서, 千古의 奇才는 蘇軾뿐인데 어찌 일시에 3인이 있을 수 있느냐고 부끄러워하였다. 다산은 병조참의(1795) 시에 왕명으로 7언 排律 1백운을 半夜 사이에 지어, 정조와 文任諸臣으로부터 '文苑의 奇才'라는 평을 받았다.[32]

---

31) 『전서』, 「同徐李二僚應教獻詩, 並蒙奇才之褒, 不勝愧恧, 爲示此篇」(徐卽徐榮輔), I-1, 36a, p.18.

다산은 內閣의 親試에서 수석을 차지한 「地理策」(28세, 1789)에서 동파를 大儒라고 하였다.

> 朱子는 大賢이요 蘇軾 歸有光 王世貞 등은 모두 大儒인데다가 중국에 태어났어도 오히려 일치된 의논이 있지 않은데 하물며 우리나라 선비들이겠습니까. 그러므로 신은 감히 개인의 억측으로 밝으신 질문에 누를 끼쳐드리지 않겠습니다.[33)]

다산은 朱子를 '大賢'으로, 蘇軾 歸有光 王世貞를 '大儒'라고 하여, 동파의 학문 세계를 높이 褒揚하였다. 또한 族父 丁範祖(1723-1801, 이조참판)에게 보낸 서한에서, 明나라 李攀龍(1514-1570)의 시를 비판하면서 동파를 언급하였다. 이반룡의 시는 新奇함이 없기 때문에 그가 徐謂와 袁宏道에게 비판을 받은 것을 당연하다고 하였다. 王世貞이 문단을 지배하며 높여주어 이반룡이 명성을 얻은 것일 뿐, 두보나 동파처럼 고심하여 지은 시가 아니라고 하였다.[34)] 즉

32) 『전서』, 「騎省應教賦得王吉射烏詞一百韻」, I-2, 13b-15b, pp.28-29. "御批曰 …… 似此實才, 可謂罕觀.", ○ "諸臣評曰 …… 是所謂文苑之奇才者邪. ○ 半夜之間, 百句之律, 運思有味, 押韻不苟, 難矣哉."

33) 『전서』, 「地理策」(乾隆己酉, 閏五月, 內閣親試, 御批居首), I-8, 4a, p.151. "況朱子大賢也, 蘇軾歸有光王世貞, 皆大儒也, 兼又生乎中國, 尙未有歸一之論, 矧東儒哉. 臣不敢以臆見之說, 仰累明問也."

34) 『전서』, 「上族父海左範祖書」, I-18, 16b-17a, pp.382-383. "蓋其詩, 專務聲韻風格, 始讀非不渢渢乎善也. …… 宜乎爲徐文長袁宏道輩, 所訾毁如許耳. 意其人豪俠放肆, 氣岸傲兀, 風流文采, 有足以壓倒一世, 而弇山又操柄文垣, 相與引重以取名, 非有苦心苦口,

杜 甫

두보와 동파의 시는 치열한 고심 끝의 산물이므로 이반룡의 시는 여기에 미칠 수 없다는 것이다.

다산은 강진 유배지에서 장남 學淵에게 보낸 서한(1808)에, 詩作에서의 用事 문제를 논하면서 杜甫를 '詩聖'으로, 韓愈를 '大賢'으로, 東坡를 '博士'라고 하였다. 특히 동파 시의 경지에 도달하려면 "우리 3부자의 재주로는 죽을 때까지 전공해야 다소나마 미칠 수 있을 것"이라 하여 시의 用事가 훌륭함을 포양하였다.35)

다산은 「夏日對酒」에서, 시골 서당 훈장들이 科擧(小科) 공부를 시키면서 漢나라와 唐나라의 시문을 가르치지 않고 百聯句만 외우게 하며, 項羽와 沛公의 고사로만 作文하게 한다고 한 후 동파와 黃庭堅을 공부하지 않는 것을 비판하였다. 서당에서 동파와 황정견을 배우지 않기 때문에 비록 시골에서는 으뜸이 될 지 모르나, 이들의 학문은 시대를

如杜工部蘇長公之爲詩也."

35) 『전서』, 「寄淵兒」(戊辰冬), I-21, 9b, p.443. "杜詩, 用事無跡, 看來如自作, 細察皆有本(有出處), 所以爲聖. 韓退之詩, 字法皆有所本(有出處), 句語多其自作, 所以爲大賢也. 蘇子瞻詩, 句句用事, 而有痕有跡, 瞥看不曉意味, 必也左考右檢, 探其根本, 然後僅通其義, 所以爲博士也. 乃此蘇詩, 以吾三父子之才, 須終身專工, 方得刻鵠. 人生此世, 可爲者多, 何可爲此乎."

장식하기에는 부족하다고 한 것은[36], 동파와 황정견의 학문이 經世致用에 기여함을 인정한 것이다. 다산은 강진의 弟子들에게, 科詩를 공부 방법을 논하면서 자신의 교육 경험을 밝혔다.

> 내가 전에 아들 학연에게 과시를 가르치면서 먼저 漢·魏의 고시로부터 마디마디 모방케 하고 점차로 소식과 황정견의 門路를 알도록 했더니, 수법이 조금씩 나아짐을 알았다. 과시를 짓도록 하자 한 수의 첫 편에서 여러 어른들의 칭찬을 받았다. 그 후로는 남을 가르치면서 이러한 방법을 사용했더니 학연과 같지 않은 사람이 없었다.[37]

科詩를 공부하려면 먼저 漢나라와 魏나라의 古詩와 동파와 황정견의 시를 공부하는 것이 효과적이라 하여 동파 시의 공부가 필수임을 인정하였다. 강진 유배지의 제자 黃裳이 田園에서 은둔하여 幽人의 삶을 살려면 갖추어야 할 細目을 묻자, 전원에서 은자의 삶을 살더라도 『주역집해』를 비롯하여 도연명 謝靈運 두보 한유 소식 陸機의 시집과, 중국의 악부, 그리고 列朝의 시집을 구비해야 한다고 하였

---

36) 『전서』, 「夏日對酒」(4), I-5, 2a, p.79. "村村坐夫子, 敎授非漢唐. 何來百聯句, 吟誦方滿堂. 項羽與沛公, 支離連篇章."(村塾出題, 皆楚漢時事) 姜柏放豪嘴, 盧兢抽巧腸. 終身學如聖, 逝不窺蘇黃. 縱爲閭里雄, 又昧時世粧. 世世不成名, 猶未歸農桑."

37) 『전서』, 「爲茶山諸生贈言」, I-18, 3b-4a, p.376. "余昔敎子淵科詩, 先從漢魏古詩, 寸寸摸擬, 漸識蘇黃門路, 覺手法稍滑. 令作科詩, 一首初篇, 已被諸先生奬詡. 後來敎人用此法, 無不如學淵也者."

다. 이는 비록 은자라도 반드시 도연명 시를 비롯하여 동파의 시집 등을 읽어야 한다는 것이다.[38]

동파와 다산은 모두 宦海風波를 겪은 사람이다. 다산은 동파가 "문자를 탓하며 어리석음을 원했던 것은 達論이다."[39]이라 했고, 18년 기나긴 귀양에서 풀려나 고향에 돌아온 후 쓴 시(68세, 1829)에서도 동파 시문이 뛰어남을 포양하였다.

> 왕생에게 기박한 팔자 물을 의욕 없고
> 노년의 방편은 때에 따라 사는 것뿐이네
>
> 미불의 시서화는 본디 없거니와
> 감히 동파의 뛰어난 시문과 견줄 수 있으리
>
> 좀 가루는 필총에 쌓여도 금하지 않고
> 거미줄이 오래 전에 거문고에 덮혔다네
>
> 그래도 조그마한 방 하나는 있기에
> 누런 머리로 천치 마냥 쓰러져 누어있네
>
> 懶向王生問數奇　老來方便再隨時
> 本無米嶽詩書畫　敢比東坡笑罵嬉
> 蠹屑不禁堆筆塚　蛛絲久已冪琴池

38) 『전서』, 「題黃裳幽人帖」, I-14, 44b-45a, pp.306-307.

39) 『전서』, 「題山人紙障子」, I-14, 40b, p.304. "因南華子齊彭殤一死生, 非寓言, 東坡翁咎文字願愚魯, 亦達論."

猶饒十笏房中地　黃髮頹然臥白癡[40]

함련에서 자신의 시문을 감히 동파의 '笑罵嬉'와 비견할 수 없다고 하였다. '笑罵嬉'는 '嬉笑怒罵'의 준말로 시문이 뛰어남을 비유하는 말이다. 동파가 "나는 글 짓는 것을 마치 行雲流水와 같이 하며 비록 즐기며 웃고 성내어 욕하는 말이라도 모두 쓸 수 있고 외울 수 있다."[41]고 한 것을 용사한 것이다. 이를 보면 다산이 晩年에도 동파 시문의 우수성을 포양한 것이다.

다산은 『경세유표』에서, 당시 科擧의 策問의 내용이 수천 자가 넘고 또한 對策文은 千篇이 一套라서 簡選할 수 없으니 科條를 엄격히 세워 2백 자를 넘지 않게 해야하며 舊套를 모두 버리고 한결같이 모두 동파의 체제를 따르는 것이 옳다고 했고,[42] 試卷의 글씨가 王羲之나 王獻之처럼 잘썼다 하더라고 惡詩를 썼다면 뽑지 말아야 하며, 蘇軾·歐陽脩와 같은 글을 썼으나 拙筆이라고 해서 낙방을 시켜서는 안 된다고 하였다.[43] 이는 과거의 시권은 동파의 문

40) 『전서』, 「楚堂鄭美元至」(5), I-6, 12b-13a, pp.104-105.

41) 『송사』13, 「蘇軾」, 권338, 列傳 第97, p.10817. "嘗自謂, 作文如行雲流水, 初無定質, 但常行於所當行, 止於所不可不止. 雖嬉笑怒罵之辭, 皆可書而誦之."

42) 『전서』, 『經世遺表』, 「春官修制」, 科擧之規, V-15, 17b-18a, p.286. "臣謹案近世策問之題, 或過數千字, 淺學之士, 但作頭詞, 其下循題點綴, 以成其篇, 千篇一套, 無以簡選, 今宜嚴立科條, 題不過二百字. 其對悉除舊套, 一遵蘇軾體裁, 庶乎其善也."

43) 『전서』, 『경세유표』, 「春官修制」, 科擧之規, V-15, 18b, p.286. "犧獻之筆, 以寫惡詩, 其將取之乎. 歐蘇之文, 偶用拙筆, 其將黜之

체를 전법으로 삼아야 한다는 것이다.

다산은 동파를 '夫子'와 '先生'이라고 존칭하였다. 즉 굴원 賈誼 이백 한유 소식과 南宋의 蔡元定 6人의 畵像贊에서 '夫子'라 존칭했고[44] 이들 모두에게 '先生'이라 하였다. 다산의 동파 화상찬을 보자.

> 높은 저 미산이
> 奎星의 정기를 흡수하여
>
> 오랜 세월 길러 자라게 한 끝에
> 비로소 한 영걸을 태어나게 했네
>
> 익살스런 문장으로
> 아름다운 보옥을 꾸짖으니
>
> 독보적인 참 지식에
> 뭇 사람들이 경악했네
>
> 끓는 물과 불에도 끄떡없는 것은
> 빛나는 문채일세
>
> 巖彼眉山　仰吸奎精　亭毒萬古　始吐一英
> 嘻詠彝藻　怒罵瑤瓊　眞知獨步　衆愕群驚

乎. 苟有斯意, 別受一卷, 以察書法, 不亦可乎."

44) 『전서』, 「謫中六夫子畵像贊」, I-12, 32a-33a, pp.255-256.

湯火不隕　文采晶晶[45]

다산은 文運의 별인 奎星의 정기를 받고 출생한 동파는 英傑로 '嬉笑怒罵'의 뛰어난 문장과 독보적인 지식으로 일세를 경악하게 하였으니, 湯火에도 죽지 않는 文采는 영원히 빛난다고 褒揚하였다.

다산은 『목민심서』에서 수차에 걸쳐 동파의 치적을 거론하였다. 동파가 抗州太守 시에 기근이 들고 염병이 유행하자 그는 매일 아전들을 파견하고 의사들을 독려하여 사방으로 나가 병을 치료하게 하여 살린 사람이 1만 명에 이르렀다고 하였으며,[46] 西湖를 修築한 일을 상세하게 언급하였다.[47] 또한 항주가 큰 가뭄으로 기근과 전염병이 유행하자 정부에 요청하여 이 지방의 上供米의 3분의 1을 면제받게 하여 쌀값이 오르지 않았고 이듬해 봄에 값을 내려 常平倉米를 방출하니 백성들이 가뭄의 고통을 면하게 해준 사실을 언급하였다.[48] 또한 동파가 徐州太守 시에 河水가 범람하여 물이 성밑으로 밀려들자, 백성들을 독려하여 제방을 쌓아 안심시킨 것을 포양하였다.[49] 이러한 언급은 善政한 동파의 치적을 포양한 것이자, 목민관의 교훈으로 例

---

45) 『전서』, 「瓊州謫客蘇先生」(諱軾), Ⅰ-12, 33a, p.256.
46) 『전서』, 『牧民心書』, 「愛民, 寬疾」, Ⅴ-18, 47b, p.361. "蘇軾知抗州, 歲値饑疫, 日遣吏督醫, 四出治病, 全活以萬計."
47) 『전서』, 『목민심서』, 「愛民, 寬疾」, Ⅴ-26, 35ab, p.561.
48) 『전서』, 『목민심서』, 「賑荒, 備資」, Ⅵ-27, 32b, p.16.
49) 『전서』, 『목민심서』, 「愛民, 救災」, Ⅴ-18, 50b, p.362.

示한 것이다.

이상과 같이 다산은 동파의 학문을 높이 인정하고 포양하였다. 修學期에는 동파는 '才高'하나 자신은 '拙劣'하다 했고, 仕宦期에는 정조로부터 '奇才'라는 御批를 받고 동파를 '千古의 奇才'라고 했으며, 또한 '大儒'라고 했으며, 이반룡의 시를 혹평하면서 두보와 동파의 시는 치열한 창작의 고통 속의 산물이라고 하였다. 유배시에는 동파는 用事의 '博士'라서 자신의 3父子가 종신토록 전공해야 그의 경지에 이를 수 있다고 했으며, 科擧 공부에는 동파의 공부가 필수라 했고, 隱者의 삶을 살더라도 도연명을 비롯하여 동파의 시집을 읽어야 한다고 하였다. 解配後에는 자신의 시문을 동파와 감히 견줄 수 없다고 하였다. 또한 科擧의 試卷은 동파를 전범으로 삼아야 한다 했고, 동파를 '夫子'와 '先生'이라고 존칭하였고, 그의 뛰어난 문장과 독보적인 지식은 湯火에도 죽지 않아 文采는 영원히 빛난다고 褒揚하였다. 또한 목민관 시절 善政을 한 치적을 기렸다.

3. 동파 貶下

다산의 동파론은 포폄이 공존한다. 동파에 심취하여 포양했으면서도, 한편으로는 그의 행적과 학문에 대하여 문제를 제기하고 반론을 전개하면서 비판하였다. 다산이 금정찰방 좌천 시(34세, 1795)에 부여현감 韓百源과 함께 백마강 고란사로부터 自溫臺까지 뱃놀이를 하면서 쓴 시를 보자.

백마강 가운데 풍악소리 맑은데
당나라 소정방 장군 옛 전장터라네

만약에 자온대가 적벽강과 같다면
내가 소동파를 비웃고도 남았을 걸세

歌簫淸絶水中央　唐代龍驤舊戰場
若把溫臺當赤壁　會敎丁子笑蘇郎[50)]

이 시는 비록 戱吟이지만 부여의 自溫臺가 적벽강과 같은 勝景이라면, 동파의 「적벽부」보다 더 좋은 명작을 쓸 수 있다고 자부하기도 했던 다산이었다. 그는 곡산부사 재직시 향교에서 선비들에게 시험을 보인 「問儒」에서, “詞章은 당 나라 때보다 더 융성한 적이 없는데도 韓愈는 덕 있는 친구가 없었고, 도학은 程顥 程頤 邵雍에게 와서 지극히 융성하였으나, 동파는 따로 門戶를 세웠으니 선비와 문장은 그 길이 같지 않은 때문인가.”[51)]라고 물었다. 이는 동

---

50) 『전서』, 「同扶餘縣監韓元禮百源, 自皐蘭寺下汎舟至自溫臺, 舟中戱吟示元禮」, I-2, 32a, p.37.

51) 『전서』, 「問儒」(谷山府鄕校試士). I-9, 20a, p.180. “詞章莫盛於李唐, 而昌黎未有德鄰, 道學極隆於程邵, 而東坡別立門戶, 儒之與文, 其道不同歟.”

파가 洛蜀朔 三黨의 蜀黨 영수였음을 말한 것이며, 선비의 길과 문장에서 추구하는 길이 같아야 한다는 것을 뜻한다.

다산은 강진에 왔던 차남 學游가 고향으로 돌아갈 때(1810. 2) 廢族이라고 청운의 뜻을 잃어서는 안 된다고 격려한 글에서, "동파는 이르기를 '속된 눈은 너무 낮고 하늘을 통한 눈은 너무 높다.'고 하여, 장수하고 단명함을 똑같이 보고 죽음과 삶을 하나로 여겼으니, 그의 病痛도 지나치게 높은 데 있었다."[52]고 비판하였다.

서론에서 언급했듯이 동파는 우리 高麗에 대하여 非友好的인 사람이었다. 고려와 北宋 양국의 외교사에서 볼 때, 동파는 언제나 반고려의 노선을 취하였다. 즉 정치인 동파는 反高麗的인 인물이었다. 그는 수차에 걸쳐 고려국에 불리한 상소를 하였다. 知抗州 재직시인 1089년(54세, 元祐 4) 11월 3일에 上奏한 「論高麗進奉狀」에서 고려 사신의 入貢은 "송나라에 絲毫의 이익도 없다."(朝廷無絲毫之益)[53]고 했으며, 10일 후인 13일에는 2차로 「論高麗進奉第二狀」[54]을, 동년 12월 3일에 「乞令論高麗僧從泉州歸國狀」[55]을 上奏하였다. 이 3편의 상소에는 한결같이 高麗國에게 불리한 내용들이 있다. 그는 여기에 그치지 않고 예부상서 재직시

---

52) 『전서』, 「贐學游家誡」, I-18, 13b, p.381. "雖然東坡云, 俗眼太卑, 天眼太高, 若齊彭殤一死生, 其病又過高."

53) 『소동파전집』下, 「論高麗進奉狀」, 奏議集 권6, pp.468-470.

54) 『소동파전집』下, 「論高麗進奉第二狀」, 奏議集 권6, p.475.

55) 『소동파전집』下, 「乞令高麗僧從泉州歸國狀」, 奏議集 권6, pp.475-476.

인 1093년(58세, 元祐 8) 2월 1일과, 2월 15일과, 2월 26일에 3차에 걸쳐 上奏한 「論高麗買書利害箚子」[56]에서, 고려 사신의 서적 구입 요청을 극력 반대하였다.

> 辛亥日에 예부상서 소식이 말하기를 "고려의 사신이 역대의 史書 및 冊府元龜 등의 서적을 구매하기를 원하는데 그들의 청을 불허하는 것이 마땅합니다."라고 하였다. 省臣이 허락하니, 소식이 또 상소에서 다섯 가지 폐해를 개진하여 그 불가함을 極論하였다.[57]

위에서 고려 사신이 서적을 구입해 가면, 宋나라에게 五害가 있다고 한 내용이 제1차 상소(2월 1일)에 있다.[58] 그

---

56) 『소동파전집』下, 「論高麗買書利害箚子三首」, 奏議集 권13, pp.558-562.

57) 『宋史』1, 「哲宗」一, 권17, 本紀 第17, pp.335-336. "辛亥, 禮部尚書 蘇軾言, 高麗使乞買歷代史及冊府元龜等書, 宜卻其請不許. 省臣許之, 軾又疏陳五害, 極論其不可."

58) 『소동파전집』下, 「論高麗買書利害箚子」(1), 奏議集 卷13, pp.558. "元祐八年 二月初一日, …… 禮部尚書, 蘇軾箚子奏, …… 臣伏見高麗人使, 每一次入貢, 朝廷及淮浙兩路賜予餽送燕勞之費, 若十餘萬貫. 而修飾亭館, 騷動行市, 調發人舡之費不在焉. 除官吏得少餽遺外, 了無絲毫之利, 而有五害. 所得貢獻, 皆是玩好無用之物, 而所費皆是帑廩之實, 民之膏血, 此一害也. 所至差借人馬什物, 攪撓行市, 修飾亭館, 民力倍有培費, 此二害也. 高麗所得賜予, 若不分遺契丹, 則契丹安肯聽其來貢, 顯是借寇兵而資盜糧, 此三害也. 高麗名爲慕義來朝, 其實爲利, 度其本心, 終必爲北虜用, 何也, 虜足以制其死命, 而我不能故也. 今使者所至, 圖畵山川形勝, 窺測虛實, 豈復有善意哉, 此四害也. 慶曆中契丹欲渝盟, 先以增置塘泊爲中國之曲, 今乃招來其與國, 使頻歲入貢, 其曲甚於塘泊, 幸今契丹恭順, 不敢生事, 萬一異日有桀黠之虜, 以此藉口, 不知朝廷何以答之, 此

러나 송의 조정에서는 그의 상소를 수용하지 않았다.

> 고려가 사신을 보내어 서적을 요청하자 조정에서는 옛 일에 의거하여 이를 허락하였다. 蘇軾이 말하기를 "漢의 東平王이 諸子書 및 태사공의 史記를 청하였으나 오히려 주지 않았습니다. 지금 고려의 所請은 이보다 심함이 있는 데 그들에게 책을 주는 것이 可한 일입니까."라고 했으나, 그의 말을 듣지 않았다.[59]

어찌하여 동파는 3회에 걸쳐 집요하게 고려의 서적 구입을 강력하게 반대하였을까. 그 이유를 제3차 상소(2월 26일)에서 찾을 수 있다.

> 신(蘇軾)이 근심하는 바는 서적이 고려에 쌓이게 되고 北虜에게 유입되면 敵人들로 하여금 우리 산천의 險要와 변방 방어의 이해를 두루 알게 하는 것이라서 지대한 근심이 될 것입니다. 비록 일찍이 우리가 서책을 그들에게 준 것은 지난날의 실책이었으니 지금부터는 주지 말아야 합니다.[60]

五害也."

59) 『송사』13, 「蘇軾」, 권338, 列傳 第97, p.10815. "高麗遣使請書, 朝廷以故事盡許之 軾曰, 漢東平王請諸子及太史公書, 猶不肯予. 今高麗所請, 有甚於此, 其可予乎. 不聽."

60) 『소동파전집』下, 「論高麗買書利害箚子三首」(3), 奏議集 권13, p.562. "元祐八年, 二月二十六日, …… 臣所憂者, 文書積於高麗, 而流於北虜, 使敵人周知山川險要邊防利害, 爲患至大. 雖曾賜予, 乃是前日之失, 自今止之."

위에서 동파의 편협한 본심이 여실히 나타나 있다. 그는 고려의 사신에게 중국 역대의 史書 및『冊府元龜』등을 구입케 하는 것은, 바로 국가의 기밀을 누설하는 것이라고 보고 극력 반대하였다. 이러한 주장을 고려의 입장에서 보면, 예부상서로서 소식은 문제의 인물이 아닐 수 없다. 즉 이웃 나라의 문화 창달과 발전에 기여하는 大國의 예부상서가 아니라 國粹主義者에 불과할 뿐이다. 요즈음 말로 인문학적·문화적인 코드가 전혀 없는 도량이 편협한 인물에 불과하다고 할 수 있다.

다산은 우리나라가 중국의 百工技藝를 배우지 않는 것을 비판하였다. 중국의 새로운 과학기술은 날이 가고 달이 갈수록 발전하고 새로워지는 데도, 우리나라 사람들은 모르는 것을 묻지도 않고 오직 옛것에만 만족하고 있는 것을 한탄하였다.[61] 중국의 새로운 과학기술을 배워야 하는 당위성을 논한「技藝論」에서, 고려의 서적 구입 요구를 극력 반대했던 동파의 행적을 예로 들었다.

> 옛날에 소식이 經籍을 고려에 주지 말고 아울러 구입하는 것도 금할 것을 청하면서, “오랑캐가 글을 읽으면 智慮가 높아질 것입니다.” 하였으니, 어쩌면 그리도 마음이 좁고 은혜가 적었던가. 비록 그렇다 하더라도 이 의논이 그때에는 중국에

61)『전서』,「技藝論」(1), I-11, 11a, p.227. “我邦之有百工技藝, 皆舊所學中國之法, 數百年來, 截然不復有往學中國之計, 而中國之新式妙制, 日增月衍, 非復數百年以前之中國, 我且漠然不相問, 唯舊之是安, 何其懶也.”

서 시행되었던 것이다. 經籍도 이처럼 보여주지 않으려 했는데, 하물며 그들로 하여금 技藝와 여러 가지 기능을 배우게 하여 그 나라를 강하게 하는 것임에랴? 옛날에는 外夷들이 자제들을 중국에 보내어 입학시킨 자가 많았는데, 근세에는 琉球國人들이 중국의 太學에 10년 동안 있으면서 오로지 文物과 기능만을 배워갔으며(芝峯集), 일본도 중국의 강소성과 절강성을 왕래하면서 오직 百工의 섬세하고 정교한 기술만을 배워오도록 힘썼다. 고로 유구와 일본은 바다 가운데 멀리 떨어진 지역에 있으면서도 그 기능은 중국과 대등하게 되어 백성들은 부유하고 군대는 막강하여 이웃 나라에서 감히 침략하지 못하게 되었으니, 그 이미 그렇게 된 효과가 이러한 것이다. 마침 지금은 규모가 소활하여 좁고 비루하지 않은데 이 시기를 놓치고 도모하지 않을 경우, 만일 하루아침에 蘇軾과 같은 자가 있어 임금에게 의견을 아뢰어 중국과 外夷의 한계를 엄격하게 해서 금지하는 명령을 내리기라도 한다면, 아무리 禮幣를 가지고 가서 하찮은 것이나마 얻어 오려 한다 할지라도 어찌 그 뜻을 이룰 수 있겠는가.62)

우리나라는 중국의 새로운 과학기술를 조속히 수입해야

62) 『전서』, 「技藝論」(3), I-11, 11b-12a, p.227. “昔蘇軾, 請勿以經籍賜高麗, 並禁其購求, 謂夷狄讀書, 長其智慮也, 何其狹隘而少恩哉. 雖然, 此論則以時得行於中國也. 經籍此不欲相示, 況使之學技藝諸能, 以彊其國哉. 古者, 外夷遣子弟入學者, 甚多, 近世琉球人, 處太學十年, 專學其文物技能(芝峯集), 日本往來江浙, 唯務移百工纖巧. 故琉球日本, 在海中絶域, 而其技能, 與中國抗, 民裕而兵强, 鄰國莫敢侵擾, 其已然之效如是也. 適今規模, 疏豁不狹陋, 捨此不圖, 若一朝有如蘇軾者, 建言嚴華夷之界, 申禁遏之令, 則雖欲執贄奉幣, 冀得咳唾之餘, 尙安能遂其志哉.”

하는 당위성을 논하면서 동파의 인품은 ‘도량이 좁고 은혜가 적은 자’라고 비판하였다. 동파가 고려의 서적 구입은 바로 국가 기밀의 유출이라고 강력하게 반대한 전례가 있는 만큼, 만일 중국에 또 다시 동파 같은 인물이 있어서 외국으로 百工技藝의 유출을 저지한다면 사소한 기술의 도입도 불가능하다는 것이다.

다산은 천주교를 배교했으나 천주교도라는 비방을 받자, 1797년(36세) 6월 22일 동부승지 사직하는 상소에서 동파를 異端이라고 하였다. 성현이 출현하면 災害와 異端이 반드시 있는 것은, 성인이 그 災厄을 구제하여 큰 공덕을 세우게 한 것이라 하여 正祖를 성현으로 천주교를 재해와 이단으로 비유하였다. 즉 堯 때의 水災와, 湯 때의 가뭄과, 맹자 때의 楊子 墨子와, 朱子 때의 蘇軾 陸九淵이 있었던 것이 이를 입증하는 것이라고 하였다.[63] 주자 시대에 소식과 육구연이 있었다는 것은, 동파와 육구연을 이단으로 본 것이다.

그리고 다산은 『중용강의보』에서, 인간과 금수를 엄격히 구분하고 주자의 人物同性論에 대하여 비판하면서 동파가

---

63) 『전서』, 「辨謗辭同副承旨疏」(丁巳), I-9, 46ab, p.193. “臣竊伏念, 聖賢有作, 則災害異端, 必與並起, 使之救患拯厄, 用茂厥功德, 堯之水湯之旱, 孟子之楊墨, 朱子之蘇陸, 皆其驗也. 今我殿下, 闡道學之原, 崇教化之本, 開示正路, 則臨九軌而御六轡, 丕變頹風, 則登盟壇而執牛耳, 彼其邪說之有作, 殆將以彰殿下闢廓之功耳. 太陽中天, 魑魅蝃蝀, 固無足爲國家之憂. 而其於臣之一身, 事無大於是者, 臣安得不焦脣頓足, 以冀其及時撲滅, 無俾易種于斯世乎.”

불교를 酷信하여 윤회설을 믿은 것을 언급하였다.

> 五常의 덕을 物도 같이 얻을 수 있다고 하겠는가? 佛氏가 인물동성이라 하여, 사람이 죽으면 소가 되고 개가 죽으면 사람이 된다고 하는 윤회의 環轉이 生生하여 끝이 없다고 하였다. 소문충공은 이 이치를 酷信하여 그가 지은 적벽부와 潮州韓文公碑에서 그 윤회설을 슬그머니 사용한 것을 세상 사람들이 살피지 못하였다. 대개 宋賢들이 性을 논하면서 이 병에 빠진 자가 많다. 비록 그 본의가 또한 樂善求道의 고심에서 나왔다 하더라도 그 설이 洙泗의 舊論과 비교할 때 서로 어긋나는 것을 다 말할 수 없다. 이 뒤의 군자들은 오히려 나를 용서하리라.64)

다산은 동파가 윤회설을 「적벽부」와 「潮州韓文公碑」에서 적용한 것을 사람들이 살피지 못한 점과, 宋賢들이 믿은 윤회설은 洙泗의 舊論과 어긋난다고 비판하였다. 다산은『孟子要議』에서, 「적벽부」와 「조주한문공비」는 윤회설로 이루어진 것임에도 사람들이 알지 못하고 이를 奇文이라고 한다고 비판하였다.65)

---

64)『전서』,『中庸講義補』 권1, Ⅱ-4, 2b, p.61. “云五常之德, 物亦同得乎. 佛氏謂人物同性, 故人死爲牛, 犬死爲人, 輪回環轉, 生生不窮. 蘇文忠酷信此理, 其作赤壁賦, 潮州韓文公碑, 陰用其說, 而世莫之察. 蓋宋賢論性, 多犯此病. 雖其本意亦出於樂善求道之苦心, 而其與洙泗之舊論, 或相牴牾者不敢盡從. 後之君子尙恕余哉.”

65)『전서』,「離婁 下」,『孟子要議』, Ⅱ-5, 59b, p.124. “無始自在, 輪回轉化之說, 行世旣久, 蘇東坡於赤壁賦及潮州韓文公廟碑, 陰用其說, 而世莫之察, 爲之奇文.”

동파를 異端이라고 비판한 글이 또 있다. 동파가 知揚州軍州事로 재직시에, 王滌이 潮州守로 부임하여 한유의 사당을 새로 짓고 묘비문을 요청하자 「潮州脩韓文公廟記」를 썼다. 다산은 이 廟記를 비판했는데, 먼저 동파의 廟記부터 보자.

필부로서 百世의 스승이 되고, 한마디 말로 천하의 법이 되는 것은 이는 모두 천지의 조화에 참여하고 盛衰의 운에 관계함이 있기 때문이다. 그가 태어남은 유래가 있고, 그가 죽음은 까닭이 있는 것이다. 그러므로 申伯과 呂侯(甫侯)는 산악으로부터 세상에 태어났고, 傅悅이 죽어서 列星이 되었으니, 고금에 전설을 속일 수 없는 것이다. 맹자는 "나는 나의 浩然之氣를 잘 기른다." 하였으니, 이 호연지기는 尋常의 가운데에 붙어 있으나 천지간에 가득 차 있는 것이다. 그 기운을 갑자기 만나면 王公이 그 귀함을 잃고, 晋·楚가 그 富함을 잃고, 張良 陳平이 그 지혜를 잃고 孟賁 夏育이 그 용맹을 잃고, 張儀 蘇秦이 그 언변을 잃었으니, 이는 누가 그렇게 만든 것인가? 그것은 반드시 형체를 의지하여 서지 않으며, 힘을 믿어 행하지 않고, 태어남을 기다려 있지 않으며 죽음을 따라 없어지지 않는 것이 있기 때문이다. 그러므로 하늘에 있어서는 星辰이 되고 땅에 있어서는 河嶽이 되고 저승에서는 귀신이 되고 이승에서는 다시 사람이 되는 것이니, 이는 떳떳한 이치라서 족히 괴이할 것이 없다.66)

66) 『소동파전집』下, 「潮州脩韓文公廟記」, 續集 권12, pp.372-373. "匹夫而爲百世師, 一言而爲天下法, 是皆有以參天地之化, 關盛衰之運, 其生也有自來, 其逝也有所爲矣. 故, 申呂自嶽降, 傅悅爲列

위와 같은 동파의 廟記의 앞부분에 대하여, 다산은 문제를 제기하고 동파를 이단이라고 다음과 같이 비판하였다.

> 소동파는 禪學에 물이 들어 그 나쁜 습관이 이따금 그의 문장에 나타난다. 그가 지은 조주한문공묘비에서 맹자가 말한 호연지기를 河嶽과 星辰의 氣라고 하였으니 그 말이 합당하지 못하다. 하물며 "저승에서는 귀신이 되고 이승에서는 다시 사람이 된다."고 하였으니, 이는 은밀히 윤회설을 쓴 것이다. 高明한 이로서 이단에 빠져 끝내 깨닫지 못함이 어쩌면 이와 같단 말인가.[67]

다산은 동파가 禪學에 빠져 그 病根이 문장으로 나타났는 데 潮州碑文의 내용이 한 예라고 하였다. 동파가 맹자의 호연지기는 河嶽과 星辰의 氣라고 한 것은 잘못이며, 특히 호연지기가 저승에서는 귀신이 되고 이승에서는 사람이 된다고 한 것은 윤회설이라고 하였다. 결론적으로 高明

星, 古今所傳, 不可誣也. 孟子曰, 我善養吾浩然之氣, 是氣也, 寓於尋常之中, 而塞乎天地之間. 卒然遇之, 則王公失其貴, 晋楚失其富, 良平失其智, 賁育失其勇, 儀秦失其辯, 是孰使之然哉. 其必有不依形而立, 不恃力而行, 不待生而存, 不隨死而亡者矣. 故, 在天爲星辰, 在地爲河嶽, 幽則爲鬼神, 而明則復爲人, 此理之常, 無足怪者."

67) 『전서』, 「跋潮州碑」, I-14, 22b-23a, p.295-296. "蘇東坡染於禪學, 其病根往往見於其文. 潮州韓文公廟碑, 以孟子浩然之氣, 爲河嶽星辰之氣, 其言已不倫. 況云幽則爲鬼, 神明則復爲人, 此陰用輪回之說. 高明之陷於異端, 而終不回悟何如是哉."

한 동파가 어찌하여 이단인 불교에 빠져 깨닫지 못했다고 비판하였다.

위의 潮州碑의 내용에 대한 문제점을 다산만이 제기한 것은 아니다. 陳櫟(1252-1315)이 편찬한 것으로 추정되는[68)]『詳說古文眞寶大全』의 「조주한문공묘비」 註에서도 문제가 있음을 다음과 같이 지적하였다.

> 秦漢 이후로 문장을 떨쳐 古文으로 돌아간 것은 昌黎 한 사람뿐이다. 이 비는 진실로 큰 제목이니, 東坡의 큰 솜씨와 필력이 아니면 누가 짓겠는가? 동파의 문장이 웅대하여 보통이 아님이 바로 이것이다. 그러나 方虛谷(方回)이 일찍이 "감동하여 皇帝를 낳았다."는 說을 논하여 이르기를 "山嶽에서 神靈을 내려 甫侯와 申伯을 냈다."(『詩經』, 「崧高」)는 것은, 시인이 賢者의 출생은 우연이 아니라서 하늘이 현자를 탄생시켜 국가에 준 것을 말한 것이다. "崇高한 산악이 神을 내려 이 사람을 만들었다."고 말한 것은, 실제로 太山喬嶽의 高厚하고 비상한 정기를 받았음을 말한 것이요, 과연 한 가지 물건이 胎 속으로 들어가 가탁하여 탄생하는 것은 아니다. 俗儒들은 그 뜻을 알지 못하고서 말하기를 "蕭何는 昴星의 정기를 받고 태어났고, 傅悅은 箕星을 타고 갔다."하며, 아래로 불교의 윤회설이 만연하고 불어나니, 동파는 불교를 배웠기에 또한 말하기를 "그가 태어남은 유래가 있고, 그가 죽음은 까닭이 있는 것이다."고 말하였으니, 진실로 이와 같다면 고금의 성현들이 그

68) 鄭載喆은 『詳說古文眞寶大全』의 편자를 陳櫟(1252-1315, 南宋 理宗 12-元 仁宗 2)으로 추정하였다.(鄭載喆, 「詳說古文眞寶大全 연구」, 『韓國漢文學研究』 제32집, 韓國漢文學會, 2003, pp.28-33.)

> 태어남은 반드시 그 물건의 精英으로부터 온 것이요, 그 죽음 또한 반드시 다시 精英의 원래 물건으로 돌아갈 것이니, 세상에 어찌 이런 이치가 있겠는가. 이 말은 배우는 자가 알아야 할 것이므로 함께 기록한다.[69]

위에서 윤회설을 믿은 동파가 "申伯과 呂侯는 산악으로부터 세상에 태어났다."는 것과, "傅悅이 죽어서 列星이 되었다."는 것, 그리고 "그가 태어남은 유래가 있고, 그가 죽음은 까닭이 있는 것이다."고 한 것은 이치에 맞지 않는다고 비판하였다. 동파가 불교의 윤회설을 믿고 이를 潮州碑文에 적용했기에, 陳櫟과 다산으로부터 이단이라고 비판을 받은 것이다.

正祖는 당시 문장이 날이 갈수록 저하되는 것을 근심하여 손수 『唐宋八子百選』을 편간했는데[70] 다산은 이 책의 서문에서, 韓愈가 頹波의 砥柱처럼 우뚝 일어나서 말끔히

---

69) 『詳說古文眞寶大全』, 「潮州韓文公廟碑」, 後集 권8, 1ab, p.188, 註. "秦漢以後, 振文章而反之古, 一昌黎耳. 此碑, 誠大題目, 非東坡大手筆, 誰宜爲之. 坡文之雄偉不常者, 此是也. 然方虛谷, 嘗因論感生帝之說而言曰, 維嶽降神, 生甫及申, 詩人蓋盛言賢者之生不偶然, 天生之以畀國家. 其謂嵩高降神而爲此人者, 實以其稟太山喬嶽高厚非常之氣, 非果有一物投胎托化而生也. 俗儒不得其意而曰, 蕭何孕昴, 傅悅騎箕, 下至西竺輪回之說, 蔓延滋甚, 東坡學佛. 故亦曰, 其生也有自來, 其逝也有所爲, 信如此, 則古今聖賢, 其生也必以其物之精英而來, 其死也又必復還夫精英之元物者, 世豈有此理也哉. 此說, 亦學者所當知也. 故併錄焉."

70) 『正祖實錄』(朝鮮王朝實錄 47), 附錄, 「正祖大王行狀」, 28b, p.302. "八子百選成, 王, 憂文體日下, 手選八家文印行."

씻어 古文의 참모습을 회복하고 門路를 찾아 놓았기에 이 문로를 따르는 사람이 서로 잇따랐다고 하여,[71] 한유가 고문부흥에 기여한 공을 인정하였다. 그러나 다산은 韓柳歐蘇의 문학을 「五學論」(3)에서 비판하였다. 이는 다산 자신이 살던 시대에 문학을 하는 이들을 비판한 것이다. 韓柳歐蘇의 문학은 화려하나 열매가 없고 기이하긴 해도 바르지가 못하여, 修身과 事親, 致君과 牧民을 할 수 없어서 楊朱 墨翟 노자 불교보다 해독이 심하다고 폄하하였다. 당시에 문학을 하는 이들은 羅貫中 施耐菴 金聖歎 郭靑螺를 떠받들고 尤侗 錢謙益 袁枚 毛甡 등의 문학은 유학 같기도 하고 佛學 같기도 하여 기괴하고 음란하여, 일체가 남의 눈을 현혹시키는 것을 목적으로 하는데 이들을 으뜸으로 여기고 스승으로 삼는 문단 풍토를 비판하였다. 또한 나관중 시내암 김성탄 곽청라 등의 문학은 쓸쓸한 듯, 슬픈 듯, 그윽한 듯, 오열하는 듯, 숨막혀 비비꼬는 듯, 산의 기복이 극심한 듯하여 한결같이 넋이 녹아버리고 창자가 끊어지게 하는 것 같아서 유학에 끼치는 폐해는 韓柳歐蘇보다 심하기 때문에 당시 문학을 하는 자들과는 堯舜의 문으로 同歸할 수 없다고 하였다.[72]

한 가지 분명히 해야 할 것은 다산이 당송팔대가 중에서 언급한 韓柳歐蘇의 문학은 修身과 事親과 致君澤民을 할

---

71) 『전서』, 「八子百選序」, I-13, 5b, p,266. “昌黎氏砥柱頽波, 淘頮眞面門路旣尋, 軒盖相望, 嗣是羽翼宗門.”

72) 『전서』, 「五學論」(3), I-11, 21a-22a, p.232.

수 없다고 하여, 언급하지 않은 소순 소철 증공 왕안석의 문학은 修身과 事親, 致君澤民할 수 있다고 여긴 것은 아니라는 점이다. 즉 편의상 당송팔대가의 문을 韓柳歐蘇라고 지칭하고 비판한 것이다.[73]

동파가 예부상서 때인 1093년 3월(元祐 8, 1093)에, 哲宗에게 圓丘壇에 天地의 신을 合祭하는 것이 타당하다고 「上圓丘合祭六議箚子」를 올렸다. 다산은 이 箚子에 대하여 14개항의 오류를 지적하고 비판하였다. 동파가 "신이 시경 서경 춘추를 상고해 보니 천지를 합제한 지가 오래 되었습니다."[74]라고 한 부분을 다산은 "시경 서경 춘추 그 어디에 천지를 合祭하는 글이 있단 말인가. 이는 임금을 속이는 말이다."[75]라고 하여, 동파는 임금을 欺罔했다고 비판하였다.

동파는 차자에서, 임금이 해마다 친히 제사에 참석할 수 없어 有司에게 명하여 攝祭(사람을 시켜 대신 제사하게 함)를 한 지가 오래 되었고, 아울러 임금이 친히 제사에 참석하면 번거로울 뿐만 아니라 盛夏에 비바람을 맞아야 하는 걱정 등이 있다고 하였다.[76] 이에 대하여 다산은 다음

---

73) 金相洪, 「茶山의 唐宋八大家論 攷」, 延邊大學校 開校 제55주년 기념 『朝鮮- 韓國 言語文學國際學術大會』發表要旨集, 延邊大學校 朝鮮言語文學科, 2004. 7, pp.89-91.

74) 『소동파전집』(下), 「上圓丘合祭六議箚子」, 奏議集 권13, p.564. "臣以詩書春秋考之, 則天地合祭久矣."

75) 『전서』, 「蘇東坡圓丘合祭六議箚子評」, I-22, 31a, p.473. "詩書春秋, 安有天地合祭之文, 此欺君之言也."

76) 『소동파전집』(下), 「上圓丘合祭六議箚子」, 奏議集 권13, p.565.

과 같이 비판하였다.

> 다만 사리의 옳고 그름을 논할 것이요, 다른 사람을 시켜 대신 제사하는 攝祭의 여부는 논할 바가 아니요, 風雨의 유무는 논할 바가 아니다. 두 번 제사하기를 꺼리는 자가 비록 合祭한다고 해서 攝祭하지 않겠는가. 불시로 일어나는 비바람을 비록 합제한다고 해서 반드시 모면할 수 있겠는가. 이것은 모두 시정잡배의 잡설이지 儒者의 말이 아니다.77)

다산은 동파의 주장에 대하여, 시정잡배의 잡설(屠沽雜說)일 뿐 儒者의 말이 아니라고 하였다. 이어서 동파의 차자를 가혹하리만큼 비판하였다.

> (차자) 끝에서 元帝 成帝가 郊位를 개정함으로써 모두 殃禍가 있었다고 말하여, 임금에게 두려움을 주었으니, 이것은 또

"議者必又曰, 夏至不能行禮, 則遣官攝祭祀, 亦有故事, 此非臣之所知也. 周禮大宗伯, 若王不與則攝位. 鄭氏注曰, 王有故則代行其祭事. 賈公言疏曰, 有故謂王有疾及哀慘皆是也. 然則攝事非安吉之禮也. 後世人主不能歲歲親祭, 故命有司行事, 其所從來久矣. 若親郊之歲, 遣官攝事, 是無故而用有故之禮也. 議者必又曰, 省去繁文末節, 則一歲可以再郊. 臣將應之曰, 古者以親郊爲常禮, 故無繁文, 今世以親郊爲大禮, 則繁文有不能者也. 若有城幔屋, 盛夏則有風雨之虞, 陛下自宮入廟出郊, 冠通天, 乘大輅, 日中而舍, 百官衛兵, 暴露於道, 鎧甲具裝, 人馬喘汗, 皆非夏至所能堪也."

77) 『전서』, 「蘇東坡圓丘合祭六議箚子評」, I-22, 31a, p.473. "但論事理是非, 攝祭與否, 非所議也, 風雨有無, 非所議也. 憚於再祭者, 雖合祭而不攝乎. 發作不時者, 雖合祭而必免乎. 此皆屠沽雜說, 非儒者之所言也."

> 한 무당이 사악한 도로써 婦人들을 위협하는 방법이다. 儒者가 예를 논함에 있어서는 오직 堯舜禹湯의 제도와 周公 孔子의 말을 절충해야 하는데, 지금 소씨의 차자는 오로지 임금의 옥체가 수고로운 것만을 위해 천지를 합제하여 간편함을 따르도록 하였으니, 이것이 과연 妾婦나 소인들이 阿諛苟容하여 기쁘게 하는 말이 아닌가. 周公의 制禮에는 社에 제사하는 외에 다시 地에 제사하는 것을 말하지 않았다. 어찌 經義를 들어 분명하게 결단하지 못하고 도리어 이것으로 근근히 살피는가.[78]

동파가 차자에서, 漢나라 元帝와 成帝가 郊位를 개정하였기에 모두 殃禍가 있었다고[79] 한 것은 임금을 두렵게 한 것이라 하였다. 이런 행위는 '무당이 사악한 도로서 婦人들을 위협하는 방법'이며, 임금의 옥체의 노고만을 위해 '천지를 合祭하여 간편하도록 한 것'은, '妾婦나 소인들이 阿諛苟容하여 기쁘게 하는 말'이라고 폄하하였다. 동파는 신하로써, 임금을 두렵게 한 자이며, 阿諛苟容한 자라고 비판하였다.

다산은 이와 같이 14개항에 걸쳐 조목조목 반론한 후 "소씨의 설은 잘못된 것이다.", "어쩌면 그리 속인단 말인

---

78) 같은 글, "末乃言, 元帝成帝, 議改郊位, 皆有殃咎, 以恐動人主, 此又巫覡左道, 脅制婦人之法也. 儒者論禮, 但當折衷於堯舜禹湯之制, 周公孔子之言, 今蘇氏之箚, 專爲人主玉體勞悴, 欲合祭天地, 以從簡便, 此非婦寺小人阿諛苟悅之言乎. 周公制禮, 祭社之外, 不復祭地, 何不引經據義, 以折鹿角, 顧爲是斤斤者乎."

79) 『소동파전집』(下), 「上圓丘合祭六議箚子」, 奏議集 권13, p.566. "昔西漢之衰, 元帝納貢禹之言, 毁宗廟, 成帝用丞相衡之議, 改郊位, 皆有殃咎, 著於史策, 往鑒甚明, 可謂寒心."

가.", "이것이 임금을 속이는 것이 아니며 자신을 속이는 것이 아닌가.", "소씨의 諸說 중에는 가장 나쁜 것을 취하여 일찍이 猶三望을 취하여 설을 지었으니 이는 큰 잘못이다.", "이는 임금을 속이는 말이다.", "소씨는 잘못 합제한 전례를 들어 마치 聖經과 같이 여겼으니 이는 무슨 뜻에서인가.", "이것은 아첨하는 말이 아닌가.", "예를 아끼는 자가 이와 같을 수 있는가.", "임금을 인도하기를 이와 같이 하였으니 아첨하는 것이 아닌가.", "이것은 모두 시정잡배의 잡설이지 儒者의 말이 아니다.", "피차의 실수는 마찬가지이다. 해마다 봄과 가을에 社에 제사하니 이것이 땅에 제사하는 것이 아닌가.", "피차의 실수는 마찬가지이다.", "제례가 아니다. 어찌 이처럼 분분한가.", "妾婦나 소인들의 阿諛苟容하여 기쁘게 하는 말이 아닌가."[80]라고 비판하였다.

이와 같이 다산은 동파를 임금에게 아첨한 자라고 혹독하게 매도하였다. 동파의 이 차자에 대하여 후대의 다산만이 문제를 제기한 것이 아니다. 당시에 조정에서도 큰 파문을 일으켜 시비와 힐난이 분분하자, 동파는 같은 해

80) 『전서』, 「蘇東坡圜丘合祭六議箚子評」, I-22, 30b-31b, pp.472-473. "蘇說非也. …… 抑何誣也 …… 非欺君乎, 非自欺乎. …… 蘇氏於諸說之中, 必取其最劣者, 嘗作猶三望之說, 大非也. …… 此欺君之言也. …… 蘇乃歷擧羣枉, 有若聖經, 何哉. …… 非諂媚之言乎. …… 愛禮者, 如是乎. …… 導人主如此, 非諂諛乎. …… 此皆屠沽雜說, 非儒者之所言也. …… 齊楚之失均矣, 每歲春秋再祭于社, 此非祭地也. …… 齊楚之失均矣. …… 不是祭禮, 何爲是紛紛也, …… 此非婦寺小人阿諛苟容悅之言乎."

(1093) 3월 22일에 다시 자신의 주장이 옳음을 상소하였다.[81] 동파의 차자에 대하여 14개항의 오류를 지적하고 반론을 전개하였다. 이 치밀한 논증은 다산이 학자적 양심과 학문적 소신으로 비판하고 동파를 폄하한 것이다.

이처럼 동파에 대한 다산의 비판은 가혹하다. 동파가 長壽와 短命과 생과 사를 하나로 본 것을 病痛이라 했고, 동파가 고려 사신이 서적을 구입을 허가하는 것은 곧 국가기밀을 유출하는 것이라고 극력 반대한 것에 대하여 度量이 좁고 은혜가 적은 자이며 國粹主義者라고 비판하였다. 또한 동파를 禪學에 빠진 異端이라고 했고, 韓愈를 비롯하여 동파의 문학은 화려하나 열매가 없고 기이하긴 해도 바르지가 못하여, 修身과 事親, 致君牧民에 기여할 수 없어 楊朱 墨翟 노자 불교보다 해독이 심하다고 비판하였다. 그리고 동파의 「적벽부」와 「潮州韓文公碑」는 불교의 윤회설을 도입한 것으로 洙泗의 舊論과 배치된다고 하였다. 또한 「上圓丘合祭六議箚子」에 대하여 14개항의 반론을 전개하고, 동파는 임금을 欺罔했을 뿐만 아니라, 차자는 시정잡배의 잡설일 뿐 儒者의 말이 아니라고 하였다. 그리고 동파는 신하로서, 임금을 두렵게 한 자이며, 阿諛苟容한 자라고 폄하하였다.

---

81) 『소동파전집』(下), 「請詰難圓丘六議箚子」, 奏議集 권13, pp.566-567.

4. 결 론

다산은 동파를 酷好하였으나, 학문적으로는 일부 견해를 달리하여 비판하였다. 동파의 嗜好와 행적 등을 자신의 처지와 대비하면서 위안을 삼거나 공감하면서 애상에 젖기도 하였다. 그래서 자신의 시에 동파의 시를 용사하고 인용하였으며, 和蘇詩 14題 20首를 남겼다. 다산의 동파론은 수용과 비판, 褒揚과 貶下가 交織하고 있다.

첫째, 다산의 동파에 대한 포양이다. 동파의 학문세계를 높이 인정하고, 동파는 '才高'하나 자신은 '拙劣'하다고 했으며, 그를 '千古의 奇才', '大儒'라고 하였다. 동파의 시는 치열한 창작의 고통에서 나온 산물이며, 시의 用事에서는 '博士'라서 자신의 3父子가 종신토록 전공해야 그의 경지에 이를 수 있다고 하였다. 科擧 공부에는 동파 문학의 공부가 필수이며, 隱者의 삶을 살지라도 그의 시집을 읽어야 하며, 자신의 시문은 그와 견줄 수 없다고 하였다. 또한 科擧의 試卷은 동파의 문체를 전범으로 삼아야 한다고 했고, 동파를 '夫子'와 '先生'이라고 칭하면서 뛰어난 문장과 독보적인 지식은 湯火에도 죽지 않아 文采는 영원히 빛난다고 포양하였다. 그리고 『목민심서』에서 善政을 한 동파의 치적을 수차에 걸쳐 포양하고 목민관의 교훈으로 제시하였다.

둘째, 다산은 동파의 학문에 대하여 일부 견해를 달리하여 비판하였다. 동파가 長壽와 短命과, 생과 사를 하나로 본 것을 病痛이라 하였다. 동파가 反高麗 노선을 취한 國粹主義者로 인식하였다. 즉 고려 사신의 서적 구입은 국가의 기밀을 유출하는 것이라고 극력 반대한 것에 대하여, '度量이 좁고 은혜가 적은 자'라고 폄하하였다. 또한 그를 禪學에 빠진 자로 학문적으로 異端이라고 하였다. 韓愈를 비롯하여 동파의 문학으로는 修身과 事親, 致君과 牧民에 기여할 수 없기에 楊朱 墨翟 노자 불교보다 해독이 크다고 비판하였다.

그리고 동파의 「적벽부」와 「潮州韓文公碑」는 불교의 윤회설을 도입한 것으로 洙泗의 舊論과 배치된다고 하였다. 또한 동파의 「上圓丘合祭六議箚子」에 대하여 14개항의 오류를 지적하고 논리 정연하게 반론을 전개하고, 이 차자는 시정잡배의 잡설이라고 혹평했으며, 신하로서 임금을 欺罔했을 뿐만 아니라 임금을 두렵게 한 자이며, 阿諛苟容한 자라고 비판하고 폄하하였다. 특히 동파의 「潮州脩韓文公廟記」와 「上圓丘合祭六議箚子」에 대하여, 다산이 반론을 제기하고 비판한 것은, 조선 후기 실학을 집대성했던 浩瀚한 학문의 세계를 입증하는 것이다.

다산은 인간 동파의 삶과 문학에 심취하여 褒揚하였다. 그러나 동파의 학문에 관해서 일부 견해를 달리하여, 학자적 양심과 학문적 소신에 따라 是와 非를 분명히 가려 비판하고 貶下하였다. 이러한 다산의 동파론을 통하여 그의 중국 문인에 대한 수용과 비평의 세계와 호한한 다산학의 一臠을 이해할 수 있게 되었다.

茶山의 蘇洵·蘇轍論

1. 서 론

당송팔대가의 학문이 동아시아 문학사에 끼친 영향은 크다. 조선초 文衡을 역임한 徐居正(1420-1488)은 "고려의 문사들은 오로지 東坡를 숭상하여 매번 과거급제자의 방이 나붙으면 사람들은 33명의 동파가 나왔다."[1]고 한 것을 보면 東坡 蘇軾은 고려조 문사들의 우상이었다.

당송팔대가의 학문은 고려뿐만 아니라 조선왕조 학술사에도 많은 영향을 끼쳤다. 조선 후기 실학을 집대성한 茶山 丁若鏞(1762-1836)은 자신의 시문에서 당송팔대가를 누

1) 徐居正, 『東人詩話』(韓國詩話選), 太學社, 1981, p.213. "高麗文士, 專尙東坡, 每及第榜出, 則人曰, 三十三東坡出矣."

차 언급하였다. 다산이 抄啓文臣 시절에 정조의 명을 받고 지은 「八子百選序」를 보면, 조선왕조의 학자 문인들도 茅坤이 편집한 『당송팔대가문초』(164권)를 문단에서 指南으로 삼았음을 알 수 있다.[2)]

다산은 「八子百選序」에서, 正祖가 편찬한 『八子百選』[3)]은 당송팔대가의 宗旨를 얻는 것인 만큼 이를 버리고 다른 것을 취하면 주옥 같은 글을 버리고 자갈 같은 하찮은 글을 취하는 것[4)]이라 하여 이들의 문장을 높이 평가하였다. 그러나 「五學論」(3)에서는, 한유와 유종원, 구양수와 소식 등의 문학은 화려하나 열매가 없고 기이하기는 해도 바르지 못하여, 修身과 事親, 致君과 牧民을 할 수 없어서 楊朱墨翟 노자 불교보다 해독이 심하다고 비판하였다.[5)] 이처럼 다산의 당송팔대가에 대한 인식과 평가가 일치하지 않는다.

다산의 중국 문인들에 대한 비평 세계를 처음 조명한 것

---

2) 丁若鏞, 「八子百選序」(內閣應教), 『與猶堂全書』(景仁文化社 影印, 1970. 이하 『전서』), I-13, 5b, p.266. "茅坤氏慨惻矯改, 掃盪啁啾, 標揭八家, 指南文垣."

3) 正祖는 명나라 茅坤(1512-1601)이 편찬한 『唐宋八家文鈔』에서 100편을 가려 『八子百選』을 편찬하였다.

4) 『전서』, 「八子百選序」(內閣應教), I-13, 6a, p.266. "是編也, 汰削肌膚, 孤存稜骨, 其於得八家之宗旨, 亦已盡矣. 且惟聖人之所選也, 是以信之. 不然, 其於取捨之際, 反復有遺珠而懷礫者矣."

5) 『전서』, 「五學論」(3), I-11, 21b, p.232. "韓柳歐蘇, 其所謂序記諸文, 率皆華而無實, 奇而不正. 幼而讀之, 非不欣然善矣. 內之不可以修身而事親, 外之不可以致君而牧民. 終身誦慕而落魄牢騷, 卒之不可以爲天下國家, 此其爲吾道之蟊蟹也, 將有甚乎楊墨老佛."

은 金彦鍾이다.[6] 그동안 다산의 당송팔대가에 대한 시비와 포폄의 세계를 연속적으로 규명하여 왔다. 다산이 한유와 유종원[7], 소식[8]과 구양수 증공 왕안석[9]에 대한 수용과 비평 내용을 고찰하였다. 이제 소순과 소철에 대한 비평의 세계를 조명함으로써 당송팔대가에 대한 수용과 비평 세계의 전모가 밝혀지게 되었다.

동아시아 학술사에 큰 영향을 끼친 당송팔대가에 대한 다산의 비평은 조선 후기 중국문학 비평사의 일부를 이해하는 데 기여가 있을 것이다.

2. 소순론

북송의 대문장가인 소순(字 明允, 호 老泉, 1009-1066)은 眉州 眉山(현 四川省) 출신이다. 부친 蘇序는 尙書職方院外

6) 金彦鍾, 「丁茶山의 中國歷代文人에 대한 評價」, 『韓國漢文學研究』 제7집, 韓國漢文學會, 1984.(이 논문은 屈原·賈誼·司馬相如·司馬遷·揚雄·建安諸子·陸機·陶潛·李白·杜甫·韓愈·柳宗元에 대한 다산의 평가를 고찰하였다.)

7) 金相洪, 「茶山의 韓愈·柳宗元 論」, 『東洋學』 제38집, 단국대학교 동양학연구소, 2005.

8) 金相洪, 「茶山의 蘇東坡 論」, 『南冥學研究』 제18집, 경상대학교 남명학연구소, 2004.

9) 金相洪, 「茶山의 歐陽脩·曾鞏·王安石 論」, 『한국한문학 연구의 새지평』, 소명출판, 2005.

蘇洵

郞을 지냈다. 소순은 젊은 시절 협객 노릇을 하다가 27세 때 분발하여 학문에 정력을 쏟았다. 1037년 큰 아들 景先이 요절하고 진사 시험에 낙방하자 관리가 되기를 단념하고 정치와 역사평론의 저술에 힘썼다. 1506년(嘉佑 元年)에 날카로운 논법과 정열적인 필치에 의한 평론이 구양수의 인정을 받게 되어 일약 유명해졌다. 1059년(인종 가우 4) 12월에 두 아들과 같이 배로 南楚를 유람하였다. 이때 舟中에서 삼부자가 지은 글을 모아 후일『南行集』이라 하였다. 1060년 조정에서 여러 차례 불렀으나 출사하지 않다가 文安縣 主簿가 되었다. 북송 이래의 禮에 관한 글을 모은『太常因革禮』(100권)를 편찬하였고, 정치 역사 경서 등에 관한 평론도 많이 썼다. 1066년 4월 향년 57세로 세상을 떠났다. 그는 아들 蘇軾과 蘇轍과 함께 三蘇라 불렸다. 소순을 老蘇, 소식을 大蘇, 소철을 小蘇라고도 부른다.[10] 저서로『嘉祐集』(『老泉

10) 三蘇의 어원은 소식의 시에서 비롯되었다. 소철이 契丹에 사신을 가서 涿州에 이르러 지은 시에 형인 소식이 차운한 시 제3수에 "三蘇"가 보이고 소철의 시에 "大蘇"라는 시어가 있다. 楊家駱 主編,『蘇東坡全集』(上), 世界書局, 中華民國 74, p.249.「次韻子由使契丹至涿州見寄四首」. "老人癡鈍已逃寒, 子復辭行理亦

先生集』)과 『諡法』이 있다.

정조가 편찬한 『御定 唐宋八子百選』에는 한유의 문이 30편, 소식의 문이 20편, 유종원과 구양수의 문이 각각 15편, 왕안석의 문이 7편, 소순과 소철의 문이 각각 5편이고, 증공의 문은 3편이다.[11] 이를 보면 정조는 한유의 문장을 가

難.(余昔年辭免使北) 要到盧龍看古寒, 投文易水弔燕丹.", "胡羊代馬得安眠, 窮髮之南共一天. 又見子卿持漢節, 遙知遺老泣山前.", "氈毳年來亦甚都, 時時鴂舌問三蘇.(予與子由入京時, 北使已問所在. 後余館伴, 北使屢誦三蘇文) 那知老病渾無用, 欲問君王乞鏡湖.", "始憶庚寅降屈原, 旋看蠟鳳戱僧虔., 隨翁萬里心如鐵,(時猶子遲待行) 此子何勞爲買田."

※ 蘇轍의 原詩는 다음과 같다. "少年病肺不禁寒, 命出中朝敢避難. 莫倚皁貂欺朔雪. 更催靈火煮鉛丹.", "夜雨從來相對眠, 玆行萬里隔胡天. 試依北斗看南斗, 始覺吳山在目前.", "誰將家集過幽都, 逢見胡人問大蘇. 莫把文章動蠻貊, 恐妨談笑臥江湖.", "虜廷一意向中原, 言語綢繆禮亦虔. 顧我何功慚陸賈, 槖裝聊復助歸田."(岩垂憲德·久保天隨·釋 青潭 註解, 『蘇東坡詩集』제4권, 日本圖書, 昭和 53. p.538 再引)

11) ○ 韓愈(30편) : 「論不骨表」(1), 「爭臣論」(2), 「上張僕射書」, 「後二十九日復上宰相書」, 「與孟簡尙書書」, 「代張籍與李淅東書」, 「答李翊書」, 「送殷員外使回鶻序」, 「送楊少尹序」, 「送溫處士赴河陽軍序」, 「送孟東野序」, 「送董邵南序」, 「送李愿歸盤谷序」, 「送寥道士序」, 「送浮屠文暢師序」(3), 「藍田縣丞廳壁記」, 「畫記」(4), 「原道」, 「諱辯」, 「進學解」, 「雜說」(龍噓氣成雲, 世有伯樂 2편, 5), 「南海神廟碑」, 「衢州徐偃王廟碑」, 「平淮西碑」, 「柳州羅池廟碑」, 「殿中少監馬君墓誌銘」, 「圬者王承福傳」, 「毛穎傳」, 「祭鱷魚文」, 「祭十二郎文」(6). ○柳宗元(15편): 「封建論」(2), 「寄許京兆孟容書」, 「與崔饒州論石鍾乳書」, 「與韓愈論史官書」, 「答韋中立論師道書」, 「碁序」(3), 「始得西山宴遊記」, 「鈷鉧潭記」, 「鈷鉧潭西小丘記」(4), 「桐葉封弟辯」, 「說車贈楊誨之」, 「愚溪對」, 「段太尉逸事狀」(5), 「種樹郭槖駝傳」, 「梓人傳」(6). ○歐陽脩(15편): 「朋黨論」, 「縱囚論」, 「五代史伶官傳論」(2), 「上范司諫論」, 「釋秘演詩集序」, 「送徐無黨

장 높이 평가하고 애독하였음을 알 수 있다. 정조의 『御定 唐宋八子百選』에 수록된 소순의 문은 「辨姦論」, 「管仲論」, 「高帝論」, 「上歐陽內翰書」, 「張益州畫像記」이다.

다산의 『여유당전서』에는 蘇洵에 대한 기록은 많지 않다. 다산이 1801년 가을에 경상도 장기현 유배지에서 薪支島로 귀양을 간 仲兄 丁若銓을 그리워하며 쓴 시에서 소순을 언급하였다.

> 도연명은 왜 자식을 꾸짖었을까
> 소순네 집에선 아들을 칭찬했는데
>
> 그때 물가에서 이별하면서
> 하늘 보고 의심하지 않을 수 있었으리

南歸序」, 「相州畫錦堂記」, 「有美堂記」, 「峴山亭記」, 「豐樂堂記」, 「醉翁亭記」, 「王彦章畫像記」(4), 「秋聲賦」(5), 「石曼卿墓表」, 「六一居士傳」(6). ○蘇洵(5편): 「辨姦論」, 「管仲論」, 「高帝論」(2), 「上歐陽內翰書」(3), 「張益州畫像記」(4). ○蘇軾(20편): 「代張防平諫用兵書」, 「代滕甫辯謗乞郡書」(1), 「思治論」, 「范增論」, 「倡勇敢策」(2), 「六一居士集序」, 「錢塘勤上人詩集序」(3), 「醉白堂記」, 「墨君堂記」, 「靈壁張氏園亭記」, 「眉州遠景樓記」, 「喜雨亭記」, 「凌虛臺記」, 「石鍾山記」, 「四菩薩閣記」(4), 「赤壁賦」(前後), 「傳神」(5), 「潮州韓文公廟碑」, 「表忠觀碑」, 「祭歐陽文忠公文」(6). ○蘇轍(5편): 「老子論」, 「君術策」(2), 「上樞密韓太尉書」(3), 「齊州閔子廟記」(4), 「巢谷傳」(6). ○曾鞏(3편): 「寄歐陽舍人書」(3), 「宜黃縣學記」, 「撫州顔魯公祠堂記」(4). ○王安石(7편): 「本朝百年無事劄子」(1), 「禮樂論」(2), 「靈谷詩序」(3), 「慈溪縣學記」(4), 「原過」, 「讀孟嘗君傳」(5), 「祭歐陽文忠公文」(6).(괄호의 숫자는 수록 卷數)

미물이 양기 약해 뚫고 나오지 못하는 현괘를 만났는데
어린 나이에 순자의 궤시를 묻더군요

푸르디푸른 그곳 청해에도
응당 자식이 올 때가 있으리

陶令何譏子　蘇家本譽兒　方其臨水別　能不視天疑
微物逢礩卦　英年述佹詩　蒼蒼靑海外　應有鯉趨期[12)]

수련에서 도연명이 자식을 꾸짖었다는 것은 「責子」[13)]시를 용사한 것이고, 蘇洵이 아들을 칭찬하였다는 것은 「木假山記」에서 용사한 것이다. 소순이 「木假山記」에서 자신과 두 아들을 다음과 같이 자랑하였다.

내 집에 봉우리가 셋이 있는데 내 항시 생각하면 운수가 그 사이에 있는 듯하다. 또 그 싹이 나와 죽지 않고, 크기가 한 움큼이 되어 요절하지 않았으며, 또 기둥감이 될 만한데도 베임을 당하지 않고, 바람에 뽑히고 물에 표류되어 파절되지 않고 썩지 않으며, 파절되지 않고 썩지 않았으면서 사람에게 재목으로 여겨짐을 당하여 도끼와 자귀에 미치지 않으며, 여울과 모래 사이에서 나와 너무꾼과 야인에게 땔감이 되지 않은

12) 『전서』, 「秋日憶舍兄」(其3), I-4, 23b, p.73. 註 "六兒書問 佹詩之義"(六兒가 궤시의 뜻을 서신으로 물어왔음)
13) 陶淵明, 「責子」, 『詳說 古文眞寶大全』, 保景文化社 影印, 1986, pp.22-23. "白髮被兩鬢, 肌膚不復實. 雖有五男兒, 總不好紙筆. 阿舒已二八, 懶惰無故匹. 阿宣行志學, 而不愛文術. 雍端年十三, 不識六與七, 通子垂九齡, 但覓梨與栗. 天運苟如此, 且進杯中物."

> 뒤에야 이에 이를 수 있었으니, 그렇다면 그 이치가 우연하지 않은 듯하다.
>
> 그러나 내가 사랑함은 다만 산과 같아서가 아니요 보고 느껴지는 바가 있기 때문이며, 다만 느껴짐이 있어서만이 아니요 또 공경하는 바가 있어서이다. 내가 보건대 가운데 봉우리는 높이 버텨 있어 의기가 端重하여 그 옆에 있는 두 봉우리를 복종시킴이 있는 듯하고(소순 자신), 두 봉우리(두 아들)는 헌걸차고 날카로워 범할 수 없으니, 비록 그 형세는 가운데 봉우리에 복종하는 듯하나 떳떳하여 결코 아부하는 뜻이 없다.(두 아들이 모시는 것이 이와 같았다) 아! 공경할 만하며, 그 느껴지는 바가 있을 만하구나![14)]

소순 자신(가운데 봉우리)은 높이 버텨 있어 의기가 端重하여 그 옆에 있는 두 봉우리를 복종시킴이 있는 듯하고, 두 아들은 헌걸차고 날카로워 범할 수 없으니, 비록 그 형세는 가운데 봉우리에 복종하는 듯하나 떳떳하여 결코 아부하는 뜻이 없다고 하여 3부자의 모습을 세 봉우리에 비유하며 은근히 자랑하였다.

---

14) 蘇洵, 「木假山記」, 『詳說 古文眞寶大全』, 保景文化社 影印, 1986, pp.181-182. “予家, 有三峰, 予每思之則疑其有數, 存乎其間, 且其蘖而不殤, 拱而不夭, 任爲棟樑而不伐, 風拔水漂而不破折不腐, 不破折不腐而不爲人所材, 以及於斧斤, 出於湍沙之間而不爲樵夫野人之所薪而後, 得至乎此, 則其理似不偶然也. 然, 予之愛之, 則非徒愛其似山, 而又有所感焉, 非徒感之, 而又有所敬焉. 予見中峰, 魁岸踞肆, 意氣端重, 若有以服其旁之二峰(老泉自說), 二峰者, 莊栗刻削, 凜乎不可犯, 雖其勢服於中峰, 而岌然決無阿附意(侍二子如此), 吁其可敬也夫. 其可以有所感也夫.”

위의 시 경련은 신유사옥으로 다산 형제가 一死二謫되어 형과 자신이 유배되어 비운에 처했지만, 형의 아들 學樵(아명 封六, 1791-1807)[15]는 당시(1801)에 10세의 어린 나이에 편지를 보내와 荀子의 俛詩에 대하여 질문한 것은, 소순의 두 아들 못지않을 만큼 영특하고 학문을 좋아함을 은유한 것이다. 결련에서 언제인가는 이런 아들이 유형의 섬 신지도의 아버지를 찾아와 가르침을 받을 것이라고 위로하였다.

이어서 소순의 「衡論」을 언급한 내용을 보자. 다산은 우리나라 호남의 소작 풍속은 소작농이 세금과 종자를 부담하고 있어서 농민들이 가난할 수밖에 없다고 하였다. 지주가 세금과 종자를 부담하도록 왕명으로 바로잡아야 한다고 하였다. 그는 유배된 죄인이라서 箚子를 임금에게 직접 올릴 수 없었기에 지주들의 횡포를 근절시켜야 한다는 충정에서 이를 썼다.[16]

19세기 초 호남지방의 소작인들은 ① 수확량의 절반과, ② 내년 농사 종자는 물론, ③ 세금까지 부담하기 때문에 다른 지방의 농민들보다도 궁핍할 수밖에 없다고 진단하였

15) 정학초는 17세로 요절하였는데 다산은 「兄子學樵墓誌銘」(『전서』, I-16, 36b-37a, pp.346-347.)에서 영특하고 학문을 좋아했는데 불행하게도 요절한 것을 애통해 하였다.

16) 『전서』, 「擬嚴禁湖南諸邑佃夫輸租之俗箚子」, I-9, 60a-61b, pp.200- 201(金相洪, 「19世紀初 康津의 風俗 攷」 -茶山 丁若鏞의 『與猶堂全書』를 중심으로-, 『比較民俗學』 제26집, 比較民俗學會, 2004, pp.764-769.)

다. 이 소작료 문제를 논한 차자에서 소순의 「衡論」[17]을 언급하였다.

> 신은 일찍이 송나라 소순의 「형론」을 읽었는데 거기에 "富民의 輸租도 또한 그 반으로 하니, 周나라 백성이 全力으로 供하는 것만 같지 못하다."고 하였습니다. 이로 말미암아 보면, 중국의 법도 역시 田主가 輸租하였습니다.[18]

다산은 소순의 「형론」 중에서 「田制」를 인용하여, 주나라 때에 이미 지주가 세금을 납부한 사실을 例證하여, 잘못된 호남의 소작료 풍속을 바로잡고자 하였다. 이는 「형론」의 명료함을 인정한 것이다.

다산은 귀양에서 풀려나 고향에 향리에 돌아온 후 쓴 시에서 소순을 언급하였다.

> 모두가 지혜를 버리는 것이 현묘한 도일 텐데
> 입마다 지껄이어 책이 백 수레도 넘는구나
>
> 복희씨가 처음 팔괘 베푼 걸 누가 보았나

---

17) 蘇洵, 「衡論」, 老泉文鈔 四, 『景仁文淵閣四庫全書』(1384), 臺灣商務印書館發行, pp.1384-369-386.(소순의 「衡論」(10편)은 遠慮, 御將, 任相, 重遠, 養才, 廣士, 申法, 議法, 兵制, 田制로 구성되었다.)

18) 『전서』, 「擬嚴禁湖南諸邑佃夫輸租之俗箚子」, I-9, 61a, p.201. "臣嘗讀宋蘇洵之衡論, 曰富民輸租, 亦以其半, 不若周之民, 以其全力而供之. 由此觀之, 中國之法, 亦田主輸租也."

진시황이 다시 분서하기만을 생각하네

신인이 꼭 저토에 숨는 것은 아니거니와
명사는 참으로 비천한 일을 벌 줄만 하도다

도리어 성인은 스스로 숨기길 도모한다 했으니
노천 소순의 이 언론은 또 무슨 뜻인가

衆愚棄智想玄虛　喙喙爭鳴溢百車
孰見庖犧初設卦　思興秦始再焚書
神人未必藏罝兎　名士眞堪罰牧豬
却道聖人謀自秘　老泉之論復何如[19)]

이 시 결련에서 노천 소순이 논한 내용의 의미는 자세히 알 수 없다. 그러나 의미상 소순이 논한 내용에 대한 다산이 비판한 것으로 보인다.

이어서 소순의 「易論」 일부를 비판한 내용[20)]을 보기로 한다.

옛날 소순씨의 말에 "성인의 도가 폐해지지 않는 것은 禮

19) 『전서』, 「獨臥三首 戲爲放翁體」(3), I-6, 50b. p.123.
20) 蘇洵, 「易論」, 老泉文鈔 四, 『景仁文淵閣四庫全書』(1384), 臺灣商務印書館發行, pp.1384-330-331. "聖人之道, 得禮而信, 得易而尊. 信之而不可廢, 尊之而不敢廢. 故聖人之道, 所以不廢者, 禮爲之明, 而易爲之幽也. …… 於是因而作易, 以神天下之耳目, 而其道遂尊而不廢, 此聖人用其機權以持天下之心, 而濟其道於無窮也."

(禮記)가 밝게 하고 주역이 그윽하게 하는 때문이다. 사람이 존귀함을 얻는 까닭은 그 마음속을 엿볼 수 없는 것이기 때문이다. 이로 인하여 주역을 지어서 천하의 이목을 神奇하게 함으로써 그 도가 드디어 존귀하게 되었으니, 이는 성인이 그 機權을 사용하여 천하의 마음을 잡아가진 것이다." 하였으니 아! 소씨가 여기에서 말을 잘못한 것이다.[21]

다산은 소순의 「역론」을 요약하여 인용하고 "말을 잘못한 것"(失言)이라고 하고, 다음과 같이 문제점을 지적하고 반론을 전개하였다.

대체로 성인이 성인이 되는 이유는, 지성으로 사물에 대응하여 그 하는 일과 하는 말은 마치 일월이 하늘에서 밝은 것처럼 환하게 하여 털끝만큼도 어둡고 가려진 것이 없어 바라보아도 충분히 의심날 만한 것이 없기 때문이다. …… 무릇 그런 다음에야 성인의 도가 높아지는데, 성인의 도를 높이는 것은 저들이 어렵고 수고로운 과정을 거쳐서 알게 되었기 때문이다. 고로 성인을 받들어 높이지 않을 수 없는 것이니, 성인을 높이는 것은 성인의 뜻이 아니다. …… 무릇 機權을 설치하여 온 천하의 마음을 가지는 것은 바로 覇主의 계략이요, 兵家의 謀計인데, 일찍이 복희 신농 문왕 주공 공자 같은 성인들에게 이와 같은 일이 있다고 하였던가. 또 주역이 또한

21) 『전서』, 「易論」(1), I-11, 1a-2b, p.222. "昔者蘇洵氏之言曰, 聖人之道, 所以不弊者, 禮爲之明, 而易爲之幽也. 人之所以獲尊者, 以其中有所不可窺者也. 於是因而作易, 以神天下之耳目, 而其道遂尊, 此聖人, 用其機權, 以持天下之心, 噫. 蘇氏於是乎失言矣."

무슨 은미한 것이 있는가. 說卦를 만들어서 羊 牛 馬 豕의 형상을 비유하고 翼傳을 만들어서 그 추이와 왕래의 자취를 나타내고, 九니 六이니 하는 숫자를 만들어서 그 변동하고 遷流하는 용도를 나타내었다. 周禮의 占人은 사건을 점치되 下士 8인이었고, 簭人은 그 길흉을 판단하되 中士 2人으로 구성되어, 국가의 의문점을 해결하고, 백성의 일상생활의 지침을 미리 알려주는 것이었는데, 주역이 또한 무슨 그리 은미한 것이 있단 말인가.[22]

다산은 「역론」에서, ① 성인이 성인이 되는 이유는 지성으로 사물에 대응하여 그 하는 일과 하는 말은 마치 일월이 하늘에서 밝은 것처럼 환하게 하여 털끝만큼도 어둡고 가려져서 의심할만한 것이 없기 때문이라고 하였다. ② 소순이 "성인의 도가 드디어 존귀하게 되었다."고 한데 대해, 다산은 성인의 도를 높이는 것은 성인들이 艱崎勞苦의 과정을 거쳐서 안 것인 만큼 부득이 성인을 높이는 것일 뿐, 성인을 높이는 것은 성인의 본래 뜻이 아니라고 하였다. ③ 소순이 "성인이 그 機權을 사용하여 천하의 마음을 잡

22) 『전서』, 「易論」(1), I-11, 1a-2b, p.222. "夫聖人之所以爲聖人者, 以其能至誠以待物, 使其所爲與所言, 昭乎若日月之耀乎天, 而無纖毫有翳, 有足以望以而疑之者也. …… 夫然後聖人之道尊, 尊之者, 彼以其艱崎勞苦而知之. 故不得不推而尊之, 尊之, 非聖人之志也. …… 夫設機權以持天下之心, 此覇主之略, 而兵家之所爲算也, 曾謂伏犧神農文王周公孔子之聖而有是乎. 且易亦何幽之有. 爲之說卦, 以喩其羊牛馬豕之象, 爲之翼傳, 以著其推移往來之跡, 爲之曰九, 而曰六, 以顯其變動遷流之用. 占人占其故, 下士八人, 簭人辨其吉凶, 中士二人, 以決國疑, 以前民用易, 亦何幽之有."

아가진 것"이라 한데 대해, 다산은 機權을 설치하여 온 천하의 마음을 가지는 것은 바로 霸主의 계략이며, 병가의 謀計인데, 복희 신농 문왕 주공 공자와 같은 성인들에게 이런 일이 있었느냐고 하였다. ④ 소순이 "성인의 도가 폐해지지 않는 것은 禮(禮記)가 밝게 하고 주역이 그윽하게 하는 때문이다"고 한데 대해, 다산은 『주역』이 무슨 은미한 것이 있느냐고 반문하였다. 성인이 「說卦」를 만든어 羊 牛 馬 豕의 형상을 비유하고 「翼傳」을 만들어서 추이와 왕래의 자취를 나타내고, 九와 六의 숫자를 만들어서 변동과 遷流하는 용도를 나타낸 것이라고 하였다. 또한 『周禮』의 占人과 簭人은 사건의 길흉과 국가의 의문점 및 백성들에게 앞서 알려주는 것인데 『주역』이 무슨 은미한 것이 있느냐고 반박하고, 그가 "失言"을 하였다고 비판하였다.

이어서 다산이 蘇洵의 「衡論」 田制에 대하여 비판한 것을 보자. 소순은 전국토의 산하를 井田을 만들어 시행하는 것은 어려움이 있다고 하였다. 즉 정전을 만들기 위하여 溝·洫·澮·川의 제도와 밭 경계에 도랑과 길을 만들려면 구렁과 골짜기와 구릉과 분묘와 가옥과 성곽과 경계를 인위적으로 메우거나 옮기지 않고는 할 수 없다고 하였다. 그렇기 때문에 천하의 백성과 양식을 동원하고 소진하여 수백 년 동안 다른 일은 하지 않고 공사를 전력해야 천하의 땅이 다 정전이 될 것이라고 부정적인 견해를 밝혔다.[23)]

---

23) 蘇洵, 「衡論」, 田制, 老泉文鈔 八, 『景印文淵閣四庫全書』(1384),

이러한 소순의 「衡論」의 田制에 대하여 다산은 『경세유표』의 「井田論」에서 반론을 제기하였다.

정전이란 성인의 공명정대한 법칙이다. 공명정대한 법칙이라면 예나 지금이나 통할 수 있는 것인데, 예전에는 시행하기 편리했지만 지금은 불편하다는 것은, 필시 법을 밝히지 못해서 그런 것이지 천하의 이치가 옛날과 지금이 다름이 있어서 그런 것은 아니다. 지금 정전을 불편하다고 말하는 자들은 그 이유로 크게 두 가지를 들고 있는데, 하나는 지세가 불편하다는 것이요, 또 다른 하나는 백성의 수가 일정치 않다는 것이다. 이것은 선왕의 제도를 깊이 고찰해보지도 않고 나름대로 말하는 것이다. 蘇洵의 말은 "溝·洫·澮·川의 제도와, 밭 경계에 도랑과 길을 만드는 법은 구렁을 메우고 골짜기를 평평하게 하며, 구릉을 뭉개고 분묘를 파헤치며, 가옥을 파괴하고 성곽을 옮기고, 경계를 바꾸지 않고는 할 수 없다." 하고 또, "천하 사람을 몰아내고 천하 양식을 다 털어서, 수백 년 동안을 여기에만 전력하고 다른 일은 하지 않은 다음이라야 천하의 땅이 다 정전이 되기를 바랄 수 있을 것이다." 하였다. 이

臺灣商務印書館發行, pp.1384-386. 溝洫之制, 夫間有遂, 遂上有徑. 十夫有溝, 溝上有畛. 百夫有洫, 洫上有涂. 千夫有澮, 澮上有道. 萬夫有川, 川上有路. 萬夫之地, 盖三十二里有半, 而其間爲川爲路者一, 爲澮爲道者九, 爲洫爲涂者百, 爲溝爲畛者千, 爲遂爲徑者萬. 此二者非塞溪壑, 平澗谷, 夷丘陵, 破墳墓, 壞廬舍, 徙城郭, 易疆壟, 不可爲也. 縱使能盡得平原廣野而遂規. 畫于其中, 亦當驅天下之人, 竭天下之糧, 窮數百年專力于此, 不治他事, 而後可以望天下之地, 盡爲井田, 盡委溝洫. 已以又爲民作屋廬於其中, 以安其居, 而后可. 吁, 亦已迂矣. 井田成而民之死, 其骨已朽矣.

것은 소순의 말뿐이 아니고 천하 사람이 항상 하는 말이다.

무릇 이런 말을 하는 사람은 자신이 사리에 통하고 일을 잘 알아서, 옛 사적에 막힘이 없어 사람들을 흡족하게 만들고 이론을 시원스럽게 하는 것이 족히 한 세상을 능가한다고 여기나, 스스로 극히 용렬하고 혼매해서 이 일을 논하는 데 참여할 수 없는 존재임은 알지 못한다. 아! 지금의 산천도 요·순과 3王 시대의 그 산천이며, 지금의 강역도 요·순과 3왕 시대의 그 강역이다. 그 구릉과 언덕 및 숲과 진펄도 모두 크게 변하지 않았다. 혹 장맛비에 씻겨져서 무너지기도 하고, 가래와 삽으로 뭉개서 막히기도 했으나 기껏해야 尋仞 사이에 불과했고 크게 변하지는 않았다. 대저 요·순과 3왕이 산을 뭉개서 구멍을 메우고 고개를 깎아다 늪을 메워서 천하를 다 정전으로 만들었다고 누가 말했는가? 진실로 이와 같으면 소씨는 수백 년을 기한했지만, 나는 천만 년이라도 할 수 없는 바라고 생각한다. 유림들이 경서를 주석하면서 잘못한 것이 있었는데, 후세 사람은 그 주석을 받들어서 경서라 하여 독실하게 믿어 의심치 않아 차라리 요·순과 3왕이 허황되고 괴상한 무함을 당할지언정 유림이 말한 것은 끝내 한 자도 감히 논박하지 못하는데 모두 이런 이유에서 이다.[24]

---

24) 『전서』, 『經世遺表』 地官修制 田制一, 「井田論」一, Ⅴ-5, 1ab, p.82. "井田者, 聖人之經法也. 經法, 可通於古今, 利行於古而不便於今者, 必其法有所不明而然. 非天下之理, 有古今之殊也. 今言井田不便者, 其大端有二, 其一曰地勢不便, 其一曰民數無恒. 斯皆不深考乎先王之制而麤爲之說者也. 蘇洵之言曰, 溝洫澮川之制, 畛涂道路之法, 非塞溪壑, 平澗谷, 夷丘陵, 破墳墓, 壞廬舍, 徙城郭, 易疆隴, 不可爲也. 又曰, 驅天下之人, 竭天下之糧, 窮數百年, 專力於此, 不治他事而後, 可以望天下之地, 盡爲井田, 此非蘇洵氏之言, 天下人之所恒言也. 凡爲是說者, 自以爲疏通識務, 不滯古跡, 快人

다산은 현재의 산천과 강역도 요·순과 3王 시대의 그 산천과 강역으로, 구릉과 언덕 및 숲과 진펄 장맛비에 씻겨져서 무너지고, 개간하여 막히기도 했으나 기껏해야 尋仞(7-8尺) 사이에 불과했고 크게 변하지는 않았다고 하였다. 또한 요·순과 3왕이 산을 깎아 내고 구멍을 메우고 고개를 깎아다 늪을 메워서 천하를 다 정전으로 만들었다고 말한 사람이 없다고 하였다. 그런데 소순은 천하의 땅을 정전으로 만들려면 수백 년 걸린다고 한 것은 유림들이 경서의 주석이 잘못된 것을 독실하게 믿어 의심하지 않고 맹신한 잘못이라고 지적하였다.

소순의 「衡論」 田制에 대한 비판은 계속된다. 다산은 鄭玄이 경전을 잘못 주석한 것을 예로 들고 이를 믿은 소순을 비판하였다.

> 사기의 舜本紀에 "1년 동안에 취락을 이루고, 2년 동안에 읍이 되며 3년 만에 都를 이루었다."하였는데, 都라는 것은 본디 나라가 아니다. 그러므로 舜을 都君이라 일컬었고, 國君이라 일컫지는 않았다. 주공 · 召公·毛 · 聃 등도 그 采邑을 작

快論, 有足以陵駕一世, 而不自知其庸暗至極, 不可與論於玆事也. 嗟呼. 今之山川, 堯舜三王之山川也, 今之疆域, 堯舜三王之疆域也. 其丘陵原隰墳衍藪澤, 皆未大變. 其或爲雨潦之所漱決, 畚鍤之所夷塞者, 極不過尋仞之間, 未大變也. 夫孰云堯舜三王, 墮山塡壑, 斬嶺實沼, 盡天下而爲之井乎. 誠如是也, 蘇氏期之以數百年, 臣以爲千萬年之所弗能也, 儒林釋經有謬, 而後世之人奉注爲經, 篤信不疑, 寧堯舜三王, 受迂誕詭怪之誣., 而終不敢駁儒說一字, 皆此類也."

> 호로 했을 뿐이었다. 그러므로 周國·召國이라는 것은 듣지 못하였다. 하물며 鄭玄은 "100리 되는 나라는 이미 1同 되는 땅에 봉한 것이다."했는데, 정현은 기내 1천 리 지역이 바둑판처럼 되어서 일찍이 산봉우리 하나, 수풀 하나도 가림이 없는 것으로 상상했던 것이다. 그러므로 100리 안에서 온전하게 1동 되는 전지를 얻기 위해 오활하고 昏暗함이 이에 이르렀으니, 또한 말을 그만두어야 하겠다.
>
> 그러나 蘇明允의, "구렁을 메우고 골짜기를 평평하게 한다."는 말은 모두 그와 같은 그릇된 주석에서 나온 것이므로, 변론하지 않을 수 없다(가공언은 25리 되는 나라를 家邑으로 설명했는데, 천하에 가읍을 나라로 한 것이 있겠는가).[25]

정현이 "100리 되는 나라는 이미 1同 되는 땅에 봉한 것이다."고 주석한 것은 畿內 1천 리 지역이 바둑판처럼 되어서 산봉우리 하나, 수풀 하나도 가림이 없는 것으로 상상한 것이라 하고 주석의 잘못을 지적하였다. 이어서 소순이 "구렁을 메우고 골짜기를 평평하게 한다."고 한 것은 정현의 잘못된 주석을 답습한 것이라고 비판하였다.

다산은 정전이 모두 바둑판처럼 생각하는 것은 옳지 않

---

25) 『전서』, 『經世遺表』 地官修制 田制一, 「井田論」三, Ⅴ-5, 9a, p.86. "舜本紀云, 一年成聚, 二年成邑, 三年成都, 都之爲物, 本非國也. 舜稱都君, 不稱國君. 周召毛聃之等, 以其采邑, 爲之爵號而已. 周國召國, 所未聞也. 況鄭所謂百里之國, 乃一同田之所封也, 鄭以邦畿千里之地, 想之爲棋局, 曾無一峯一林纖翳其間. 故欲於百里之內, 全得一周之田, 迂闇至此, 亦可以休矣. 然蘇明允塞谿壑, 平澗谷之說, 皆起於此等誤註. 臣不敢不辨.(賈以二十五里之國爲家邑, 天下有以家邑爲國者乎.)"

다면서 소순의 「형론」 田制를 비판하였다.

> 신이 생각건대 遂의 길이는 1夫에서 끝나고(1부를 지나서 구에 흘러들어감), 구의 길이도 10부에서 끝나며(10수를 받아서 혁에 흘러들어감), 혁의 길이는 10부에서 끝나며(10구의 물을 받아서 회에 흘러들어감), 회의 길이는 100부에서 끝난다(10혁의 물을 받아서 냇물로 흘러들어감). 2혁 간의 거리는 3리 10畝이며(곧 10부의 길이), 2회의 거리도 또한 3리 10묘로서(그 길이가 33리 100보), 10×10으로 개방하면 1만夫 되는 지역이 된다. 그러나 혹 지맥을 만나거나 혹 산발치를 만나게 되면 모자라기도 하고 막히기도 한다. 그렇게 되면 완전하지 못한 묘와 殘畎로서, 그 면적을 계산해서 만부 지역에 충당함이 마땅하며, 바둑판처럼 생각함은 불가하다. 그리고 조각난 국판도 또 1부 사이에 수가 있고 10부에 구가 있으며 100부에 혁이 있다. 한 조각이라도 반듯하게 해서 비뚤어지거나 기울어진 곳이 없게 함이 선왕의 제도였다. 반드시 1천 부의 회와 1만 부의 내에서 마친다는 것은 준비의 법이었고, 6수 전지를 모두 이와 같이 한다는 것은 아니었다. 蘇明允이 이 점을 깨닫지 못했으니 탄식한들 어찌 미치겠는가?[26]

26) 『전서』, 『經世遺表』 地官修制 田制二, V-5, 28a, p.95. "臣謹案, 遂之長竟一夫(歷一夫以注溝), 溝之長竟十夫(受十遂以注洫), 洫之長竟十夫(受十溝以注澮), 澮之長竟百夫(受十洫以注川), 兩洫相距, 三里有十畝(卽十夫之長). 兩澮相距, 亦三里有十畝(其長則三十三里有百步), 十十開方, 則萬夫之地也. 然或遇地防, 或遇山根, 有虧有礙. 必當以破畝殘畎, 計其積數, 以充萬夫之地, 不可想之如棋局也. 其不成完局者, 亦皆夫間有遂, 十夫有溝, 百夫有洫. 片片方正, 無一攲仄, 此先王之制也. 其必極之於千夫之澮, 萬夫之川者, 此準備之法, 非六遂之田, 悉皆如此也. 蘇明允終不悟此, 何嗟及矣."

정전이 산천과 지형에 막혀 바둑판과 같은 정전이 될 수가 없어 완전하지 못한 畝와 畎를 계산하여 충당했다는 것이다. 이점을 깨닫지 못한 소순을 한탄한다고 하였다.

이상과 같이 다산은 소순의 시문에 대하여 是와 非를 논하면서 褒揚하고 貶下하였다. 특히 소순의 「형론」 중에서 「田制」를 인용하여, 주나라 때에 이미 지주가 세금을 납부한 사실을 例證하여, 잘못된 호남의 소작료 풍속을 바로잡고자 하였다. 그리고 소순의 「역론」을 요약하여 인용하고 말을 잘못한 것(失言)이라고 폄하한 후 반론을 전개하였다. 또한 소순의 「형론」에서 정전법에 대한 이해의 오류를 구체적으로 지적하고 비판하였다.

3. 소철론

소철(자 子由, 호 穎濱遺老, 1039-1112)은 蘇洵의 아들이다. 19세 때 형 소식과 함께 진사 시험에 급제(1057, 嘉祐 2)한 후 형과 함께 벼슬에 나갔다. 그러나 王安石(1021-1086)의 新法을 반대하여 지방관리로 좌천되는 등 부침이 심하였다. 소철은 大名府推官, 著作佐郞, 齊州知事를 역임하고 1079년(神宗 元豊 2) 8월에 형이 참언으로 하옥되자, 관직을 걸고 형에 대한 용서를 구하였다. 다행이 형 소식은 죽음을 면하고 黃州團練副使로, 소철은 筠州의 鹽酒官으로 貶謫되었다. 哲宗(재위 1086-1100) 때 舊法黨이 정권을 잡자 소철은 상서호부시랑, 한림학사, 이부상서를 거쳐 契丹에 사신(1090)으로 갔다 온 후 御史中丞이 되었다. 그러나 다시 新法黨에 의하여 廣東省 雷州로 귀양 갔으며(1097) 사면된 후에는 太中大夫, 朝請大夫가 되었다. 1104년 河南省의 穎昌으로 은퇴한 후 문필을 벗으로 삼아 살다가 1112년(徽宗 政和 2) 향년 73세로 운명하였다. 슬하에 세 명의 아들(遲, 适, 遜)이 있다. 그의 저서는 시문 외에도 많은 고전의 註釋書와 『欒城集』·『欒城應詔集』·『詩傳』·『春秋集傳』·『古史』 등이 있다. 시호는 文定이다.

蘇 轍

정조가 편찬한 『御定 唐宋八子百選』에는 소철의 「老子論」, 「君術策」, 「上樞密韓太尉書」, 「齊州閔子廟記」, 「巢谷傳」 5편이 수록되어 있다.

다산이 소철에 대한 언급이 당송팔대가 중에서 가장 적다. 소철의 시문에 시비나 포폄은 없다. 다산은 1801년 2월 신유옥사로 경상도 장기로 유배를 갔다. 유배된 후 8개월 후인 10월에 조카사위인 黃嗣永 帛書事件으로 장기에서 서울로 압송되었다. 이때 감옥에서 동파의 西臺詩에 화답한 시의 小引에서 소철을 언급하였다.[27] 그리고 소철을 시문에 언급한 것은 강진 유배시절이다. 다산은 李匡師(자 道甫, 1705-1777)가 쓴 강진의 백련사의 현판을 보고[28] 용흥사 오화벽 운에 화답한 시와[29] 봄을 보내며 소철의 초가을 시에 화답한 시와[30] 소식과 소철이 주고받은 여러 시에 차운하여 흑산도에 유배 중인 중형 丁若銓(1758-1816)에게 보낸 시가 있다.[31] 그리고 정약전이 흑산도 유형지에서 肉食을 하지 못한지가 1년이 넘어 이제 몸을 지탱하지 못할 정도로 야위었다는 서신을 받고 상심하여, 소식이 동생인 소철이 수척하다는 소식을 듣고 쓴 시에 화운한 것이 있다.[32]

다산은 1801년 경상도 장기 유배지에서 황사영 백서사건에 연루되어 서울로 압송되었다. 이때 옥중에서 동파의 西臺詩에 화답한 시에서 소철을 언급한 小引과 시(2수)를

27) 『전서』, 「獄中和東坡西臺詩韻」 2首, I-4, 24ab, p.73.
28) 이광사가 쓴 白蓮寺의 "大雄寶殿"과 "萬景樓" 현판을 말한다. (金相洪, 『茶山 文學의 再照明』, 단국대학교출판부, 2003. pp.484-487.
29) 『전서』, 「和子由新修汝州龍興寺吳畵壁韻」(觀李道甫題額白蓮寺), I-5, 20b, p.88.
30) 『전서』, 「和子由初秋韻」(送春), I-5, 20b, p.88.
31) 『전서』, 「奉簡巽菴」4首(次子由子瞻, 相和諸詩韻), I-5, 19b-20a, p.88.
32) 『전서』, 「和東坡聞子由瘦」(得仲氏書云, 不肉食已歲餘, 毁瘠不可支心, 愴然有作), I-4, 30a, p.76.

보자.

이 해(1801) 10월 20일 밤에 또 체포되어 27일 입옥되었다가 11월 5일 성은을 입어 출옥되어 강진현으로 이배되었고, 중씨(정약전)는 강진에서 흑산도로 이배되었다. 옛날 동파가 옥중에서 시를 써 아우 자유(소철)에게 보낸 일이 있는데 蒙叟도 옥중에서 동파의 시에 화운한 일이 있어 일이 어쩌면 서로 비슷하기에 느낀 바가 있었다. 후세 사람들도 아마 나의 이 심정을 불쌍히 여기는 자가 있으리라.

마르고 약한 뿌리에도 봄볕은 두루 비치듯
이 몸을 아껴주시던 선왕(정조)이 그립고녀

장평관의 일을 운명이라 믿을 수 없고
슬프다 元祐 시절 완전한 사람이 적었던 일

천지에 널린 그물이라 의지할 곳은 군왕뿐
나무와 산도 다 칼이라서 魂神만 보이네

평생에 문자 익힌 게 죄가 되었다고 말하지 말라
두무 집안 원한은 전생의 원인이 있어서라네

枯荄弱植偏陽春　尙憶先王惜此身
未信長平非定命　可嗟元祐少完人
天羅地網依君父　劍樹刀山見魂神
莫道平生文字累　竇家仇怨是前因[33)]

다산은 小引에서, 옛적에 동파가 옥중에서 동생 소철에게 시를 보낸 일을 회상하고, 옥중에서 동파의 시에 화답한 시를 후세 사람들이 보고 자신을 불쌍히 여길 사람이 있을 것이라고 하였다. 시에서는 소철에 대한 언급이 없다. 다산은 정조 승하 후 일어난 신유옥사로 1차 유배되었고, 황사영 백서사건으로 재차 입옥되었기에 선왕 정조에 대한 그리움에 복받쳤다. 자신의 형제가 또다시 감옥에 갇힌 것은 타고난 운명이 아니고 당쟁의 희생양이 된 것이라고 하였다. 秦나라 白起 장군이 長平關에서 전쟁에 패하고 항복한 趙나라 40만 대군을 속임수로 한꺼번에 구덩이에 묻혀 죽은(坑殺) 사람들은 타고난 운명이라는 것은 믿을 수 없고, 宋나라 哲宗 元祐(1086-1094) 년간에 洛陽의 程頤을 선두로 한 洛黨과 蜀의 蘇軾을 선두로 한 蜀黨과 朔方의 劉摯를 선두로 한 朔黨(元祐三黨)의 치열한 당쟁으로 인하여 동파가 좌천되었듯이, 자신의 형제도 치열한 당쟁의 희생자라고 하였다. 자신의 형제를 죽이려는 그물이 천지에 널려 있어 의지할 곳은 임금(순조)뿐이라고 한탄하였다.

이어서 다산은 문자를 익혀 벼슬길에 나온 것이 죄가 되었다고 말하지 말라고 절규하였다. 後漢의 竇武는 竇太后의 명으로 靈帝를 옹립하고 선정을 하면서 당시 정권을 농

33) 『전서』, 「獄中和東坡西臺詩韻」 2首, I-4, 24ab, p.73. “是年十月二十二日夕, 又被逮繫, 二十七日入獄, 十一月初五日, 蒙恩出獄, 移配康津縣, 仲氏自康津移配黑山島. 昔東坡在囚詩寄子由, 蒙叟入獄, 亦和蘇韻事, 有相類曠然有感, 後之人, 尙亦恤余哉.”

락하던 환관을 숙청하려다 오히려 환관 曹節과 王甫에 의해 멸문지화를 당하였듯이, 다산 형제가 황사영 백서사건에 연좌되어 감옥에 갇힌 것은 전생에 이미 정해진 숙명이라고 담담하게 수용하였다. 이어서 두 번째 시를 보자.

밤공기와 바람 둘 다 처참한데
감옥 호두각의 기와에 무서리요 달도 희미한데

옥리는 소나 개도 아는 것이야 알지마는
대관은 나무 닭처럼 우둔하니 우습구나

죽을 목숨 살자하니 소식 아우(소철)에게 부끄럽고
따라다니는 목재 처도 볼 수 없네

수졸의 입을 통해 민간 전설 듣고서는
대서에도 동향이 있다는 걸 알았네

夜氣天風兩慘悽　虎頭霜重月華底
已知獄吏輕芻狗　長笑臺官似木鷄
贖命空慚蘇氏弟　從行不見木齋妻
曾憑守卒聞謠誦　猶有桐鄉在帶西[34]

이 시에는 음력 11월 초의 음산한 감옥의 풍경이 형상화되어 있다. 밤공기와 바람이 모두 차서 처량한데 감옥인

34) 같은 곳.

虎頭閣 지붕의 기와에 하얀 무서리가 짙게 내리고 초승달은 희미하게 으스스한 감옥 안을 마지못해 비추는 경경을 핍절하게 그렸다.

제5구에서 “죽을 목숨 살자하니 소식 아우(소철)에게 부끄럽고”(贖命空慚蘇氏弟)는 1079년 소식이 참언으로 하옥되자 동생 소철은 관직을 걸고 용서를 빌어 소식은 죽음을 면했던 일을 용사한 것이다. 즉 자신과 중형(정약전)이 재차 하옥되었는데 소철처럼 형의 무고함을 밝혀 감옥에서 풀려나게 하지 못한 자책이다. 소철이 소년 시절 공부하는 동안 형 소식을 따라 독서하면서 하루도 서로 떨어져 있는 날이 없었는데 과거에 급제한 후 벼슬길에 오르면서는 형제가 함께 있는 날이 적게 되었다. 소식과 소철 형제는 언젠가 韋應物의 시 “누가 알리 비오고 바람 부는 밤에 / 또 다시 침상을 마주하고 자련지”(那知風雨夜 復此對牀眠)”를 읽고서는 서글픈 생각을 금치 못하고, 일찍 벼슬을 버리고 한가로이 지내는 즐거움을 함께 누리자고 약속하였다고 한다. 이는 다산 형제가 다시는 옛날처럼 함께 침상을 마주하고 다정하게 잠을 이룰 수 없는 현실을 한탄한 것이다.

다산이 강진으로 유배지 된 지 7년이 되는 1807년(정묘 46세) 3월에 봄을 보내면서, 소철의 초가을 시에 화답한 시를 보자.

> 봄이 올 때 의미가 있는 것 같더니
> 나를 돌아보지 않고 가버리네

오직 봄이 남긴 두어 가지 꽃만이
내가 병을 앓고 있는 곳 비춰줄 뿐이네

봄 자취 온 천지에 가득하여
유독 정원 속에만 있는 게 아니지

나의 회포 항상 활달해서
기쁨과 슬픔 만물과 같다네

초목이 푸르름 무성하게 토해내
고운 모습으로 집 주위를 둘러 있고

또 이웃 사람이 음식을 주어
때때로 손에 술잔을 들기도 하네

이제 봄이 가면 어느 때 오려는지
내 행색이 자못 의심스럽네

내년이면 다른 봄이기에
너와 만날 기약이 없네

맞이하고 보내느라 일자가 부족하지만
현자들도 그런 가운데 늙었다네

생각하면 우습구나 어린애들처럼

봄 너도 너무 일찍 태어났나보다

이 세상엔 날 아는 벗이 없어
시를 부질없이 써 본 것이라네

강진 사람들 휘늘어진 장초와 같아
밤이 새도록 거문고 타고 노래하네

春來如有意　而不顧我去　唯留數枝花　照我吟病處
蹤跡滿天地　不獨園圃中　我懷常曠達　歡戚與物同
草木吐葱蒨　姸姿繞軒牖　亦有隣人饋　時時杯到手
此去幾時反　爾行頗可疑　來歲自一春　於爾無前期
迎送日不給　賢者此中老　顧笑嬰孩曹　汝生亦太早
海內無知己　文字實謾成　邑人似萇楚　絃歌終夜聲[35)]

다산은 유배지에서 봄을 일곱 번째 보내면서 소회를 시로 형상한 것이다. 분명 내년에도 봄은 오겠지만 금년의 봄은 아니며, 또한 병든 몸으로 내년에 다시 봄을 맞이할 수 있다는 기약이 없다고 유배객의 처연한 심경을 오롯이

---

35) 『전서』, 「和子由初秋韻」(送春), I-5, 20b, p.88. 동파의 「初秋寄子由」는 다음과 같다. "百川日夜逝, 物我相隨去. 惟有宿昔心, 依然守故處. 憶在懷遠驛, 閉門秋暑中. 藜羹對書史, 揮汗與子同. 西風忽淒厲, 落葉穿戶牖. 子起尋裌衣, 感歎執我手. 朱顏不可恃, 此語君勿疑. 別離恐不免, 功名定難期. 當時已悽斷, 況此兩衰老. 失塗旣難追, 學道恨不早, 買田秋已議. 築室春當成, 雪堂風雨夜, 已作對牀聲"(楊家駱 主編, 『蘇東坡全集』(上), 권13, 「初秋寄子由」, 世界書局, 中華民國 74. p.187.)

노래하였다. 이처럼 시제와 시에서 소철을 언급하였을 뿐 시문에서는 그에 대한 언급이 극히 작다.

다산은 강진 유형지에서 위의 시를 쓴 해(1807)에 소식과 소철 형제가 서로 주고받은 시에 차운하여 흑산도에 유배살고 있는 중형 정약전에게 4수를 보냈다. 제1수만 보기로 한다.

> 율정의 주막이 제일 미운 것은
> 문 앞에 두 갈래 길이 때문이라네
>
> 본래 한 뿌리에서 태어났는데
> 낙화처럼 뿔뿔이 흩어졌다네
>
> 광활한 천지를 보면
> 모두가 한 집이건만
>
> 초조하여 내 몸을 돌아보니
> 슬픔이 항상 끝이 없네
>
> 生憎栗亭店　門前岐路叉　本是同根生　分飛似落花
> 曠然覽天池　未嘗非一家　促促視形軀　惻怛常無涯[36)]

위의 시에서 주막이 있던 율정의 주막을 증오한 것은 사

36) 『전서』, 「奉簡巽菴」4首(次子由子瞻, 相和諸詩韻), I-5, 19b-20a, p.88.

연이 있다. 1801년 황사영 백서사건에 연루되어 다산 형제는 각각 유배지에서 서울로 압송되었다가 무관함이 밝혀져 재차 귀양을 가게 되었다. 전라남도 나주 서북쪽으로 5리쯤에 있는 율정점의 어느 주막에서 하룻밤을 자고 11월 22일 주막을 나와 다산은 강진으로 가는 길로, 정약전은 흑산도 가는 길로 각각 헤어져 떠났다.[37] 이날 이별이 두 형제에는 영원한 이별이 되고 말았다. 정약전은 1816년 흑산도 유배지에서 불귀의 객이 되었다. 당시 다산은 타의에 의해서 형제가 생별을 해야 하는 비애를 「栗亭別」[38]에서 곡진하게 형상화하였다.

앞에서 언급한 바와 같이 소철은 형 소식을 따라 독서하면서 서로 떨어져 있는 날이 없었는데 벼슬에 나간 후 부침이 심하여 서로 헤어져 살게 되었듯이, 다산은 부친 丁載遠(1730-1792)이 화순현감 재직시절(1778) 화순현에 있는 東林寺에서 중형 정약전과 함께 40일 동안 독서를 하는 등 관직에 나가기 전까지 항상 함께 생활하였다.[39] 그러나 험난한 벼슬길에 나간 후 다산 형제의 삶도 소식 소철 형제와 같이 풍파가 많은 것을 슬퍼한 것이다.

이상과 같이 다산의 시문에서 소철에 대한 시비와 포폄은 보이지 않는다. 다만 소식 소철 형제가 주고받은 시에

---

37) 같은 곳, "栗亭店, 在羅州西北五里, 辛酉十一月二十二日, 余與巽菴相別處"

38) 『전서』, 「栗亭別」, I-4, 25ab, p.74.

39) 金相洪, 『茶山 文學의 再照明』, 단국대학교출판부, 2003. pp.533-534.

화운한 것은 중형 정약전과의 형제애를 형상화하기 위한 것이다. 당송팔대가 중에서 소철에 대한 언급이 적은 조선 후기 학술사에 끼친 영향과 다산의 학문적 취향이 다른 당송팔대가보다 상대적으로 낮은 데 있었던 것으로 생각된다.

4. 결 론

다산은 해박한 지식을 바탕으로 동아시아 학술사에 큰 영향을 끼친 당송팔대가의 시문에 대하여 거침없이 是非를 논하면서 이들을 褒貶하기도 하였다. 다산의 소순과 그의 아들 소철에 대한 수용과 비평의 세계를 요약한다.

첫째, 다산은 소순의 「衡論」 중에서 「田制」를 인용하여, 주나라 때에 이미 지주가 세금을 납부한 사실을 例證하여, 잘못된 호남의 소작료 풍속을 개선하고자 하였다. 그리고 소순의 「易論」의 일부는 말을 잘못한 것(失言)이라고 폄하한 후 4개항의 반론을 전개하였다. 또한 소순의 「형론」에서 정전법에 대한 이해의 오류를 구체적으로 지적하고 비판하였다.

다산이 소철의 시문에 대하여 시비를 논하거나 褒貶한 것은 보이지 않는다. 다산이 소식 소철 형제가 주고받은 시에 화운한 것은 중형 정약전과의 형제애를 형상화하기 위한 것이다. 다산의 시문에 당송팔대가 중에서 소철에 대한 언급이 가장 적은 것은, 소식의 학문이 학술사에 차지하는 비중과 지명도, 그리고 다산의 학문적 취향이 한유와 유종원 소순과 소식 구양수 증공 왕안석보다 상대적으로 낮은 데 있었던 것으로 생각된다.

다산은 당송팔대가의 학문을 높이 인정하였다. 그러나 맹신하지 않았다. 자신의 견해와 다른 부분에 대하여 문제를 제기하고 이를 논박하였다. 우리는 이를 통하여 당송팔대가에 대한 조선 후기 비평사의 일부를 이해할 수 있다.

호학의 君主 정조가 『御定 唐宋八子百選』을 편찬 간행할 정도로 당송팔대가의 문은 조선 후기 지식인 사회의 필독의 書였고 문장의 전범으로 널리 인식되었다. 이들의 시문에 대하여 시와 비를 논하고 포폄을 한다는 것은 쉬운 일이 아니다. 학문적 위상이 이들과 어깨를 나란히 해야 가능한 일이다. 그러나 다산은 당송팔대가에 대한 예증을 들어가며 시비를 논하고 포폄을 하였다. 이 한 가지만 보더라도 다산의 학문적 위상과 조선 후기 지성사의 폭과 깊이를 알 수 있다.

茶山의 歐陽脩·曾鞏·王安石論

1. 서 론

唐의 한유와 유종원과 宋의 구양수 소순 소식 소철 증공 왕안석을 唐宋八家라고 최초로 定名한 사람은 明初의 朱右(?-1376)이고[1] 唐宋八大家라고 定名한 것은 明의 茅坤(1512-1601)이다. 모곤은 1579년(神宗 萬曆 7, 己卯) 봄에 한유 유종원 구양수 소순 소식 소철 증공 왕안석의 문을

1) 紀昀 外,「唐宋八大家文鈔叙」,『唐宋八大家文鈔』(『景仁文淵閣四庫全書』(1383), 臺灣商務印書館發行, pp.11-12. "臣等謹案, 唐宋八大家文鈔, 一百六十四卷, 明, 茅坤編, 坤有徐海本末已著錄, 世傳唐宋八家之目, 肇始于是集. 考明初朱右, 已採錄韓柳歐陽曾王三蘇之作, 爲八先生文集, 坤蓋有所本也. 然右書今不存, 惟坤此集爲世所傳習. …… 乾隆四十四年九月, 恭校上, 總纂官臣紀昀, 臣陸錫熊, 臣孫士毅, 總校官臣陸費墀."

초록하고 이를 『唐宋八大家文鈔』(164권)[2]라고 한 후부터 당송팔대가라는 명칭이 한문문화권의 문단에서 널리 일컬어지게 되었다.

당송팔대가의 학문이 한문문화권에 끼친 영향은 지대하다. 이들의 학문은 조선 후기 실학을 집대성한 茶山 丁若鏞(1762-1836)에게도 많은 영향을 끼쳤다. 다산은 자신의 시문에서 당송팔대가의 행적과 학문을 언급하면면서, 浩瀚한 학문으로 이들을 褒揚하고 貶下하였다.

다산의 당송팔대가론을 究明하는 일은 다산학의 한 국면을 이해하는 데 기여할 것이다. 필자는 이미 다산의 당송팔대가론[3] 序說과 다산의 소동파론[4]을 발표한 바가 있다.

---

2) 茅坤, 「唐宋八大家文鈔原叙」, 『唐宋八大家文鈔』(『景仁文淵閣四庫全書』 1383), p.14. "予於是手掇韓公愈, 栁公宗元, 歐陽公修, 蘇公洵軾轍, 曾公鞏, 王公安石之文, 而稍爲批評之. 以爲操觚者之劵, 題之曰, 八大家文鈔. 家各有引, 條疏如左. 嗟乎. 之八君子者, 不敢遽謂盡得古六藝之旨, 而予所批評, 亦不敢自以得八君子者之深. 要之大義所揭, 指次點綴, 或於道不相盭已. 謹書之以質世之知我者. 時萬歷已卯仲春, 歸安鹿門, 茅坤撰." ○ 余冠英 外 主編, 「導論」(唐宋八大家定名與背景, 朱振甫), 『唐宋八大家全集』(上), 國際文化出版公社, 1996, p.5. "四庫全書總目, 明茅坤編唐宋八大家文鈔, 稱明史文苑傳, 坤善古文, 最心折唐順之. 順之所著文編, 唐宋人自韓柳歐三蘇曾王八家外, 无所取. 故坤選八大家文鈔. 考明初朱右, 已採錄韓柳歐陽曾王三蘇之作, 爲八先生文集, 實遠在坤前. 右書今不傳, 惟坤此集爲世所傳習. 按文編所選, 自周迄宋, 不限于唐宋. 其所選唐宋文, 雖限于八家, 而无唐宋八大家之名. 茅坤唐宋八大家文鈔, 實本于文編所選八家, 而唐宋八大家之名, 則爲茅坤所定."

3) 金相洪, 「茶山의 唐宋八大家論攷」, 『조선- 한국 언어문학 국제학술대회 발표요지집』, 중국 연변대학교 조선언어문학학과, 2004. 7. 16-17, pp.89-91. 참조.

그 연속 작업으로서 다산이 구양수 증공 왕안석에 대한 褒貶의 세계를 조명하기로 한다.

2. 八家文에 대한 인식

다산은 문학의 효용성을 매우 중시하여, 시는 愛國憂民·傷時憤俗·美刺勸懲이 있어야 하고 致君澤民에 기여할 수 있어야 한다고 하였다.[5] 이는 궁극적으로 시가 匡濟一世에 기여해야 한다는 以詩經世論이다. 다산은 이러한 문학사상을 基底로 하여 致君澤民에 기여할 수 있는 시를 자신의 榮枯에 구애받지 않고 지속적으로 썼다. 그의 經世論인 一表二書와 사회시는 낡고 병든 조선을 새롭게 하고자 한(新我之舊邦) 마스터 플랜이다. 다산은 以詩經世論을 자신의 시에 구현하여 문학으로도 실학을 이룩한 업적을 조선 후기 문단에 남겼다.[6]

---

4) 金相洪, 「茶山의 蘇東坡論 攷」, 『2004 韓國·中國·泰國 國際學術大會 論文集』- 韓國 漢文學과 漢文教育의 硏究 現況과 課題 -, 2004. 7. 25(於 中國 北京 漁陽飯店 大會議室), 韓國漢文學會 韓國漢文教育學會, pp.92-109. 참조.

5) 丁若鏞, 『與猶堂全書』(景仁文化社 影印, 1970. 이하 『전서』), 「寄淵兒」, I-21, 9b, p.443. "不愛君憂國, 非詩也. 不傷時憤俗, 非詩也. 非有美刺勸懲之意, 非詩也. 故志不立, 學不醇, 不問大道, 不能有致君澤民之心者, 不能作詩."

6) 金相洪, 『다산 문학의 재조명』, 단국대학교출판부, 2003, p.254.

다산은 「五學論」(3)에서, 중국의 역대 문인들의 문학을 포폄하였다. 文章之學을 유학의 큰 해독이라 전제한 후, 중국 역대의 유명 문인들을 비판하였다. 司馬遷은 기이한 것을 좋아하였고 義俠을 숭상하여 예의를 외면하였으며, 揚雄은 도를 몰랐고, 劉向은 讖緯에 빠졌으며, 司馬相如는 배우처럼 스스로를 자랑하였다고 비판하였다. 이어서 한유 유종원 구양수 소식의 문학세계를 논하였다. 한유와 유종원을 문장의 中興之祖라고 하지만 이들은 유학의 근본을 망각했기에 古文을 부흥시키지 못하였다고 하였다. 그 이유는 문장이란 가슴 속에 있는 것이 저절로 發出되어야 하는 것인데, 이들의 문장은 외형만 답습하여 스스로 뛰어난 체했기 때문에 고문이 아니라고 하였다. 韓柳歐蘇의 문학은 화려하나 열매가 없고 기이하긴 해도 바르지가 못하여, 修身과 事親, 致君과 牧民을 할 수 없어서 楊朱 墨翟 노자 불교보다 해독이 심하다고 비판하였다.[7] 또한 당시에 문학

---

7) 『전서』, 「五學論」(3), I-11, 21a-22a, p.232. "文章之學, 吾道之鉅害也. …… 太史遷, 好奇尙俠, 而自外乎禮義, 揚雄不知道, 劉向溺於讖緯, 司馬相如俳優以自衒. 下此以往, 破碎綺靡, 無譏焉. 韓愈柳宗元, 雖稱中興之祖, 而本之則亡, 如之何其興之也. 文章, 不自內發, 迺皆外襲以自雄. 斯其古所謂文章者哉. 韓柳歐蘇, 其所謂序記諸文, 率皆華而無實, 奇而不正. 幼而讀之, 非不欣然善矣. 內之不可以修身而事親, 外之不可以致君而牧民. 終身誦慕而落魄牢騷, 卒之不可以爲天下國家, 此其爲吾道之蟊蠈也, 將有甚乎楊墨老佛. 何也. 楊墨老佛, 雖其所秉有差, 要之, 皆欲以克己斷慾, 爲善去惡. 彼韓柳歐蘇, 其所自命者, 文章已矣. 文章, 豈足以安身立命哉. 使天下之人, 詠歌舞蹈, 浸淫悅樂, 醲薰膚奏, 與之俱化, 而邈然忘其性命之本, 民國之務者, 文章之學也. 豈聖人之所取哉."

을 하는 이들은 羅貫中 施耐菴 金聖歎 郭青螺를 떠받들고 尤侗 錢謙益 袁枚 毛甡을 스승으로 삼은 것을 비판하였다. 羅貫中 등의 문학이 유학에 끼치는 폐해는 韓柳歐蘇보다 심하기 때문에 당시 문학을 하는 자들과는 함께 堯舜의 문으로 들어갈 수 없다고 하였다.[8]

다산은 修身과 事親, 致君과 澤民에 기여할 수 있는 문학, 匡濟一世에 기여하는 문학을 至善으로 여긴 것은 문학의 효용성을 중시했기 때문이다. 그래서 韓柳歐蘇의 문학은 화려하나 열매가 없고 기이하긴 해도 바르지가 못하다고 비판한 것이다.

여기에서 분명히 할 것은, 다산이 당송팔대가 중에서 언급한 韓柳歐蘇의 문학은 修身事親과 致君澤民을 할 수 없다하여, 언급하지 않은 소순 소철 증공 왕안석의 문학은 修身事親과 致君澤民을 할 수 있다고 본 것이 결코 아니라는 점이다. 즉 위에서 편의상 당송팔대가의 문을 韓柳歐蘇로 지칭한 것이다. 다산의 思惟에는 오로지 匡濟一世에 기여하는 문학만을 진정한 문학으로 인정했기 때문에 중국역대 문인을 비판한 것이다.

---

8) 같은 책, 「五學論」(3), I-11, 22a, p.232. “今之所謂文章之學, 又以彼四子者, 爲淳正而無味也, 祖羅(羅貫中), 祧施(施耐菴), 郊麟(金聖歎), 禘螺(郭青螺). 而尤侗錢謙益袁枚毛甡之等, 似儒似佛, 邪淫譎怪, 一切以求眩人之目者. 是宗是師. 其爲詩若詞, 又凄酸幽咽, 乖拗犖确, 壹是可以銷魂斷腸, 則止遂以是自怡自尊. 而不知老之將至, 其爲吾道之害, 又其但韓柳歐蘇之流而已. 口譚六經, 手擷千古, 而終不可以攜手同歸於堯舜之門者, 文章之學也.”

右文의 君主였던 正祖(재위 1776-1800)는 학문의 진작과 文風의 醇正을 위해 많은 책을 편간하였다. 그 중 하나가 『御定 唐宋八子百選』이다. 정조는 당시 문장이 날이 갈수록 저하되는 것을 근심하여 손수 당송팔가의 문을 선집한[9] 『어정 당송팔자백선』을 1781년(정조 5, 신축) 6월 13일에 중외에 반포하였다.[10]

한편 다산의 「八子百選序」는 과거에 합격(28세, 1789) 후 抄啓文臣 시절에 정조의 명을 받고 지은 것으로, 당송팔대가에 대한 시각이 나타나 있다. 그는 「팔자백선서」에서, 右文의 정조가 팔가문에서 1백 편을 엄선하여 간행한 취지는 모두가 널리 알되 정밀하지 않음이 없게 배려한 것이라 하였다. 또한 『팔자백선』은 방대하지 않고 팔가의 宗旨를 얻은 것이자, 정조가 선집한 것이기에 믿을 수 있는 만큼, 이를 버리면 구슬 같은 글을 버리고 자갈 같은 하찮은 글을 취하는 것이라 하여, 『어정 당송팔자백선』을 주옥 같은 글로 비유하였다. 그리고 공자만이 『시경』을 刪定할 수 있고, 정조만이 팔가문을 選할 수 있다고 극찬하였다.[11]

---

9) 『正祖實錄』(朝鮮王朝實錄 47), 附錄, 「正祖大王行狀」, p.302. "八子百選成, 王, 憂文體日下, 手選八家文印行."

10) 『정조실록』(朝鮮王朝實錄 45), 권11, 5년 6월 甲申(13일). p.246. "甲申. 御定八子百選成, 書凡六編. 取韓文三十篇, 柳文十五篇, 歐文十五篇, 老泉五篇, 東坡二十篇, 潁濱五篇, 曾文三篇, 王文七篇, 書成. 印頒中外."

11) 『전서』, 「八子百選序」(內閣應敎), I-13, 5b-6a, p.266. "我聖上右文, 搜羅天地, 捼摛日月, 爐鞴一世, 旗鼓三軍. 遂就八家文, 銖稱

이 序가 館閣文이라서 정조의 업적을 부각시키지 않을 수 없었을 것이나, 자세히 보면 다산의 논리는 모순이 있다. 모곤의 『당송팔대가문초』와 정조의 『어정 당송팔자백선』은 다 같은 選集이다. 그럼에도 불구하고 『시경』은 공자만이 刪定할 수 있고 팔가문의 선집은 정조만이 할 수 있다고 한 것은 지나친 獻辭가 아닐 수 없다. 다산의 논리라면 모곤은 당송팔대가의 문을 선집할 수 없다는 것이 된다.

다산의 당송팔대가에 대한 인식은 일관성이 결여되어 있다. 즉 「五學論」(3)에서는 韓柳歐蘇 등 팔대가의 문학은 修身事親과 致君澤民을 할 수 없다고 貶下하였으나, 「팔자백선서」에서는 이를 버리면 주옥 같은 글을 버리고 자갈 같은 하찮은 글을 취하는 것이라 하여 높이 褒揚한 점이다.

寸度, 嚴選精取, 共得一百首. 付之剞劂, 令之家肄戶習, 心玩躬蹈, 盖欲其專精聚力, 庶幾免博而不精. 猗歟盛哉. 夫惰農弱夫, 闊占耕區, 責之以耝穮以時, 固不逮也, 委之尋丈之畦, 以蓁蕪磽确, 明徵其不盡力也. 是編也, 握之不盈, 猶有病其博者乎. 又觀夫善書者, 嘗隱鋒而爲之, 病學者轉至墨豬, 又爲之毚刻露刃, 以示其正畫. 是編也, 太削肌膚, 孤存稜骨, 其於得八家之宗旨, 亦已盡矣. 且惟聖人之所選也, 是以信之. 不然, 其於取捨之際, 反復有遺珠而懷礫者矣. 昔孔子刪詩矣, 臣曰, 詩, 惟孔子能刪之, 八家之文, 有聖上能選之. 臣謹序.”

3. 구양수론

다산의 구양수(자 永叔, 1007-1072)론에는 포폄이 交織되어 있다. 구양수는 51세(嘉祐 2, 1057) 정월에 權知禮部貢擧가 되었다. 당시 문사들은 險怪하고 奇澀한 소위 太學體를 숭상하였는데, 그가 知貢擧로서 태학체를 적극적으로 배격하니 場屋文이 크게 변화하게 되었다.[12)]

이에 대한 正祖와 다산의 언급을 보자. 정조는 1789년(己酉) 11월 親試에서 초계문신들에게, 浮華한 문풍을 혁신하기 위하여 蘇綽이 「大誥」를 지었고, 구양수가 險怪를 削黜함으로써 태학체가 크게 달라졌으니, 풍속을 깨우치는 방법은 본래 언어에 있지 않고 趨向을 바루는 요점은 取捨밖에 없는 것인가.[13)]라고 하문하였다. 정조는 蘇綽과 구양수의 문풍 일신의 공을 인정하였다. 당시 초계문신이었던 다산(28세)은 이에 대하여 다음과 같이 논하였다.

---

12) 『宋史』(13), 「歐陽脩」, 권319, 列傳 제78, p.10378. "知嘉祐二年貢擧. 時士子尙爲險怪奇澀之文, 號太學體, 修痛排抑之, 凡如是者輒黜. 畢事, 向之囂薄者伺修出, 聚噪於馬首, 街邏不能制, 然場屋之習, 從是遂變."

13) 『전서』, 「文體策」(己酉十一月, 親試), I-8, 35b, p.167. "欲革浮華, 而大誥是作, 黜去險怪, 而學體丕變, 牖俗之方, 本不在於言語, 而正趨之要, 亶不外於取舍歟."

歐陽脩

> 신은 대답합니다. …… 北周 文帝가 大誥를 짓게 하고 구양수가 태학체를 일변시켰다고 하셨는데 아! 순박한 풍조를 되돌린 것은 후세에 능히 미치지 아니했으며, 험괴한 태학체를 배격한 것은 한 때의 공효에 불과하므로 신은 그들의 공은 많지 않다고 생각합니다.[14]

蘇綽과 구양수에 대한 시각이 정조와 다산이 약간 다르다. 즉 다산은 北周의 文帝(宇文康)가 당시 浮華한 문풍을 바로잡기 위하여 소작에게 「대고」를 짓게 하여 순박한 문체로 변화시키려 하였으나 후세에 그 영향이 미치지 못하

14) 같은 책, 「文體策」(己酉十一月, 親試), I-8, 36a, p.167. "臣對曰, …… 宇文能作大誥, 歐陽一變學體, 噫. 回淳反朴, 自非後世之能及, 黜險取易, 不過一時之成效, 臣以爲其功不足多也."

였으며, 구양수가 北宋 때 유행하던 험괴한 太學體를 배격한 것은 일시의 공효에 불과한 것으로 이들의 문풍 혁신의 공은 큰 것으로 보지 않았다.

정조는 文體醇正策을 치세의 기본정책 一目으로 삼아 庶政을 代聽할 때부터 추진하였고 즉위 후에는 경연에서 신하들을 대할 때마다 문체를 일변시킬 것을 반복해서 훈계하였지만 文體의 一新은 이루어지지 않았다.

> 내가 이를 민망히 여겨서 언제나 筵臣에게 문체를 변화시키라는 말로 反復申戒를 간절히 하지 않은 적이 없었으나, 이를 마음에 새겨듣지 아니하여 효과가 없었다. 이 잡스런 문체를 씻어내어 모두 순정한 데로 돌아가게 하여 經術로써 蘊蓄하고 문장으로써 나타내어 일대의 문체를 이루게 하여 온 천하가 본받기를 새롭게 하려면 그 방도는 무엇으로 해야 하는가? 그대들은 지금 이 대책문부터 요즈음의 문체를 털어 버리고 옛 자취를 만회하여 나로 하여금 空言이 되게 말라.[15]

정조는 잡스런 문체를 순정한 문체로 회귀시켜서 道文合一된 문장은 이루어질 수 없는 어려운 문제인가. 어려운 문제가 아니라면 그 善策은 무엇이며, 자신이 조치하여야

---

15) 正祖, 「文體」, 『弘齋全書』, Ⅱ-50, 28b, p.82. “予爲是悶, 每對筵臣, 未嘗不以變文體之說, 反復申戒, 不翅懃懇, 而聽我藐藐, 成效漠然, 如欲一洗啁啾之陋, 咸歸醇正之域, 蘊之爲經術, 著之爲文章, 庸成一代之體, 俾新八方之觀, 則其道何由. 子大夫, 其自是策擺近曰挽古轍, 使予莫爲空言.”(여유당전서에는 加點 부분이 脫字되었음)

할 일은 어떠한 것인가를 묻고 우리나라의 문체를 일신케 할 수 있는 선책을 초계문신들에게 제시하라고 하였다. 그리고 문신들은 對策文부터 잡스런 문체를 버리고 순정한 문장을 지어 文體一新하라는 말이 공언이 되지 않게 하라고 하였다.

다산은 이에 대하여 문체순정책을 시행하려면, 이를 보익할 만한 신하를 발굴하여 등용하라고 다음과 같이 對策하였다.

> 신은 전하께서 일찍이 反復申戒하신 것이 무엇이며, 전하의 말씀을 마음에 새겨듣지 아니하고, 본받기를 막연히 한 자가 누구인지 모르겠습니다. 자고로 제왕이 대사를 도모하여 위업을 성취시킨 데에는 한두 사람의 현량한 신하가 돕지 않은 적이 없었습니다. 堯는 夔가 아니면 大章을 짓지 못했으며, 武王은 太公이 아니면 軍旅를 다스리지 못했고, 高帝는 叔孫通이 아니면 朝儀를 일으키지 못했고, 당의 陸贄와, 송의 구양수가 아니면 科擧의 문체를 일변시키지 못했을 것입니다. 요즈음 사람들의 재주가 비록 볼 것이 없으나 헤아려 보시면 전하의 조정에 어찌 堯의 夔와 같은 한 사람의 신하가 없겠습니까? 이 말씀을 신은 진실로 전하를 위하여 아뢰오며 삼가 대하나이다.16)

16) 『전서』, 「文體策」(己酉十一月, 親試), I-8, 37b, p.168. "抑臣未敢知, 殿下之所嘗反復申戒者誰歟, 其聽之藐藐, 而使成效漠然者誰歟. 自古帝王之圖大事成大功者, 未嘗無一二良輔以左右之也. 堯非夔, 無以作大章, 武王非太公, 無以治軍旅, 高帝非叔孫, 無以起朝儀, 唐非陸贄, 宋非歐陽脩, 無以知貢擧變文體也. 今人才雖曰, 杳

다산은 정조에게 역대 제왕이 대사를 도모하여 성공한 데에는 한두 사람의 어진 신하의 보필이 있었다고 하였다. 堯는 夔, 武王은 太公, 漢高祖는 叔孫通, 唐의 德宗은 陸贄, 宋의 仁宗은 구양수가 있었기 때문에 대사를 성공시킬 수 있었던 것처럼, 문체순정책을 성공시키기 위해서는 堯의 夔와 같은 유능한 인재를 발굴 등용하여 보필토록 하라고 하였다. 다산은 송대에 유행하던 險怪하고 奇澁한 태학체를 일변시킨 구양수의 공적을 인정한 것이다.

구양수는 44세(皇祐 2, 1050) 때에 梅堯臣(자 聖兪, 1002-1060)과 潁州에다 전답을 구입하기로 약속하였다.[17] 그는 52세(嘉祐 3, 1058) 6월에 權知開封府에 부임한 후 다음해 2월에 給事中으로, 다시 御試進士詳定官으로 전직되었다.[18] 당시 구양수는 端溪의 특산인 綠石枕(베개)과 蘄州에서 생산되는 竹簟(대자리)을 얻은 후에 그 기쁨을 시로 형상화하여 매요신에게 보냈다. 다산은 이 시를 자주 用事하였는데 먼저 구양수의 시를 보자.

단계에선 하현 달 모양의 베개가 생산되고
기주에선 쌍물결 무늬의 대자리를 짜내네

然, 歷數殿下之廷, 亦豈無堯一夔也. 是說也, 臣誠爲殿下誦之, 臣謹對."

17) 楊家駱 主編, 『歐陽脩全集』(上), 「廬陵歐陽文忠公年譜」, p.10. "皇祐二年庚寅. …… 是歲, 約梅聖兪買田於潁."

18) 같은 책, 「廬陵歐陽文忠公年譜」, p.13.

동자를 불러 베개와 죽점을 펴 놓은 것은
붉은 해 정오인데 하늘엔 구름 없기 때문일세

대자리 황유리 광채나고 베갠 푸른 옥 윤기 있어
밝고 깨끗하며 차고 미끄러워 티끌과 먼지 없네

지난 번 개봉부에서 잠시 진력했던 것 생각하니
누차 몸이 쇠잔하여 벼슬 면해 달라고 빌었는데

임금께서 대신이 아픈 것을 가엾게 여기시고
쇠약하고 병듦이 허식이 아님을 자세히 아셨네

오히려 죄를 주어 배척 않는 은혜 입어
벼슬 옮겨 舊職으로 돌아가길 허락하셨네

인재 선발의 일의 용무를 감당할 수 없었고
이끗 보면 부끄러움 없이 오직 얻고자 했네

집을 빌어 성의 남쪽에 거처하니
벼슬에 있지 않아 찾아오는 손님 적어

자연히 오직 낮잠을 자기 마땅하고
게으른데 한가로움 만나니 어찌 흡족한지

이전부터 여위고 지쳐 피곤한데

하물며 찌는 듯한 더위 열기로 괴롭네

젊어서부터 천식 있어 숨 소릴 남들은 차마 못듣고
중년부터 코를 고니 그 소리 더욱 사나워서

어린 아인 귀를 막고 우레가 치는 것 같다 하고
부엌의 아내는 놀라 밥 끓어 솥이 우는가 의심하네

쉬파리와 눈에놀이를 닥치는 대로 때려잡느라
서가의 좀 먹은 책을 종횡으로 던진다네

정신과 기운이 혼미하고 흐림이 이와 같으니
언어와 생각이 어찌 맑을 것인가

일찍이 이백은 술 좋아했다고 들었느니
술병을 따서 생사를 함께 하고자 하네

내 지금 낮잠 좋아하는 것 또한 허물이나
내 몸과 죽점과 베개 셋이 되네

강서에서 조석으로 사는 소원 이뤄지면
귀장은 베개와 죽점을 챙기는 것으로 시작하리

마침내 자리 걷고 베개 들고 떠나서
맑은 영수 가에 집 짓고 전답을 사리라

端谿琢出缺月樣　蘄州織成雙水紋
呼兒置枕展方簟　赤日正午天無雲
黃琉璃光綠玉潤　瑩淨冷滑無埃塵
憶昨開封暫陳力　屢乞殘骸避煩劇
聖君哀憐大臣閔　察見衰病非虛飾
猶蒙不使如罪去　特許遷官還舊職
選材臨事不堪用　見利無慚惟苟得
一從僦舍居城南　官不坐曹門少客
自然唯與睡相宜　以懶遭閑何愜適
從來羸薾苦疲困　況此煩歊正炎赫
少壯喘息人莫聽　中年鼻鼾尤惡聲
癡兒掩耳謂雷作　竈婦驚窺疑釜鳴
蒼蠅蠛蠓任緣撲　蠹書懶架抛縱橫
神昏氣濁一如此　言語思慮何由清
嘗聞李白好飮酒　欲與鐺杓同生死
我今好睡又過之　身與二物爲三爾
江西得請在旦暮　收拾歸裝從此始
終當卷簟攜枕去　築室買田淸潁尾[19)]

이 시를 潁尾詩라고도 한다. 구양수가 단계의 록석침과 기주의 죽점을 가장 좋아한 정경이 형상화되어 있다. 그가 江西로 돌아가려는 소원이 성취되면 歸裝에 綠石枕과 竹簟을 제일 먼저 수습한 후 맑은 潁水 가에 집을 짓고 전답을 사서 살겠다는 것은 귀거래를 염원한 것이다.

---

19) 같은 책, 「有贈余以端谿綠石枕與蘄州竹簟, 皆佳物也. 余旣喜睡而得此二者, 不勝其樂, 奉呈原父舍人聖俞直講」, 권8 古詩, p.53.

다산은 일찍부터 이 시를 애독하였을 뿐만 아니라 자신의 처지와 심경을 시로 토로하면서 用事하였는데 살펴보자.

포구에 서풍 불어 배 띄우기 좋은데
동쪽 고향 바라보니 구름 안개 아련하네

야윈 아내 지나가는 청산보고 한탄하고
어린 자식 조는 백조 흥미롭게 구경하네

소내에 왕래함은 본래 절로 즐거운데
龐德公처럼 녹문산에 은거할 날 언제련가

나갈 건가 은거할 건가 밤새 생각해도
구양수처럼 영수 가에 전답 없으니 어찌하리

浦口西風好放船　鄉園東望杳雲煙
瘦妻解惜靑山過　穉子耽看白鳥眠
苕霅往來元自樂　鹿門䣊隱定何年
細將出處通宵議　只少歐陽潁尾田[20)]

이 시는 다산이 出仕하기 전인 25세(1786)에 쓴 것으로, 세상에 나가 벼슬할 것인지 은거할 것인가를 고민하다가 구양수처럼 영수 가에 전답이 없기 때문에 결국 세상에 나가 出仕할 수밖에 없음을 노래한 것이다.

---

20) 『전서』, 「孟夏領妻子還苕川」, I-1, 26b, p.13.

서까래 두서너 개 호젓한 초가집에
뜰 앞 가득한 향그런 벼 흡족히 보네

동방삭의 장안 쌀이 생각나는데
구양수의 영수 가의 전답과 어찌 다툴건가

茅棟蕭條只數椽　恰看香稻滿階前
試思方朔長安米　爭似歐陽潁尾田[21)]

위의 시도 역시 출사하기 전인 26세(1787) 때 가을에 고향 소내에서 추수하는 정경을 보고 지은 것이다. 고향의 풍경이 구양수의 영수 가에 있는 전답과 다름이 없다고 자위하면도 결국 출사할 수밖에 없음을 노래하였다.

미관말직 격탁과 승전도 각기 때가 있나니
변방의 부관이야 낮다고 할 게 아니네

바람은 찬 바다 뒤집어 깃발 소리 거세고
높은 산엔 눈보라쳐서 말의 거름 위태롭네

현능한 이는 막부를 제압할 것이며
옛적부터 순리들은 변방을 진정시켰다네

21) 『전서』, 「秋日門巖山莊雜詩」(1)(九月也. 時因看刈留數十日), I-1, 29a, p.15.

귀음의 작은 집이 맑기가 이와 같은지라
구양수의 영미시를 거듭 외워보네

擊柝乘田各有時　寒垣副倅未云卑
風翻瑟海旗聲勁　雪洒弓山馬度危
可是材賢摧幕府　古來循吏靜變陲
龜陰小屋淸如許　重誦歐陽穎尾詩[22)]

위는 다산이 18년간의 유배에서 풀려나 고향에 돌아온 후, 鏡城判官으로 부임하는 韓益相을 전송한 시로 尾聯에서 전원으로 돌아온 기쁨을 형상화하였다. 다산이 구양수의 영미시를 자주 운위한 것은 귀거래 염원을 공감한 것이다.

다산 시에서 最長詩는 36세(丁巳, 1797)에 쓴 「夏日述懷奉簡族父吏曹參判」(5언 326운, 3,260자)으로, 族父 丁範祖(호 海左, 1723-1801)에게 보낸 것이다. 다산은 이 시에서 구양수가 蘇軾의 재능을 인정하고 천거한 사실을 언급하였다.

司馬光이 아는 것은 呂公著뿐이고
구양수는 소동파를 유독 사랑했네

동강에 숨어 살기로 했다가
임금 앞에서 자문에 응하기로 하고

산골에서 왕의 조서 맞아들여

22) 『전서』, 「送韓益相正言, 赴鏡城判官」, I-7, 34b, p.141.

강산에서 병든 몸 일으켰으니

嚴光이 고집을 꺾은 것이고
제갈량이 몸을 바치기로 허락한 것일세

司馬惟知呂　歐陽獨愛蘇　東岡懷隱遯　前席應咨諏
澗壑迎恩詔　江山起病軀　嚴陵收骯髒　諸葛許驅馳[23)]

위의 내용은 당시 영의정인 樊巖 蔡濟恭(1720-1799)의 천거로 정범조가 이조참판이 된 것을 기술한 것이다.[24)] 다산은 채제공과 정범조와의 관계를 사마광과 여공저, 구양수와 소동파의 관계로 비유하였다. 즉 구양수가 재주와 학식을 겸비한 소식을 秘閣에 추천한 일을 다산은 아름답게 생각하여 자신의 시에 운위한 것이다.

시인들이 사전에 몇몇 字를 지정한 후에 이 글자를 쓰지 않기로 약속하고 지은 시를 "禁體詩"라 하는데, 이 체는 구양수가 최초로 쓴 것 같다. 구양수가 겨울에 여러 文士들과 「雪」 시를 지으면서, "玉·月·梨·梅·練·絮·白·舞·鵝·鶴·銀"자 등을 쓰지 않고 금체시를 썼다.[25)] 蘇軾

---

23) 『전서』, 「夏日述懷 奉簡族父吏曹參判」, I-3, 20a, p.51.
24) 같은 시, 20b, p.51, 註 "叙樊翁薦進."
25) 楊家駱 主編, 『歐陽脩全集』(上), 「雪」(時在潁州作. 玉月梨梅練絮白舞鵝鶴銀等字, 皆請勿用), 外集 권4 古詩, pp.370-371. "新陽力微初破蕚, 客陰用壯猶相薄. 朝寒稜稜風莫犯, 暮雪緌緌止還作. 驅馳風雲初慘淡, 炫晃山川漸開廓. 光芒可愛初日照, 潤澤終爲和氣爍. 美人高堂晨起驚, 幽士虛牕靜聞落. 酒壚成徑集缾罌, 獵騎尋蹤

蔡濟恭

得狐貉. 龍蛇掃處斷復續, 猊虎團成呀且攫. 共貪終歲飽麰麥, 豈恤空林飢鳥雀. 沙墀朝賀迷象笏, 桑野行歌沒芒屩. 乃知一雪萬人喜, 顧我不飮胡爲樂. 坐看天地絶氛埃, 使我胸襟如洗瀹. 脫遺前言笑塵雜, 搜索萬象窺冥漠. 潁雖陋邦文士衆, 巨筆人人把矛槊. 自非我爲發其端, 凍口何由開一噱.”

은 元祐 6년(1091) 11월 1일, 40년 전에 구양수가 금체시를 쓴 것을 회상하고, 이를 계승하여 시를 짓는 사람이 없어 聚星堂에서 여러 사람들과 함께 금체시를 썼다.[26)]

다산이 금정찰방으로 폄직되었을 때(34세, 1795), 겨울에 친구 吳國鎭(자 孟華)과 權夔(자 堯臣)의 방문을 받고 함께, 구양수의 聚星堂 고사를 상기하고 "玉 鹽 銀 花"자는 시어로 쓰지 않은 禁體詩를 썼다.[27)] 다산이 금체시를 쓴 것은 구양수의 문학에 심취한 결과이다.

다산은 『경세유표』에서, 科擧 試卷의 글씨가 王羲之나 王獻之처럼 잘썼다 하더라고 惡詩를 썼다면 뽑지 말아야

---

26) 楊家駱 主編, 『蘇東坡全集』(上), 「聚星堂雪一首 幷書」(元祐六年十一月一日, 禱雨張龍公, 得小雪. 與客會飮聚星堂, 忽憶歐陽文忠公作守時, 雪中約客賦詩, 禁體物語, 於艱難中特出奇麗, 爾來四十餘年, 莫有繼者. 僕以老門生繼公後, 雖不足追配先生, 而賓客之美, 殆不減當時, 公之二子又適在郡, 故輒擧前令, 各賦一篇), 後集 권 1, pp.469-470. "窓前暗響鳴枯葉, 龍公試手行初雪. 映空先集疑有無, 作態斜飛正愁絶. 衆賓起舞風竹亂, 老守先醉霜松折. 恨無翠袖點橫斜, 祗有微燈照明滅. 歸來尙喜更鼓暗, 晨起不待鈴索掣. 未嫌長夜作衣稜, 却怕初陽生眼纈. 欲浮大白追餘賞, 幸有回飆驚落屑. 模糊檜頂獨多時, 歷亂瓦溝裁一瞥. 汝南先賢有故事, 醉翁詩話誰續說. 當時號令君聽取, 百戰不許持寸鐵"

27) 『전서』, 「冬日吳權二友過驛舍, 始初雪大至, 林阿一色. 玆述歐陽公聚星堂故事, 賦詩遣懷, 禁用玉鹽銀花字」, I-2, 32b-33a, pp.37-38. "入夜風威靜, 山棲聽遠砧. 牢騷增薄冷, 湛寂滯窮陰. 澹月棲松頂, 微飆撼竹心. 鬱紆俄變色, 醞釀窅難尋. 漸怪階庭晃, 翻驚磵壑沉. 叫奇催拓戶, 眠起尙遺簪. 黯慘星河沒, 虛明樹木森. 爐溫初命酒, 絃凍未調琴. 細點看衣濕, 輕篩聽葉吟. 屋茅疑被縞, 墻菊惜埋金. 危石皆蹲虎, 奇柯總鏤禽. 樓光如近水, 天色逈離岑. 野麥藏苗穩, 山茶結蕾深. 風流高驛舍, 杯酌聚儒林. 凍蟄依龜智, 波漂免蟻侵. 蕭條梁甫詠, 歲暮有知音."

하며, 소식·구양수와 같은 글을 썼으나 拙筆이라고 해서 낙방을 시켜서는 안된다고 하였다.[28] 이는 소식과 구양수의 문장이 훌륭함을 인정한 것이다. 다산은 「欽欽新書序」에서, 구양수가 30세(1051) 5월에 峽州 夷陵縣令으로 좌천되었을 적에[29] 관아에 일이 없어 한가하자 해묵은 公案을 가져다가 이리저리 사례를 끌어내어 요약 정리하여 일생동안 獄事를 다스리는 데 경계의 자료를 삼았던 것을 褒揚하였고,[30] 『목민심서』에서 이를 다시 언급하였다.[31] 구양수는 조카 通理가 朱砂를 사러 오겠다는 편지를 받고, 자신은 그런 물건과 무관하다면서 管內에서 청렴함을 지켜야 하는만큼 나의 관내의 물건을 살 수 없다면서, 내가 벼슬살이 하면서 마시는 물 이외에는 일찍이 한 물건도 사지 않았으니 이를 보고 경계해야 한다는 편지를 보낸 것을 기술하여[32] 청렴을 포양하였다.

---

28) 『전서』, 『경세유표』, 「春官修制」, 科擧之規, Ⅴ-15, 18b, p.286. "犧獻之筆, 以寫惡詩, 其將取之乎. 歐蘇之文, 偶用拙筆, 其將黜之乎. 苟有斯意, 別受一卷, 以察書法, 不亦可乎."

29) 楊家駱 主編, 『歐陽脩全集』(上), 「廬陵歐陽文忠公年譜」, 世界書局, 中華民國 72. p.10. "景祐三年丙子. 公三十. …… 五月戊戌, 降爲峽州夷陵縣令."

30) 『전서』, 「欽欽新書序」, Ⅰ-12, 44ab, p.261. "昔歐陽文忠, 在夷陵, 公署無事, 取陳年公案, 上下紬繹, 一生之所資助. 況身都厥位, 不虞其職事哉."

31) 『전서』, 『牧民心書』, 「刑典, 斷獄」, Ⅴ-25, 8a, p.524.

32) 같은 책, 「律己, 淸心」, Ⅴ-17, 6b-7a., pp.321-322. "歐陽文忠公, 與姪通理書. 昨日書中, 言欲賣朱砂來, 吾不闕此物. 汝於官下宜守廉, 何得買官下物. 吾在官除飮水外, 不曾買一物. 可視此爲戒也."

구양수가 權知開封府 시절에 간이하고 순리를 따를 뿐 혁혁한 명성을 구하지 않았으며, 또한 여러 郡의 목민관을 역임하면서 치적을 구하지 않고 관대하고 간략하며 시끄럽지 않은 것을 施政의 목표로 삼았었음과, "백성을 다스리는 것은 병을 치료하는 것과 같다. 백성을 다스리는 데 있어서 관리의 재능 여부와 시책의 여하를 물을 것이고 다만 백성이 편안하다고 일컬으면 곧 그가 훌륭한 수령이다."라고 한 말을 인용하여[33] 良吏로 기렸다.

이어서 다산이 구양수에 대하여 비판한 것을 보자. 구양수는 『易童子問』(3권)에서, 공자가 『주역』을 주석한 十翼[34]에 대하여 논하였다.

> 동자가 묻기를 繫辭는 성인이 지은 것이 아닙니까? 내가 말하기를 어찌 계사뿐이리오. 文言과 說卦 이하는 모두 성인이 지은 것이 아니다. 여러 사람의 설이 어지러이 뒤섞인 것으로 또한 한 사람의 말이 아니다. …… 설괘와 雜卦는 점치는 사람들의 점 책이다.[35]

33) 같은 책, 「奉公, 禮際」, V-18, 16b, p.345. "歐陽脩, 知開封府, 代包拯威嚴, 公簡易循理, 不求赫赫之名 …… 公嘗語人曰, 治民如治病, 凡治人不問, 吏材能否設施何如, 但民稱便卽是良吏."

34) 공자가 주역을 주석한 十翼은 上彖傳, 下彖傳, 上象傳, 下上傳, 上繫辭, 下繫辭, 文言傳, 說卦傳, 序卦傳, 雜卦傳 10편을 말한다.

35) 楊家駱 主編, 「易童子問」(권 3), 『歐陽脩全集』(上), pp.568-571. "童子問曰, 繫辭非聖人之作乎. 曰, 何獨繫辭焉. 文言說卦而下, 皆非聖人之作, 而衆說淆亂, 亦非一人之言也. …… 說卦雜卦者, 筮人之占書也."

이는 공자의 十翼을 부정한 것이다. 이에 대하여 다산은 尹永僖에게 보낸 서간에서, 구양수의 학문을 비판하였다.

> 이때에 王弼이란 자가 나와서 말하기를 說卦는 易을 해석한 것이 아니다 하였고, 구양수 같은 문식으로도 설괘는 공자의 글이 아니라고 의심하였으니, 이것이 바로 설괘가 폐기되고 주역이 封藏된 이유입니다. 그러나 어찌 이뿐이겠습니까.[36)]

다산이 『주역』의 「說卦」에 대하여, 구양수 같은 文識으로도 「설괘」는 공자의 글이 아니라고 의심하였기 때문에 『주역』이 封藏된 이유라고 하여 구양수의 학문세계를 비판하였다.

다산의 구양수론은 貶下보다 褒揚이 많다. 구양수가 송대에 유행하던 험괴하고 奇澁한 태학체를 배격하고 문체를 일신 시킨 공을 포양하였다. 그리고 구양수의 시세계와 귀거래를 동경한 것을 좋아하여 穎尾詩를 자신의 시에 언급하였고 禁體詩를 썼으며, 또한 목민관 시절의 치적을 포양하였다. 그러나 「오학론」(3)에서는 구양수의 문학은 修身事親과 致君澤民을 할 수 없다 하였고, 구양수가 『주역』의 「說卦」가 공자의 글이 아니라고 한 것은 잘못이라고 비판하였다.

---

36) 『전서』, 「與尹畏心永僖」, I-19, 22a, p.406. "於是有王弼者, 起而言曰, 說卦非所以解易, 雖以歐陽脩之文識, 亦疑說卦非孔子之文, 此說卦之所以廢, 而周易之所以封也. 豈唯是也."

4. 증공론

다산이 증공(자 子固, 1019-1083)의 문학세계에 대한 포폄은 없고, 다만 치적에 대하여 언급하였다. 다산은 『목민심서』에서, 守令은 관청의 일은 기약이 있는 만큼 백성들이 기약에 대한 신뢰받는 행정을 하여야 한다고 한 후, 증공을 그 예로 들었다. 증공이 刺史로 있을 때 완급을 헤아려 기한을 정해주고 기한이 다하기 전에는 독촉하는 일이 없었다고 褒揚하였다.[37] 그리고 증공의 「宜黃縣學記」를 인용하였고[38] 越州通判 시절에 쓴 「鑑湖圖序」와 감호를 준설하고자 「鑑湖圖」를 만들었으나 시행되지 못했음을 언급하였다.[39]

曾 鞏

다산은 관아의 건물이 기울어지고 무너져 위로 비가 새고 옆으로 바람이 들이치

37) 『전서』, 『牧民心書』, 「赴任, 莅事」, Ⅴ-16, 26a, p.311.
38) 같은 책, 「禮典, 祭祀」, Ⅴ-22, 18b, p.449.
39) 같은 책, 「工典, 川澤」, Ⅴ-26, 34ab, p.560.

는데, 수리하지 않고 그대로 방치해 두는 것은 수령의 큰 허물이라 한 후에[40] 증공의 치적을 포양하였다.

> 증공이 齊州를 맡았을 때의 일이다. 애초에 객관이 없어 사신과 빈객이 오면 항상 백성을 동원하고 목재를 조달하여 가건물을 만들었다가 떠나버리면 곧 철거해버리니 이미 비용은 비용대로 들고 또 누추하기도 하였다. 그가 이에 官의 廢屋을 옮겨 낙수 가에 두 채의 집을 지어 객사로 하였는데, 하나는 歷山堂이라 하고 하나는 濼源堂이라 이름하였다.[41]

이는 증공의 「齊州二堂記」에서 인용한 것이다. 증공이 사신과 빈객을 접대할 관사가 없자, 관아 소속 건물인 폐옥을 옮겨 객사로 꾸며 백성들의 노고와 비용을 절감한 업적을 포양하였다. 다산은 흉년이 들었을 때 부자들에게 적정한 값을 계산해 주고 가난한 백성들에게 곡식을 나누어 주는 勸分 제도를 논한 후에[42] 증공이 越州通判 시절에 흉년이 들자 부자 백성들에게 권분하여 구제한 일을[43] 다음

---

40) 같은 책, 「工典, 繕廨」, Ⅵ-27, 1a, p.1. "廨宇頹圮, 上雨旁風, 莫之修繕, 任其崩毁, 亦民牧之大咎也."

41) 같은 책, 「工典, 繕廨」, Ⅵ-27, 3a, p.2. "曾鞏知齊州, 初無客館, 使客至, 則常發民調材木爲舍, 去則撤之. 旣費且陋, 公乃徙官之廢屋, 爲二堂於濼水之上, 以客舍, 一名歷山之堂, 一名濼源之堂."

42) 같은 책, 「賑恤, 勸分」, Ⅵ-28, 1a, p.20. "勸分之法, 遠自周代, 世降政衰, 名實不同, 今之勸分,非古之勸分也."

43) 『宋史』(13), 「曾鞏」, 권319, 列傳78, p.10390. "曾鞏字子固, 建昌南豊人. …… 出通判越州, …… 歲饑, 度常平倉不足贍, 而田野之民, 不能皆至城邑, 諭告屬縣, 諷富人自實粟, 總十五萬石, 視常平

과 같이 자세하게 언급하였다.

> 증공이 통판이 되었을 때 흉년이 들었는데 상평창 곡식을 헤아려보니 진휼곡으로 주기에는 부족하였고, 농촌에 사는 사람들이 모두 성곽으로 오게 할 수 없었으며, 올 경우 많은 사람들이 한 데 모이면 전염병이 번질 우려가 있었다. 미리 屬縣에 諭示하고 부자들을 불러 가진 곡식을 스스로 신고하도록 하여 도합 15만 석을 얻어서 常平價에 비하여 조금 값을 더해서 백성들에게 주었다. 백성들은 쉽게 곡식을 얻을 수 있어 마을을 나서지 않고도 먹고 남는 곡식이 있어 곡식 값도 안정되었다. 또 돈을 내어 곡식 5만 석을 사서 백성들에게 꾸어주어 종자와 양식으로 쓰게 했더니 농사가 이에 힘입어 부족함이 없었다. 생각컨대 이것은 곡식을 팔도록 권하고 또 그 값은 상평가에 비해서는 조금 더쳐주고 時價에 비해서 싸게 한 것뿐이었다. 지금의 勸分은 반드시 값을 주지 않고 거저 빼앗는 것이니 도대체 어디에 근거를 둔 것인지 알 수 없다.[44]

다산이 살던 시대에는 勸分의 명목으로 부자들의 재산을

價, 稍增以予民, 民得從便受粟, 不出田里, 而食有餘. 又貸之種糧, 使隨秋賦以償, 農事不乏."

44) 『전서』, 『목민심서』, 「賑恤, 勸分」, Ⅵ-28, 1b, p.20. "曾鞏爲通判. 歲饑, 度常平倉不足以賑給, 而田居野處之人, 不能皆至城郭, 至者群聚, 有疾癘之虞. 前期諭屬縣, 召富人使自實粟數, 總得十五萬石, 視常平價, 稍增以予民. 民得從便受粟, 不出田里, 而食有餘粟, 價爲平. 又出錢販粟五萬, 貸民爲種糧, 農事賴以不乏. ○ 案此是勸糶, 又其價視常平稍增, 特輕於時估而已. 今之勸分者, 必無價白奪, 抑何據也."

거저 빼앗는 "白奪"이 자행되는 것을 개탄하면서, 권분의 성공 사례로 증공의 치적을 예시하고 포양하였다.

> 증자고가 제주에 있을 때의 일이다. 마침 조정에서 變法을 시행하기 위해 사방으로 사신을 보냈다. 그는 신법을 적절하게 잘 시행하였기 때문에 백성들이 동요하지 않았다. 임기가 끝나자 고을 사람들이 다리를 끊고 성문을 닫아 그를 막고 만류하므로 밤에 틈을 타서 떠났다.[45]

이는 증공이 知齊州 시절에 왕안석의 新法이 시행되자, 적절하게 대처하여 백성들의 동요를 막은 공적을 포양한 것이다. 이처럼 증공의 치적을 기술한 것은 목민관의 교훈으로 삼게 하기 위함이었다.

이상과 같이 다산의 증공론은 문학에 대해서는 언급이 없고, 다만 그가 목민관 시절에 善政한 내용을 포양하였다.

5. 왕안석론

다산이 왕안석(자 介甫, 1021-1086)의 문학세계에 대한 포폄은 없고, 정치행적에 관한 것만 있다. 왕안석은 27세

45) 같은 책, 「解官, 願留」, Ⅵ-29, 25a, p.51. "曾子固在齊, 會朝廷變法, 遣使四方. 公推行有方, 民用不擾. 旣罷, 州人絶橋閉門遮留之, 夜乘間乃去."

(慶曆 7, 1047)에 鄞縣의 현령으로 부임한 후[46] 백성들을 동원하여 하천을 준설하여 수해를 예방하였다. 다산은 왕안석의 「鄞縣經遊記」를[47] 인용하여 치적을 기렸다.[48]

王安石

왕안석은 49세(熙寧 2, 1069) 2월에 參知政事가 되어 新法을, 9월에 青苗法을 시행하였으며[49] 또한 保甲法을 시행하였다.[50] 다산은 青苗와 助法은 능히 국가의 재용을 넉넉하게 할 수 있는 것인데, 끝내 왕안석과 呂公著의 罪案되었다고[51] 하여, 청묘법 그 자체는 인정하였다.

당시 송나라 백성들은 혹독한 差役法으로 고통을 받았다. 심지어 과부가 개가하고 친족끼리 나누어 살며 더러 남에게 주어서 上等이 되는 것을 모면하거나, 비명의 죽음

---

46) 楊家駱 主編, 『王臨川全集』, 「王安石年表」, p.2.
47) 같은 책, 「鄞縣經遊記」, 권83, 記2, p.526.
48) 『전서』, 『목민심서』, 「工典, 川澤」, V-26, 38b-39a, pp.562-563.
49) 楊家駱 主編, 『王臨川全集』, 「王安石年表」, p.5.
50) 청묘법은 국가에서 常平倉의 常平本錢을 백성에게 꾸어주되, 봄에 빌려준 것은 여름에, 여름에 빌려준 것은 가을에 2分의 이자를 받는 것으로서 일명 青苗錢法이라고도 한다. 보갑법은 10戶씩 묶어서 1保로 만들고 1戶에 장정이 2명이면 1명을 뽑아서 병정으로 삼던 법이다.(楊家駱 主編, 『新校本 宋史』13, 「王安石」, 卷327, 列傳 第86. p.10544, 참조.)
51) 『전서』, 「問錢幣」, I-9, 18b, p.179. "青苗助法, 能裕國用, 而終爲王呂之罪案."

을 구해서 單丁이 되기도 하였다. 그리고 집에서 소를 기르지도 못하게 하였고, 마을에서는 뽕나무를 심지도 못하게 했으며, 술잔과 절구공까지 남아 있지 않았고 숟가락과 젓가락도 모두 관에서 계산해갔다.[52] 그러자 왕안석은 免役法을 실시하여 차역법의 폐해를 바로잡았다.

> 왕안석이 면역법을 창안해서 차역법의 폐해를 모두 없애자 백성이 이를 편하게 여겼는데, 애석하게도 붕당의 재앙이 백성에게 미쳐서 비록 사마광의 어짐으로도 또한 당론 때문에 백성의 이익을 막는 것을 면치 못하였다.[53]

다산은 왕안석이 면역법을 창안하여 차역법의 고통을 해결한 공로를 높이 인정하였다. 그러나 왕안석의 신법을 반대한 司馬光이 면역법의 5개항의 폐해를 지적하여 면역법은 도중에 무산되고 말았다.[54]

이어서 왕안석에 대한 비판을 보자. 다산은 『목민심서』에서 "오직 왕안석의 청묘법은 이름을 賑貸라고 하면서 억

52) 『전서』, 『경세유표』, 「地官修制」, 賦貢制 6, Ⅴ-11, 20a, p.215. "臣謹案, 有宋差役之法, 蓋天下之虐政. 甚至有孀母改嫁, 親族分居, 或棄田與人, 以免上等, 或匪命求死, 以就單丁.(以上韓琦疏) 家不敢畜牛, 村不敢種桑.(司馬光之奏) 杯杵不遺, 匕箸皆計.(吳充之所言)"

53) 같은 곳, "王安石, 刱免役法, 其害悉去, 百姓便之, 惜乎, 朋黨之禍, 下及生民, 雖以司馬光之賢, 亦不免以黨論, 沮民利也."

54) 같은 곳, "元祐初, 司馬光, 言免役之法, 其害有五, 莫若降勅, 並罷其諸色役人, 並依熙寧以前舊法. 章惇, 駁司馬光曰, 不宜遽改, 以貽後悔."

지로 利子를 취했으니 還子法과 대동소이하다. 청묘법은 돈으로 하고 환자법은 곡식으로 하였지만 사실은 마찬가지다."[55]고 하여 청묘법을 비판하였다.

다산은 흑산도에 유배중인 중형 丁若銓에게 보낸 편지에서, 옛사람들이 『周禮』를 믿지 않았던 것은 모두 학문이 얕아서라고 전제한 후, 왕안석이 비록 『주례』를 믿었으나 그 이면을 깊이 알지 못했고 오직 朱子만이 알고서 믿었다고 하여[56] 그의 학문을 "淺學"이라고 비판하였다. 다산은 「경세유표인」에서 왕안석의 인품과 행적을 다음과 같이 비판하였다.

> 왕안석은 淸苦한 체하여 행실을 가다듬고 경전을 인용하여 그 간사함이 드러나지 않도록 꾸미었다. 그러나 실은 二帝와 三王의 도가 자기 가슴 속에 환하지 못했고, 다만 일시의 얕은 소견으로 천하 사람들을 몰아서 商賈의 이익으로 얽어매었다. 모든 사람이 신망하는 원로대신들과 싸우려 하여 조정이 텅 비더라도 그것을 걱정하지 않았으니, 이것이 바로 천하 사람이 그를 욕하게 된 까닭이다. 周禮에 靑苗法과 保甲法을 말한 적이 있는가? 청묘법과 보갑법을 왕안석이 주례에서 나온 것이라고 속였다 하여, 온 세상이 왕안석의 일을 경계로 삼아서, 혹 법을 조금 변경해야 한다고 말하는 자가 있으면 무리

---

55) 『전서』, 『牧民心書』, 「戶典, 穀簿」, Ⅴ-20, 14a, p.405. "唯王安石, 靑苗之法, 名曰賑貸, 强取利殖, 與還子之法, 大同小異, 彼錢此穀, 其實一也."

56) 『전서』, 「答仲氏」, Ⅰ-20, 15b, p.425. "周禮, 古人亦多不信者, 皆淺學也. 王安石, 雖信之而非深知其裏面者, 惟朱子知而信之."

> 지어 일어나서 힘껏 공격하여 그를 왕안석이라 지목하고, 자신은 韓琦와 司馬光으로 자처하니, 이는 천하의 큰 병통이다. …… 고로 법을 고치고 賢能한 사람에게 관직을 임명하는 것은 춘추에 귀중하게 여겼으니, 법을 잘못 고친 왕안석의 일 때문에 법을 고치는 것을 무조건 나무라는 것은 용렬한 사람의 속된 말이므로 현명한 임금이 걱정할 것이 못된다.[57]

이는 왕안석의 잘못 때문에, 악법을 고치고 賢能한 사람을 등용하는 것을 주저해서는 안 된다고 한 것이다. 다산은 왕안석은 간사함을 숨기고 淸苦한 체했으며, 일시의 淺見으로 사람들을 商賈의 이익에 얽매이게 했고, 신망하는 원로대신들과 싸우려하여 조정이 텅 비는 것을 걱정하지 않아 욕을 자초했다는 것이다. 또한 新法을 시행하면서『주례』에 청묘법과 보갑법에 대한 언급이 없는데도,『주례』에서 나온 것이라고 기만하였다고 비판하였다. 왕안석의 정치적 행위에 대한 비판은 계속된다.

> 후세에는 오직 송나라 신종이 개연히 三古의 다스림을 사모하였으나, 불행하게도 고집이 세고 사리를 알지 못하는 왕안

57) 『전서』, 「經世遺表引」, V-1, 2a-3b, pp.1-2. "王安石, 飾淸苦以厲其行, 援經典以文其奸. 其實二帝三王之道, 未嘗暸然於胸中, 徒以其一時之淺見, 率天下而覊之以商賈之利. 欲與元老大臣, 爲萬夫之望者戰, 雖空朝廷而莫之恤焉, 斯其所以爲天下僇也. 周禮何嘗言靑苗保甲. 以靑苗保甲, 誣周禮, 以王安石, 作殷鑑, 凡言法可以小變者, 群起而力擊之, 目之王安石, 而自居乎韓琦司馬光, 斯則天下之巨病也. …… 故改法修官, 春秋貴之, 其必以王安石而叱之者, 庸夫之俗言, 非明王之所宜恤也."

석을 만나서 아름다운 이름만 그르쳤다.[58]

神宗은 夏殷周의 三代之治를 시행하려 하였으나 불행하게도 고집스럽고 사리에 어두운 왕안석을 만나 그 꿈을 실현하지 못한 채 아름다운 이름만 그르쳤다고 하여, 임금을 오도한 자라고 비판하였다. 이어서 청묘법을 다음과 같이 비판하였다.

> 신이 삼가 살피건대, 周官 泉府에서 백성과 더불어 (소금을) 사고 팔되 엄중히 금지하지 않은 것은 그 뜻이 백성을 이롭게 하는 데 있었기 때문이요, 왕안석이 천부에 대한 문구를 잘못 이용해서 청묘법을 세웠다가 만세에 죄를 얻은 것은 그 뜻이 백성을 이롭게 하는 데 있지 않았기 때문입니다.[59]

周代에는 관에서 비록 소금을 전매하였지만 백성을 위한 것이었는데도, 왕안석은 이를 오용하여 청묘법을 시행하여 만세에 죄를 얻은 것은 백성을 위한 법이 아니었기 때문이라고 청묘법 자체를 비판하였다.

宋의 鄭俠은 熙寧 7년(1074)에 왕안석의 新法으로 인하여 고통받는 백성들의 참상을 그린 「流民圖」를 密急이라

---

58) 『전서』, 『경세유표』, 「地官修制」, 田制 5, V-6, 19b, p.112. "後世, 惟宋神宗慨然慕三古之治, 不幸遇執拗不曉事之王安石, 以誤令名."

59) 『전서』, 『경세유표』, 「地官修制」, 田制 5, V-10, 50b, p.204. "臣謹案, 周官泉府, 與民爲市, 而不爲厲者, 志在於利民也. 王安石, 謬引泉府之文, 以立靑苗之法, 而得罪於萬世者, 志不在於利民也."

가칭하고 銀臺에 올렸다. 이를 본 神宗은 청묘법과 보갑법 등 무려 18개의 신법을 즉시 폐지하고 왕안석을 知江寧府로 폄출시켰다.60) 다산은 『목민심서』에서 정협이 쓴 시를 인용하였다.

> 정의부의 부자(梟茈)를 캐다라는 시에서 "아침에 광주리 끼고 나가서 / 저녁에 광주리 끼고 돌아오네 / 열 손가락 피가 흐르려 하는데 / 눈앞의 굶주림이 더 급하네 / 관가 창고에 어찌 곡식이 없으리요 / 낟알마다 보배구슬처럼 감추어 있네 / 곡식 한 톨 창고에서 나오지 않으니 / 창고 속의 뭇 쥐만 살찌운다네"라고 하였다. 王莽 때에 큰 기근이 들어 백성들이 부자를 먹었다. 정협이 이 시를 지은 것은 대개 왕안석을 왕망으로 비유한 것이요, 당시의 백성들이 부자를 먹은 것은 아니다.61)

60) 『宋史』 13, 「鄭俠」, 卷321, 列傳 第80, pp.10435-10436. "俠知安石不可諫, 悉繪所見爲圖, 奏疏詣閤門, 不納. 乃假稱密急, 發馬遞上之銀臺司. …… 疏奏, 神宗反覆觀圖, 長吁數四, 袖以入. 是夕, 寢不能寐. 翌日, 命開封體放免行錢, 三司察市易, 司農發常平倉, 三衛具熙河所用兵, 諸路上民物流散之故. 青苗, 免役權息追呼, 方田, 保甲並罷, 凡十有八事. 民間讙叫相賀. 又下責躬詔求言. 越三日, 大雨, 遠近沾洽. 輔臣入賀, 帝示以俠所進圖狀, 且責之, 皆再拜謝." ○『宋史』13, 「王安石」, 卷327, 列傳 第86, pp.10547-10548. "七年春, 天下久雨, 饑民流離, 帝憂形於色, 對朝嗟嘆, 欲盡破法度之不善者. …… 監安上門鄭俠上疏, 繪所見流民扶老攜幼困苦之狀, 爲圖以獻, 曰, 旱有安石所致, 去安石, 天必雨. 俠又坐竄嶺南. 慈聖, 宣仁二太后流涕謂帝曰, 安石亂天下. 帝亦疑之, 遂罷爲觀文殿大學士, 知江寧府, 自禮部侍郎趙九轉爲吏部尙書."

61) 『전서』, 『牧民心書』, 「賑荒, 補力」, VI-29, 3ab, p.40. "鄭毅夫採梟茈詩云 朝攜一筐出, 暮攜一筐歸. 十指欲流血, 且急眼前飢. 官倉

다산은 정협의 시는 왕안석을 前漢末 哀帝를 폐위시키고 平帝를 독살한 후 新國을 세운 王莽(B.C. 45-A.D. 23)으로 비유한 것이라고 하여 비판하였다.

다산의 왕안석론 문학에 관한 것은 없고 정치행위에 대한 포폄이 交織한다. 왕안석이 목민관 시절의 치적을 포양하였고 그가 시행한 청묘법 그 자체는 인정하였으며, 差役法으로 고통받는 백성을 구제하기 위하여 免役法을 시행한 것을 포양하였다. 그러나 왕안석이 비록 『周禮』를 믿었으나 淺學이라서 그 깊이 알지 못했으며, 또한 간사함을 숨기고 淸苦한 체 하였고 일시의 淺見으로 사람들을 商賈의 이익에 빠지게 하고 원로대신과 싸워 욕을 먹는다고 비판하였다. 또한 청묘법과 보갑법은 『주례』에서 나온 것이라고 기만하였고 神宗을 오도한 자이며 王莽과 같은 인물이라고 비판하였다.

6. 결 론

다산은 「五學論」(3)에서는 韓柳歐蘇의 문학은 修身事親

豈無粟, 粒粒藏珠璣. 一粒不出倉, 倉中群鼠肥. ○ 王莽時大饑, 民食梟茈, 鄭俠作此詩, 盖以王安石比之於王莽, 非當時之民, 又食梟茈也."

과 致君澤民을 할 수 없다고 폄하하였으나, 「팔자백선서」에서는 唐宋八家文을 버리면 주옥 같은 글을 버리고 자갈 같은 하찮은 글을 취하는 것이라고 하여 포양하여, 포폄의 일관성에 문제가 있다.

다산은 구양수가 險怪하고 奇澁한 太學體를 일변시킨 공로를 포양하였고, 그의 문학과 歸去來 意識을 좋아하여 潁尾詩를 용사하였으며 禁體詩를 썼고, 목민관 시절의 치적을 포양하였다. 그러나 그의 문학으로는 修身事親은 물론 致君澤民할 수 없다고 비판하였고, 『주역』의 「說卦」가 공자의 글이 아니라고 한 것을 비판하였다.

다산이 증공의 문학에 대하여 언급한 것은 없고, 다만 지방 수령 시절에 爲民行政을 한 것을 포양하고 목민관들의 교훈으로 제시하였다.

다산은 왕안석이 목민관 시절의 치적을 포양하고, 靑苗法 그 자체는 인정하였으며, 差役法으로 고통받는 백성을 위하여 면역법을 시행한 것을 포양하였다. 그러나 왕안석이 비록 『周禮』를 믿었으나 淺學이라서 그 이면을 깊이 알지 못했으며, 또한 간사함을 숨기고 淸苦한 체했고, 일시의 淺見으로 사람들을 商賈의 이익에 빠지게 했으며, 靑苗法과 保甲法은 『주례』에서 나온 것이라고 기만하였고, 임금을 오도한 자이며 王莽과 같은 인물이라고 폄하하였다.

다산은 중국고전문학사에 높은 위상을 점유하고 있는 당송팔대가의 권위를 부정하고 그들의 학문세계에 대한 오류를 묵과하지 않고 시시비비를 분명히 하였다. 이처럼 자신의 학자적 양심과 학문적 소신에 따라 명징하게 반론을 전개하고 사안에 따라 포폄한 것은, 그의 학문이 호한했음과 아울러 실학사상의 구현이 아닐 수 없다.

〈附 錄〉

茶山 私淑錄

茶山 私淑錄

茶山 私淑錄

1. 다산과 첫만남

소금쟁이(水馬)는 흐르는 물을 거슬러 올라가려고 팔짝팔짝 뛰지만 항상 제자리에 있고, 세가락메추라기(斥鷃)는 힘껏 날아도 몇 길 올라가다 도로 내려와 쑥대밭에 떨어지고 만다. 그러나 이들은 하염없이 반복한다.

북송의 東坡 蘇軾은 시냇물을 거슬러 올라가려는 소금쟁이와, 바람 부는 곳으로 날아가려는 세가락메추리의 행동을 다음과 같이 노래하였다.

> 그대는 보지 못했는가 소금쟁이가
> 한 걸음 한 걸음마다 물을 거슬러 올라가려는 것

큰 강물 동으로 흘러 하루에 천리를 가는데
이 소금쟁이 팔짝팔짝 뛰지만 오래 제자리에 있네

그대는 보지 못했는가 세가락메추리가
힘차게 일어나 바람을 거슬러 날려는 것을

바람 따라 한번 날아가서 어디쯤 자려느냐
바람 거슬러 날려다가 도리어 쑥대밭에 떨어지네

이들이 어리석은지 지혜 있는지 헤아릴 수 없어
강변에 서서 한번 웃으나 사람들은 알지 못하네

君不見水馬兒　步步逆流水
大江東流日千里　此蟲趯趯長在此
君不見鷃濫堆　決起隨衝風
隨風一去宿何許　逆風還落蓬蒿中
二蟲愚智俱莫測　江邊一笑無人識[1]

소금쟁이는 하루 종일 팔짝팔짝 뛰지만 항상 제자리에 있고, 세가락메추라기는 힘껏 날아 비상해도 몇 길 올라가다 다시 제자리로 내려와 떨어지고 만다. 동파는 소금쟁이와 세가락메추리가 뜻을 이룰 수 없는데도 반복적인 행동을 멈추지 않는 것이 "어리석은지 지혜 있는지 헤아릴 수

1) 金相洪, 『꽃에 홀려 임금을 섬기지 않았네』, 새문사, 2007. pp.447-448. ○ 楊家駱 主編, 『蘇東坡全集』(上), 권12, 「二蟲」, 世界書局 印行, 中華民國 74. p.181.

없다"고 하였다. 이들의 무모한 행동을 비웃은 것이다.

세가락메추리가 우매하기 짝이 없는 행위를 연속이지만, 달리 생각해보면 작디작은 것들이 시냇물을 역주행하려 애를 쓰고 바람을 뚫고 높이 비상하려는 그 옹골찬 의욕과 도전정신만은 높이 사야할 것이다.

그러나 학문은 의욕과 도전정신만으로 이루어지는 것이 아니다. 스승이 있어야 한다. 인류 지성사에서 훌륭한 선현의 학문을 후학들이 '私淑'하는 것은 일찍부터 있어 왔다. '사숙'이란 말을 최초로 쓴 사람은 맹자이다.[2] 사숙의 사전적 의미는 "직접 가르침을 받지는 않았으나 마음속으로 그 사람을 본받아서 道나 학문을 닦음"이다. 다시 말하면 師表로 삼으려는 이가 이미 운명하여 직접 교육을 받을 수 없기 때문에 그분의 遺著 등을 통해 간접적으로 자신의 도와 학문을 닦는 것을 말한다. 사숙은 스승에게 직접 배우는 것보다 훨씬 힘들다. 직접 가르침을 받을 수가 없고 단지 남긴 저서를 통하여 스스로 체득해야 하는 어려움이 있기 때문이다.

다산 정약용(1762-1836)도 일찍이 퇴계 이황(1501-1570)과 성호 이익(1681-1763)을 사숙하였다. 다산은 충청도 금정찰방으로 좌천되었을 때(34세, 1795)에 「陶山私淑錄」을 저술하였다. 다산은 퇴계가 운명(1570)한 지 192년 후에 태어났으며, 「도산사숙록」은 퇴계가 세상을 떠난 지 225년이

2) 『孟子』, 「離婁 下」, "予未得爲孔子徒也, 予, 私淑諸人也." ○ "私, 猶竊也, 淑, 善也."

지난 1795년에 기술한 것이다.

「도산사숙록서」를 보면, 당시 다산은 이웃 사람에게 『퇴계집』 半部(『퇴계전서』 제9권-제15권)를 빌려다가 새벽에 일어나 세수를 마치고 서간 1편을 읽은 후에 아전들을 접견하였다. 낮에는 새벽에 읽은 퇴계의 서간에 대하여 사숙의 내용을 기술하였다. 이는 퇴계의 서간을 통하여 道와 학문을 닦으며 자신을 警省한 것이다.[3)]

다산의 善鳴은 경학·정치·경제·예학·법률·언어·문학·교육·의학·고증학·농학·건축기술 등에 이르고 있어 실로 浩瀚하고 위대하다. 나 金相洪은 이런 다산을 흠모하여 사숙한 지 어언 30여 년이 지났다. 그러나 '茶山學'이라는 거대한 산을 이해한다는 것은 쉬운 일이 아니다. 다산학은 골짜기마다 깊고 산림이 무성하여 이를 사숙한다는 것은 소금쟁이와 세가락메추라기처럼 의욕과 도전정신만 가지고는 불가능하다.

다산 문학에 매료되어 오랫동안 공부하다보니 이런저런 이야기가 적지 않다. 다산과의 첫 만남과 에피소드와 인격적 감화 등의 이야기들이 한둘이 아니다. 이를 두서없이 정리한 것을 「다산사숙록」이라 命名한 것은 외람스런 일이나 영계의 다산이 이 졸문을 본다면 아마도 '莞爾而笑'할 것이다.

시골의 유교 가정에 태어난 나는 1960년 중학교를 졸업

3) 金相洪, 「茶山의 退溪學 私淑考」-「陶山私淑錄」을 중심으로-, 『茶山 文學의 再照明』, 檀國大學校出版部, 1988.

하였으나 여러 사정으로 인하여 고등학교에 진학하지 못하고 愚齋 柳寅澤(1890-1973) 선생 문하에서 만 4년간 漢學을 공부하였다. 서당에서 한문을 공부하면서 한시에 대하여 많은 흥미와 묘미를 느꼈다. 그러나 한시와의 즐거운 만남은 오래가지 않았다. 중학교를 졸업한 지 5년째가 되는 1964년에 뒤늦게 고등학교에 진학하였고, 그 후 대학생활과 군복무 3년을 거치는 동안 한시는 나의 의식세계에서 희미한 추억의 뒤안길로 사라져 아스라이 잊혀진 존재였다. 어쩌면 내가 한시를 무정하게 버렸는지 모른다.

그러다가 어느 해 낙엽이 우수수 지던 날 나는 우연히 다산의 사회시 「哀絶陽」과 이를 짓게 된 배경을 읽고 큰 충격을 받았다.

> 내가 계해년(1803) 가을 강진에 있을 때 노전의 백성이 아이를 낳은 지 3일 만에 군포에 올라 있어 이정이 군포 대신 소를 빼앗아가니 남편은 칼을 뽑아 자신의 남근을 잘라버리면서 "나는 이 물건 때문에 이런 곤액을 받는구나" 하였다. 그 아내는 피가 뚝뚝 떨어지는 남근을 가지고 관청에 가서 억울함을 호소하였으나 문지기가 막아버렸다는 것을 듣고 이 시(애절양)를 지었다.[4]

---

4) 丁若鏞, 『與猶堂全書』(景仁文化社 影印, 1970. 이하 『전서』), 『목민심서』, V-23, 14b-15a, pp.481-482. "此嘉慶癸亥秋, 余在康津作也. 時蘆田民, 有兒生三日, 入於軍保, 里正奪牛, 民拔刀自割其陽莖曰, 我以此物之, 故受此困厄. 其妻持其莖詣官門, 血猶淋淋, 且哭且訴. 閽者拒之, 余聞而作此詩."

1803년(癸亥) 삼정의 문란으로 백골징포와 황구첨정으로 인하여 기막힌 일이 강진 유배지에서 발생하였다. 노전에 사는 한 백성이 아이를 낳은 지 3일 만에 軍保에 올라 세금을 내지 못하자 관가에서 소를 빼앗아 가니, 남편은 칼을 갈아 "나는 이 물건(男根) 때문에 이런 곤액을 받는구나"하며 자신의 남근을 잘라 버렸다. 아내는 피가 뚝뚝 떨어지는 남편의 남근을 가지고 관가에 찾아가 울면서 하소연하였으나 문지기가 막아 버렸다는 말을 듣고 「애절양」을 썼다고 밝혔다. 조선 후기 대표적 사회시인 「애절양」 전문을 보자.

> 갈밭마을 젊은 아낙 오래도록 통곡하네
> 현문 향해 울부짖다 하늘 우러러 호곡하네
>
> 전쟁에 나간 남편 못 돌아옴은 있을 법하지만
> 예로부터 스스로 남근 잘랐단 말 못 들었노라
>
> 시아버지 소복 입고 갓난아기 배냇물도 안 말랐는데
> 3대의 이름이 군적에 올라 있네
>
> 관가에 호소하려나 범 같은 문지기 지키고 있고
> 이정은 호통치며 외양간 소를 몰고 갔다오
>
> 칼 갈아 방에 가 남근 자르니 선혈이 가득
> 스스로 한탄하길 애 낳아 이런 환란 만났네

잠실에서 궁형한 일 어찌 죄가 있어서며
민땅에서 환관시키려 자식 거세한 것 슬픈 일이도다

아들딸 낳고 사는 이치 하늘이 준 것이라서
건도는 아들이 되고 곤도는 딸이 되는 것

말 돼지 거세하는 것도 슬픈 일이거늘
하물며 후손 잇는 사람에 있어서랴

권문세가 한 해 동안 풍악을 울리면서
쌀 한 톨 베 한 치 세금 내는 일 없누나

다 같은 백성이언만 이다지 불공평한고
유배지에서 거듭 시구편을 읊노라

蘆田少婦哭聲長　哭向縣門號穹蒼
夫征不復尙可有　自古未聞男絶陽
舅喪已縞兒未澡　三代名簽在軍保
薄言往愬虎守閽　里正咆哮牛去皁
磨刀入房血滿席　自恨生兒遭窘厄
蠶室淫刑豈有罪　閩囝去勢良亦慽
生生之理天所予　乾道成男坤道女
騸馬豶豕猶云悲　况乃生民思繼序
豪家終歲奏管弦　粒米寸帛無所捐
均吾赤子何厚薄　客窓重誦鳲鳩篇5)

이 「애절양」은 백골징포와 황구첨정으로 인하여 노전의 한 백성이 재산목록 1호인 농우를 빼앗기자, 분노를 참지 못하고 이에 대한 저항으로 자신의 남근을 스스로 잘라버린 처절한 사연을 그린 시이다. 나는 이 시를 읽고 심한 전율을 느꼈다. 이런 처절한 사연을 듣고 유배의 아픔보다 백성들의 질곡과 같은 서러운 삶을 자아의 삶으로 동일시하여 시로 형상화한 뜨거운 시인정신에 매료되고 말았다. 다시 말하면 다산의 치열한 사회비판 정신과 우국애민의 뜨거운 열정에 압도당하고 말았다.

이것이 다산 문학과의 첫 만남이다. 「애절양」과의 해후는 마치 비련으로 끝난 첫사랑의 여인을 세월이 무던히도 흐른 어느 날 우연히 조용한 찻집에서 만났을 때와 같은 흥분과 설레임 때문에 잠을 이룰 수 없게 하였다. 이날 「애절양」과의 숙명적인 만남이 결국 다산 문학 연구의 길을 걷게 하였다.

2. 사숙의 편린

30여 년 넘게 다산 문학을 연구하는 동안 나 金相洪은 다산 선생을 사숙한 것이 한둘이 아니다. 이를 일일이 다

---

5) 『전서』, 「哀絶陽」, I-4, 29b-30a, p.76.

기술하기에는 지면이 부족하다. 다만 나의 삶의 좌표가 되었고 가슴속에 가장 진한 자국이 남겨져 있어 잊혀지지 않는 것 중에서 몇 가지만 기술한다.

첫째, 시공을 초월한 우국애민의 善鳴에 대한 사숙이다. 다산은 고난에 찬 삶을 살면서도 민초들이 겪는 고초를 자아의 것으로 동일시하면서 낡고 병든 나라를 개혁하여 새로운 조선을 만들고자 치열하게 善鳴하였다.

강진 유배지에서 金履載(자 公厚, 1767-1847)에게 보낸 다산(48세, 1809)의 서한을 보면, 당시 "중풍이 점점 심해지고 온갖 병이 생겨 언제 죽을지도 모르는 처지"였으나 "기꺼이 귀양지의 강물에 뼈를 버리더라도 애석할 것이 없지만 오직 우국지성을 발산할 길이 없어 점점 응어리가 되었다."고 하였다.[6] 또한 "살아서 고향으로 돌아가느냐의 여부는 오직 나 한 사람의 기쁨과 슬픔일 뿐이지만, 지금 만백성이 다 죽게 되었으니 이를 장차 어찌하면 좋으냐."고 통탄하였다.[7]

다산은 귀양지 강진에서 저술한 『목민심서』에서, "백성들은 땅으로써 농토를 삼는데 관리들은 백성들로 전답을 삼는다. 백성의 껍질을 벗기고 골수를 긁어내는 것으로써 농사짓는 일로 여기고, 머릿수를 모으고 마구 거두어들이

---

6) 『전서』, 「與金公厚」, I-19, 16a. p.403. "此身風痺轉甚, 百病侵纏, 死亡無日, 甘捐瘴江之骨, 唯是憂國之誠, 耿耿在心, 無以發洩轉成痞結."

7) 『전서』, 「與金公厚」(己巳秋), I-19, 16b. p.403. "此身之生還與否, 唯是一己之歡戚, 今此萬民, 盡迫溝壑, 此將奈何."

는 것으로써 수확하는 일을 삼는다."[8]고 분노하였다. 그리고 『흠흠신서』 서문에서 관리들은 "살려야 할 사람을 죽음에 이르게 하고, 죽여야 할 사람을 살리고도 오히려 태연하고 편안하게 여긴다."[9]고 통분하였다. 「경세유표인」에서는 "그윽이 생각건대 어느 것 하나라도 병들지 않은 것이 없어서 이를 고치지 않으면 반드시 나라가 망할 것"이라 진단하고, "이를 어찌 충신과 지사가 팔짱을 끼고 방관할 수 있겠느냐"[10]면서 비장하게 개혁 의지를 밝혔다. 다산은 부패한 정치사회를 개혁하기 위해서는 "국법이 존중되고 백성을 중하게 여겨야 한다."고 正祖에게 건의했고[11] 부패가 만연한 공직사회를 개혁하여 "공직자는 백성을 위해서 존재하는" 사회가 되어야 한다고 강조하였다.[12]

다산의 아름다운 꿈, 즉 善鳴은 한마디로 "오래된 조선을 새롭게 개혁"(新我之舊邦)[13]하여 "만백성을 윤택하게

---

8) 『전서』, 『목민심서』, 「吏典, 束吏」, V-19, 1a, p.365. "民以土爲田, 吏以民爲田. 剝膚椎髓, 以爲耕耨, 頭會箕斂, 以爲刈穫."

9) 『전서』, 「欽欽新書序」, I-12, 43b. p.261. "或生而致死之, 亦死而致生之, 尙恬焉安焉."

10) 『전서』, 「經世遺表引」, V-1, 3b. p.2. "竊嘗思之, 蓋一毛一髮, 無非病耳, 及今不改, 其必亡國而後已. 斯其忠臣之士, 所能袖手而傍觀者哉."

11) 『전서』, 「京圻御史復命後論事疏」, I-9, 41b, p.191. "亟令王府照律勘罪, 以重民生, 以尊國法."

12) 『전서』, 「原牧」, I-10, 4b, p.203. "牧爲民有乎, 民爲牧生乎. ……, 以肥其牧, 民爲牧生乎. 曰否曰否. 牧爲民有也."

13) 『전서』, 「自撰墓誌銘」集中本, I-16, 18a, p.337. "經世者何也. …… 思以新我之舊邦也."

하고 만물을 육성하는 것"(澤萬民 育萬物)[14]이었다.

『목민심서』를 비롯한 一表二書 등 542권의 방대한 『여유당전서』가 바로 병든 조선왕조를 새롭게 할 수 있는 개혁안이었다. 그러나 조선왕조는 이 선명을 외면하여 결국 亡國의 길로 들어섰다. 시공을 초월한 다산의 위대한 선명은 마치 우리가 사는 이 시대와 이 사회에 대한 준렬한 질타와 같아서 가슴이 아프다.

조선 후기 위대한 善鳴者 다산은 개혁사상가로서 그 누구보다도 民草들의 삶에 대한 각별한 애정을 가진 시대의 양심이었다.

다산의 개혁사상

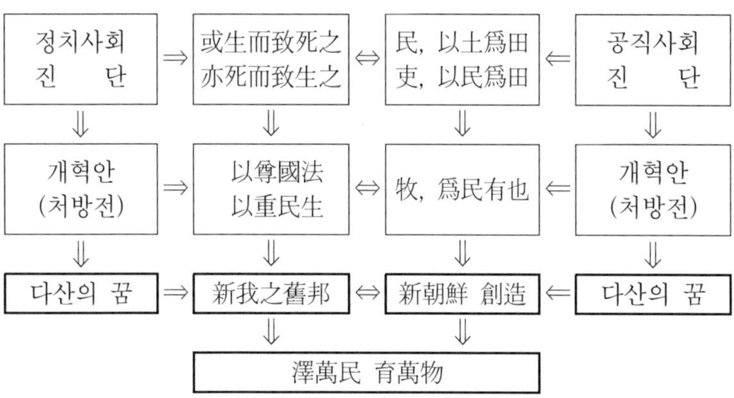

14) 金相洪, 「韓國 漢文學과 生態의 問題」, 『韓國漢文學研究』제33집, 한국한문학회, 2004. ○『전서』, 「寄二兒」(壬戌 十二月 二十二日 康津謫中), I-21, 4b, p.440. "必先以經學, 立著基址, 然後涉獵前史, 知其得失理亂之源, 又須留心實用之學, 樂觀古人經濟文字, 此心常存, 澤萬民育萬物底意思, 然後方做得讀書君子."

다산은 조선 후기 대표적인 社會詩人이다. 다산은 조선 사람이기에 즐거이 朝鮮詩를 쓴다고 선언하였다. 조선인의 기호와 성정에 합치되는 시를 써야만 참다운 조선시라는 주장이다. 이는 사대적 文風을 배격하고 조선인은 朝鮮之事를 용사하여 진실한 조선시를 써야 한다는 자주적 민족문학론이다. 즉 조선인은 조선적인 한시를 써야 한다는 조선시 선언은 조선 후기 문단에 새로운 지평을 연 것이다.

> 노인의 즐거운 일 하나는
> 붓 가는 대로 미친 듯이 시를 쓰는 것
>
> 어려운 운자에 신경 안 쓰고
> 퇴고하느라 더디지도 않고
>
> 흥이 나면 뜻을 싣고
> 뜻이 이루어지면 바로 시를 쓰네
>
> 나는 조선 사람이기에
> 즐거이 조선시를 쓰노라
>
> 그대는 마땅히 그대의 법을 쓰면 되지
> 시작법에 안 맞는다고 하는 자 누구인고
>
> 중국시의 구구한 격과 율을
> 먼 곳의 사람이 어이 안단 말인가

우리를 업신여긴 명나라 이반룡은
동쪽 오랑캐라 비웃었네

원굉도 형제와 우동이 이반룡을 쳤는데도
해내는 다른 말이 없다

등뒤에 탄자를 낀 사람이 있는데
어느 겨를에 마른 매미 엿볼소냐

나는 수식 없는 한유의 산석시를 사모하나니
여랑의 시라고 비웃음 받을까 두려워하리

어찌 처절하고 어두운 것을 꾸미면서
시 짓느라 괴로워하며 애간장을 태우는가

배와 귤은 그 맛이 다른 것처럼
오직 입맛에 맞는 것을 즐겨할 뿐이네

老人一快事　縱筆寫狂詞　競病不必拘　推敲不必遲
興到卽運意　意到卽寫之　我是朝鮮人　甘作朝鮮詩
卿當用卿法　迂哉議者誰　區區格與律　遠人何得知
凌凌李攀龍　嘲我爲東夷　袁尤槌雪樓　海內無異辭
背有挾彈子　奚暇枯蟬窺　我慕山石句　恐受女郎嗤
焉能飾悽黯　辛苦斷腸爲　梨橘各殊味　嗜好唯其宜[15)]

15) 『전서』, 「老人一快事六首效香山體」, I-6, 34a, p.115.

이 시는 다산이 71세에 썼다. 「장기농가」와 「탐진악부」 등에서 이미 조선시론을 실천한 바 있는데, 만년에 다시 자신은 조선 사람이기에 자신의 입맛에 맞는 조선시를 쓴다(我是朝鮮人 甘作朝鮮詩)고 선언한 문학론을 시로써 시를 논한(以詩論詩) 것이다. 조선시 선언은 문학의 주체적 자아의 확립으로서 "조선문학 독립선언서"라고 할 수 있다. 조선문단에 민족문학의 새로운 지평을 열었다.

다산의 이러한 우국애민의 뜨거운 선명을 산문으로 쓴 것이 일표이서(『경세유표』·『흠흠신서』·『경세유표』) 등이요 이를 다시 운문으로 형상화한 것이 社會詩이다.

다산이 서거한 지 어언 173주년(2009)이 되었건만 그 선명과 꿈은 아직도 이루어지지 않고 있다. 그러나 늦지 않았다. "백성을 중하게 여기고 국법을 존중해야 한다."[16]와 "목민관은 백성을 위해 있는 것이다."[17]라는 다산의 선명과 꿈이 지금이라도 이 땅에 실현 된다면, 우리나라를 바로 세울 수가 있을 것이다. 다산의 위대한 선명과 꿈이 하루 속히 이 땅에 실현되어야 할 당위성이 바로 여기에 있다.

나는 1983년부터 국가기관 및 공공기관 등에서 다산이 선명한 내용을 주제로 청렴교육 특강을 하고 있다. 다산의 善鳴을 전파하는 전도사로 자임하고 있다. 다산이 꿈꾸던

---

16) 『전서』, 「京圻御使復名後論事疏」, I-9, 42b, p.191. "以重民生 以尊國法."

17) 『전서』, 「原牧」, I-10, 4b, p.203. "牧爲民有乎, 民爲牧生乎. ……, 以肥其牧, 民爲牧生乎. 曰否曰否. 牧爲民有也."

아름다운 세상을 만들기 위하여 미력하나마 나름대로 노력하고 있다.

둘째, 다산의 정직성에 대한 사숙이다. 『여유당전서』 속에는 위대한 경세가로서의 다산과 함께 너무나 인간적인 다산이 공존하고 있다. 여기서는 후자만을 이야기 한다. 먼저 다산이 성균관에서 공부할 때(23세, 1784) 장마로 인하여 열흘 만에 집에 돌아와 보니, 식량이 떨어진 지 오래되어 어린 여종이 주인에게 충성하려고 이웃집 호박을 훔쳐서 죽을 끓였다가 부인에게 꾸중을 듣고 있었다. 이를 보고 쓴 「南瓜嘆」을 보자.

> 궂은비 열흘 만에 여기저기 길 끊기고
> 성 안에도 시골에도 밥 짓는 연기 사라져
>
> 태학에서 글 읽다가 집으로 돌아와
> 문 안에 들어서자 시끌시끌 야단법석
>
> 들어보니 며칠 전에 끼니거리 떨어져서
> 호박으로 죽을 쑤어 허기진 배 채웠는데
>
> 어린 호박 다 땄으니 이 일을 어찌할꼬
> 늦게 핀 꽃 지지 않아 열매 아직 안 맺었네
>
> 항아리만큼 커다란 옆집 밭의 호박 보고
> 어린 여종이 남몰래 그걸 훔쳐 가져와서

충성을 바쳤으나 도리어 맞는 야단
누가 네게 훔치랬냐 회초리 꾸중 호되네

아아 죄 없는 아이 꾸짖지 마오
내 호박죽 먹을 것이니 두말 마시오

옆집 주인 노인께 사실대로 말하리니
오릉중자 작은 청렴 달갑지 않다

이 몸도 때 만나면 출세길 열리리라
안되면 산에 가서 금광이나 파야지

만 권 서적 읽었으나 어찌 아내가 배부르리
밭 두어 이랑 있었던들 여종은 깨끗했을 텐데

苦雨一旬徑路滅　城中僻巷煙火絶
我從太學歸視家　入門譁然有饒舌
聞說罌空已數日　南瓜鬻取充哺歠
早瓜摘盡當奈何　晩花未落子未結
隣圃瓜肥大如瓨　小婢潛窺行鼠竊
歸來效忠反逢怒　孰敎汝竊箠罵切
嗚呼無罪且莫嗔　我喫此瓜休再說
爲我磊落告圃翁　於陵小廉吾不屑
會有長風吹羽翮　不然去鑿生金穴
破書萬卷妻何飽　有田二頃婢乃潔[18)]

이 시에는 가난한 청년 다산의 고뇌와 지적 갈등과 정직함이 형상화되어 있다. 사람들은 누구나 자신의 부끄러운 과거를 남에게 말하거나 이를 기록으로 남기지 않으려는 것이 일반적이다. 다산은 그렇지 않았다. 훔친 호박으로 끓인 죽을 달게 먹은 다음 호박 주인에게 사실대로 말을 할 것이니 죄가 없는 여종 아이를 꾸짖지 말라고 하였다. 다산은 일만 권의 책을 독파했으나 그것으로는 사랑하는 아내를 굶주림에서 벗어나게 할 수 없음을 괴로워하며 밭이 두어 이랑만 있었던들 어린 여종이 도둑질을 하지 않아 깨끗했을 것이라고 한탄하였다.

이렇게 젊은 날의 초상을 솔직하게 시로 형상화한 다산의 용기 앞에서 나는 머리를 숙이지 않을 수 없었다. 다산시가 우리의 가슴을 아리게 하는 것은 바로 티끌만한 가식이 없고 오로지 가을 하늘과 같은 청징함과 정직함이 내재되어 있기 때문이다.

셋째, 다산의 風流韻事에 대한 사숙이다. 다산의 풍류운사는 언제 보아도 멋이 있다. 다산은 충청감영의 장계로 인하여 용양위부사직에서 물러난 후인 35세 때(1796년 7월 이전)에 그가 주도하여 초계문신 출신자들을 중심으로 竹欄詩社를 결성하였다.

죽란시사의 동인들은 당시 내로라하는 제제명사인 30대 관료문인인 李儒修 洪時濟 李錫夏 李致薰 李周奭 韓致應 柳遠鳴 沈奎魯 尹持訥 申星模 韓百源 李重蓮 丁若銓 정약

18) 『전서』, 「南瓜歎」, I-1, 23b-24a, p.12.

용 蔡弘遠(15명)이다. 동인 15명 모두가 과거에 급제하여 관직에 올랐던 자들이다. 文臣으로서 초계문신에 被選되는 것을 일대의 영광으로 여겼던 당시 사회에서, 동인 중 초계문신 출신자가 9명에 이르렀다는 것은 귀족적 관료 문인들의 시사이자 正祖 시대 문단을 대표하는 시사라고 해도 과언이 아니다. 이 죽란시사 동인들은 정기적인 시회와 비정적인 시회를 개최하는 동기를 이렇게 밝혔다.

정기적 시회

① 살구꽃이 처음 피면 한 번 모임(杏始華一會)
② 복숭아꽃이 처음 피면 한 번 모임(桃始華一會)
③ 한여름 참외가 익으면 한 번 모임(盛夏蓏果旣熟一會)
④ 초가을 서늘할 때 西池에서 연꽃 감상을 위해서 한 번 모임(新涼西池賞蓮一會)
⑤ 국화꽃이 피면 한 번 모임(菊有華一會)
⑥ 겨울에 큰 눈이 내리면 한 번 모임(冬大雪一會)
⑦ 세모에 화분의 매화가 피면 한 번 모임(歲暮盆梅花放一會)

비정기적 시회

① 득남한 자는 시회를 마련함(有擧男者辦)
② 지방 수령으로 나가가는 자가 시회를 마련함(有出宰者辦)
③ 품계가 승진한 자는 시회를 마련함(有進秩者辦)
④ 자제가 과거에 급제하면 시회를 마련함(有子弟登科者辦)[19]

---

19) 『전서』, 「竹欄詩社帖序」, I-13, 3b-4a, p.265. "會旣成, 與之約曰 杏始華一會, 桃始華一會, 盛夏蓏果旣熟一會, 新涼西池賞蓮一會,

이렇게 시회를 여는 동기만을 읽어도 얼마나 멋진 시회였던가를 詩軸을 읽지 않고도 알 수 있을 것이다. 대단한 풍류운사가 아닐 수 없다. 정기적인 시회의 장소는 나이가 작은 동인의 집에서 시작하여 연령에 따라 순서대로 열었고, 비정기적인 시회는 해당 동인의 집에 초대되어 열렸다. 시회를 주최하는 당사자가 술과 안주와 筆硯을 갖추고 동인들과 공음하며 賦詩하였다.

다산 문집을 읽다보면 쉽게 책을 놓을 수 없는 이유가 바로 이런 데 있다. 시속을 초월한 멋진 죽란시사 활동은 조선 후기 문단의 발전에 기여하였다. 다산이 주도하여 결성된 죽란시사는 1800년 8월까지 4년 간 활발하게 지속되었으나, 다음해 다산의 유배로 인하여 중단되었다.

다산의 멋진 풍류운사를 알 수 있는 글이 바로 「游天眞菴記」이다. 晉나라 張翰이 가을 바람이 불자 고향의 名産인 순채국과 농어회가 먹고 싶어서 벼슬을 버리고 고향으로 돌아갔듯이(蓴羹鱸膾), 다산은 벼슬은 버리지 않았으나 석류가 꽃을 피우고 보슬비가 갠 정사년(1797, 36세) 5월 단오날을 앞두고 고향 초천의 물고기가 먹고 싶었다. 그래서 正祖의 재가를 받지 않은 채 도성문를 나가서 물고기를 실컷 먹고 난 후, 형제들과 함께 천진암에 가서 2박 3일 유숙하며 산나물로 안주 삼아 飮酒賦詩하였다.[20]

菊有華一會, 冬大雪一會, 歲暮盆梅放花一會. 每陳酒殽筆硯, 以供觴詠, 少者先爲之辦具, 至于長者, 周而復之, 有擧男者辦, 有出宰者辦, 有進秩者辦, 有子弟登科者辦."

이 「유천진암기」에는 청년 다산의 不羈의 호방한 성격과 풍류를 즐긴 낭만이 그려져 있다. 풍류를 즐기던 젊은 날의 멋진 다산을 마치 동영상으로 보는 것 같다. 빈틈이라고는 조금도 없는 모범생일 것 같은 다산에게 이런 풍류가 있다는 것은 의외이다. 당시 법에는 사대부는 서울의 도성문을 나가려면 임금의 재가를 받도록 되어 있었다. 그러나 다산은 "고향의 물고기가 먹고 싶어" 임금의 허가를 받지 않고 무단으로 도성을 빠져나가 형제들과 실컷 즐기고 돌아왔다.

지금은 우리 주위에서 이런 멋진 풍류운사가 있는 사람을 찾기가 어렵다. 그래서 우리의 삶이 더욱 각박해지는지도 모른다.

넷째, 다산은 도덕적 완전주의자(Moral perfectionist)를 지향하였는데 이를 尊慕하였다. 다산이 30세(1791) 때 셋째 아들 구장(懼牂)이 천연두와 종기로 인해 세살로 요절하자, 자신의 방탕한 생활로 인하여 어린 아들을 잃는 재앙을 받은 것이라고 참회하고 참척의 눈물로 먹을 갈아 「억여행」을 썼다. 이 시의 주에 "어린 아들 구장의 죽음을 슬퍼하여 지었다. 4월 초에 종기로 죽었는데 기유년 12월생이다."라고 밝혔다.[21]

---

20) 『전서』, 「游天眞菴記」, I-14, 9a, p.289. 이 책의 제1부 「다산과 천진암과의 진실」, pp.83-85. 참조.

21) 『전서』, 「憶汝行」, I-2, 2b, p.22. "哭幼子懼牂而作也, 四月初以痛癰折, 己酉十二月生."

지난날 네가 나를 떠나보낼 때
옷자락 부여잡고 놓지 않았지

돌아오자 네 얼굴 기쁜 빛 없어
원망하는 생각을 품은 듯했네

마마로 죽는 것은 어찌하랴만
종기로 죽었으니 억울타마다

악성 종기 잘 낫는 웅황 썼다면
나쁜 균이 그 어찌 자랐겠는가

인삼 녹용 이제 막 먹일 판인데
냉약이 어찌 그리 황당한지 원

네가 병마와 싸우며 고통 받을 적에
애비는 즐겁게 질탕히 놀았느니라

배타고 북치며 물놀이 하고
기생 이끌고 홍루에서 놀았노라

방탕하였으니 재앙 받는 것 마땅한 일
어찌 너를 잃는 벌을 면할 수 있으리

너를 초천으로 떠나보내어
서쪽 산언덕에 묻었노라

내 장차 늙으면 이곳에서 살아
너로 하여금 의지할 곳 있게 하리라

憶汝送我時　牽衣不相放　及歸無歡顔　似有怨慕想
死痘不柰何　死癰豈非枉　雄黃利去惡　陰蝕何由長
方將灌蔘茸　冷藥一何伝　曩汝苦痛楚　我方愉佚宕
撾鼓綠波中　携妓紅樓上　志荒宜受殃　惡能免懲刱
送汝苕川去　且就西丘葬　吾將老此中　使汝有依仰[22]

이 「억여행」시도 나에게 큰 울림을 주었다. 어린 아들이 병마와 싸우며 고통을 받는 줄도 모르고 다산은 진주 촉석루 아래 남강에서 배를 띄워 놓고 기생들과 가무하며 즐긴 벌로 사랑하는 아들이 죽었다고 자책한 것이다. 이렇게 마음 한 구석에 여린 곳이 있었다. 어린 자식을 땅속에 묻어야 했던 비애와, 노후에 아들의 무덤이 있는 곳에 살면서 어린 영혼이 의지할 곳 있게 하겠다는 父情은 눈물겹다. 다산은 참척의 슬픔과 곡진한 父情을 이처럼 시리고도 아리게 시로써 형상화하였다. 기생들과 춤추고 노래하였다고 해서 자식이 죽는 벌을 하늘이 내린다면, 이 땅의 사내들 중에서 과연 몇 명이나 자식을 제대로 키울 수 있을 것인지 궁금하다. 다산의 이러한 자책은 사랑하는 아들을 잃은 슬픔을 우회적으로 형상화한 것이다. 위대한 선명자로서의

22) 『전서』, 「憶汝行」, I-2, 2b, p.22.

다산이기 전에 자식을 잃고 자책하며 통곡하는 아버지 다산의 인간적인 모습에 감동을 받지 않을 수 없다.

다산은 어린 자식을 여섯 명이나 잃는 참척을 당하였다. 자녀들이 요절할 때마다 단장의 비애가 서린 시와 무덤 속에 넣는 壙銘을 지어 어린 영혼들의 명복을 빌어준 너무나도 인간적인 아버지이기도 하다. 이러한 아버지로서 다산의 가족애는 가슴을 아리게 한다.23)

다산은 49세(1810) 때인 동짓달 초엿새 날 귀양지 다산초당에서 자고 있었는데, 꿈에 한 미인이 나타나 자신을 유혹하자 처음에는 마음의 동요가 있었다. 그러나 이내 도덕성을 회복하여 그녀에게 시 한 수를 지어주고 고이 돌려보냈다. 꿈을 깨고 나서 미녀에게 써준 시를 시집에 적어놓았는데 다음과 같다.

「11월 6일 다산 동암 청재에서 홀로 잠을 자는데 꿈에 한 미녀가 나타나 나를 유혹하였다. 내 또한 감정이 동하였으나 잠시 후 사양하고 보내면서 절구를 지어 그녀에게 주었다. 꿈에서 깨어나 그 시를 적으니 다음과 같다.」

눈 덮인 산속 깊은 곳에 한 송이 꽃
붉은 비단과 복숭아꽃처럼 아름다워라

내 마음 이미 금강석과 쇠가 되었는데

---

23) 金相洪, 「茶山의 子女 壙銘 硏究」, 『茶山 文學의 再照明』, 檀國大學校出版部, 2003, pp.333-373.

비록 풍로가 있다한들 그대가 어찌 녹이리오

雪山深處一枝花　爭似緋桃護絳紗
此心已作金剛鐵　縱有風爐柰如何[24]

긴 시의 제목이 말해 주듯이 다산이 꿈속에서 아름다운 여인의 유혹을 뿌리친 것은 평상시의 내면세계가 극기와 결백성, 즉 도덕성이 항상 잠재되어 있기에 가능하였다. 꿈속에서까지도 도덕적 완전주의(Moral perfectionism)를 지향한 삶과 시적 세계는 자기완성으로 一元化이다.

처음 이 시를 읽고 나도 꿈속에서 다산처럼 할 수 있을까를 생각해보았으나 자신이 없었다. 바로 이런 시를 읽으면 자신을 한번쯤 돌아보게 하는 것이 다산시의 매력이자 사숙하는 기쁨이다.

다섯째, 역경 속에서도 좌절하지 않고 학문연구와 제자를 양성한 점을 사숙하였다. 다산은 유배지 강진에서 학문연구와 제자 양성에 심혈을 쏟아 강진에 다산학을 심었다. 강진의 다산초당에서 양성한 제자는 李維會 李綱會 丁學淵 丁學游 尹鍾文 尹鍾英 丁修七 李基祿 尹鍾箕 尹鍾壁 尹鉉東 尹我東 尹鍾心 尹鍾斗 李宅逵 李德藝 尹鍾參 尹鍾軫 18명(유배 18년과 우연히 숫자가 합치됨)과, 처음 유배 왔을 때 좌우에서 가르침을 받았던 강진읍내의 孫秉藻 黃裳 黃

24) 『전서』, 「十一月六日, 於茶山東菴淸齋獨宿, 夢遇一姝來而嬉之, 余亦情動, 少頃辭而遣之, 贈以絶句, 覺猶了了詩曰」, I-5, 32b, p.94.

聚 黃之楚 李晴(學來) 金載靖 6명이 있다. 다산은 유배의 역경 속에서도 교육의 꽃을 가득 피웠다. 그래서 그의 삶은 아름답다.

한편 다산은 유배지에서 많은 저술을 하면서 참여한 제자들의 이름을 밝혀 그들의 공적이 후세에 남게 하였다. 즉 『논어고금주』는 정약용 輯에 李綱會 尹峒 校로, 『朝鮮水經』은 정약용 撰에 李晴 註로 명기한 것 등이다. 즉 제자들과 공저 공편한 사실을 분명히 밝힌 것은 그의 실학정신의 일단이기도 하다. 이러한 다산이기에 우리의 영원한 사표가 되는 것이다. 그러나 정인보 안재홍이 校한 『여유당전서』에는 모두 정약용 著로 통일하여 다산의 뜻을 퇴색시켰으니 잘못된 것이다.

『정본 여유당전서』가 조속히 간행 되어야 하는 이유가 바로 여기에 있다.

3. 사숙의 애환

나는 중학교를 졸업하고 愚齋 柳寅澤 선생 문하에서 漢學 공부를 4년 간 한 후 고등학교에 진학하였다. 대학에서 법학을 전공하고, 대학원에서 비록 한문학을 전공하였으나 『여유당전서』를 이해한다는 것은 쉬운 일이 아니었다. 소금쟁이와 세가락메추라기처럼 의욕은 있으나 학문적인 진전은 느리기만 하였다.

「애절양」과의 만남 이후 『여유당전서』를 읽을 때 원전해독이 제대로 되지 않는 곳이 있어서 답답하기 그지없었다. 물을 곳도 마땅치 않았다.

그때마다 다산이 유배지 강진에서(43세, 1804년) 『주역』을 연구하며 『주역심전』을 저술할 때 답답한 심경을 노래한 시를 나직이 읊조렸다.

복희씨 때 태어나지 못해서
복희씨께 물을 수 없구나

공자 시절에 태어나지 못해서
공자께 물을 수 없구나

不生宓犧時　無由問宓犧　不生仲尼世　無由問仲尼(時箋易)[25)]

나는 이 시를 효빈하여 다산을 공부하는데 있어, 아는 것보다는 모르는 곳이 더 많아 답답한 심경을 다음과 같이 노래하였다.

다산 때 태어나지 못하여
다산께 물을 수 없구나

不生茶山世　無由問茶山

---

25) 『전서』, 「憂來十二章」(2), I-5, 3b, p.80.

다산의 호한한 학문세계를 제대로 이해할 수 없는 어려움에서 나온 한탄이다. 그리고 나의 실력을 한탄한 적이 한두 번이 아니다.

첫째, 다산 연구에 집중하다 보니 모르는 것을 우연히 속 시원하게 알게 된 기쁨이 있었다. 다산 시선집 『유형지의 애가』의 출판을 준비할 때인 1980년으로 기억된다. 다산이 1801년 경상도 장기현 유배지에서 당쟁의 참화를 우화시로 형상화한 「海狼行」이 있다. 이 시를 먼저 보자.

솔피고래는 이리 몸통에 수달 가죽으로
가는 곳마다 수백 마리 떼지어 다니네

물속에서 적을 치려 포위함이 나르는 듯해서
갑자기 덮치면 고기들 알지 못하네

큰 고래 한 번에 천 석의 고기를 삼켜서
큰 고래 한 번 지나가면 고기가 씨도 없네

솔피는 먹을 고기 없어 고래에게 한을 품어
큰 고래 죽이기로 계책을 세웠네

한 떼는 고래 머리를 들이받고
한 떼는 고래 꼬리를 에워싸고

한 떼는 고래 좌측을 엿보고

한 떼는 고래 우측을 공격하고

한 떼는 물에 잠겨 고래 배를 맡고
한 떼는 뛰어올라 고래 등에 올라타서

상하 사방에서 일제히 고함지르며
살을 뜯고 씹으니 어찌 그리 잔혹하느뇨

고래는 우레처럼 소리지르며 물을 뿜으니
파도가 들끓고 맑은 날에 무지개가 떴네

무지개 사라지고 파도가 잔잔해지자
아 슬프다 고래가 이미 죽었노라

혼자로선 많은 힘을 대적할 수 없느니
간사한 작은 놈들 큰 사악한 놈을 죽였구나

너희들 혈전이 어찌해 여기까지 이르렀느뇨
원래 뜻은 음식 싸움에 지나지 않았던가

넓고 넓은 끝없는 바다에서
너희들 지느러미 흔들며 꼬리치며 서로 사이좋게 살지 못하는가

海狼狼身而獺皮　　行處十百群相隨
水中打圍捷如飛　　欻忽揜襲魚不知
長鯨一吸魚千石　　長鯨一過魚無跡

狼不逢魚恨長鯨　擬殺長鯨發謀策
一群衝鯨首　一群繞鯨後
一群伺鯨左　一群犯鯨右
一群沈水仰鯨腹　一群騰躍令鯨負
上下四方齊發號　抓膚齧肌何殘暴
鯨吼如雷口噴水　海波鼎沸晴虹起
虹光漸微波漸平　嗚呼哀哉鯨已死
獨夫不遑敵衆力　小黠乃能殲巨慝
汝輩血戰胡至此　本意不過爭飲食
瀛海漭洋浩無岸　汝輩何不揚鬐掉尾相休息[26)]

이 시의 주에 “해랑”은 방언으로 “솔피”라고 한다고 하였는데, 내륙 산간 지방에 자란 나는 해랑(솔피)을 본 적이 없어 무척 궁금하였다. 어느 날 저녁 식당에서 주문한 음식을 기다리던 중 식탁에 있던 『서울신문』을 보다가 “솔피떼의 공격으로 고래가 상처를 입어 죽은 것이다.”라는 부산수산대학 全燦一 교수의 언급이 있는 기사가 눈에 들어왔다. 나는 이튿 날 전교수에게 편지를 썼다. 고맙게도 전교수는 솔피의 학명을 비롯하여 성질과 특징 등을 장문으로 상세한 답변을 보내주었다.[27)] 지금 생각해도 이는 우연

---

26) 『전서』, 「海狼行」(海狼 方言曰 率皮), I-4, 13b-14a, p.68.
27) ‘솔피고래’에 대하여 全燦一 교수가 회신한 내용은 다음과 같다. “솔피란 온순한 고래를 잡아먹는 사나운 고래를 말한다. 솔피의 학명은 ‘Orcinus orca L’이며, 英名은 ‘Killer whale’이고, 우리나라에서는 ‘솔피’ 또는 ‘솔피고래’라고 하며, 일본에서는 ‘鯱’ 또는 ‘逆戟’으로 표기한다. 솔피란 鯨類中 有齒鯨類(60종 이상)의 일

이자 인연으로 학문하는 자만이 느끼고 맛볼 수 있는 작은 기쁨이기도 하다.

둘째, 강진의 다산 동상에 새겨진 다산시의 오자를 바로 잡는 데 기여하였다. 문학 역사 등의 연구에 있어서 한 글자가 때로는 문학 작품과 역사를 왜곡할 수도 있다.

광개토대왕비의 신묘년 기사의 바다 "海"자의 문제(百濟新羅, 舊是屬民, 由來朝貢, 來渡海破百殘 隨破新羅, 以爲臣民)가 바로 그것이다. 일본 참모부가 석회 칠을 해서 "海"로 변조하여 임나일본부설을 강변하는 것은 역사의 왜곡이 아닐 수 없다.

그리고 유명한 멜빌의 『Mobby Dick』(白鯨)에 나오는 구절 "Soiled fish of sea"(바닷물에 더럽혀진 고기)를 문화인류학자 매치슨이 작품상 중요시하여 극구 칭찬하였다. 그러나 후에 원전 비평가가 "Soiled"는 "Coiled"(몸을 사린)로, 말하자면 C가 S로 誤植된 것이 판명되어 모처럼의 연구가 헛수고로 돌아갔다.[28)]

종으로서 온순한 고래류를 무리지어 포위하고 공격하여 잡아먹는 사나운 솔피고래를 말한다. 숫놈은 體長이 약 9m, 암놈은 약 4.5m이며, 양턱뼈에 각각 10-20쌍의 강력한 치아가 있고, 등성이 뼈는 늙은 수놈은 體長의 5분의 1인 약 1.2m에 달한다. 體色은 背部는 흑색, 腸部 白色이며, 眼上部에 卵形白斑이 있고, 등뼈의 후방에 淡白斑이 있는 것이 많다. 腹部의 백색은 확대되어 眼下部에 이르고, 또 항문 부근에 上後方으로 확대되어 白斑 모양이 있으며 털이 없고 皮下 지방질로 보온한다. 溫熱帶와 兩極洋에 분포하고 우리나라에 많이 서식한다. 솔피 한 마리의 위 속에 10頭의 海豚(돌고래)과 10頭의 물개 두개골이 발견되고 있다."

이와 같이 원전연구가 이루어지지 않은 연구 결과는 오류와 왜곡이 있을 수 있는 것이다. 나는 박사학위논문을 쓸 때 서울대 규장각에 소장된 高宗의 어람본인 『여유당집』(필사본)과, 신조선사본(활자본)인 영인본 『여유당전서』를 일일이 대조하였다. 그 결과 우리가 널리 이용하는 영인본 『여유당전서』는 잘못된 글자가 많고 또한 남의 시를 다산시로 수록한 오류 등이 있음을 지적하고, 하루 속히 학계의 공동 노력으로 『정본 여유당전서』를 간행하여야 한다고 주장하였다.[29]

전남 강진군 강진읍 입구에 있는 다산 동상(1979. 11. 29 건립)의 기단에 새겨졌던 「扇子詩」의 오자에 관한 이야기이다. 오자가 있는 「선자시」는 규장각본 『여유당집』에 수록된 「送別」과 내용이 같은 시인데 영인본 『여유당전서』에는 없다. 이 시는 다산이 강진으로 유배된 지 4년째인 1804년 음력 9월 2일부터 4일 사이에 지은 시이다. 1804년 9월초에 지기인 金履喬(호 竹里, 1764-1832)가 귀양에서 풀려 서울로 가던 중에 다산을 찾아왔을 때에 강진의 驛亭까지 전송 나와 쓴 전별시이다.

문제는 다산 동상의 「선자시」는 시의 제목부터 잘못 되었고 총 56자 중에서 오자가 무려 7자(仙자 포함하면 8자)가 있다. 이러한 문제점 등을 1985년 7월 30일자 『단대신문』에

28) 이상섭, 『문학연구의 방법』, 탐구당, 1972. p.16.
29) 金相洪, 『茶山 丁若鏞 文學硏究』, 단국대학교출판부, 1985. pp.18-29.

발표한 「다산의 여유당전서 오류와 문제점」과, 박사학위논문에서 지적하고 「송별」로 바로잡을 것을 촉구하였다.[30]

서울대 규장각에 소장된 고종의 어람본인 『여유당집』(필사본)에 수록된 「송별」을 보자.

역마을 가을비에 님 여의기 어려움을
절역에 유배된 나를 불쌍히 여겨줄 이 뉘 있으리

반자의 신선된 이 어찌 부러워 하리요마는
이릉이 한에 돌아온단 기약은 없네

유사에서 휘호하던 날 잊을 수 없지만
차마 경신년 님(정조) 승하하신 슬픔 말할 수 있으리

대숲 우거진 속에 다른 날 밤 달 뜨면
옛동산 그리워 머리 돌리고 눈물 줄줄 드리우네

驛亭秋雨送人遲　絶域相憐更有誰
班子登僊那可羨　李陵歸漢遂無期
莫忘酉舍揮毫日　忍說庚年墜劒悲
苦竹數叢他夜月　故園回首淚垂垂[31]

규장각본 『여유당집』의 시제는 「송별」이다. 이 「송별」시는 張志淵(1864-1921)의 『大東詩選』(권 7)과 崔海鍾의 『韓

30) 金相洪, 『茶山 丁若鏞 文學硏究』, 단국대학교출판부, 1985. pp.307-309.
31) 규장각본, 『여유당집』, 「送別」, 5권 3a.

國漢文學史』(下)에는 시제가 「謫中送竹里金學士履喬歸京」으로, 전남 강진군 강진읍 입구에 있는 다산 동상(1979. 11. 29 건립)의 基壇에는 「扇子詩」로 되어 있었다.

오자는 제2구 4자 '憐'이 동상에는 '尋'으로, 제3구의 4자 '登'이 두 책에는 '昇'으로, 제7자 '羨'이 모두 '望'으로 되어 있다. 제4구의 5자 '遂'가 동상에는 '須'로, 제5구 2자 '忘'이 동상에는 '志'로, 두 책에는 '莫忘'이 '尙思'로, 제7구 5·6·7자 '他夜月'이 모두 '殘月曉'로 되어 있었다.32)

「送別」의 誤字

구 분	시 제	시	오 자
규장각본	送別	驛亭秋雨送人遲 絶域相憐更有誰 班子登僊那可羨 李陵歸漢遂無期 莫忘酉舍揮毫日 忍說庚年墜劍悲 苦竹數叢他夜月 故園回首淚垂垂	
강진 다산동상 基壇	扇子詩	驛亭秋雨送人遲 絶域相尋更有誰 班子登僊那可望 李陵歸漢須無期 莫志酉舍揮毫日 忍說庚年墜劍悲 苦竹數叢殘月曉 故園回首淚垂垂	尋, 望, 須, 志, 殘月曉
장지연 대동시선 (권 7)	謫中送竹里金學士履喬歸京	驛亭秋雨送人遲 絶域相憐更有誰 班子昇僊那可望 李陵歸漢遂無期 尙思酉舍揮毫日 忍說庚年墜劍悲 苦竹數叢殘月曉 故園回首淚垂垂	昇, 望, 尙思, 殘月曉
최해종 한국한문학사(하)	謫中送竹里金學士履喬歸京	驛亭秋雨送人遲 絶域相憐更有誰 班子昇僊那可望 李陵歸漢遂無期 尙思酉舍揮毫日 忍說庚年墜劍悲 苦竹數叢殘月曉 故園回首淚垂垂	昇, 望, 尙思, 殘月曉

32) 金相洪, 『茶山 丁若鏞 文學硏究』, 단국대학교출판부, 1985. pp.307-309.

10년이 지난 후 나는 1994년 5월 14일 광주의 다산학연구원이 주최한 춘계학술발표회에서(於 : 광주 다신계문화교실)「다산 문학의 현대적 조명」을 발표하였다. 여기에서 연구의 과제로 ① 강진 다산 동상의「선자시」의 오류 문제, ② 다산 시조작품 발굴 문제 등을 제기하였다. 주제발표가 끝난 후 토론이 있었다.

강진군수를 역임한 전라남도 민방위국 박재순 국장이 "금년 봄(1994)에 다산 동상의「선자시」오자를 바로잡은 안내판을 동상 옆에 세웠다."고 하였다. 나는 10년 전부터「선자시」는 제목부터 잘못 되었고 오자가 너무 많아 다산의 뜻을 왜곡시키고 있는 만큼「송별」로 바뀌어야 한다는 주장을 해왔기에 너무나도 기뻤다. 아무도 나의 주장을 귀담아 주지 않았는데 오직 공무원인 박재순 국장이 이를 바로잡아 준 것이다. 고맙다는 말과 함께 "안내판을 세운 데 만족하지 말고 오자가 있는「선자시」를 떼어내고「송별」로 교체할 것과, 아울러 다산의 유명한 사회시「애절양」의 시비를 건립하자."고 제안하였다.

그로부터 또 다시 10년의 세월이 흐른 2004년 8월 25-26일 양일간에 걸쳐 다산학술문화재단(이사장 정해창)이 주최한 제4회 다산학 학술회의(『다산의 문학과 예술』, 於 : 강진군문화회관 · 다산초당)에 참석한 나는 강진의 다산 동상을 참석자들과 참배하고 깜짝 놀랐다. 동상 기단의 오자투성이의「선자시」를 떼어내고 그 자리에 규장각본『여유당집』에 수록된「송별」이 烏石에 음각되어 있었다.

이를 확인하고 얼마나 기쁘고 반가웠는지 모른다. 1985년에 「선자시」의 오류를 지적한 지 20년 만에 나의 주장이 실현된 현장을 확인하고 형언할 수 없는 기쁨과 다산을 사숙한 보람을 느꼈다. 오자 투성이의 「선자시」를 떼어내고 「송별」을 음각하여 다산의 본의를 살린 것은 너무나도 당연한 일이다. 그러나 20년 전에 최초로 문제를 제기한 나로서는 감회가 남다를 수밖에 없다. 학문의 성과가 바로 이런 것이로구나 생각하니 다산을 사숙한 보람을 새삼 느끼게 되었다. 언제 누가 「송별」로 바로잡았는가를 확인하지 못했으나, 나의 주장을 수용하여 「송별」로 시정해 준 분들께 지면을 빌어 진심으로 감사의 뜻을 전한다.

셋째, 나는 다산시를 연구를 하면서 '社會詩'라는 학술용어를 창안하여 최초로 사용하였다. 그 이후로 학계에서는 '社會詩'를 수용하여 지금은 널리 사용하고 있다. 다산과 관련된 나의 최초 논문은 「정다산의 社會詩에 나타난 애민정신」인데, 원고지 40장의 소논문으로 1978년 9월 7일 『단대신문』에 기고한 것이다. 이 논문은 당시 언론에 주목을 받아 『서울경제신문』 1978년 9월 29일자 문화면에 「다산 정약용은 참여시인이었다」라는 톱기사로 보도되었다. 이 작은 논문을 보완한 것이 「정다산의 社會詩 연구」[33]이다.

지금은 학계에서 널리 사용하고 있는 "社會詩"라는 학술용어를 1978년 9월에 앞의 논문에서 내가 처음으로 사용하

33) 金相洪, 「丁茶山의 社會詩 硏究」, 『國文學論集』 9집, 단국대 국어국문학과, 1978. 11.

였다. 즉 "사회개혁의 工具로, 또한 민중의 의사를 전달하고 정부를 비판하고 공격하는 무기로서의 기능을 가진 시를 社會詩"라고 정의하였다. 다시 말하면 우국애민 등 사회의 문제들을 수용한 시를 사회시라고 한 것이다.

1970년대 당시 학계에서는 "사회시"에 해당하는 시를 "농민시"·"애민시"·"우국시" 등으로 지칭하고 있었다. "社會詩"라는 학술용어는 일본의 諸橋轍次가 편찬한 『大漢和辭典』(13권, 1956)과, 대만의 『中文大辭典』(10권, 1973)과, 중국의 『漢語大辭典』(12권, 1993)과, 이희승 『국어대사전』 등 어디에도 수록되어 있지 않다. 내가 "사회시"라는 학술용어를 처음으로 창안하여 사용한 이후 학계에 널리 쓰이게 된 것 또한 다산을 사숙한 결실의 하나가 아닐 수 없다.

넷째, 나는 다산이 천주교를 배교한 후 다시는 천주교를 신봉하지 않았음을 논증하여 천주교 신봉 여부에 대한 논란의 종지부를 찍었다. 나는 다산문학을 연구하면서 한편으로 다산이 천주교를 배교한 이후 만년에 다시 천주교를 신봉하였다는 천주교측의 주장에 관심을 갖고 연구하여, 여러 차례 반론을 전개하였다.

주지하는 바와 같이 다산은 23세(1784) 때에 李檗으로부터 처음으로 천주교에 관한 이야기를 접한 후 26세부터 4-5년간 마음을 기울여 믿었다. 30세(1791) 11월 신해옥사가 일어난 후 국법으로 천주교를 엄금하게 되자 絶意하였다.

그러나 최석우 신부는 「정약용과 천주교 관계」[34]와 「정약용의 서학사상」35)에서, 배교 후 다산의 천주교 신봉의 존속성을 밝히고 있다. 그는 다산이 배교 후 만년에 다시 신봉하였다는 자료와 근거를 다블뤼(Antoine Daveluy)의 『조선순교사비망기』와 Dallet의 『한국천주교회사』에서 찾고 있다. 최석우는 천주교측 기록과 다산의 「자찬묘지명」에 의하면 다산은 배교를 뉘우치고 50세(1811)부터 75세로 운명할 때(1836)까지 천주교를 믿었다고 주장하였다. 또한 조선에서의 천주교 기원과 초기 역사에 관한 『조선복음전래사』를 저술하였고, 중국인 劉方濟 신부로부터 종부성사를 받은 후 운명하였다는 것이다.

문제는 다산이 천주교 신자라는 자료가 천주교측 기록밖에 없다는 사실이며, 그 기록이 그가 천주교도였음을 입증하는 증거로써 객관적인 타당성이 결여되어 있다는 점이다. 나는 다산측 자료에는 신앙생활을 운명할 때까지 지속하였다는 기록이 일언반구도 없음을 논증하였다. 다산이 천주교와 절의한 후 다시는 신봉하지 않았음을 논저와 연구발표회를 통하여 자료별 사안별 쟁점별로 밝혔다.36)

---

34) 최석우, 「정약용과 천주교 관계」, 『다산학보』 제5집, 다산학연구원, 1983.

35) 최석우, 「정약용의 서학사상」, 『정다산과 그 시대』, 민음사, 1986.

36) 金相洪, 「茶山의 시세계」, 『茶山詩選集 流刑地의 哀歌』, 檀國大學校出版部, 1981. p.21.
金相洪, 『茶山丁若鏞 文學硏究』, 檀國大學校出版部, 1985. p.198, pp.424-434.
金相洪, 「茶山의 天主敎 信奉論에 대하여」, 延世大 國學硏究院

내가 다산의 천주교 신봉 여부에 대하여 집요하게 연구한 것은 『여유당전서』는 다산의 사상과 철학과 추구한 세계가 집약된 것으로 수록 내용에 대하여 일부나마 부인하거나 또는 잘못 해석하거나 신빙성을 의심한 것을 방관할 수 없기 때문이었다. 특히 다산이 회갑을 맞이하여 자신의 일생을 기록하여 자손들에게 "秘本"으로 전하게 한 「자찬묘지명」은 그의 양심선언서이다. 이를 불신하거나 이를 왜곡해서는 안 된다. 다산의 「자찬묘지명」 등 비본으로 전해진 7편의 묘지명은 진실의 기록들이다.

다산이 회갑(1822년)을 맞아 쓴 「자찬묘지명」 광중본과 집중본은 '秘本'으로 전해온 점에 유의할 필요가 있다. 즉 高宗의 御覽本으로 轉寫되어 규장각에 소장된 『여유당집』에는 다산이 지은 「貞軒李家煥墓誌銘」, 「茯庵李基讓墓誌銘」, 「鹿

제129회 월례발표회 要旨, 延世大, 1987. 5. 27.

金相洪, 「茶山의 天主敎信奉 與否」 - 『與猶堂全書』記事를 중심으로-, 『淵民李家源先生七秩紀念論叢』, 正音社, 1987.

金相洪, 「茶山의 天主敎 信奉論에 대한 反論」, 韓國漢文學會 제101회 월례발표회 要旨, 中央大, 1990. 3. 24.

金相洪, 「다산은 천주교 신자가 아니다」, 『檀大新聞』 제822호, 1990. 3. 6.

金相洪, 「다산은 천주교 聖人이 될 수없다」, 『檀大新聞』 제839호, 1990. 9. 25.

金相洪, 「"茶山은 天主敎人이다"에 대한 反論」 - 崔奭祐神父의 論文을 읽고-, 『韓國漢文學硏究』 제13집, 韓國漢文學硏究會, 1990.

金相洪, 「다산의 천주교 신봉론에 대한 반론」 - 최석우 신부의 논문을 읽고-, 『동양학』 제20집, 단국대 동양학 연구소, 1990.

庵權哲身墓誌銘」, 「梅丈吳錫忠墓誌銘」, 「先仲氏墓誌銘」과 다산의 「자찬묘지명」 2편이 없다.

그러나 한국정신문화연구원이 소장하고 있는 安春根이 수집한 필사본 『洌水全書續集』 권8(한국정신문화연구원 장서, 810. 819. 정62, 여24=4)의 표지에 "墓誌銘 秘本"이라고 표시되어 있고, 「정헌이가환묘지명」부터 「자찬묘지명」 集中本까지 7편이 수록되어 있다.

한국정신문화연구원 소장, 필사본 『洌水全書續集』八, "墓誌銘 秘本" 표지

이는 다산이 이를 세상에 공표하지 말 것을 밝히고 있고, 당시 후손들의 입장에서도 이것이 공개되는 것이 불리하다고 생각되어 고종의 어람본으로 전사할 당시(1885- 1886) 제외시킨 것으로 보인다. 이 일련의 묘지명은 다산을 비롯하여 李家煥(1742-1801) 李基讓(1744-1802) 權哲身(1736-1801) 吳錫忠(1743-1806) 丁若銓(1758-1816) 등 모두 1801년 辛酉獄事로 인하여 죽음을 당하거나 귀양을 간 사람들의 묘지명이다. 다산은 이들 묘지명에서 자신은 물론 이들이 결코 천

주교도가 아니었는데도 억울하게 화를 당하였다고 누누이 밝히고 있다.

『여유당전서』의 내용으로 볼 때, 최석우 신부의 천주교 신봉론을 인정한다면, 다산은 겉으로는 유교적 삶을 살면서 안으로는 천주교를 신봉한 外儒內天의 이중적 삶으로 표리가 부동한 사람이 된다. 그렇다면 이제까지 다산학 연구, 특히 다산의 經學 연구는 근본적으로 재검토되어야 한다는 결론에 이르게 되었기 때문이다.

나의 「다산의 천주교 신봉론에 대한 반론」 - 최석우 신부의 논문을 읽고-[37]은 다산이 천주교와 絶意한 이후 다시 천주교를 신봉하였다는 주장에 대한 반론의 완결편이다. 이 논문은 최석우 신부 주장처럼 다산이 겉은 유학자이고 속은 천주교를 신봉한 外儒內天의 이중적 삶을 산 것이 아니라, 겉과 속이 모두 배교한 外背內背하였고 겉과 속이 모두 유학인 外儒內儒로 표리가 일치된 삶이었음을 총체적으로 규명하였다. 즉 다산이 천주교 "신자이다", "아니다"에 대한 논란에 대하여 종지부를 찍은 데 의의가 있다. 이 논문을 발표한 지 20년이 되었으나 아직까지 이에 대한 반론을 보지 못하였다.

다섯째, 나의 다산 관련 저서가 여러 차례 수상을 한 이야기이다. 우리나라 고전 중 최고의 필독서를 꼽으라면 사

37) 金相洪, 「다산의 천주교 신봉론에 대한 반론」 -최석우 신부의 논문을 읽고-, 『동양학』 제20집, 단국대 동양학 연구소, 1990.(金相洪, 『茶山 文學의 再照明』(단국대학교출판부, 2003)에 收錄.)

람에 따라 다르겠으나 뭐니 뭐니 해도 김부식의 『삼국사기』와 일연의 『삼국유사』와 정약용의 『목민심서』 등일 것이다. 그러나 대한민국 국민의 필독서이면서도 그 중에서도 정작 읽은 사람이 많지 않은 것이 『목민심서』일 것이다. 그 이유는 첫째 어려운 한문으로 되어 있고, 둘째 48권이나 되어 단시간에 읽기가 현실적으로 불가능하여 현대인들이 쉽게 접근할 수 없기 때문이다.

앞에서 언급한 바와 같이 『여유당전서』는 한문으로 되어 있어 일반이 읽기는 쉬운 일이 아니다. 다산의 善鳴을 현대적으로 재해석하여 누구나 쉽게 읽을 수 있게 하는 것이 중요하다. 즉 고전의 현대화 작업은 매우 중요하다. 아무리 훌륭한 고전이라도 한문으로 기술되었다면 이 시대를 살아가는 모든 사람이 읽을 수 없다. 선조들이 남긴 한문 고전이 소수 전문가들의 전유물이 되어 읽혀진다면 후손의 도리가 아니다. 훌륭한 고전일수록 많은 사람이 쉽게 읽혀질 수 있는 작업이 반드시 필요하다. 그러기 위해서는 한문 고전을 현대화하고 재해석하는 작업이 선행되어야 한다.

이 땅에 사는 사람치고 『목민심서』를 모르는 사람은 없다. 그러나 요즈음 세상에 『목민심서』 원본을 줄줄 읽을 수 있는 사람은 많지가 않다. 이유는 난해한 한문으로 쓰여졌고 분량이 48권이나 되는 방대한 책이라는 점이다. 그렇다고 『목민심서』를 어떻게 읽지 않을 수 있겠는가? 누구나 쉽게 읽을 수 있도록 전공학자들이 오늘의 시각에 맞게 현대화하고 재해석하는 작업을 해야 한다.

그러면서 한결같이 느낀 점은, 공직자를 비롯하여 누구나 쉽게 읽을 수 있는 『목민심서』가 간행되어야 한다는 것이었다.

다산학의 현대화에 일익이나마 기여하고자 한 것이 『다시 읽는 목민심서』[38]이다. 이 책은 1994년이 저물어가는 어느 날 한국일보 임종건 부장(현재 서울경제신문 사장)으로부터 원고청탁 전화를 받고, 1995년 1월부터 1996년 2월 말까지 『주간한국』에 연재한 57편의 글을 주제별로 묶은 것이다. 이 책은 원본 『목민심서』의 진수와 진미를 모든 사람이 이해할 수 있고 느낄 수가 있어야 만 한다는 나의 소박한 뜻이 담겨져 있다. 또한 오욕으로 점철된 우리 현대사의 모순과 문제점을 바로잡고자 『목민심서』라는 거울에 비추어 본 후, 선악과 잘잘못을 논평하여 독자로 하여금 자신을 돌아볼 수 있도록 하였다. 다시 말하면 우리 현대사를 기록하는 심정으로 쓰되 되도록이면 누구나 알기 쉽고 재미있게 읽을 수 있도록 하였다. 이것 또한 다산 사숙 과정에서 얻어진 작은 결실의 하나이다.

그 후 11년이 지난 2007년에 나는 『다산의 꿈 목민심서』[39]를 세상에 내놓았다. 이 『다산의 꿈 목민심서』의 장점은 ① 『목민심서』의 大文(본문)은 처음부터 끝까지 하나도 빠짐없이 모두 번역하였고, ② 독자의 이해를 위해 대문과 독음을 함께 수록하여 교재로 활용할 수 있게 하였으며,

38) 金相洪, 『다시 읽는 목민심서』, 한국문원, 1996.
39) 金相洪, 『다산의 꿈 목민심서』, 새문사, 2007.

③ 대문에 관련된 선현들의 행적과 부연 기술한 내용 중에서 오늘에 되살려도 좋은 것들을 일부 골라 번역 수록하였고, ④ 여러 곳에서 나의 견해를 붙여 대문을 이해하는 데 도움을 준 점이라고 할 수 있다. 이 책은 지방행정의 교과서에 국한되는 것이 아니라 大統領學도 된다. 이 땅에서 공직자의 부정부패를 추방하고 해이해진 기강을 바로잡을 길은 정녕 요원한 것인가? 아니다. 길은 있다. 그 길을 일차적으로 공직자의 바이블인 『목민심서』에서 찾을 수 있다.

국가사회의 기강이 무너지고 인간악과 사회악이 난무할 때는 물론이고 평상시에도 『목민심서』의 중요성과 그 정신의 구현이 지속적으로 강조되어 왔고, 앞으로도 계속될 것이다. 그 이유는 이 책이 공직자의 바이블로 위민행정의 指南이자 경세학으로서 시공을 초월하여 어둠을 밝히는 촛불이기 때문이다. 그러나 대통령과 국무총리와 장관이 바뀔 때마다 일부 고위층 중에서는 자신은 『목민심서』를 읽고 실천하지 않으면서, 아랫사람들에게 『목민심서』를 읽고 실천하라고만 하였으니, 이를 읽고 실천할 리가 만무했던 것이 지난날의 우리 공직사회의 한 단면이었다.

나는 한국 한시와 한문교육에 관련된 논저를 제외하고 그동안 다산학 관련 논문 70여 편과 이 『다산학의 신조명』을 포함하여 저서 7권을 세상에 내놓았다. 그러나 다산의 善鳴을 제대로 조명했는지 두려울 뿐이다.

오랜 세월동안 다산을 사숙하다보니 뜻하지 않게 기쁜

일도 있었다. 박사학위 논문을 책으로 펴낸 『다산 정약용 문학연구』[40]는 제18회 문화공보부 추천도서로 선정(1985) 되었다. 그리고 2003년 12월 27일 나는 『다산 문학의 재조명』[41]으로 다산학술문화재단이 수여하는 '제4회 다산학술상 학술대상'을 수상했다(於 : 서울프라자호텔 4층 난초홀). 이 『다산 문학의 재조명』은 『朝鮮朝 漢文學의 照明』[42]과 함께 2004년도 대한민국학술원 기초학문분야 우수학술도서 선정되는 겹경사가 있었다.

2007년 6월에 간행한 『다산의 꿈 목민심서』는 조선일보와 대한출판문화협회와 공동으로 주최하는 "거실을 서재로" 캠페인의 '8월의 도서'로 선정되었고, 대한출판문화협회가 주관하는 '2007 올해의 청소년 도서 가을분기 도서'로 선정되었다. 다산학 전도사의 한 사람으로서 기쁘게 생각한다.

나는 1983년부터 지금까지 중앙공무원교육원 · 교육과학기술연수원 · 국민권익위원회 · 지방행정연수원 · 서울특별시 인재개발원 · 한국노동교육원 등 국가기관 및 공공기관 등에서 청렴교육 전문강사로 활동하며 「청렴국가 건설을 위한 공직자의 사명」, 「다산을 통해 본 공직자의 자세와 과제」, 「청렴 사상과 공직자의 역할」 등을 주제로 특강을 하고 있다. 특강을 통하여 다산의 목민정신과 청렴사상을 열

40) 金相洪, 『茶山 丁若鏞 文學硏究』, 단국대학교출판부, 1985.
41) 金相洪, 『茶山 文學의 再照明』, 단국대학교출판부, 2003.
42) 金相洪, 『朝鮮朝 漢文學의 照明』, 이회, 2003.

심히 전파하고 있다. 이렇게 특강을 하는 동안 뜻하지 않게 2007년 12월 31일에 "한국노동교육원 2007년도 최우수 강사상"을 수상하였고, 2008년 1월 31일에 오세훈 서울특별시장으로부터 "서울특별시인재개발원 2007년도 유공강사상"을 수상하는 기쁨이 있었다.

나의 다산 관련 저서가 수상을 거듭하고, 또한 국가기관 및 공공기관에서 청렴전문 강사로 특강를 하는 것은, 소금쟁이와 세가락메추라기처럼 외골수로 일관되게 다산학을 연구하며 사숙했기 때문에 주어진 결과라고 생각한다. 그리고 연구에 더욱 정진하여 다산의 위대한 善鳴을 세상에 알리고 실천하는 데 더욱 노력하라는 채찍으로 생각한다.

4. 맺는 말

다산은 학문하는 맛과 즐거움을 다른 사람에게 설명하기는 어렵다면서 이를 "꿀을 먹어 본 자가 꿀을 먹어보지 못한 사람과 꿀맛을 말하려 하나, 마침내 형용할 수 없는 것"43)과 같다고 비유하였다. 다산은 이어서 "슬프다. 사람이 세상을 살아가는데 程子·朱子·退翁이 맛본 것을 맛보지 못하고, 또 顏子가 누리던 즐거움을 누리지 못하면, 비

43) 『전서』, 「陶山私淑錄」, I-22, 5ab, p.460. "譬如啖蜜者, 于不曾啖蜜者, 欲言蜜味, 竟形容不得."

록 다섯 가지의 술과 팔진미를 실컷 먹으며 公侯의 부귀를 누리더라도 오히려 주리고 또 곤궁하게 사는 것이다."[44]고 하였다.

꿀을 먹어보지 못한 사람에게 꿀맛을 설명하기가 어려운 것처럼, 다산을 사숙하는 맛과 즐거움을 다른 사람에게 말이나 글로 설명하기는 어려운 일이다.

다만 北宋의 陳師道(1053-1101)의 시를 빌어 나의 심경의 일단을 밝힌다. 진사도는 당송팔대가의 한 사람인 南豊 曾鞏(1019-1083)의 제자이다. 그는 스승 증공이 운명하자, 슬픔에 겨워 은혜를 잊지 못하며 尊慕의 정을 마치 남편을 저 세상으로 보낸 여인네의 박복한 운명으로 치환한 「妾薄命」에서 다음과 같이 노래하였다.

> 차마 주인께서 주신 옷을 입고
> 남을 위해 고운 자태 지을 수 있겠는가
>
> 忍著主衣裳　爲人作春姸

위에서 주인은 스승 증공을 뜻하며, 주인이 준 의상은 바로 스승이 가르쳐준 학문과 道를 의미한다. 그리고 남을 위해 고운 자태를 짓지 않겠다는 것은 일부종사 하듯이 스승의 가르침을 역행하지 않고 지키겠다는 다짐이자 曲學阿

---

44) 『전서』, 「陶山私淑錄」, I-22, 5b, p.460. "嗟乎. 人生世間, 不能嘗程朱退翁所嘗之味, 而享顔子所享之樂, 雖日飫五齊八珍之味, 享公候之樂, 猶之餒且窮也."

世하지 않겠다는 것을 의미한다. 쉬운 말로 비유하자면 남편이 사준 고운 옷을 입고서 사내들 앞에 나가 아양을 떨며 추파를 던지지 않겠다는 것이다.[45]

나는 다산을 사숙하는 사람으로서 진사도가 스승을 추모하며 다짐한 위의 시구와 같은 마음을 갖고 살아가고 있다. 그렇다. 모든 면에서 부족한 나는 다산의 사숙제자로서 다른 것은 몰라도 이 세상을 살면서 "부끄럽게 살지 않겠다."고 다짐하고 이를 실천하려고 안간힘을 써왔고 앞으로도 그렇게 살려고 노력할 것이다.

끝으로 2003년 12월 27일 내가 다산학술상 학술대상을 수상한 후 연설한 연설문의 한 부분을 여기에다 옮기며 붓을 놓는다.

> "저는 학문의 길에 들어선 이후 오늘까지 다산 선생을 尊慕하며 살아왔습니다. 앞으로 다산학 연구에 더욱 정진하여 선생의 善鳴과 꿈을 널리 세상에 알리는 데 헌신하고, 그 선명과 꿈이 하나라도 이 땅에 실현되도록 노력할 것이며, 또한 다산학술대상 수상자로서 부끄러움이 없는 삶을 살며, 학자의 길을 올곧게 가겠습니다."

(*이 글은 저자의 「나의 茶山私淑錄」(『茶山學』 제6집, 다산학술문화재단, 2005.)을 보완한 것이다.)

---

45) 金相洪, 『꽃에 홀려 임금을 섬기지 않았네』, 새문사, 2007. pp.449-452.

<참고문헌>

<문헌자료>

丁若鏞,『與猶堂集』78책, 필사본, 서울대 규장각 소장.

丁若鏞,『與猶堂全書』76책, 新朝鮮社, 1934-1937.

丁若鏞,『與猶堂文集及續』외 정약용 친필본, 한국정신문화연구원 소장(安春根 수집본).

丁若鏞,『丁茶山全書』3책, 문헌편찬위원회(新朝鮮社本 影印), 1960.

丁若鏞,『與猶堂全書』6책, 景仁文化社(新朝鮮社本 影印), 1970.

丁若鏞,『與猶堂全書補遺』5책, 景仁文化社 影印, 1974.

丁奎英編,『俟菴先生年譜』, 正文社 影印, 1984.

『高麗史』, 연세대 동방학연구소 影印, 1961.

『新唐書』, 鼎文書局, 中華民國 72.

『舊唐書』, 鼎文書局, 中華民國 72.

『論語』

『孟子』
『詳說古文眞寶大全』, 保景文化社 影印, 1983.
『全唐詩』, 上海古籍出版社 影印, 1992.
『朝鮮王朝實錄』(正祖實錄), 探究堂 影印, 1958.
『晉書』, 鼎文書局, 中華民國 72.
仇兆鰲注, 『杜詩詳註』, 文史哲出版社, 中華民國 62.
馬其昶 校註 · 馬茂元 整理, 『韓昌黎文集校注』, 上海古籍出版社, 1987.
茅 坤, 『唐宋八大家文鈔』(『景仁文淵閣四庫全書』(1383, 1834), 臺灣商務印書館發行.
徐居正, 『東人詩話』(韓國詩話選), 太學社 影印, 1981.
蘇 洵, 『老泉文鈔』(『景仁文淵閣四庫全書』), 臺灣商務印書館發行.
岩垂憲德 · 久保天隨 · 釋 靑潭 註解, 『蘇東坡詩集』, 日本圖書, 昭和 53.
楊家駱 主編, 『蘇東坡全集』上下, 世界書局 印行, 中華民國 74.
楊家駱 主編, 『柳河東全集』, 世界書局 印行, 中華民國 64,
楊家駱 主編, 『王臨川全集』, 世界書局 印行, 中華民國 66.
楊家駱 主編, 『歐陽脩全集』, 世界書局 印行, 中華民國 72.
楊家駱 主編, 『新校本 宋史』, 鼎文書國 印行, 中華民國 72.
余冠英 外 主編, 『唐宋八大家全集』(전4권), 國際文化出版公社, 1996.
李尙迪, 『恩誦堂集』, 亞細亞文化社 影印, 1973.

錢仲聯 集釋, 『韓昌黎詩繫年集釋』上下, 上海古籍出版社, 1994.
正 祖, 『弘齋全書』, 文化財管理局 藏書閣 影印, 1978.
正 祖, 『御定 唐宋八子百選』, 檀國大學校 栗谷紀念圖書館 國 所藏(古第 359329-359330).
項 楚, 『寒山詩注』, 中華書局, 2000.

<단행본>

高承濟, 『다산을 찾아서』, 中央日報社, 1995.
邱燮友 註譯, 『新譯 唐詩三百首』, 三民書局 印行, 中華民國 62.
具滋均, 『朝鮮平民文學史』, 민학사, 1974.
金相洪 譯, 『茶山詩選集 流刑地의 哀歌』, 檀國大學校出版部, 1981.
金相洪, 『茶山 丁若鏞 文學散藁』, 昨晟社, 1983.
金相洪, 『茶山 丁若鏞 文學 研究』, 檀國大學校出版部, 1985.
金相洪, 『韓國 漢詩論과 實學派 文學』, 啓明文化社, 1989.
金相洪, 『茶山學 研究』-附 茶山學研究論著總目錄-, 啓明文化社, 1990.
金相洪, 『다시 읽는 목민심서』, 한국문원, 1996.
金相洪, 『漢詩의 理論』, 高麗大學校 出版部, 1997.
金相洪, 『중국 명시의 향연』, 박이정. 1999.
金相洪, 『한국 한시의 향기』, 박이정. 1999.

金相洪,『茶山 文學의 再照明』, 檀國大學校出版部, 2003.
金相洪,『朝鮮朝 漢文學의 照明』, 이회, 2003.
金相洪,『다산의 꿈 목민심서』, 새문사, 2007.
金相洪,『꽃에 홀려 임금을 섬기지 않았네』, 새문사, 2007.
金相洪 · 申用浩 · 楊光錫, 『韓國文學思想史』, 계명문화사. 1991.
金舜東,『韓國故事大典』, 回想社, 1965.
金玉姬,『韓國天主教思想史 I』-曠菴 李檗의 西學思想研究 -, 圖書出版 殉教의 脈, 1990.
金智勇 譯,『茶山詩文選』, 大洋書籍, 1975.
金智勇 譯,『丁茶山詩文選』, 教文社, 1991.
류수 · 이철화, 『정약용작품선집』, 북한국립문학예술출판사, 1960.
민족문화추진회 역, 『국역다산시문집』 1-9, 솔출판사, 1982-1994.
朴錫武 譯,『丁茶山書翰集, 流配地에서 온 편지』, 시인사, 1979.
朴錫武 譯,『茶山詩選集, 哀絶陽』, 시인사, 1983.
朴錫武 譯,『茶山散文選』, 創作과 批評社, 1985.
朴錫武 · 丁海廉 編譯,『茶山文學選集』, 現代實學社, 1996.
朴錫武 · 丁海廉 編譯,『茶山論說選集』, 現代實學社, 1996.
朴忠祿 譯,『정약용작품집』, 北京 民族文化出版社, 1986.
卞基榮,『이벽 성조와 천진암』, 진명출판사, 1981.
샤를르 달레 原著, 安應烈 · 崔奭祐 譯註,『韓國天主教會史』,

분도출판사, 1979.
宋載邵 譯,『茶山詩選』, 창작과 비평사, 1981.
宋載卲,『茶山詩 硏究』- 附茶山年譜-, 創作社, 1986.
沈慶昊,『茶山과 春川』, 江原大出版部, 1996.
劉若愚 著, 李章佑 譯,『中國詩學』, 범학사, 1979.
李家源,『韓國漢文學史』, 民衆書館, 1961.
이상섭,『문학 연구의 방법』, 탐구당, 1972.
李篪衡,『茶山經學硏究』, 太學社, 1996.
張正體 張婷婷,『詩學』(上下). 人人文庫, 臺灣商務印書館, 中華民國 68.
鄭寅普,『薝園國學散藁』, 文敎社, 1955.
趙東一,『韓國文學思想史試論』, 知識産業社, 1978.
震檀學會,『韓國史』近世後期篇, 을유문화사, 1965.
洪以燮,『丁若鏞의 政治經濟思想 硏究』, 한국연구도서관, 1959.
狙口篤志 著, 沈慶昊·韓睿源 譯,『日本漢文學史』, 소명출판, 2000.

<논 문>

姜在哲,「茶山詩의 繪畫性 考察」,『國文學論集』제12집, 檀國大, 1985.
金甲起,「茶山詩에 나타난 杜詩考(I)」,『李丙疇周甲論叢』, 二友出版社, 1981.

金甲起, 「茶山詩에 나타난 杜詩考(Ⅱ)」, 『韓國文化研究』 제4집, 東國大, 1981.

金美蘭, 「茶山의 傳 研究」, 『淵民李家源先生七秩紀念論叢』, 正音社, 1987.

金相洪, 「다산의 社會詩에 나타난 愛民精神」, 『檀大新聞』 526호, 1978. 9. 7.

金相洪, 「丁茶山의 社會詩 研究」, 『國文學論集』 제9집, 檀國大 國語國文學科, 1978.

金相洪, 「茶山의 生涯와 文學理論 小考」, 『基督敎文學』 제3집, 江南社會福祉大, 1978.

金相洪, 「정약용의 自主文學思想과 樂府詩語」, 『檀大新聞』 556호, 1979. 9. 13.

金相洪, 「丁茶山의 樂府詩 研究」, 『論文集』 제13집, 檀國大, 1979.

金相洪, 「茶山의 文學思想」, 『東洋學』 제10집, 檀國大 東洋學研究所, 1980.

金相洪, 「다산의 文章 '스타일'론 小考」, 『檀大新聞』 577호, 1980. 10. 16.

金相洪, 「茶山의 文體醇正論 研究」 -「文體策」을 중심으로-, 『論文集』 제14집, 檀國大, 1980.

金相洪, 「茶山의 抒情詩」, 『茶山學學術會議』, 대우재단, 1982.

金相洪, 「茶山詩攷」 -人倫詩와 社會詩를 중심으로-, 『論文集』 제15집, 檀國大, 1981.

金相洪, 「茶山의 詩世界」, 『流刑地의 哀歌』, 檀國大出版部, 1981.

金相洪, 「다산시의 꽃과 달의 心象」, 『檀大新聞』, 609호, 1981. 11. 9.

金相洪, 「茶山詩의 心象」, 『語文論集』 제23집, 高麗大 국어국문학회, 1982.

金相洪, 「茶山의 抒情詩」, 『茶山學學術會議』, 大宇財團, 1982.11.

金相洪, 「茶山의 抒情詩」, 『檀大新聞』, 637호, 1982. 11. 15.

金相洪, 「茶山과 竹欄詩社 一考」, 『雨田辛鎬烈先生古稀紀念論叢』, 창작과비평사, 1983.

金相洪, 「茶山詞의 슬픔과 恨의 세계」, 『檀大新聞』, 660호, 1983. 9. 12.

金相洪, 「茶山의 詞文學 研究」, 『漢文學論集』 창간호, 檀國漢文學會, 1983.

金相洪, 「茶山의 社會詩 "哀絶陽"」, 『東洋學簡報』 I, 檀國大東洋學研究所, 1984.

金相洪, 「茶山의 田園詩 研究」, 『漢文學論集』 제2집, 檀國漢文學會, 1984.

金相洪, 「다산시의 歸田園의 꿈과 哀恨의 세계」, 『檀大新聞』, 692호, 1984. 11. 5.

金相洪, 「茶山의 思想과 牧民의 道」, 『地方行政』 8월호, 1984.

金相洪, 「茶山詩에 나타난 民草의 恨」, 『檀大新聞』, 706호,

1985. 5. 21.
金相洪, 「茶山의 『與猶堂全書』의 오류와 문제점」, 『檀大新聞』, 710호, 1985. 7. 30.
金相洪, 「茶山 丁若鏞 文學研究」, 高麗大學校 文學博士論文, 1985.
金相洪, 「茶山의 賦文學 研究」, 『東洋學』 제15집, 檀國大 東洋學研究所, 1985.
金相洪, 「茶山 社會詩의 한 特性考」, 『師大論叢』 제2집, 단국대학교출판부, 1985.
金相洪, 「茶山의 思慕詞 研究」, 『圓光漢文學』 제2집, 圓光漢文學會, 1985.
金相洪, 「實學派의 文學觀 一斑」, 『제15회 東洋學學術會議講演鈔』, 檀國大 東洋學研究所, 1985.
金相洪, 「茶山의 抒情詩 研究」, -流配期作 抒情短詩를 중심으로-, 『丁茶山研究의 現況』, 民音社, 1985.
金相洪, 「成俔 詩의 哀恨과 達觀의 世界」, 『漢文學論集』 제3집, 檀國漢文學會, 1985.
金相洪, 「茶山의 민권사상과 법사상」, 『檀大新聞』, 727호, 1986. 3. 25.
金相洪, 「茶山의 「耳談續纂」 研究」, 『韓國漢文敎育研究』 제1집, 韓國漢文敎育研究會, 1986.
金相洪, 「星湖의 「百諺解」考」, 『敎育論叢』 제2집, 檀國大 敎育大學院, 1986.
金相洪, 「朝鮮後期 文學思想의 特性」 -實學派를 중심으로-,

『東洋學』 제16집, 檀國大 東洋學硏究所, 1986.

金相洪, 「漢詩의 詩體論 序說」, 『漢文學論集』 제4집, 檀國漢文學會, 1986.

金相洪, 「韓國의 集句詩 硏究」, 『漢文學論集』 제5집, 檀國漢文學會, 1987.

金相洪, 「茶山의 天主敎信奉 與否」 -『與猶堂全書』 記事를 중심으로-, 『淵民李家源先生七秩紀念論叢』, 正音社, 1987.

金相洪, 「茶山의 天主敎 信奉論에 대하여」, 延世大 國學硏究院 제129회 월례발표회, 1987. 5. 22.

金相洪, 「茶山의 退溪學 私淑 考」 -「陶山私淑錄」을 중심으로-, 『退溪學硏究』 제2집, 檀國大 退溪學硏究所, 1988.

金相洪, 「朝鮮의 善鳴者 茶山의 民本思想」, 『檀大新聞』, 782호, 1988. 5. 24.

金相洪, 「世界 最長漢詩 任叔英의 「述懷」硏究」, 『東洋學』 제18집, 檀國大 東洋學硏究所, 1988.

金相洪, 「다산시의 道德的 完全主義 세계」 -서거 153주기를 맞이하여-, 『檀大新聞』, 801호, 1989. 4. 11.

金相洪, 「茶山은 天主敎 信者가 아니다」, -다산 서거 154주기를 맞이하여-, 『檀大新聞』, 822호, 1990. 3. 3.

金相洪, 「茶山의 天主敎 信奉論에 대한 反論」, 韓國漢文學硏究會 제101차 월례발표회(於 : 中央大), 韓國漢文學硏究會, 1990. 3. 24.

金相洪, 「茶山 社會詩의 經世論」 -奎章閣本 與猶堂集에 不載된 詩를 중심으로-, 『石泉鄭愚相博士華甲論叢』, 教學社, 1990.

金相洪, 「茶山의 天主教 信奉論에 대한 反論」 -崔奭祐神父의 論文을 읽고-, 『東洋學』 제20집, 檀國大 東洋學研究所, 1990.

金相洪, 「"茶山은 天主教人이다"에 대한 反論」 -崔奭祐神父의 論文을 읽고-, 『韓國漢文學研究』 제13집, 韓國漢文學研究會, 1990.

金相洪, 「丁若鏞論」, 『韓國文學作家論』 나손김동욱선생추모논문집, 現代文學社, 1991.

金相洪, 「近代 轉換期의 士大夫 文學論」, 『轉換期의 言語와 文學』, 高麗大 民族文化研究所, 1991.

金相洪, 「疎菴 任叔英의 시세계」, 『漢文學論集』 제9집, 槿域漢文學會, 1991.

金相洪, 「茶山詩의 irony와 satire의 樣相」 -老人一快事效香山體六首를 중심으로-, 『中齋張忠植博士華甲紀念論叢』, 檀國大學校出版部, 1992.

金相洪, 「古典小說과 文體反正」, 『古典小說研究』, 一志社, 1993.

金相洪, 「傳統文學理論의 繼承과 現代化의 課題」, 『韓國文學研究』 제16집, 東國大 韓國文學研究所, 1993.

金相洪, 「丁若鏞의 詩世界」, 『現代文學』 466, 現代文學社, 1993. 10.

金相洪, 「進士 朴南壽의 한글 「을미제문」硏究」, 『省谷論叢』 제25집(上卷), 省谷學術文化財團, 1994.
金相洪, 「朴南壽의 한글 「을미제문」에 대하여」, 『語文硏究』, 한국어문교육연구회, 1994. 12.
金相洪, 「進士 朴南壽의 哀祭文學 硏究」, 『漢文學論集』 제12집, 槿域漢文學會, 1994.
金相洪, 「茶山 文學의 現代的 照明」, 『茶山學報』 제15집, 茶山學硏究院, 1995.
金相洪, 「茶山學 硏究의 課題」, 『漢文學論集』 제13집, 檀國漢文學會, 1995.
金相洪, 「茶山의 星湖學 私淑 考」, 『漢文學論集』 제14집, 槿域漢文學會, 1996.
金相洪, 「茶山 文學論과 詩世界」, 『사회문화』 제28집, 사회문화원, 1997. 3.
金相洪, 「茶山의 子女 壙銘 硏究」, 『漢文學論集』 제16집, 槿域漢文學會, 1998.
金相洪, 「茶山의 書藝論 硏究」, 『東洋學』 제30집, 檀國大學校 東洋學硏究所, 2000.
金相洪, 「다산의 「弔繩文의 諷刺 世界」, 『漢文學論集』 제19집, 槿域漢文學會, 2001.
金相洪, 「다산 詩의 유토피아 世界」, 『漢文學論集』 제20집, 槿域漢文學會, 2002.
金相洪, 「茶山學이 草衣禪師에게 끼친 影響」, 『漢文教育硏究』 제19호, 韓國漢文教育學會, 2002.

金相洪,「茶山의 庶母와 子婦의 墓誌銘 世界」,『古典文學의 現況과 課題』-農所金慶洙博士華甲論叢-, 도서출판 亦樂, 2002.

金相洪,「草衣禪師의 茶山學의 繼承 攷」,『東洋學』제33집, 단국대학교 동양학연구소, 2003.

金相洪,「茶山詩의 相生論 攷」,『漢文學論集』, 제21집, 槿域漢文學會, 2003.

金相洪,「茶山과 天眞菴의 관계」,『東洋學』제35집 檀國大東洋學硏究所, 2004.

金相洪,「한국 한문학과 생태의 문제」,『韓國漢文學硏究』제33집, 한국한문학회, 2004.

金相洪,「茶山의 蘇東坡論」,『南冥學硏究』제18집, 경상대학교 남명학연구소, 2004.

金相洪,「茶山의 唐宋八大家論 攷」, 延邊大學校 開校 제55주년기념『朝鮮- 韓國 言語文學國際學術大會』發表要旨集, 延邊大學校 朝鮮言語文學科, 2004.

金相洪,「19世紀初 康津의 風俗 攷」-茶山 丁若鏞의『與猶堂全書』를 중심으로-,『比較民俗學』제26집, 比較民俗學會, 2004.

金相洪,「茶山의 蘇東坡論 攷」,『2004 韓國·中國·泰國 國際學術大會 論文集』- 韓國 漢文學과 漢文敎育의 硏究 現況과 課題 -, 2004. 7. 25(於:中國 北京 漁陽飯店 大會議室), 韓國漢文學會·韓國漢文敎育學會.

金相洪,「茶山의 唐宋八大家論攷」,『조선-한국 언어문학연구』(2), 중국 연변대학교 조선언어문학학과, 2005.

金相洪, 「나의 茶山 私淑錄」, 『茶山學』 제6집, 다산학술문화재단, 2005.

金相洪, 「茶山의 韓愈·柳宗元 論」, 『東洋學』 제38집, 단국대학교 동양학연구소, 2005.

金相洪, 「茶山의 歐陽脩·曾鞏·王安石 論」, 『한국한문학 연구의 새지평』, 소명출판, 2005.

金相洪, 「東亞細亞의 理想鄕 陵桃源」, 『東아시아 古代學』, 제14집, 東아시아 古代學會, 2006.

金相洪, 「韓中日 漢詩에 內在된 時間觀」, 『東아시아 古代學』, 제16집, 東아시아 古代學會, 2007.

金相洪, 「茶山의 子息教育 世界」, -유배지에서 보낸 서간과 家戒를 중심으로-, 『東洋學』 제44집, 檀國大 東洋學研究所, 2008.

金相洪, 「朝鮮后期流配客的子息教育」, 『中韓交流與韓國傳統文化研究』(朝鮮-韓國學叢書 Ⅷ), 中國 延邊大學 出版社, 2008.

金相洪, 「다산을 통해 본 공직자의 자세와 과제」, 전문교육교재 『제2기 글로벌리더양성과제』, 중앙공무원교육원, 2009. 3.

金相洪, 「청렴사상과 공직자의 역할」 -다산의 『목민심서』를 중심으로-, 청렴교육전문가과정 교육교재 『교육행정기관 과정』, 국민권익위원회, 2009.

金相洪, 「茶山의 蘇洵·蘇轍論」, 『韓國漢文學研究』, 제43집,

韓國漢文學會, 2009.
金相洪, 「茶山의 사상과 公職倫理 연구」, 『漢文教育研究』, 제32호, 韓國漢文教育學會, 2009.
金相洪, 「茶山의 「和蘇長公東坡八首」 攷」, 『東아시아 古代學』, 제19집, 東아시아 古代學會, 2009.
金相洪, 「茶山의 日本 認識의 세계」, 『東洋學』 제46집, 檀國大 東洋學研究所, 2009.
金聲振, 「茶山 寓言詩文 研究」, 釜山大 碩士論文, 1987.
金彦鍾, 「漢宋實用文學與朝鮮丁茶山文學論之研究」, 臺灣師大 碩士論文, 1981.
金彦鍾, 「丁茶山의 中國歷代文人에 대한 評價」, 『韓國漢文學研究』 제7집, 韓國漢文學研究會, 1984.
金 泳, 「丁茶山의 讀書論」, 『論文集』 제15집, 江原大, 1982.
金容稷, 「茶山 丁若鏞의 文學과 文學論」, 『韓國文化』 제3집, 서울대, 1982.
金在石, 「茶山의 遺跡을 康津에 찾어」, 『가톨릭青年』 제35집, 1936년 4월호.
金智勇, 「茶山文學論」, 『국어국문학』 33, 국어국문학회, 1966.
金智勇, 「丁茶山의 文章論」, 『廣場』, 1976.
金智勇, 「茶山文學의 實寫性」, 『국어국문학』 72・73, 국어국문학회, 1976.
金智勇, 「丁茶山의 實事求是的 詩考」, 『아카데미논총』 5, 1977.
金智勇, 「丁茶山の文學研究」- 정약용의 경세제민시를 중심으로- 日本 京都大學博士論文, 1977.

金智勇, 「丁茶山의 文藝論의 先覺者的 特性」, 『韓國學』 15·16, 中央大, 1979.

金智勇, 「丁茶山 詩의 事實的 特性」, 『茶山學報』 4, 茶山學研究院, 1982.

金智勇, 「茶山文學에 나타난 大衆意識」, 『茶山學報』 5, 茶山學研究院, 1983.

金智勇, 「退溪의 文學觀과 茶山의 文學論 比較研究」, 『退溪學研究』 2, 檀國大 退溪學研究所, 1988.

金泰俊, 「茶山 流配시절의 시와 杜詩」, 『李丙疇周甲論叢』, 二友出版社, 1981.

金興圭, 「茶山의 문학론에 있어서의 道와 文」, 『현상과 인식』 5, 1978.

金興圭, 「茶山의 詩意識과 詩經論」, 『民族文化研究』 14, 高麗大, 1979.

金興圭, 「丁若鏞 文學理論」, 『丁茶山研究의 現況』, 民音社, 1985.

노경희, 「일본 宮內廳書陵部 소장본, 丁學淵 시집 『三倉館集』의 영인 및 해제」, 『茶山學』 제6호, 다산학술문화재단, 2005.

리한선, 「정약용과 그의 시가문학」, 『茶山學報』 13집, 茶山學研究院, 1992.

朴茂暎, 「茶山詩의 思惟方式과 詩的 特性」, 『韓國漢文學研究』 제12집, 韓國漢文學研究會, 1989.

朴茂瑛, 「丁若鏞의 詩文學 硏究」- 思惟方式과의 관계를 중심으로- 梨花女大 博士論文, 1993.

朴茂瑛, 「茶山詩 '楊江遇漁者'論」, 『韓國漢文學硏究』 제16집, 韓國漢文學會, 1993.

朴茂瑛, 「丁若鏞論」, 『朝鮮後期漢文學作家論』, 集文堂, 1994.

朴茂瑛, 「丁若鏞 詩文學의 硏究」, 梨花女子大學校 博士論文, 1993.

朴錫武, 「茶山의 생애와 사회시적 성격」, 『시와 시학』 창간호, 시와 시학사, 1991.

成鎬周, 「茶山의 사회비판시에 대한 고찰」, 『韓國文學論叢』 I, 1978.

宋載卲, 「茶山詩 硏究」, 서울大 碩士論文, 1977.

宋載卲, 「茶山의 朝鮮詩에 대하여」, 『韓國漢文學硏究』 제2집, 韓國漢文學硏會, 1977.

宋載卲, 「茶山詩의 對立的 구조」, 『창작과 비평』 봄, 創作과 批評社, 1978.

宋載卲, 「茶山詩의 리얼리즘」, 『茶山學報』 I, 茶山學硏究院, 1978.

宋載卲, 「韓國漢文學과 社會」, 『藝術과 社會』, 民音社, 1978.

宋載卲, 「茶山의 寓話詩에 대하여」, 『韓國漢文學硏究』 제3·4집, 韓國漢文學硏究會, 1979.

宋載卲, 「茶山의 文體策에 대하여」, 『韓國古典散文硏究』,

동화문화사, 1981.
宋載卲, 「燕岩의 詩에 대하여」, 『雨田辛鎬烈先生古稀紀念論叢』, 창작과비평사, 1983.
宋載卲, 「茶山文學 硏究」 -詩를 중심으로-, 서울대 博士論文, 1984.
宋載卲, 「茶山 丁若鏞의 文學論」, 『大東文化硏究』 제18집, 成均館大, 1984.
宋載卲, 「茶山의 社會詩」, 『丁茶山硏究의 現況』, 民音社, 1985.
신구현, 「다산 정약용의 창작과 문학적 견해」, 『다산 정약용탄생 200주년 기념논문집』, 북한과학원 철학연구소, 1962(1989년 도서출판 푸른숲 재편집 간행).
沈慶昊, 「茶山의 시양식 선택과 서정의 일반화」, 『시와 시학』 창간호, 시와 시학사, 1991.
沈慶昊, 「茶山 丁若鏞과 石泉 申綽의 교유에 대하여」, 『淵民學志』 1, 淵民學會, 1993.
尹基洪, 「茶山의 實學思想과 文學論硏究」, 『漢文學論集』 제7집, 檀國漢文學會, 1983.
尹載煥, 「茶山의 田家詩 硏究」, 延世大 碩士論文, 1996.
李家源, 「茶山 丁若鏞評傳」, 『人物韓國史』, 1965.
李德根, 「燕岩과 茶山의 文學比較(上)」, 『創論』 I, 中央大, 1980.
李東歡, 「高麗竹林高會 硏究」, 고대대학원 석사논문, 1968.
李東歡, 「조선후기 漢詩에 있어서 民謠趣向의 擡頭」, 『韓國

漢文學硏究』 제3·4집, 韓國漢文學硏究會, 1979.
李東歡, 「茶山思想에 있어서의 "上帝" 問題」, 『民族文化』 19, 民族文化推進會, 1996.
李佑成, 「實學의 社會觀과 漢文學」, 『韓國思想大系』 I, 성균관대, 1973.
李元淳, 「天眞菴走魚寺講學會 論辯」, 『金哲埈博士華甲紀念史學論叢』, 知識産業社, 1983.
李乙浩, 「전남 강진에 남긴 茶信契節目考」, 『湖南文化硏究』 제1집, 전남대학교, 1963.
林熒澤, 「茶山詩의 현실주의에 대한 재인식」, 『창작과 비평』 겨울, 창작과비평사, 1988.
林熒澤, 「丁若鏞의 康津 流配時의 교육활동과 그 성과」, 『韓國漢文學硏究』 제21집, 韓國漢文學會, 1998.
鄭大林, 「茶山의 牧民詩」, 『한국고전문학연구』, 신구문화사, 1983.
鄭玉子, 「奎章閣抄啓文臣 硏究」, 『奎章閣』 4, 서울대도서관, 1981.
정운채, 「정약용의 문학사상과 문학사적 위치」, 『시와 시학』 창간호, 시와 시학사, 1991.
鄭載喆, 「詳說古文眞寶大全 연구」, 『韓國漢文學硏究』 제32집, 韓國漢文學會, 2003.
蔡美花, 「다산 정약용의 문학사상연구」, 『茶山學報』 13, 茶山學硏究院, 1992.
崔奭祐, 「丁若鏞과 天主敎의 關係」, 『茶山學報』 5, 茶山學

研究院, 1983.

崔奭祐, 「丁茶山의 西學思想」, 『丁茶山과 그 時代』, 民音社, 1986.

崔信浩, 「丁茶山의 文學觀」, 『韓國漢文學研究』 I, 韓國漢文學研究會, 1976.

崔信浩, 「丁茶山의 詩論考」, 『朴晟義還曆紀念論叢』, 高麗大, 1977.

<색 인>

| ㄱ |

| ㄴ |

| ㄷ |

| ㄹ |

| ㅁ |

| ㅂ |

| ㅅ |

| ㅇ |

| ㅈ |

| ㅊ |

金 相 洪

충남 금산에서 태어나 愚齋 柳寅澤 선생 문하에서 4년간 한문을 수학, 공주고와 단국대학교 법학과 졸업. 고려대학교에서 논문 「다산 정약용 문학연구」로 문학박사 취득. 1978년 단국대학교 한문교육과 교수로 부임 후 교무처장, 연구처장, 대학원교학처장, 사범대학장, 교육대학원장 겸 특수교육대학원장, 학생지원처장, 동양학연구소장, 대학원장 역임, 현재 부총장.
교육부 교육과정심의위원회위원, 민주평화통일자문회의자문위원, 한국한문교육학회장, 한국한문학회장, 법제처 알기쉬운 법령만들기위원회위원. 중앙공무원교육원, 지방행정연수원, 교육과학기술연수원, 국민권익위원회, 법무연수원, 한국노동교육원, 서울특별시인재개발원 등 국가기관의 청렴교육 전문강사로 출강 중.
저서 : 『다산 시선집 유형지의 애가』, 『다산 정약용 문학연구』(제18회문화공보부 추천도서), 『한국 한시론과 실학파 문학연구』, 『다산학 연구』, 『다시 읽는 목민심서』, 『한시의 이론』, 『중국 명시의 향연』, 『한국 한시의 향기』, 『다산 문학의 재조명』(2004 대한민국학술원우수도서), 『조선조 한문학의 조명』(2004대한민국학술원우수도서), 『다산의 꿈 목민심서』(조선일보 거실을 서재로 추천도서), 『꽃에 홀려 임금을 섬기지 않았네』, 『한국문학사상사』(공저), 중·고교 『한문』(공저) 등.
일석학술상(1987), 모범스승상(1999), 연구업적상(1999), 서울교육공로상(2002), 교육공로상(2003), 다산학술상 학술대상(2003), 한국노동교육원 2007년도 최우수 강사상, 서울특별시인재개발원 2007년도 유공강사상 등 수상.

다산학의 신조명

지은이 _ 김 상 홍
펴낸이 _ 장 호 성
펴낸곳 _ 단국대학교출판부
등 록 _ 1968.2.27 : No. 제03-00095호
주 소 _ 경기도 용인시 수지구 죽전동 126번지
전 화 _ 031-8005-2405 팩 스 _ 031-8005-2406
편 집 _ 성 두 현

2009년 6월 25일 초판 인쇄
2009년 6월 30일 초판 발행

인 쇄 _ 신 양 사

[값 35,000원]

Published by Dankook University Press

Printed in Korea
ISBN 978-89-7092-425-0 93810